Ingo Warnke

Wege zur Kultursprache

Walter de Gruyter 1749 250 1999 Berlin · New York

W DE G

Studia Linguistica Germanica

Herausgegeben
von
Stefan Sonderegger
und
Oskar Reichmann

52

Walter de Gruyter · Berlin · New York
1999

Ingo Warnke

Wege zur Kultursprache

Die Polyfunktionalisierung des Deutschen im juridischen Diskurs (1200–1800)

Walter de Gruyter · Berlin · New York
1999

Gedruckt auf säurefreiem Papier,
das die US-ANSI-Norm über Haltbarkeit erfüllt.

Die Deutsche Bibliothek – CIP-Einheitsaufnahme

Warnke, Ingo:
Wege zur Kultursprache : die Polyfunktionalisierung des Deutschen im juridischen Diskurs ; (1200–1800) / Ingo Warnke. – Berlin ; New York : de Gruyter, 1999
(Studia linguistica Germanica ; 52)
Zugl.: Kassel, Univ., Habil.-Schr., 1998
ISBN 3-11-016429-9

Printed in Germany
Druck: Werner Hildebrand, Berlin
Buchbinderische Verarbeitung: Lüderitz & Bauer-GmbH, Berlin

Iustitia est constans et perpetua voluntas
ius suum cuique tribuens.
[Corpus Iuris Civilis, Inst.: Liber Primus I]

Die Mittel also der Erhaltung einer Gesellschaft,
oder wie man es nennen mag, sind einzig und allein
die Gesetze, welche zwar die Handlungen aller vereinigten
Menschen übereinstimmig machen, aber die Freyheit
der selben nicht aufheben.
[Vorrede der Decisiones Electorales Saxonicae. 1661]

Die ganze Welt ist eine einzige Jurisprudenz.
[Th. Bernhard, Ist es eine Komödie? Ist es eine Tragödie?]

the four with them, setting around upin their judges'
chambers, [...] around their old traditional tables of the law
like Somany Solans to talk it over rallthesameagain.
[J. Joyce, Finnegans Wake]

Wissenschaft lebt von Ideen, nicht von Wahrheiten.
[B. Strecker (1987, 67)]

Vorwort

Die deutsche Gegenwartssprache ist als ein im höchsten Maße leistungsfähiges Medium der Verständigung geeignet, die Kommunikation sowohl über Dialektgrenzen als auch zwischen unterschiedlichsten Sprachteilhabern strukturell zu gewährleisten. In der Sprachgeschichtsschreibung des Deutschen geht man seit geraumer Zeit der Frage nach, welche historischen Bedingungen der heutige Sprachstatus des Deutschen hat. Auch die vorliegende Arbeit versteht sich als Beitrag zu dieser Auseinandersetzung. Insofern wird eine durchaus traditionelle Problemstellung der germanistischen Sprachgeschichtsschreibung erneut aufgegriffen. Ziel ist es jedoch, die bisherigen Erklärungsmodelle zur Konstituierung einer deutschen Sprache wesentlich durch neue Perspektiven zu ergänzen. So hat die Sprachgeschichtsschreibung des Deutschen bis dato vor allem die Etablierung von Überregionalität des Deutschen untersucht. Hierbei ist man zu überzeugenden Forschungsergebnissen gelangt, die als opinio communis der gegenwärtigen sprachwissenschaftlichen Germanistik zu gelten haben. Eine kritische Auseinandersetzung mit diesen Forschungen zeigt jedoch, daß gleichermaßen wichtige Aspekte der Standardisierung des Deutschen dabei entscheidend vernachlässigt wurden. Dazu gehört die Ausbildung einer funktional weit differenzierten Einsetzbarkeit, also die Verwendung der deutschen Sprache in den unterschiedlichsten Domänen der gesellschaftlichen Organisation. Die heute fraglos vorhandene Polyfunktionalität des Deutschen ist jedoch ebenso wie die überregionale Reichweite der Standardsprache das Ergebnis sprachhistorischer Entwicklungen. Die Auseinandersetzung mit den Vorgängen der Polyfunktionalisierung des Deutschen, ihrem zeitlichen und strukturellen Verlauf ist das Leitthema dieser Untersuchung. Wie der Titel besagt, handelt es sich um die Analyse eines Diskursausschnitts; erörtert wird die Funktionsdifferenzierung des Deutschen im juridischen Diskurs vom Spätmittelalter bis zum Beginn der Neuzeit. Im ersten und zweiten Kapitel der Untersuchung wird das Interesse an den entsprechenden historischen Abläufen in die allgemeinen Fragen zur Konstituierung von Kultursprachen eingeordnet und versucht, Grundlagen einer Geschichte der Polyfunktionalisierung des Deutschen zu bestimmen. Die Konzentration auf den juridischen Diskurs sowie die zeitliche Fokussierung der Analysen finden ausführliche Berücksichtigung im dritten Kapitel der Arbeit. Im vierten Kapitel wird eine Konzeption zur Analyse von funktionsgeschichtlich relevanten Texten entwickelt, die den Anspruch der Generalisierbarkeit hat. Da funktionshistorische Untersuchungen noch rar sind, wird hier sowohl im Hinblick auf die besonderen Bedingungen der Untersuchung des juridischen Diskurses als auch in bezug auf die Diskursgeschichte im allgemeinen argumentiert. Das sechste Kapitel ist schließlich als Applikation der konzeptionellen Überlegungen das Kernstück der Untersuchung. Für sechs Subdomänen des juridischen Diskurses wird eine Geschichte der Polyfunktionalisierung des Deutschen vorgestellt. Die zentralen Ergebnisse der Analyse werden im siebten Kapitel zusammengefaßt und Aspekte einer funktional-pragmatischen Sprachgeschichtsschreibung des Deutschen behandelt. Im Anhang werden Quellen und Literatur nachgewiesen. Die Verschränkung des Textes mit dem Quellenverzeichnis erfolgt über eine Numerierung der Quellen, so daß die entsprechenden numerischen Verweise im Text ein problemloses Auffinden der Quellennachweise ermöglichen. In einigen Fällen findet sich die Angabe „keine Edition". Dies ist immer dann der Fall, wenn überhaupt keine Editionen zugänglich sind oder aber die vorliegenden Publikationen von Quellenmaterial aufgrund ihrer Fehlerhaftigkeit oder sonstiger Schwächen als nicht brauchbar beurteilt wurden. Da ein Verweis auf die Existenz entsprechender Texte dennoch manchmal notwendig ist, werden auch solche Quellen angeführt. Im Literaturverzeichnis sind alle herangezogenen Untersuchungen nachgewiesen. Texte, die nicht als Sekundärliteratur im eigentlichen Sinn verstanden werden können und nur einmalig erwähnt werden, sind nur in Fußnoten an den entsprechenden Textstellen nachgewiesen. Dies gilt insbesondere für Bücher aus der Frühen Neuzeit. Hinzuweisen ist noch auf die Transkription der spätmittelalterlichen und frühneuzeitlichen Umlaute des Deutschen mit u-e, u-o, a-e etc.

In der Untersuchung kommt dem Begriff der *Kultursprache* eine besondere Bedeutung zu. Wie im einzelnen gezeigt wird, ist *Kultursprache* hier ein sprachwissenschaftlich genau definierter Terminus, der in keinster Weise darauf zielt, den kulturellen Rang weniger differenziert entwickelter Sprachen abzustreiten: Jede Sprache ist Teil einer Kultur. Wenn hier von *Kultursprache* die Rede sein wird, so auf der Grundlage ausführlich dargelegter sprachhistorischer Prämissen und folglich in einer bewußt eingeschränkten, wissenschaftlichen Bedeutung.

An dieser Stelle habe ich vielen Personen und Institutionen zu danken, die wesentlich das Entstehen der Untersuchung ermöglicht und die Konzeption und Durchführung kritisch begleitet haben. Meinen besonderen Dank richte ich an dieser Stelle an Prof. Dr. Hans Otto Spillmann, der immer für die besonderen Fragestellungen der Untersuchung ansprechbar war und Prof. Dr. Rolf Müller. Danken möchte ich auch Prof. Dr. Hans Hattenhauer für die rechtshistorische Begutachtung der Arbeit. Namentlich gedankt für wichtige Hinweise und konstruktive Diskussionen sei auch Prof. Dr. Oskar Reichmann und Prof. Dr. Werner Besch sowie Prof. Dr. John Flood und seinen Kollegen vom Institute of Germanic Studies der University of London, Prof. Dr. William Jervis Jones vom Royal Holloway College der University of London, Prof. Dr. Ulla Fix, Prof. Dr. Eva-Maria Jakobs, Dr. Kirsten Adamzik und Dr. Doris Tophinke. Ein ausdrücklicher Dank gilt auch meinen wissenschaftlichen Hilfskräften Silke Regin und Catrin Siedenbiedel.

Kassel, im Februar 1999

Inhalt

Verzeichnis der Tabellen und Abbildungen

1. Faktoren der Konstituierung von Kultursprachen

1.1 Einordnung des Begriffs 'Kultursprache'

Die Wissenschaftsgeschichte der Germanistik zeigt, daß die zentralen sprachgeschichtlichen Fragestellungen des Faches selten aus der vergangenheitsgebundenen Perspektive auf abgeschlossene Kommunikationsverhältnisse resultieren, sondern zumeist aus der Aktualität jeweils gegenwärtiger sprachlicher Konstellationen und der Suche nach deren Antezedenzien. Die Motivation zur Auseinandersetzung mit der eigenen Sprachhistorie liegt also in der Regel nicht im Bestreben nach Abstand zu den linguistischen Aufgaben der Gegenwart, sondern vielmehr in dem Versuch der Herleitung gegenwärtiger sprachlicher Sachverhalte durch die Perspektive auf deren historische Gewordenheit. Dieser Gegenwartsbezug historischer Linguistik hatte schon immer besondere Bedeutung bei der Suche nach Kausalgesetzen des Sprachwandels. Da die Folgen zu beschreibender Wandlungsvorgänge ja immer schon als aktueller Kontrast zum Vergangenen bekannt sind, geht folglich die Formulierung kausaler Gesetzmäßigkeiten grundsätzlich von einer finalen Zielrichtung sprachlicher Dynamik aus. Im Kern ist die Untersuchung sprachlicher Entwicklungsprinzipien immer mit der Suche nach dem ursächlichen terminus post quem erklärungsbedürftiger Sachverhalte der Gegenwart bzw. der linguistischen Differenzen von gegenwärtiger und vergangener Sprache verknüpft, „weil das Vorhergehende als entfernte Ursache und das Nachfolgende als Wirkung"[1] beurteilt wird. Insofern kann davon ausgegangen werden, daß gerade die den sprachlichen Wandel berücksichtigende Historiolinguistik einen teilweise retrospektiven Erkenntniszugriff hat.

In der germanistischen Sprachgeschichtsschreibung gilt dies vor allem für die Frage nach der Konstituierung des Nhd. als überregionales, standardisiertes Kommunikationsmedium, die seit der Begründung der Germanistik als Wissenschaft konsequent gestellt wurde. Bereits die thematische Formulierung der einschlägigen Abhandlungen dazu zeigt die retrospektive Fokussierung der

---

[1] Immanuel Kant: Mutmaßlicher Anfang der Menschengeschichte. in: Berlinische Monatsschrift Januar 1786. Bd. 7, 1-27.

Problematik deutlich. So spricht z.B. R. von Raumer (1863) ebenso wie W. Besch (1968) von der 'Entstehung' des Nhd., wie sich denn überhaupt die Titel der meisten Arbeiten zur Thematik biologistischer Begrifflichkeiten bedienen, denen eine finale Fixierung auf d a s Neuhochdeutsche als terminus ante quem sprachlicher Entwicklung eigen ist. Die Methodik der Fülle von Arbeiten zur Konstituierung des Nhd. ist mithin trotz Divergenz der Erklärungsansätze in der Perspektive oft übereinstimmend; ausgehend von einer existenten Standardvarietät werden die bedingenden Faktoren ihres historischen Werdens modelliert. Entgegen dieser perspektivischen Übereinstimmung wurde bisher jedoch keine allgemeingültige Theorie zur Konstituierung des Nhd. formuliert. Daß die bisherigen Vorschläge vielmehr oft im Widerspruch zueinander stehen, hat zwei Ursachen. Zum einen gibt es kaum Konsens im erkenntnisleitenden Interesse bei der Beschreibung der Standardisierung des Nhd. Neben der Reichssprachenthese K. Müllenhoffs[2] stehen so divergente Ansätze wie die kulturhistorischen Erörterungen zur Bedeutung des Humanismus durch K. Burdach (1918), die dialektologische Kulturmorphologie Th. Frings' (1957) oder die Suche nach sprachlich realisierter nationaler Identität durch M. Guchmann (1964/69). Doch nicht nur die Vielfalt sprachgeschichtlicher Blickwinkel bedingt die Uneinheitlichkeit bisheriger Erklärungsansätze zur Herausbildung des Nhd. In Abhängigkeit von der prinzipiell retrospektiven Fokussierung der Problemstellung wird die Modellierung des sprachlichen Wandels zum Nhd. auch unmittelbar durch die Definition des historischen Zielpunktes determiniert. Je nachdem, welche linguistischen Implikationen also die Begrifflichkeiten zur Kennzeichnung des historisch herzuleitenden Nhd. haben, ergibt sich eine unterschiedliche Erkenntnisrichtung.[3]

Eine sprachwissenschaftliche Arbeit zur Konstituierung des standardisierten Nhd., wie die vorliegende, hat daher nicht nur die methodische Herangehensweise an die Fragestellung darzulegen, sondern insbesondere zu zeigen, was unter standardisiertem Nhd. eigentlich zu verstehen ist bzw. was in einer solchen Untersuchung darunter verstanden wird. Diese Klärung der Begrifflichkeit stellt sich als komplexe Aufgabe dar, denn ebensowenig wie die sprachgeschichtlichen Konzeptionen zur Konstituierung des Nhd. übereinstimmend sind, ist die terminologische Bestimmung des geschichtlichen Telos

---

[2] Siehe die Vorrede zu K. Müllenhoff/W. Scherer [Hg.] (1873).

[3] Damit wird keinesfalls ein finalistisches Erklärungsmodell entwickelt, das a l l e i n aus den gegenwärtigen Sprachkonstellationen unmittelbare kausale Voraussetzungen bestimmt, denn auch die Diskontinuitäten und gescheiterten Standardisierungslinien sind Teil jeder Sprachgeschichte. K.-J. Mattheier (1989, 160) verbindet diese Überlegung unter Hinweis auf die wenig untersuchte Rolle Süddeutschlands in der Geschichte der nhd. Schriftsprache mit einer Kritik der bisherigen Sprachhistorie: „Aber der deutsche Sprachhistoriker hat sich viel zu lange die Gegenstände seiner Forschung vom schließlich erreichten Ergebnis her diktieren lassen."

dieser Entwicklung homogen. Vielmehr hat sich parallel zur Beschreibung der Ausformung des Nhd. eine Fülle unterschiedlich terminologisch gefaßter Begrifflichkeiten entwickelt. Ist es auch notwendig, dieses Spektrum bei der Konzipierung der für diese Arbeit erforderlichen Begriffsbestimmung des Nhd. zu berücksichtigen, so soll hier doch keine umfängliche Darstellung der Terminologiegeschichte an sich erfolgen.[4] Zum einen begäbe man sich damit in die Gefahr einer proportionalen Überbetonung der Wissenschaftshistorie, zum anderen verzerrte man mit einer Paraphrasierung der zahlreichen Ansätze die eigentliche Aufgabe, zu klären, welcher theoretische Standpunkt hier den retrospektiven Fokus historischer Analyse bestimmt. Daher sollen nur die wichtigsten Konzeptionen zur Beschreibung von standardisierten Sprachen erwähnt werden. Sie flankieren als Kontrast den dieser Arbeit zugrunde liegenden Begriff des standardisierten Nhd. als Kultursprache.

Im wesentlichen ist von acht differenten Bezeichnungen für standardisierte und normierte nationale Sprachen auszugehen, die theorieabhängig mit unterschiedlichster Bedeutung gebraucht werden: *Standardsprache, Gemeinsprache, Literatursprache, Nationalsprache, Volkssprache, Schriftsprache, Hochsprache* und *Kultursprache*. Wäre ein systematischer Gebrauch dieser Bezeichnungen auch wünschenswert, so ist die terminologisch exakte Begriffsabgrenzung selten versucht und eine einheitliche Verwendung nicht festzustellen. Vielmehr erscheinen z.B. die begrifflichen Inklusionsverhältnisse der Bezeichnungen in e i n e r sprachgeschichtlichen Theorie als substantielle Differenz in einem a n d e r e n Entwurf, so daß im eigentlichen Sinn nicht von historiolinguistischen Termini gesprochen werden kann, jedenfalls nicht von solchen, die einen allgemein akzeptierten Rang im sprachgeschichtlichen Diskurs einnehmen. Da die Kennzeichnung sprachgeschichtlicher Zielpunkte jedoch Gegenstand jeder ernstzunehmenden Konzeption zur Konstituierung standardisierter Nationalsprachen ist, Autoren also nicht umhinkommen, ihre entsprechenden Erklärungsmodelle auf einen oder mehrere der uneinheitlich gebrauchten Begriffe wie *Standardsprache*, *Gemeinsprache* etc. zu beziehen, sind bestimmte Verfahren im Umgang mit den zum Teil verworren anmutenden Terminologien ausgeprägt.

Dazu gehört der Synonymgebrauch einiger der aufgeführten Begriffe, der sich in Äußerungen zeigt wie „Unter Schriftsprache verstehe ich dasselbe, was man auch Hochsprache, Standardsprache, im Osten sogar Nationalitätssprache genannt hat" (H. Penzl 1986, 165), oder etwa in der Gleichsetzung von *Nationalsprache* mit „Standard- bzw. Literatur-, Hoch- oder Schriftsprache einer nationalen Kommunikationsgemeinschaft" (E. Ising 1987, 335). Derartige

---

[4] Einen ausführlichen Überblick zur Forschungstradition der Charakteristik von Kultursprachen gibt R. Baum (1987), hierin auch Angaben zur einschlägigen Literatur.

Gleichsetzungen dienen jedoch weniger der begrifflichen Klärung und Spezifizierung eines wissenschaftlichen Erkenntnisobjektes, als der begrifflichen Vereinfachung, insbesondere wenn sich textübergreifend zirkuläre Feststellungsdefinitionen ergeben, bei denen eine Identität von Definiendum und Definiens vorliegt. Neben diesem in der Gefahr der theoretischen Simplifizierung stehenden Synonymgebrauch der uns interessierenden Begriffe versuchen andere Autoren, die Gleichsetzung der die standardisierte Form der deutschen Sprache bezeichnenden Termini durch Zuordnung zu sprachhistorischen Perioden zu ersetzen. So verwendet W. Besch (1983, 964) *Schriftsprache* für den Zeitraum vom 16. bis 18. Jahrhundert im Sinne einer aus den regional differenzierten vorreformatorischen Schreibdialekten ausgebauten überregionalen Schreibsprache ostmd. und ostobd. Prägung und *Standardsprache* für die Zeit vom 19. bis zum 20. Jahrhundert. Hierin ist ein Versuch zu sehen, „die terminologische Vielfalt nutzbar zu machen" (N. Semenjuk 1985, 1451), indem theorieimmanente Begriffsfestlegungen weithin synonym gebrauchter Bezeichnungen erfolgen.

Die Schwierigkeit sowohl bei der begrifflichen Gleichsetzung als auch bei der im Zusammenhang einer Theorie distinkten Definition liegt in den Implikationen der Begriffe, die sie je nach Perspektive als Konstituenten unterschiedlicher, bereits ausformulierter und unter Umständen auch veralteter Konzeptionen haben. Keine der acht hier näher betrachteten Bezeichnungen, mit weitgehender Ausnahme von *Kultursprache*, ist nicht in verschiedensten sprachgeschichtlichen oder auch universallinguistischen Konzeptionen bereits uneinheitlich definiert. So ist H. Penzls (1986, 165) Gleichsetzungsdefinition von *Schriftsprache* deshalb fragwürdig, weil z.B. *Nationalitätensprache*[5] im Rahmen der marxistischen Sprachgeschichtsschreibung geprägt ist - das Lokaladverbial „im Osten" (ebd.) soll dies ja auch anzeigen - und hier als „Gesamtheit der in einer Nationalität, nationalen Minderheit, ethnischen Gruppe gesprochenen und geschriebenen Varietät" (E. Ising 1987, 338) definiert ist, also die mündliche und literale Existenzform von Sprachen umfaßt und mithin schlechterdings als *Schriftsprache* bezeichnet werden kann. Auch die von W. Besch verwendeten Bezeichnungen *Schriftsprache* und *Standardsprache* stehen außerhalb seiner Erklärungen zur Entstehung der nhd. Schriftsprache in konkurrierendem Gebrauch. So möchte S. Jäger (1980, 377) mit *Standardsprache* die Sprache bezeichnen, die im schriftlichen „Sprachverkehr der oberen und mittleren sozialen Schichten verwendet wird", während H. Glinz (1980, 610) gerade auch die gesprochene Sprache als entscheidenden Teilbereich der Standardsprache auffaßt: „Es scheint mir gerade der Vorteil

[5] H. Penzl (1986, 165) spricht fälschlicherweise von „Nationalitätssprache".

der Bezeichnung 'Standardsprache' zu sein, daß sie den schriftlichen und den mündlichen Gebrauch zusammenzufassen gestattet."

Trotz dieser differenten Definitionen stehen die Implikationen aller hier interessierenden Begriffe jedoch im Kontext jeweils recht genau dargelegter Forschungsinteressen. Der Begriff der *Nationalitätensprache* ist etwa im Zusammenhang marxistischer Geschichtsauffassung geprägt und hat dort seine Relevanz. Zwecks kontrastiver Einordnung des für diese Untersuchung als geeignet angesehenen Begriffs der *Kultursprache* zur Bezeichnung des standardisierten und normierten Nhd. ist auf diesen allgemeinen Verwendungskontext der übrigen sieben Termini einzugehen.

Bei P. Garvin (1959, 522) bereits als „a codified form of a language, accepted by, and serving as a model to, a larger speech community" definiert, ersetzt die Bezeichnung *Standardsprache* bekanntlich seit den 1970er Jahren den in Deutschland bis dahin gebräuchlichen Begriff *Hochsprache* im Sinne einer überregional normierten Nationalsprache. Sah man in *Hochsprache* eine vertikale Qualifizierung sprachlicher Niveaus mit der positiven Hervorhebung der Sprache des gehobenen Umgangs, so meinte man mit *Standardsprache* einen Terminus ohne schichtenspezifische Implikationen gefunden zu haben. Als Merkmale historisch legitimierter *Standardsprachen* werden dabei besonders deren überregionale Geltung und institutionalisierte Existenz hervorgehoben. Im Funkkolleg Sprache (1973, Bd. 2, 313f) ist Standardsprache demnach auch definiert als „Deutsche Gegenwartssprache, die in öffentlichen Kommunikationssituationen von sozial führenden Gruppierungen gesprochen, in bestimmten Fällen von anderen Gruppierungen übernommen, die überregional eingesetzt und verstanden wird." Ähnlich bei N. Dittmar (1973, 134), der vom „überregionalen Verständigungsmittel" und von der „institutionalisierten Varietät einer Sprachgemeinschaft" spricht.[6] Daß mit *Standardsprache* entgegen der ursprünglichen Absicht kein soziologisch neutraler Begriff gefunden wurde, zeigen die zahlreichen Definitionen als Varietät, „die im Sprachverkehr der oberen und mittleren sozialen Schichten verwendet wird" (S. Jäger 1980, 377). F. Daneš (1988, 1507) spricht von einem „Kommunikationsmittel für höhere kulturelle und Zivilisationsbedürfnisse".[7] Dies hat jedoch die Ablösung von *Hochsprache* durch *Standardsprache* nicht aufgehalten, insbesondere in den Konzeptionen zur deutschen Gegenwartssprache hat sich der neuere Begriff durchgesetzt. Die Mehrdeutigkeit des älteren, traditionellen Terminus ist damit jedoch nicht aufgelöst, so daß S. Jäger (1980, 375f) beide Bezeichnungen als

---

6 In Übereinstimmung damit steht der sprachgeschichtliche Gebrauch von *Standardsprache* bei R. Rath (1985, 1651).

7 Vgl. in diesem Zusammenhang auch Ch. Fergusons (1959) Einordnung der *Standardsprache* als höchste Erscheinungsform einer Sprache gegenüber den untergeordneten Ausprägungen der Umgangssprache, Mundarten, Regiolekte etc.

unpräzise und problematisch bewertet.[8] Abgesehen von den Schwierigkeiten der Vertikalitätsabgrenzung eines sprachlichen Standards ergibt sich die oben schon formulierte Frage, ob die mündliche und/oder schriftliche Existenzform standardisierte Sprachen begründet. Darüber hinaus hat U. Ammon (1987a) kritisiert, daß die Vielzahl der Definitionen dennoch keine Entscheidung darüber zuläßt, ob Sprachzeichen, d.h. konkrete sprachliche Einheiten, standardsprachlich sind oder nicht. So gesehen ist *Standardsprache* heute weit eher eine allgemein übliche bzw. in einzelnen Konzeptionen ad hoc definierte Bezeichnung für das überregionale Nhd. als ein linguistisch präzise gefaßter Konsensterminus.

Demgegenüber kann der Begriff *Gemeinsprache* jedoch kaum als geeigneter, respektive präziser beurteilt werden. Meint W. Henzen (1954, 11), zumindest einen teilterminologischen Gebrauch feststellen zu können, indem er *Gemeinsprache* einen „doppelten Sinn" zuspricht, als Bezeichnung für die Sprache, „die einem gleichsprachigen Volke gemein ist, und daneben als terminus technicus" für die nhd. Gemeinsprache, so zeigt der immer seltener gewordene Gebrauch die nur eingeschränkte Verwendbarkeit.[9] *Gemeinsprache* wird heute fast ausschließlich kontrastiv eingesetzt, zum einen in der Abgrenzung gegenüber 'Fachsprache'[10], zum anderen in der Verbindung mit 'Umgangssprache' und 'Dialekt' (z.B. A. Domaschnev 1987, 309); eine bindende Bestimmung der Bedeutung ist nicht gegeben. Auch in sprachgeschichtlichen Erörterungen findet *Gemeinsprache*[11] lediglich als pauschale Bezeichnung für national standardisierte Sprachen Verwendung, ohne damit dem Anspruch einer theoriespezifisch validen Präzision zu entsprechen (vgl. H. Bach 1985, 1447).

Anders der häufig mit *Standardsprache* gleichgesetzte Begriff der *Literatursprache,* der per Bestimmungswort auf verschriftete Sprache zu referieren scheint. Neben den historiolinguistisch externen Verwendungen wird insbesondere in den marxistischen Arbeiten zur Konstituierung des Nhd. die nationale *Literatursprache* „als die strukturell und funktional am höchsten entwikkelte Varietät" in den „Mittelpunkt der funktional typologischen Analyse der

---

8 Versuche der terminologischen Präzisierung - wie die umfangreiche Typologie von M. Guchmann (1975) - haben nicht zu einer Unifizierung des sprachwissenschaftlich präzisen Gebrauchs geführt.

9 Indiz dafür ist auch das Fehlen eines entsprechenden Lemmas in den einschlägigen linguistischen Wörterbüchern von H. Bußmann (1990) und Th. Lewandowski (1990).

10 Vgl. W. Mentrup [Hg.] (1979) und H. Krischel-Heinzer (1987) zu *Gemeinsprache* vs. Fachsprache, W. Vieregge (1986) zum Begriff der *Gemeinsprache* bei H. Paul im Sinne einer normierten allgemeinen Verkehrssprache, U. Pörksen (1984) zur Sprache der Naturwissenschaften vs. *Gemeinsprache.*

11 Nicht zu verwechseln mit der Bezeichnung 'gemaines teutsch' für die ostoberdeutsche Schreibsprache des 15./16. Jh.

Nationalsprache" (E. Ising 1987, 336) gestellt. Dabei machen die Aussagen M. Guchmanns (1984, 23) deutlich, daß *Literatursprache* keineswegs auf verschriftete poetische, literarische Register beschränkt ist, sondern potentiell „in allen Bereichen des gesellschaftlichen Lebens" verwendet werden kann; selbst der öffentliche mündliche Vortrag soll nicht ausgenommen sein (vgl. B. Serebrennikow 1973, Bd. 1). Im Sinne eines funktionalen Paradigmas und höchsten Stratums der nationalen Kommunikation ist *Literatursprache* demnach als historisch gewordene Varietät eingeordnet, die im Falle des Deutschen übrigens im besonderen durch die Ablösung des Lateinischen als lingua franca des Mittelalters eine geformte, überregionale und polyfunktionale Existenz hat. Findet sich *Literatursprache* auch in älteren sprachgeschichtlichen Publikationen zur Bezeichnung einer übermundartlichen, schriftsprachlichen Existenzform des frühen Nhd. (vgl. z.B. V. Moser 1971, 27), so ist der heutige Gebrauch weitgehend an die ehemaligen Versuche gebunden, deutsche Sprachgeschichtsschreibung marxistisch auszurichten.[12] Der Gebrauch außerhalb dieses Paradigmas darf aufgrund der diesbezüglichen theoretischen Implikationen als problematisch gelten.

Ähnlich verhält es sich mit *Nationalsprache*, einer weiteren Bezeichnung für die standardisierte und überregionale, d.h. im Rahmen staatlicher Organisation funktionalisierte Existenzform von Sprache, die vor allem in der sowjetischen Sprachgeschichtsschreibung gebräuchlich wurde. Spricht zwar auch Herder von *Nationalsprache*[13] und Adelung von der „Schriftsprache der ganzen Nation"[14], so ist der historiolinguistische Gebrauch weithin mit dem marxistischen Paradigma verknüpft. In der obigen Kennzeichnung der Bestimmung von *Schriftsprache* durch H. Penzl (1986) als einer pauschalierenden Gleichsetzungsdefinition wurde bereits auf den terminologisch ebenfalls besetzten Begriff der *Nationalitätensprache* eingegangen. Im Gegensatz zu diesem bezieht sich die Benennung *Nationalitätssprache* auf die vornationale, feudale Gesellschaftsformation mit der theoretischen Annahme einer kontinuierlichen Entwicklung nationaler Sprachen aus Stammesdialekten, Territorialdialekten und überregionalen Schriftdialekten.[15] Mithin definiert E. Ising (1987, 338) *Nationalitätssprache* auch als historisch determiniertes Gesamtsystem, dessen Konstituenten „Dialekte und geformte Sprache einer Völkerschaft in der Feudalgesellschaft" sind. Das Hyperonym *Nationalsprache* ist ebenso wie dessen Hyponyme *Nationalitäten-* und *Nationalitätssprache* eng-

---

[12] In diesem Zusammenhang sei insbesondere auf die umfänglichen Arbeiten zur Ausbildung der Norm der deutschen *Literatursprache* (Zur Ausbildung der Norm 1976-83) verwiesen.

[13] Johann Gottfried Herder. Sämtliche Werke. Hg. v. B. Suphan. Bd. 2, Berlin 1877, 13.

[14] Johann Chr. Adelung: Ueber den Deutschen Styl. Neue, verm. und verb. Aufl. Berlin 1787, Bd. 1, 43.

[15] Vgl. dazu die Ausführungen von N. Semenjuk (1977).

stens an die sprachgeschichtlichen Arbeiten der Sowjetunion und DDR gebunden. Dies ist insbesondere deutlich, wenn E. Ising (1987) den Ausbau solcher Sprachen in bezug auf bürgerliche und sozialistische Nationen als different beurteilt und damit Sprachgeschichte marxistisch extrapoliert. Abgesehen von den sozialpolitischen Implikationen eines solchen Entwurfs darf die Bezeichnung *Nationalsprache* auch deswegen als problematisch gelten, weil sie den Konnex von staatsbürgerlicher Identität mit der Herausbildung einer Leitvarietät versucht. O. Reichmann (1978, 413) weist in diesem Zusammenhang darauf hin, daß die Möglichkeit sprachnationaler Existenz engstens an die Identifizierung der Sprecher mit einer nationalen Leitvarietät gebunden ist.[16] Zu fragen ist daher nach dem Grad des sozialen Bewußtseins und evtl. sprachlich gegebener nationaler Identität, die den Ausbau moderner Nationalstaaten voraussetzt; eine Antwort hierauf ist allerdings nicht in den engeren Grenzen historiolinguistischer Perspektiven zu erwarten.

Sind die Begriffe *Literatursprache* und *Nationalsprache* also terminologisch weitgehend an gesellschaftshistorische Modelle des Marxismus gebunden und daher außerhalb der entsprechenden Konzeptionen schwerlich neutral zu gebrauchen, so ist *Volkssprache* besonders in der mediävistischen Forschung ein weithin gebräuchlicher Begriff für standardisierte nationale Sprachen und wird häufig dichotom zu 'Dialekt' verwendet. Unter soziolinguistischer Perspektive schreibt U. Ammon (1987b, 331): „Frequently a terminological contrast is made between the former and the latter, e.g. *folk variety/folk languages* (German *Volkssprache*) versus *dialect*“. Als vulgaris locutio wird *Volkssprache* in der Germanistik häufig zunächst auf die orale Sprache vorliterarischer Perioden bezogen, so etwa bei I. Reiffenstein (1985) oder St. Sonderegger (1985a). Daneben fungiert der Begriff aber vor allem zur Kennzeichnung national begrenzter überdialektaler Sprachen im Gegensatz zum Latein bzw. als dessen Substitut im Spätmittelalter.[17] Diese zeitliche Eingrenzung verdeutlicht, daß der Begriff zur Bezeichnung moderner, polyfunktional standardisierter Sprachen ungeeignet ist. Der terminologische Bezug ist explizit auf die präexistenten Varietäten gegenwärtiger Sprachen bezogen. Mithin ist die Kennzeichnung des Telos von Konstituierungsprozessen des Nhd. mit *Volkssprache* nicht sinnvoll. Daß außerdem die notwendige Unterscheidung von 'Volk' und 'Nation' in der sprachgeschichtlichen Terminologie nicht aufgegriffen ist und insofern *Volkssprache* ein historisch durchaus problematischer Begriff ist, sei hier nur als Marginalie vermerkt.[18]

---

[16] In diesem Sinn bezeichnet es K.-J. Mattheier (1988, 5) als typische Funktion der Nationalsprache, „Merkmal nationaler oder ethnischer Identität zu sein“.

[17] Vgl. N. Palmer (1984), N. Henkel/N. Palmer [Hg.] (1992) und E. Kleinschmidt (1982).

[18] Vgl. hierzu die überzeugende Unterscheidung von 'Volk' und 'Nation' bei H. Kloss (1987, 102).

Häufig synonym mit *Standardsprache* gebraucht, dient der Begriff *Schriftsprache* in sprachgeschichtlichen Arbeiten vorwiegend zur Bezeichnung einer überregionalen, hochdeutschen Standardvarietät schriftsprachlicher Prägung. Neben der in der Stilistik üblichen Bedeutung als einer strukturell komplexen Ausdrucksform ist *Schriftsprache* in diesem sprachgeschichtlichen Sinn eng an die Arbeiten W. Beschs gebunden und bezieht sich hier, wie oben bereits erwähnt, auf die partiell normierte Schreibsprache des 16. bis 18. Jahrhunderts. Diese ist allerdings nicht allein als poetische Sprache vorzustellen, sondern insbesondere als Kommunikationsmedium des schriftsprachlichen Umgangs überhaupt. In diesem Sinn unterscheidet die Prager Linguistenschule bereits in den 1930er Jahren zwischen *langue littéraire* und *langue poétique* (B. Havránek 1932, 127ff). Klammert der Begriff *Schriftsprache* auch nicht die mündliche Realisation schriftsprachlich normierter Muster aus, so impliziert er in historisch orientierten Arbeiten doch eine Dichotomie zwischen oraler und literaler Sprachentwicklung und weist der Verschriftung die entscheidende Rolle bei der Herausbildung standardisierter Formen zu. Die Richtigkeit dieser Annahme bestätigen die Arbeiten W. Beschs (vor allem 1967), der entgegen der auf oral-dialektale Kumulationsprozesse gerichteten Kulturmorphologie Th. Frings' (1948) die schriftsprachlichen Entwicklungen des 15. Jahrhunderts mittels empirischer Auswertungen untersucht und als dialektalen Ausgleichsprozeß beschrieben hat. Daß der Ausbau schriftsprachlicher Existenz des Deutschen dabei weitgehend als Geschichte der Funktionsablösung des Lateins anzusehen ist, für die deutsche Sprache des Mittelalters also eine primär orale Realisation angenommen wird, die im Zuge der funktionalen Differenzierung und der damit einhergehenden Konstituierung literaler Formen schrittweise die Merkmale einer Koine entfaltet hat, ist in der historiolinguistischen Literatur verschiedentlich thematisiert. Jedoch ist es gerade unter dem Aspekt der Konstituierung des Nhd. als Ablösungsgeschichte des Lateinischen fraglich, ob die maßgeblichen Entwicklungen zur Ausbildung überregionaler Schriftlichkeit wirklich erst im 15./16. Jahrhundert erfolgen oder nicht bereits wesentlich früher in der funktiolektalen Differenzierung des 13./14. Jahrhunderts zu erkennen sind (vgl. N. Wolf 1981, 196). Dieser Frage wird in der vorliegenden Untersuchung noch genauer nachzugehen sein, an dieser Stelle sei nur festgestellt, daß *Schriftsprache* in neueren sprachgeschichtlichen Arbeiten ein relativ eindeutig definierter Terminus ist, der im Zusammenhang der Konzeptionen W. Beschs seine aktuelle Fassung findet.

Dagegen ist *Hochsprache* kaum mehr als allgemeingebräuchliche Bezeichnung für standardisierte Nationalsprachen verwendet, wie etwa noch bei J. Lyons (1970, 23). Die soziologische Konnotation von *Hochsprache* als einer „überwiegend von den gebildeten und herrschenden Schichten" (S. Jäger 1988, 1790) gesprochenen Varietät hat zu einer weitgehenden Ablösung des

Begriffs durch *Standardsprache* geführt. Lediglich in dialektologisch orientierten Arbeiten findet sich der Begriff in dichotomer Semantik zu Dialekt/Mundart noch relativ häufig, wobei er hier in Abgrenzung zum 'Niederdeutschen' zu denken ist, also regional spezifiziert ist. Für gegenwartssprachliche Strukturen wird dabei zumeist eine Unterscheidung zwischen Hochsprache, Umgangssprache und Mundart vorgenommen (vgl. A. Domaschnev 1987, 309). U. Bichel (1988) kritisiert diese übliche Stufung, bei der Umgangssprachen als Zwischenglieder hochsprachlicher und mundartlicher Strata eingeordnet sind, und plädiert für eine Sichtung der pragmatisch motivierten Durchdringungen aller Teilsysteme, die infolgedessen nicht modular, sondern vernetzt gedacht werden müssen. Damit ist zugleich die dialektologische Bestimmung von *Hochsprache* mit der Auffassung prinzipieller Abgrenzbarkeit eines überdachenden Stratums gegenüber untergeordneten Strukturebenen in Frage gestellt. Dennoch begegnet der Begriff in dieser Bedeutung auch in sprachgeschichtlichen Arbeiten noch passim, so etwa bei I. Reiffenstein (1985, 1744) oder bei Chr. Tauchmann (1992). Im Rahmen neuerer sprachgeschichtlicher Arbeiten darf der Begriff *Hochsprache* jedoch aufgrund seiner Implikationen als ungeeignet zur Bezeichnung überregionaler standardisierter Sprachen beurteilt werden. Abgesehen von der für einen terminus technicus unglücklichen Polysemie des Begriffs - regional vs. sozial bestimmte Größe - verbinden sich mit seinem Gebrauch weitgehend Konzepte älterer Erklärungsmodelle zur Konstituierung standardisierter Sprachen, die heute überholt sind.[19]

Die Skizzierung der einschlägigen Begriffe zur Bezeichnung national standardisierter Sprachen der Neuzeit macht deutlich, daß Gleichsetzungsdefinitionen, die ganze Begriffsbündel als Synonymreihen behandeln, als unangebrachte Vereinfachungen anzusehen sind, stehen die jeweiligen Benennungen doch im Kontext wissenschaftshistorischer und/oder theoriespezifischer Verwendungsspektren. Andererseits zeigt der knapp gehaltene Terminologieüberblick auch, daß diese Verwendungsspektren nur schwer auf externe Konzeptionen zu übertragen sind; dies resultiert aus den gezeigten Begriffsimplikationen. Daß eine solche terminologische Vielfalt mit ihren Analogie- und Divergenzrelationen „eine beträchtliche Inkommodität zur Folge" (N. Semenjuk 1985, 1451) hat, liegt auf der Hand. Dennoch haben wir gesehen, daß eine Arbeit zur Konstituierung des standardisierten Nhd. nicht auf eine nähere und d.h. auch terminologische Kennzeichnung des Telos sprachgeschichtlicher Entwicklungen verzichten sollte. Eine solche soll hier, wie bereits erwähnt, mit dem Begriff der *Kultursprache*[20] erfolgen. Allerdings handelt es sich dabei

19 Z.B. Th. Frings (1936), H. Wilde (1939), J. Erben (1954).

20 Vgl. A. François (1959).

keineswegs um eine grundsätzlich eindeutigere, leichter einzugrenzende Bezeichnung. Ist schon das Lexem 'Kultur' alles andere als monosem, so erscheint *Kultursprache* zunächst als ausgesprochen unscharfer Begriff. H. Kloss (1978, 12) lehnt ihn sogar grundsätzlich als zu allgemeine Bezeichnung ab, da jede Menschengruppe ihre Kultur besäße, mithin auch jede soziale Ordnung eine *Kultursprache* habe. In der Unterscheidung von Altkulturen und Hochkulturen schlägt er daher vor, die hochkulturelle Sprache als *Hochsprache* zu bezeichnen. Daß dies kein terminologischer Glücksgriff ist, verdeutlichen die obigen Ausführungen. Die Polysemie von *Kultursprache* wird hier jedoch nicht als konzeptioneller Nachteil angesehen, sondern vielmehr als Möglichkeit über die engen Grenzen bisheriger Terminologien hinaus, einen umfassenden Begriff der standardisierten, normierten und national begrenzten Sprache zu entwickeln. Insofern kann es nicht sinnvoll sein, *Kultursprache* als weiteres Synonym von *Standardsprache* einzuordnen, wie dies etwa bei F. Daneš (1988) geschieht. Vielmehr ist eine Abgrenzung gegenüber dem hier behandelten Bezeichnungsbündel sinnvoll. P. Nelde (1979, 1) nimmt im Zusammenhang einer Untersuchung zur Lage des sprachlichen Übergangsgebietes im deutsch-belgisch-luxemburgischen Grenzraum eine diesbezüglich interessante Unterscheidung gegenüber *Volkssprache* vor: „[F]ür die funktionsmäßig eingeschränkte Umgangssprache der ortsansässigen Bevölkerung" wählt er den Begriff *Volkssprache*, „für die vor allem im Laufe dieses Jahrhunderts eingeführte Neusprache der Verwaltung, Schule, Kirche und Bildung die Bezeichnung Kultursprache".[21] Abgesehen von der zeitlich nicht interessierenden Eingrenzung ist der Aspekt der Institutionalisierung von Sprache und der damit einhergehende funktiolektale Ausbau ein entscheidendes Merkmal von *Kultursprachen* im hier verstandenen Sinn. Da es in der vorliegenden Arbeit im wesentlichen um die funktionale Aufgliederung des Deutschen, insbesondere im fachsprachlichen Bereich der Jurisprudenz, also in einer zentralen institutionalisierten Domäne gesellschaftlicher Organisation geht, erscheint *Kultursprache* als ausgesprochen geeignete Bezeichnung für das Telos der hier interessierenden Entwicklungen, denn gesellschaftliche Institutionen etablieren wesentlich die kulturelle Identität einer Sprachgemeinschaft. Die Konstituïerung einer nhd. *Kultursprache* ist so verstanden der Ablösungsprozeß einer lateinisch überdachten Vulgaris locutio des Mittelalters durch eine muttersprachliche Locutio secundaria, die selbst sukzessive den zuvor lateinisch besetzten Rang des höchsten Stratums sprachlicher Kommunikation ein-

---

21 Ein ähnliches Verständnis liegt den Ausführungen H. Gregersens (1989, 118) zugrunde: „Die Kultursprache ist diejenige Sprache, die man verwendet, sobald man die Mundart verläßt. Die Kultursprache ist somit die Schriftsprache, aber auch die höhere Sprache der öffentlichen Versammlungen sowie auch die Sprache des religiösen Lebens."

nimmt.[22] Daß damit keineswegs eine Einschränkung auf fachsprachliche Kommunikation verbunden ist, verdient besonderer Erwähnung. Dennoch besteht der Verdacht, daß die Begründung von *Kultursprachen* wesentlich durch fachsprachliche Differenzierung erfolgt; dies ist im näheren noch zu zeigen. Daß der so einzuordnende Begriff der *Kultursprache* nicht im geringsten bildungsbürgerliche Vorstellungen der Kultur linguistisch stipuliert, sollte deutlich sein.

Insofern kann dem Begriff *Kultursprache* auch keine natürliche Sprache entgegengestellt werden, ist jedes symbolische Zeichensystem doch per se immer auch kulturell. Der *status culturalis* ist linguistisch nicht sinnvoll gegen einen *status naturalis* abzusetzen, wie dies S. Pufendorf im Rahmen seiner Naturrechtslehre versucht.[23] *Kultursprache* ist also nicht antonym zu Natur verwendet, sondern bezieht sich auf das Medium gesellschaftlich institutionalisierter Verfahren symbolischer Vermittlung. In diesem Sinn als sozial organisiertes System gekennzeichnet, kommen für die Entwicklungen von *Kultursprachen* ohnehin keine tertium-non-datur-Modelle in Betracht, die sprachlichen Wandel entweder als artifiziell oder natürlich einzuordnen versuchen. Vielmehr wird Sprache in diesem Zusammenhang in Anlehnung an G. Simmels Kulturphilosophie als wirklichkeitserdeutende Form aufgefaßt, die zur Objektivierung des Lebens dient. G. Simmel geht davon aus, daß derartige kulturelle Gebilde, von denen die Sprache als Deutungsform einen zentralen Rang einnimmt, Verbindlichkeit vermitteln und somit einen Kulturwert haben. Dieser kulturelle Rang ist aber gerade kein allein artifizieller, sondern konstituiert sich ebenso durch die immanente Logik der Kultursysteme selbst. Der Ausbau von *Kultursprachen* ist mithin ein Vorgang intentional gesteuerter, durch institutionales Handeln bedingter Entwicklungen ebenso, wie ein Invisible-hand-Prozeß, also „indeed the result of human action, but not the execution of any human design“[24].

Ist *Kultursprache* damit generell als geeigneter Begriff zur Kennzeichnung des standardisierten, normierten und überregionalen Nhd. für die hier gewählte Perspektive eingeführt und im Gegensatz zu den übrigen umrissenen Bezeichnungen mit R. Baum (1987, 183) als eine „allumfassende Kommemoration ermöglichendes Instrumentarium ersten Ranges“ anzusetzen, so ist es im weiteren notwendig, die Merkmale einer solchen *Kultursprache* im einzelnen zu

---

22 Zur Begrifflichkeit vgl. das erste Kapitel von Dantes Traktat „De Vulgari Eloquentia“: Rajna, Pio [Hg.] (1897): Il trattato de vulgari eloquentia. Firenze.

23 Sam. Pufendorfii: Eris scandica, qua adversus libros de iure naturali et gentium obiecta diluuntur. Francofurti ad Moen 1686.

24 Adam Ferguson: An Essay on the History of Civil Society. Edinburgh 1767. Zur linguistischen Verwertung von Invisible-hand-Theorien vgl. R. Keller (1994), zur berechtigten Kritik an Kellers Ansatz insbesondere D. Cherubim (1983).

bestimmen, und dies sowohl im Hinblick auf die konstituierenden Faktoren kultursprachlicher Existenz als auch unter dem Aspekt der Klassifikation und Abgrenzung gegenwärtiger Sprachen.

1.2 Merkmale von Kultursprachen

Kultursprachigkeit resultiert nicht allein aus dem Vorhandensein definierbarer Merkmale, die als disparate Faktoren in einem modular gedachten Sprachentwicklungsprozeß jeweilige Konstituenten von Kultursprachen darstellen, sondern vielmehr aus der historisch fortschreitenden Vernetzung kultursprachlicher Einzelmerkmale, also aus dem Ausbau eines in enger Binnenrelation strukturierten Merkmalbündels. Es ist daher auch wenig sinnvoll, den kultursprachlichen Rang an der Ausbildung isoliert betrachteter Merkmale zu messen. Im Zusammenhang der nachfolgenden Argumentation wird daher von der relationalen Abhängigkeit der Merkmale von Kultursprachen ausgegangen. Die Frage nach dem Ausbau von Kultursprachen ist damit engstens an eine Untersuchung der Konnexion der die Kultursprachigkeit bedingenden Merkmale gebunden. Eine vollständig ausgeprägte Kultursprache erfüllt dabei acht, in derartig konnektiven Relationen stehende Kriterien, die einerseits als Bedingungen der Möglichkeit einer Ausbildung von Kultursprachigkeit zentrale sprachgeschichtliche Orientierungspunkte sind und andererseits als relationale Konstituenten die Typisierung von Kultursprachen ermöglichen.

Allgemeinste und zugleich notwendigste Voraussetzung von Kultursprachigkeit ist die Existenz eines Schriftsystems, also der literale Ausbau einer Sprache. Bei der Begründung dieses primären Status muß zunächst von der linguistischen Einordnung der Literalität ausgegangen werden, denn weithin wurde und wird in der Sprachwissenschaft die Auffassung vertreten, daß Schrift allein ein Fixationsmedium und entgegen der Oralität nicht als Sprache zu bezeichnen ist. In der modernen Linguistik wird diese Annahme als valide Theorie formuliert, so bei F. de Saussure (1972, 45): „Langue et écriture sont deux systèmes de signes distincts; l'unique raison d'être du second est de représenter le premier“ oder prosaischer bei L. Bloomfield (1933, 19): „Writing is not language“. Auch in den gegenwärtigen Forschungen zur Ausbildung literaler Systeme wird dieser Standpunkt in der Regel als Axiom tradiert: „Neben der Sprache zählt die Schrift zu den elementarsten und wichtigsten kulturellen Errungenschaften der Menschheit“ (P. Damerow/R. Englund/H. Nissen 1994, 90).

In Anlehung an die Arbeiten E. Feldbuschs (1985) und I. Warnkes (1997a) wird dieser opinio communis hier nicht entsprochen. Entgegen der Auffassung, Literalität sei eine bloße Medialisierung der grundsätzlich oral existenten

Sprache, sind orale und literale Sprache im folgenden als eigenständige Systeme eingeordnet, so daß Schriftlichkeit und Mündlichkeit als differente Existenzformen der Sprache angesehen werden. An die Stelle einer Identitätsformulierung von Oralität und Sprache und der Definition der Literalität als Sprache repräsentierendes Medium tritt damit das Theorem der gleichwertigen Medialisierung der Sprache durch Schrift und Sprechen. Diese mediale Gleichsetzung von Oralität und Literalität bedingt jedoch keine Unifizierung der kommunikativen Funktionen beider Systeme, unterscheiden sich mündliche und schriftliche Sprache doch insbesondere hierin. Gerade die funktionale Distinktion von Oralität und Literalität bestimmt Schriftlichkeit als Primärmerkmal von Kultursprachen, und dies nicht als oral abhängige Reproduktion 'eigentlicher' Sprache, sondern als eigenständiges Medium.[25]

Als Kultursprachigkeit konstituierende Aspekte der Literalität sind gegenüber der Oralität die areale und temporale Ungebundenheit der Kommunikation maßgeblich. Schriftsprachlichkeit ermöglicht vor der Erfindung von Phonogrammen die Lösung von der raum-zeitlichen Einheit des oralen Kommunikationsprozesses, so daß neben der face-to-face-Kommunikation eine die räumliche und zeitliche Distanz von Sender und Empfänger überwindende Informationsübermittlung realisierbar ist. Diese potentielle Verfügbarkeit der Communicatio jenseits areal-temporaler Begrenzung ermöglicht die Rekursivität der Kommunikation, den jederzeit möglichen Rückgriff auf schriftlich fixierte Texte und damit den Ausbau komplexer Intertextualitätsformen ebenso wie die Standardisierung von textuellen Mustern und die Tradierung kommunikativer Inhalte und Formen. Insofern ist das Herauswachsen aus der Oralität als alleiniger Medialisierung durch literale Kommunikationsverfahren immer kulturkonstituierend und conditio sine qua non von Kultursprachen. So geht auch das DFG-Projekt zur Erforschung der ältesten vorderasiatischen Schriftdokumente, der Tontafeln aus Uruk, davon aus, „daß die Triebkraft der Schriftentwicklung stetig komplexer werdende Wirtschaftsformen waren“ (P. Damerow/R. Englund/H. Nissen 1994, 90), Literalität folglich aufgrund kultureller Komplexität ausgebildet wurde. Damit ist der Ausbau literaler Kommunikationsformen auch für die sprachgeschichtliche Erklärung der Konstituierung des Nhd. als Kultursprache ein wesentlicher Faktor; dies jedoch nicht im Hinblick auf eine präexistente Mündlichkeit, sondern auf Literalität als einer eigenständigen kulturgründenden Konstituente sprachlicher Entwicklung. Formuliert Th. Frings ein sprachgeschichtliches Primat der Oralität, das Schriftlichkeit nur in bezug auf die Ausbildung zugrunde liegender Oralität als

---

[25] P. v. Polenz (1991, 115) geht auch davon aus, daß sich Schriftlichkeit im Zuge der deutschen Sprachgeschichte als ein eigenes, „von der gesprochenen Sprache weitgehend unabhängiges Kommunikationssystem“ ausbildet und insofern nach traditioneller Auffassung der Sprachwissenschaft „nicht einfach 'Abbild' der gesprochenen Sprache ist“.

relevant einordnet und folglich davon ausgeht, daß schriftsprachlich manifestierte Standardisierungen „in der gesprochenen Sprache längst vorhanden und stabilisiert gewesen sein" (R. Schützeichel 1986, 178) müssen, so ist für die Herausbildung einer auf Literalität gründenden Kultursprache Schriftlichkeit als eine eigenständige mediale Existenzform anzusehen, die nicht im kongruenten Abbildungsverhältnis zur Oralität steht. Auch für die in dieser Arbeit unter anderem interessierenden mittelalterlichen Kommunikationssituationen ist nicht von einem generellen Primat der Oralität auszugehen; dies zeigt gerade die Geschichte gesellschaftlicher Institutionalisierungen respektive des juridischen Diskurses. W. Ong (1987, 16), der ein Vertreter des Oralitätsprimats ist und „das Schreiben als ein sekundär formendes System" bezeichnet, „welches von einem älteren primären System der gesprochenen Sprache abhängt", versucht seinen Standpunkt gerade durch ein Beispiel aus dem mittelalterlichen Rechtsbereich zu verifizieren: „Lebende Zeugen waren *prima facie* glaubhafter als Texte, weil sie angegriffen werden konnten, weil sie veranlaßt werden konnten, ihren Standpunkt zu verteidigen, wohingegen (...) dies bei Texten nicht möglich war" (W. Ong 1987, 98). Für das deutsche Recht des Mittelalters ist das Gegenteil der Fall. Ganz im Kontrast zur modernen Auffassung von der Außerkraftsetzung alten Rechts durch neue Rechtssetzung gilt im deutschen Gewohnheitsrecht des Mittelalters das an und für sich ungeschriebene alte Recht grundsätzlich als das richtige, die Rechtsgültigkeit leitet sich also aus dem Alter ab. Gerade deshalb haben im deutschen Mittelalter Schriftstücke in concreto Präferenz vor der jeweils nur aktualen Mündlichkeit. Indiz dafür ist die hohe Zahl mittelalterlicher Urkundenfälschungen, „weil eine Urkunde um so kräftiger und vor Entwertung sicherer ist, je älter sie sich gibt" (F. Kern 1976, 36). Aber nicht nur aufgrund der für das deutsche Rechtssystem des Mittelalters bestehenden Relevanz der Schriftlichkeit, sondern insbesondere in bezug auf die normierende Funktion von Rechtssetzungen und der damit notwendigen raum-zeitlichen Ungebundenheit der Communicatio ergibt sich im Bereich der Institutionengeschichte ein Primat der Literalität bei der Konstituierung von Kultursprachen. So ist die Entstehung systematischer Rechtssysteme als Nucleus kultureller Organisation engstens an den Ausbau der Literalität gebunden. W. Seagle (1969, 211) weist darauf hin, daß der für die Entstehung von Rechtssystemen entscheidende Aufstieg des Juristenstandes „eng verknüpft mit der Einführung des schriftlichen Verfahrens in den Prozeß" war. Auch die Ausbildung des römischen Rechts überhaupt, als ein die gesamte europäische Rechtsentwicklung nachhaltig prägendes System, ist im wesentlich als eine die Kautelarjurisprudenz ablösende Literalisierung in Form des *Zwölftafelgesetzes* (~ 450 v. Chr.) und vor allem des *Corpus Iuris Civilis* Justinians (528-34 n. Chr.) zu verstehen.

In nuce kann somit festgehalten werden, daß das Entstehen kultureller Institutionen parallel zur Literalisierung der Kommunikation verläuft, womit Schriftlichkeit als primäre Bedingung der Konstituierung von Kultursprachen anzusehen ist;[26] im besonderen gilt dies für den juridischen Diskurs. Daß die Geschichte der Literalisierung verschiedenste Stufen durchläuft, an deren vorläufigem Ende der deutschen Sprachgeschichte die Anverwandlung eines normierten Schrift- und Interpunktionssystems steht, ist evident. Hier geht es zunächst nur darum, Literalität als Primärmerkmal von Kultursprachen einzuordnen und daher mit E. Havelock (1976, 82f) die europäischen Kulturverbände als *alphabetic cultures* zu bezeichnen.

In direktem Konnex zur Literalisierung einer Sprache steht die Überregionalität als weiteres Merkmal von Kultursprachen, denn schriftliche Zeugnisse sind „im allgemeinen für den nicht alltäglichen, kulturell überregionalen Bedarf bestimmt und können deshalb mit Ausbreitung über viel weitere Verkehrsräume rechnen“ (H. Eggers 1984, 40). Es besteht in der Sprachgeschichtsschreibung Konsens darüber, daß die überregionale Verwendbarkeit einer Sprache maßgebliche Voraussetzung für ihren Ausbau als standardisiertes Kommunikationsmedium ist. Ist dieser Einschätzung auch nicht zu widersprechen, so muß gleichwohl die Frage gestellt werden, ob die Überregionalität einer Sprache in der Tat als entscheidende Voraussetzung kultursprachlicher Existenz anzusehen und der Prozeß des Ausbaus eines die Mundarten überdachenden Stratums gleichzusetzen ist mit der Konstituierung des Nhd. überhaupt. Dieser weit verbreitete Erklärungsansatz zur Entstehung des Nhd. parallelisiert Überregionalisierung mit dem Erreichen eines standard- bzw. gemeinsprachlichen Ranges, womit die Entstehung überdialektaler Kommunikationsformen als terminus post quem der Konstituierung des Nhd. eingeordnet ist. Folge dieses sprachgeschichtlichen Überregionalitätsprimats ist die zeitliche Einordnung des Beginns nhd. Kommunikationsformen im 16. Jahrhundert, also am Beginn der Frühen Neuzeit. Da in den vorhergehenden Jahrhunderten das Deutsche noch stark regional differenziert war und von einem überregionalen Stratum keine Rede sein kann, wird auch die sprachgeschichtliche Basis des Nhd. im 16. Jahrhundert vermutet. Es ist aber kein notwendiger Schluß, daß die Ecksteine des Nhd. als Kultursprache kongruent mit dem Ausbau überregionaler Verkehrsformen des Deutschen sind. R. Müller (1991, 68)

---

[26] Für außereuropäische Sprachen zeigen dies exemplarisch die Ausführungen J. Fremdgens (1986, 579) zum Geschichtsbewußtsein der muslimischen Nagerkuts in Nordpakistan unter den Aspekten Oralität und Literalität: „Die im Zuge der Islamisierung komplexer und differenzierter werdende Kultur und der allmähliche Übergang von einer segmentären zu einer eher unitären staatlichen Ordnung korrelieren mit der Entwicklung eines historischen Bewußtseins, das vermehrt auf schriftliche Quellen zurückgreift und seitdem in wachsendem Maße durch die Erkenntnis einer ‘objektiven’ Geschichte ausgewiesen wird.“

weist zu Recht darauf hin, daß die heute valide Erklärung der Konstituierung des Nhd. als Prozeß des überregionalen Ausgleichs „die Aufdeckung des Musters, der Schablone" vermissen läßt, „auf deren Reproduktion der Ausgleich zielt". Zu fragen ist daher nach den Voraussetzungen des überregionalen Ausbaus einer Sprache, also nach Merkmalen der Kultursprachigkeit, die Conditio späteren Ausgleichs sind. In dem vor allem durch W. Besch und die Bonner Forschungen zum Frühneuhochdeutschen vertretenen Überregionalitätsprimat wird auf die allgemeine Voraussetzung der Überregionalisierung, also auf die Literalität des Deutschen, bereits implizit verwiesen. So geht W. Besch (1993, 122) davon aus, daß auf „der Schreibebene, nicht in gesprochener Sprache, (...) die weitere Ausgleichung und Angleichung über die Landschaften hinweg" stattfindet, ergo Literalität eine der Bedingungen überregionalen Ausgleichs darstellt.

W. Beschs Forschungen haben in den 1960er Jahren gezeigt, daß die Entstehung des Nhd. als ein multivarianter Ausgleichsprozeß zu beschreiben ist und vor dem 16. Jahrhundert „schlechterdings nicht von Neuhochdeutsch als einem überregionalen Sprachtypus" (ebd.) zu sprechen ist.[27] Ohne diese Konzeption in Frage zu stellen, ist allerdings nach den Bedingungen der Möglichkeit überregionalen Ausgleichs zu fragen, womit die Notwendigkeit einer weiteren Formulierung von Merkmalen der Kultursprachigkeit gegeben ist und es fraglich erscheint, ob das Außerkraftsetzen der regionalen Gebundenheit von Sprache wirklich „das entscheidend Neue" (ebd., 115) bei der Entstehung des Nhd. ist.

Wie in Kap. 1.4 noch näher zu zeigen ist, geht die vorliegende Arbeit für das Deutsche unter anderem davon aus, daß neben der Literalität als einer prinzipiellen Voraussetzung die Polyfunktionalität Bedingung der Ausbildung überregionaler Strata und damit fundamentales Merkmal von Kultursprachen ist. Da dieser hier zunächst als Hypothese formulierte Ausgangspunkt der Untersuchung genau zu kennzeichnen ist, erscheint es sinnvoll, in diesem, die Merkmale von Kultursprachen allgemein behandelnden Kapitel nur generelle Aussagen zur Polyfunktionalität zu machen. Unter Polyfunktionalität[28] wird hier die kommunikative Leistungsfähigkeit einer Sprache in unterschiedlich-

---

[27] Ob daraus zu schließen ist, daß es überhaupt keine überregionalen Kommunikationsformen außerhalb der Latinität gab, ist jedoch fraglich. So zeigen die Itinerare der spätmittelalterlichen Prediger, daß Personen die unterschiedlichsten dialektalen Großräume predigend durchwandert haben. Da nicht davon auszugehen ist, daß sie eine multidialektale Kompetenz hatten, muß ihre Sprache zumindest im Ansatz Formen der Überregionalität gezeigt haben.

[28] Als Bestimmungsglied wird hier *poly-* gegenüber *multi-* vorgezogen, suggeriert doch die Bezeichnung *Multifunktionalität* die vollständige kommunikative Reichweite einer Sprache, wohingegen *Polyfunktionalität* lediglich die kommunikative Geltung in mehreren Domänen meinen soll.

sten Domänen gesellschaftlicher Organisation verstanden, also die horizontale[29] Differenziertheit einer Sprache.

Die Geschichte der Polyfunktionalisierung des Deutschen ist insbesondere als Ablösung des Lateinischen als d e r europäischen Kultursprache des Mittelalters durch volkssprachliche Kommunikationsformen zu beschreiben. Bekanntlich tritt an die Stelle zuvor lateinisch besetzter Diskurse im Spätmittelalter zunehmend das Deutsche und entwickelt im Zuge dieser Substitution eine fortschreitende funktionale Differenzierung. Erst aufgrund der damit erreichten kommunikativen Leistungsfähigkeit ist ein schreibsprachlicher Ausgleichsprozeß überhaupt denkbar, denn dieser setzt die breite literale Verwendung des Deutschen voraus. Unter diesem Gesichtspunkt - das sei hier bereits erwähnt - sind die maßgeblichen Fundamente der nhd. Kultursprache nicht im 16. Jahrhundert parallel zur Ausbildung von Überregionalität zu suchen, sondern bereits wesentlicher früher, nämlich im 13. Jahrhundert, also zu dem Zeitpunkt, wo eine Funktionsdifferenzierung aufgrund der beginnenden Ablösung der mittelalterlichen Latinität zu beobachten ist; in Kap. 3.1 wird auf die zeitlichen Aspekte der Polyfunktionalisierung des Deutschen noch näher eingegangen. Wir halten hier nur fest, daß die Funktionsdifferenzierung des Deutschen als Ursache späterer Überregionalisierungstendenzen einzuordnen und Polyfunktionalität als zentrales Merkmal von Kultursprachen anzusehen ist.[30]

Mit der sprachgeschichtlichen Einordnung der Begriffe Literalität, Überregionalität und Polyfunktionalität sind bereits die zentralen Merkmale von Kultursprachen genannt und ihre Interdependenzen vorläufig gekennzeichnet. Als weitere, Kultursprachigkeit begründende Eigenschaft ist die Literarizität einer Sprache zu nennen. Ohne hier die der literaturwissenschaftlichen Reflexion zuzuweisende Bestimmung des Begriffs 'Literatur' aufzugreifen, ist eine nähere Kennzeichnung des Wortgebrauchs für eine sprachgeschichtliche Dimensionierung der mit 'Literarizität' bezeichneten konstitutiven Eigenschaften von Literatur notwendig. Literatur ist ein amphibolischer Begriff und kann in seiner generellen Bedeutung bekanntlich auf alle textlich fixierten Äußerungen referieren oder in spezifischer Bedeutung lediglich auf poetische Texte bezogen sein. In dieser eingeschränkten Bedeutung ist hier Literatur bzw. Literarizität als Gesamtheit literarischer Konstituenten zu verstehen. Mithin ist Literarizität im sprachgeschichtlichen Kontext als spezifische Ausprägung literal manifestierter Sprache und damit als Teilbereich des funktionalen Spektrums einer Sprache bestimmt. Denn wie in Kap. 2.1 näher gezeigt, ist dem Merkmal der Polyfunktionalität bereits die textuelle Organisation von Sprache inhärent.

---

29 Zu den Termini 'Horizontalität' und 'Vertikalität' in der Sprachwissenschaft vgl. S. Wichter (1994).

30 Vgl. die zentrale Relevanz der Polyfunktionalisierung in der Prager Theorie der Schriftsprache, so bei A. Jelicka (1964).

Textualität ist ein Teilaspekt der Polyfunktionalität von Sprachen, so daß ein genereller Gebrauch von 'Literatur' bzw. 'Literarizität' redundant wäre. Literarizität als Konstituente von Kultursprachen bezieht sich ohne ästhetische Kennzeichnung mithin auf sprachliche Realisationen in Werken der Dichtung, also auf die Organisation in epischen, dramatischen und lyrischen Texten.

Der Kulturstatus einer Sprache steht deshalb in besonderer Abhängigkeit zur Ausprägung der Literarizität, weil Sprache als kulturelles Gebilde im hier zugrunde liegenden Verständnis eine wirklichkeitserdeutende Form ist, die im wesentlichen durch ihren artifiziellen Ausdruck realisiert wird. Diese gesonderte Stellung der Literatur im Prozeß der Entwicklung des Nhd. hat in älteren Darstellungen eine fast vollständige Reduktion des sprachhistorischen Interesses auf literarische Texte im engeren Sinn bedingt. Erst in jüngster Zeit berücksichtigt die germanistische Sprachgeschichtsschreibung auch Fach- und Gebrauchsprosa, und dies ist unter dem Gesichtspunkt der Ausbildung von Kultursprachen als Prozeß der Polyfunktionalisierung unabdingbar. Als kultursprachliches Merkmal ist damit Literarizität im engeren Sinn nicht in Frage gestellt. Die Sprachgeschichtsschreibung des Deutschen wird auch weiterhin im Verbund mit der germanistischen Literaturgeschichtsschreibung klären müssen, welche literarischen, also poetischen Texte der vorneuhochdeutschen Sprachperioden aufgrund ihrer Verbreitung den kulturellen Rang des Deutschen mitbegründen und welche die Literarizität des Deutschen betreffenden Entwicklungslinien zur Ausbildung einer belletristischen Literatursprache[31] sowie zur Formulierung eines literarischen Kanons führen. Für das erkenntnisleitende Interesse der vorliegenden Arbeit ist die Ausbildung der Literarizität des Deutschen nebensächlich, sind die Fragestellungen doch auf den juridischen Diskurs und damit weithin auf Fachprosa beschränkt.

In Auseinandersetzung mit dem sprachgeschichtlichen Überregionalitätsprimat formuliert S. Wichter (1994) eine These, die für die weitere Beschreibung der Merkmale von Kultursprachen unmittelbare Relevanz besitzt. S. Wichter (1994, 250) geht davon aus, daß in der Frühen Neuzeit die diatopische Subsystemdimension des mittelalterlichen Deutsch durch die sprachlich manifeste „Dimension der horizontalen und vertikalen Wissensdifferenzierung“ ersetzt wird und meint, darin eine „tiefgreifende strukturelle Gewichtsverlagerung im Varietätenraum“ erkennen zu können. Die horizontale Dimensionierung ist hier bereits als Ausbau polyfunktionaler Leistungsfähigkeit einer Sprache beschrieben. Gleichlaufend mit dieser domänenspezifischen Ausglie-

---

[31] Vgl. die Ausführungen zur Ausbildung der belletristischen Literatursprache des Deutschen seit dem 17. Jahrhundert in P. v. Polenz (1994, 300-346).

derung ist nun die kommunikative Reichweite bei der Vermittlung gesellschaftlich unterschiedlichster Gruppen von Sprachteilhabern ein Kennzeichen kultureller Differenziertheit. Dieser bei S. Wichter als Vertikalität bezeichnete und auf lexikologische Fragen des Verhältnisses von Experte und Laie beschränkte Aspekt ist sprachgeschichtlich im Hinblick auf die Ausbildung einer vertikalen Reichweite kommunikativer Mittel und Verfahren als ein alle sprachlichen Ebenen betreffendes Kennzeichen von Kultursprachen einzuordnen. Im Kontext der Deskription des Merkmalbündels von Kultursprachen soll der Begriff Intersozialität auf diese vertikale Organisation einer Sprache referieren. Dabei ist sogleich einschränkend zu vermerken, daß Sprache allgemein betrachtet immer intersozial ist, denn nonsoziale Kommunikationsmedien gibt es nicht. Intersozialität ist hier in einem engeren Sinn zu verstehen als Eigenschaft einer Sprache, weitreichende, die kommunikativen Grenzen sozialer Schichten überschreitende Informationsübermittlung zu ermöglichen. Wenn Intersozialität damit als Merkmal von Kultursprachen festgelegt ist, so folgt daraus die These, daß der kulturelle Rang einer Sprache in proportionaler Abhängigkeit von ihrer sozialen Integrationsfunktion steht, womit der Ausbau von sozial weitgefächerten Varietäten als sprachgeschichtlich wesentlicher Prozeß bei der Konstituierung des Nhd. anzusehen ist. Denn bekanntlich kann weder für die ahd. noch für die mhd. Dialekte von sozial verbindlichen Kommunikationsverfahren ausgegangen werden. Die Bereitstellung eines sozial integrativen Interaktionsmediums ist Kennzeichen weitentwickelter Kultursprachen wie etwa des Nhd.

Ebensowenig wie die Konstituierung der bereits angeführten Merkmale ist die Ausbildung lingualer Intersozialität ein isoliert zu betrachtender Prozeß. So besteht zwischen Polyfunktionalität und Intersozialität ein ebenso enger Konnex, wie der Ausbau überregionaler, literaler und literarischer Varietäten Intersozialisierungen determiniert. Für die germanistische Sprachgeschichtsschreibung ist die Untersuchung solcher Interdependezen ein Desiderat, und die bisherige Vernachlässigung der entsprechenden Fragestellungen führt dabei zur Ausklammerung wichtiger Gesichtspunkte der Genese einer standardisierten nhd. Sprache. So ist die von S. Wichter (1994) weitgehend synchron angelegte Konzeption zur vertikalen Vermittlung von Experte und Laie ein in der Tat geeigneter, doch kaum verwendeter Schlüssel zur Untersuchung frühneuzeitlicher Interaktionsstrukturen. Neben der im ausgehenden 15. und beginnenden 16. Jahrhundert ansetzenden Überregionalisierung sind Intersozialisierungstendenzen unübersehbar. Häufig ist bei der frühneuzeitlichen Ausfächerung kommunikativer Verfahren neben der Polyfunktionalisierung auch die Intersozialisierung zu untersuchen, unabhängig davon, ob es sich dabei z.B. um massenwirksame und damit eine sozial nicht prädefinierte Öffentlichkeit ansprechende Texte der Reformation oder um die Verwendung des Deutschen als Sprache der universitären Lehre handelt.[32] Das gilt auch im Bereich des an und für sich hermetischen juridischen Diskurses. Im ausgehenden 15. und beginnenden 16. Jahrhundert werden juristische Texte verfaßt, die den Laien eine juristische Basiskompetenz vermitteln bzw. dem römischen Recht zu allgemeiner Verbreitung in Deutschland verhelfen wollen. Neben dem bekannten *Klagspiegel* aus der 1. Hälfte des 15. Jahrhunderts und dem *Laienspiegel* von 1509 erscheinen in der Frühen Neuzeit Schriften mit bezeichnenden Titeln wie *Ein Rathschlag, darnach die Bauern und gemeinen Bürgers leute an ihren bürgerlichen gerichten in etlichen gemeinen Fällen urthielen mögen* (Anfang 16. Jh.); die sprachliche Intersozialisierung der frühneuzeitlichen Gesellschaft ist hier evident. Intersozialität ist insofern als ein weiteres Merkmal sich ausbildender respektive ausgebildeter Kultursprachen festzuschreiben.

Da davon auszugehen ist, daß in der Entwicklungsgeschichte von Kultursprachen erst die Reflexion auf sprachliche Inventare und Strukturen ein Bewußtsein von der je eigenen Sprache bedingt und Sprachbewußtsein wiederum die entscheidende Voraussetzung für die Bewertung einer Muttersprache als Kulturgut ist, hat Sprachgeschichtsschreibung neben der historischen Einordnung und analytischen Auseinandersetzung mit den fünf bisher genannten Merkmalen zu klären, zu welchem Zeitpunkt und in welcher Form diese Reflexion einsetzt und in welchem Zusammenhang diese zur Ausbildung volkssprachlichen Bewußtseins steht. Reflexion ist dabei gleichzusetzen mit den frühen Formen wissenschaftlichen Interesses an sprachlichen Inventaren, Strukturen und Texten. Hier wird davon ausgegangen, daß die Konstituierung von Kultursprachen an die Philologisierung einer Sprache gebunden ist, also an die Existenz von Wörterbüchern, Grammatiken, Stillehren, Editionen etc. So ist für das Deutsche der Frühen Neuzeit parallel zur Überregionalisierung eine Philologisierung ebenso unübersehbar wie die soeben beschriebenen Intersozialisierungstendenzen. Dienten die frühen lateinisch-deutschen Glossare z.B. noch allein der Systematisierung des spätmittelalterlichen Lateinunterrichts, so setzt das philologische Interesse an der Lexik des Deutschen mit den lexikographischen Arbeiten seit dem 15. Jahrhundert ein. Bereits kurz nach 1400 entsteht mit dem *Vocabularius ex quo* ein ergiebiger Thesaurus des frnhd. Wortschatzes (vgl. K. Grubmüller 1990, 2040), und mit den deutsch lemmatisierten Wörterbüchern dieser Zeit „begann man etwas für die deutsche Sprache um ihrer selbst willen zu tun" (P. von Polenz 1991, 217). So ist an der

---

32 Daß das Lateinische nahezu alleiniges Kommunikationsmittel der spätmittelalterlichen Universitäten war, ist bekannt. Die Tradition deutscher Vorlesungen beginnt jedoch nicht erst mit Christian Thomasius [1687], wie oft angenommen, sondern bereits mit einer deutschen Vorlesung zu den Satiren Juvenals von Tileman Herverlingh [Rostock, 1501]; dies hat K. Weimar (1989) gezeigt.

Geschichte des deutschen Wörterbuchs von den frühen lateinisch-deutschen Glossaren über die ausführlichen deutsch-lateinischen Wörterbücher des Humanismus bis zu den einsprachigen Wörterbüchern der Barockzeit die wachsende Tendenz zur Sprachreflexion beobachtbar. Ganz ähnliches gilt für die frühneuzeitlichen deutschen Grammatiken, deren erklärtes Ziel vor allem in der Vereinheitlichung der Schrift lag und die mit den so formulierten orthoepischen Normen bewußt in die literale Medialisierung des Deutschen eingreifen; die erste vollständige deutsche Grammatik dieser Art erschien 1618.[33]

Neben der lexikographischen und grammatischen Deskription gehört das mit dem wachsenden sprachhistorischen Interesse zusammenhängende Bedürfnis nach Edition mittelalterlicher und antiker Texte zu den Philologisierungstendenzen seit der Frühen Neuzeit. So ist das *Annolied* in Drucken des 16. und 17. Jahrhunderts erhalten, der vollständige Text ist von Martin Opitz (1597-1639) im Jahr 1639 ediert worden.[34] Es ist der von Martin Opitz verschiedentlich zitierte Jurist Melchior Goldast (1578-1635), der die ersten Editionen mhd. Texte durch die Publikation von Teilen der Manessischen Liederhandschrift vorlegt. Die Tatsache, daß Melchior Goldast nicht ein früher Philologe im engeren Sinn, sondern ein Polyhistor und umfassend gebildeter Jurist ist, deutet darauf hin, daß die Philologisierung des Deutschen nicht auf frühe Formen des sprach- und literaturwissenschaftlichen Interesses zu beschränken ist. Vielmehr umfaßt sie die polyfunktional gestreute Gesamtheit der sprachreflexiven und durch Editionen verwirklichten historischen Perspektivierungen auf die eigene Muttersprache.[35] Gerade auch für den juridischen Diskurs läßt sich seit der Frühen Neuzeit ein Interesse an der philologischen und d.h. hier editorischen Aufarbeitung der wichtigsten Rechtsquellen beobachten. Abb. 1 zeigt für die reichsrechtlichen Editionen des Privatrechts unter Einschluß der 39 Auflagen des *Corpus Recessuum Imperii* den zeitlichen Verlauf dieser Philologisierungstendenz des juridischen Diskurses für die Zeit von 1500-1800 exemplarisch.[36] Dabei fällt die gleiche Zahl der Quelleneditionen im 16. und 18. Jahrhundert auf, die frühneuzeitlichen Bemühungen um Sammlungen des Reichsrechts stehen frequentiell denen späterer Jahrhunderte also nicht nach; im Gegenteil ist die Zahl der reichsrechtlichen Sammlungen aufgrund des 30jährigen Krieges im 16. Jahrhundert deutlich geringer. Zu den wenigen

---

33 Johannes Kromayer: Deutsche Grammatica: zum newen Methodo d. Jugend zum besten zugerichtet. Weimar 1618.

34 Martin Opitz: Incerti Poetae Teutonici Rhythmus de Sancto Annone Colon. Archiepiscopo, Danzig 1639.

35 Vgl. für die Rezeption von Varros „De lingua latina" D. Cherubims (1995, 134) Einordnung des 16. Jahrhunderts als „Phase der philologischen Sicherung des Textes".

36 Die Zahlen beziehen sich auf die Nachweise bei H. Coing [Hg.] (1976, 312-315).

Konvoluten dieses Zeitraums gehören die bedeutenden Editionen Melchior Goldasts, der zu den wichtigsten juristischen Editoren zählt.[37]

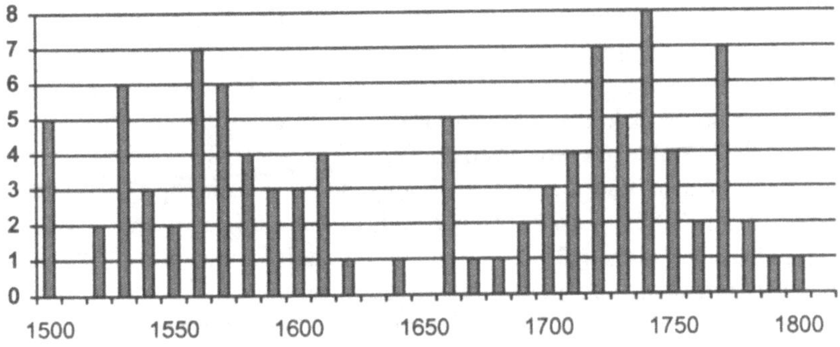

Abb.1: Zahl reichsrechtlicher Quelleneditionen 1500-1800 nach H. Coing ([Hg.] 1976)

Sind in jüngster Zeit auch einige Arbeiten zur Ausbildung des sprachreflexiven Bewußtseins seit dem Spätmittelalter vorgelegt worden,[38] so fehlt doch bisher eine systematische und das bedeutet im mindesten eine die lexikographischen, grammatischen, stilistischen und editorischen Arbeiten berücksichtigende Darstellung der Philologisierung des Deutschen.[39] So wichtig die philologische Arbeit an und mit der Sprache für deren kulturellen Rang ist, so wenig hat die germanistische Sprachgeschichtsschreibung sie als Motor der Konstituierung des standardisierten Nhd. untersucht. In der hier vorgenommenen Sichtung der Merkmale von Kultursprachigkeit darf die Philologisierung als Determinante und konstitutiver Aspekt von Kultursprachen dennoch nicht fehlen.

Im Zuge der beabsichtigten Darstellung des Merkmalbündels von Kultursprachen bleibt damit nur noch etwas zur sprachgeschichtlichen Stellung der

---

[37] Als reichsrechtliche Quellensammlungen M. Goldasts sind zu nennen:
- DD. NN. imperatorum caesarum augustorum, regnum & principum electorum ... statuta & rescripta imperialia, (I:) a Carolo Magno ... usque ad Carolum V., (II:) a Carolo V. ... ad usque Rudolphum II. Francofurti 1607.
- Collectio consuetudinum & legum imperialium. Francofurdiae 1613.
- Collectio constitutionum imperialium, hoc est ... imperatorum ... recessus, ordinationes, decreta, rescripta, mandata & edicta. Francofurdiae 1613, 1615, I-IV 1713.

[38] Vgl. vor allem W. Klein (1992), A. Gardt (1994).

[39] Eine Arbeit zur Vorbildfunktion der lateinischen Sprachwissenschaft bei der philologischen Kultivierung der europäischen Volkssprachen liegt mit D. Cherubim (1995) vor.

Aspekte *Institutionalität* und *Internationalität* zu sagen. Versteht man Sprache als spezifische und hochausgebaute Variante menschlichen Handelns, so erscheinen Literalität, Überregionalität, Polyfunktionalität, Literarizität, Intersozialität und Philologität als jeweilige kommunikative Aspekte der kultursprachlichen Handlungsorganisation. Der Ausbau kultureller Systeme stellt sich insofern als die Genese komplexer werdender Handlungsverfahren dar. In diesem Zusammenhang hat die institutionale Vermittlung von Individuen eine wesentliche Bedeutung für die Entwicklungsgeschichte von Kultursprachen, stehen diese doch als kommunikative Handlungsmedien in unmittelbarer Bindung an die sozialen Organisationsformen. Die Sprachgeschichte des Deutschen zeigt ebenso wie die Herausbildung anderer Kultursprachen, daß ein direkter Zusammenhang zwischen der Standardisierung, also dem Ausbau der bisher genannten Merkmale und der Institutionalisierung einer Sprache besteht. Das Entstehen von in der Regel rechtlich fixierten Beziehungsformen einer Gesellschaft wie Universität, Wissenschaft, Schule, Exekutive etc. ist ein Kotext der Konstituierung kulturell differenzierter Sprachen. Im Zusammenhang von verhaltensdeterminierenden oder auch -normierenden Organisationsformen einer Gesellschaft ergeben sich erst die vielfältigen kommunikativen Aufgaben, deren Bewältigung weit ausgebaute Kultursprachen kennzeichnen. Unter Institutionalität einer Sprache wird mithin die Organisation lingualer Handlungsverfahren im Rahmen sozialer Ordnungsentwürfe verstanden; der Begriff ist damit als kultursprachliches Merkmal eingeordnet.

Gegenüber den bisher genannten Merkmalen ist die Internationalität einer Sprache nicht mehr als Konstituente aller kulturell weit ausgebauten Sprachen zu beurteilen, sondern kennzeichnet lediglich die jeweils zeitgebunden führenden Kommunikationsmedien. Dabei ist der Begriff keineswegs auf multilinguale Transferenzen beschränkt, also etwa auf die Internationalisierung der Lexik durch Anglizismen etc. Internationalität bezeichnet vielmehr den generell herausgehobenen kommunikativen Rang einer Sprache im interkulturellen Diskurs. Im einzelnen sind dabei drei Aspekte als gründende Faktoren der Internationalität zu nennen. Zunächst begründet sich die Identifikation mit einer jeweiligen Muttersprache in der Geschichte der Konstituierung von Kultursprachen durch den interkulturellen Vergleich, und dies meist mit dem Ergebnis einer Aufwertung der eigenen gegenüber fremden Sprachen. Insofern geht es bei diesem geschichtlichen Prozeß um eine Zuweisung des internationalen Ranges einer Sprache, der in der Regel mit komparatistischen Argumenten bestätigt wird. Die Entwicklungen dazu setzen in der deutschen Sprachgeschichte in der Frühen Neuzeit an. Mit den patriotischen Argumenten der Gleichwertigkeit insbesondere gegenüber dem Latein wird das Deutsche als differenziertes Kommunikationsmedium akzentuiert. Dabei spielen politisch-soziale Argumente, die das Latein als eine exklusive Verschleierungssprache abwerten, eine ebenso große Rolle wie konfessionelle Apologien (vgl. K. Weimar 1989, 16ff). Ein frühes Beispiel für eine solche Aufwertung des Deutschen im internationalen Kontrast ist mit Laurenz Fries gegeben. In der auf das Jahr 1530 datierten Vorrede seines *Spiegels der artzney*[40], einem übrigens hervorragenden Beispiel für die frühneuzeitlichen Intersozialisierungstendenzen im Bereich der Kommunikation zwischen Experte und Laie, ist zu lesen:

> „Auch bedunckt mich Teütschezung nit minder würdig / dass alle ding darinn beschriben werden / dañ Griechisch / Hebreisch / Lateinisch / Italianisch / Hispanisch / Frantzösisch / in welchen man doch gar bey alle ding vertolmetschet findet. Solt vnser sprach minder seyn? neyn / ja wol vil meer / ursach das sye ein vrsprüngliche sprach ist / nit zuosamen gebetlet / von Griechisch / Lateinisch / den Hunen vnd Gothen / als Frantzösisch / auch meer reguliert."

Auffällig ist in diesem Zusammenhang neben der komparatistischen Argumentation die philologische Perspektivierung mit dem Ziel einer Dequalifizierung fremder Sprachen. Ausdruck finden solche Tendenzen im juridischen Diskurs, was hier nur mit Hinweis auf den Ausschluß der französischen Sprache beim Reichstag durch ein Reichsgutachten vom 15. Februar und ein entsprechendes kaiserliches Ratifikations-Kommissions-Dekret vom 8. März 1717 zu belegen ist (# 226). Neben diesem also bereits früh begründeten kontrastiven Rang von Kultursprachen ist als weiterer Aspekt der Internationalisierung die grenzüberschreitende Kommunikation zu nennen, denn in weit ausgebauten Kultursprachen bildet sich im Zuge einer politisch und medienbedingten Internationalisierung des gesellschaftlichen Diskurses eine deutliche Tendenz zur übernationalen Kommunikation aus. Dabei liegen die historischen Ursachen auch hier oft weit zurück, was anhand des Spanischen in Südamerika und der Geschichte der Konquista leicht erkenntlich ist. In der Gegenwart erfahren die großen europäischen Kultursprachen eine Internationalisierung insbesondere angesichts der politisch und wirtschaftlich angestrebten und teilweise vollzogenen Union. Daß dabei das Englische eine Führungsrolle einnimmt, ist evident, und dies verweist auf den dritten Aspekt der Internationalisierung von Kultursprachen, die Tendenz zur Expansion. Es ist offensichtlich, daß das Englische weithin als d a s interkulturelle Kommunikationsmedium der Gegenwart anzusehen ist, wobei die aktuellen Tendenzen eine zunehmende Bedeutung interpolieren lassen. Die massenmediale Vernetzung treibt diesen Prozeß besonders voran; es sind also pragmatische Faktoren, die den internationalen Rang einer Sprache bedingen. Heute ist das Englische auf-

---

[40] Laurenz Fries: Spiegel der artzney / vor zeyten zuo nutz vnnd trost den Leyen gemacht / durch Laurentium Friesen / aber offt nun gefelschet / durch vnfleiß der Buochtrucker / yetzund durch denselben Laurentium / vñ M. Othonem Brunfeld / widerumb gebessert vnnd in seynen ersten glantz gestellet. Straßburg 1532.

grund der beschriebenen Tendenzen als am weitesten ausgebildete Kultursprache anzusehen, jedenfalls solange wir quantitativ von der Beschreibung der hier gezeigten Merkmale ausgehen. Insofern ist im Vergleich der mittelalterlichen mit den gegenwärtigen Diskursstrukturen das Englische als lingua franca unter funktionalem Aspekt ein Substitut des Lateinischen; offenkundig ist dies etwa im Vergleich des mittelalterlichen und gegenwärtigen Wissenschaftsdiskurses. Internationalität ist damit nicht eine conditio sine qua non jeder Kultursprache, sondern Konstituente einiger, im internationalen Diskurs aufgrund pragmatischer Gegebenheiten ausgebauter Sprachen.

Wir haben bis hierher Kultursprachen als komplex organisierte Handlungsverfahren mittels obligatorischer und fakultativer Konstituenten gekennzeichnet, wobei diese nicht als disparate Einzelmerkmale den kulturellen Rang einer Sprache begründen, sondern infolge konnektiver Relationen ein Bündel sprachhistorisch relevanter Faktoren bei der Genese von Kultursprachen darstellen. Damit ist Kultursprache keine Varietät standardisierter Sprachen, sondern eine holistische Erscheinungsform gegenüber den einzelnen kohärenten Formen einer Sprache. Denn es ist davon auszugehen, daß auch ausgebaute Kultursprachen noch über regiolektale Differenzierungen, soziolektale Aufgliederungen etc. verfügen; dies ist empirisch unschwer zu verifizieren. Mithin ist der Begriff der Kultursprache gerade auch für die hier interessierende Analyse des juridischen Diskurses geeignet, denn zu seiner Extension gehören eben gegenüber Begriffen wie *Standardsprache, Literatursprache* usw. auch die Fachsprachen als Varietäten kultursprachlicher Organisation. Das Ziel einer Gegenstandsbestimmung des vorübergehenden Telos der Standardisierungen des Nhd. ist damit erreicht: Als historisch herleitbares Definiendum des Nhd. ist dessen kultursprachlicher Status im Kontext der beschriebenen Merkmale festgelegt. Die prinzipielle, und wie anfangs gezeigt, gegenwartsbezogene Perspektive der Fragestellung dieser Arbeit bezieht sich ergo auf die Konstituierung der Kultursprachigkeit des Deutschen. Dieser Fokus ist im weiteren noch einzugrenzen, doch bevor dies in Kap. 1.4 geschieht, sei der Ausbau des Nhd. in diesem Sinn noch in den Kontext der europäischen Parallelentwicklungen gestellt.

1.3 Kultursprachliche Entwicklungstendenzen im europäischen Vergleich

Die vorliegende Arbeit problematisiert aus germanistischer Perspektive die Konstituierung einer ausgebauten deutschen Kultursprache. Hierfür ging es zunächst darum, analytische Aspekte zu systematisieren und den als Zielgröße sprachlicher Entwicklung interessierenden kommunikativen Status zu taxieren.

Bereits anhand der Beispiele im vorausgehenden Kapitel ist zu erkennen, daß mit den so gewonnenen Merkmalen zur Beschreibung von Kultursprachen durchaus nicht nur das Deutsche historiolinguistisch zu differenzieren ist. Zur Grundlage der weiteren Auseinandersetzung ist insofern keine nationalphilologisch gebundene, sondern eine übereinzelsprachlich orientierte Konzeption gemacht, so daß es sich bei den unter 1.2 behandelten Merkmalen der Kultursprachigkeit um Bedingungen und Möglichkeiten der sprachlichen Genese im allgemeinen handelt. Die primär am Deutschen entwickelten Prinzipien sind somit auf kultursprachliche Tendenzen überhaupt zu beziehen. Dies zumindest paradigmatisch zu zeigen, verlangt einen bisher kaum ausgeprägten vergleichenden bzw. kontrastiven Zugriff auf Phänomene der Sprachgeschichte.[41] Da für den Ausbau jeder Sprache von einem Konnex sprachinterner und -externer Determinanten auszugehen ist, erscheint es sinnvoll, die kultursprachliche Entwicklung mit solchen Sprachgeschichten zu flankieren, die zumindest von partiell ähnlichen Voraussetzungen ausgehen. Dies ist bei den europäischen Sprachen weithin der Fall, die Korrespondenzen gehen oft bis zu zeitlich konvergenten Ausbauprozessen. So kann die Entwicklungsskizze der Nachbarsprachen des Deutschen Parallelen aufdecken und damit weitere Evidenz über die bisher erarbeiteten konzeptionellen Grundlagen herstellen. Durch die Begrenzung des exemplarisch kontrastierenden Interesses auf europäische Kultursprachengenesen wird ein Zusammenhang der europäischen Sprachgeschichten hypostasiert, der tendenziell B. Whorfs (1963, 78) Theorem eines *Standard Average European* entspricht, also der Vorstellung eines strukturellen Kontinuums in den indoeuropäischen Sprachen Europas. Daß die sprachfamiliäre Begrenzung dabei empirisch irrelevant ist, hat jedoch schon O. Reichmann (1991) bei einem Vergleich der Gemeinsamkeiten europäischer Sprachen im Bedeutungsspektrum von Wörtern gezeigt. Die soziohistorischen Überkreuzungen der europäischen Kulturräume machen einen Vergleich europäischer Sprachen über den Kreis der indoeuropäischen Sprachfamilie hinaus sinnvoll, insbesondere wenn eine Bindung an die abendländisch-christliche Tradition historisch maßgeblich ist, wie dies etwa für Ungarn gilt. Wir werden also ohne sprachtypologische Festlegungen versuchen, europäische Analogien herzustellen und durch die Erkenntnis signifikanter Entwicklungstendenzen zugleich die Nuclei der Konstituierung deutscher Kultursprachigkeit freizulegen.

Neben dem Merkmalbündel von Kultursprachen ist dabei als Bezugsgröße des Vergleichs die von H. Haarmann (1988) erarbeitete Taxonomie zu den

[41] In diesem Zusammenhang ist insbesondere auf die Sammelbände zur Standardisierungsentwicklung in europäischen Nationalsprachen und zur Nationalsprachenentstehung in Osteuropa hinzuweisen, die als Bd. 2 und Bd. 6 des Internationalen Jahrbuchs sociolinguistica erschienen sind (U. Ammon/K.-J. Mattheier/P. Nelde 1988 und 1992).

allgemeinen Strukturen europäischer Standardsprachenentwicklung verwendet. Wie zunächst gezeigt werden soll, sind beide Abstraktionen miteinander kompatibel, so daß ihre Verknüpfung eine sichere Basis der letzthin einzelsprachlich orientierten Beschäftigung mit kontrastiven Feldern der Sprachgeschichte ist. H. Haarmann geht überzeugend davon aus, daß die nomothetische Deskription europäischer Sprachentwicklung allein auf der Grundlage einer Ganztheorie zu sinnvollen Ergebnissen führen kann. In Übereinstimmung mit den in Kap. 1.4 gezeigten handlungstheoretischen Axiomen der vorliegenden Arbeit ordnet H. Haarmann dem Konstrukt einer kommunikativen Kompetenz daher den Rang einer *central processing unit* ein. Drei Faktoren individueller Sprachbeherrschung werden dabei unterschieden: Registerkompetenz, funktionale Kompetenz und Bewertung von Sprechprestige. Entscheidend für den Ausbau von (europäischen) Standardsprachen bzw. in unserer Terminologie Kultursprachen ist damit ihre kommunikative Kraft und dies in bezug auf (1) Variablen des „Korpusbereichs", also jenen Strukturen, die den lokutionären Gehalt einer Sprache ausmachen, (2) Variablen des „Statusbereichs", worunter die Konstituenten des soziokulturellen ebenso wie des sprachpolitischen Status gefaßt sind, und schließlich (3) Variablen des „Prestigebereichs", womit der Zusammenhang sprachlicher Systeme mit lingualer Identitätsfindung und der bewußte, reflexive Bezug auf die Intentionen kommunikativen Verhaltens hergestellt ist (vgl. H. Haarmann 1988, 24f). In Vereinfachung der noch subklassifizierten Taxonomie ergibt sich eine begrifflich-terminologische Differenzierung, die wie folgt auf unser Konzept der Merkmale von Kultursprachigkeit zu beziehen ist:

Ausbauprozeß		**Subtyp**		**kultursprachliches Merkmal**	
(1)	korpusorientierte Ausbauprozesse	(i)	Ausbau im Hinblick auf das Schriftsystem	(I)	Literalität
		(ii)	Ausbau im Hinblick auf Strukturen und Techniken der Standardsprache	(II)	Überregionalität
(2)	statusorientierte Ausbauprozesse	(i)	Soziokultureller Status einer Ausbausprache	(III) (IV) (V)	Polyfunktionalität Literarizität Intersozialität
		(ii)	Ausbau des sprachpolitischen Status	(VI) (VII)	Internationalität Institutionalität
(3)	prestigeorientierte Ausbauprozesse	(i)	Rezeptionsprestige	(VIII)	Philologität
		(ii)	Produktionsprestige		

Tab. 1: Begrifflich-terminologische Differenzierung von Ausbausprachenprozessen nach H. Haarmann (1988) und Merkmale der Kultursprachigkeit

Wie bereits verdeutlicht, ist die Literalität (I) von Sprachen erste conditio sine qua non kultursprachlicher Genese, so daß auch bei H. Haarmann (1988, 26) als prinzipielles Merkmal der korpusorientierten Ausbauprozesse die Verschriftung und die Revision von Schrift- bzw. Orthographiesystemen (1.i) genannt sind: „Grundvoraussetzung jeglicher Standardsprachenentwicklung ist die Wahl eines Schriftsystems oder, genauer gesagt, die Assoziation von Schriftzeichen mit Begriffen und sprachlichen Strukturelementen.“ Demgegenüber bezieht sich der Ausbau im Hinblick auf die Strukturen und Techniken der Standardsprache bei H. Haarmann (1988, 34) auf die „grammatisch lexikalische Basis einer Standardsprache“, die „im Idealfall einen Ausgleich zwischen regionalen Sprachvarianten“ als Überdachung lokaler Variationen gesprochener Sprache herstellt. Der konsequente Ausbau nach (1.ii) führt also zum Merkmal der Überregionalität. In weitergehender Differenzierung entsprechen dem unter (2.i) bei H. Haarmann subsummierten Ausbau funktionaler Anwendungsbereiche die Merkmale (III), (IV) und (V), die ja, wie in Kap. 1.2 gezeigt, einen triadischen Verbund innerhalb des gesamten Merkmalbündels haben. Der sprachpolitische Status (2.ii) ist nach der Absicherung des politischen Status einerseits, also der Internationalität (VI), und anderseits der Entstehung sprachpolitischer Statusbereiche sowie der Institutionalität (VII) getrennt zu sehen. Für den Ausbau nach (2.i) kommt der Ablösung des Lateins bei einer Vielzahl europäischer Sprachen besondere Bedeutung zu, die Entstehung nationaler Sprachen Europas ist weithin als Emanzipationsprozeß von der mittelalterlichen Latinität zu betrachten. So ergibt sich für die 31 bei H. Haarmann (1988, 39) aufgeführten Schriftsprachen des Mittelalters für 17 (55%) das Lateinische als ältere Schriftsprache der Region. Wie noch zu zeigen ist, herrschen ähnliche Übereinstimmungen für die prestigeorientierten Ausbauprozesse, also jene Entwicklungstendenzen, die qua Selbstidentifizierung im Rezeptions- (3.i) und Produktionsprozeß (3.ii) erfolgen und eine aktive Auseinandersetzung mit sprachlichen Normen bewirken. Über das Merkmal der Philologität (VIII) ist im Rahmen der Kultursprachenkonzeption auch dieser Faktor von Standardisierungsverläufen berücksichtigt, und H. Haarmann (1988, 47) selbst nennt die „Motivation von Philologen“ im Zusammenhang der Kennzeichnung allgemeiner Strukturen des prestigeorientierten Ausbaus. Die Kompatibilität zwischen H. Haarmanns Taxonomie, die es erlauben soll, „jede beliebige Standardsprachenentwicklung anhand des Rasters“ (ebd., 23) zu beschreiben, und der Kultursprachenkonzeption ist evident. So ist bereits in abstracto davon auszugehen, daß die Aspekte (I)-(VIII) über die in Kap. 1.2 vorläufig angenommene übereinzelsprachliche Relevanz verfügen. Im weiteren soll dies exemplarisch näher ausgeführt werden.

Die Konstituierung aller europäischen Kultursprachen verläuft in einer regelhaften Aufeinanderfolge der Ausbauprozesse (1) bis (3), die einen kausalen

Zusammenhang vermuten läßt. Initial ist die Literalität aufgrund der aufgeführten kommunikativen Funktionen, sie ist Basis der korpusorientierten Ausbauprozesse (1) und insofern auch der gesamten Ausprägung einer standardisierten Nationalsprache. Die europäischen Sprachgeschichten zeigen, daß die Polyfunktionalisierung unter der Voraussetzung literaler Verständigungsverfahren als statusorientierter Ausbauprozeß (2) ein entscheidender zweiter Schritt der Kultursprachengenese ist; im Zusammenhang hiermit steht die Literarisierung als Teilprozeß polyfunktionalen Ausbaus und die Intersozialisierung einer Sprache, die im Konnex mit der polyfunktionalen Reichweite kommunikativer Mittel zu sehen ist. Erst infolge des zumindest grundsätzlichen Ausbaus nach (1) und (2) entsteht in den Nationalsprachen Europas ein reflektierendes Bewußtsein der eigenen Sprache, das im Sinne der prestigeorientierten Ausbauprozesse über die Philologisierung realisiert wird. Dieser Kausalnexus der Merkmale von Kultursprachigkeit (I), (III) und (VIII) dominiert die Genese der modernen Kultursprachen Europas konsequent. Wesentlich ist dabei, daß das in Kap. 1.2 erörterte Überregionalitätsprimat angesichts der sprachgeschichtlichen Relevanz dieses kultursprachlichen Kausalitätsprinzips zu relativieren ist. Hypothetisch kann bereits an diesem Punkt der Argumentation festgehalten werden, daß die Ausprägung überregionaler Strata nur infolge des Ausbaus von Literalität, Polyfunktionalität und Philologität sprachgeschichtlich wirksam sein kann. Überregionalität entsteht offenbar erst aufgrund anderer, grundlegenderer Entwicklungen, womit auch die Entstehung des Deutschen nicht allein mit Erklärungsmodellen zum überdialektalen Ausgleich, sondern eben über die Analyse der vorausgesetzten Merkmalentfaltung nachzuzeichnen ist.

Der Ausbau eines differenzierten Schriftsystems erfolgt in einer Vielzahl europäischer Sprachen - dazu gehört auch das Deutsche - über die Transformation der überdachenden lateinischen Literalität. Für die romanischen Sprachen ist dies relativ offensichtlich, rühren doch nicht nur die Entstehung volksprachiger Schriftlichkeit, sondern alle entscheidenden „Veränderungen in der frühen romanischen Sprachengenese aus der Zweisprachigkeit (Verhältnis von Latein und Sub-, Ad- und Superstratsprachen)“ (Ch. Schmitt 1988, 74) her. Doch ähnliches gilt auch für das übrige westliche Europa, wo das lateinische Alphabet „zum symbolischen Schlüssel für eine christlich geprägte Kultur“ (H. Haarmann 1988, 31) wurde. In zeitlicher Übersicht ergibt sich folgendes Bild für die Entstehung volkssprachiger Schriftlichkeit der lateinisch dominierten Sprachen Europas:

Zeitpunkt des Beginns volkssprachiger Schriftlichkeit	Sprache
6. Jahrhundert	Irisch, Kymrisch
8. Jahrhundert	Englisch, Deutsch
11. Jahrhundert	Französisch, Okzitanisch
12. Jahrhundert	Spanisch, Galizisch, Isländisch, Portugiesisch
13. Jahrhundert	Italienisch, Katalanisch, Tschechisch
15. Jahrhundert	Polnisch, Ungarisch

Tab. 2: Mittelalterliche Entstehung volkssprachiger Schriftlichkeit in lateinisch dominierten Sprachen Europas nach H. Haarmann (1988, 39)

Der erwähnte soziohistorische Zusammenhang der europäischen Territorien über sprachfamiliäre Grenzen hinaus wird bereits mit der Erwähnung Ungarns deutlich, das im Zuge der Christianisierung Anschluß an den westlichen Kulturkreis gefunden hat und weitgehend durch die Latinität des Mittelalters geprägt ist. Die Literalisierung über das lateinische Alphabet ist dabei entscheidende Folge des Kulturtransfers. Infolge der Entstehung volkssprachiger Schriftlichkeit ist die Funktionsdifferenzierung der jeweiligen Sprachen entscheidender Faktor für die sukzessive Verdrängung des Lateins aus den gesellschaftlich zentralen Domänen der Kommunikation. So ergibt sich für die Entstehung der spanischen Nationalsprache trotz der umstrittenen Abläufe beim Ausbau des Kastilischen zum Superstrat bereits im 13. Jahrhundert - also in unmittelbarer Folge des Beginns eigener schriftsprachlicher Tradition - ein Schritt zur Polyfunktionalität; unter Ferdinand III. (1230-1252) wird das Kastilische zur offiziellen Kanzleisprache erklärt und in der Nachfolge durch Alfons X. (1252-1284) zur Sprache öffentlicher Dokumente und Gesetze bestimmt (vgl. W. Bahner 1956, 17). Hinzu kommt die Ausprägung einer literarischen Tradition am Hof Alfons X., die zu Standardisierungen führt, „deren Grundlage vermutlich das Kastilische von Toledo war, vielleicht auch eine Hofsprache" (H. Berschin/J. Fernández-Sevilla/J. Felixberger 1987, 91).

Ähnliche Bedeutung hat der hoch- bzw. spätmittelalterliche funktionale Ausbau volkssprachlicher Kommunikation für die Genese der italienischen Kultursprache, wie denn für alle romanischen Sprachen gilt, daß der „Beginn der Standardsprache durch die Auseinandersetzung mit dem (...) dominierenden Latein gekennzeichnet" und mit „in der Mehrzahl (...) in skripturaler Form auftretenden Textsorten" (Ch. Schmitt 1988, 96) realisiert ist. Für das Englische, das im Mittelalter durch das Französische und Lateinische weithin überdacht ist, verläuft der volkssprachliche Emanzipationsprozeß in vergleichbaren Bahnen.

Das Englische differenziert sich zusammen mit dem Deutschen als eine derjenigen Sprachen, die sich am frühesten von der lateinischen Literalität emanzipiert haben, und dies wesentlich über die Verdrängung lateinischer und französischer Kommunikation aus den Kernbereichen gesellschaftlicher Organisation. Im 14. Jahrhundert ist ein „Nachlassen der Funktionsbreite des Frz." (M. Görlach 1988, 140) offensichtlich; ab 1362 besteht das Gebot zur Verwendung der englischen Sprache bei Gerichtsverhandlungen und Parlamentseröffnungen, ab ca. 1350 soll Englisch die Unterrichtssprache der Volksschulen sein usw. (vgl. ebd.). M. Richardson (1980) sieht in diesem Zusammenhang auch die Einführung des Englischen als Briefsprache unter Henry V. im Jahr 1417 als einen wichtigen Baustein der Standardisierung des Englischen an, der durch die vollständige Ablösung des Französischen in den Kanzleidokumenten seit 1430 übrigens noch weiterhin ausgebaut wird (vgl. J. Fisher 1977). Für das 16. Jahrhundert ist dann von einem weit fortgeschrittenen Literalisierungsprozeß auszugehen, was unter anderem im Lesen volkssprachiger Texte seinen Ausdruck findet. So vermerkt J. Rastell im Jahr 1527, daß seit Beginn des 16. Jahrhunderts „the unyversall people of this realm had greate plesure and gave themself greatly to the redyng of the vulgare Engliyssh tonge".[42] Im Zuge dieser Polyfunktionalisierung ist das Entstehen neuer volkssprachiger Textsorten eine notwendige Folge. Dem juridischen Diskurs kommt in diesem Zusammenhang wichtige Bedeutung zu, ist das englische *common law* doch weitgehend *case-law* und insofern an den literalen Ausbau textueller Muster gebunden. Der in Kap. 1.2 bereits für die romanische Rechtsentwicklung gezeigte Konnex von Juristenstand und Schriftlichkeit ist für die englische Kulturgeschichte als Zusammenhang von *judiciary law* und Literalität manifest, wobei zu berücksichtigen ist, daß der juridische Diskurs in England ohnehin früher als etwa im deutschen Sprachgebiet zu volkssprachlichen Mitteln greift; so hatten die Angelsachsen seit etwa 600 bereits eine volkssprachige Königsgesetzgebung (vgl. H. Mitteis 1992, 89). Gegenüber dem Rechtsbereich zeigt sich z.B. der wissenschaftliche Diskurs in England als ausgesprochen konservativ, erst mit Isaac Newtons Spätwerk *Opticks*[43] aus dem Jahr 1704 erfolgt die endgültige Ablösung vom Lateinischen als Wissenschaftssprache (vgl. M. Görlach 1978).

Die paradigmatisch dargestellte Führungsrolle des juridischen Diskurses bei der volkssprachlichen Polyfunktionalisierung und damit des kultursprachlichen Ausbaus bestätigt auch die dänische Sprachgeschichte, wenn auch hier die Entwicklung gegenüber anderen europäischen Sprachen zeitlich verschoben ist. Noch im 16. und 17. Jahrhundert ist das Dänische funktional nur eingeschränkt differenziert. Als Sprache des Unterrichts und der Lehre an den Universitäten fungierte das Latein, und die Sprache des Hofes, aber auch des

---

42 John Rastell: The grete abregement of the statutys. 1527. Nachweis in H. Bennett (1969, 27).

43 Isaac Newton: Opticks or a Treatise of the Reflexions, Refractions, Inflexions and Colours of Light. Also two Treatises of the Species and Magnitude of Curvilinear Figures. London 1704.

gesamten Adels und Bürgertums war deutsch geprägt.[44] Doch in den Kirchen und eben im Rechtswesen „hatte das Dänische eine starke Stellung als Schriftsprache" (B. Loman 1988, 210). Der juridische Diskurs ist auch hier eine initiale Domäne der volkssprachlichen Funktionsdifferenzierung. Nun können allerdings die diesbezüglichen Konvergenzen europäischer Sprachgeschichten nicht darüber hinwegtäuschen, daß in Abhängigkeit von sprachexternen Gegebenheiten auch andere Wege der Polyfunktionalisierung eine wirksame kultursprachliche Entfaltung ermöglichen. So ist die anfängliche funktionale Ausfächerung des Ungarischen vor allem im klerikalen Diskurs zu beobachten, dies nicht zuletzt deshalb, weil der Klerus eben den entscheidenden Anschluß an die christliche Kultur Europas und damit an die Latinität schuf. Der erste ungarische Text aus dem Ende des 12. Jahrhunderts ist folglich auch eine Grabrede mit Gebet. L. Benkö (1992, 85ff) zeigt, daß die seit dem 12. Jahrhundert einsetzende Polyfunktionalisierung des Ungarischen weitgehend theologisch bzw. religiös gebunden ist.

Wenn derartige Befunde auch die Führungsrolle des juridischen Diskurses im Polyfunktionalisierungsprozeß der europäischen Sprachgeschichten relativieren, bleibt der Ausbau sprachlicher Funktionalität als entscheidender Faktor des kultursprachlichen Kausalnexus erhalten. Das Bulgarische bestätigt dies negativ, denn noch im 17. und 18. Jahrhundert war die bulgarische Schriftsprache funktional nur sehr eingeschränkt tauglich; sie war „aus manchen Kommunikationssphären total bzw. teilweise ausgeschlossen" (R. Cojnska 1992, 161), so etwa aus der Verwaltung, aus dem geistlichen Leben, der Bildung etc. Ein Zugang „zu neuen sozialen Sphären" (ebd.) oder gar eine Verdrängung des Kirchenslavischen als Schriftsprache gelang nicht. Die ausgesprochen späte Formation einer bulgarischen Nationalsprache gründet unter anderem in diesem Fehlen polyfunktionaler Differenziertheit. Weder die traditionelle noch die neubulgarische Variante der Schriftsprache ist bis in das 18. Jahrhundert domänenspezifisch breit organisiert, „Multifunktionalität fehlt als Merkmal in allen beiden Schriftsprachenformationen" (ebd., 162). Dies macht deutlich, daß die Polyfunktionalisierung als übereinzelsprachliches Merkmal kultureller Organisation eine entscheidende Bedingung der Möglichkeit kultursprachlicher Existenz ist.[45]

Neben der Literalisierung und Polyfunktionalisierung haben wir als dritten Schritt des kultursprachlichen Kausalnexus die Philologisierung genannt. Obgleich die Beispiele zu den europäischen Konvergenzen hier unüberschaubar

---

[44] In diesem Zusammenhang ist übrigens darauf hinzuweisen, daß bereits im 14. Jahrhundert als Folge der Polyfunktionalisierung des Deutschen die ersten deutschen Urkunden auf dänischem Boden belegt sind (vgl. V. Winge 1992, 33).

[45] B. Panzer (1992) zufolge entfaltet sich die russische Standardsprache erst im 18. Jahrhundert. Bis dahin stand sie, dem Bulgarischen vergleichbar, in der Konkurrenz zum Kirchenslavisch.

sind, ist die Philologität als Merkmal von Kultursprachen bisher wenig erforscht. Grundsätzlich läßt sich aber sagen, daß die philologische Reflexion auf die je eigene Sprache, also der prestigeorientierte Ausbau, erst infolge vorausgehender Polyfunktionalisierungen erfolgt. Dabei steht die theoretische Auseinandersetzung in engem Zusammenhang zum sprachpolitischen Status, der sich in nationalem Sprachbewußtsein und den Forderungen nach der Institutionalisierung der Volkssprache ausdrückt. Beispiel dafür ist die erste spanische, also kastilische Grammatik Antonius de Nebrijas (1444-1522), die nach dem Fall der Mauren in Granada erschienene *Gramática castellana*.[46] Nebrija kodifiziert nicht nur im philologischen Verfahren Strukturen des Kastilischen und normiert damit anfänglich die spanische Kultursprache, er verfolgt mit dem Ziel der lingualen Einigung eine über die spanische Nationalsprache zu garantierende nationale Einheit: „que siempre la lengua fue compañera del imperio".[47] Ch. Schmitt (1988, 76f) hat darauf hingewiesen, daß sich eine ähnliche Verbindung von philologisch begründeter Sprachidentität und nationalen Machtintentionen in Frankreich fast zeitgleich erstmals deutlich mit Claude de Seyssel (1450?-1520), einem Berater Louis XII. und François I., zeigt. Für Spanien und Frankreich ist der Konnex philologischer Reflexion und nationaler Identität so deutlich, daß „die letztlich erfolgte sprachliche Einigung in erster Linie als von außen gesteuerter Prozeß" (Ch. Schmitt 1988, 77) zu verstehen ist. Wenn auch diese machtpolitische Relevanz der Philologisierung in anderen europäischen Ländern abgeschwächt erscheint, ist doch der Ausbau der Philologität ausnahmslos nachzuweisen.[48] So sind im England des 16. Jahrhunderts erste Äußerungen über die englische Sprache zu finden, das analytische Interesse an ihrer Struktur beginnt zu wachsen (vgl. M. Görlach 1988, 146).[49] In dieser Zeit entsteht auch die Forderung nach einem Wörterbuch, das dann erstmals mit Robert Cawdreys 2.500 Einträge umfassendem *Table Alphabeticall* im Jahr 1604 vorgelegt wird.[50] Die so begründete lexikographische Tradition entspricht dem zunehmenden Bestreben nach Normierung und Aufwertung der englischen Muttersprache.

---

46 Antonius de Nebrija: Gramática castellana. Salamanca 1492. Neuausgabe hg. von P. Galindo Romeo und L. Ortiz Muñoz. Madrid 1946.

47 Ebd., 5.

48 Vgl. hier auch G. Padleys (1976) Untersuchung zur lateinischen Tradition der westeuropäischen Grammatiktheorien von 1500-1700 und G. Padleys (1985/88) Darstellung der volkssprachlichen Grammatiktradition dieses Zeitraums.

49 Eine ausführliche Übersicht zu den Philologisierungstendenzen beim Ausbau der englischen Nationalsprache findet sich in M. Görlach (1978, 194-215).

50 Robert Cawdrey: A Table Alphabeticall of Hard Usual English Words. The First English Dictionary. A Facs. Reproduction with an Introduction by Robert A. Peters. 2. print of the 1. repr. of the 1604 ed. New York 1976.

Für Dänemark ergibt sich ein vergleichbarer kultursprachlicher Ausbauprozeß, der jedoch um etwa 100 Jahre verschoben ist. Seit der Mitte des 17. Jahrhunderts werden Traktate und Abhandlungen zum Dänischen publiziert, wobei der Anstoß zur philologischen Auseinandersetzung nicht zuletzt aus Deutschland kommt (vgl. B. Loman 1988, 210). Die erste, noch lateinisch verfaßte dänische Grammatik erscheint dann mit der über 400 Druckseiten umfassenden *Grammatica Danica* des Eric Pontoppidan im Jahr 1668.[51] Demgegenüber finden die Philologisierungstendenzen anderer europäischer Sprachen wesentlich früher Ausdruck in normierenden Strukturdeskriptionen. In Ungarn erscheint die erste Grammatik bereits 1539 mit Janos Sylvesters kurzgefaßter lateinischer *Grammatica Hungaro-Latina*,[52] die bereits zehn Jahre später durch Matyas Birós *Orthographica Vngarica*[53] ergänzt wird und in deren Folge eine Vielzahl vergleichbarer Texte entstehen. Zeitgleich mit Robert Cawdreys Wörterbuch erscheint dann im Jahr 1604 das erste große Wörterbuch des Ungarischen, Albert Molnárs in Nürnberg gedrucktes *Dictionarium Latino-Ungaricum*.[54] In der bewußten Folge Petrus Dasypodius' stehend, handelt es sich um ein annähernd 500 Seiten umfassendes Werk, das „im 18. Jahrhundert absolute Autorität" (F. Bakos 1991, 2376) genoß. Und wiederum fast zeitgleich mit Janos Sylvesters ungarischer Grammatik erscheint 1540 auch die erste Grammatik des modernen Griechisch, Nikolaos Sofianos Γραμματικη[55].

Die Parallelen der europäischen Philologisierung ließen sich unschwer weitergehend aufzeigen, wobei eine systematische Analyse diesbezüglicher Konvergenzen im Sprachspektrum Europas die Aufgabe einer noch zu leistenden Untersuchung ist. Im Zusammenhang der hier begonnenen Argumentation sei jedoch nur noch auf einen besonderen Typ des prestigeorientierten Ausbaus hingewiesen, auf die deutschsprachigen Arbeiten zu Fremdsprachen. Zu den frühen Beispielen gehören hier H. Stahls *Anführung zu der esthnischen Sprach* aus dem Jahr 1637 und H. Adolfs *Versuch einer kurtz-verfasseten Anleitung zur lettischen Sprache* von 1685.

Was nun die Entwicklung der weiteren Merkmale einer Kultursprache angeht, finden sich in der Mehrzahl der europäischen Sprachgeschichten entsprechende Hinweise auf solche Ausbauprozesse. Diese sind nicht in strikter Kau-

---

51 Eric Pontoppidan: Grammatica Danica. Hauniae 1668.

52 Janos Pannonius Sylvester: Grammatica Hungaro-Latina. Facs. of the repr. 1866 of the 1539 ed. Bloomington 1968.

53 Matyas Devai Biro: Orthographica Vngarica, azaz igaz iraz modiarol ... Faks. der Ausgabe Cranoniae 1549. Budapest 1977.

54 Albert Molnár: Dictionarium Latino-Ungaricum opus novum et hactenus nusquam editum, in quo ... Item vice versa Dictionarium Ungarico-Latinum ... Procurante Elia Huttero. Noribergae 1604.

55 Nikolaos Sofianos: Γραμματικη ... 1540. Reprinted and ed. by A. Papadopoulos. 1977.

salität organisiert, sondern stehen zeitlich und inhaltlich weithin in Abhängigkeit von den soziopolitischen Rahmenbedingungen volkssprachiger Kommunikation. Doch alle heute standardisierten Sprachen Europas weisen eben eine z.B. literarische Tradition auf. Und gerade diese kann für die Standardisierungsabläufe unter Umständen ausschlaggebend sein, wie dies etwa L. Benkö (1992, 90) für das Ungarische zeigt: Über die protestantischen Literaten des 16. und 17. Jahrhunderts werden die nordöstlichen und östlichen ungarischen Varianten aufgewertet und bilden damit eine entscheidende Basis für die überregional ausgeprägte ungarische Schriftsprache; Literarizität konstituiert also die Gestalt eines in der kultursprachlichen Genese verbindlicher werdenden Standardstratums. Dieses wiederum ist Voraussetzung vollständiger Intersozialität, wie sie etwa im Gegenwartsungarischen erreicht ist, gibt es doch heute „keine Gruppen des Ungartums, in denen der Standard in jeder Hinsicht nicht vollkommen verstanden werden könnte" (L. Benkö 1992, 95). Derartige, mit anderen kultursprachlichen Prozessen verknüpfte Literarisierungen sind eine Invariable zahlreicher Sprachen. Auch für die englische Sprachgeschichte, vor allem für die Zeit von 1660 bis 1770, also die Epoche von Dryden, Swift, Addison und Johnson, stellt M. Görlach (1988, 151) fest: „In keiner Epoche der englischen Sprachgeschichte wird die Standardsprache so sehr mit der schriftsprachlich-literarischen Norm identifiziert." Ebenso wie die Literarisierung ein konstanter Faktor kultursprachlichen Ausbaus in Europa ist, erfolgt auch die Institutionalisierung der Volkssprache in allen heute weit ausgebauten europäischen Kultursprachen. Deutlichster Ausdruck dieser Entwicklung ist die Institutionalisierung einer Sprache in Form der Gründung sprachpflegender Einrichtungen mit nationalem Auftrag, wie etwa der Académie Française (1635), der Svenska Akademien (1786), der Ungarischen Akademie der Wissenschaften (1825) etc.

Die Skizzierung der europäischen Konvergenzen mag trotz ihrer Grobmaschigkeit ausreichen, um die mittels der Merkmale einer Kultursprache systematisierten Ausbauprozesse als übereinzelsprachliche Konstituenten sprachlicher Entwicklung einordnen zu können. Festzuhalten bleibt dabei vor allem der konsequent nachweisbare Kausalnexus von Literalität, Polyfunktionalität und Philologität, der sich als zeitlich vor dem Ausbau überregionaler Strata beginnender Differenzierungsprozeß zeigt. Folglich ergibt sich in der Rekonstruktion der Thematik auf die deutsche Sprachgeschichte die Frage nach der Entfaltung dieser Merkmale als Bedingung erst später erreichter Überregionalität. Daß dabei die funktionale Ausfächerung der kommunikativen Reichweite des Deutschen im gegenwärtigen Stand der Forschung vorrangig zu analysieren ist, soll im nächsten Kapitel gezeigt werden. Zuvor sei der die Grenzen germanistischer Historiolinguistik überschreitende Blick dieses Kapitels jedoch noch komplettiert durch die Beschreibung des Ausbaus zweier europäisch geprägter Sprachen, die in soziopolitisch bedingter Zeitreduktion alle Ausbausprachenprozesse durchlaufen haben und infolgedessen geradezu als Modell der Kultursprachenentwicklung anzusehen sind; die Rede ist vom Afrikaans, der niederländisch geprägten Kreolsprache Südafrikas, und vom Aragonesischen, einer spanischen Minoritätensprache.

Das Afrikaans ist in seiner Standardisierung von einer bäuerlichen Umgangssprache bis zur nationalen Standardsprache ausführlich durch E. Raidt (1986) dokumentiert.[56] Erst im Jahr 1875 „begannen die Bestrebungen für die Entwicklung einer afrikaansen Schrift-, Bibel- und Kultursprache" (E. Raidt 1986, 121), und bereits 50 Jahre später wurde das Afrikaans, das seit 1770 Umgangssprache der Kapkolonie war, per Parlamentsbeschluß dem Englischen gleichgestellt. Dabei war die Literalisierung und die mit ihr verbundene orthographische Normierung zunächst die allgemeinste Voraussetzung für den Ausbau zur Kultursprache. In der entscheidenden Entwicklungsphase streut sich dann die funktionale Verwendung zunehmend, wobei die Universitäten ein entscheidender domänenspezifischer Multiplikator waren, von „dort kamen die ersten afrikaanssprachig ausgebildeten Lehrer, Geistlichen, Juristen, Sprachwissenschaftler und Journalisten" (ebd., 121). Im Jahr 1909 erfolgte dann ein entscheidender Schritt zur Institutionalisierung mit der Gründung der Südafrikanischen Akademie für Sprache, Literatur und Kunst, die auch philologische Aufgaben wahrnahm und seit 1917 orthographische Regelwerke und Kodifikationen des Lexikons erarbeitete. In der konsequenten kulturgenetischen Folge der Gleichstellung mit dem Englischen erfolgte dann seit den 1930er Jahren zunehmend eine Abgrenzung gegenüber dem Englischen, die wir übereinzelsprachlich als Ausbau der Internationalität einer Sprache bezeichnet haben: „Die afrikaanse Sprache wurde dabei immer mehr zum Symbol nationaler Identität" (ebd., 125). Zeitgleich erfolgte auch der literarische Differenzierungsprozeß. Bedeutsam für unseren Zusammenhang ist der fehlende Ausbau des Intersozialitäts-Merkmals. Durch die Verknüpfung der afrikaansfördernden Sprachenpolitik mit der Apartheid wurde das Afrikaans „vollkommen mit der Nationalen Partei und deren Apartheidsideologie assoziiert" (ebd., 126). Eine auch sprachliche Trennung von Schwarz und Weiß war die Folge, so daß es nicht verwundert, „daß das Afrikaans zunehmend seine kommunikative Solidaritätsfunktion verlor" (ebd., 128). Ähnlich wie am Beispiel des Bulgarischen für mangelnde Polyfunktionalität zu zeigen war, verhindert eben auch fehlende Intersozialität selbst bei einem erfolgreichen Ausbau der übrigen Merkmale von Kultursprachigkeit die Existenz einer allgemein gebräuchlichen Kultursprache.

---

[56] Der kultursprachige Status des modernen Afrikaans wird unter besonderer Berücksichtigung der deutschen Einflüsse auch bei G. Worgt (1995) behandelt.

Noch stärker fragmentarisch ausgebaut ist das Aragonesische, das lediglich von 8.000 bis 12.000 Sprechern beherrscht wird. J. Born (1989) zeigt, daß das Aragonesische trotz ernsthafter Bemühungen um die Kodifizierung nur schwerlich gegenüber der vollständig ausgebauten und überdachenden Kultursprache Kastilisch existenzfähig ist. Aufgrund der Erkenntnis, daß nur die sprachreflexive Normierung eine Konkurrenz zum Spanischen gewährleisten kann, sind in den letzten Jahren Grammatiken und Wörterbücher erschienen. Doch dies allein und die Förderung der Literalität durch eigens dafür konzipierte Schriftenreihen kann trotz der reichen mittelalterlichen Schrifttradition nicht das Fehlen an Polyfunktionalität, Überregionalität, Intersozialität, Institutionalität und Internationalität kompensieren. Aus der weithin konvergent verlaufenden Sprachgeschichte Europas als Minderheitensprache herausgefallen und damit „gegenüber ihren Kontaktsprachen in einen 'inferioren' Status" (J. Born 1989, 88) geraten, sind Sprachen wie das Aragonesische negative Modelle der Kultursprachenentwicklung.

1.4 Polyfunktionalisierung als Genesefaktor von Kultursprachen

Zum sprachgeschichtlichen Gegenstandsbereich im allgemeinen ist für die vorliegende Untersuchung die Konstituierung des Nhd. als historisch herzuleitende Kultursprache bestimmt. Dieser Status ist intensional über die Nennung von acht Merkmalen definiert, deren konsequenter Ausbau nicht nur für die deutsche Sprachgeschichte, sondern im mindesten auch für europäische Nachbarsprachen als Bedingung der Existenz eines standardisierten, allgemein verbindlichen Stratums, also als Voraussetzung moderner Nationalsprachen erkannt ist. Der kultursprachlich orientierte Blickwinkel lenkt die eingangs als notwendig angenommene retrospektive Fokussierung der Problemstellung auf die Frage nach dem Verlauf derart bedingender Merkmalausprägungen. Dabei zeigt die Wissenschaftsgeschichte der germanistischen Historiolinguistik, daß dem Ausbau des Deutschen als überregionales Kommunikationsmedium die bisher entscheidende Aufmerksamkeit zukam. Als sprachgeschichtliches Theorem der Gegenwart ergibt sich konsequent die an erster Stelle in den Arbeiten W. Beschs begründete Annahme der Konstituierung des Nhd. seit dem 16. Jahrhundert, denn zuvor könne, wie bereits zitiert, „schlechterdings nicht von Neuhochdeutsch als einem überregionalen Sprachtypus" (W. Besch 1993, 122) die Rede sein. Diese empirisch fundierte These ist ernsthaft kaum anzuzweifeln, doch darf gefragt werden, ob der Ausbau einer überregionalen Koine tatsächlich „bisherige Grundbedingungen von Sprache partiell außer

Kraft" (ebd., 114) setzt. Dies bedeutete bei der Analyse genetischer Faktoren eine Reduktion der deutschen Sprachgeschichte allein auf das Verhältnis von regionaler Differenz und überregionaler Konvergenz. Unter dieser Voraussetzung dekonstruiert die im 16. Jahrhundert forciert verlaufende Überregionalisierung des Deutschen dann fraglos die zuvor geltenden Modalitäten der regionalen Gebundenheit von Sprache. Doch deshalb sind nicht notwendig „auch die alten Gesetzlichkeiten" (ebd., 115) hinfällig. Diese organisieren weit mehr als dialektale Ausgleichsprozesse; sie bestimmen den kultursprachlichen Ausbau in seiner Gesamtheit. Die damit einhergehende Merkmalausprägung als konnektiv vermittelten Vorgang auffassend, ist mit Blick auf das sprachgeschichtliche Überregionalitätsprimat festzustellen, daß „viele Sprachwandelprozesse im Frühneuhochdeutschen (...) ihren Ursprung irgendwo und irgendwann weit früher" (K.-P. Wegera 1990, 103) haben. Im weiteren wird es vorrangig darum gehen, diese räumlich und zeitlich indefinite Hypothese über empirische Analysen zu verifizieren. In abstracto ist dafür im übereinzelsprachlichen Vergleich die ursächlich verknüpfte Ausprägung der Literalität, Polyfunktionalität und Philologität unterstrichen worden. Zeitlich den Überregionalisierungstendenzen konsequent vorgelagert ist der Ausbau dieser Merkmale bereits als entscheidender Kausalnexus der Kultursprachenentstehung beschrieben. Dies gilt auch und im besonderen für die deutsche Sprachgeschichte.

Die Literalisierung des Deutschen erfolgt bekanntlich seit dem späten 8. Jahrhundert im Zuge der karolingischen Reichsreformen, wobei die wesentliche Funktion der Ablösung lateinischer Schriftlichkeit in der allgemeinen Verbreitung, und d.h. in der volkssprachigen Vermittlung, der elementaren katechetischen Texte (Vaterunser, Glaubensbekenntnis, Taufschwur etc.) bestand. Staatspolitisch drückt sich das dahinter stehende Bestreben der Christianisierung in der *Admonitio generalis* (789) und den Anweisungen der Frankfurter Synode (794) aus, die frühe Zeugnisse für den Verbund von Herrschaftsstreben und Sprachenpolitik sind. Entsprechend der didaktischen Intentionen, verlaufen die Anfänge der geschriebenen, das lateinische Alphabet übernehmenden deutschen Sprache in den engen funktionalen Grenzen des religiösen Verwendungsbereichs. Die literale Konstituierung deutscher Volkssprache ist zu Beginn der ahd. Epoche ein Vorgang der begrenzten Substitution lateinisch kodifizierter Religiosität, so daß die frühen deutschen Quellen auch „zunächst ausschließlich Übersetzungen geschriebener lateinischer Texte bzw. Textteile und -elemente" (E. Feldbusch 1985, 169) sind. Eine funktionale Differenziertheit ist hier noch keineswegs erreicht, wenn auch ahd. Volkssprachigkeit Eingang in weitere Kommunikationsdomänen findet, so mit den *Straßburger Eiden* (842) und der ahd. Lex-Salica-Übersetzung (Anf. 9. Jh.) im juridischen Diskurs und nicht zuletzt über die ahd. Tradierung germanischer

Dichtungsformen. Doch letzthin können diese weiteren Verwendungsbereiche früher deutscher Schriftlichkeit nicht darüber hinwegtäuschen, daß die literale Ausprägung des Ahd. funktional eingeschränkt ist. In der von St. Sonderegger (1987, 134) erarbeiteten Übersicht zur ahd. Verschriftung nach funktionalen Bereichen ist das am Übergewicht religiöser Texte deutlich:

Zeitabschnitt	Funktionsbereich volkssprachiger Texte
Spätes 8. Jh.	(Bibel-)Glossen und (Bibel-)Glossare erste katechetische Texte
um 800	katechetische und theologische Texte
9. Jh.	Bibelübersetzung und katechetische Literatur Mönchsregel Bibeldichtung Aufzeichnung weiterer Literatur reiche Glossierung Rechtstexte
10. Jh.	allgemeine Fortsetzung dieser Verdeutschungsbewegung
Spätes 10. und 11. Jh.	zusätzlich Wissenschaftsprosa im Bereich der Sieben Freien Künste und der allegorischen Naturkunde Höhepunkte der Psalterverdeutschung und der Hohe-Lied-Paraphrase

Tab. 3: Funktionsbereiche der überlieferten ahd. Texte nach St. Sonderegger (1987, 134)

Noch das gesamte Hochmittelalter ist dominiert von der kultursprachlich weit differenzierten Latinität. Dies ändert sich allerdings seit der Mitte des 13. Jahrhunderts entscheidend, so daß vor allem die pragmatisch orientierte Sprachgeschichtsschreibung des Deutschen bereits im 13. Jahrhundert die Fundamente einer funktional breit gegliederten Hochsprache erkennt.[57] Es ist davon auszugehen, daß das Deutsche seit 1250 „vom Latein in stets zunehmendem Maße Funktionen der 'wahren', d.h. sachlichen Darstellung" (N. Wolf 1983, 376) übernimmt und damit zur nachdrücklichen Polyfunktionalisierung führt. Daß dabei auch die Literalität fortentwickelt wird, stellen die Ergebnisse der Mediengeschichtsschreibung überzeugend dar.[58] Sie machen deutlich, daß Literalität und Polyfunktionalität konnektiv vermittelt sind. So bedingen die veränderten Kommunikationsbedürfnisse im Spätmittelalter eben nicht nur den domänenspezifischen Ausbau der Kommunikation, sondern auch eine Differenzierung der Literalität, die H. Haarmann (1988, 24) mit Blick auf die europäische Standardsprachenentwicklung als „Fortschreibung ausbausprachlicher Normen" bezeichnet. Zu bedenken bleibt hier jedoch, daß

57 Vgl. I. Warnke (1994).

58 Vgl. etwa die Ausführungen in P. v. Polenz (1991).

Literalität auch noch im Spätmittelalter in der Regel Fachliteralität meint, denn außerhalb der Zirkel literaler Fachkommunikation schreitet die Verschriftung verzögert fort. Eine allgemeine Literalität, also Sozioliteralität, etabliert sich erst im Übergang zur Frühen Neuzeit.[59] Folge ist unter anderem eine „Schreib- und Leseexpansion um 1400" (P. von Polenz 1989, 67), die um so bemerkenswerter ist, da sie vor der sprachgeschichtlich oft überbewerteten Erfindung neuer Drucktechniken durch Johannes Gutenberg und der Reformation einsetzt. Kennzeichen der veränderten Kommunikationskonstellationen in der Frühen Neuzeit ist dann die beginnende Verschriftung des Lebens, die ihrerseits die Polyfunktionalisierungstendenzen weiter vorantreibt. Insofern ist neben der kausalen Vermittlung von Literalität und Polyfunktionalität der konnektive Bezug beider Parameter in die Reflexion der Kultursprachengeschichte einzubeziehen. Für den Ausbau des Deutschen ist demgemäß von einer Dynamik der Merkmale von Kultursprachigkeit auszugehen, denn selbst in der Gegenwartssprache erfolgen noch Veränderungen nicht nur des literalen und polyfunktionalen Status.

Die initialen Literalisierungsvorgänge für das 8. Jahrhundert und die richtungweisenden Polyfunktionalisierungstendenzen für das 13. Jahrhundert festhaltend, zeigt die deutsche Sprachgeschichte den dritten Faktor des kultursprachlichen Kausalnexus, die Philologisierung, als zeitlich nachgeordnet. Bei der germanistischen Kennzeichnung des Philologitätsmerkmals in Kap. 1.2 konnte als terminus post quem nachhaltig wirkender Philologisierungen bereits das 15. Jahrhundert festgehalten werden. Wenn damit auch zunächst keine präzise Einordnung sprachgeschichtlicher Prozesse erreicht ist, kann zumindest kein Zweifel daran bestehen, daß bereits zu Beginn des 16. Jahrhunderts das sprachreflexive Interesse weit fortgeschritten ist; Valentin Ickelsamers *Teutsche Grammatica* (1532)[60] und vergleichbare Texte bezeugen dies. Somit weist die deutsche Sprache im Zuge ihrer kultursprachlichen Organisation die hypothetisch bereits angenommene und auch in anderen europäischen Sprachen registrierte zeitliche Kausalität im initialen Ausbau von Literalität, Polyfunktionalität und Philologität auf:

---

59 Zu den Begriffen *Fachliteralität* und *Sozioliteralität* vgl. M. Grimberg (1988, 3).

60 Valentin Ickelsamer: Die rechte weis auf kürzist lesen zu lernen. Teutsche Grammatica. Hg. von K. Pohl. Stuttgart 1971.

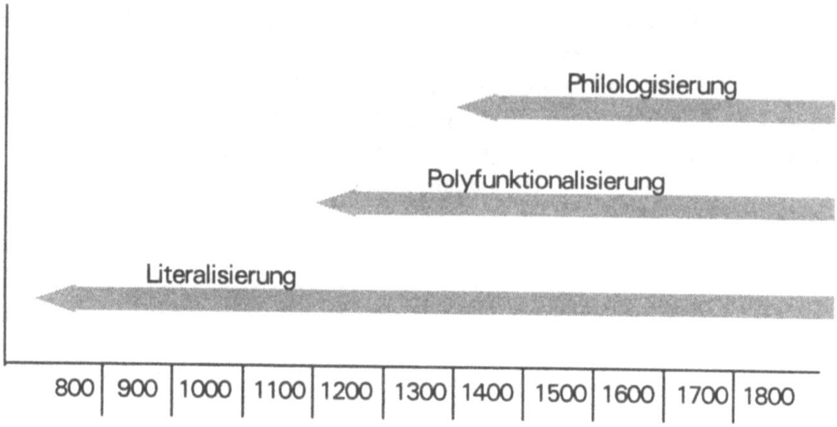

Abb. 2: Schema der zeitlichen Abfolge des kultursprachlichen Kausalnexus der deutschen Sprachgeschichte

Der temporalen Reihung entspricht ein sachliches Bedingungsverhältnis. Denn wie in Kap. 2.1 noch näher darzustellen ist, realisiert sich die Polyfunktionalisierung der Kommunikation im wesentlichen über das schriftliche Medium. Erst ein geeignetes Schriftsystem ermöglicht den sprachlichen Ausbau in gesellschaftlich unterschiedlichsten Domänen; dies zeigten ja bereits die behandelten Literalisierungsvorgänge in Uruk. Auch J. Goody und J. Watt (1981, 57) gehen davon aus, daß eine der entscheidenden Konsequenzen der Literalisierung die kulturelle Differenzierung der Kommunikation ist. Für das vorantike Altertum stellen sie fest: „Alle diese Kulturen, die sumerische, ägyptische, hethitische und chinesische, waren in gewissem Sinne literale Kulturen; ihre großen Fortschritte in Verwaltung und Technologie hingen zweifellos mit der Erfindung eines Schriftsystems zusammen." Die literale Ausfächerung von Kommunikationsbereichen seit dem 13. Jahrhundert und ihre Parallelität zur kulturellen Progression im allgemeinen bestätigen diese Annahme auch für das Deutsche. Ebenso wie nun Polyfunktionalisierungen kultursprachlich wirksam allein auf der Grundlage literaler Kommunikationsverfahren sind, ergibt sich das allgemein reflexive Interesse an der eigenen Sprache erst aufgrund einer zumindest partiell polyfunktionalen Geltung der Communicatio. Für weitgehend monofunktionale Schriftsprachen, wie etwa das Ahd., gibt es zwar auch Zeugnisse der Sprachreflexion (insbesondere Glossare), doch diese sind eben vollständig an den Zweck einer Bewältigung der semiotischen Erfordernisse innerhalb der funktional eingeschränkten Geltung gebunden. Gegenstand philologischer Arbeiten im eigentlichen Sinne sind hingegen nur funktionsdifferenzierte Sprachen. Valentin Ickelsamer selbst bestätigt dies, geht er doch davon aus, daß man durch muttersprachliche Schriftkompetenz „alles in der welt erfarn/wissen vnd ewig mercken" kann. Ziel seiner philologischen Arbeit ist es also nicht zuletzt, die literal konservierte Totalität menschlichen Wissens zugänglich zu machen, womit von der Polyfunktionalisierung des Deutschen implizit ausgegangen wird. Neben der zeitlichen ist folglich auch von einer sachlichen Kausalität des Ausbaus von Literalität, Polyfunktionalität und Philologität auszugehen. Diese ist nicht allein auf den initialen Ausbau zu beziehen, sondern bestimmt auch die bis heute reichende konnektive Parallelität der Merkmale.

An diesem Punkt der Argumentation wird eine erste Einschränkung des weiterhin interessierenden Gegenstandsbereichs notwendig. Die Vorgänge der Philologisierung als eigenständigen, da hochkomplexen Analysebereich ausklammernd, ist die Polyfunktionalisierung des Deutschen gegenüber der Ausbildung eines überregionalen Stratums als zeitlich vorgelagert zu erkennen. Mit Bezug auf die temporale und sachliche Kausalverknüpfung von Literalität und Polyfunktionalität gilt dies ebenso für die Verschriftung der deutschen Volkssprache. Doch auch für das Verhältnis von Polyfunktionalität und Überregionalität ist die zeitliche Aufeinanderfolge sachlich motiviert. Von der „Annahme eines Ausgleichs auf der Schreibebene" (W. Besch 1985, 1788) ausgehend, ist der Ausbau eines überregionalen Stratums deutscher Sprache an die Voraussetzung schriftlich medialisierter Kommunikation gebunden. Diese ist als Form menschlichen Handelns nun wiederum ein ausnahmslos funktional definierter Interaktionstypus, denn sprachliche Kommunikation kann nicht funktionsleer verlaufen. Insofern darf die Funktionsbreite einer Sprache nicht zu eng sein, soll ihre Überregionalisierung in Betracht kommen. Andernfalls könnte lediglich ein monofunktionaler oder sogar allein fachsprachlich beschränkter Dialektausgleich verwirklicht werden und eben nicht eine Ausformung der nhd. Schriftsprache im allgemeinen. Da die sprachhistorischen Entwicklungen seit der zweiten Hälfte des 15. Jahrhunderts jedoch genau darauf zulaufen (vgl. 1985, 1790), ist es folgerichtig, den polyfunktionalen Ausbau als prädisponierend zu bestimmen. Ein dialektaler Ausgleich als Kompensation regional begrenzter Strata setzt die fortgeschrittene Polyfunktionalisierung im Sinne einer domänendifferenzierten Verwendung volkssprachiger Mittel voraus. Bestimmt W. Besch (1985, 1791) die Prinzipien des schreibsprachlichen Ausgleichsprozesses mit den Regulatoren des Geltungsareals, der Landschaftkombinatorik, des Strukturprinzips und des Geltungsgrades, also der Verwendungshäufigkeit einer Variante, so wird hier als ein weiteres, gleichwohl von der Einzelelementanalyse abstrahiertes und auf die allgemeinen Bedingungen der Möglichkeit kultursprachlicher Etablierung bezogenes Prinzip des *Funktionsgrades* stipuliert: Je differenzierter das funktionale Spektrum einer Sprache ist, um so eher ergibt sich zwecks Vereinfachung der Kommunikation ein dialektaler Ausgleich der Interaktionsmittel.

Insofern ist die im Spätmittelalter einsetzende Polyfunktionalisierung des Deutschen eine wesentliche Prädeterminante der Konstituierung des Nhd. als Kultursprache. Nicht nur in bezug auf die Philologisierung und Überregionalisierung ist sie im bereits ausgeführten Sinn voraussetzend, ebenso im Verhältnis zu den übrigen Merkmalen von Kultursprachigkeit ergibt sich für die Polyfunktionalität eine zentrale sprachgeschichtliche Rolle. Ausgenommen ist entsprechend dem seinerseits bestehenden und schon begründeten Ursache-Wirkungs-Zusammenhang die Literalität als erste Bedingung kultursprachlicher Genese. Was nun die Relation von Polyfunktionalität und Literarizität angeht, ist die Ausformung belletristischer Kommunikation vorausgehend als ein, wenn auch bedeutsamer und hervorzuhebender Teilvorgang der funktionalen Ausfächerung des Deutschen eingeordnet, denn die literarische Vermittlung ist kultursprachengeschichtlich betrachtet lediglich eine der unterschiedlichen Funktionen lingualer Interaktion. Auch auf die sachliche Verbindung der Polyfunktionalität zu Intersozialisierungstendenzen wurde bereits eingegangen, wobei sich zeigte, daß die vertikale Funktionstüchtigkeit einer Sprache nicht ohne das horizontale, also funktionale Äquivalent denkbar ist. Denn die Intersozialisierung sprachlichen Handelns bedeutet ja nichts anderes als eine die Grenzen sozialer Domänen überschreitende Vermittlung, die nur aufgrund der volkssprachlichen Funktionsdifferenzierung innerhalb dieser Domänen selbst praktikabel ist. Exemplarisch erkennbar ist das etwa für die anfänglichen Intersozialisierungsbestrebungen der karolingischen Renaissance: Die fehlende Intersozialität der religiösen Kommunikation, die eine „große Kluft zwischen Latein und Volkssprache und damit zwischen Geistlichen und Laien“ (P. von Polenz 1978, 37) provozierte, war allein auf dem Weg der religiösen Funktionalisierung volkssprachlicher Mittel veränderbar. Die Intersozialisierung impliziert mithin grundsätzlich die funktionale Geltung einer Sprache zumindest in den vermittelten Gesellschaftsschichten. Damit ist die sprachgeschichtlich herausgehobene Position der Polyfunktionalität weiter gefestigt. Was die noch zu berücksichtigenden Merkmale von Kultursprachigkeit der Institutionalität und Internationalität angeht, so sind die entsprechenden Ausbauvorgänge relativ späte Phasen der kultursprachlichen Konstituierung und setzen unter Berücksichtigung der behandelten Konnexionen die Polyfunktionalität fraglos voraus.

Stellt man die wesentliche Bedeutung eines überregionalen Stratums für die Entstehung des standardisierten Nhd. nicht in Frage, so ergeben sich unter kultursprachentheoretischer Perspektive Überregionalität und Polyfunktionalität als tragende Säulen der deutschen Sprachgeschichte. Angesichts der langen und zum Teil ausschließlichen Forschungstradition zum dialektalen Ausgleich bzw. zur Ausbildung einer regional nicht gebundenen Leitvarietät scheint eine intensive Auseinandersetzung mit den Polyfunktionalisierungstendenzen des Deutschen im historischen Prozeß geboten. Doch die Konzentration auf Fragen der Funktionsgeschichte des Deutschen ist nicht nur wissenschaftsimmanent begründbar, sondern resultiert eben vorrangig auch aus dem in bezug auf andere Merkmale von Kultursprachigkeit prädeterminierenden Rang der Polyfunktionalität; nicht zuletzt die in Kap. 1.3 behandelten Negativmodelle der Kultursprachengenese machen dies evident. Die vorliegende Arbeit wird im weiteren also geschichtliche Perspektiven der Polyfunktionalisierung des Deutschen entwickeln und damit die anderen Merkmale von Kultursprachigkeit weitgehend ausblenden, jedenfalls soweit dies aufgrund der ausgeführten konnektiven Bezüge möglich ist. Die so erreichte erste Gegenstandseingrenzung sollte als forschungsgeschichtlich und sachbezogen hinreichend begründet anzusehen sein.

Wie eingangs für die Abhängigkeit der sprachgeschichtlichen Erkenntnisinteressen von den begrifflichen Implikationen zur Kennzeichnung des historisch herzuleitenden Nhd. ausgeführt, bestimmt auch die Begrenzung der weiteren Ausführungen auf Phänomene der Polyfunktionalität den gesamten analytischen Blick auf die Geschichte des Deutschen, dies jedoch nicht allein im Sinn einer Selegierung des Objektbereichs, sondern auch als perspektivische Verschiebung traditioneller Blickwinkel. W. Besch (1985, 1801) ist zuzustimmen, wenn er die gegenüber dem sprachgeographischen Ausgleichskonzept alternativen Modellbildungen als „unentbehrlich für eine Beschreibung der Gesamtvorgänge der Entstehung und Ausformung unserer Schriftsprache" beurteilt; entsprechend ihrem „unterschiedlichen Erkenntnisgewinn" fokussieren sie jedoch je eigenständige Problemzusammenhänge. Mithin ist es weder Ziel noch Aufgabe einer sprachhistorischen Untersuchung der Polyfunktionalisierung, die Etablierung eines standardisierten Stratums plausibel zu erklären. Nicht die Normierung des semiotischen Inventars der deutschen Sprache, ihre phonologische, morphologische etc. Standardisierung ist im weiteren behandelt, sondern die Tendenzen zum Ausbau ihrer funktional gebundenen Verwendung. Den möglichen Erwartungen einer Klärung der Genese struktureller Indikatoren der deutschen Standardsprache kann aufgrund einer solchen pragmatischen Dimensionierung also nicht entsprochen werden.

2. Grundlagen einer Geschichte der Polyfunktionalisierung des Deutschen

2.1 Polyfunktionalität und Text: Der Text als Realisationsebene sprachlichen Handelns

Ausgehend von der wissenschaftshistorisch und vor allem sachimmanent begründeten Konzentration der weiteren Ausführungen auf sprachgeschichtlich relevante Vorgänge der Polyfunktionalisierung des Deutschen, muß es im weiteren zunächst darum gehen, die sprachliche Ebene zu kennzeichnen, vermittels derer Polyfunktionalisierungen realisiert werden bzw. an deren Substanz der Funktionsgrad einer im Ausbau begriffenen Kultursprache abzulesen ist. Ging es im bisherigen Verlauf der Argumentation um eine prinzipielle Eingrenzung des Gegenstandsbereichs, so ist dieser jetzt auf die sprachliche Ebene seiner konkreten Realisierung zu beziehen. Daraus ergibt sich als weiterführender Leitgedanke die Frage nach dem lingualen Relatum funktionaler Differenzierungsprozesse, das als analytischer Gegenstand Aufschluß über die hier interessierenden sprachgeschichtlichen Vorgänge ermöglichen kann. Die Kennzeichnung der sprachlichen Realisationsebene von Polyfunktionalisierungstendenzen ist im folgenden argumentativ in der bereits begründeten These des Ausbaus kultureller Systeme als Genese komplexer werdender Handlungsverfahren verankert. Jede Form der Kommunikation als Handlungstyp einordnend, stellt sich sprachlich realisierte Kommunikation lediglich als Subtyp menschlichen Handelns dar - wenn auch als einer der komplexesten. Das semiotische Inventar zur Bewältigung der Interaktionsbedürfnisse und die verschiedenen Abstufungen der Verwendbarkeit sprachlicher Mittel kennzeichnen unterschiedliche Sprachen folglich in ihrer handlungsbezogenen Komplexität oder Simplizität. Ausgebaute Kultursprachen können aufgrund ihrer konstitutiven Merkmale daher den Erfordernissen vielschichtiger Handlungsziele eher gerecht werden als rudimentär entwickelte Sprachen. Ohne hieraus ein qualitatives Bewertungskriterium der kommunikativen Relevanz von Sprachen ableiten zu wollen, kann doch festgehalten werden, daß der Übergang von rudimentär zu weit ausgebauten Sprachen immer in der Folge sprachlichen und d.h. menschlichen Handelns erfolgt. Der Ausbau kommunikativer Systeme ist also ein grundsätzlich handlungsbedingter Prozeß, denn allein die Verwendung sprachlicher Mittel kann eine Veränderung derselben bedingen. Nun mag die Feststellung, daß Interaktionssysteme, allen voran die Sprache, in ihrem historischen Status handlungsbedingt sind, noch als trivial gelten, doch weitreichender wird die Betrachtung, wenn nicht nur die Handlungsbedingtheit der Konstituierung von Kultursprachen bedacht, sondern ebenso die handlungsbedingende Dimension des Kultursprachenausbaus berücksichtigt wird. Denn der historische Prozeß etwa der Entstehung einer standardisierten nhd. Sprache ist eben Folge kommunikativen Handelns, bedingt dieses aber wiederum, so daß von einem reversiblen Bezug zwischen Handlungsverfahren und dem Status der Kultursprache auszugehen ist. Damit ist das kommunikative Handeln als reale, konkrete Verwendung sprachlicher Mittel eine zentrale Größe im Kontext historiolinguistischer Fragestellungen, für die hier behandelte Konzeption insbesondere deshalb, weil jede Form menschlichen Handelns funktionsgebunden ist. Gerade die Veränderungen des Funktionsgrades einer Sprache sind handlungsbedingt und im gleichen Maße handlungsbedingend, so daß eine Auseinandersetzung mit den Polyfunktionalisierungstendenzen im Zuge des kultursprachlichen Ausbaus eine Berücksichtigung des Handlungsbezuges fordert. Aufgrund dieser Überlegung kann die Frage nach der lingualen Realisationsebene von Polyfunktionalisierungen modifiziert werden, indem nach den sprachlichen Relata komplexer Handlungen gefragt wird bzw. auf welcher Ebene sprachlicher Systeme kommunikatives Handeln realisiert wird.

Zunächst ist zu bedenken, daß die Bestimmung sprachlicher Korrelate kommunikativen Handelns nicht auf eine Beschreibung der Mittel lingualer Interaktionen im einzelnen zielt. Diese entsprechen dem gesamten Spektrum semiotischer Inventare von Sprachen, den Phonemen/Graphemen, Morphemen etc., so daß ihre Kennzeichnung als Mittel zum Zweck der Kommunikation einer zirkulären Feststellung ohne konzeptionelle Relevanz gleichkäme. Nicht die einzelnen Mittel zur Realisation lingualen Handelns interessieren hier, sondern vielmehr das sprachliche Korrelat von kommunikativen Handlungen in ihrer Gesamtheit selbst. Unter *Handlung* wird dabei im Gegensatz zu *Verhalten* ein systematischer Ablauf von Aktionen verstanden, der im Verbund von Handlungssubjekt, -intention und -akt erreicht wird. Während *Verhalten* also als beliebige Form von Aktion verstanden wird, setzt eine Handlung in diesem Sinn immer Intentionen voraus, die das Handlungssubjekt über einen Akt zu verwirklichen versucht. Diese begriffliche Differenzierung von Handlung und Verhalten ist keineswegs zwingend, sie ist jedoch geeignet, den Bezug zwischen kommunikativer Handlung einerseits und sprachlicher Realisation andererseits herzustellen. Denn der Handlungsakt steht in Zweckrelation zur Intention, und dies berührt die hier gestellte Frage nach dem sprachlichen Korrelat kommunikativen Verhaltens, die auf die Markierung eines sprachlich organisierten Aktes zwecks Verwirklichung einer kommunikativen Intention hinausläuft. Nicht singuläre Mittel sprachlicher Systeme korrelieren mit einer je gegebenen kommunikativen Intention, sondern allein der Text als komplex organisierte Realisation von Handlungsabsichten. Impliziert der Begriff des Handelns den der Intention, so daß Handlungen stets eine bewußte Zweckausrichtung haben, so gilt dies insbesondere für kommunikative Handlungen, die grundsätzlich adressiert sind und insofern eine Zielrichtung der Handlungsabsicht aufweisen. Diese gerichtete Intention wird sprachlich über Texte realisiert, womit die Frage nach den lingualen Relata von Polyfunktionalisierungen auf den Zusammenhang von kommunikativer Handlung und Text zu projizieren ist.

Kommunikative Handlungen sind durch einen regelhaften Ablauf von Teilhandlungen gekennzeichnet, die hier als Intention eines Handlungssubjektes und als Handlungsakt bezeichnet werden, wobei die Realisation der kommunikativen Intentionen über Texte erfolgt. Insofern ist der Text nicht als handlungsisolierter Sprachzeichenkomplex zu behandeln, sondern steht als Teilakt kommunikativen Handelns in funktionalem Bezug zu einer Gesamthandlung. Dieser funktionale Status des Textes stellt die Verbindung zwischen außersprachlicher Handlungsabsicht der Communicatio und den zweckgebundenen sprachlichen Mitteln her. Durch die Kennzeichnung textuellen Handelns als Realisation kommunikativer Intentionen erfolgt eine Markierung der Zielkomponente des Textes, die unmittelbar zu der in der Sprechakttheorie entwickelten Konzeption des illokutiven Aktes führt. So geht W. Motsch (1986, 269) davon aus, daß „es grundsätzlich möglich sein müsse, aus ä (das Äußern eines sprachlichen Ausdrucks a zu einem bestimmten Zeitpunkt) die Absicht int (Intention) zu rekonstruieren", d.h. aus der Textstruktur die illokutive Handlung zu ermitteln. Für ein ähnliches Verfahren plädieren auch W. Motsch/D. Viehweger (1991), die den Versuch unternehmen, Textziele, die im Rahmen der hier entwickelten Konzeption als Handlungsintentionen bezeichnet sind, über eine Analyse von Illokutionsstrukturen zu bestimmen. Ohne an dieser Stelle die Problematik eines solchen Versuchs im einzelnen zu reflektieren - denn dies führte unweigerlich zur Auseinandersetzung mit der hier kaum weiterführenden Frage, ob die kommunikative Handlungsintention real immer über eine dominierende Illokution verwirklicht wird und zur Erörterung des Status des nicht berücksichtigten propositionalen Gehalts textueller Handlungen -, so ist doch festzuhalten, daß Texte Ergebnisse intentionaler Tätigkeiten sind und insofern Illokutionskomplexe realisieren.

B. Sandig (1983, 91) spricht davon, daß „Texte in einem Prozeß wiederholter einzelner Handlungsprozesse" gestaltet werden und rekurriert damit auf eine pragmatische, also den Handlungsaspekt betonende Theorie des Textes, die auch für die sprachgeschichtlichen Perspektiven auf Polyfunktionalisierungsvorgänge weiterführend ist. Erscheint der Text im Kontext pragmatischer Konzeptionen als Instrument zur Verwirklichung sozialer und individueller Intentionen, so steht er als sprachliche Ebene im Zentrum des Interesses an der Etablierung volkssprachlichen Handelns in unterschiedlichsten Domänen der gesellschaftlichen Organisation. Die Okkupation der Prosa - insbesondere im Rahmen der Fachkommunikation - durch das Deutsche seit dem 13. Jahrhundert ist Folge von volkssprachlich realisierten Handlungsintentionen und verwirklicht sich über die zunehmende Existenz deutschsprachiger Texte. Das damit textuell gewonnene Terrain ist das sprachliche Äquivalent der Polyfunktionalisierung des Deutschen, deren Beginn bereits in den vorausgehenden Ausführungen im Spätmittelalter erkannt wurde. Dem Text kommt damit nicht nur eine Funktion im Bezugsrahmen gesellschaftlichen respektive sprachlichen Handelns zu, sondern auch eine bisher noch weitgehend unterschätzte Relevanz für die Erklärung der Existenz eines überregionalen, standardisierten bzw. kultursprachlichen Stratums des Nhd. Denn die handlungsbezogene Funktion von Texten weist nicht nur auf ihren universalpragmatischen Status hin, sondern bedingt ebenso den zentralen Rang des Textes in einer handlungsbezogenen Konzeption der Sprachgeschichte. Und von einer solchen ist hier auszugehen, wurde doch der Ausbau kultureller Systeme, und dies bedeutet insbesondere die Konstituierung von Kultursprachen, als Genese komplexer werdender Handlungsverfahren bezeichnet.

Ist der Text mit Bezug auf I. Rosengren (1983) als Ergebnis strategischer bzw. intentionaler Überlegungen des Senders, also des Textproduzenten oder, um die eingangs verwendete Terminologie beizubehalten, des Handlungssubjektes eingeordnet, und sind Polyfunktionalisierungen als sprachgeschichtliche Konsequenzen der Ausweitung kommunikativen Handelns rubriziert, so ist der Bezug beider Aspekte durch die Kennzeichnung des Textes als Relatum kommunikativen Handelns hergestellt. Damit ist die Frage nach dem Verhältnis zwischen Mitteln der insofern interessierenden Interaktionsprozesse im allgemeinen und dem Text im besonderen erneut zu stellen, denn geklärt ist bisher noch nicht, warum subtextuelle Ebenen der Sprachorganisation, wie z.B. der Satz als Handlungsrelata ausgeschlossen wurden.[1] Dieses Problem richtet die Überlegungen nochmals auf die pragmatisch orientierte Texttheorie, die, wenn auch ahistorisch begründet, Aufschlüsse zu entsprechenden sprachgeschichtlichen Problemzusammenhängen ermöglicht. Insbesondere das Konzept eines modularen Sprachmodells, wie es unter anderem von W. Motsch/M.

[1] Eine ausführliche Auseinandersetzung mit der Abgrenzung von Satz und Text liegt mit den Aufsätzen in J. Petöfi ([Hg.] 1979) vor.

Reis/I. Rosengren (1990) in der Darlegung der Ziele des Projektes »Sprache und Pragmatik« dargelegt ist, führt hier weiter.[2]

Die Autoren gehen davon aus, daß die kommunikative Kompetenz des Menschen, sofern sie sich auf die Sprache als Interaktionsmedium bezieht, modular organisiert ist. Neben dem grammatischen Kenntnissystem werden die pragmatischen Fähigkeiten als eigenständiges Modul kommunikativer Fertigkeiten beschrieben. Das Vermögen eines Subjektes, Handlungsintentionen adäquat vermittels Sprache zu realisieren, wird damit nicht als außersprachliche, weil grammatisch irrelevante Größe behandelt, sondern als Komponente des modular organisierten Systems der kommunikativen Kompetenz. Die Pragmatik gehört folglich „zu den sprachlichen Kenntnissystemen" (W. Motsch/M. Reis/I. Rosengren 1990, 99), jedenfalls wenn es sich dabei um die „Interaktionskomponente des Sprecher-Hörer-Wissens", die „zugehörigen Prinzipien der Informationsstrukturierung" (ebd., 98) und die Kompetenz der Textstrukturierung handelt. Enzyklopädisches Wissen, soziale Kompetenz und andere außersprachliche Aspekte mit sprachpragmatischer Relevanz werden also bewußt ausgeblendet. Dies ist legitim, da W. Motsch/M. Reis/I. Rosengren vorrangig daran interessiert sind, wie die modular definierten grammatischen und pragmatischen Kenntnissysteme „untereinander und mit den anderen kommunikativ relevanten Kenntnissystemen systematisch zusammenwirken" (ebd., 99) und nicht den Versuch einer taxonomisch umfassenden Implantation der Pragmatik in die traditionellen Beschreibungsbereiche der Sprachwissenschaft unternehmen. Dieser Ansatz kommt der hier unter sprachgeschichtlicher Perspektive als notwendig erachteten Distinktion von Text und subtextueller Ebene in ihrem Bezug zur Realisierung kommunikativer Handlungen entgegen. Die Vertreter der Modularitätshypothese favorisieren eine Distinktion von Satz und Text, bei der Sätze als essentielle grammatische Einheiten fungieren, Texte hingegen als essentielle pragmatische Größen. Handlungsbezogene Intentionen werden über Texte, insbesondere über deren illokutiven Gehalt realisiert, während die durch das Pragmatikmodul vorgegebenen Interaktionserfordernisse durch das grammatische Modul zu realisieren sind, also über den Satz als lexikalisch-syntaktisch strukturierte Einheit. Texte verwirklichen mithin Handlungen in ihrer gesamten Komplexität über die in bezug auf die Handlungsintentionen kohärente Organisation von Sätzen, die ihrerseits aus kleineren Einheiten des sprachlichen Zeichenrepertoires konstituiert sind. Folglich sind Sätze unter pragmatischer Perspektive Mittel zum Zweck der Konstituierung handlungsrealisierender Texte. Damit mag auf den

[2] Grundlegend für die Konzeption eines modularen Sprachmodells sind auch W. Koch/I. Rosengren/M. Schonebohm (1981, 155), M. Brandt/M. Reis/I. Rosengren/I. Zimmermann (1992, 3) und M. Brandt/I. Rosengren (1992, 10).

ersten Blick lediglich eine Subordination des Satzes gegenüber dem Text erreicht sein, also eine belanglose, weil übliche Hierarchisierung. Doch die Kennzeichnung des Textes als Größe, der gegenüber der Satz in einer Zweck-Mittel-Relation steht, hat für die historiolinguistische Auseinandersetzung mit intentional bedingten Ausbauprozessen der Kultursprachengenese entscheidende Konsequenzen.

Die Polyfunktionalisierung, die als Folge der Ausweitung oder auch primären Etablierung volkssprachlich realisierten Handelns bestimmt ist, findet ihr sprachliches Äquivalent in der Vertextung unterschiedlichster Domänen gesellschaftlicher Organisation. Der Text ist die essentielle pragmatische Einheit, vermittels derer die im Ausbau begriffenen Kultursprachen ihr funktionales Spektrum erweitern, während der Satz als essentielle Fügung syntaktisch-lexikalischer Ordnung in der Isolierung von den Kohärenzbeziehungen zu einem je übergeordneten Text keine komplexen Handlungen realisiert, zumindest wenn man die textuelle Verknüpfung von Sätzen als Default annimmt und Mikrotexte, die aus einem Satz oder lediglich aus untergeordneten Konstituenten bestehen, hier außer acht läßt. Wenn sprachliches Handeln in sozialen Bereichen wie etwa den Naturwissenschaften, der Verwaltung oder Jurisprudenz als intentional bedingte Form kommunikativen Verhaltens verstanden wird, so hat die Beschreibung der funktionalen Geltung einer Sprache zwangsläufig über die Kennzeichnung des Radius von Vertextungen zu erfolgen. Ebenso wie die systematische Erfassung der Überregionalisierung des Deutschen vorrangig über die Auswertung graphematischer/phonematischer Varianten erfolgt, ist die Polyfunktionalisierung allein auf dem Weg der Vertextungsgeschichte zu erfassen.

Ist der Text demzufolge als Bezugspunkt einer Geschichte der Polyfunktionalisierung des Deutschen taxiert, so ist es geboten, den weiteren Ausführungen eine begriffliche Vagheiten ausschließende Definition des Textes zugrunde zu legen. Ohne damit andere Textkonzepte kategorisch als irrelevant für diese Arbeit zu erklären, zeigt sich die pragmatische Kennzeichnung des Textes durch I. Rosengren (1980, 275f) dafür als besonders geeignet:

> Der Text ist eine kommunikative, d.h. illokutive und thematische, sprachliche Einheit, das sprachliche Korrelat eines Kommunikationsaktes im Kommunikationsprozeß ist immer eine kommunikative Einheit, eine thematische Einheit, die im Kommunikationsprozeß eine illokutive Funktion erfüllt.

Im weiteren wird davon ausgegangen, daß die Ausweitung des Funktionsgrades einer Sprache als intentional ausgerichteter Kommunikationsakt im Prozeß volkssprachlicher Interaktion zu verstehen ist, wobei die so aufgefaßte Polyfunktionalisierung über die Geschichte der Vertextung erklärbar wird, denn der Text ist d a s sprachliche Korrelat funktionsdifferenzierter Kommunikationsakte. So geht auch K. Stierle (1981, 538f) davon aus, daß eine handlungstheoretische Textauffassung, die den Text als hierarchisch gegliederte und von jeweiligen subjektbezogenen Handlungsintentionen abhängige Einheit beschreibt, Sprache nicht allein als Informationsmittel zu verstehen hat, sondern als Medium kommunikativer Handlungen, die einen pragmatischen Horizont konstituieren: „Sprechen als Handeln heißt wesentlich nicht informieren, sondern Zuordnungen innerhalb gesetzter Horizonte schaffen." (ebd., 539) Eben diese Kommunikationshorizonte oder -radien werden hier gemäß den Überlegungen in Kap. 1.4 als Funktionsgrad einer Sprache beschrieben, so daß Polyfunktionalisierungen in Anlehnung an K. Stierle auch als textuell realisierte Erweiterungen von Handlungshorizonten bezeichnet werden können.

Ergibt sich der Text als Schnittstelle einer pragmatischen Sprachauffassung und dem Merkmal der Polyfunktionalität, so ist der Begriff der Intentionalität lingualen Handelns in seinem sprachgeschichtlichen Bezug sehr scharf einzugrenzen, andernfalls bestünde die Gefahr einer Theorie sprachlicher Wandlungsvorgänge, die den Antrieb historischer Veränderungen als final orientierte Intentionen einzelner Handlungssubjekte lokalisiert. Dies widerspricht jedoch der hier vertretenen Auffassung, denn die Determinanten des Sprachwandels werden nicht in teleologischen Intentionen erkannt, sondern, zumindest was die Polyfunktionalisierung einer Sprache angeht, als nur mittelbar intentionale Folge solcher Vertextungen, die den Handlungshorizont bzw. Funktionsgrad erweitern. Die Kausalität der Polyfunktionalisierung ist deshalb mittelbar, weil zwar singuläre Texte, also konkret realisierte Exemplare lingualer Handlungsverfahren, mit jeweiligen Intentionen korrelieren - wobei die Bindung des textuellen Handlungsaktes an die Handlungsintentionen des Textproduzenten vorrangig über die Illokutionsstruktur eingelöst wird -, doch die über Vertextungen erreichte Polyfunktionalisierung ist damit keine direkte Folge der ursprünglichen Intentionen eines Autors. Der über Texte vermittelte Konnex von Funktionsdifferenzierung und intentionalem Handeln ist in nuce als triadische Kettenrelation zu beschreiben: Handlungssubjekte realisieren ihre kommunikativen Intentionen via Textualisierungen, deren Ergebnisse unter der Voraussetzung einer Erweiterung von Kommunikationshorizonten zu Polyfunktionalisierungen führt. Diese können aufgrund der beschriebenen Reihung weder als Folge final orientierter Intentionen noch als ein von menschlichen Handlungen unabhängiger Vorgang linguistischer Eigendynamik skaliert werden. Der Ausbau des Funktionsgrades einer Sprache ergibt sich nicht in der direkten Folge persönlicher Handlungsintentionen, sondern vielmehr als „kausale Konsequenz einer Vielzahl individueller intentionaler Handlungen" (R. Keller 1994, 92), die auf der partiell ähnlichen Intention basieren, innerhalb einer Domäne gesellschaftlicher Organisation sprachlich zu agieren. Polyfunktionalisierungen sind damit wie eine Vielzahl anderer Aspekte des Sprachwandels ein typisches Phänomen der dritten Art, der Vorgang ihrer Entstehung ist als Invisible-hand-Prozeß zu beschreiben.[3] Die bereits für den Ausbau von Kultursprachen im allgemeinen angeführte Definition von Invisible-hand-Prozessen durch A. Ferguson[4] hat infolgedessen auch für den theoretischen Status des Merkmals der Polyfunktionalität Relevanz.

Die erreichte Einordnung des Textes als intentional bedingte essentielle pragmatische Einheit der Sprache und Funktionsdifferenzierungen bedingende Handlungsform erlaubt die exakte Fokussierung des lingualen Objektbereichs einer Geschichte der Polyfunktionalisierung des Deutschen auf die Historie volkssprachiger Vertextung. Scheint damit bereits die Aufgabe dieser Arbeit in der Erfassung der Polyfunktionalität bedingenden Textgeschichte erkennbar zu sein, so ist auch hier eine konzeptionelle Vorsicht geboten, die genauere Betrachtungen der Gegenstände einer solchen Textgeschichte notwendig machen.

Handlungen verlaufen im Prozeß der Realisation von Intentionen durch Handlungsziele selten als singuläre Aktionsformen, sie entsprechen in ihren Strukturen häufig spezifischen Mustern, die typische Zusammensetzungen von Voraussetzungen, Zielsetzungen und Folgen von Handlungen abbilden (vgl. B. Sandig 1983, 93). Als „intersubjektiv verfügbare Vorgaben" (B. Sandig 1986, 45) tragen solche Patterns dazu bei, Interaktionen weitgehend reibungslos zu organisieren. Für kommunikative Handlungen gilt dies im besonderen, wobei in unserem Zusammenhang vor allem die sprachlich konventionalisierten Handlungsmuster interessieren. Sie regeln den interindividuell usualisierten Zusammenhang von Handlungsmustern und sprachlicher Realisation der über solche Muster vorgegebenen Intentionen. Entsprechen Texte in ihrer Struktur solchen Patterns, so haben sie keinen singulären Status, sondern sind vielmehr durch konventionalisierte Strukturprinzipien bestimmt, sie realisieren ein Textmuster.[5] Damit ergibt sich die Frage, ob Polyfunktionalisierungstendenzen über die systematische Erfassung der Existenz von Einzeltexten in funktionalen Segmenten oder aber vermittels einer Analyse der je funktional gebundenen Textmuster zu erklären sind.

Die Fixierung des Textes als Relatum handlungsbedingter Funktionsdifferenzierungen muß folglich in bezug auf seinen Status als type oder token präzisiert werden. Eine token-orientierte, also Texte als isolierte Kommunikati-

---

[3] Die hiermit implizit vorgenommene Einarbeitung eines zentralen Gedankens der Sprachwandeltheorie R. Kellers (1994) ist nicht als kritiklose Rezeption derselben zu lesen; vgl. hierzu I. Warnke (1994, 372).

[4] Vgl. Fußnote 23 in Kap. 1.1.

[5] Wie in Kapitel 2.2 noch zu zeigen ist, entspricht der Gebrauch von 'Textmuster' B. Sandigs (1986, 173) dem Gebrauch des Terminus an Stelle der üblicheren Bezeichnung 'Textsorte': „Der Terminus *Textmuster* wird hier anstelle von *Textsorte* verwendet, weil so auch Beziehungen hergestellt werden zu ***Wissensmuster*** (...) und zu ***Handlungsmuster***."

onseinheiten begreifende Untersuchung läuft direkt auf die summarische Registrierung textueller Vorkommen hinaus, während eine type-bezogene, also auf Textmuster ausgerichtete Analyse textuelle Interdependenzen berücksichtigt. Da Polyfunktionalisierungen in ihrer Handlungsbedingtheit unmittelbar an die Existenz funktionsspezifischer Textmuster gekoppelt sind - andernfalls wäre eine wirkungsvolle Progression des Funktionsgrades einer Sprache kaum zu erreichen -, ist eine im mindesten exemplarische Modellierung solcher konventionalisierten Sprechhandlungsmuster unabdingbarer Baustein einer Geschichte des Kultursprachenausbaus. Daraus folgt jedoch nicht, daß die summarische Erfassung der Okkurenz solcher Textmuster in singulären Texten als allein quantitatives Verfahren abzulehnen ist. Denn konkrete Realisationen von typologischen Strukturen etablieren erst sprachliche Kommunikationsverfahren in gesellschaftlichen Domänen. Ein allein type- oder token-orientierter Fokus auf Texte käme den Aufgaben einer Untersuchung der Konstituierung von Polyfunktionalität des Deutschen infolgedessen nur rudimentär entgegen. So ergibt sich als Konsequenz der als adäquat erachteten Gegenstandsbestimmung die Berücksichtigung sowohl textueller Muster als auch der konkreten Vorkommen von Texten in funktionalen Sektoren der Sprache. Die Aufgaben der vorliegenden Arbeit sind aufgrund dieser Überlegung bereits in groben Zügen zu skalieren. Unter der Voraussetzung der in Kap. 3.2 erörterten sachlichen Eingrenzung von Funktionsbereichen der Sprache ist die funktionale Differenzierung des Deutschen zunächst über die summarische Erfassung konkreter Textexemplare zu erreichen. Unter Berücksichtigung noch darzulegender Kriterien der funktionalen Binnendifferenzierung wird so bereits der Status volkssprachiger Kommunikationsverfahren in sozialen Organisationsdomänen erkennbar. Die type-orientierte Analyse hat im weiteren zu klären, in welchem Bezug die so registrierten Einzeltexte zu dominierenden Textmustern stehen. In diesem Zusammenhang muß insbesondere geklärt werden, ob singuläre Texte einem bereits durch andere Texte vorgegebenen Kommunikationsmuster entsprechen, oder ob sie selbst erst typenbildend sind. Der so ermittelte Status eines Textes als Primär- oder Sekundärtext ist nicht nur unter texthistorischem Aspekt wesentlich, sondern zeigt zugleich Nuclei der Konstituierung von Textmustern im Zuge sprachhistorischer Funktionsdifferenzierungen. Das Ziel eines solchen binären Verfahrens, das ebenso token- wie type-orientiert ist, liegt in der Kennzeichnung von Strukturen im Ausbau befindlicher Funktionsbereiche der Sprache, in einer Klärung der historisch wirksamen Relationen von Primär- und Sekundärtexten und der hier in Betracht kommenden Bildung von Textmustern sowie der Einordnung überlieferter Quellen in eine Theorie des Kultursprachenausbaus. Auf diesem Weg kann nicht nur dargestellt werden, wie sich konventionalisierte Muster textuellen Handelns „in der Sprachgemeinschaft historisch entwickelt haben“ (K.

Brinker 1992, 132), sondern auch in welcher sprachhistorischen Dimension einzelne Texte stehen. Es wird hierfür nötig sein, die entsprechenden textlinguistischen Untersuchungsfelder noch genauer zu kennzeichnen, so daß in Kap. 4. die Parameter der Analyse von Polyfunktionalisierungen des Deutschen für den noch einzugrenzenden Funktionsbereich bestimmt werden.

Im Zusammenhang der Kennzeichnung des Textes in seinem Bezug zu handlungsbedingten Polyfunktionalisierungen sprachlicher Interaktionsverfahren ist noch auf die Determinationsrichtung der gegenseitigen Bedingtheit von Text und Polyfunktionalität einzugehen. Die vorangehend als sinnvoll erachtete Berücksichtigung sowohl singulärer Textvorkommen als auch intertextuell bedingter Textmuster bei der Untersuchung funktionaler Auffächerungen läuft darauf hinaus, Texte in einem bivalenten Bezug zum Ausbau polyfunktionaler Sprachen zu beschreiben. Bereits zu Beginn dieses Kapitels wurde implizit darauf hingewiesen, daß der Text als sprachliche Ebene zu kennzeichnen ist, vermittels derer einerseits Polyfunktionalität *realisiert* wird, deren Existenz aber andererseits von eben solchen Differenzierungen sprachlicher Funktionsgrade *abhängt*. Insofern konnte auch davon ausgegangen werden, daß die Polyfunktionalisierung volkssprachlicher Mittel nicht unmittelbar intendierte Folge und damit monokausale Konsequenz textuellen Handelns ist. Wurde der Text in diesem Zusammenhang bereits als Korrelat lingualen Handelns stipuliert, so ist es jetzt notwendig, den korrelativen Bezug zwischen Text und Polyfunktionalität zu bestimmen: Texte realisieren zum einen den Ausbau funktionaler Kommunikationsbereiche - ihre Existenz ist insofern determinierend für die Geltung einer Sprache in den jeweiligen Domänen gesellschaftlicher Organisation -, doch bedingt eben zum anderen auch die so erreichte Gültigkeit sprachlicher Mittel in einem funktionalen Segment die funktionsabhängige Vertextung kommunikativer Intentionen. Es ist folglich von einer Korrelation auszugehen; die Existenz von Texten bewirkt Modifikationen des Funktionsgrades einer Sprache ebenso, wie die volkssprachliche Existenz funktional gebundener Kommunikationsbereiche entsprechende Vertextungen bedingt. Die Analyse der Vertextungsgeschichte im Rahmen volkssprachlicher Funktionsbereiche ist also nicht ausreichend für eine Bestimmung der Determinanten von Polyfunktionalisierungen. Vielmehr ist zu berücksichtigen, daß die Interdependenz zwischen textuellem Handeln und der Differenzierung lingualer Funktionsgrade erst adäquater Gegenstand der hier interessierenden sprachgeschichtlichen Vorgänge ist. In der vorliegenden Arbeit findet dies seinen methodischen Ausdruck in der als notwendig erachteten Differenzierung von primären, jeweilige Handlungsmuster erst statuierenden Texten und sekundären, auf bereits existente Handlungsmuster bezogenen, also intertextuell bedingten Texten. Die empirischen Abhandlungen in Kap. 5. zeigen, daß die funktionale Differenzierung des Deutschen über einzelne Texte jeweils etabliert wird, die damit erreichte funktionale Geltung zugleich aber weitere Texte bedingt. Die Geschichte volkssprachiger Vertextungen sollte also nicht auf einem einseitigen Kausalitätsmodell basieren, das Polyfunktionalität allein als Ergebnis verursachender textueller Handlungen versteht, sondern auf der theoretisch als notwendig erkannten Beschreibung der Korrelation von Vertextung und Polyfunktionalität.

Mit dem Gebrauch der Bezeichnung *Vertextung* und der damit verbundenen Forderung nach einer *Vertextungsgeschichte* des Deutschen zwecks Erklärung polyfunktionaler Ausbauvorgänge scheint die sprachgeschichtliche Relevanz von *Textsorten*, wie sie etwa in H. Stegers (1984) Darstellung der Sprachgeschichte als Geschichte der Textsorten/Texttypen begründet ist, nicht berücksichtigt zu sein, und dies obgleich die Textsortengeschichte in der germanistischen Sprachhistoriographie zunehmend als ergänzende Betrachtungsweise thematisiert wird. Dies ist jedoch nicht der Fall, berücksichtigt man, daß als Gegenstandsbereich der *Vertextungsgeschichte* neben den konkreten Textexemplaren eben auch die textorganisierenden Muster genannt sind. Diese entsprechen weitgehend dem, was zumindest im allgemeinen unter *Textsorte* verstanden wird, wobei in der generellen Übereinstimmung der Begriffe *Textsorte* und *Textmuster* eine theoretische Gefahr liegt. Denn weder in der ahistorischen Textlinguistik noch in der textbezogenen Sprachgeschichtsschreibung wird von einem einheitlichen Textsortenbegriff ausgegangen, vielmehr wird der Terminus, der „etwas intuitiv ungemein Einleuchtendes an sich“ (H. Sitta 1973, 64) hat, in jeweiligen wissenschaftlichen Argumentationszusammenhängen den konzeptionellen Erfordernissen unterschiedlichst angepaßt. Insoweit handelt es sich um eine durchaus produktive Bezeichnung, die textorganisierende Handlungsmuster als Erkenntnisgegenstand in eine Vielzahl sprachwissenschaftlicher Teildisziplinen eingeführt hat, doch dabei dominiert der intuitive Gebrauch von *Textsorte* weitgehend die terminologisch präzise definierte Bedeutung. Dies gilt auch und im besonderen für die historische Sprachwissenschaft, die infolge der pragmatischen Neuorientierung seit den 1980er Jahren den Text, vor allem aber auch den Textsortenbegriff für geschichtliche Fragestellungen funktionalisiert hat. Ohne hier der Auseinandersetzung mit den einschlägigen germanistischen Arbeiten zur textbezogenen Sprachgeschichtsschreibung im folgenden Kapitel vorgreifen zu wollen, zeigt sich dabei, daß der Textsortenbegriff theoretisch oft ungenügend differenziert wird. Nicht selten wird der sprachgeschichtlichen Perspektive lediglich ein intuitiver Konsensbegriff der Textsorte implementiert, dessen konzeptionelles Gewicht zumindest fragwürdig ist (z.B. bei W. Sanders 1985, K. Hyldgaard-Jensen 1985). Als Voraussetzung einer angemessenen Behandlung textsortengeschichtlicher Fragestellungen muß ein theoretisch konsistenter Begriff der *Textsorte* entwickelt sein, denn das „gravierendste Hindernis“ einer adäquaten textzentrierten Sprachgeschichtsschreibung „ist die nach wie vor unzureichende Klärung des Textbegriffs selbst und des Textsortenbegriffs" (R. Wimmer 1985, 1623).

Da es hier zunächst lediglich darum ging, den Text als Objektbereich einer Geschichte der Polyfunktionalisierung des Deutschen zu kennzeichnen, bestand zwar die Aufgabe, einen validen Textbegriff einzuführen, doch nicht die Notwendigkeit einer Klärung des Textsortenbegriffs. Wenn also die Geschichte der *Vertextung* des Deutschen fokussiert wird, so in der Absicht, zunächst den intuitiv disparaten Begriff *Textsorte* auszuschließen. Doch nicht nur die vorläufige Ausklammerung des Textsortenbegriffs ist Argument für die Bezeichnungen *Vertextung/Vertextungsgeschichte*. Als nomina actionis heben sie den prozeduralen Aspekt der hier interessierenden sprachgeschichtlichen Vorgänge hervor.[6] Die pragmatische Perspektivierung der Sprachwissenschaft wird damit konsequent auf die Existenzbedingungen ihrer Erkenntnisgegenstände übertragen. Denn nicht allein der Ausbau funktionaler Kommunikationsbereiche ist handlungsbedingt und daher an den Handlungsrelata der Sprache, den Texten, beobachtbar, sondern Texte selbst sind Handlungen und insofern nicht als statistische Größen, sondern prozedurale Gebilde aufzufassen. In Entsprechung einer pragmatischen Lesart der *Energeia-These* W. von Humboldts[7] ist Sprache eben nicht nur aufgrund immanenter Prozesse, sondern eben auch durch textfixiertes kommunikatives Handeln veränderlich (vgl. P. von Polenz 1991, 9f). Daraus folgt, daß die Geschichte volkssprachiger Vertextung in funktionalen Segmenten einerseits auf der Grundlage einer präskriptiven Taxonomie zu erreichen ist, andererseits unter Einschluß der heuristischen Analyse je gültiger pragmatischer Kotexte, denn sprachliche Kommunikation „unterliegt immer den internen Bedingungen des Sprachsystems und den externen Bedingungen des je historischen konkreten Sprachgebrauchs" (I. Reiffenstein 1990, 21). Daß damit allein die Notwendigkeit einer offenen Systematik für die Untersuchung prozedural aufgefaßter Vertextungen zum Ausdruck gebracht und keinesfalls ein unpräziser pragmatischer Universalismus begründet wird, sollte evident sein.

Bevor in der weiteren Darstellung die konkreten Gegenstandsbereiche der Arbeit gezeigt und die analytischen Parameter der damit vorbereiteten empirischen Untersuchung im einzelnen benannt werden, wird im folgenden Kapitel die bisherige wissenschaftliche Auseinandersetzung mit der Herausbildung der nhd. Kultursprache als Vertextungsgeschichte reflektiert. Denn obgleich die empirisch fundierte Erklärung pragmatisch bedingter Sprachwandelprozesse noch weitgehend ein Desiderat darstellt, ist die theoretische Reflexion der

---

6 Vgl. den Gebrauch von *Vertextung* bei M. Schecker (1981, 191).

7 Wilhelm von Humboldt: Schriften zur Sprachphilosophie, Werke III. Darmstadt 1963, 418ff.

entsprechenden Problemzusammenhänge bereits fortgeschritten. In einem kritischen Überblick dieser Ansätze wird es also darum gehen, die bereits entwickelte Konzeption in den Kontext relevanter Forschungen zu stellen und Erklärungen für das Auseinanderfallen programmatischer Forderungen und tatsächlich textorientierter Untersuchungen zu geben.

2.2 Die Herausbildung der neuhochdeutschen Kultursprache als Vertextungsgeschichte

Das Ziel der vorausgehenden Erörterung bestand in der Kennzeichnung des Textes als Gegenstandsbereich einer an Polyfunktionalisierungstendenzen interessierten Sprachgeschichtsschreibung des Deutschen. Im Zuge der notwendigen Begründungen des erkenntnisleitenden Interesses hieran konnten bereits die Eckpunkte eines Forschungsprogramms zur Vertextungsgeschichte im Rahmen der Konstituierung des Nhd. bestimmt werden. Damit ist jedoch keine isolierte historiolinguistische Konzeption erarbeitet, sondern ein theoretischer Zugang zu Fragen der deutschen Sprachgeschichte, der in den Kontext weitreichender Forschungsintentionen der germanistischen Sprachgeschichtsschreibung eingereiht ist. Nicht eine ad-hoc-Konzeption für singuläre Problemfelder der Sprachgeschichte ist also Grundlage der vorliegenden Arbeit, vielmehr basiert der theoretische und empirische Anspruch auf generellen Perspektiven historiolinguistischer Programme. Diese in ihrer Relevanz für die Konzeptionen zur textbasierten Polyfunktionalisierung einer deutschen Kultursprache zu beschreiben, ist Gegenstand des Kapitels. Insofern geht es weniger um einen auf Vollständigkeit bedachten Forschungsüberblick als um eine Markierung der Schnittstellen zwischen bisher theoretisch Erreichtem und in der vorliegenden Untersuchung Beabsichtigtem. Denn allein aufgrund der Einsichten in den Stand einer für die Polyfunktionalisierung des Deutschen in Frage kommenden Forschungstradition können sich die hier maßgeblichen Aufgaben im einzelnen ergeben. Wie der handlungstheoretische Fokus der Untersuchung bereits deutlich macht, sind Überlegungen zur Vertextungsgeschichte einer Sprache in ein Verhältnis zur Begründung pragmatischer Sprachgeschichtsschreibung zu setzen, deren Programm genereller Rahmen einer Geschichte der Vertextung des Deutschen ist. Im weiteren wird daher zunächst das Profil pragmatischer Historiolinguistik in bezug zur hier vertretenen Konzeption der Polyfunktionalisierung gesetzt, bevor im paradigmatischen Zugriff die einschlägigen Standpunkte historischer Textlinguistik kritisch zu referieren sind.

H. Sitta ([Hg.] 1980, 129) forderte 1978 im Zusammenhang einer Arbeitstagung an der Universität Zürich über Aufgaben einer pragmatischen Sprachgeschichtsschreibung, vor die empirische Anwendung pragmatischer Konzeptionen „eine Phase wissenschaftstheoretischer und methodischer Reflexion“ zu setzen. Die in den Beginn pragmalinguistischer Orientierung der germanistischen Historiolinguistik fallende Formulierung liest sich heute wie ein Motto sprachgeschichtlicher Forschung der 1980er und 90er Jahre. Nur wenige neuere Sprachgeschichten verzichten darauf, ihr pragmatisches Interesse zu bekunden, so daß sich in den meisten neueren Monographien zumindest passim Darstellungen der kommunikativen, handlungsbezogenen Aspekte des Sprachwandels finden. Nur noch vereinzelte Darstellungen (vgl. z.B. G. Schweikle 1990) beschreiben die in die Gegenwart führenden sprachlichen Entwicklungen als allein systemimmanente Variationen und nehmen damit einen a-pragmatischen Standpunkt ein. Unter pragmatischen Voraussetzungen erscheinen derartige, auf traditionelle Gebiete der historischen Grammatik beschränkte Darstellungen als inadäquat, vernachlässigen sie doch, daß erst der Sprachgebrauch, die sprachliche Handlung ein linguales System konstituiert, das von Sprechern wiederum internalisiert und mithin für normgerechte Kommunikation zur Verfügung gestellt wird. An die Stelle einer in diesem Sinn primär sprachsystembezogenen Historiographie setzt eine den Sprachgebrauch als wesentlich erkennende historische Linguistik die pragmatische Analyse, die Sprache „als Form sozialen Handelns“ (D. Cherubim 1984, 803) einordnet. Da die Aufgaben einer insoweit noch sehr allgemein bestimmten historischen Sprachpragmatik vielfältig sind, fehlt es nicht an Versuchen, die möglichen Forschungsgebiete zu umreißen. Die ausführlichste Systematik hat D. Cherubim (1984, 807f) mit der Nennung von fünf Aufgabenbereichen pragmatischer Historiolinguistik vorgelegt: (1) sprechhandlungsbezogene historische Semantik, die semantische Variation als Folge sozialer Kontexte beschreibt, (2) historische Dimensionierung der Sprechakttheorie, Partikelforschung und Analyse jeweiliger Konversationsmaximen, (3) Textsortengeschichte bzw. historische Textlinguistik, (4) historische Gesprächs- bzw. Dialoganalyse und (5) Untersuchung des Konnexes von Sozialgeschichte und Sprachwandel. Die Extension eines so spezifizierten pragmatischen Forschungsprogramms ist ausgesprochen groß und bis dato in der empirischen Anwendung und der damit verbundenen Aufgabe einer Verifikation theoretischer Standpunkte kaum eingelöst. Kann H. Sitta (1980, 33) auch zugestimmt werden, wenn er die pragmatikorientierte Sprachgeschichte „zu den anspruchsvollsten Programmen“ rechnet, „die sich in der Linguistik denken lassen“, so ergibt sich jedoch der entscheidende Faktor für die Erklärungsmächtigkeit sprechhandlungsorientierter Perspektiven unabhängig von solchen Bewertungen des theoretischen Anspruches aus der empirischen Relevanz der genannten Konzeptionen. W. Beschs (1987, 40) Warnung, nicht „sofort auf das höchste Ziel der gesellschaftlichen Deutung zuzusteuern und die notwendigen Kärrner-Arbeiten eher als positivistisch einzustufen", ist in diesem Zusammenhang ernst zu nehmen. So notwendig die konzeptionelle Systematisierung einer historischen Sprachpragmatik ist, so unabdingbar ist die handlungsorientierte Analyse des konkreten überlieferten Sprachmaterials. Da die für die Sprachpragmatik entscheidenden Aspekte der Situation und Handlung keineswegs eine Reduktion des wissenschaftlichen Interesses auf gesprochene Sprache bedingen, denn auch Verschriftung ist situationsgebundene Sprechhandlung, ist die Auseinandersetzung mit den pragmatischen Aspekten der immer literalen sprachgeschichtlichen Quellen auch durchaus praktikabel. Die theoretisch gewonnenen Taxonomien haben dabei die Funktion der Systematisierung des gesamten Projektes pragmatischer Sprachgeschichtsschreibung, sind in bezug zur Empirie also funktional. Noch allgemeiner als mit D. Cherubim ergeben sich die entsprechenden Bezugsgrößen aus der Bedeutungsfächerung des πραγμα-Begriffs, die H. Stachowiak (1986, XXVII) mit *Subjekthaftigkeit, Zeitlichkeit, Anwendungsorientiertheit, Kontextualität* und *Kommunikation* nennt.

Diesen allgemeinen Bestimmungsstücken pragmatischer Forschung kommen sprachgeschichtliche Untersuchungen der letzten Zeit in unterschiedlicher Weise nach. Dabei lassen sich im wesentlichen zwei Tendenzen unterscheiden: Pragmatische Ansätze der Historiolinguistik werden zum einen im Konnex von Sprache und Gesellschaft gesucht, also im Verbund von interner und externer Sprachgeschichte und der damit angestrebten Berücksichtigung soziokultureller bzw. historischer Umstände sprachlicher Variation, zum anderen in der Thematisierung von Formen sprachlichen Handelns unter Einschluß der diesbezüglichen sozialen und situativen Determinanten. Wiederholt wurde darauf hingewiesen, daß der gesellschaftliche Bezug sprachlicher Entwicklung bereits in 'vor-pragmatischen' Sprachgeschichten berücksichtigt ist, so in den Darstellungen von H. Moser (1950), H. Eggers (1963-77) und P. von Polenz (1978), insofern dort die Gewordenheit des Deutschen in Abhängigkeit von außersprachlichen Faktoren beschrieben wird. Demgegenüber sind pragmatische Untersuchungen im engeren Sinn, also Analysen des Handlungspotentials bei der Etablierung sprachlicher Systeme rar. Wie im weiteren noch zu zeigen ist, kommt in diesem Zusammenhang der historischen Textlinguistik eine entscheidende Aufgabe zu. Doch zunächst gilt es, die eben genannten Forschungstendenzen pragmatischer Sprachgeschichtsschreibung im Hinblick auf einzelne einschlägige Darstellungen zu differenzieren, wobei die amphibolische Ausprägung historischer Pragmatik damit vollständig bestätigt werden kann.

Ausgehend von den historisch tatsächlichen Arbeits- und Lebensbedingungen, sind die dem marxistischen Tätigkeitskonzept verpflichteten älteren Darstellungen der DDR-Linguistik insofern pragmatisch, als sie davon ausgehen, daß sprachliche Variation dann eintritt, wenn sich „aufgrund von Veränderung in den sozialökonomischen Verhältnissen Wandlungen in den Bedingungen der sprachlichen Kommunikation vollziehen" (Kleine Enzyklopädie 1983, 522). Eine Relativierung dieses weitgehend soziohistorischen Standpunktes, dessen wissenschaftshistorische Bindung an inzwischen überholte politische Gegebenheiten evident ist, ergibt sich mit der Formulierung einer Handlungskonzeption pragmatischer Erklärungen, wie sie im Übergang von der fünften zur sechsten Auflage der *Geschichte der deutschen Sprache* von W. Schmidt (1984 und 1993) zu finden ist. In der fünften Auflage dieses ehemaligen Standardwerks der DDR-Sprachgeschichtsschreibung, dessen erste Auflage bereits 1969 erschien, werden noch die materiellen Determinanten als ausschlaggebende Aspekte sprachlichen Wandels aufgefaßt (W. Schmidt 1984, 20), während in der sechsten Auflage die Bedeutung sprachlichen Handelns „als soziale Tätigkeit" (W. Schmidt 1993, 15) hervorgehoben und damit beispielsweise die „textematische/Textebene" (ebd., 18) als Realisationsbereich sprachlicher Veränderungen betrachtet wird. Damit ist die notwendige Berücksichtigung soziohistorischer Faktoren im Rahmen einer pragmatischen Sprachgeschichtsschreibung im weiten Sinn nicht in Frage gestellt, doch hinsichtlich der engeren pragmatischen Aspekte sprachlicher Genese modifiziert.

W. Besch (1986, 173) greift weiter, wenn er die Überzeugungskraft einer „gesellschaftshistorische(n) Erklärung von Sprachwandelvorgängen, speziell der frühneuhochdeutschen" grundsätzlich in Frage stellt und damit der Ergänzung interner Strukturbeschreibungen durch Nennung externer gesellschaftlicher Kontexte mißtraut. An die Stelle generalistischer pragmatischer Aufbereitungen sprachgeschichtlicher Daten rückt W. Besch die soziolinguistische Analyse. In einem Aufsatz zu den *Standardisierungsproblemen im deutschen Sprachraum* (W. Besch 1988) ergänzt er die Frage nach dem 'Sosein' sprachlicher Wandlungsvorgänge durch das 'Warum' mit Blick auf Bewußtseinsstrukturen einer jeweiligen Zeit und Gesellschaft. Hierin erkennt W. Besch für die Sprachgeschichte die „interessanteste und schwierigste Frage zugleich" (ebd., 187), da sie immer von der fehlenden Evidenz eigener Anschauung und geeigneter Quellen begleitet sei. Wenn auch implizit, so vertritt W. Besch im Rahmen seiner soziolinguistischen Interessen damit eine handlungsorientierte Sprachgeschichtsschreibung, denn sprachliche Veränderungen werden in bezug zum bewußtseinsgesteuerten Sprachhandeln des Einzelnen in einem idiographischen Verfahren begründet. Dies bestätigt W. Beschs (1988, 197ff) systematische Auswertung der Arbeit von D. Josten (1976) zum zeitgenössischen Urteil über Sprachwirkung und Sprachprestige im 16. und 17.

Jahrhundert, der eine Vorrangstellung im Rahmen einer bewußtseinsgeschichtlichen Sprachgeschichte des Deutschen zukommt. Daß zur Sprachgeschichte auch die Entwicklung des Sprachbewußtseins bzw. des Bewußtseins der Geschichtlichkeit eigener Sprache gehört, hat bereits St. Sonderegger in seinen *Grundzügen deutscher Sprachgeschichte* (1979) dargelegt. Und auch P. von Polenz greift diesen aufgrund der Subjektbindung pragmatisch relevanten Gesichtspunkt in seiner gänzlich überarbeiteten *Deutschen Sprachgeschichte* (1991 und 1994) auf. P. von Polenz' Darstellung nimmt ihren Ausgang von soziolinguistischen und sprachpragmatischen Überlegungen und vertritt eine sowohl allgemeine als auch pragmatische Aspekte im engeren Sinn verbindende Auffassung von Sprachgeschichte, „die über bloße historische Linguistik hinausgeht und auf historische Zusammenhänge zwischen Sprache und Gesellschaft im Rahmen kommunikativer Praxis hinweist" (1991, 17). Wie etwa die Ausführungen zur Mediengeschichte zeigen[8], beschränkt sich P. von Polenz dabei nicht auf die Darstellung eines System- oder Strukturwandels, sondern stellt einer solchen isolierten Formengeschichte die auch hier interessierenden Aspekte des Funktionswandels der deutschen Sprache entgegen. Derartige, auf Verwendungsspektren einer Sprache gerichtete Untersuchungen sind direkte Folge der pragmatischen Orientierung sprachgeschichtlicher Forschung. Denn es zeigt sich bei Projizierung der von H. Stachowiak (1986, XXVII) genannten Bestimmungsbegriffe der Pragmatik auf den Gegenstandsbereich sprachlicher Funktionalität, daß die Geschichte des Funktionswandels sowohl anwendungsorientiert ist, insofern erst über die Verwendung sprachlicher Mittel funktionale Geltung hergestellt wird, wie sie zu berücksichtigen hat, daß linguale Variation subjektiv und zeitlich gebunden ist, also im Kontext spezifischer Kommunikationsverfahren realisiert wird. Mithin ist jede Auseinandersetzung mit den Polyfunktionalisierungstendenzen einer Sprache, hier des Deutschen, im Kern handlungsorientiert, also Teil eines pragmatischen Forschungsprogramms. Dessen Profil ist neben den genannten Arbeiten maßgeblich durch das sprachhistorische Interesse N. Wolfs geprägt. In seiner Sprachgeschichte zum Ahd. und Mhd. (H. Moser/H. Wellmann/N. Wolf 1981, 29) wird folgender sprachpragmatischer Ansatz vertreten:

> Es wird sich zeigen, daß die sprachlichen Vorgänge, die das Althochdeutsche und das Mittelhochdeutsche kennzeichnen, ganz wesentlich von politischen und kulturellen Ereignissen determiniert sind, also nicht bloß das System der Sprache (*langue*), sondern in hohem Maße das der Sprachverwendung betreffen.

Hieraus resultiert bei N. Wolf eine grundsätzliche Korrektur der noch immer weit verbreiteten Auffassung, im 16. Jahrhundert seien die wesentlichen Entwicklungsvorgänge zur nhd. Gemeinsprache zu suchen. Pragmatisch argu-

[8] Vgl. P. v. Polenz (1989).

mentierend, hebt N. Wolf die Zeit ab 1250 hervor und stellt wie schon erwähnt fest, daß hier bereits das Deutsche „vom Latein in stets zunehmendem Maße Funktionen der 'wahren', d.h. sachlichen Darstellung" (ebd., 168 und N. Wolf 1983, 376) übernimmt. N. Wolf geht davon aus, daß sich diese Entwicklung im 14. Jahrhundert fortsetzt und damit entscheidende Voraussetzung späterer Hochsprachlichkeit des Deutschen ist. Folglich beklagt N. Wolf (1983, 368f) in seiner Darstellung zum 14. Jahrhundert in der deutschen Sprachgeschichte, daß „gerade das 14. Jahrhundert in der Sprachgeschichtsschreibung so stiefmütterlich behandelt worden ist", obgleich es doch der entscheidende Zeitraum des Übergangs sei und einen sprachgeschichtlichen Neubeginn markiere. Die Argumentation verzichtet dabei bewußt unter Einlösung der Subjektbindung pragmatischer Erkenntnisinteressen „auf eine einläßliche Erörterung der Entwicklung des Sprachsystems, der 'langue' im Sinne F. de Saussures" (N. Wolf 1983, 370). Sie ist vielmehr als Geschichte der Sprachverwendung zu verstehen und auf die handlungsgebundenen Zusammenhänge sprachlicher Entwicklung konzentriert. Systemgeschichtliche Daten haben in diesem Zusammenhang allein die Funktion, pragmatische Erklärungen zu bestätigen.

N. Wolfs pragmatischer Ansatz steht in direktem Zusammenhang mit der in jüngerer Zeit vielfach geforderten textlinguistischen Fundierung der Sprachgeschichte und weist insofern eine Schnittstelle zu den hier leitenden Fragestellungen auf. Der Argumentation N. Wolfs (1990, 422) ist unter Ergänzung der in Kap. 2.1 genannten Gründe zu folgen, wenn er die Textanalyse als grundsätzlich pragmatisch ansieht, „weil eben die Situation integraler Bestandteil des 'Textes' ist". Als Begründung der Subordination textsortengeschichtlicher Konzeptionen unter eine historische Sprachpragmatik im allgemeinen hat dies auch D. Cherubim (1980, 16) ostentativ formuliert:

> Sprachgeschichte, die bisher wesentlich Geschichte einzelner grammatischer Phänomene - partiell in Beziehung gesetzt mit der Geschichte außersprachlicher (politischer, sozialer, kultureller usw.) Kontexte - war, muß die Geschichte dieser grammatischen Phänomene in eine *Textsortengeschichte* einbringen, da die Form und Selektion einzelner sprachlicher Mittel in Texten nicht aus sich selbst, sondern erst aus den kommunikativen, d.h. pragmatischen Bedingungen der Produktion und Rezeption dieser Texte erklärt werden kann.

Es wird im weiteren zwecks Flankierung der hier vorliegenden textanalytischen Untersuchungen durch Fokussierung des Forschungsstandes zu klären sein, wie derartige Desideratformulierungen theoretisch und empirisch eingelöst sind, inwieweit also die Herausbildung einer nhd. Kultursprache als Vertextungsgeschichte beschrieben ist.

Im Vergleich zur Zahl theoretischer Direktiven ist die Forschungssituation historischer Textlinguistik noch immer defizitär. Unverändert gilt O. Reichmanns (1992, 183) Attest, daß die „Textgeschichte des Deutschen (...) mit Ausnahme derjenigen literarischer Texte höchst unzureichend erforscht" ist.

Eine solche Beurteilung ist nicht aus der Anzahl entsprechender Publikationen abzuleiten, denn an historisch textbasierten Veröffentlichungen fehlt es nicht. Der desiderable Zustand der Textgeschichte ergibt sich vielmehr daraus, daß die Implantierung der zum Teil disparaten Arbeiten zur Textgeschichte des Deutschen in das Forschungsprofil einer allgemeinen Sprachgeschichte noch nicht hinreichend geleistet ist. Dies zeigt exemplarisch die Behandlung der Textgeschichte im Handbuch zur Sprachgeschichte von W. Besch/O. Reichmann/St. Sonderegger ([Hg.] 1984/85). Das Handbuch ist bekanntlich so konzipiert, daß zu jeder sprachhistorischen Stufe des Deutschen auch eine Abhandlung über das jeweils zeittypische Textsortenspektrum enthalten ist. Damit steht die Textsortengeschichte, was immer im einzelnen darunter zu verstehen ist, gleichberechtigt neben den traditionellen systembezogenen Beschreibungsbereichen der Sprachgeschichte, wie der historischen Phonetik, Morphologie oder Syntax. Mag dies auch suggerieren, daß die historische Textsortenanalyse bereits in den 1980er Jahren allgemein eingeführte Disziplin sprachgeschichtlicher Forschung war, so zeigt eben die Publikationslage, daß die geschichtliche Perspektivierung der Textlinguistik noch immer am Anfang ihrer Entwicklung steht. Dies mag daran abgelesen werden, daß bisher noch kein Vertextungsbereich systematisch erschlossen ist und über das methodische Vorgehen ohnehin keine Einigkeit besteht.

Ein diesbezüglich noch immer als grundlegend einzuordnendes Konzept liegt mit H. Stegers (1984) Aufsatz über *Sprachgeschichte als Geschichte der Textsorten* vor. H. Steger, der bereits vor mehr als 20 Jahren im Verbund mit seiner Freiburger Forschungsgruppe die synchrone Textlinguistik durch das Modell der Redekonstellationstypen situationstheoretisch erweitert hat, setzt sich hier nachdrücklich für eine systematische Aufarbeitung der Textsortengeschichte des Deutschen ein. Die soeben genannten Defizite sprachgeschichtlicher Forschung bestätigend, geht H. Steger (1984, 192) davon aus, daß es bisher „keinen in seinen Ausgrenzungen einigermaßen konsistenten und gewichteten Materialüberblick hinsichtlich der Geschichte der verschiedenen funktionalen Sprachvarietäten und ihrer Texttypen/Gattungen in der deutschen Sprache" gibt und entwickelt als Antwort darauf ein Konzept funktionaler Bezugsbereiche historischer Texte. Eine vorrangige Aufgabe historiolinguistischer Analyse sieht H. Steger darin, „die Entwicklungen des *Texttypenrepertoires* als Stadien der Kommunikationsgeschichte von Sprachgesellschaften darzustellen" (ebd., 191). In einem komprimierten historischen Abriß, der aufgrund nur weniger empirischer Daten allerdings einen tentativen Charakter hat, wird auf die im Mittelalter beginnende Ausfaltung der Bezugsbereiche und auf die Differenzierung von Texttypen ebenso hingewiesen wie auf den spätmittelalterlichen und frühneuzeitlichen Ausbau der institutionellen und wirtschaftlichen Bezugsbereiche und ihrer Texttypen. In diesem Zusammenhang wird gezeigt, daß der Institutionenbereich seit der Mitte des 14. Jahrhunderts endgültig einen autonomen kommunikativen Status im Deutschen erreicht hat. Die bei H. Steger insoweit generell behandelten funktionsspezifischen Entwicklungslinien der deutschen Sprachgeschichte treffen mit dem hier begründeten Status der Polyfunktionalisierung als Faktor der Etablierung eines kultursprachlichen Ranges des Deutschen zusammen und zeigen die Notwendigkeit detaillierter Darstellungen unmißverständlich. Die hier bereits formulierte Relevanz einer textorientierten Geschichte der Polyfunktionalisierung des Deutschen findet demnach auch in H. Stegers funktionstheoretischem Standpunkt eine weitgehende Entsprechung, wonach sich die deutsche Sprachgeschichte zusammenfassend darstellt „als Geschichte der Ausgliederung und des Ausbaus von funktionalen Sprachvarietäten und Texttypen/Gattungsinventaren“ (ebd., 200).

In das damit bestimmte textlinguistische Paradigma der germanistischen Sprachgeschichtsschreibung ordnen sich eine Reihe einzelner Arbeiten ein, die trotz unterschiedlichster Argumentationen in der Beurteilung der Notwendigkeit einer historischen Textlinguistik übereinstimmen. So widmet N. Wolf (1990) der Thematik einen Aufsatz mit dem Titel *Über eine textlinguistische Sprachgeschichte,* in dem er neben der Auseinandersetzung mit dem pragmatischen Potential textlinguistischer Sprachhistorie konkrete Aufgabengebiete nennt, die im übrigen der hier diskutierten Konzeption des Kultursprachenausbaus als Etablierung polyfunktionaler Geltung einer Sprache weitgehend entsprechen. So weist N. Wolf insbesondere einer Untersuchung der Funktion volkssprachiger Kommunikation in bestimmten Textsorten einen zentralen Rang zu; der Text verspreche als fundamentale Einheit hier eine Reihe gänzlich neuer sprachgeschichtlicher Erkenntnisse (ebd., 421).

Auch J. Schildt (1990) betont die Notwendigkeit einer insofern differenzierten, textlinguistisch fundierten Sprachgeschichte, dies jedoch primär unter Berücksichtigung der sich daraus ergebenden Periodisierungsmodifikationen. J. Schildts Argumentation, die noch ganz in das erwähnte Konzept der sozialökonomischen Determination sprachlich kommunikativer Tätigkeit eingebettet ist, läuft darauf hinaus, den Wandel an Texten/Textsorten im Sinne kommunikativer Handlungsmuster als Indikator für den „Wandel in den objektiven Erfordernissen der Kommunikation“ (ebd., 418) anzusetzen. Wenngleich damit entscheidende Desiderate bisheriger Sprachgeschichtsschreibung des Deutschen zutreffend aufgedeckt werden, liegt doch noch eine detaillierte Verifikation solcher Standpunkte vor, so daß auch J. Schildts textgeschichtlich motivierte Periodisierungsvorschläge eher den Handlungsbedarf textlinguistischer Sprachhistorie verdeutlichen, als ein valides Erklärungsmodell vorzustellen. N. Babenko (1993, 93) ist daher zu widersprechen, wenn sie mit Blick auf eine textsortenorientierte Sprachgeschichtsschreibung feststellt:

Es ist für diese Richtung der Sprachgeschichtsschreibung kennzeichnend, daß die Kleinarbeit an den einzelnen Texten bzw. Textsortenexemplaren nicht für engere Zwecke geleistet wird, sondern für die Modellierung der historisch verändernden Kommunikationsprozesse, die ihrerseits viele Sprachwandlungen initiieren und begleiten.

Mag der Bezug zu handlungsorientierten Fragestellungen auch die Einbettung textsortengeschichtlicher Fragestellungen in das pragmatische Forschungsprogramm der Historiolinguistik bestimmen, so fehlt eben die Vielzahl notwendiger, miteinander koordinierter Kleinarbeiten an den einzelnen Texten. Es ist bisher auch selbst theoretisch noch nicht hinreichend geklärt, welche Texte Gegenstand historischer Analyse sein sollen, ob beispielsweise eine historische Textlinguistik vorrangig literarische und/oder Texte historischer Fachprosa untersuchen sollte. Infolge solcher Defizite erscheint manche allgemeine Forderung nach einer textbezogenen Sprachgeschichte opak. Als Beispiel seien A. Schwarz' (1992) Ausführungen zum Verhältnis von Textanalyse und Sprachgeschichte angeführt. A. Schwarz (ebd., 73) plädiert dafür, die „sprachgeschichtliche Analyse von (durchaus auch literarischen) Texten (...) auf ihre genuinen Aufgaben" zu beschränken. Ohne diese zu beschreiben, sieht A. Schwarz die pragmatisch orientierte Historiolinguistik ganz offensichtlich in der Gefahr, literaturgeschichtliche Territorien zu betreten und meint daher, die nicht näher genannten linguistischen Fragestellungen gegenüber solchen Verallgemeinerungstendenzen verteidigen zu müssen. Derartige Ausführungen bedienen sich grundsätzlich der terminologischen Konstrukte des texthistorischen Paradigmas, ohne darauf gründend etwaige Erklärungen für sprachhistorische Vorgänge anbieten zu können, und stehen damit für eine Reihe pauschaler Erklärungen des Desiderats historischer Textlinguistik.

Es bleibt damit festzuhalten, daß die Relevanz textlinguistischer Zugänge zur Sprachhistorie kaum mehr angezweifelt ist, denn zumindest pauschal wird weitgehend von der zentralen Position einer Vertextungsgeschichte innerhalb des pragmahistorischen Paradigmas ausgegangen. Gleichwohl fällt auf, daß gegenüber den programmatischen Forderungen nach einer Textorientierung der Sprachgeschichtsschreibung die empirische Prüfung texthistorischer Theoreme kaum ins Gewicht fällt.[9] Bereits in I. Warnke (1995 und 1996a) wurden für diesen Praxis-Theorie-Bruch textorientierter Sprachgeschichtsschreibung drei Ursachen genannt, die in bezug zur hier leitenden Thematik wie folgt zu formulieren sind:

---

9 Ausnahmen wie J. Schwitallas (1983) Untersuchung zur Textsortengeschichte deutscher Flugschriften der Frühen Neuzeit gibt es, doch haben sie weder zu einer historiolinguistischen Theorieorientierung beigetragen, noch ein valides Analysekonzept durchgesetzt.

(1) Die sprachgeschichtlichen Forderungen nach einer Darstellung der Textsortengeschichte des Deutschen sind bisher nicht hinreichend in den Problemzusammenhang allgemeiner sprachhistorischer Fragestellungen gerückt. Letzthin ist eine historische Textlinguistik jedoch erst dann legitimiert, wenn sie über die Systematisierung überlieferter Quellen hinaus zur Progression der Sprachgeschichtsschreibung beiträgt. In der vorliegenden Arbeit ist der Konnex von historiolinguistischer Problemstellung und textgeschichtlichem Verfahren über das Konzept des Kultursprachenausbaus gewährleistet, genauer durch die in Kap. 2.1 begründete Realisation von Polyfunktionalisierungen über Texte. Es konnte gezeigt werden, daß allein über die Analyse von Texten funktionsdifferenzierende Tendenzen der Sprachgeschichte aufzudecken sind, der textlinguistische Zugriff insofern also einen nicht zu übersehenden Anspruch auf Erklärungsmächtigkeit hat.

(2) Bis dato ist das Programm einer Sprachgeschichte als Textsortengeschichte nicht in genügendem Maße mit der Konzeption eines pragmatisch orientierten Verfahrens zur Analyse historischer Texte verknüpft. Folglich besteht die Aufgabe, methodische Zugänge zu den je leitenden sprachhistorischen Fragestellungen zu formulieren. Dies ist für die Geschichte der Polyfunktionalisierung des Deutschen in einem ersten Zugriff bereits durch die Begründung des type- und token-orientierten Verfahrens geleistet; die näheren Ausführungen hierzu sind, wie bereits erwähnt, Gegenstand des vierten Kapitels der Arbeit.

(3) Die bisherige Sprachgeschichtsschreibung des Deutschen hat noch nicht zeigen können, daß die Genese e i n e s Textbereichs in direktem Zusammenhang mit sprachhistorischen Entwicklungstendenzen steht, so daß die traditionell grammatisch argumentierenden Ausgleichstheorien zur Konstituierung des Nhd. durch die historische Textlinguistik nicht modifiziert sind. Eine Veränderung dieser Forschungssituation herbeizuführen, ist Anspruch der vorliegenden Arbeit in ihrer Gesamtaussage. Gemäß der sachlichen und zeitlichen Eingrenzung der Untersuchungen in den nachfolgenden Kapiteln stellt die im fünften Kapitel erfaßte Geschichte der Polyfunktionalisierung des Deutschen im juridischen Diskurs exemplarisch dar, inwieweit Ausbau von Kultursprachen über funktionsgebundene Vertextungen realisiert wird.

Historische Textlinguistik ist bei Berücksichtigung der bisherigen Ursachen mangelnder Empirie und der daraus abgeleiteten Fixierung konzeptioneller Orientierungspunkte wie sprachgeschichtlicher Problembezug, historisch adäquates Analyseverfahren, funktionale Relevanz von Diskursdomänen geeignet, pragmatische Erkenntnisinteressen an Sprachwandelvorgängen einzulösen; dies jedoch nicht als allein wissenschaftshistorischer Reflex der Sprachgeschichtsschreibung auf pragmalinguistische Tendenzen der Sprachwissenschaft im allgemeinen, sondern in der konkreten Anbindung an Erklärungsversuche der Geschichte kultursprachlichen Ausbaus. Es konnte gezeigt werden, daß die Verbindung zweier Dimensionen historischer Textlinguistik hierfür erfolgversprechend ist, womit die Systematisierung der Textextensionen innerhalb definierter Domänen der gesellschaftlichen Organisation ebenso wie die Klassifizierung historischer Textmuster sprachgeschichtliche Bezüge aufweist. Das Etikett 'Textsortengeschichte' ist demnach nur bedingt geeignet, den Gegenstandsbereich historischer Textlinguistik zu bestimmen. Abgesehen davon, daß die Bezeichnung 'Textsorte' „bis heute im Grunde noch vortheoretisch geblieben ist" (N. Babenko 1993, 92), ist der Terminus nicht eindeutig in bezug auf die genannten Teilaufgaben. Der Begriff 'Vertextungsgeschichte' ist demgegenüber sowohl prozessural orientiert, als auch bezogen auf die Untersuchung von Handlungsmustern und Textexemplaren, denen jeweilige Handlungsakte entsprechen.

Daß für die so bestimmte historische Textlinguistik als Vertextungsgeschichte zwingende Gründe sprachgeschichtlicher Problemstellungen sprechen - einzelne Merkmalausprägungen im Zuge der Genese von Kultursprachen können allein im Kontext textorientierter Verfahren erfaßt werden -, ergibt sich aus den bisher eingebrachten Argumenten. W. Heinemann/D. Viehweger (1991, 277) ist zu widersprechen, wenn sie die Notwendigkeit der Implantierung sprachgeschichtlicher Fragen in den Bereich der Textlinguistik verneinen:

> So hat z.B. die Sprachgeschichtsforschung ein berechtigtes Interesse an der Entstehung und Entwicklung von Textsorten und Textklassen. Daß sie sich dabei - soweit dies möglich ist - an textlinguistischen Klassifizierungen orientiert, ist selbstverständlich, andererseits aber gibt es wohl keine zwingenden Gründe, sprachgeschichtliche Fragestellungen daraufhin in den Erklärungsbereich der Textlinguistik zu integrieren.

Das Programm 'Sprachgeschichte als Textsortengeschichte' modifizierend, besteht für die Geschichte der Polyfunktionalisierung des Deutschen als einer empirisch gegründeten Vertextungsgeschichte durchaus eine sachliche Notwendigkeit; „die Ausgliederung von Diskursuniversen" bedingt eben „weitreichende Veränderungen der Sprachen", allen voran solche der „Genese, Verbreitung von Texttypen" (B. Schlieben-Lange 1983, 166 und 144).

3. Zum Gegenstandsbereich der Untersuchung

Die Erklärungsmächtigkeit sprachgeschichtlicher Konzeptionen resultiert vornehmlich aus ihrer empirischen Verifizierung, also der materialgestützten Auswertung theoretischer Prämissen. Aufgrund der Polykausalität historischer Entwicklungen können jedoch prinzipiell nur paradigmatische Ausschnitte diachroner Tendenzen fokussiert werden. Eine Klärung der Voraussetzungen und konstitutiven Prozesse der Etablierung des standardisierten Nhd. kann es in summa nicht geben. Notwendig ist vielmehr eine Konzentration auf jeweils als wesentlich anzusehende Ausbauvorgänge. Mit den Grundlagen einer Theorie der Kultursprachengenese ist dies in den ersten Kapiteln der Darstellung versucht. Im weiteren geht es darum, den Gegenstandsbereich der Untersuchung zu bestimmen. Dabei sind zwei Aspekte zu berücksichtigen: Einerseits muß angesichts der unübersehbaren Zahl an Quellen und Funktionsbereichen der deutschen Sprache eine sachliche Eingrenzung der funktionsgeschichtlich relevanten Kommunikationsdomänen begründet werden, andererseits ist der so bestimmte Ausschnitt der Vertextungsgeschichte zeitlich exakt zu definieren.

3.1 Polyfunktionalität und Domänen der gesellschaftlichen Organisation - Zur sachlichen Eingrenzung der Untersuchung

Die Funktionalität sprachlicher Texte ist einerseits durch die je spezifischen Verwirklichungen von Handlungsintentionen in letzthin nicht wiederholbaren Situationen bestimmt, andererseits auch durch die Zugehörigkeit von Vertextungen zu gesellschaftlichen Teilbereichen verbaler Interaktion. Denn sprachliche Handlungen erfolgen im Rahmen horizontal gegliederter Bezugsbereiche der sozialen Organisation. Ebenso wie die menschliche Kenntnis von der Welt, das enzyklopädische Wissen, im Sinne der Schema-Theorie im Langzeitgedächtnis in komplexen Zusammenhängen abgespeichert und damit über die Abbildung segmentärer Realitätsbereiche strukturiert ist (vgl. M. Schwarz 1992, 87ff), stehen sprachliche Handlungen im Kontext übertextueller Handlungsbereiche. In die Definition der Polyfunktionalität einer Sprache als der kommunikativen Leistungsfähigkeit in unterschiedlichsten Domänen der gesellschaftlichen Organisation ist diese Voraussetzung bereits eingebracht. Sowohl die Wissens- als auch die Handlungsorganisation ist domänenspezifisch, so daß die funktionale Geltung eines Textes in bezug auf die Realisierung kommunikativer Intentionen im Rahmen gesellschaftlicher Domänen zu beschreiben ist. Geht es im weiteren also darum, eine sachliche Eingrenzung des hier interessierenden Gegenstandes der Polyfunktionalisierungsgeschichte des Deutschen zu erreichen, so eben auf dem Wege einer Isolierung sprachgeschichtlich relevanter Domänen der Interaktion, d.h. über die Selegierung von Sachbereichen textuellen Handelns.

H. Kästner/E. Schütz/J. Schwitalla (1985, 1356) haben zwecks Grobordnung der überlieferten Texte des Frühneuhochdeutschen ein viergliedriges Bezugsraster vorgestellt, das die, wenn auch nicht zweifelsfreie, so doch vorläufige Zuordnung historischer Texte des Spätmittelalters und der Frühen Neuzeit zu einem Segment der gesellschaftlichen Diskursorganisation erlaubt. Die Autoren nennen *Alltagswelt*, *Religion*, *Wissenschaft* und *Dichtung* als „Text- und Kommunikationsbereiche“ und eröffnen damit die Möglichkeit, einen sprachgeschichtlichen Interessenschwerpunkt unter Hinweis auf Interaktionsdomänen zu begründen. Für die Herausbildung der polyfunktionalen Geltung des Deutschen sind auf den ersten Blick alle vier Kommunikationsbereiche per definitionem Gegenstand sprachgeschichtlicher Erklärungsversuche, denn eine funktional ausgebaute Sprache ist gerade durch die kommunikative Leistungsfähigkeit in allen derartigen gesellschaftlichen Bezugssystemen gekennzeichnet. Demzufolge wurde auch bereits darauf verwiesen, daß etwa die Literarisierung einer Sprache Teilvorgang des Ausbaus von funktionaler Geltung ist. Für die sachliche Eingrenzung sprachgeschichtlicher Analysen zur Polyfunktionalisierung ist folglich ein zentraler Kommunikationsbereich zu fokussieren, innerhalb dessen initiale Prozesse der Ausweitung des Funktionsgrades zu beschreiben sind. Andernfalls bliebe die sachliche Konzentration willkürlich und stünde in der Gefahr einer Pauschalisierung differenzierter Sprachwandelprozesse. Der bereits für das 13. Jahrhundert taxierte Beginn der funktionalen Geltung volkssprachiger Kommunikation im Zuge der sukzessiven Verdrängung des lateinischen Monopols ist maßgeblich im Textbereich der *Alltagswelt* initiiert und hier insbesondere im Subbereich der Sollensordnung, „welche die Verhaltensweisen von einzelnen Menschen und gesamten Gesellschaften zueinander regelt“ (G. Köbler 1991, 286), also im Handlungskomplex des Rechts. Die funktionale Geltung deutscher Sprache greift hier weit vor der wissenschaftlichen Verwendung und ist bezüglich ihrer sozialen Geltung zumindest im 13. Jahrhundert der volkssprachigen Vermittlung religiöser Inhalte überlegen. Mit der zunächst noch allgemeinen Markierung des

Rechtsbereichs als einem entscheidenden Vertextungskomplex für die funktionale Aufgliederung des Deutschen ist nun jedoch nicht nur das Diskurssegment *Alltagswelt* hervorgehoben, sondern zugleich die Bedeutung fachsprachlicher Kommunikation, genauer der frühen Formen deutscher Fachprosa akzentuiert. Auch im Zusammenhang der sprachgeschichtlichen Gewichtung dieser Textgruppe kommt der frühen deutschen Rechtsprosa ein primärer Status zu. Bereits G. Eis (1967, 48) betont im Rahmen seiner Klassifizierung fachsprachlicher Sachgebiete die historiolinguistische Relevanz der Rechtsliteratur; ihm zufolge „beanspruchen diese Schriften sowohl das sprachgeschichtliche als auch das literaturgeographische Interesse auf das stärkste". Auch H. Kuhn (1980, 17) erkennt Literatenpoesie und Sachprosa als die „beiden im 13. Jahrhundert einschneidend neuen deutsch-schriftliterarischen Erscheinungen", wobei er die Rechtsprosa als ersten Bereich seiner Literatursystematik des Spätmittelalters nennt (1980, 29). Neuere historische Fachsprachenforschungen bestätigen dieses Urteil,[1] so daß die Selegierung des frühen deutschen Rechtsschrifttums sowohl im Hinblick auf eine generelle Klassifizierung textueller Handlungsbereiche als auch in bezug auf den Status der Rechtssprache im Zusammenhang der Fachsprachgeschichte sinnvoll zu sein scheint.

Bevor die sprachgeschichtliche Prominenz historischer Rechtsquellen für die Erörterung kultursprachlicher Ausbauprozesse noch näher zu begründen ist, muß die Intension des Begriffs 'historische Rechtsprosa' definiert werden. Die zeitliche und durch das Attribut 'historisch' bezeichnete Eingrenzung ergibt sich aus den Überlegungen in Kap. 3.2 und soll hier nicht näher bestimmt werden. Anders verhält es sich mit dem Terminus 'Rechtsprosa', denn dessen begrifflicher Umfang entspricht der sachlichen Eingrenzung der vorliegenden Untersuchung und ist demzufolge an dieser Stelle zu behandeln. Die alltagsweltliche Differenzierung des Funktionsspektrums deutscher Sprache erfolgt in erster Linie über die „volkssprachliche Popularisierung der lateinischen Schrifttradition" (H. Kuhn 1980, 78) in der spätmittelalterlichen Prosaliteratur. Die mhd. Lyrik und Epik ist demgegenüber kein progressiver Zweig der Polyfunktionalisierung des Deutschen und spielt folglich eine nur sehr eingeschränkte musterbildende Rolle bei der Verdrängung des Lateinischen durch die Volkssprache. So sind Texte gebundener Rede auch im spätmittelalterlichen Rechtsbereich gegenüber den Prosaüberlieferungen gänzlich marginal; in nennenswertem Umfang sind allein Reimvorreden überliefert. Eine funktionsgeschichtlich orientierte Untersuchung zum Status des Kommunikationsbereichs *Recht* ist infolgedessen auf die entsprechende Fachprosa zu konzentrieren. Problematischer als die Begründung der sachlichen Auseinandersetzung mit Texten ungebundener Rede ist die Definition des Rechtsbegriffs.

---

[1] Vgl. etwa A. Betten (1987).

Der sprachgeschichtliche Zugriff bedingt hierfür zunächst den Ausschluß nichtsprachlicher Rechtsquellen, also solcher Überlieferungen, deren Deutung Aufschluß über rechtliche Verhältnisse vergangener Zeiträume ermöglicht; dazu gehören bildmäßige mittelbare Rechtsquellen wie Karten, Pläne, Bilderhandschriften ebenso wie gegenständliche Rechtsquellen oder Überlieferungen zum Brauchtum historischer Perioden. Unter Rechtstexten werden hier nur unmittelbare Rechtsquellen behandelt, also direkte sprachliche Überlieferungen von Quellen der Rechtsbildung im eigentlichen Sinn. Damit sind schriftliche Überlieferungen mittelbarer Rechtsquellen wie Urbare, Traditionsbücher, Chroniken etc. desgleichen aus dem Interesse ausgeblendet. Allein rechtsetzende Texte wie Reichs- und Territorialgesetze, Stadtrechte, Weistümer, Rechtsbücher etc. bilden damit das Objekt der empirischen Untersuchungen, denn diese sind als Kernbestand rechtsgeschichtlicher Überlieferung breitenwirksamer Gegenstand volkssprachlicher Vertextungsstrategien. Eine erste, noch vorläufige Eingrenzung der funktionsgeschichtlich bedeutsamen Domänen gesellschaftlicher Organisation definiert damit die deutschsprachige Prosaüberlieferung von unmittelbaren Quellen der Rechtsbildung als Gegenstandsbereich der Arbeit. Auf der Grundlage dieser ersten begrifflichen Klärung ist eine nähere Begründung der funktionsgeschichtlichen Relevanz einer solchen historischen Rechtsprosa möglich.

Die Selegierung rechtshistorischer Quellen für die exemplarische Analyse der Entwicklungsmechanismen von Polyfunktionalisierungen ist über zwei Argumenttypen zu stützen. Zum einen sprechen quantitative Gründe für eine gezielte Auseinandersetzung mit dem überlieferten Rechtsschrifttum deutscher Sprache, zum anderen erlauben qualitative Überlegungen die Einschränkung auf Texte der Rechtsdomäne. Als quantitativ größter Textblock überlieferter spätmittelalterlicher Prosatexte bilden die Rechtstexte ein Zentrum der volkssprachlichen Funktionsdifferenzierung. Bereits die ersten Quellen deutschsprachiger Fachprosa gehören bekanntlich der Rechtsdomäne an, so das *Braunschweiger Stadtrecht* (Ottonianum) (# 255), dessen Entstehung wohl in das Jahr 1227 fällt, und der *Mainzer Reichslandfriede* (# 164) Friedrichs II. von 1235. Ausgehend von diesen frühen Zeugnissen deutschsprachiger Rechtskommunikation, ist die Zahl der Überlieferungen in den folgenden Jahrhunderten unübersehbar, so daß W. Näser (1980, 285) für den Zeitraum von 1200 bis 1400 feststellt, „daß gegen die gewaltige Masse rechtssprachlicher Textüberlieferung alles in der uns interessierenden Periode (...) an Lyrik, Epik und (auch Fach-)Prosa gleichzeitig geschaffene nur einen bescheidenen Bruchteil ausmacht“. Das quantitative Primat der historischen Rechtsprosa spricht überdies wegen des hohen Grades an Binnendifferenziertheit für eine gezielte funktionsorientierte Analyse historischer Rechtsprosa. Der Textblock rechtsbezogener Kommunikation mit Mitteln der deutschen Volkssprache ist im diachronen Prozeß zunehmend differenzierter strukturiert, so daß die Geschichte deutscher Rechtsprosa zugleich als Modellfall kultursprachlicher Polyfunktionalisierungen überhaupt zu behandeln ist. Entscheidend für die sprachgeschichtliche Relevanz ist dabei auch die Kontinuität des Funktionsausbaus seit den frühen Rechtstexten des 13. Jahrhunderts, denn quantitativ fällt die Entwicklung rechtssprachlicher Vertextung der Frühen Neuzeit und der Neuzeit nicht mehr hinter die Vertextungstendenzen des Spätmittelalters zurück.

Neben den auf Umfang und Differenzierungsgrad bezogenen Argumenten sprechen qualitative Gründe für eine funktionsbezogene Untersuchung historischer Rechtsprosa. Rechtstexte im hier definierten Sinn sind weitgehend appellative Texte, deren kommunikativer Anspruch darin besteht, Adressaten zur Ausführung definierter Handlungen bzw. zur Einhaltung ausgesprochener Gebote zu bewegen. Infolgedessen realisieren Texte der Rechtsdomäne vorrangig direktive Handlunsgintentionen. Die Formulierung rechtsetzender Texte ist also ein Vorgang der präskriptiven Steuerung des Verhaltens einzelner Mitglieder einer Gesellschaft und ganzer sozialer Verbände. Erfolgversprechend ist ein derartig normierender Eingriff in Verhaltensmuster nur, wenn die Inhalte entsprechender Gebote, Normen, Setzungen etc. über verständliche Kommunikationssysteme versprachlicht werden. Aufgrund dessen ist die volkssprachige Verständigung gerade für die Inkraftsetzung rechtlicher Normen ausgesprochen wichtig. So ist etwa für das Nürnberger Friedensgebot Kaiser Sigmunds vom 14. März 1431 belegt, daß die Bekanntmachung durch öffentlichen Anschlag an den Kirchentüren erfolgte.[2] Eine Befolgung der im Text ausgesprochenen allgemeinen Friedensverpflichtung für eineinhalb Jahre konnte dabei allein über die volkssprachige Fassung der Direktiven gewährleistet werden. Neben diesem Aspekt der Verständnissicherung spricht noch ein weiteres Argument für die sprachgeschichtlich herausragende Stellung historischer Rechtsprosa. Der Normanspruch der Textinhalte korrespondiert mit der Normierung der volkssprachigen Kommunikation, denn infolge der deutschen Fassung sozial adressierter Direktiven gewinnt das Deutsche als Medium der schriftsprachlichen Verständigung ein schnell wachsendes Gewicht gegenüber dem Lateinischen. Es heißt daher, die sprachgeschichtlich innovative Tendenz der frühen funktionalen Differenzierung des Deutschen zu unterschätzen, wenn C. Wells (1990, 288) noch bis in das 17. Jahrhundert das Latein als „wenig angegriffen" beschreibt. Vielmehr sind bereits die großen Rechtstexte des 12. und 13. Jahrhunderts entscheidende Faktoren der Funktionsdifferenzie-

---

2 Vgl. den entsprechenden Vermerk in der Handschrift *München H.- u. St.-Bibl. cod. lat. 9503 f. 234b cop. ch. coaev.*: item predicta dominica judica Romanorum rex Sigismundus literam plures articulos continentem sua majestate roboratam valvis ecclesiarum jussit affigi, quos singulariter et punctualiter enumerare generaret tedium.

rung des Deutschen und maßgeblich für die Tendenzen zur Verdrängung des Lateinischen. Es ist daher durchaus sinnvoll, für die Polyfunktionalisierung des Deutschen die frühen Zeugnisse historischer Rechtsprosa in der Bedeutung der lutherischen Bibelübersetzung für die überregionale Standardisierung des Deutschen gleichzustellen.[3] Derartige Überlegungen sind im weiteren noch genauer zu begründen. Festzuhalten bleibt hier zunächst der quantitativ und qualitativ begründete Zentralstatus historischer Rechtsprosa im Kontext einer Geschichte der Polyfunktionalisierung des Deutschen.

Daß es sich dabei nicht allein um ein Phänomen der deutschen Sprachgeschichte handelt, zeigen die korrespondierenden Entwicklungstendenzen anderer europäischer Kultursprachen. Bereits in Kap. 1.3 wurde die Führungsrolle des juridischen Diskurses beim Ausbau kultursprachlicher Systeme als gesamteuropäische Erscheinung paradigmatisch hervorgehoben. Die europäischen Analogien ergeben sich insbesondere für die Rechtskompilationen des 13. Jahrhunderts, die keineswegs allein durch herausragende deutschrechtliche Quellen wie den *Sachsenspiegel* (# 238) und den *Schwabenspiegel* (# 248) repräsentiert sind, sondern in ganz Westeuropa ihre Entsprechungen haben. Bedeutende Kompilationen, also schriftliche Darstellungen, deren Ziel „die Ausbeutung möglichst aller Rechtsquellen und Juristenschriften sowie ihre Zusammenfassung“ (Th. Bühler 1977, 87) ist, sind etwa für Frankreich, Spanien, Portugal, Dänemark und Island als Texte des 13. Jahrhunderts belegt:

Frankreich	nach 1219	Très Ancien Coutumier de Normandie
	1253/58	Pierre de Fontaine: Conseil à un ami
	1254/58	Grand Coutumier de Normandie
	1258	Philippe de Beaumanoir: Coutumes de Beaumanoir
	um 1260	Livre de Jostica et de Plet
	1272/74	Etablissements de St. Louis
	1295/1300	Ancien Coutumier de Champagne
Spanien	1252/55	Fuero Real
	1256/58	Alfons der Weise: Siete Partidas
Dänemark	1241	Waldemar von Dänemark: Jütisches Lov
	2. Hälfte 13. Jh.	Skånske Lov
Island	1281	Jónsbók
	1258/71	Grágás

Tab. 4: Europäische Rechtskompilationen im 13. Jahrhundert

Die volkssprachige Verschriftung des Rechts erweist sich so als ein Kern der spätmittelalterlichen Kommunikationsgeschichte, und dies eben nicht nur

[3] Vgl. U. Oppitz' (1990, 22) Vergleich von Sachsenspiegel und lutherischer Bibelübersetzung.

unter national-philologisch begrenzter Perspektive, sondern auch aufgrund europäischer Analogien der Rechtsgeschichte.

Mit der Hervorhebung von Kompilationen wie dem *Sachsenspiegel* (# 238) oder *Schwabenspiegel* (# 248), der Nennung des frühen *Braunschweiger Stadtrechtes* (# 255) und des *Mainzer Reichslandfriedens* (# 164) sind jeweils literale Zeugnisse der funktionalen Geltung des Deutschen im Rechtsbereich genannt. Dies führt zu der Frage, ob eine Geschichte der Polyfunktionalisierung deutscher Sprache allein auf schriftlichen Zeugnissen basieren kann. Fraglos sind orale Quellen längst verstummt, doch muß gezeigt werden, ob dies nicht ein wesentlicher Nachteil einer textbasierten Geschichte der Funktionsdifferenzierung ist. In H. Moser/H. Wellmann/N. Wolf (1981, 159ff) wird betont, daß die sprachpragmatische Stellung der geschriebenen Varietät nur unter Beachtung der Funktionsteilung und sozialen Bedeutung der mündlichen, schriftsprachlichen oder gedruckten Erscheinungsform der Sprache thematisiert werden kann. Für die Rechtsdomäne ist daher zu zeigen, welche gesellschaftliche Relevanz oralen und literalen Kommunikationsformen in jeweiligen Zeiträumen zukommt. Während im Früh- und Hochmittelalter das schriftlich gefaßte Recht fast ausnahmslos in lateinischer Sprache fixiert ist und daneben eine volkssprachige Mündlichkeit existiert,[4] begründen die Entwicklungen seit dem 13. Jahrhundert eine deutschsprachige „Schriftkultur des Rechtslebens“ (P. Johanek 1986, 397). Insbesondere in fränkischer Zeit war noch eine strikte Funktionsteilung oraler und literaler Kommunikationsverfahren maßgeblich, die sich in der Trennung von Latinität und Volkssprache ausdrückt. Die fast alleinige Existenz volkssprachiger Mündlichkeit vermochte dabei keine funktionale Ausfächerung deutscher Sprache im Rechtsbereich zu initiieren. Erst aufgrund der literalen Existenz volkssprachiger Rechtskommunikation ist der konsequente Funktionsausbau der Rechtsdomäne möglich geworden. Die funktionale Differenzierung erfolgt also vorrangig über literale Texte; neben den Kompilationen und Einzelgesetzen sind insbesondere auch die Kodifikationen zu nennen. Darunter versteht man „die den ganzen Stoff eines Rechtsgebietes unter Ausschluß aller Einzelregelungen zusammenfassende, planvoll nach systematischen Gesichtspunkten gegliederte Gesetzgebung“ (H. Krause 1971, 1617), für die z.B. das *Oberbayrische Landrecht* (# 183) Kaiser Ludwigs des Bayern von 1335/1346 ein frühes deutschsprachiges Zeugnis ist. Heißt es dort in den Vorbemerkungen

---

[4] Deutlich machen das die Rechtsspiegel des Spätmittelalters, die mündlich tradiertes Gewohnheitsrecht schriftlich fixieren. Eike von Repgow vermerkt daher in der Reimvorrede des *Sachsenspiegel* (# 238, 41):
Dit recht hebbe ek selve nicht irdacht,
it hebbet van aldere an unsik gebracht
Unse guden vorevaren.

Daz ist daz recht pu-och also gantz: alt pezzert, und auch neu artickel gesæmment auz allen gerichten steten und mærgten nach dez keysers geheizzen. (# 183, 492),

so ist festzuhalten, daß eine solche Kodifikation allein qua Schriftlichkeit zu realisieren ist. Wenngleich in einer Vielzahl deutscher Rechtsquellen des Spätmittelalters auch Relikte mündlicher Rechtspraxis zu finden sind, etwa in Schwurformeln etc., und einige Texttypen wie etwa die Weistümer zwar literal überliefert sind aber auch mündlich tradiert wurden, ergibt sich für die Funktionsdifferenzierung des Deutschen in der Rechtsdomäne ein deutliches Primat literaler Texte. Dieser Befund koinzidiert mit der bereits in Kap. 1.3 getroffenen Feststellung der engen Bindung von schriftlicher und rechtsbezogener Kommunikation. Das gegenseitige Bedingungsverhältnis von Literalität und juridischem Diskurs ist eine kulturübergreifende Konstante der schriftsprachlichen Tradition und Gegenwart. Die europäischen Sprachgeschichten zeigen zum einen, daß die Ausbildung standardisierter Schriftlichkeit nahezu invariant mit der Besetzung des juridischen Textkorpus durch die Volkssprache verknüpft, zum anderen der Ausbau des juridischen Diskurses und die Konstituierung eines Juristenstandes substantiell an literale Kommunikationsformen gebunden ist; bereits Gratian hält dies in der *Concordia discordantium canonum* von 1142 mit dem Satz *Lex est constituio scripta* fest. Die damit einhergehenden Formen domänenspezifischen Schreibens weisen den Rechtsbereich nicht nur als wesentliche Determinante literaler Vertextungstendenzen aus, sondern darüber hinaus als conditio je kulturspezifischer Literalisierungen überhaupt. Insofern ist die alleinige Möglichkeit der Analyse schriftsprachlicher Quellen im Kontext einer funktionsorientierten Untersuchung historischer Rechtsprosa keineswegs nachteilig, vielmehr wird durch die Fokussierung der literalen Vertextungen im Funktionsbereich 'Recht' die entscheidende Existenzform diesbezüglichen Kultursprachenausbaus zum Gegenstand erhoben.

Die Einschränkung des erkenntnisleitenden Interesses auf schriftsprachliche Vertextungstendenzen in Domänen der Rechtssetzung reicht für eine exakte sachliche Eingrenzung der Untersuchung jedoch noch nicht aus. Die hier unter anderem interessierenden Funktionsdifferenzierungen des Deutschen im Spätmittelalter erfolgen in einer Zeit der deutlichen Unterscheidung von weltlichem und kanonischem Recht. Dies bedeutet nicht, daß das weltliche Recht im Mittelalter keinerlei religiöse Bestimmung hatte. Ganz im Gegenteil ist die frühe weltliche Rechtsprosa deutscher Sprache geprägt von christlicher Religiosität. In bezug auf den *Sachsenspiegel* (# 238) spricht U. Drescher (1989, 56f) daher auch von geistlichen Denkformen, denn das Rechtsbuch kompiliert Recht „unter bewußter Einbeziehung des vor allem durch den christlichen Glauben geprägten ideellen Wertesystems seiner Zeit“ (1989, 57). So heißt es im Prologus des *Sachsenspiegels* (# 238, 51f):

Got is selve recht, dar umme is em recht lef. Dar umme sen se sek vore alle de, den gerichte van Goddes halven bevolen is, dat se also richten, dat Goddes torn unde sin gerichte gnedeleken over se irgan mote.

Wenngleich also religiöses Denken und geistliche Argumentationen durchaus im weltlichen Recht des Spätmittelalters von Wichtigkeit sind, so ergibt sich aus sprachgeschichtlicher Perspektive doch eine eindeutige Rangordnung von weltlichem und kanonischem Recht. Während das weltliche Recht seit dem 13. Jahrhundert Gegenstand einer Vielzahl volkssprachiger Rechtssetzungen ist, bleibt das kanonische Recht fast ausnahmslos lateinisch. Am deutlichsten wird dies an der Textgeschichte des *Corpus Iuris Canonici*, das als ältesten Teil das *Decretum Gratiani* von ~1140 beinhaltet und ausschließlich in lateinischer Sprache verfaßt ist. In dieser Form hat die Textsammlung bis zum Jahr 1917 in der katholischen Kirche gesetzliche Geltung besessen, und auch die neue Fassung des Kirchenrechts durch den 1918 promulgierten *Codex Iuris Canonici* ist bis dato allein in der lateinischen Fassung kirchenamtlich anerkannt. Das kanonische Recht weist mithin kaum progressive Tendenzen zur nationalen Kultursprachenetablierung auf; da es die übernationale Rechtsgemeinschaft der römisch-katholischen Kirche zum Gegenstand hat, erfolgt die Kodifikation über das universal einsetzbare und traditionsbestimmte Latein.

Im Zuge der sachlichen Gegenstandsbestimmung ergibt sich für das funktionsgeschichtliche Interesse der germanistischen Sprachgeschichtsschreibung daraus ein evidenter Vorrang von Texten weltlicher Rechtssetzung, so daß die schriftliche Prosaüberlieferung von unmittelbaren Quellen der weltlichen Rechtsbildung als Objektbereich vorliegender Untersuchung zu definieren ist.[5] Für die damit zugleich selegierte Domäne gesellschaftlicher Organisation im Sinne eines Vertextungsbereichs soll im weiteren der Terminus 'juridischer Diskurs' verwendet werden. Bereits mit Bezug auf den traditionellen philosophischen Diskursbegriff ist eine solche Bezeichnung angemessen, denn Vertextungen erfolgen in der Rechtsdomäne eben prinzipiell diskursiv, d.h. über ein argumentativ stringentes Verfahren, das intuitive Kommunikationsprozesse weitgehend ausschließt. Allerdings ist der hier zugrunde gelegte Begriff des Diskurses durchaus weiter gefaßt, er referiert auf sozial konventionalisierte und standardisierte Verfahren kommunikativer Praxis, die im Verbund von „anonymen, historischen, stets im Raum und in der Zeit determinierten Regeln" (M. Foucault 1973, 171) funktionieren.[6] Kennzeichen solcher Diskurse sind die Interdependenzen singulärer Textvorkommen, die als intertextuelle

5 Angaben zur räumlichen Differenzierung des Gegenstandsbereichs erfolgen in Kapitel 3.4.2.

6 Vgl. die linguistische Erörterung mit M. Foucault bei D. Busse (1987).

Bezüge sprachwissenschaftlich zu taxieren sind. Für die alltagsweltlichen Sollensordnungen, die Rechtstexte, ist ein solcher diskursiver Verbund nicht zu übersehen. Nahezu alle überlieferten Rechtsquellen berufen sich auf den rechtsbezogenen Diskurs einer Zeit bzw. auf Teile dessen, „was der Diskurs in seiner materiellen Wirklichkeit als gesprochenes oder geschriebenes Ding ist" (M. Foucault 1977, 6), also auf singuläre Texte. Auf Prätexte bezogene Aussagen wie

> In dessim stucke werdit sere gerurt keisirrecht, daz do heissit 'De adopcionibus', do also geschrebin sted, (...). (# 51, 58)
> Und nachdem nun in geistlichen und Keyserlichen geschriebenen Rechten, auch in den guelden Bullen unsers Vorfahren am Reich Keyser Carls des vierten, (...). (# 215, 226)

sind konstitutiver Bestandteil einer unübersehbaren Fülle überlieferter Rechtstexte und markieren den jeweiligen Bezug auf den Diskurs des Rechts. Wenn auch ein philosophischer Diskursbegriff mithin legitimierend für die Verwendung im sprachgeschichtlichen Kontext ist, so soll nicht unberücksichtigt bleiben, daß 'Diskurs' auch ein linguistischer Fachterminus ist. Neben der von D. Wunderlich (1976) eingeführten Bedeutung als mündlicher dialogischer Text ist 'Diskurs' insbesondere ein Terminus in der Texttheorie. Die Eignung des Diskursbegriffes für die oben formulierte Gegenstandsbestimmung kann damit nicht nur philosophisch, sondern auch textlinguistisch begründet werden. Als besonders geeignet erscheint dabei der Diskurs-Begriff von T. von Dijk (1977, 3): „Those utterances which can be assigned textual structure are thus acceptable discourses of the language". Diskurse sind in diesem Sinn tatsächlich existente, ausgesprochene bzw. aufgeschriebene Texte im Gegensatz zu textuellen Strukturen, die als virtuelle Größen keinen konkreten Status haben. Ist als Gegenstand der Untersuchung zur Funktionsdifferenzierung der juridische Diskurs definiert, so ist damit der über konkrete Texte zu fassende Verbund rechtsbezogener Kommunikationspraxis gemeint. Da eine Einschränkung auf unmittelbare Quellen der Rechtssetzung als sinnvoll erkannt wurde, ist der so selegierte Diskurs nicht als 'juristisch' attribuiert, dies suggerierte ein das gesamte Spektrum rechtsbezogener Kommunikation abdeckendes Forschungsvorhaben; geeigneter erscheint das Attribut 'juridisch', das als Definiens der hier relevanten Diskursdomänen gesetzt wird.

Der juridische Diskurs als Menge der schriftlichen Prosaüberlieferungen von unmittelbaren Quellen der weltlichen Rechtsbildung ist nun alles andere als ein neuer Gegenstandsbereich germanistischer Auseinandersetzung, denn „schon kurz nach ihrer Etablierung hat sich die wissenschaftliche Germanistik im Rahmen ihrer sprachhistorischen Bemühungen auch mit der alten Rechtssprache beschäftigt" (W. Näser 1980, 284). Als Gegenstandsbereich wurde dabei vorrangig das lexikale Inventar gewählt, germanistische Studien zur juridischen Vertextung sind rar und vermitteln in der Regel sehr pauschale

Ergebnisse[7] oder sie sind detailliert auf einzelne prominente Texte bezogen.[8] Mithin ist eine linguistische Analyse der funktionsdifferenzierenden Rolle des juridischen Diskurses trotz der Tradition rechtssprachenbezogener Forschungen ein Desiderat der Sprachgeschichtsschreibung. Wenn W. Heinemann/D. Viehweger (1991, 83) Textbeschreibungen als „interdisziplinäres Problemfeld" einordnen und in diesem Zusammenhang auch die Rechtswissenschaft hervorheben, so gilt dies im besonderen auch für sprachgeschichtliche Untersuchungen von fachbezogenen Vertextungen.[9] Der historiolinguistische Zugriff ist somit im folgenden auch durch Beachtung rechtswissenschaftlicher bzw. -geschichtlicher Konzeptionen und Ergebnisse interdisziplinär verschränkt.

Als Ergebnis der sachlichen Eingrenzung der Untersuchung zur Geschichte der Polyfunktionalisierung des Deutschen bleibt festzuhalten: Sachlicher Gegenstand der Analysen ist der juridische Diskurs als Menge der schriftlichen Prosaüberlieferungen von unmittelbaren Quellen der weltlichen Rechtsbildung, „denen das Setzen, Gestalten, Fixieren, Überliefern von Rechtssätzen Selbstzweck ist, die unmittelbar, wenn auch nicht notwendig konstitutiv, in das Rechtsleben eingreifen wollen" (Th. Bühler 1977, 12).

3.2 Polyfunktionalität und Perioden der deutschen Sprachgeschichte - Zur zeitlichen Eingrenzung der Untersuchung

Mit der sachlichen Eingrenzung der Untersuchungen auf Prosatexte des frühen juridischen Diskurses deutscher Sprache ist zugleich eine implizite Konzentration des sprachgeschichtlichen Erkenntnisinteresses auf solche Perioden der deutschen Sprachgeschichte vorgenommen, die durch initiale Prozesse der Funktionsdifferenzierung gekennzeichnet sind. Wie bereits ausgeführt, ist das 13. Jahrhundert in diesem Zusammenhang besonders hervorzuheben. Da die hier einsetzende funktionale Entfaltung des Deutschen insbesondere auch im

---

7 Vgl. z.B. G. Eis (1967).

8 Vgl. z.B. H. Kuhn (1980), B. Janz (1989).

9 Die Interdisziplinarität rechtssprachenbezogener Forschungen ist zugleich ein Problem der Fachkompetenz. H. Hattenhauer (1987, 4) schreibt: „Der Rechtsgeschichte ist es ergangen wie anderen zwischen den Fachgebieten liegenden Problemen. Weder die Philologen noch die Juristen wagen sie anzufassen. Niemand fühlt sich als Fachmann berufen." Deshalb jedoch Untersuchungen zur Rechtssprache zu umgehen hieße, die bedeutende Stellung dieses Gegenstandes für die Sprachgeschichtsschreibung zu mißachten.

juridischen Diskurs realisiert wird, scheint eine nähere Auseinandersetzung mit den entsprechenden zeittypischen Entwicklungslinien im Kontext einer Geschichte der Polyfunktionalisierung des Deutschen unumgänglich zu sein. Damit ergibt sich gleichwohl die Notwendigkeit, traditionelle Periodisierungsentwürfe sowohl hinsichtlich ihrer zeitlichen Konzeptionen als auch in bezug auf ihre Periodisierungsprinzipien zu hinterfragen, vorrangig die noch immer verbreitete Auffassung, entscheidender Zeitraum für anfängliche Standardisierungen des Deutschen sei die Mitte des 14. Jahrhunderts als Beginn der frühneuhochdeutschen Periode. Diese bereits von W. Scherer (1878) vertretene Ansicht findet sich noch in einer Reihe neuerer sprachgeschichtlicher Darstellungen, so bei G. Wolff (1994), der in traditioneller Konzeption das Althochdeutsche, Mittelhochdeutsche, Frühneuhochdeutsche und Neuhochdeutsche voneinander abgrenzt; die übliche Betonung politisch-gesellschaftlicher Rahmenbedingungen (Schwächung der kaiserlichen Macht, Aufschwung der Städte, Ostkolonisation etc.) wird dabei als Rechtfertigung für die Grenzziehung einer frühneuhochdeutschen Periode von 1350-1650 angeführt. Selbst in der Neukonzeption der pragmatischen Sprachgeschichte von P. von Polenz (1991) wird das Jahr 1350 genannt, wobei hier jedoch in Abweichung von der herkömmlichen Terminologie vom Deutsch der frühbürgerlichen Zeit (ca. 1350-1600) gesprochen wird. Diese frühbürgerliche Epoche ist dabei als Vorbereitungszeit der erst im 18. Jh. angesetzten „Entstehung der nationalen Standardsprache Neuhochdeutsch“ (ebd., 166) eingeordnet.

Es wird zu zeigen sein, daß das traditionell mangelnde Interesse an den innovativen Tendenzen der Sprachgeschichte des 13. Jahrhunderts zur Ausblendung eines wesentlichen Gegenstandes historiolinguistischer Interessen geführt hat. J. Erbens (1962, 86) Interpretation des 14. Jahrhunderts als „Ausklang des Mittelhochdeutschen“ ist unter der Perspektive einer merkmalgestützten Kultursprachentheorie mithin nicht zu teilen, vielmehr erscheint bereits das 13. Jahrhundert als Periode der Etablierung neuer Kommunikationsverfahren, also als innovativer Zeitraum und nicht primär als Epochenende.[10] Mit der funktionsgeschichtlichen Herangehensweise wird nicht nur die zeitliche Einteilung der deutschen Sprachgeschichte zu modifizieren, sondern zugleich die traditionelle Kontinuitätsvorstellung von sprachlichen Entwicklungen zu falsifizieren sein. Mit Blick auf die Verdrängung des Lateins durch die Volkssprache und die damit verbundene Ausgliederung des Funktionsgrades deutscher Sprache seit dem 13. Jahrhundert sind die frühen deutschen Fachprosatexte weit eher Zeugnisse innovativer Kommunikationsverfahren als Belege einer Fortführung mhd. Vertextungen. Wenn R. Keller (1986, 250)

10 Vgl. in diesem Zusammenhang N. Wolf (1989, 127), der das Entstehen neuer Textklassen um „die Mitte des 13. Jahrhunderts“ als Indiz dafür ansieht, „daß neue Kommunikationsgruppen an der volkssprachigen Schriftlichkeit teilhaben“.

davon ausgeht, daß Prosa und Sprache der Rechtsurkunden „der Schreibform höfischer Literatur" verpflichtet waren und viele der entsprechenden Texte „in 'gutem' durchschnittlichen Mhd. geschrieben" sind, so wird hier von einer konstanten Entwicklung der deutschen Sprache ausgegangen und übersehen, daß die Funktionsdifferenzierung volkssprachlicher Mittel seit dem 13. Jahrhundert einen Beginn auf dem Weg der Standardisierung des Deutschen markiert. Mit R. Müller (1991, 66) ist davon auszugehen, daß die Herausbildung einer deutschen Hochsprache Ergebnis eines im 13. Jahrhundert erst maßgeblich einsetzenden Entwicklungsprozesses zur Standardisierung ist; bei dieser Betrachtung ist „die Kontinuitätsvorstellung verworfen".

In Entsprechung dieser Hervorhebung des 13. Jahrhunderts für die kultursprachlich innovativen Tendenzen der Ausbauprozesse des Deutschen wird gegenüber dem Kontinuitätsverdikt hier die These der funktionalen Innovation mit Beginn des Spätmittelalters vertreten. Danach liegen die initialen Prozesse zum funktionalen Ausbau des Deutschen in der ersten Hälfte des 13. Jahrhunderts, und dies nicht als Fortführung der staufischen Dichtersprache sowie höfischen Literatur, sondern als Anfang der Verschriftung alltagsweltlicher Interaktionen. Die hier vorgelegten funktionsbezogenen Untersuchungen zu den Vertextungsvorgängen im juridischen Diskurs setzen daher mit den überlieferten Quellen ab ca. 1220 ein. Daß mit dieser zeitlichen Bestimmung ein angemessener terminus post quem der hier interessierenden funktionsgeschichtlichen Vorgänge in der Domäne des Rechts formuliert ist, zeigt auch die rechtsgeschichtliche und historische Einordnung des 13. Jahrhunderts als Phase des Umbruchs und der Neuorientierung.

Es mag zunächst als unwahrscheinlich gelten, daß parallel zum verfassungsgeschichtlich begründeten Partikularismus im Deutschen Reich des 13. und 14. Jahrhunderts entscheidende Ecksteine einer später überregional geltenden Sprache, des standardisierten Nhd., ausgebaut wurden. Doch entscheidend war weniger die regionale Zersplitterung in fürstliche Machtzentren und der so bedingte „Auflösungsprozeß" (H. Mitteis 1992, 240) der Reichsorganisation als die gerade im juridischen Diskurs unübersehbaren Neuordnungen und die darauf bezogenen sprachgeschichtlichen Reflexe. Neben der bereits erwähnten Tendenz zur Verschriftung des Gewohnheitsrechts seit ca. 1220 und der im 13. Jahrhundert bedeutsam werdenden Reichsgesetzgebung mit volkssprachlichen Mitteln ist eine Reihe einzelner Aspekte anzuführen, die als pragmatische Rahmenbedingungen die Neuordnung kommunikativen Verhaltens begleitet haben. An erster Stelle sind die einschneidenden Veränderungen der Verfassung des Deutschen Reichs zu nennen, die seit der Gründung des Herzogtums Österreich durch das *Privilegium Minus* im Jahr 1156 und dann verstärkt durch die dezentralistischen Entwicklungen seit der Mitte des 13. Jahrhunderts zu einem Übergang von der Stammes- zur Gebietsherrschaft, von einem Personenverbands- zu einem Flächenstaat und vom Personal- zum Territorialprinzip der Reichsmacht führten. U. Eisenhardt (1984, 18) hält daher fest, „in Deutschland habe das Territorium, die Zelle des modernen Staates, im 13. Jahrhundert begonnen, politische Wirklichkeit zu werden". Diese verfassungsgeschichtliche Entwicklung der Voraussetzungen moderner, föderalistischer Staatsorganisation verläuft parallel zur Etablierung volkssprachiger Vertextungen der entsprechenden Rechtsordnungen; die Neuordnung des Reichs ist folglich mit den funktionsgeschichtlichen Veränderungen der Verwendung deutscher Sprache assoziiert. So sind es unter anderem die neu entstehenden Territorialrechte, die zwecks Verstärkung ihrer rechtlichen Gültigkeit in deutscher Sprache verfaßt sind und damit zur Verbreitung volkssprachiger Rechtskommunikation sowie Substituierung des Lateins beitragen. Wenn das Mittelalter zunächst weithin ohne gesetztes Recht das Zusammenleben gewohnheitsrechtlich ordnet, so hat das 13. Jahrhundert im Kontext seiner verfassungsgeschichtlichen Veränderungen eben gerade durch das Entstehen neuer Textmuster - der Rechtsbücher, Stadtrechte, Weistümer etc. - in seinen rechtshistorischen Entwicklungen wesentliche sprachgeschichtliche Dimensionen.[11] Die Literalisierung erfaßt dabei nicht nur die Rechtssetzung als solche, sondern ebenso die Rechtsanwendung. So weist H. Mitteis (1992, 259) darauf hin, daß „mit dem Siegeszug des Schriftbeweises im 13. Jahrhundert das Urkundenwesen" eine ganz neue Bedeutung gewann, deren Folge auch eine Zunahme volkssprachiger Vertextungen ist. Dabei muß jedoch bedacht werden, daß die Kodifikationswelle seit dem 13. Jahrhundert noch nicht als originär schriftliche Rechtssetzung im modernen Verständnis gelten kann, denn Gegenstand der Verschriftung ist zunächst noch das überlieferte Recht, die frühen Kodifikationen stehen also „an der geschichtlichen Naht zwischen Gewohnheits- und Satzungsrecht" (F. Kern 1976, 27). Das kodifizierte Recht des Spätmittelalters hält zunächst nur das ungeschriebene und ideelle Recht fest, es ist Konservierung des 'guten alten Rechtes' (vgl. ebd., 23), so daß Ius naturale und Ius positivum noch nicht als distinkte Rechtsbegriffe verstanden werden; dies ergibt sich erst mit der Rezeption des römischen Rechts. Gerade aufgrund der traditionsverhafteten regionalen Ausformung jeweiliger Sollensordnungen und der synchronen Produktivität der Verschriftung in unterschiedlichen Rechtskreisen folgt für die deutsche Sprachgeschichte nun die herausragende Stellung der rechtshistorischen Entwicklungen seit dem 13. Jahrhundert. Der Konnex von Rechts- und Sprachausbau ist dabei vielfältig beobachtbar. Wenn H. Mitteis (1992, 10) für die Rechtsgeschichte des Mittel-

---

11 Neben der Sprachgeschichte ist auch die Historie abendländischen Denkens in Abhängigkeit von den entsprechenden rechtsgeschichtlichen Entwicklungen zu sehen. So zeigt E. Wadle (1977, 518), daß die mittelalterliche Aufzeichnung und Kodifikation normativer Rechtssätze entscheidender Faktor bei der Herausbildung eines modernen Normdenkens ist.

alters feststellt, daß sich der „Einschnitt um 1250 (...) als der wichtigste herausstellen" wird, so kann dies für die initialen Tendenzen zur Funktionsdifferenzierung des Deutschen und damit für einen Aspekt der Kultursprachengenese nur bestätigt werden. Daß dies Veränderungen „weniger im Sprachsystem als vielmehr im Bereich der Sprachverwendung" (N. Wolf 1983, 372) bedingt, ist evident. Doch gerade damit wird deutlich, daß strukturelle Vereinheitlichungen, wie die Ausbildung eines überregionalen Stratums, erst infolge einschneidender Wandlungen des kommunikativen Verhaltens wirksam werden.

Auch für die zeitliche Eingrenzung des Beginns funktionsgeschichtlich maßgeblicher Entwicklungen gelten die für den Kultursprachenausbau im allgemeinen und für die volkssprachlichen Vertextungstendenzen im besonderen gezeigten Parallelen zu europäischen Sprachgeschichten. In der Rechtsgeschichte spricht man für die Zeit von etwa 1150-1250 vom „juristischen Zeitalter" (H. Niese 1910, 200) Europas. Es besteht Konsens darüber, daß „um 1220 (...) in ganz Europa ein Streben nach schriftlicher Festlegung des weltlichen Rechts" (St. Gagnér 1960, 302) einsetzt. Die germanistische Historiolinguistik hat die dadurch bedingten Wandlungen kommunikativen Verhaltens bisher zu wenig berücksichtigt, womit sie gleichwohl dem Umgang auch anderer Nationalphilologien mit den entsprechenden sprach- bzw. funktionsgeschichtlichen Vorgängen entspricht.[12] Berücksichtigt man, daß neben der juridischen Prosa im 13. Jahrhundert auch noch andere Quellengruppen volkssprachiger Literalisierungen entstehen - so z.B. die geistliche Prosa im Bereich der Predigten, Erbauungsliteratur, Heiligenlegenden, mystischen Schriften etc. -, so darf die Entscheidung, vorliegende Untersuchung mit dem 13. Jahrhundert zu beginnen, als vollständig gerechtfertigt gelten. Nochmals muß dabei auf W. Beschs Ausgleichsthese eingegangen werden. Im Zusammenhang einer Hervorhebung der Lutherzeit für die Standardisierungen des Deutschen vermerkt W. Besch (1987, 38),

> daß Untersuchungen, die auf frühere Zeiträume (etwa das 14. oder gar das 13. Jahrhundert) zielen, immer nur Teilvoraussetzungen klären können, Vorformen bestimmter Einzelzüge unserer Schriftsprache, aber nicht den Fixierungsprozeß selbst.

Die damit vorgenommene qualitative Beurteilung des sprachgeschichtlichen Gewichtes verschiedener Ebenen lingualer Ausbauprozesse erscheint vor dem Hintergrund eines merkmalgestützten Kultursprachenbegriffs und der Relation zwischen dem kultursprachlichen Kausalnexus von Literalität/ Polyfunktionalität/ Philologität und Überregionalität modifiziert. Die Entwicklungen seit

---

[12] Für die Romanistik konstatiert O. Winkelmann (1991, 5) z.B. das Fehlen ausführlicher Erörterungen zur Ablösung des Lateins durch das Französische als Urkundensprache. Er sieht die „zentrale Bedeutung" der entsprechenden Ausbauprozesse „meist nur am Rande mitbehandelt".

dem 13. Jahrhundert sind danach nicht marginale Teilvoraussetzungen, sondern entscheidende funktionsbezogene Tendenzen zur Ausbildung eines standardisierten Stratums deutscher Sprache.

Kann also festgehalten werden, daß Untersuchungen zur Polyfunktionalisierung weder an der traditionellen Periodisierung des Frühneuhochdeutschen noch an der Vorstellung kontinuierlicher Entwicklungen des Deutschen seit dem 8. Jahrhundert anschließen können, so ist nun zu fragen, welcher terminus ante quem für den analytischen Gegenstand juridischer Vertextungen anzusetzen ist. In Entsprechung der Argumentation in Kap. 1.1 geht es dabei im wesentlichen darum, den historischen Zielpunkt funktionsgeschichtlicher Entwicklungen festzulegen. Dabei kann jedoch nicht übersehen werden, daß jede Sprachgeschichte auch gegenwärtige Tendenzen der Veränderung lingualer Systeme bzw. ihrer Verwendung einschließt, so daß letzthin kein Ende für die Dynamik der Funktionsspektren des Deutschen zu stipulieren ist. Insofern wäre es durchaus überzeugend, den Untersuchungsgegenstand von den genannten initialen Grundlegungen des Funktionsausbaus bis in die Gegenwart zu bestimmen. Es gibt jedoch nicht nur arbeitsökonomische Argumente, die gegen eine solche maximale Zeitbestimmung des Untersuchungsgegenstandes sprechen. Die Stellung des juridischen Diskurses in der deutschen Gegenwartssprache ist eben eine gänzlich andere als im Mittelalter und in der Frühen Neuzeit. Die heutigen Ausbauprozesse sind nicht mehr konstitutive Faktoren der Etablierung eines kultursprachlichen Stratums, sondern weithin Spezialisierungen bereits existenter Interaktionsdomänen. Für eine Geschichte der Polyfunktionalisierung des Deutschen ist es vollkommen ausreichend, die Entwicklungen bis zum Erreichen einer weitgehenden Standardisierung zu verfolgen. Die Festsetzung eines solchen Zeitpunktes ist jedoch problematisch, denn kein lingualer Ausbauprozeß ist teleologisch organisiert; es ist unmöglich, die Finalität sprachlicher Variation zu skalieren. Aufgrund dessen ist der zeitliche Rahmen des Erkenntnisgegenstandes vorliegender Untersuchung nicht aus sprachimmanenten Kriterien abzuleiten, sondern kann allein in Anlehnung an rechtshistorisch als einschneidend beurteilten Zeitpunkten bestimmt werden. Maßstab der sprachgeschichtlichen Kompatibilität muß dabei der Gesichtspunkt bereits fortgeschrittener Standardisierung des Deutschen sein, wie auch zu bedenken ist, daß die Polyfunktionalisierung des juridischen Diskurses nicht in konstanter Progression verläuft, sondern Phasen verstärkten Ausbaus von Perioden der Rekonstituierung beispielsweise lateinischer Vertextungen abgelöst werden, so daß es nicht sinnvoll ist, den Untersuchungszeitraum eng zu bestimmen. So erscheinen Einordnungen juridischer Kommunikation, wie C. Wells' (1990, 330) Urteil, besonders juristische Fachbücher seien noch geraume Zeit in lateinischer Sprache verfaßt worden, vor dem Hintergrund einer longitudinalen Betrachtung als unpräzise. Die lateinisch verfaßten juristischen Fachbücher des 18. Jahrhunderts stehen keinesfalls in der Tradition mittelalterlicher Latinität, sondern existieren infolge einer Ausbildung rechtswissenschaftlicher Vertextungen seit der Frühen Neuzeit,[13] das Adverb 'noch' in C. Wells Aussage hat also eine recht eingeschränkte Gültigkeit. Derartig ungenaue Interpretationen funktionsgeschichtlicher Zusammenhänge sind allein durch die Beschäftigung mit einem weit gefaßten Zeitabschnitt kultursprachlicher Entwicklungen zu vermeiden. Dazu gehören eben die Perioden der Relatinisierung des juridischen Diskurses in Teildomänen ebenso wie etwa die Epochen fortführender volkssprachiger Vertextung.

Ein entscheidender funktions- und rechtsgeschichtlicher Einschnitt und damit ein weitgehender Abschluß der hier interessierenden Entwicklungslinien ist um das Jahr 1800 erkennbar. Während von den in Leipzig publizierten Büchern im Jahr 1700 noch 38% lateinisch waren, ergeben sich für das Jahr 1740 nur noch 28% und für 1800 allein noch 4%; die Emanzipation des Deutschen ist bis zu diesem Zeitpunkt offensichtlich weit fortgeschritten.[14] Parallel dazu ist mit dem Beginn des 19. Jahrhunderts eine grundsätzliche Veränderung der verfassungsrechtlichen Organisation Wirklichkeit geworden. Mit der Umgestaltung des Deutschen Reichs durch den Reichsdeputationshauptschluß von 1803, insbesondere durch die hier verankerte Säkularisierung und Mediatisierung und in Folge der Auflösung des ersten Reichs im Jahr 1806 ist eine Periode deutscher Rechtsgeschichte beendet. Die Entwicklungen seit dem frühen 19. Jahrhundert künden den modernen Staat in Deutschland an und markieren damit einen einschneidenden Neubeginn historischer Entwicklungstendenzen (vgl. D. Willoweit 1990, 198). Dazu gehören nicht nur die rechts- bzw. verfassungsgeschichtlichen Wandlungen,[15] sondern ebenso die Umwälzungen der sozialen Ordnung, der Übergang von der ständischen zu einer bürgerlichen Gesellschaft. Dabei verdient es durchaus Erwähnung, daß der historische Wandel mit Beginn des 19. Jahrhunderts ebenso wie die bereits gezeigten sprach- und rechtsgeschichtlichen Tendenzen des Spätmittelalters und der Frühen Neuzeit in europäischer Parallelität verläuft. Alexis de Tocqueville schreibt mit Blick auf die Folgen der Französischen Revolution in seiner Abhandlung *L'ancien regime et la revolution* von 1856: „Beinahe ganz Europa besaß die gleichen Institutionen und diese Institutionen fielen allenthalben in Trümmer."[16] Die nationalen Entwicklungstendenzen, auch die der

---

13 Vgl. in diesem Zusammenhang die Anmerkung zum Verhältnis von Deutsch und Latein in I. Warnke (1994, 369f).

14 Vgl. die Untersuchungen von F. Paulsen (1896/97, II, 688ff).

15 Vgl. die ausführliche Darstellung in H. Mitteis (1992, 466ff).

16 Alexis de Tocqueville: L'ancien regime et la revolution. Paris 1856.
Hier zitiert nach der Übersetzung von Theodor Oelckers: Alexis de Tocqueville: Der alte Staat und die Revolution. Reinbek 1969, 25.

pragmatischen Rahmenbedingungen sprachlicher Variation, sind demnach weitgehend im Verbund gesamteuropäischer Geschichte zu betrachten.

Was die Zeit ~1800 als Beginn einer neuen Epoche angeht, betont auch die neuere germanistische Sprachgeschichtsschreibung den Einschnitt im kommunikativen Verhalten. P. von Polenz (1994, 412) schreibt:

> Um 1800 waren (...) ein glänzender Höhepunkt und gute Voraussetzungen erreicht für eine weltweit anerkannte hochliterarische, wissenschaftliche und bildungsbürgerlich-repräsentative deutsche Sprachkultur.

Es zeigt sich also, daß mit dem Beginn des 19. Jahrhunderts ein funktionsgeschichtlich relevanter terminus ante quem gegeben ist. Sowohl die gesellschafts-, rechts- und verfassungsgeschichtlichen Neuordnungen der Zeit als auch der sprachgeschichtlich unübersehbare Fortschritt in der Standardisierung und damit eben auch weitgreifender funktionaler Differenzierung kennzeichnen den Zeitraum um 1800 als wichtige Phase der Kommunikationsgeschichte des Deutschen. Aufgrund der als sinnvoll erkannten Konzeption einer Untersuchung zur Funktionsgeschichte des Deutschen als Longitudinalstudie ergibt sich der Zeitraum von ~1200 bis ~1800 als angemessene zeitliche Eingrenzung des hier leitenden Interesses an Vertextungstendenzen im juridischen Diskurs. Die Konzentration des sprachgeschichtlichen Interesses auf Quellen des juridischen Diskurses der Zeit von ~1200 bis ~1800 fordert angesichts der unübersehbaren Überlieferung eine strikte Begrenzung auf Fragen der Funktionsdifferenzierung, wie sie in Kap. 4. konzipiert sind, und auf ein Korpus prominenter Texte, wie es in Kap. 3.4 bestimmt ist.

Als Ergebnis der zeitlichen Eingrenzung der Untersuchung zur Geschichte der Polyfunktionalisierung des Deutschen bleibt festzuhalten: Zeitlicher Rahmen der longitudinalen Analysen ist die Periode von ~1200 als Zeitpunkt initialer Entwicklungstendenzen volkssprachlicher Polyfunktionalisierungen im juridischen Diskurs, der durch verfassungsgeschichtliche Neuerungen ebenso markiert ist wie durch die in europäischer Parallelität verlaufende Literalisierung des Rechts bis zum Ende des Ersten Reichs ~1800, das als Epochengrenze der Rechtskommunikation ebenso wie als Zeitpunkt weitgehender Standardisierungen des Deutschen und der Substitution des Lateinischen bestimmt ist.

3.3 Texte des deutschsprachigen juridischen Diskurses vom Beginn des 13. bis zum Ende des 18. Jahrhunderts - Sprachgeschichtlicher Rang - Forschungstraditionen

Die bisher vorgenommene sachliche und zeitliche Gegenstandsbestimmung eines funktionsgeschichtlich zentral relevanten Objektbereichs der germanistischen Sprachgeschichtsschreibung hat allein Auskunft über die konzeptionellen Voraussetzungen einer notwendigen Konzentration des Erkenntnisinteresses und die daraus resultierenden Gegenstandsdefinitionen erteilt. Es ist infolge der entsprechenden Überlegungen notwendig, das fokussierte Objekt sprachgeschichtlichen Interesses im weiteren differenzierter zu betrachten, also das Spektrum juridischer Texte von ~1200 bis ~1800 genauer zu beschreiben. Dabei wird es wohl kaum erstaunen, daß die Fülle des Materials eine auch nur annähernd vollständige Behandlung juridischer Vertextung seit dem Spätmittelalter unmöglich macht. Daß dies jedoch nicht Argument gegen die longitudinale Untersuchung der Polyfunktionalisierung im juridischen Diskurs ist, wurde in Kap. 3.2 mit Hinweis auf die Gefahren einer zu engen Begrenzung des funktionsgeschichtlichen Gegenstandes bereits gezeigt. Wenngleich es also unabdingbar ist, die detaillierten Darstellungen zur Funktionsdifferenzierung auf saliente Texte[17] zu beschränken, scheint es zunächst sinnvoll zu sein, die Funktionsdomäne juridischer Kommunikation für den visierten Zeitraum unabhängig von weitergehenden Einschränkungen in ihren Binnendifferenzierungen zu behandeln. Dabei soll jedoch weniger eine rechtsgeschichtliche Perspektive eingenommen werden, sondern vorrangig die sprachgeschichtliche Relevanz des juridischen Textspektrums interessieren.

Die juridischen Vertextungen sind seit dem Spätmittelalter in vielfältige Teildomänen kommunikativen Handelns differenziert. Eine Untersuchung entsprechender Tendenzen volkssprachiger Vertextungen kann folglich nicht von der monolithischen Organisation eines in sich geschlossenen Interaktionsbereiches, sondern allein von weit gegliederten Diskurssegmenten ausgehen, deren Abgrenzung aus dem Geltungsgrad rechtlicher Verordnungen ebenso wie aus dem kommunikativen Anspruch einzelner Texte in bezug auf Adressierung und Inhalt folgt. Dieser historische Befund korreliert mit der Annahme, daß Handlungsintentionen durch handelnde Subjekte in spezifischen Segmenten horizontaler Gesellschaftsorganisation realisiert werden, so daß für die Polyfunktionalisierungen bedingende Vertextung folglich von der Differenzierung funktionaler Bereiche in Teildomänen des kommunikativen Systems einer Sprache auszugehen ist. Es ist unzureichend, durch Markierung des juri-

---

[17] Im folgenden verwendet zur Bezeichnung zentraler, prominenter Texte innerhalb der Funktionsdomäne des juridischen Diskurses (vgl. Lat. *punctum saliens*).

dischen Diskurses eine initiale Vertextungsdomäne für kultursprachliche Entwicklungstendenzen zu bestimmen, diese muß in ihrer historisch bedingten Strukturierung bestimmt werden. Gilt dies für alle Funktionsbereiche einer Sprache, so doch insbesondere für die juridischen Vertextungen deutscher Sprache, die im Kontext einer weitverzweigten Institutionalisierung[18] sprachlichen Verhaltens seit dem Spätmittelalter zu betrachten sind. In der Rechtsgeschichte werden die entsprechenden Teildomänen juridischer Ordnungssysteme gemeinhin als *Rechtskreise* bezeichnet. In der Abgrenzung zur rechtlichen Einheit des Regnum francorum wird dabei die Aufgliederung rechtlicher Systeme seit dem Übergang vom Stammes- zum Landesrecht im 12. Jahrhundert von vielen Rechtshistorikern als 'Rechtszersplitterung' pejorativ registriert, so etwa bei C. von Schwerin (1950, 129): „Das wesentlichste Merkmal der mittelalterlichen Rechtsbildung ist die Rechtszersplitterung, die Bildung von Rechtskreisen". Wie noch im einzelnen zu zeigen ist, erscheint die unter juristischer Perspektive fehlende Norm eines leitenden Rechtssystems im deutschen Reich des Spätmittelalters für die sprachgeschichtliche Dimension der Literalisierung des Rechts geradezu als Voraussetzung, als Bedingung der Möglichkeit des polyfunktionalen Sogs, der von einzelnen Texten des juridischen Diskurses erkennbar ausgeht. Denn obgleich seit dem 13. Jahrhundert eine Verschachtelung der Geltungsbereiche rechtlicher Normen zur Abgrenzung juridischer Teildomänen führt, erfolgen die Tradierungen etwa textueller Muster über die zum Teil engen Grenzen der Rechtskreise hinaus. Die jeweiligen Vertextungstendenzen in einzelnen Segmenten des juridischen Diskurses sind vielfältig vermittelt und initiieren damit auf unterschiedlichen Ebenen der gesellschaftlichen Organisation die Besetzung des Rechtsbereichs durch die Volkssprache. Doch nicht nur aufgrund dessen hat die 'Rechtszersplitterung'[19] einen historiolinguistisch innovativen Aspekt, es ist auch zu bedenken, daß erst infolge der Auffächerung des Rechts im Spätmittelalter die Möglichkeit und Notwendigkeit für vereinheitlichende Tendenzen gegeben war, die grundsätzlich in deutschen Texten zum Ausdruck kam; so in den Rechtsbüchern, die Versuche der Überwindung eines Auseinanderfallens rechtlicher Ordnungen darstellen,[20] und den Stadtrechtsfamilien mit ihren weitverzweigten intertextuellen Bezügen.

---

[18] Hier verwendet im Sinne A. Gehlens, der unter „Institution im weitesten Sinn jede Verfestigung und Verselbständigung unseres handelnden Verkehrs mit der Außenwelt und mit den anderen" versteht (K.-O. Apel 1973, 197).

[19] Auch R. Hoke (1992, 99) bedient sich in seiner Rechtsgeschichte des Begriffs.

[20] So auch U. Eisenhardt (1984, 47): „Bis zu einem gewissen Grade dürften allerdings die Rechtsbücher des Mittelalters einem weiteren Zerfall der Einheitlichkeit der Rechtsordnung entgegengewirkt haben."

Die Ausbildung einzelner Rechtskreise im Sinne geordneter Systeme von zusammenhängenden Normen (vgl. U. Eisenhardt 1984, 7) erscheint demzufolge für die Sprachgeschichte nicht primär als Verlust rechtlicher Unität, sondern als pragmatische Bedingung der Polyfunktionalisierung volkssprachlicher Kommunikation. In den weiteren Erörterungen wird die Binnenstrukturierung des juridischen Diskurses genau zu betrachten sein. Auszugehen ist von einer Differenzierung rechtlicher Sollensordnungen und damit auch juridischer Vertextungsvorgänge nach territorialer Reichweite und personaler Bindung. Das spätmittelalterliche Recht gliedert sich ebenso nach Reichs-, Land- und Stadtrecht wie nach Lehensverband, Dienstmannschaft, Hofgenossenschaft etc., was nicht nur über die Existenz der juridischen Texte, sondern auch an der jeweils besonderen Gerichtsbarkeit erkennbar ist. Th. Bühler (1980, 139) stellt daher überzeugend fest, daß der Begriff des Rechtskreises „sich aus einer Mischung von Personalitäts- und Territorialprinzip herleitet“. Folglich bedingen die spätmittelalterlichen Divisionen in Teildomänen sowohl gegenseitige Überschneidungen einzelner Rechtskreise wie deren teilweisen gegenseitigen Ausschluß. Wenngleich das vor allem für das Spätmittelalter gilt, dauert die Parzellierung des juridischen Diskurses in modifizierter Weise auch in der Frühen Neuzeit an. Im weiteren soll daher durch einen ersten Überblick die sprachgeschichtlich relevante Gliederung des in den Kap. 3.1 und 3.2 definierten Gegenstandsbereiches in Rechtskreise/Teildomänen unter Ergänzung durch weitere Quellentypen erfolgen.

Sowohl die rechtsgeschichtlichen Darstellungen als auch die historiolinguistische Einordnung der Entwicklung des Deutschen zeigen, daß der Zeitraum von ~1200 bis ~1800 dabei nicht als geschlossene Periode zu behandeln ist, sondern mit dem Beginn der Neuzeit von einem markanten Epocheneinschnitt auszugehen ist. Die historische Zäsur um das Jahr 1500 gliedert den hier untersuchten Zeitraum in zwei symmetrische Phasen, das Spätmittelalter (~1200 bis ~1500) und die Frühe Neuzeit[21] (~1500 bis ~1800). Sprachgeschichtlich mag dies ohnehin plausibel sein, da in der Forschung weitgehend Konsens über die Neuentwicklung des Deutschen seit der Erfindung Gutenbergs, der Reformation etc. besteht und es sich um eine „in letzter Zeit verstärkt erforschte Epoche“ (P. von Polenz 1991, 100) handelt. Doch auch die rechtshistorischen Fakten weisen den Zeitraum ~1500 als Übergang und Phase entscheidender Neuerungen aus. Hier seien die Reichsreformbestrebungen genannt, die mit dem Wormser Reichstag 1495 als dringend notwendig erkannt wurden und insbesondere mit der Einsetzung des Reichskammergerichtes

---

[21] Der Begriff wird in der historischen Literatur mit unterschiedlicher Intension verwendet, hier wird mit R. Gmür (1994, 63) unter Früher Neuzeit „die 300 Jahre umfassende Epoche verstanden, die zwischen dem Spätmittelalter und dem durch die Französische Revolution bewirkten Umbruch“ liegt.

durch die *Reichskammergerichtsordnung* (1495) eine Institutionalisierung des römischen Rechts im deutschen Sprachraum förderte. Die Rezeption erfolgte daneben auch durch neu entstandene Texttypen wie die populäre juristische Literatur, die sich ebenso der deutschen Sprache bediente. Eine weitere einschneidende rechtshistorische Neuerung ist die Einsetzung von Reichs- und Landesordnungen, die an Stelle der in der Regel mündlichen Gebote des Spätmittelalters Verhaltensgebote schriftlich tradieren und damit die „politische Instrumentalisierung der Gebotsgewalt im Gesetz als Verhaltensnorm" (D. Willoweit 1990, 113) förderte. In diesem Zusammenhang kommt der auf Verständlichkeit der deutschen Sprache bedachten *Constitutio Criminalis Carolina* (# 35) von 1532 besondere Bedeutung zu, stellt sie doch bis zur Einsetzung des *Reichsstrafgesetzbuches* (1871) und der *Reichsstrafprozeßordnung* (1877) das einzige Gesetz dar, das Strafprozeßrecht und Strafrecht für das ganze Reich einheitlich zu normieren versucht. Die generelle Adressierung des Gesetzes korreliert dabei mit der um sprachliche Normierung bedachten Formulierung:

> Welches wir also im druck zubringen verschafft haben, daß alle vnd jede vnser vnnd des Reichs vnderthanen sich hinfürter in peinlichen sachen, ..., dem gemeynen rechten, billicheyt vnd löblichen herbrachten gebreuchen gemeß halten mögen, (...). (# 35, 30)

So sind nicht nur die strafrechtlichen Normen und prozeßrechtlichen Verordnungen selbst Gegenstand des Textes, sondern ebenso die metasprachliche Behandlung sprachlenkender Absichten, wie etwa Abschnitt 19 *Von begreiffung des wörtlins anzeygung* deutlich macht. Neben den prominenten Beispielen rechtshistorischer Neuordnungen seit dem späten 15. Jahrhundert soll hier bereits auf das Anwachsen des privatrechtlichen Schrifttums in der Frühen Neuzeit, auf die Auseinandersetzungen und Neuerungen um den Begriff des Naturrechts und die Bestrebungen zur umfänglichen Rechtskodifikation hingewiesen sein.

Wenngleich die Frühe Neuzeit damit gegenüber den spätmittelalterlichen Gegebenheiten der Rechts- und Sprachgeschichte abzugrenzen ist, kann für eine Geschichte der Polyfunktionalisierung des Deutschen doch nicht von einem historischen Bruch mit Beginn des 16. Jahrhunderts ausgegangen werden. Denn auch im Übergang zur Frühen Neuzeit und ihrem weiteren Verlauf findet ein Ausbau der im Spätmittelalter initiierten Tendenzen der Funktionsdifferenzierung statt, die den Status der nhd. Kultursprache als standardisiertes Stratum mitbegründen, wobei historische Konstanten wie die Lehnsorganisation, die Macht der Landesherren, die feste Zugehörigkeit des Individuums zu gegenseitig abgegrenzten Verbänden der sozialen Organisation ja auch die geschichtliche Bindung frühneuzeitlicher Ordnungen an spätmittelalterliche Gegebenheiten zeigen. Ist die Zeit ~1500 also durchaus ein Einschnitt in der hier interessierenden Entwicklung des Deutschen, so ist es dennoch sinnvoll, die Gliederung des juridischen Diskurses in Teildomänen zunächst nicht unter primärer Beachtung zeitlicher Differenzierungen, sondern mit Blick auf die funktionsdifferenzierenden Vertextungsdomänen zu behandeln:

(a) Reichsrecht

Der Rechtskreis mit dem größten territorialen Geltungsanspruch ist das Reichsrecht, dem jedoch in der spätmittelalterlichen und frühneuzeitlichen Periode keineswegs der Anspruch einer Führungsrolle im juridischen Diskurs zukommt. Während das antike Ius romanum als normierendes Zentrum der Rechtsordnung fungierte, steht der Begriff des Reichsrechts seit dem Spätmittelalter antonym zu anderen, im mindesten ebenso bedeutsamen Rechtsbereichen wie dem Stadt-, Land- und zum Teil auch Sonderrecht.[22] Der reichsrechtliche Anspruch findet in den Anfängen des hier interessierenden Zeitraums dabei zunächst in der Landfriedensgesetzgebung und in den prominenten verfassungsrechtlichen Quellen der *Confoederatio cum princibus ecclesiasticis* (1220) und des *Statum in favorem principum* (1232) einen Ausdruck. Im 14. Jahrhundert werden diese Quellen insbesondere durch das *Licet iuris* (1338) ergänzt, das die kaiserliche Unabhängigkeit vom Papst regelt, sowie durch die als Goldene Bulle bezeichnete *Aurea Bulla Carolina* (1356), die als eines der wichtigsten deutschen Verfassungsgesetze überhaupt gelten kann. Während die Landfriedensgesetzgebung seit dem *Mainzer Reichslandfrieden* (# 164) von 1235 dabei deutschsprachig erfolgt, wurden die genannten Verfassungsgesetze ausnahmslos lateinisch verfaßt. Damit nehmen die spätmittelalterlichen Quellen des Reichsrechts für die deutsche Sprachgeschichte einen durchaus peripheren Rang ein, wenngleich auch andere Quellengruppen wie königliche Mandate, Privilegien oder Reichssentenzen als Rechtsfeststellungen den Rechtsbildungsanspruch des Reichs verdeutlichen. Daß sich Reichsrecht in nennenswertem Umfang „sowohl als Wort wie als Sache erst seit der Aufrichtung des Deutschen Reichs von 1871" (A. Erler 1990, 730) entwickelt hat, sollte daraus nicht geschlossen werden. Abgesehen davon, daß der Terminus 'richsrecht' bereits im 14. Jahrhundert belegt ist, beginnt mit der Frühen Neuzeit eine neue und durch Entfaltung rechtlicher Ansprüche gekennzeichnete Epoche des Reichsrechts, die vorrangig durch die ausnahmslos deutschsprachigen Reformgesetze des Wormser Reichstages von 1495 initiiert wurden. Ist es daher schon mit Bezug auf die spätmittelalterlichen Verhältnisse problematisch, vom Versagen der Reichsgesetzgebung zu sprechen (vgl. C. von Schwerin 1950, 131), so ist die Auffassung, die Reichsgesetzgebung habe „bis zum Untergang der Reiches im Jahre 1806 nur wenige Erzeugnisse aufzuweisen

[22] Für den Zeitraum vom 10. bis zum 12. Jahrhundert findet sich überhaupt keine nennenswerte Reichsgesetzgebung.

und unter diesen nur Weniges von größerer Bedeutung“ (1950, 259), unangemessen. Infolge der Wormser Gesetze ist eine Fülle wichtiger prinzipiell deutscher Rechtstexte des Reichs überliefert, darunter die erwähnte *Constitutio Criminalis Carolina* (# 35), die H. Mitteis (1992, 334) als Ausdruck besonders fruchtbarer Reichsgesetzgebung auf strafrechtlichem Gebiet wertet, und weitere wichtige Texte wie die Reichspolizeiordnungen oder die vor der Wahl zwischen König und Kurfürsten geschlossenen Verträge, die als Wahlkapitulationen bezeichnet werden. Bereits in diesem Zusammenhang ist auch auf die Reichsgrundgesetze des Westfälischen Friedens von 1648 hinzuweisen, die jedoch als europäische Verträge lateinisch verfaßt sind; das *Instrumentum Pacis Osnabrucense* (# 92) als kaiserlich-schwedischer und das *Instrumentum Pacis Monasteriense* (# 91) als kaiserlich-französischer Friedensvertrag. Wenngleich das spätmittelalterliche und frühneuzeitliche Reichsrecht damit nicht zentral für die Verdeutschung des juridischen Diskurses war, kommt ihm als Teildomäne der funktionalen Entfaltung deutscher Sprache durchaus eine beachtenswerte Funktion zu. Eine nähere Untersuchung der reichsrechtlichen Vertextungstendenzen im Hinblick auf die Tradierung textueller Muster[23] und die Extension überlieferter Quellen ist folglich sinnvoll.

(b) Territorialrecht

Eine nicht nur rechts-, sondern ebenso sprachgeschichtlich wichtige Stellung in der Diskursdomäne des Rechts nimmt das Territorial- bzw. Landrecht ein. Während die frühen Formen landschaftsgebundener Rechtsordnungen des Mittelalters den Stamm und damit einen germanisch-deutschen Personenverband als Rechtsgemeinschaft definieren, resultiert die Ausbildung von Landrechten im eigentlichen Sinn aus der seit dem Spätmittelalter gegebenen Möglichkeit und zugleich gebotenen Notwendigkeit von Fürsten und Landesherren, Recht mit jeweils territorial definierter Gültigkeit zu setzen. Dieser in unmittelbarem Zusammenhang zur Partikularismustendenz seit dem 13. Jahrhundert einsetzende Bedeutungszuwachs des flächenstaatlichen Rechts bedingt die in der Tradition von Privilegien und territorialen Landfrieden gegründete Ausdifferenzierung einer Vielzahl von Landrechten oder Landesordnungen. Ist der Begriff ‘landreht’ bereits Anfang des 9. Jahrhunderts im *Heliand* gebucht,[24] so ist von einer gehäuften Verwendung im Sinne partikularen Territorialrechts folglich erst seit dem Spätmittelalter zu sprechen. Seit diesem Zeitraum, insbesondere im *Sachsenspiegel* (# 238), ist der Begriff des Landrechts

[23] Vgl. die Untersuchung zu textuellen Mustern in den Reichslandfrieden in I. Warnke (1996a).

[24] (...), that he iro aldiron êo uuiðersagdi, thero liudio landreht; (...) (Vs. 3859f).
Erodes mohta, thie iuuuan êo bican, iuuuaro liudo landreht, hie ni mahta is lîbes gifrêson, (...) (Vs. 5320 f).
Heliand und Genesis. Hg. von Otto Behaghel. 8. Auflage. Tübingen 1965.

nicht nur sprachlich zahlreich gebraucht, sondern fester Terminus der Rechtsorganisation. Die spätmittelalterliche Vielzahl territorialstaatlicher Rechtsbildung begründet bereits das Gewicht des Landrechts im literalen Ausbau des juridischen Diskurses deutscher Sprache. Doch vorrangig die rechtsgeschichtlichen Tendenzen seit der Frühen Neuzeit weisen die Territorialrechte als führend in der Vertextung rechtlicher Normen und damit als richtungsweisend für die Polyfunktionalisierung im juridischen Diskurs aus. Dabei ist zu berücksichtigen, daß nicht nur die Zahl der Landesrechte im 16. und 17. Jahrhundert infolge des Souveränitätsstrebens der Landesherren und des Fehlens einer potenten rechtssetzenden Reichszentralmacht signifikant zunimmt, sondern mit Beginn der Frühen Neuzeit gerade die Territorialrechte zur Verbreitung und Usualisierung des gelehrten römischen Rechts im Deutschen Reich beitragen. Die reformierten Landrechte bedingen maßgeblich die Rezeption, so daß K. Kroeschell (1992, 233) festhält: „In den Territorien wird man also die Tiefenwirkung des neuen Rechts nicht überschätzen dürfen." Im Verständnis einer auch in der vorliegenden Untersuchung vertretenen Perspektive auf intertextuelle Dependenzen wird jedoch entgegen einer isolierenden Bestimmung der Rechtskreise als textuellen Handlungsdomänen das frühneuzeitliche Territorialrecht auch in seinen Bezügen zum Reichsrecht zu betrachten sein. So sind etwa die Verbindungen der fast überall verfaßten Polizeiordnungen zu den *Reichspolizeiordnungen* von 1530, 1548 und 1577 evident. Mit der Endphase der frühneuzeitlichen Verfassungsorganisation nimmt die Bedeutung der Landrechte im 18. Jahrhundert ab, so daß der in Kap. 3.2 begründete zeitliche Fokus gerade auch für die funktionsdifferenzierenden Aspekte deutscher Territorien angemessen ist. Die partikularistisch bedingte Fülle der territorialen Rechtsbildung ist in ihrem positiven Effekt für den Ausbau des Deutschen als Kultursprache noch im einzelnen zu untersuchen. Dabei wird sich zeigen, daß die fehlende Reichseinheit seit dem Interregnum parallel zur historischen Interpretation P. Moraws (1985) als Bedingung der Möglichkeit einer Verdichtung von Herrschaft nicht nur eine Voraussetzung dezentraler Kulturentfaltung im allgemeinen, sondern ebenso der polyzentrischen Funktionsdifferenzierung des Deutschen ist.

(c) Stadtrecht

Im besonderen gilt dies bei enger Begrenzung des Territorialbegriffs auch für den Rechtskreis des Stadtrechts, wenngleich hier hinsichtlich der zeitlichen und räumlichen Schwerpunkte zwangsläufig Modifikationen notwendig sind. Wenn auch das Stadtrecht von Teilen der Rechtsgeschichte nur als das den fortgeschrittenen wirtschaftlichen Verhältnissen entsprechend fortgebildete Landrecht eingeordnet wird, kennzeichnen die Verfassungsformen der mittelalterlichen Stadt seit dem 12. Jahrhundert das Stadtrecht doch als autonomen

Rechtskreis. Die seit dem 13. Jahrhundert auch in deutscher Sprache fixierten stadtrechtlichen Bestimmungen behandeln dabei neben verfahrensrechtlichen Fragen vornehmlich das Privat- und Vollstreckungsrecht. Die Aufzeichnung ist einerseits durch die Notwendigkeit zur verbindlichen Regelung des Zusammenlebens der städtischen Stände bedingt, andererseits infolge der Bitten um Rechtsmitteilung anderer Städte. Wenn auch nicht alle städtischen Rechtsnormen auf diesem Weg literalisiert wurden, so haben sich seit dem Spätmittelalter Zentren stadtrechtlicher Vertextungstendenzen herausgebildet, welche die unter Intertextualitätskriterien besonders interessanten Stadtrechtsfamilien begründet haben. Ähnlich wie bei den noch zu behandelnden Rechtsbüchern gingen dabei entscheidende Impulse vom sächsischen Gebiet aus.[25] Vor allem das Magdeburger Stadtrecht hat eine weite Verbreitung im Spätmittelalter gefunden und ist im Zuge der Ostkolonisation weit über den europäischen Kontinent tradiert; wenn auch nicht mit dieser Extension, so gilt ähnliches auch für das lübische und andere Stadtrechte. Dabei wurden die verleihenden Mutterstädte in ihrer rechtlichen Bedeutung auch durch die gerichtliche Kompetenz als Oberhof in ihrem Rechtsbildungsstatus gefestigt. Neben den offiziellen Aufzeichnungen entstehen gerade im Magdeburger Rechtskontext auch private stadtrechtliche Arbeiten, die sogenannten Stadtrechtsbücher, die neben den Satzungen und Urteilssammlungen der Städte einen wichtigen Rang in der frühneuzeitlichen Fortbildung von Stadtrechten einnehmen. Unterstanden die Städte mit Ausnahme der Reichsstädte seit dieser Zeit auch weitgehend der Territorialgesetzgebung - womit die spätmittelalterliche Bedeutung des Stadtrechts unabwendbar geschwächt wurde -, so nehmen die reformierten Stadtrechte der Frühen Neuzeit ähnlich wie die Territorialrechte einen wichtigen Platz in der Rezeption des römischen Rechts ein. Beginnend mit der *Nürnberger Reformation* (# 181) von 1479, sind saliente Texte wie das *Wormser Stadtrecht* (# 316) von 1498 oder das *Freiburger Stadtrecht* (# 260) des Ulrich Zasius von 1520 Zeugnisse der Rezeption römischen Rechts in Deutschland, wenn auch in unterschiedlichem Umfang und mit differenter Wirkung. Wie für die Territorialgesetzgebung bereits festgehalten, nimmt der im Spätmittelalter unübersehbare Einfluß der Stadtrechte im 18. Jahrhundert entscheidend ab.

(d) Ländliches Recht

Ordnen Landrechte die Rechtsbelange eines Territoriums ohne Berücksichtigung lokaler und/oder regionaler Differenzierungen, so ist der Rechtskreis des ländlichen Rechts durch einen weitgehend auf den bäuerlichen Lebensbereich eingeschränkten Geltungsgrad gekennzeichnet, so daß die Bezeichnung

---

[25] Dabei sind die einzelne Diskurssegmente überschreitenden Formen der Intertextualität etwa von den Rechtsbüchern zu den Stadtrechten noch genauer zu untersuchen.

'bäuerliche Rechtsquelle' gebräuchlich ist. Die Binnendifferenzierung dieses ländlichen Rechts ist in Abhängigkeit von der jeweils spezifischen Lebensweise einzelner ländlicher Gemeinschaften dabei ausgesprochen heterogen, doch als Hauptquellengruppe können fraglos die Weistümer hervorgehoben werden. Der Begriff 'Weistum' ist grundsätzlich nicht allein an die Rechtsordnung ländlicher Verbände geknüpft, sondern bezeichnet ganz generell eine „kollektive Aussage rechtskundiger Männer über das bestehende Recht" (D. Werkmüller 1972, 67). So werden die kaiserlichen Rechtsauskünfte des Mittelalters etwa als Reichsweistümer bezeichnet. Die abstrakte Weisung rechtlicher Normen „ohne ausdrücklichen Bezug auf einen konkreten Fall" (R. Gmür 1994, 53) ist jedoch insbesondere für die ländlichen Rechtskreise die charakteristische Form überlieferter Quellen. Gingen solchen Rechtsweisungen die seltenen hofrechtlichen Satzungen des Hochmittelalters voran,[26] so erfolgt die lokale Rechtsbildung seit dem 13. Jahrhundert in stets zunehmender Zahl über die bäuerlichen Weistümer, wobei sich parallel zu den Stadtrechten Weistumsfamilien herausgebildet haben. In der Auswertung der datierten Weistümer der Ausgabe von Jacob Grimm[27] hat D. Werkmüller (1972,181) gezeigt, daß Weistümer vorrangig für den Zeitraum von 1400-1600 überliefert sind; die Auswertung anderer Quellensammlungen bestätigt diesen Befund. Mit der partiellen Gültigkeit bis in das 19. Jahrhundert stellen die schriftlichen Fassungen der bäuerlichen Rechtsweisungen des ausgehenden Spätmittelalters und der Frühen Neuzeit eine frequentiell und inhaltlich wichtige Teildomäne literaler Formen des juridischen Diskurses dar, die in ihrer Texttypik nicht zuletzt deshalb sprachgeschichtlich relevant sind, weil mit ihnen ein schriftliches Zeugnis einer mündlichen volkssprachigen Rechtstradition vorliegt, denn noch in der Frühen Neuzeit wurden die Weistumstexte jedes Jahr „vor der Hofgemeinde verlesen und von ihr bestätigt" (H. Planitz 1971, 148).

(e) Rechtsbücher

Nicht im eigentlichen Sinn über den territorialen Geltungsgrad zu bestimmen sind die spätmittelalterlichen Land- und Lehnrechtsbücher, die folglich nicht Repräsentanten eines Rechtskreises sind, sondern eine spezifische, wenn auch prominente Textgruppe der volkssprachigen Literalisierung sozialer Sollensordnungen bilden. Wie die Textbezeichnungen *Sachsenspiegel* (# 238), *Schwabenspiegel* (# 248) oder *Deutschenspiegel* (# 46) bereits verdeutlichen, beabsichtigen die Rechtsbücher seit dem frühen 13. Jahrhundert als private Arbeiten lediglich die Spiegelung des überlieferten und geltenden Rechts und sind infolgedessen keine Dokumente legislatorischer Akte. Damit ist jedoch

---

26 Zu nennen ist hier insbesondere die *Lex familiae Wormatiensis ecclesiae* von 1023-25.

27 Weisthümer. Gesammelt von Jacob Grimm. 6 Bände und Register. Göttingen 1840-1878.

der Einfluß dieser Texte keineswegs als gering einzustufen, haben Rechtsbücher wie der *Sachsenspiegel* (# 238) doch bereits im 14. Jahrhundert gesetzanaloge Geltung. Und so sind auf der Ebene der intertextuellen Vernetzung gerade die Rechtsbücher als früheste Zeugnisse exhaustiver Sammlung mittelalterlichen Rechts konstitutive Faktoren bei der funktionalen Binnendifferenzierung des juridischen Diskurses deutscher Sprache und der Entwicklung des deutschen Rechtssystems gleichermaßen: „Die Rechtsbücher sind im späten Mittelalter für die weitere Ausformung des deutschen Rechts, für die Rechtssprechung und als Rechtsquellen von herausragender Bedeutung" (D. Munzel 1990a, 279).[28] Paradigmatisch sei erwähnt, daß der *Sachsenspiegel* (# 238) des in seiner Gelehrtheit durch die *Sächsische Weltchronik* ausgewiesenen Eike von Repgow nicht nur das Entstehen weiterer Rechtsbücher bedingt und Einfluß auf die Stadtrechte des Spätmittelalters genommen hat, sondern überdies als Gegenstand wissenschaftlicher Auseinandersetzung auch eine wichtige Basis der Etablierung juristischer Fachliteratur war, etwa der Glossen des Johannes von Buch. Im Rahmen einer funktionsgeschichtlich orientierten Diskursanalyse der Rechtsdomäne ist die Beschäftigung mit den spätmittelalterlichen Rechtsbüchern folglich unabdingbar.

(f) Sonderrecht

Während neben den anderen unter (a) bis (e) behandelten Quellentypen gerade auch die Rechtsbücher vielfach behandelter Gegenstand rechts- und zum Teil sprachwissenschaftlicher Forschungen sind, wurde den spätmittelalterlichen Sonderrechten, also solchen Sollensordnungen, die unabhängig von territorial definierter Geltung auf spezifische Sachzusammenhänge der gesellschaftlichen Organisation referieren, und den mittelalterlichen Dienstrechten als Rechtsnormen des Ministerialenstandes vergleichsweise geringe wissenschaftliche Aufmerksamkeit geschenkt. Selbst die den überlieferten Quellenbestand ausführlich beschreibenden Rechtsgeschichten handeln Sonder- und Dienstrechte marginal ab.[29] Ist die rechtsgeschichtliche Bedeutung der entsprechenden Texte auch gemessen an der Fülle rechtlicher Normen aus anderen Rechtskreisen frequentiell und inhaltlich tatsächlich sekundär, so darf daraus nicht unreflektiert auf einen auch sprachgeschichtlich geringfügigen Status im Ausbau der deutschen Kultursprache als Rechtssprache geschlossen werden. Insbesondere die spätmittelalterlichen Sonderrechte gehören mit ihrem überlieferten Textbestand zum Umkreis der funktionsgeschichtlich aufschlußreichen Texte des juridischen Diskurses. Drei Sachbereiche bilden dabei das Zentrum: Das Bergrecht, Deichrecht und Seerecht. Für alle drei Rechtsgebiete sind intertex-

---

28 Die Abbreviaturen des Zitates sind hier und im folgenden aufgelöst.

29 Vgl. z.B. H. Conrad (1962, 358).

tuelle Determinationsrichtungen zu bestimmen, so daß die jeweiligen Texte nicht isolierte Erscheinungsformen juridischer Kommunikation, sondern diskursvermittelte Zeugnisse textbezogener Interaktionen sind. So nimmt etwa das Iglauer Bergrecht mit seinen verschiedenen Überlieferungen durch die Oberhofstellung Iglaus einen Einfluß „auch über Böhmen und Mähren hinaus" (H. Conrad 1962, 358). Die vom niederländischen Gebiet ausgehenden Deichrechte sind untereinander vermittelt, teilweise auch durch Bezüge auf den *Sachsenspiegel* (# 238), und die im wesentlichen in Hamburg und Lübeck initiierten Seerechte erfahren im Zuge des Bedeutungszuwachses der Hanse eine Verbreitung in der Küstenregion. Während die vernetzten Sonderrechte bis in die Frühe Neuzeit tradiert werden, sind die sogenannten Dienstrechte an den Stand der vorrangig im 12. und 13. Jahrhundert wirksamen Ministerialen gebunden. Seit der Mitte des 12. Jahrhunderts bestand die Notwendigkeit, Rechte und Pflichten dieser unfreien Bediensteten von König, Herzögen oder Bischöfen verbindlich zu ordnen. Die in diesem Zusammenhang entstandenen Rechtssetzungen sind mit der Schwächung des Ministerialenstandes im 13. Jahrhundert zunehmend irrelevant geworden. Für die in die Gegenwart führenden Polyfunktionalisierungstendenzen darf daher ihr sprachgeschichtlicher Einfluß als gering bewertet werden, zumal das überlieferte Korpus viele Fälschungen umfaßt.

Mit der Kennzeichnung der sechs unter (a) bis (f) angeführten Teildomänen juridischer Vertextungen des Spätmittelalters und der Frühen Neuzeit sind die historischen Zentren literaler Rechtskommunikation fokussiert. Unberücksichtigt bleibt die juristische Literatur als gelehrte bzw. wissenschaftliche Auseinandersetzung mit deutschrechtlichen und insbesondere römischrechtlichen Quellen seit dem Spätmittelalter, die hauptsächlich in der Frühen Neuzeit auftritt. Diese Texte haben zwar eine interessante Funktion für die Rezeption römischer Rechtskonzepte, so die populären deutschsprachigen Bücher wie der *Klagspiegel* und der *Laienspiegel*, die den Versuch unternehmen, das römisch-kanonische Recht in allgemeinverständlicher Form zu vermitteln, doch sind sie nicht als Sollensordnungen im eigentlichen Sinn zu werten. Obgleich die Texte den Kommunikationsbedürfnissen der Zeit entsprachen, waren doch mit gerichtlichen Entscheidungen vielfach Schöffen betraut, denen eine Kenntnis des römischen Rechts nicht unterstellt werden kann, denn selbst „die den Gerichten angehörenden halbgebildeten Juristen waren wegen ihrer unzureichenden Ausbildung nicht in der Lage, nach gelehrtem Recht zu entscheiden" (U. Eisenhardt 1984, 143), so sind sie nicht Teil des juridischen Diskurses im definierten Sinn. Ebensowenig wie die rechtswissenschaftliche Popularliteratur des 15. und 16. Jahrhunderts also eine originäre wissenschaftliche Leistung darstellt - sie ist vielmehr ein vermittelndes Glied zwischen Rechtsgelehrten einerseits und den mit der Rechtspraxis vertrauten Juristen andererseits - soll sie im Zusammenhang dieser Untersuchung eingehend behandelt werden. Gleiches gilt für die Ausblendung vernunftrechtlicher Erörterungen. Merkmal der juristischen Literatur ist die metareflexive Auseinandersetzung, Verarbeitung oder Erörterung von Rechtsfragen. Somit gehört das vernunftrechtliche Schrifttum des 17. und 18. Jahrhunderts durchaus zur juristischen Literatur im allgemeinen, doch bildet es innerhalb dieser einen durch eigenständige Traditionen der Problemstellung gekennzeichneten Sachzusammenhang. Der Begriff 'Vernunftrecht' ist dabei unmittelbar an den allgemeineren, insbesondere philosophisch geprägten Begriff des Naturrechts gebunden, den bereits Aristoteles in der *Nikomachischen Ethik* dem positiven, gesetzten Recht gegenüberstellt:

> Das Polisrecht ist teils Natur-, teils Gesetzesrecht. Das Naturrecht hat überall dieselbe Kraft der Geltung und ist unabhängig von Zustimmung oder Nicht-Zustimmung (der Menschen). Beim Gesetzesrecht ist es ursprünglich ohne Bedeutung, ob die Bestimmungen so oder anders getroffen werden, wenn es aber festgelegt ist, dann ist es verbindlich. (Buch V, Kap. 10)[30]

Diskutiert wird der Naturrechtsbegriff in neuzeitlicher, säkularisierter Begrifflichkeit dann insbesondere durch Hugo Grothius (1583-1645), Samuel Pufendorf (1632-1694), Gottfried Leibniz (1646-1716) und Christian Thomasius (1655-1728). Im aufgeklärten Verständnis von Christian Wolff (1679-1754) ist das Naturrecht schließlich als Gesamtheit der natürlichen Pflichten definiert, die ihren „zureichenden Grund im Wesen und in der Natur des Menschen und der Dinge selbst"[31] haben. Die eng an die Aufklärung vermittelte rechtswissenschaftliche Auseinandersetzung mit derartigen Standpunkten begründet das Vernunftrecht als Wissenschaft vom Naturrecht. Folglich sind naturrechtliche Auffassungen erst im 18. Jahrhundert rechtswirksam geworden, so in Fragen der allgemeinen Menschenrechte, der Reformen des Strafverfahrens und der Reflexion des Verhältnisses von Individuum und Staat. Aus der Zeit dieser Auseinandersetzungen sind zahlreiche Texte überliefert, die jedoch nicht als rechtssetzende Quellen im eigentlichen Sinn betrachtet werden können. Den eigentlich entscheidenden Einfluß nimmt das Vernunftrecht auf die großen deutschsprachigen Kodifikationen aus der 2. Hälfte des 18. Jahrhunderts; zu nennen sind die österreichischen Kodifikationsbestrebungen und allen voran das *Allgemeine Landrecht für die Preußischen Staaten* (1794). Mit diesen rechtssetzenden Quellen und den wissenschaftlichen Auseinandersetzungen gehört das vernunftrechtliche Schrifttum zu den im Zusammenhang der Territorialrechte zu berücksichtigenden Diskurssegmenten frühneuzeitlicher

---

30 Aristoteles: Werke. Band 6: Nikomachische Ethik. Übersetzt von F. Dirlmeier. 5., durchgesehene Auflage. Darmstadt 1969.

31 Christian Wolff: Institutiones Juris Naturae et Gentium, § 38.

Rechtsvertextung und wird demzufolge in diesem Zusammenhang behandelt werden.
Ist damit eine binnendifferenzierte Bestimmung des in den Kap. 3.1 und 3.2 definierten Gegenstandsbereiches geleistet, so sind damit nicht alle Typen überlieferter Quellen erfaßt. Unberücksichtigt bleiben Privilegien, Satzungen, Schöffensprüche, Register und die große Zahl der Einzelurkunden. Dies begründet sich einerseits aus der gänzlichen Unübersichtlichkeit des überlieferten Quellenbestandes, andererseits aus der gegenüber den hier behandelten Diskursdomänen sekundären Geltung der Texte im Ausbau juridischer Kommunikation mit Mitteln der deutschen Sprache. Während die vorausgehend als Gegenstand bestimmten Texte über die Regelung individueller oder verwaltungstechnischer Belange grundsätzlich hinausgehen, kann das für die unberücksichtigten Quellen nicht gesagt werden. So sind die meisten Urkunden als notarielle oder Privaturkunden lediglich Instrumente der Regelung individueller Rechtsgeschäfte, Privilegien sind prinzipiell auf die Ordnung des Rechtsverhältnisses von zwei Parteien beschränkt, Satzungen dienen vorrangig der Regelung von Strukturen kleinerer sozialer Verbände, Schöffensprüche sind immer einzelfallorientiert, und Register dienen lediglich der systematischen Aufzeichnung von Rechtsvorgängen. Fraglos besitzen auch diese Texte sprachgeschichtliche Relevanz, da sie Aufschluß über die Geltung des Deutschen in der historischen Rechtspraxis geben können, wird ihre Behandlung auch passim durchaus sinnvoll sein. Doch der Schwerpunkt der systematischen Darstellung von Polyfunktionalisierungen im juridischen Diskurs deutscher Sprache wird auf den als zentral gekennzeichneten Textbeständen liegen, die durch ein hohes Maß an intertextuellen Vernetzungen, durch eine gewichtige gesellschaftliche Geltung und zum Teil rezeptionsgeschichtlich weite Verbreitung bestimmt sind. Die jeweiligen funktionalen Teildomänen sind dabei in unterschiedlicher Strukturierung durch saliente Texte dominiert, die als Prätexte literale Vertextungen in der jeweiligen Teildomäne und unter Umständen im gesamtem Spektrum der juridischen Diskursdomäne determinieren. Daraus ergeben sich unterschiedliche Rangstellungen der einzelnen, noch genauer zu untersuchenden Texte.

Unter anderem ist dies an der bisherigen Erforschung singulärer Texte und des gesamten juridischen Quellenmaterials abzulesen. Ohne in diesem Zusammenhang ausführlich auf die sprachhistorische Forschungstradition zu rechtlichen Fragestellungen eingehen zu wollen, bleibt festzuhalten, daß weder einzelne Texte noch ganze Funktionsdomänen des juridischen Diskurses unter neueren linguistischen Perspektiven hinreichend analysiert sind. Ganz im Gegenteil ist gerade die Rechtssprachgeschichte noch weithin durch einen vortheoretischen Sprachbegriff und linguistisch unpräzise Konzeptionen charakterisiert. Offensichtlich wird dies etwa in E. Kaufmanns (1984, 137ff) Behandlung des Themas Sprache und Recht, in der sich nicht wenige Aussagen wie die folgende finden:

> Neben anderen weniger wichtigen Ausdrucksformen wie Symbol, Zeichen und Geste tritt das Recht vor allem im Gewand der Sprache auf. Deshalb besteht ein enger Zusammenhang zwischen Recht und Sprache. (ebd., 137)

Auf die zeichentheoretischen Defizite solcher Ausführungen muß nicht näher eingegangen werden, die sprachwissenschaftliche Unkenntnis ist evident. Die mangelnde Berücksichtigung moderner Verfahren und Konzeptionen, hier der Grundlagen semiotischer Wissenschaften, bei der historischen Analyse des Rechtsschrifttums kommt insbesondere auch in isolierten Analysen der juridischen Lexik zum Ausdruck. Dabei erfolgt nicht selten eine Gleichsetzung von Rechtssprache und lexikalischer Ebene der überlieferten Quellen, die darauf hinausläuft, den juridischen Fachwortschatz als einzige linguistisch relevante Größe der Rechtsgeschichte einzuordnen. Dieser Standpunkt findet sich in rechtshistorischen Publikationen im Umkreis des Deutschen Rechtswörterbuchs und der Rechtswortgeographie ebenso wie in allgemeinen sprachhistorischen Arbeiten; so auch in H. Penzls (1989, 156) Geschichte des Mittelhochdeutschen: „Besonders wichtig sind im Mhd. die Wörter und Wendungen der juridischen Fachprosa, der Rechtssprache in Gesetzen und Urkunden". Abgesehen davon, daß für die Periode von 1150 bis 1350, dem von H. Penzl behandelten Zeitraum, von volkssprachigen Gesetzen in nennenswertem Umfang kaum die Rede sein kann, bedeutet die Gleichsetzung von Rechtssprache und Rechtswortschatz eine implizite Verengung des erkenntnisleitenden Interesses; dadurch werden unter anderem die gerade hier als wesentlich angenommenen Aspekte der Literalisierung und textbezogenen Polyfunktionalisierung ausgeblendet. Solche eindimensionalen Erörterungen rechtssprachlicher Gegenstände, die unter anderem im kulturmorphologischen Paradigma der Rechtssprachgeographie gründen[32] und mithin als linguistische Schnittstelle die Dialektologie fixieren, bilden die Mehrzahl der sprachwissenschaftlichen Publikationen zu Fragen der Rechtsgeschichte. Neben einschlägigen Monographien zum Rechtswortschatz[33] liegt eine Vielzahl von Einzelarbeiten[34] vor. Ergebnis dieses Publikationsschwerpunktes, der fraglos unverzichtbare Erkenntnisse zur Rechtssprache beigetragen hat, ist die Marginalisierung anderer Aspekte juridischer Sprachgeschichte. So argumentiert G. Köbler (1984, 58), daß ohne ein Verständnis jeweiliger Rechtswortschätze die Einsicht in überlieferte Quellen-

---

32 Vgl. E. v. Künßbergs (1926) Monographie zur Rechtssprachgeographie und W. Merks (1926) Abhandlung zu Zielen und Wegen der geschichtlichen Rechtsgeographie.

33 Vgl. vor allem H. Munske (1973).

34 Neuere Publikationen in den Sammelbänden von R. Schmidt-Wiegand [Hg.] (1985), K. Hauck et al. [Hg.] (1986), J. Eckert et al. [Hg.] (1991).

bestände verstellt sei, folglich „eine Betrachtung historischen Rechts ohne Sprachgeschichte nicht möglich ist". Historiolinguistik wird hier in ihrer erkenntnisfördernden Funktion auf den Rang einer Hilfswissenschaft gestellt, deren Zwecke allein in der Bereitstellung sprachlichen Verständnisses als Voraussetzung der eigentlichen rechtshistorischen Hermeneutik fungiert. Nur wenige Arbeiten aus dem Kontext lexikologischen Zugangs zur Rechtssprache rezipieren dabei auch handlungstheoretische, über die Wortschatzebene hinausgehende Konzeptionen der Linguistik; zu nennen ist hier namentlich R. Schmidt-Wiegands (1985) Abhandlung zu Textsorte und Rechtsquellentyp in ihrer Bedeutung für die Rechtssprachgeographie und ihre Darstellung des Erkenntniswertes von Rechtsbüchern und Weistümern für die Fragen des spätmittelalterlichen Sprachausgleichs. R. Schmidt-Wiegand (1995) stellt hier fest, daß der lexikalische Ausgleich des Deutschen vorrangig durch die Existenz differenzierter Kommunikationsverfahren möglich war, womit der sprachgeographische Fokus eine offensichtliche Schnittstelle zur funktionalen Sprachhistoriographie aufweist: „Entscheidend für die Durchsetzung von Wörtern auf Dauer war nicht allein die überregionale Geltung, die sie im Laufe der Zeit erlangten, sondern auch ihre Flexibilität in bezug auf Anwendung und Gebrauch." (ebd., 156) Neben den Untersuchungen der Rechtssprachgeographie liegt eine Fülle von Untersuchungen zur historischen Perspektivierung auf das Verhältnis von Recht und Sprache vor, die häufig begriffsgeschichtliche Fragen verfolgen oder auf das Verhältnis von Sprache und Dichtung rekurrieren.[35] Darstellungen wie die I. Reiffensteins (1986) zur Begründung der Schriftlichkeit in deutschen Urkunden des 13. Jahrhunderts, die Prozesse der Literalisierung und des funktionalen Ausbaus text- und damit handlungsbezogen taxieren, sind dabei bis dato noch die Ausnahme. Und dies obgleich gegenwartsbezogene, synchrone Untersuchungen deutlich gezeigt haben, daß die „Auslegungs- und Anwendungsarbeiten von Normtexten" (D. Busse 1992, 15) zu den institutionellen Aufgaben der juristischen Tätigkeit gehören, der literale Text folglich conditio sine qua non juristischer Aktivität ist. Solche Einsichten historisch zu dimensionieren, ist Ziel vorliegender Arbeit, denn die Auseinandersetzung mit geschichtlichen Aspekten textgebundener juristischer Praxis ist mit ihren historischen Implikationen noch ein Desiderat. Gilt dies für die rechtshistorischen Beiträge weithin, so stellt H. Hattenhauer (1987, 3) fest: „Ebenso dürftig ist der Ertrag der Sprachforschung". Im weiteren sollen als Komplettierung der Gegenstandsbestimmung einer hier ansetzenden kommunikationsorientierten Geschichte der Polyfunktionalisierung des juridischen Diskurses deutscher Sprache die behandelten Teildomänen mit ihren maßgeblichen Texten als Korpus der empirischen Analyse eingeführt werden.

[35] Vgl. bereits H. Fehrs (1936) Untersuchung zur Dichtung im Recht.

3.4 Das Korpus

3.4.1 Kriterien der Quellenauswahl

Die bisherigen Erörterungen konnten zeigen, daß eine Darstellung der Polyfunktionalisierungstendenzen des Deutschen notwendig von Texten als komplexen Handlungsmustern der Sprache auszugehen hat und daß die überlieferten textuellen Rechtsquellen dafür besonders geeignet erscheinen. Wie andere sprachhistorische Untersuchungen sind die Analysen zu sprachgeschichtlichen Dimensionen des juridischen Diskurses dabei quellenbezogen zu konzipieren. Da die historische Genese kommunikativer Systeme ein empirisch zumindest partiell nachzuzeichnender Vorgang ist, verbietet sich eine Argumentation sola ratione, die unter Absehung von Zeugnissen konkreter Sprachverwendung Prozesse sprachlichen Wandels theorieimmanent erklärt. Wenngleich die Ergebnisse solcher nicht-empirischen Modellierungen als fruchtbare Ansätze zur Bestimmung sprachgeschichtlicher Gesetzmäßigkeiten gelten können, so fehlt ihnen in der Regel die Verifizierbarkeit, die eben allein über empirisch adäquate Theoriebildungen einzulösen ist. R. Kellers (1994) Sprachwandeltheorie etwa ist als theorieimmanente Konzeption ein plausibles Konzept zur Erklärung lingualer Variation im Spannungsfeld der Parameter 'Natürlichkeit' und 'Künstlichkeit', sie verzichtet jedoch als rationalistische Modellierung weitgehend auf empirisch gegründete Belege der Richtigkeit vertretener Auffassungen; dies hat P. von Polenz (1991, 69) zu der überzeugenden Feststellung veranlaßt, daß „abstrakte und hypostasierende Hilfsbegriffe wie 'Phänomene der dritten Art', 'invisible-hand-Prozesse' fragwürdig und wohl überflüssig sind (...) und solche Erklärungen nur für einen Teil der Sprachwandelphänomene zutreffen". Sprachgeschichtliche Untersuchungen sollten per se quellenbezogen konzipiert sein, um die Verifikation empirisch adäquater Theoreme jederzeit gewährleisten zu können.

Die historiolinguistische Forderung nach einer empirischen Grundlage linguistischer Aussagen bedingt die Notwendigkeit zur korpusorientierten Arbeit. Geht W. Hoffmann (1984, 670) davon aus, „daß Korpora Materialgrundlage jeder sprachgeschichtlichen Untersuchung sein müssen", so gilt dies im besonderen für die hier beabsichtigte Klärung historischer Prozesse. Während pragmatisch orientierte Arbeiten zur Rolle sprachexterner Faktoren, wie der Mediengeschichte oder der soziokulturellen Voraussetzungen der Sprachgeschichte etc., konkrete Textvorkommen zumindest der Möglichkeit nach weitgehend ausblenden können, kommt eine funktionsorientierte Analyse nicht umhin, den je konkreten Textbestand einer kommunikativen Domäne zu taxieren. Wie bereits ausgeführt, ermöglicht erst die Textorientierung eine Bestandsaufnahme zum extensional definierbaren Funktionsgrad einer Sprache wie zur intensional skalierbaren Ausprägung historischer Textmuster. Methodisch erfolgt der Zugang zu Fragen der Funktionsdifferenzierung also sinnvollerweise über eine textinduktive Typologisierung von ausgewählten Einzeltexten, die eine hinreichend genaue Erfassung textueller Muster garantiert. Da es bei den entsprechenden Untersuchungen vor allem darauf ankommen soll, die textuellen Interdependenzen von Quellen einer funktionalen Domäne zu erfassen, ist ein ausgewogenes Korpus als Gegenstand der konkreten Textanalysen und des intertextuellen Vergleichs unerläßliches Arbeitsinstrument. Die sachlich wohlbegründete Konzentration des Erkenntnisinteresses auf die Domäne des juridischen Diskurses erschwert die Zusammenstellung einer solchen empirischen Materialgrundlage jedoch erheblich. Bereits die „unübersehbare Fülle“ (H. Mitteis 1992, 228) der überlieferten Landes- und Ortsrechte des Spätmittelalters und der zu gleicher Zeit entfaltete große „Reichtum an formulierten Rechtssätzen und durchgestalteten Rechtsinstituten“ (R. Gmür 1994, 41) kompliziert eine auch nur annähernd repräsentative Auswahl von Texten. Hinzu kommt, daß die Überlieferung von historischen Quellen prinzipiell zufällig und die Zugänglichkeit des Textmaterials begrenzt ist. So beruht etwa die mittelalterliche Rechtsordnung bekanntlich auf weitgehend oralen Überlieferungsformen, „das in Gesetzen niedergeschriebene und in Weistümern aufgezeichnete Recht bildete nur einen Ausschnitt der gesamten Rechtsordnung“ (H. Conrad 1962, 345). Da aber Aussagen zur Geltung der Vernacularsprachen im juridischen Diskurs nur auf der Grundlage der literalisierten Überlieferung möglich sind, trägt die sprachhistorische Beschäftigung ohnehin nur partiell zur Aufklärung funktionaler Geltungsbereiche des Deutschen bei. Es zeigt sich insofern sehr schnell, daß die Notwendigkeit zur empirischen Ausrichtung historiolinguistischer Modellierungen zugleich entscheidendes Problem bei der Konzipierung der vorliegenden Arbeit ist. Unter diesen Voraussetzungen mag W. Hoffmanns (1984, 671) Aussage, daß Texte „das einzige Sprachmaterial und damit die Untersuchungsbasis der Sprachgeschichte“ sind, eine resignative Feststellung sein, doch der mögliche sprachgeschichtliche Gewinn einer textgegründeten Analyse von Polyfunktionalisierungstendenzen bestimmt die Erstellung eines geeigneten Korpus als wenn auch problematische, so doch notwendige Bedingung spezifischer sprachgeschichtlicher Einsichten. In Anbetracht der Fülle des überlieferten Materials wird es im weiteren also darum gehen, die Kriterien der Textauswahl im einzelnen darzulegen.

Dies hat im Hinblick auf die konzeptionelle Funktion einer geeigneten Datengrundlage sowie die notwendigen Parameter der Textselegierung zu geschehen. Ein Korpus zur Untersuchung der Polyfunktionalisierungen im juridischen Diskurs muß zunächst die Existenz von Texten als Nachweis der funktionalen Geltung volkssprachlicher Mittel in einer kommunikativen Domäne behandeln. Jeder deutsche Rechtstext ist folglich ein potentieller Beleg der funktionalen Geltung des Deutschen. Ein sprachgeschichtlich entscheidender Rang kommt innerhalb dieser bisher nicht einmal in Ansätzen dokumentierten Textmenge den Texten zu, die intertextuelle Nuclei der jeweiligen kommunikativen Organisation in den unterschiedlichen Handlungssegmenten bilden. Für diese Quellen wurde bereits der Terminus 'salienter Text' eingeführt. Es handelt sich dabei um sprachliche Zeugnisse, die durch ihre signifikante Determination eines ganzen Diskurssegments, durch ihren außersprachlich bestimmten prominenten Status oder ihre rechtsgeschichtliche Bedeutung als zentrale Rechtsquellen ausgewiesen sind. So zählt z.B. der *Sachsenspiegel* (# 238) unter anderem deshalb „zu den bedeutendsten hochmittelalterlichen Rechtsbüchern" (B. Janz 1989, 15), weil seine Nachwirkung zeitlich, topographisch und textgeschichtlich ausgesprochen weit reicht. Bereits eine vereinfachte schematische Darstellung zum intertextuellen Status in Ausschnitten macht dies deutlich:

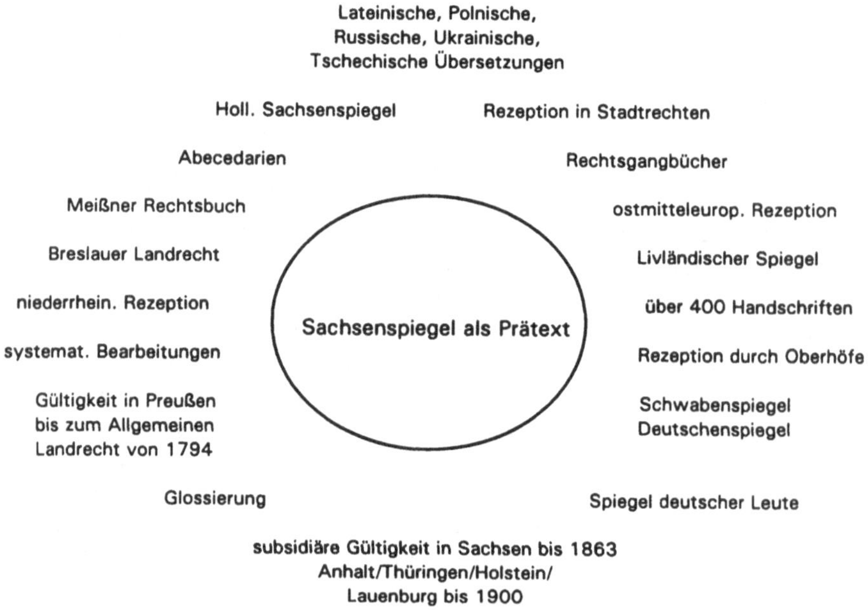

Abb. 3: Vereinfachte Kurzübersicht zur intertextuellen Vernetzung des Sachsenspiegels

Zur Kennzeichnung eines salienten Textes ist das textuelle Umfeld in jeweiligen Diskursdomänen grundsätzlich zu berücksichtigen, denn die Salienz ist allein aufgrund der Analyse des Textstatus im kommunikativen Umfeld sprachgeschichtlich nachweisbar. Insofern besteht für die Konzeption des hier interessierenden Korpus die Notwendigkeit, über die bedeutendsten Rechtsquellen hinaus ein Minimum an diskursiver Extension zu erfassen. Nur so ist es möglich, die textuellen Interdependenzen im Kontext des volkssprachlichen Anspruches in jeweiligen Teildomänen einzuordnen und nachzuweisen. Die Textauswahl muß dabei sinnvolle Aussagen zu den diachronen Entwicklungslinien, zum Verhältnis von Latinität und Volkssprachlichkeit sowie zur Topographie von Polyfunktionalisierungen sichern; dies alles jedoch unter dem Gebot weitgehender Selegierung des überlieferten Materials, denn allein ein Minimalkorpus kann für den juridischen Diskurs im definierten Zeitraum eine sinnvolle Arbeitsgrundlage sein.

Diese Überlegungen führen zur Aufgliederung des Korpus in ein Zentralkorpus (ZKo), das die nicht näher zu bestimmende Menge der salienten Texte umfaßt, und ein Vergleichskorpus (VKo), in das diejenigen Texte aufzunehmen sind, die als diskursives Umfeld der prominenten Rechtsquellen an den Tendenzen zur Polyfunktionalisierung des Deutschen wesentlichen Anteil haben. Ist das ZKo auch nicht über präskriptive Kriterien eindeutig abzugrenzen, so sind insbesondere die Grenzen des VKo unscharf; hier erfolgt eine Einschränkung nach Kriterien der konzeptionellen Ökonomie. Für zukünftige Detailuntersuchungen läßt die vorliegende Untersuchung folglich noch Raum.

Das ZKo stellt in Ergänzung durch die Quellen des VKo den textuellen Gegenstand der funktionsgeschichtlichen Analysen dar. Vollständigkeit ist dabei ebensowenig beabsichtigt wie eine repräsentative Auswahl der Quellen. Diese ist in Anbetracht der unübersehbaren Überlieferung für eine Longitudinalstudie zu einer ganzen Diskursdomäne ein prinzipiell abwegiges Kriterium der Korpusgenerierung. Die hier selegierten Rechtsquellen bilden in ihrer Gesamtmenge mithin ein explizites Auswahlkorpus. Dieses nach Gesichtspunkten der Repräsentativität aufzustellen, ist ebenfalls unmöglich. Bereits B. Rieger (1979) hat gezeigt, daß Repräsentativität als mathematisch-statistischer Parameter für historische Untersuchungen, die mit einem Korpus überlieferter Quellen arbeiten, ein gänzlich ungeeignetes Kriterium der Gegenstandseingrenzung ist. Entsprechend der vielfachen sprachhistorischen Diskontinuitäten der je unterschiedlichen Überlieferungen, kann eine symmetrische Verteilung etwa textueller Vorkommen nicht qua repräsentativer Auswahl hochgerechnet werden.

Das Korpus ist daher allein nach den Kriterien sprachgeschichtlicher Salienz bzw. rechtsgeschichtlicher Prominenz der Quellen aufgestellt. Während sich für den behandelten Zeitraum von ~1200 bis ~1800 dabei keine zeitlichen Einschränkungen ergeben, ist die topographische Extension der ausgewählten Texte eingeschränkt. Als Grenze der potentiell für das Korpus geeigneten

Quellen ist der jeweilige deutsche Mundartraum bzw. das Territorium des Deutschen Reichs bestimmt. Dabei ist sogleich deutlich, daß die mittelalterliche und frühneuzeitliche Staatsorganisation jedoch nur sehr eingeschränkt mit einem nationalsprachlichen Kommunikationsraum des Deutschen kompatibel ist. Weder kann der territoriale Grenzbegriff der Neuzeit ohne weiteres auf die lehnsrechtliche Herrschaftsstruktur des spätmittelalterlichen und frühneuzeitlichen Reichs übertragen werden, noch sind die Außengrenzen des Reichs mit dem dialektal binnendifferenzierten deutschen Sprachraum der entsprechenden Perioden kongruent. Obwohl also die Existenz deutschsprachiger Rechtstexte in der Regel Kennzeichen der politischen Zugehörigkeit der Quelle zur deutschen Reichsorganisation ist, so sind nicht alle für das Reichsgebiet überlieferten Texte für die Sprachgeschichte des Deutschen von unmittelbarem Interesse. Folglich hat als primäres Kriterium der Korpuseignung die Zugehörigkeit einer Quelle zum deutschen Dialektraum zu gelten. Aus dem Untersuchungsinteresse werden dabei zwei Gebiete ausgeschlossen: Die Niederlande und die Schweiz bzw. Eidgenossenschaft. Wenngleich die deutschen und d.h. fast ausschließlich niederdeutschen Rechtsquellen mit dem überlieferten Textbestand niederländischer Rechtstexte vielfach vermittelt sind, so laufen die politischen und sprachgeschichtlichen Tendenzen der niederländischen Historie doch auf eine autonome Hochsprachenentwicklung hinaus, deren Ergebnis die neuzeitliche Parallelität einer niederländischen und hochdeutschen Kultursprache ist. Fraglos steht das Deutsche zu „keiner anderen germ. Sprache (...) in einem so engen - räumlichen und verwandtschaftlichen - Verhältnis wie zur nl. Schwestersprache“ (G. de Smet 1984, 923), doch gehört das Niederländische keineswegs im unmittelbaren Sinn zu den deutschen Mundarten. Die in dieser verbreiteten Auffasssung versteckten ideologischen Argumente - dies hat G. de Smet (ebd.) zweifelsfrei gezeigt - sind über die Analyse der niederländischen Kommunikationsgeschichte nicht zu halten. Bereits im Spätmittelalter wird in den großen niederländischen Städten eine eigene kultursprachliche Tradition begründet, die „ohne jede Beziehung zur sprachlichen und literarischen Entwicklung im maas-rheinländischen Raum und weiter südlich“ (ebd., 924) ein entscheidender sprachgeschichtlicher Baustein lingualer Autonomie vom Deutschen ist. Die entsprechenden Tendenzen setzen sich auch in der Frühen Neuzeit fort, wobei parallel zur Konstituierung einer niederländischen Kultursprache die Abwertung des Niederländischen in Deutschland zunimmt, was im 18. Jahrhundert in einen offensichtlichen Antagonismus mündet. Die politische und sprachgeschichtliche Eigenstellung des Niederländischen läßt eine in die Behandlung der deutschen Polyfunktionalisierungstendenzen integrierte Berücksichtigung niederländischer Rechtsquellen als nicht zweckmäßig erscheinen. Ähnliches gilt für die schweizerischen Rechtsquellen. Einerseits sind die überlieferten Texte schweizerischen Rechts aufgrund weitgehenden

Fehlens zentraler Orientierungspunkte derart zahlreich,[36] daß eine angemessene Behandlung nur in einer eigenständigen Arbeit erfolgen kann; dies zeigt auch die rechtsgeschichtliche Darstellung der juristischen Historie der Schweiz in eigenständigen Monographien.[37] Andererseits hat die Ausbildung eigener Bündnissysteme bekanntlich bereits im 13. Jahrhundert zu einer beginnenden Selbständigkeit der Eidgenossen beigetragen. In den Auseinandersetzungen mit der Reichsmacht führt die 1499 erfolgte faktische Lösung der Eidgenossen vom Reich, die durch den Westfälischen Frieden 1648 formell bestätigt wurde, zu einer autonomen Stellung im deutschen Sprachgebiet. Das Deutsche als eine der schweizerischen Nationalsprachen hat sich als literalisierte Hochsprache daher „weit außerhalb der schweiz. Sprachgebiete herausgebildet und zunächst entfaltet" (St. Sonderegger 1985b, 1890). Eine originäre Tendenz zur Entwicklung des Deutschen als Kultursprache ist für das schweizerische Sprachgebiet nicht zu ersehen, so daß die historiolinguistische Integration der Schweizer Rechtsquellen in die Darstellung zur Polyfunktionalisierung des Deutschen auch nicht sinnvoll sein kann.

Neben den topographischen Einschränkungen ergibt sich eine sachbezogene Begrenzung der potentiell korpusgeeigneten Texte aus dem im vorangehenden Kapitel bereits begründeten Ausschluß von Dienst- bzw. Ministerialenrechten, Schöffensprüchen, allgemeinen Urkunden und weiteren, in diesem Zusammenhang als marginal gekennzeichneten Quellentypen. Damit sind neben den Kriterien des diskursiven Ranges überlieferter Rechtstexte die topographischen und sachlichen Restriktionen als Parameter einer Selegierung ex negativo genannt. Es ist aufgrund dieser Vorüberlegungen möglich, das aus ZKo und VKo konstituierte Gesamtkorpus nach spezifischen Parametern zu definieren. Als geeignet erweist sich dabei das von W. Hoffmann (1985, 674)[38] vorgestellte Kategorienbündel außersprachlicher Daten. Als erstes Kriterium ist dabei die Zeit bzw. Datierung einer Quelle angeführt, wobei für die hier maßgeblichen Entwicklungstendenzen der Polyfunktionalisierung des Deutschen die Konzentration auf den Zeitraum von ~1200 bis ~1800 bereits eingehend begründet ist. Als Raum bzw. Lokalisierung ist mit den für notwendig befundenen Einschränkungen das jeweilige deutsche Dialektgebiet bestimmt. Produzenten der Texte sind je nach Texttyp Individuen, wie bei den Rechtsbüchern, oder Institutionen, wie bei den legislativen Quellen. An Stelle des von W. Hoffmann gebrauchten Kriteriums der Textsorte sind die Quellen hier

36 Insbesondere die Zahl der Weistümer (vgl. vor allem die Aargauer Weistümer) und Territorialrechte (Schwyz, Glarus, Appenzell, Wallis etc.) ist entsprechend der eidgenössischen Rechtszersplitterung unüberschaubar.

37 Siehe u.a. L. Carlen (1988).

38 Vgl. auch W. Hoffmann und F. Wetter [Bearb.] (1987, XIIIff).

zunächst nach Teildomänen des juridischen Diskurses unterschieden, also nach reichsrechtlichen, territorialen etc. Sollensordnungen oder Abhandlungen juristischen Inhalts. Des weiteren sind die spätmittelalterlichen Rechtstexte in der Mehrzahl als Handschriften, die der Frühen Neuzeit häufig als Druck überliefert und zum großen Teil in edierter Form greifbar, was für eine textbezogene Analyse einer Diskursdomäne eine hinreichende Basis darstellt.[39] Für die Zuordnung von Texten zum ZKo oder VKo hat der stemmatologische Ort eines Textes im Umfeld seiner intertextuellen Bezüge Gewicht, so daß die Salienz und der Grad intertextueller Vernetzung im bereits ausgeführten Verständnis zentrale Kriterien der Korpusgenerierung sind. Schließlich ist als Sprachform der interessierenden Texte die Prosa festgelegt, und als Adressaten sind in der Regel anonyme Gruppen der sozialen Organisation zu bestimmen, die je Texttyp in unterschiedlicher Weise expliziert werden. In der Übersicht ergibt sich damit als Kriterienbündel der Gegenstandskonstituierung des Korpus folgende Kategorisierung:

Korpuskategorie	Korpusmerkmale
Zeit/Datierung	~1200 bis ~1800
Raum/Lokalisierung	deutscher Dialektraum
Produzenten	Individuen und Institutionen
Teildomänen des juridischen Diskurses	Reichsrecht, Territorialrecht, Stadtrecht, Ländliches Recht, Rechtsbücher, Sonderrecht
Überlieferungsformen	Handschriften und Drucke in Editionen
stemmatologischer Ort	Bestimmung nach Salienz/Prominenz und Grad der intertextuellen Determination
Sprachform	Prosa
Adressaten	meist anonyme Gruppen der sozialen Organisation

Tab. 5: Kategorisierung des Korpus zur Analyse der Polyfunktionalisierungen im juridischen Diskurs

W. Hoffmann (1985, 674) ist zuzustimmen, wenn er fordert, daß diese Kategorien „intern weiter gegliedert werden müssen", doch ist dies für die Behandlung von Kriterien der Textauswahl in diesem Zusammenhang noch nicht notwendig. Eine nähere Bestimmung der pragmatischen Merkmale von Rechtstexten wird in Kap. 4.1 im Zuge der Darstellung geeigneter Analysepa-

39 Auch das Bonner Korpus gründet vorrangig auf edierten Texten: „Um aus arbeitspraktischen Gründen insbesondere nicht mit dem Lesen und Transkribieren von Handschriften, aber auch mit dem schwierigen Beschaffen von Frühdrucken belastet zu sein, wurde im Projekt von Beginn an überwiegend mit Editionen zu arbeiten versucht." (W. Hoffmann und F. Wetter [Bearb.] 1987, XIX).

rameter erfolgen. Die Kriterien der Korpusgenerierung sind unter Beachtung der grundsätzlichen Probleme historischer Empirie und unter Hinweis auf einige Restriktionen damit genannt. Nun existieren Korpora, die als Datengrundlage für sprachhistorische Arbeiten bereits bewährt sind und auch zeitliche und sachliche Überschneidungen mit obiger Kategorisierung aufweisen. Als Großraumkorpora sind vor allem das Bonner Korpus zum Frühneuhochdeutschen[40] (BKF) und das Korpus des Frühneuhochdeutschen Wörterbuchs[41] (KFW) zu nennen. Wenngleich bei beiden eine jeweils sprachwissenschaftlich reflektierte Auswahl von Quellen aller Funktionsbereiche des deutschen Dialektraums vorgenommen ist, kann eine unvermittelte Übernahme der Textselegierungen für die Funktionsanalysen des juridischen Diskurses jedoch nicht erfolgen. Während das Korpus des Frühneuhochdeutschen Wörterbuchs mit ca. 550 Glossaren, Registern, Wörterbüchern und Wortformen-Indices ohnehin auf die lexikologische Analyse konzentriert ist und daher kein geeignetes Material zur Untersuchung von Textualisierungen in spezifischen Diskursdomänen darstellt, umfaßt das Bonner Korpus zum Frühneuhochdeutschen als Teilgruppe der ca. 1500 Texte aller Textsorten auch 137 Rechts- und Geschäftstexte. Entsprechend der Zielsetzung des Korpus, eine geeignete Datengrundlage für die Darstellung der frühneuhochdeutschen Flexionsmorphologie bereitzustellen, ist jedoch auch diese Auswahl nur sehr eingeschränkt für die Generierung eines funktionsgeschichtlichen Korpus nutzbar zu machen. Dem Desiderat von textgeschichtlichen Darstellungen des Deutschen entspricht insofern das Fehlen bereits ausgearbeiteter Datengrundlagen, die allein unter den hier genannten Kriterien einen verwertbaren Quellenbezug sprachgeschichtlicher Konzeptionen herstellen. Die nähere Bestimmung der empirischen Basis hier interessierender funktionsgeschichtlicher Ausbauprozesse ist daher mit Bezug auf die genannten Kriterien der Textauswahl eines ZKo und VKo Gegenstand der weiteren Erörterungen.

3.4.2 Umfang und Binnendifferenzierung des Quellenbestandes

Unter Bezug auf die vorangehend genannten Kriterien ist eine Auswahl funktionsgeschichtlich geeigneter Texte zu treffen, die in ihrer Gesamtheit nach Umfang und Binnendifferenzierung bestimmbar ist. Dabei erweist sich eine präanalytische Ordnung der Quellen nach ihrem zentralen oder lediglich vergleichsgeeigneten Rang als untaugliche Festschreibung des diskursiven Status von Texten innerhalb bestimmter Teildomänen des juridischen Diskurses.

---

[40] Dokumentiert in W. Hoffmann und F. Wetter [Bearb.] (1987).

[41] Dokumentiert in der Einleitung des FWB, Bd. 1.

Wenngleich die Analyse der juridischen Diskursdomänen von prädefinierten Texten mit signifikanter Salienz bzw. Prominenz ausgeht, so wird es hier zunächst um die Darstellung des Gesamtkorpus unabhängig von seiner Gliederung in ZKo und VKo gehen. Die Entscheidung zur Distinktion von ZKo und VKo ist damit ein vor allem für die Analysen von Kap. 5 erarbeitetes Konzept und verbietet nicht die Einführung des generierten Korpus als Gesamtmenge. Im Gegenteil spricht unter Absehung erst analytisch zu begründender Qualifizierungen des jeweiligen Textstatus die historische Gleichwertigkeit der Quellen für eine vorläufige Vernachlässigung der beiden eingeführten Korpuskategorien. Damit ist eine Darstellung der empirischen Grundlage vorliegender Erörterungen gesichert, die den einzelnen Untersuchungen nicht vorgreift. Daß im Zuge der Erstellung des Korpus die Kriterien der Salienz/Prominenz und intertextuellen Vernetzung bereits entscheidende Parameter sind, ist damit nicht in Frage gestellt, lediglich die Präsentation des Quellenmaterials unter den Kriterien der primären und sekundären Relevanz im Kontext der funktionsgeschichtlichen Differenzierungen scheint erst nach der Kennzeichnung der konkreten analytischen Zugänge in Kap. 5 sinnvoll zu sein. Dies um so mehr, als die Differenzierung von ZKo und VKo als Arbeitskriterien bei der Bewältigung des umfassenden juridischen Textbestandes eingeführt sind und nicht als texttypologische Merkmalzuordnungen gelten können.

Wenngleich die Sammlung deutschsprachiger Fachprosa vorrangiges Anliegen bei der Erstellung eines im hier begründeten Sinn funktionsgeschichtlichen Korpus ist, so fordern die vielfältigen Interdependenzen zwischen deutschen und lateinischen Texten namentlich des Spätmittelalters auch eine beschränkte Berücksichtigung lateinischer Rechtsquellen im Korpus. Ihre Funktion besteht jedoch allein in der Bereitstellung von wesentlichem Vergleichsmaterial juridischer Latinität für die allein interessierende Funktionsdifferenzierung des Deutschen. In der Gesamtheit von ZKo, VKo und derartigen nicht eigentlichen Quellen des deutschen juridischen Diskurses liegen der Untersuchung damit 324 Texte unterschiedlichsten Umfangs aus allen Zeiträumen der in Kap. 3.2 bestimmten Periode zugrunde. Diese relativ große Zahl ist notwendig, um die als unabdingbar begründete Darstellung textueller Extensionen in der juridischen Textdomäne sichern zu können. Denn Aufgabe einer funktionsgeschichtlichen Darstellung ist eben neben der analytischen Differenzierung textueller Intension/textueller Muster etc. die Bestandsaufnahme des Textumfangs in einer Diskursdomäne. Daraus folgt, daß nicht jeder dieser 324 Texte einer eingehenden Detailanalyse zu unterziehen ist. Diese kann sinnvollerweise nur paradigmatisch anhand salienter Texte durchgeführt werden. So wie die Grenze von diesen, im einzelnen zu analysierenden Texten zu den eher vergleichsgeeigneten Quellen nicht mit Eindeutigkeit festzulegen ist, wird auch die Begrenzung des Korpus auf 324 Texte nicht mit allein sachimmanenten Argumenten zu begründen sein. In die Untersuchung werden daher an verschiedenen Stellen auch Verweise auf Quellen eingearbeitet sein, die nicht Teil der strengen Selegierung des hier generierten juridischen Textkorpus sind. Die Gesamtzahl der Quellen folgt mithin den bisher erörterten Zwecken genau bestimmter sprachgeschichtlicher Perspektiven. Das Korpus hat nicht den Anspruch, eine über die Untersuchungszwecke hinausgehende exhaustive Sammlung von Rechtsquellen bereitzustellen, wenngleich bis zum Vorliegen einer solchen die hier erarbeitete Textsammlung auch durchaus vorübergehend als Quellenkompendium geeignet sein kann. Denn die zahlreichen rechtsgeschichtlichen Quellendarstellungen entsprechen nicht modernen Ansprüchen an verläßliche bibliographische Referenzen, textklassifikatorische Konzepte und aktualisierte Zuordnungen von Einzeltexten zu einem je gültigen kommunikativen Umfeld. So liegen zwar eine Reihe ausführlicher juristischer Quellengeschichten vor, doch eine systematische Verwertung ist ausgesprochen mühselig und vor allem zeitaufwendig. Als Beispiel sei die zweifellos detaillierte Darstellung spätmittelalterlicher und frühneuzeitlicher Quellen in der Rechtsgeschichte von R. Schröder und E. von Künßberg (1932) angeführt, deren Quellennachweise erwartbar falsch, lückenhaft oder irreführend sind. Ein Ziel der Zusammenstellung des hier behandelten rechtsgeschichtlichen Korpus ist daher auch die Systematisierung und Überarbeitung der verstreuten Rechtsquellendarstellungen. Dazu sind alle einschlägigen Monographien, Textsammlungen und Einzelveröffentlichungen juridischer Rechtsquellen bearbeitet sowie jeder Editionsnachweis durch Autopsie geprüft. Die bibliographisch vereinheitlichte Rechtsquellensammlung, die in Abschnitt 7.1 aufgeführt ist, darf folglich als weitgehend verläßlich gelten.

Es sollte hinreichend deutlich sein, daß das Korpus von 324 Texten keinen repräsentativen Anspruch erhebt. Doch fordert die longitudinale Darstellung domänenspezifischer Vertextungen eine weitgehend ausgewogene empirische Basis, andernfalls wären Verzerrungen spätestens in der Gesamtbeurteilung des funktionalen Movens des deutschen Kultursprachenausbaus kaum vermeidbar. Um eine solche Ausgewogenheit nachvollziehbar zu machen und damit die Beurteilung im Zuge weitergehender Arbeiten zu ermöglichen, ist eine binnendifferenzierte Darstellung des Korpus unumgänglich. Die Teilklassifizierung erfolgt dabei sinnvollerweise nach den Parametern 'Zeit', 'Raum' und 'funktionale Teildomäne'. Daß dabei nicht immer Eindeutigkeit in der Zuordnung herzustellen ist, kann als generelles Problem historischer Quellenklassifizierung nicht den Sinn einer derartigen Skalierung des Korpus in Frage stellen. Schnittstellenphänomene bei einzelnen Texten stören daher die Binnengliederung der Textsammlung nur unwesentlich.

(a) Temporale Korpusstruktur

Die zeitliche Bestimmung der einzelnen Korpustexte geht von der Erstdatierung einer Quelle nach ihrer originalen Abfassung, nach Druckjahr oder nach der mit Promulgationen parallel verlaufenden Verschriftung aus. Die Untersuchung ist folglich in erster Linie an den initialen Ausbauprozessen deutscher Funktionsspektren interessiert. Daß gerade der juridische Diskurs durch zum Teil erheblich zeitverschobene Tradierung von Archetexten gekennzeichnet ist, die primär relevanten Korpustexte also unterschiedlichst zu datierende Fortschreibungen haben, ändert nichts daran, daß der Anstoß zu Polyfunktionalisierungen von den jeweiligen Originaltexten ausgeht. Nicht immer ist dabei eine exakte Datierung möglich, insbesondere bei den spätmittelalterlichen Quellen variiert der Grad der Genauigkeit von Zeitbestimmungen. Während reichsrechtliche Quellen häufig taggenau datiert sind, ist es bei anderen Teildomänen manchmal nur möglich, das Säkulum einer Quelle zu bestimmen. Eine besondere Korpusgruppe liegt mit den Textsammlungen der Weistümer vor, die nur im analytischen Gesamtzugriff von Interesse sind. Die summarische Behandlung der jeweiligen Editionen, etwa im Hinblick auf erste deutsche Vertextungstendenzen, schließt eine Einzeldatierung im Zusammenhang der temporalen Korpusdifferenzierung aus. Aus der Übersicht zur Zeitstruktur sind diese Quellen also herauszunehmen. Ist damit geklärt, was als Datierungsangabe in Betracht kommt und in welch unterschiedlichem Maße dabei Genauigkeit herzustellen ist, so muß gefragt werden, wie die ermittelten Parameter zur Zeitordnung bei der Korpusvorstellung abzubilden sind. Zwei denkbare Möglichkeiten bestehen hierfür: Zum einen die Zuordnung zu sprachhistorisch begründeten Mikroperioden, zum anderen die statistische Einteilung nach übereinstimmenden Zeitabschnitten. Da weder für das Spätmittelalter noch für das sogenannte Frühneuhochdeutsche oder andere sprachgeschichtliche Epochen eine konsensfähige kommunikations- und funktionsgeschichtlich orientierte Mikroperiodisierung vorliegt, bleibt nur das Verfahren der Korpusstrukturierung nach einheitlichen Zeitabschnitten. Als zeitliche Dichte werden dafür 50-Jahres-Segmente mit folgendem Zeitraster festgelegt:

Zeitsigle	Zeitsegment	Zeitsigle	Zeitsegment
1	- 1250	7	1501 - 1550
2	1251 - 1300	8	1551 - 1600
3	1301 - 1350	9	1601 - 1650
4	1351 - 1400	10	1651 - 1700
5	1401 - 1450	11	1701 - 1750
6	1451 - 1500	12	1751 - 1800

Tab. 6: Zeitraster der temporalen Strukturierung des Korpus

Die nur säkular zu bestimmenden Quellen werden bei einer Anzahl von Quellen ≤ 5 dem ersten Jahrhundertsegment zugeordnet, bei einer Anzahl > 5 wird der Mittelwert jeweils auf das erste und zweite Teilsegment eines Jahrhunderts verteilt. Da für den gesamten Untersuchungszeitraum insgesamt nur wenige Quellen in dieser Form in die Zeitstrukturierung einzupassen sind, ergibt sich keine signifikante Verschiebung in der Auswertung. Mit diesen Vorgaben ist die temporale Struktur des Korpus wie folgt in absoluten Zahlen abzubilden; auf der x-Achse sind die Zeitsiglen eingetragen, auf der y-Achse die entsprechende Textfrequenz:

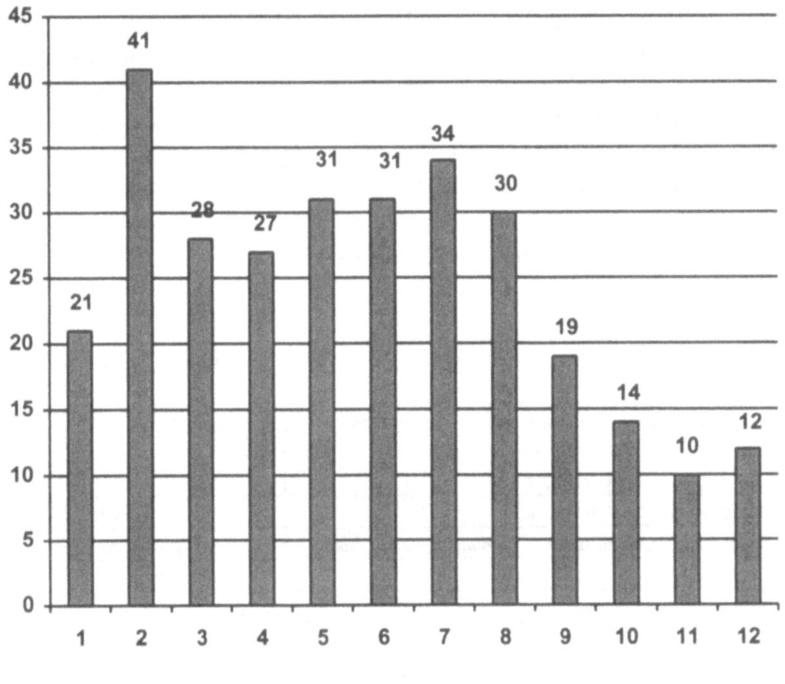

Abb. 4: Histogramm der temporalen Struktur des Korpus

Die zeitliche Verteilung der Quellen darf als ausgewogen gelten, berücksichtigt man, daß maßgebliche funktionale Differenzierungsprozesse im Spätmittelalter und zu Beginn der Frühen Neuzeit, also bis zu den Segmenten 8/9, verlaufen. Die Säulen 1-9 weichen in Entsprechung dazu gegenüber der Standardabweichung der Gesamtfrequenz auch nicht nach unten ab. Erst für den Zeitraum ab 1651 ist die Zahl der Korpustexte über dieses Maß reduziert, was in der hier schon weitgehend fortgeschrittenen Polyfunktionalisierung des Deutschen begründet ist, die auf eine nähere Auseinandersetzung mit primären

Ausbauprozessen vorhergehender Zeiträume verweist. Die signifikante Gewichtung von Segment 2 folgt aus der Datierung einer Vielzahl von Rechtsbüchern und Landfriedensgesetzen in der 2. Hälfte des 13. Jahrhunderts. Die konstante Minimierung der berücksichtigten Quellen seit 1501 entspricht überdies den vergleichbaren Werten des BKF und KFW.

(b) Korpusstruktur nach sprachlichen Großräumen

Die Einteilung des Quellenbestandes nach Sprachräumen geschieht mit der Absicht, die räumliche Ausgewogenheit des auf das gesamte deutsche Sprachgebiet bezogenen Korpus darzustellen und dabei bereits topographische Gewichtungen des funktionalen Ausbaus der deutschen Sprache anschaulich zu machen. Dabei geht es nicht in erster Linie um eine Dialektbestimmung der einzelnen überlieferten Texte, sondern lediglich um eine erste räumliche Strukturierung der zentralen Quellen. Es ist folglich ausreichend, das Korpus nach lingualen Großräumen einzuteilen. Diese sind nicht unter geographischen Kriterien voneinander abgegrenzt, sondern entsprechen folgender dialektologischer Gliederung des deutschen Sprachraums:

dialektaler Großraum	sprachlicher Großraum	
Nordniederdeutsch/Mecklenburgisch-Vorpommersch/ Mittelpommersch/Ostpommersch/Westfälisch/ Ostfälisch/Brandenburgisch	(1) Norddeutsch	Nrdd.
Mittelfränkisch/Rheinfränkisch	(2) Westmitteldeutsch	Wmd.
Thüringisch/Obersächsisch/Schlesisch/Hochpreußisch	(3) Ostmitteldeutsch	Omd.
Ostfränkisch	(4) Nordoberdeutsch	Nobd.
Alemannisch/Schwäbisch	(5) Westoberdeutsch	Wobd.
Nord-/Mittel-/Südbairisch	(6) Ostoberderdeutsch	Oobd.
Sprachinseln außerhalb der deutschen Sprachgrenze	(7) Inseldeutsch	Isld.

Tab. 7: Gliederung der sprachlichen Großräume des Deutschen

Es ergibt sich daraus in Anlehnung an P. Wiesinger (1983, Karte 47.4) folgende kartographische Einteilung, die zugleich Grundlage für die räumliche Strukturierung des Korpus ist:

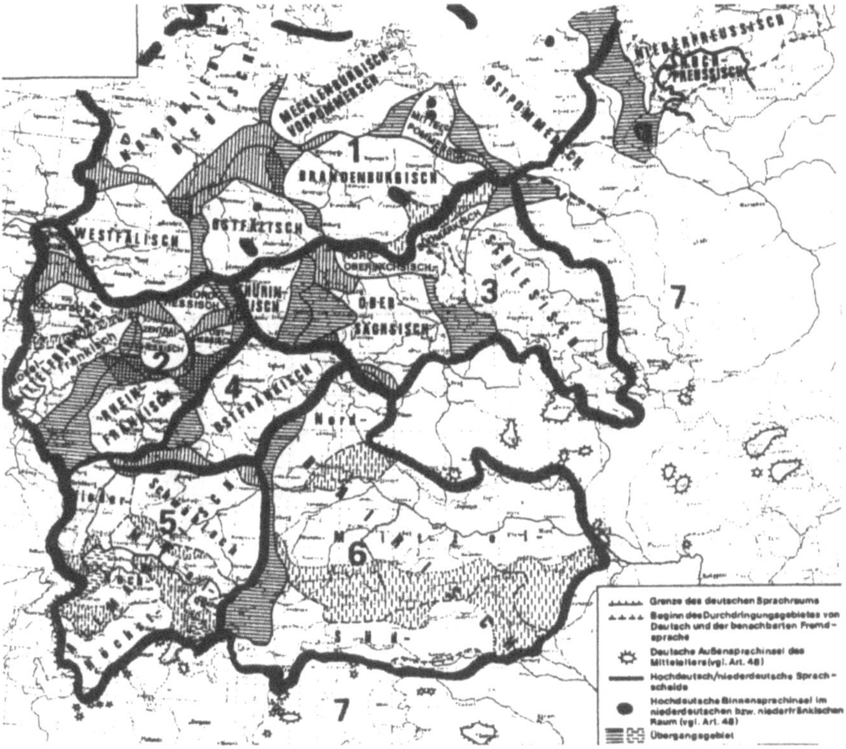

Abb. 5: Karte zur Gliederung sprachlicher Großräume des Deutschen

Da die Zuordnung eines Korpustextes zu einem der sprachlichen Großräume (1) bis (7) nicht mit dem Ziel der Dialektbestimmung erfolgt, werden die Quellen im Zuge der räumlichen Gliederung auch nicht nach phonographischen Kriterien klassifiziert, sondern im wesentlichen nach ihrer räumlichen Herkunft. Für den Bestand an Rechtsquellen gelten dabei folgende Kriterien: Primäre Größe ist der räumliche Geltungsbereich eines Textes, der in der Regel mit dem Entstehungsraum übereinstimmt. Ist dieser nicht zu ermitteln bzw. nicht festgelegt, wird der Entstehungsraum als Bezugswert gewählt. Bei Drukken legt der Druckort die sprachräumliche Bestimmung fest, bei Überarbeitungen gilt grundsätzlich der jeweilige Entstehungsraum als aktuell, selbst wenn er von einem Archetext abweicht; nur wenige Texte sind unter dieser Voraussetzung nicht sinnvoll einem Sprachraum zuzuordnen, so daß folgende Darstellung der sprachräumlichen Strukturierung des Korpus im Histogramm möglich ist; auf der x-Achse sind die sprachlichen Großräume (1) bis (7) aufgeführt, auf der y-Achse die absolute Frequenz:

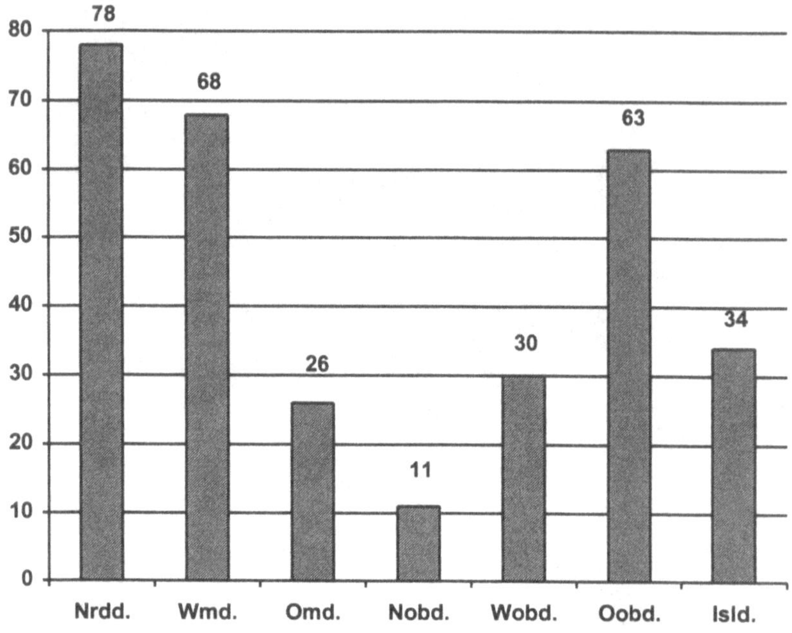

Abb. 6: Histogramm der Strukturierung des Korpus nach sprachlichen Großräumen

(c) Korpusstruktur nach funktionalen Teildomänen

Die funktionsgeschichtliche Erörterung historischer Diskursdifferenzierungen läßt in Ergänzung der temporalen und topographischen Binnendifferenzierung des hierfür erstellten rechtssprachlichen Korpus schließlich eine Gliederung der Quellen nach funktionalen Teildomänen sinnvoll erscheinen. Dabei kann auf die unter (a) - (f) im Kap. 3.3 vorgestellte Klassifikation verwiesen werden. Es sei nochmals darauf hingewiesen, daß die definierten Klassen nicht mit Textsorten bzw. textuellen Mustern identisch sind. Um solche geht es bisher noch nicht, denn eine Textmusterdifferenzierung ist erst infolge exemplarischer Detailanalysen möglich und kann nicht als präskriptives Raster der Korpusbeschreibung dienen, während die aufgestellten funktionalen Teildomänen evidente Kommunikationskontexte jedes ausgewählten Textes sind.[42] Bei der Auswertung der so bestimmten Teildomänendifferenzierung zeigen sich er-

[42] Eine Darstellung der unterschiedlichen Texttypen innerhalb der Teildomänen wird daher erst Gegenstand des 5. Kapitels sein. Wenngleich festzuhalten ist, daß für die Zuordnung von Texten zu funktionalen Teildomänen heuristisch ermittelte Subklassifikationen bereits notwendig sind, so sind diese doch nicht als geeignete Parameter bei der Korpusübersicht anzuführen.

wartbare Schwerpunkte des juridischen Diskurses. Das Territorialrecht weicht dabei deutlich nach oben ab, was den rechtsgeschichtlichen Einordnungen der Quellenbedeutung entspricht. Bei den unterschiedlichen Textdichten ist zu bedenken, daß die Abbildung der absoluten Textverteilung allein quantitative Aufschlüsse zur empirischen Basis der juridischen Polyfunktionalisierung gibt. So ist aus dem vorletzten Platz der Rechtsbücher keinesfalls auf einen marginalen kommunikationsgeschichtlichen Rang derselben zu schließen.[43] Nachfolgendes Histogramm mit den Werten 'Teildomäne' (x-Achse) nach den eingeführten Siglen[44] und 'absolute Textfrequenz' (y-Achse) ist folglich nur als vorläufige, wenn auch aufschlußreiche Übersicht zu lesen, deren Aussagen im einzelnen begründet und vertieft werden müssen:

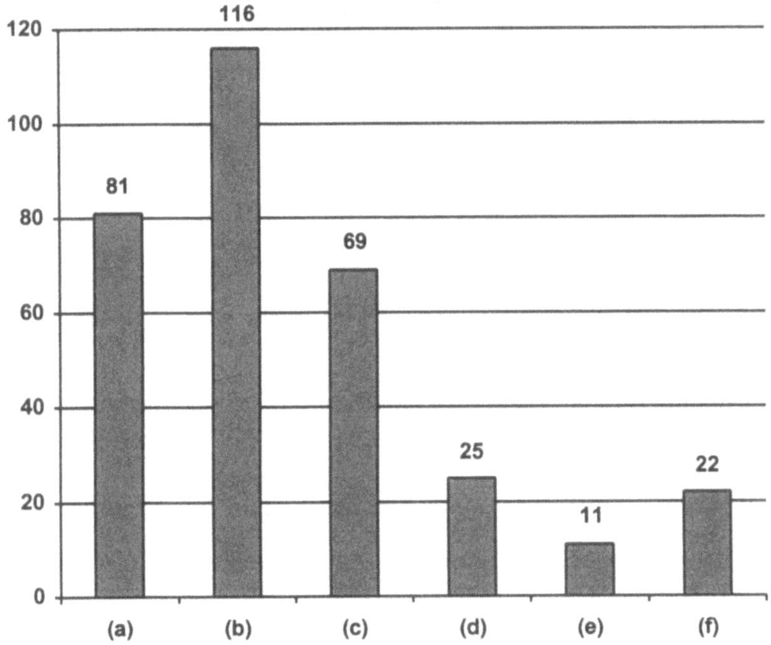

Abb. 7: Histogramm der Teildomänenstruktur des Korpus

[43] Für die Teildomäne 'Ländliches Recht' ist zu bedenken, daß es sich bei den Werten nicht um die Anzahl von Einzeltexten, sondern von Textsammlungen handelt; die Vergleichbarkeit mit den anderen Werten ist insofern eingeschränkt.

[44] (a) Reichsrecht, (b) Territorialrecht, (c) Stadtrecht, (d) ländliches Recht, (e) Rechtsbücher, (f) Sonderrecht.

Eine fortlaufend numerierte Übersicht zu allen Quellen findet sich in Abschnitt 7.1. Quellenzitate oder Verweise im laufenden Text beziehen sich mit Angabe der Textnummer und eventuellem Vermerk von Seiten- und Zeilenzahl auf dieses Verzeichnis mit dem Zitationsschema (# Textnummer[, Seite[.Zeile]]).

4. Parameter der Analyse von Polyfunktionalisierungstendenzen des Deutschen

Mit den vorangehenden Ausführungen konnte gezeigt werden, daß die Polyfunktionalisierung ein entscheidender Faktor beim Ausbau von Kultursprachen ist, wobei ein unmittelbarer Textbezug der entsprechenden sprachhistorischen Tendenzen begründet wurde. Die domänenspezifische und zeitliche Einschränkung auf den kommunikativen Kernbereich des juridischen Diskurses hat weiterhin die Bereitstellung einer geeigneten Quellenbasis bedingt, so daß sowohl die sprachhistorische Konzeption der Polyfunktionalisierung als auch der hier konkret gewählte Diskursausschnitt hinreichend eingeführt sind. Im weiteren ist zu erörtern, welche analytische Konzeption geeignet ist, die maßgeblichen Polyfunktionalisierungstendenzen zu erfassen, um damit sowohl Voraussetzungen des Funktionsausbaus deutscher Sprache als auch deren Folgen sachgemäß abbilden zu können. Zwei Absichten sind dabei argumentationsleitend: Einerseits verfolgt die Auseinandersetzung mit funktionsgeschichtlich brauchbaren Analyseparametern das Ziel eines für die Funktionsgeschichte des juridischen Diskurses anwendbaren Analyserasters, andererseits dient die funktionsanalytische Parametrisierung auch einer über die engeren Grenzen der vorliegenden Untersuchung hinausgehenden Programmatik historischer Funktionsanalyse. Denn wie in den vorangegangenen Kapiteln sollen auch die folgenden Ausführungen nicht nur für die historische Diskursanalyse juridischer Texte verwertbar sein, sondern darüber hinaus eine generelle Konzipierung für historische Funktionsanalysen bereitstellen, so daß die sprachwissenschaftliche Theoriebildung ebenso wie die Untersuchung eines Diskurssegments beabsichtigt ist. Dies erklärt auch die relativ ausführlichen theoretischen Darstellungen, die über bloß vorbereitende Präliminarien zu einer empirischen Untersuchung bewußt hinausgehen. Es kann folglich davon ausgegangen werden, daß generelle Ausführungen zu funktionsgeschichtlich verwertbaren Analysekonzepten Teil des Gesamtziels vorliegender Arbeit sind.

Als allgemein funktionsgeschichtlich geeignete Analyseparameter, die im 5. Kapitel für die Untersuchung des juridischen Diskurses eine spezielle Anwendung finden, wird nachfolgend die Analyse des pragmatischen Kotextes historischer Texte, die Taxierung kommunikativer Intentionen von Textproduzenten, die intertextuelle Vernetzung und die raum-zeitliche Skalierung historischer Texte konzipiert.

4.1 Pragmatischer Kotext: Textueller Organisationsbereich, textuelle Situation

Vertextungen erfolgen als sprachliche Handlungen in Abhängigkeit von jeweiligen strategisch ausgerichteten Kommunikationszielen. Die geeigneten Verfahren zur Erreichung derartiger Vertextungszwecke sind dabei nicht nur von den eigentlichen Handlungsabsichten abhängig, sondern ergeben sich maßgeblich auch aus den aktuellen Situationsdeterminanten. Folglich gehört die Situationsanalyse zum festen Katalog jeder holistischen Texttheorie. Auch eine Erfassung von Vertextungstendenzen in der Sprachgeschichte kommt nicht umhin, situative Merkmale von Texten zu berücksichtigen und diese in einem klassifizierenden Raster zur Grundlage einer pragmatischen Texttypologie zu machen. Folglich hat eine historisch-diachrone Vertextungsanalyse davon auszugehen, daß „Texte (...) bestimmte relevante Situationselemente" (G. Diewald 1991, 271) reflektieren. Bei der Bestimmung von Parametern zur Analyse der Polyfunktionalisierungstendenzen im Deutschen wird es also zunächst darum gehen, einen gegenstandsbezogenen Katalog von Situationsvariablen aufzustellen, mit dessen Hilfe eine einzeltextspezifische Kennzeichnung des Situationslayouts möglich ist. Die Gegenstandsbezogenheit des klassifikatorischen Rasters ist durch Anschluß der Situationsanalyse an die hier sprachhistorisch leitende Thematik hergestellt. Von primärem Interesse ist damit die Frage, in welchem pragmatischen Umfeld entscheidende Impulse für den Ausbau des polyfunktionalen Spektrums im Deutschen gesetzt werden. Die Anlehnung der Situationsanalyse an das erkenntnisleitende Interesse an Polyfunktionalisierungen im juridischen Diskurs bedingt dabei spezielle Bestimmungen des pragmatischen Kotextes für diese Kommunikationsdomäne, denn eine universalpragmatische Matrix wäre kaum geeignet, differenzierte Typologien der überlieferten Texte zu ermöglichen. Allein taxonomische Analysen historischer Texte, die deduktive Typologisierungen nach formalen präskriptiven Kategorien vornehmen, werden folglich in unserem Zusammenhang konzeptionell ausgeschlossen, bedeuteten diese doch eine Negierung des pragmatischen Rahmens von Vertextungen. Hier ist K. Adamzik (1991, 105) zu folgen, wenn sie Textsorten einen „individuell-historischen Charakter" zuspricht und sie damit als deduktiv nicht erfaßbare Größen einordnet. Da die vorliegende Untersuchung unter anderem darauf zielt, den textuellen Handlungsaspekt so weit hervorzuheben, daß pragmatische Dimensionen der

Sprachgeschichte stärker als bisher beachtet werden, ist die Auswertung des pragmatischen Umfeldes von Texten unerläßlicher Bestandteil der Analyse. Daß die kotextorientierten Analyseergebnisse für eine sprachgeschichtlich relevante Darstellung historischer Texte durchaus ergänzungsbedürftig sind, ist evident. So ist es angemessen, im Sinn einer integrativen Textlinguistik auch die Untersuchung und Beschreibung der Textfunktionen, der argumentativen Verfahrens- bzw. Strukturtypen und der Textthematik vorzunehmen. Doch wird eine handlungsorientierte Darstellung nicht ohne die grundlegende Erfassung des pragmatischen Kotextes auskommen; er ist als Handlungsumfeld konstitutiv für jeden Text.

Bevor auf die Werte einer matrixgestützten Erfassung des je Text gültigen pragmatischen Kotextes eingegangen wird, ist eine wichtige Unterscheidung bei der Taxierung von sprechhandlungsbestimmenden Rahmendaten zu treffen. Textuelle Handlungen stehen als prozedurale Bezugsgrößen eines jeweils konkreten, singulären Textexemplars in einem zweiseitigen Verhältnis zum außersprachlichen Handlungsumfeld im allgemeinen, das hier als *pragmatischer Kotext* bereits bezeichnet wurde. Von 'Kotext' sprechen wir, weil der Terminus nicht auf den sprachlichen Kontext einer Äußerung referiert, sondern allein auf außersprachliche Textumgebungen (vgl. J. Catford 1965), das Attribut 'pragmatisch' unterstreicht in der Begrifflichkeit den Bezug auf handlungsrelevante Rahmenbedingungen einer Vertextung. Als Formen der Beziehung von textueller Handlung und pragmatischem Kotext sind also zwei Relationen zu erfassen: Einerseits determinieren jeweilige situative Umstände die textuelle Handlung; die Organisation von Texten ist mithin als situationsabhängig zu beschreiben. Die entsprechenden Variablen dieses Kotextsegments werden nachfolgend mit dem Begriff *textuelle Situation* zusammenfassend bezeichnet. Neben der Situationsbedingtheit von textuellen Handlungen ist andererseits aber auch davon auszugehen, daß jede sprachliche Handlung mit dem Ziel einer Vertextung selbst wiederum Bezug auf außersprachliche Umstände nimmt. So kann beispielsweise ein Text zur Ständeordnung einer Gesellschaft auf existente Privilegskorporationen referieren. Derartige Zielgrößen der Referenz textueller Handlungen auf die sozialen Organisationsformen des pragmatischen Kotextes werden im folgenden zusammenfassend als *textueller Organisationsbereich* bezeichnet. Textuelle Situation und textueller Organisationsbereich bestimmen demnach zusammen das Verhältnis einer textuellen Handlung zum pragmatischen Kotext, wobei festzuhalten ist, daß beide Kotextsegmente in Relation zur textuellen Handlung komplementär aufeinander bezogen sind. Die textuelle Situation umfaßt die Determinanten der je textspezifischen Handlung, während die Referenz auf einen sozialen Organisationsbereich Verhältnisse der Gesellschaftsstruktur im Text hypostasiert. Bei der analytischen Skalierung des Verhältnisses von textueller Handlung und pragmatischem Kotext ist diese binäre Koppelung zu berücksichtigen. Das insofern determinative und referentielle Verhältnis von textueller Handlung und pragmatischem Kotext ist wie folgt zu modellieren:

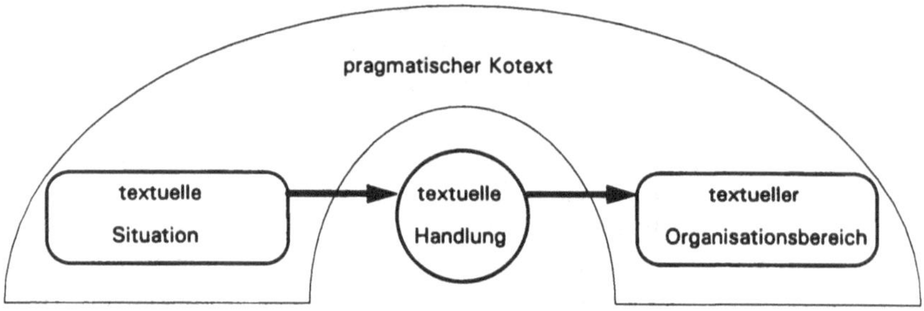

Abb.8: Der binäre Bezug von textueller Handlung und pragmatischem Kotext

Die Darstellung verdeutlicht, daß der pragmatische Kotext einerseits die textuelle Handlung durch die textuelle Situation determiniert, andererseits die textuelle Handlung auf den pragmatischen Kotext durch Bezug auf einen textuellen Organisationsbereich referiert. Die Gesamtmenge des pragmatischen Kotextes geht über die Teilmengen 'textuelle Situation' und 'textueller Organisationsbereich' hinaus, weil der Möglichkeit nach auch noch weitere, jedoch systematisch kaum zu erfassende Kotextelemente wie die politische Situation im allgemeinen, mentalitätsgeschichtliche Paradigmen, der epochenspezifische Gesellschaftskonsens etc. eine Rolle bei der Vertextung spielen. Doch hier sollen extraverbale Umstände nur berücksichtigt werden, soweit sie für das Zustandekommen, die Form und die Handlungsintention eines Textes unmittelbar und nachvollziehbar sind.[1] Durch die Referenz auf einen textuellen Organisationsbereich ist jeder Text also Teil einer pragmatischen Textklasse, sofern die jeweiligen Variablen des textuellen Organisationsbereichs zur pragmatischen Textklassifizierung herangezogen werden können. Durch die Bindung an eine textuelle Situation ist jeder Text als pragmatischer Texttyp zu kennzeichnen, weil die je bestimmenden Situationsvariablen zur pragmatischen Typologisierung herangezogen werden können.

---

[1] Dieser Ansatz ist opinio communis der Textlinguistik. B. Sowinski (1983, 64) geht beispielsweise davon aus, daß Situationen nur zu berücksichtigen sind, „soweit sie das Zustandekommen, die Form und die Absicht eines Textes bestimmen." Es kann mithin bei der Analyse der pragmatischen Rahmenbedingungen nicht darum gehen, den gesamten soziokulturellen und historischen Umkreis jeweiliger Texte zu erfassen. Damit verließe man den Kreis textlinguistischer Fragestellungen. Die Beschränkung der Analyse auf die im Text explizierten Informationen gilt für den gesamten pragmatischen Kotext, also für den textuellen Organisationsbereich und die textuelle Situation gleichermaßen.

(a) Textueller Organisationsbereich

Für die deutsche Gegenwartssprache gehen W. Heinemann/D. Viehweger (1991, 155f) davon aus, daß die meisten sprachlichen Interaktionen im institutionalisierten Rahmen vollzogen werden, mithin jeweils auf spezifische Art normierenden Kommunikationsbereichen zugeordnet werden können. Diese Auffassung domänenspezifischer Vertextungen ist für die spätmittelalterliche und frühneuzeitliche Fachprosa zu bestätigen, ist doch die Mehrzahl der entsprechenden Texte einer institutionalisierten Diskursdomäne zugeordnet, etwa den Kommunikationsbereichen 'Theologie/Kirche', 'Wissenschaft' oder 'Handel'. Als zentrale Institution gesellschaftlicher Ordnung verdient das Rechtswesen besondere Beachtung, wobei daran erinnert sei, daß die Gesamtheit der spätmittelalterlichen und frühneuzeitlichen Rechtsvorschriften nicht als homogene Größe vorzustellen ist, sondern vielmehr durch das Ineinandergreifen heterogener Teildomänen gekennzeichnet ist. Folglich sind der pragmatische Kotext juridischer Texte und die damit gegebenen Referenzen auf einen sozialen Organisationsbereich zu zahlreich und verschieden, um sie mit einer domänenübergreifenden Generalmatrix sinnvoll erfassen zu können. An Stelle eines deduzierten Variablenrasters wird daher von induktiv ermittelten Variablen des sozialen Organisationsbereichs ausgegangen. Dabei ist zunächst zu berücksichtigen, daß „jede mittelalterliche Gemeinschaft, auch die kleinste, (...) ihr eigenes Recht" (H. Conrad 1962, 346) entwickelt hat. Wie bereits ausgeführt, gliedert sich das mittelalterliche Rechtssystem der Sollensordnungen demzufolge seit dem 13. Jahrhundert in meist distinkte soziale Geltungsbereiche. In Anlehnung an die einschlägige rechtshistorische Literatur wurden daher im Kap. 3.3 Reichsrecht, Territorialrecht, Stadtrecht etc. unterschieden. Nahezu jeder hier in Betracht kommende historisch-juridische Text mit rechtsnormierendem Anspruch ist einem solchen textuellen Organisationsbereich zuzuordnen, was bei der pragmatisch orientierten Textklassifikation zu berücksichtigen ist. Denn die Referenz auf textuelle Organisationsbereiche ist textkonstitutiv, stehen diese doch in Relation zu Form, Inhalt und Struktur der textuellen Handlung.

Für die textlinguistische Klassifizierung des pragmatischen Umfeldes von Texten reicht die Zuordnung zu rechtshistorisch formulierten Rechtskreisen jedoch nicht aus, vielmehr ist eine merkmalorientierte Bestimmung des gesamten textuellen Organisationsbereiches notwendig, dessen Variablen für die sozial komparabel funktionierenden Texte der Rechtsdomäne als Vergleichsgrößen zu bestimmen sind. Die Analyse hat dabei grundsätzlich im Rückgriff auf die im Text explizierten Informationen zu erfolgen. Für die deutschsprachige Rechtsprosa ergeben sich die Variablen aus den Fragen, ob im Text explizite Angaben zur arealen Geltung der Aussagen enthalten sind wie der sachliche Geltungsumfang der Aussagen, also in der Regel die Zielgruppe des

Textes, expliziert ist und welche Informationen zur zeitlichen Geltung normierender Rechtsaussagen gegeben sind. Damit sind (1) räumlicher, (2) sachlicher und (3) zeitlicher Geltungsbereich als mögliche Bezugsgrößen auf den sozialen Organisationsbereich der entsprechenden Rechtstexte bestimmt.

Für die jeweiligen Rechtskreise bzw. textuellen Organisationsbereiche sind nahezu immer klassenbildende Explikationen zu den Bezugsgrößen (1) bis (3) in den Rechtsquellen präsent, womit die jeweiligen Texte als Ergebnisse sprachlicher Handlungen in einem spezifisch pragmatischen Umfeld erkennbar werden. Dabei erlaubt die Matrixklassifikation nach räumlichem, sachlichem und zeitlichem Geltungsbereich eines Textes eine differenziertere Bestimmung des textuellen Organisationsbereichs, als dies mit der traditionellen rechtshistorischen Zuordnung zu Rechtskreisen möglich ist, deren Ziel ja keine kotextbezogene Klassifizierung von Texten, sondern eine allein geltungsorientierte Ordnung der Rechtsquellen ist. Voraussetzung ist jedoch die Einsetzung generalisierbarer Variablen für die Bezugsgrößen (1) bis (3). Nach Anzahl und Verteilung sind diese als textklassifizierende Merkmale heuristische Größen und stehen in entsprechend enger Bindung an die konkret ausgewerteten Texte und die damit fokussierte Diskursdomäne. Im theoretischen Zugriff kann folglich nur ein domänenspezifisches Kontinuum der Kotextreferenz erfaßt werden, die Bezüge auf textuelle Organisationsbereiche von singulären Texten machen unter Umständen eine darüber hinausgehende einzeltextbezogene Skalierung notwendig.

Für die Bestimmung des arealen Geltungsanspruchs eines rechtssetzenden Textes sind Angaben zur Referenz auf außersprachliche Gegebenheiten der territorialen Staatsverfassung zu ermitteln, und es ist zu prüfen, ob es sich um gemeine, also auf das gesamte jeweilige Reichsgebiet bezogene Rechtsnormierungen bzw. Auslegungen, wissenschaftliche Bearbeitungen etc. handelt oder ob partikulares Recht behandelt wird. Als geeignete Variablen des räumlichen Geltungsbereichs sind damit 'Reich', 'Territorium' im Sinne eines reichssubstituierten Herrschaftsbereichs, 'Stadt', 'Region' als Geltungsbereich von Rechtssetzungen mit nur lokaler Reichweite und 'Sonderbereich' für den arealen Bezug auf im einzelnen bestimmte Gebiete der beschränkt gültigen Sonderrechte wie Deich- oder Bergrecht anzuführen. Unter (2) ist der Frage nachzugehen, ob die rechtsbezogenen Aussagen eines Textes eine allgemeinverbindliche sachliche Geltung haben, so daß von Deklarationen oder Direktiven jede innerhalb des räumlichen Geltungsbereichs lebende Person betroffen ist, oder ob die sachliche Geltung auf spezifizierte Personengruppen oder Einzelpersonen referiert. Als Variablen sind folglich die Werte 'generell' und 'speziell' anzusetzen. Darüber hinaus ist unter (3) die Zeitbestimmung der Textaussagen zu prüfen, Rechtssetzungen, -erörterungen etc. mit ausdrücklich befristeter Gültigkeit sind dabei von solchen mit unbestimmter zeitlicher Geltung zu unterscheiden. Bei vorhandener Zeitbestimmung von Sollensordnungen ist diese in der Regel wesentlicher Bestandteil der Promulgation. Die analytische Zuordnung zu einem textuellen Organisationsbereich ermöglicht auf der Basis der Variablen 'bestimmt' und 'unbestimmt' für die zeitliche Geltung und den für (1) und (2) genannten Variablen eine pragmatische Klassifizierung von Texten des juridischen Diskurses nach folgender Matrix, wobei Einzel- und Mehrfachbelegungen ebenso zulässig sind wie die Kennzeichnung unspezifischer Belegung in bezug auf eine Variable:

1. räumlicher Geltungsbereich	1.1	Reich	±
	1.2	Territorium	±
	1.3	Stadt	±
	1.4	Region	±
	1.5	Sonderbereich	±
2. sachlicher Geltungsbereich	2.1	generell	±
	2.2	speziell	±
3. zeitlicher Geltungsbereich	3.1	bestimmt	±
	3.2	unbestimmt	±

Tab. 8: Generelle Matrix des textuellen Organisationsbereichs historischer Rechtsprosa

Die neun Variablen des räumlichen, sachlichen und zeitlichen Geltungsbereichs sind damit als Bezugsgrößen eines Textes auf den sozialen Organisationsbereich des juridischen Diskurses bestimmt. Einzelne Textmuster lassen dabei spezifische Variablenbelegungen erkennen. So ist in I. Warnke (1996a) das Profil des sozialen Organisationsbereichs der spätmittelalterlichen und frühneuzeitlichen Reichslandfrieden ermittelt. Die Analysen zeigen, daß die Referenz der Reichslandfrieden auf den sozialen Organisationsbereich der Rechtsdomäne weitgehend konstant ist, womit ein wesentlicher pragmatischer Intertextualitätsbezug fokussiert werden konnte:

1. räumlicher Geltungsbereich	1.1	Reich	+
	1.2	Territorium	-
	1.3	Stadt	-
	1.4	Region	-
	1.5	Sonderbereich	-
2. sachlicher Geltungsbereich	2.1	generell	+
	2.2	speziell	-
3. zeitlicher Geltungsbereich	3.1	bestimmt	±
	3.2	unbestimmt	±

Tab. 9: Matrix des textuellen Organisationsbereichs spätmittelalterlicher und frühneuzeitlicher Reichslandfrieden

Derartige textbezogene Klassifikationen erlauben eine erste kotextuelle Zuordnung von Einzeltexten zu Textmustern mit übereinstimmendem Organisationslayout.

(b) Textuelle Situation

Daß die Situation als weitere Relationsform zwischen textueller Handlung und pragmatischem Kotext eine entscheidende textorganisierende Größe ist, darf in der modernen pragmatisch ausgerichteten Textlinguistik als Konsens gelten. Die Berücksichtigung des situativen Umfeldes von sprachlichen Äußerungen ist jedoch nicht erst infolge der pragmatischen Wende der Linguistik geübte Praxis. So fordert Ph. Wegener (1885, 21) bereits im ausgehenden 19. Jahrhundert die Beachtung der Situation bei der Einordnung kommunikativen Verhaltens:

> Die Situation wird bei der sprachlichen Mitteillung nicht bloß durch Worte bestimmt, viel gewöhnlicher und ausgedehnter durch die umgebenden Verhältnisse selbst, durch die unmittelbar vorhergegangenen Thatsachen und die Gegenwart der Person, mit der wir sprechen. (Ph. Wegener 1885, 21)

Ist Ph. Wegeners Situationsbegriff noch nicht als konzeptioneller Baustein eines textlinguistischen Modells ausgearbeitet, so wird insbesondere seit den Arbeiten der britischen Registerlinguistik die kommunikative Situation als textkonstitutive Größe beschrieben.[2] Heute ist es nahezu trivial geworden, auf die Bedeutung der Situation für die Textproduktion und -rezeption hinzuweisen, was nicht darüber hinwegtäuschen kann, daß die Operationalisierung des textlinguistischen Gemeingutes 'Situation' noch immer Schwierigkeiten bereitet. Dabei zeigt sich recht schnell, daß ein genereller Situationsbegriff für die textlinguistische Analyse unbrauchbar ist, genügt es doch für die Ausarbeitung praktikabler Untersuchungsverfahren nicht, 'Situation' pauschal als Gesamtheit der Umstände zu verstehen, die menschliches Handeln bestimmen. Gerade auch für die historische Analyse ist vielmehr davon auszugehen, daß jeder Text ein spezifisches Produkt menschlichen Handelns ist und damit gegenüber anderen Handlungstypen in einem je eigenen Situationsbezug steht. Insofern kann unter Situation in unserem Zusammenhang nur die Gesamtheit der für derart spezifisches textuelles Handeln maßgeblichen Umstände gemeint sein. Damit ist die textlinguistische Berücksichtigung allgemeiner soziokultureller und historischer Umfelder textgenerierender Handlungen auszuschließen; dies wurde bereits in den Erläuterungen zu Abb. 8 ausgeführt. Als relevante Situationselemente sind folglich nur solche extraverbalen Faktoren zu berücksichtigen, die Texte formal, funktional und/oder inhaltlich bestim-

---

[2] Vgl. hierzu die ausführliche Abhandlung von F. Lux (1981), insbesondere die referierenden Teile zur britischen Registerlinguistik (40ff).

men. Wenngleich die Einschränkung des Situationsbegriffs auf die *textuelle* Situation notwendig ist - will man nicht sämtliche denkbaren, bewußten oder unbewußten Entstehungsfaktoren als Konstituenten der Situation ansetzen -, so ergeben sich auch aus dem eingeschränkten Begriff der textuellen Situation Probleme im Hinblick auf das Verhältnis von textueller Situation und sprachlicher Handlung. Denn zu fragen ist, ob von einem Determinations- oder Inklusionsverhältnis auszugehen ist. In der textlinguistischen Diskussion werden beide Auffassungen vertreten. So geht etwa E. Rudolph (1991) von einem Inklusionsverhältnis zwischen Situation und textueller Handlung aus, wenn sie so unterschiedliche Aspekte wie 'Textinhalt' und 'Ortsangabe' als kennzeichnende Größen der Situation wertet, mithin die textuelle Handlung, die ja wesentlichen Ausdruck im Inhalt findet, als Teil der Situation einordnet. Derartige Inklusionsannahmen, die in der Konsequenz auf eine Gleichsetzung von Handlung und Situation hinauslaufen, finden sich in der aktuellen Diskussion dennoch nur passim.

Verbreiteter ist die Ansicht, daß die Situation ein determinierender Faktor für Form und Inhalt textueller Handlungen ist. Diese Auffassung ist Teil einer Reihe textlinguistischer Konzeptionen, und auch die vorliegende Untersuchung geht obigen Ausführungen entsprechend von einer partiellen Bestimmung der textuellen Handlung durch situative Umstände aus. Damit kann jedoch nicht allen deterministischen Theorien beigepflichtet werden; vielmehr ist eine Abgrenzung gegenüber manchen ausgearbeiteten Konzeptionen notwendig, insbesondere gegenüber dem Redekonstellationskonzept.[3] Ausgehend von der Trennung außersprachlicher und sprachlicher Situation, vertritt die Freiburger Forschungsgruppe um H. Steger einen unbeschränkten Determinismus: Der außersprachliche Teil der Situation, der als 'Redekonstellation' bezeichnet wird und „die in einem bestimmten Kommunikationsakt auftretende Kombination außersprachlicher Verhaltenselemente" (H. Steger et al. 1974, 60) umfaßt, wird als Determinante der 'Textsorten' beschrieben, die ihrerseits typologische Äquivalente der konkreten 'Textexemplare' sind. Die Texterzeugung wird demzufolge in unmittelbarer und alleiniger Abhängigkeit von den Redekonstellationstypen verstanden. Gegenüber einer solchen deterministischen Texttheorie wird im Zusammenhang der vorliegenden Untersuchung davon ausgegangen, daß textuelle Handlungen auch situationsunabhängige Konstituenten haben, bedingen sich doch Textthematik, Textfunktion und argumentativer Aufbau eines Textes untereinander unabhängig von zweifellos existenten Situationsdeterminanten. Insofern wird hier ein relativer Determinismus vertreten, der zwar die Situation als Determinante der textuellen

[3] Vgl. H. Steger et al. (1974) und unter textsortengeschichtlichem Aspekt auch H. Steger (1984). R. Müller (1995) behandelt die forschungsgeschichtliche Relevanz des Redekonstellationskonzeptes.

Handlung ansieht, daneben aber von Binnendeterminanten der sprachlichen Handlung selbst ausgeht. Dieses Konzept ist den traditionell deterministischen Modellen überlegen, die schon allein deshalb nicht überzeugen, weil die per definitionem notwendige sprachunabhängige Analyse der Situation praktisch nicht durchführbar ist. Mit der Distanz gegenüber dem Redekonstellationskonzept sind auch andere deterministische Situationsmodelle, die Texte als Filler des Slots 'Situation' ansehen, als ungeeignet für die sprachgeschichtliche Textanalyse gekennzeichnet, so insbesondere M. Hallidays Auffassung (z.B. 1978, 185), nach der Register als „sprachliche Füllung eines Situations- bzw. Handlungstyps" (Lux 1981, 158) anzusehen sind, B. Marfurts (1978) Konzept der „dynamische(n) Interaktionsmuster" (1978, 19) und G. Diewalds Bestimmung von Textsorten als „abhängige(n) Variablen von Situationstypen" (1991, 271).

Mit diesen Vorbemerkungen ist es möglich, den hier vertretenen Situationsbegriff nach seinen einzelnen Aspekten näher zu bestimmen. Werden unter Situation - und dies bedeutet immer textuelle Situation - alle expliziten Rahmenbedingungen der textuellen Handlung verstanden, so geht der Begriff über die prominente Situationsbestimmung von E. Gülich/W. Raible (1975, 151) doch hinaus, denn diese ordnen einer Kommunikationssituation nur jene Gegenstände und Sachverhalte des Kommunikationsbezugs zu, „die im Bereich der Sinneswahrnehmung von Sprecher und Hörer" liegen. Für historische Texte ist nun die Apperzeption der Textproduzenten und Rezipienten schwerlich nachvollziehbar und kaum zu rekonstruieren. Folglich sollte im Zusammenhang historischer Dimensionen der Textlinguistik das Produkt textueller Handlungen selbst auf situative Referenzen befragt werden. In der konkreten Analyse sprachgeschichtlicher Quellen zeigt sich die Menge dieser situationsspezifischen Merkmale eines Textes auch keineswegs als ungeordnete Vielzahl situativer Komponenten, sondern als geordnete Menge situativer Aspekte. Im weiteren wird es folglich darum gehen, diese Aspekte als Determinanten sprachlicher Handlungen systematisch zu erfassen. Dies zielt auf eine Situationstypologie, die den Besonderheiten historischer Texte nicht entgegenläuft und als Frame der funktionalen Beschreibung textimmanenter Merkmale geeignet ist.[4] Drei Situationsbereiche sind dabei zu unterscheiden, die hier als

---

[4] Diese Zweckbestimmung stimmt mit B. Mohans (1987, 508) Forderung nach einem allgemeinen textbezogenen Situationsmodell überein: „What is needed are general models of situation, explicitly related to text." Auch H. Sittas (1973, 65) bereits früh geäußerte Ansicht, daß „eine Texttypologie (...) eine Situationstypologie" voraussetzt, wird hier geteilt. Damit ist es jedoch ausgeschlossen, unter 'Situation' den einmaligen, unwiederholbaren Augenblick individuellen Handelns im existenzphilosophischen Sinn zu verstehen. Singuläre Situationen sind per definitionem nicht auf generalisierende Schemata zu beziehen, ohne die eine Situationstypologie nicht auskommt, es sei denn, eine solche Typologie verfügte über eine indefinite Anzahl von Beschreibungsparametern, was sie als inoperabel kennzeichnete.

soziale, formale und interpersonale Situation bezeichnet werden und mit korpusrelevanten Situationsaspekten als Variablen gefüllt sind.

Unter sozialer Situation wird die Konnexion eines Textes mit dem gesellschaftlichen Handlungsrahmen verstanden. Zu erfassen ist damit der Grad gesellschaftlicher und zeitlicher Bindung eines Textes sowie die eventuelle Existenz von Prätexten. Die soziale Situation ist nicht mit dem sozialen Organisationsbereich zu verwechseln. Während dieser als Referenzgröße eines Textes anzusehen ist, determinieren die Variablen der sozialen Situation die textuelle Handlung. Die gesellschaftliche Bindung eines Textes betrifft daher den situativen Verbund mit dem gesellschaftlichen Handlungsrahmen, wobei anhand der Variablen (keine/ schwach/ stark)[5] eine Skala zur Typisierung von Texten mit lediglich intersubjektivem Anspruch bis hin zu gesamtgesellschaftlich relevanten Vertextungshandlungen möglich ist. Für die zeitliche Bindung eines Textes ermöglichen die Variablen (vorzeitig/ simultan/ nachzeitig) eine hinreichende Bestimmung der im Text behandelten temporalen Situation. Die Prädetermination durch vorausgehende Texte ist schließlich mit den Variablen (belegt/ nicht belegt) für den Aspekt Prätextbezug zu erfassen. Insbesondere für Fragestellungen zur Textmustergenese ist dieser Situationsaspekt von besonderer typologischer Bedeutung.

Gegenüber der sozialen Situation umfaßt die formale Situation einer textuellen Handlung den kommunikativen Status der Textproduzenten und die Wahl der Kommunikationsmittel. Zu fragen ist, ob der Textproduzent (explizit) im Text hervortritt und demzufolge als textuell handelnder identifizierbar, oder ob er (anonym) ist. Hier wird der Zusammenhang von Rechtssetzung und individuell/ institutionell-intentionalem vs. kollektiv-gewohnheitsrechtlichem Handeln in die Situationstypologie eingearbeitet. Während bei kollektiv-gewohnheitsrechtlichen Texten die Autorschaft für den Rezipienten wenig entscheidend ist, so daß für derartige Rechtssetzungen und -auslegungen ein expliziter Status des Textproduzenten marginal ist, so ist bei individuell/ institutionell-intentionalen Rechtssetzungen ein identifizierbarer Textproduzent Voraussetzung für die sachadäquate Rezeption der Textaussagen; die Intitulationen in der spätmittelalterlichen und frühneuzeitlichen Gesetzgebung zeigen dies deutlich. Was die Wahl der Themen angeht, sind als weitere Variablen (spontane) vs. (festgelegte) Themenwahl zu unterscheiden. Die Kommunikationsrichtung kann (monologisch) oder (dialogisch), das Medium der textuellen Handlung (gesprochene) oder (schriftliche) Sprache sein.

Typisierbare Situationen sind also durchaus wiederholbar, so daß die Entscheidung für Texttypologien zugleich eine Entscheidung g e g e n den Begriff der Einmaligkeit der Situation ist.

[5] Die Klammern markieren hier, daß es sich bei den Angaben um Merkmale handelt.

Von der sozialen und formalen Situation ist schließlich die interpersonale Situation zu unterscheiden. Sie resultiert aus den für eine textuelle Handlung jeweils bestimmenden Kommunikationskonstellationen, die durch das Verhältnis des Textproduzenten zu dem bei Schrifttexten zumeist antizipierten Rezipienten gegeben sind. Insofern sind über den Bereich der interpersonalen Situation die Handlungsakteure selbst typologische Komponenten der Situation. Als Aspekte sind der soziale Raum der textuellen Handlung mit den Variablen (öffentlich/ privat) zu erfassen, das über unterschiedliche Grade der sozialen Nähe (soziale Nähe/ soziale Ferne) gekennzeichnete persönliche Verhältnis der Kommunikationsparteien sowie das Rollenverhältnis von Produzent(en) und Rezipient(en) mit der Differenzierung von (gebundenen) vs. (freien) Rollen. Ferner resultiert die interpersonale Situation aus der Art des Interaktionskontaktes, unterschieden werden (face-to-face) vs. (raum-zeitlich differente) Kommunikation, aus der Anzahl der Textproduzenten (einer/ mehrere) und der hierarchischen Relation von Produzent(en) und Rezipient(en), die als (symmetrisch) vs. (asymmetrisch) zu typologisieren ist. Die textuelle Situation in ihrer Gesamtheit ist typologisch damit über drei Situationsbereiche mit insgesamt 13 situativen Aspekten erfaßbar. Diese Aspekte stehen jedoch nicht gleichgeordnet nebeneinander, vielmehr sind noch zwei Situationsarten zu unterscheiden: Die variablen, je Text der Möglichkeit nach verschieden markierten Situationsaspekte und die konstanten, für alle Texte des rechtssprachlichen Korpus zutreffenden Variablenbelegungen. Da für einen historisch abgeschlossenen Zeitraum nur geschriebene Texte untersucht werden können, ergeben sich als Konstanten der formalen Situation aller Texte des hier zusammengestellten Korpus das schriftliche Medium, eine monologische Kommunikationsrichtung und eine entsprechend der juridischen Thematik festgelegte Themenwahl. Die Konstanten der interpersonalen Situation sind ein gebundenes Rollenverhältnis, sofern Produzenten rechtlicher Texte jeglicher Art vom Standpunkt juridischer Kompetenz agieren, und ein über die Literalität ermöglichter raum-zeitlich differenter Interaktionskontakt. Damit sind fünf der 13 Situationsbereiche als in jedem Fall konstante Aspekte für alle Korpustexte gekennzeichnet. Als variable Situationen der Texthandlung sind die Aspekte der sozialen Situation zu untersuchen sowie für die interpersonale Situation der soziale Raum, das persönliche Verhältnis der Kommunikationsparteien, die Anzahl der Textproduzenten und die hierarchische Relation von Produzent/ Rezipient. Als Variable der formalen Situation ist der kommunikative Status des Textproduzenten zu bestimmen. Die textanalytische Beschreibung der Situation geschieht für die juridischen Texte des Spätmittelalters und der Frühen Neuzeit demzufolge mittels Differenzierung von drei Situationsbereichen, denen 13 Situationsaspekte bei Differenzierung von zwei Situationsarten zugeordnet sind. In der Übersicht ergibt sich mithin folgende Matrix:

Situationsbereich	Situationsaspekt	
	variable Situationsart	konstante Situationsart
1. soziale Situation	1.1 gesellschaftliche Bindung (keine/schwach/stark) 1.2 zeitliche Bindung (vorzeitig/simultan/nachzeitig) 1.3 Prätextbezug (belegt/nicht belegt)	
2. formale Situation	2.1 Status des Textproduzenten (explizit/anonym)	2.2 Themenwahl (festgelegt) 2.3 Kommunikationsrichtung (monologisch) 2.4 Medium (schriftlich)
3. interpersonale Situation	3.1 sozialer Raum (öffentlich/privat) 3.2 Verhältnis der Kommunikationspartner (soziale Nähe/soziale Ferne) 3.5 Anzahl der Textproduzenten (einer/mehrere) 3.6 Produzent-Rezipient-Hierarchie (symmetrisch/asymmetrisch)	3.3 Rollenverhältnis (gebunden) 3.4 Art des Interaktionskontaktes (raum-zeitlich different)

Tab. 10: Generelle Matrix der textuellen Situation juridischer Texte des Spätmittelalters und der Frühen Neuzeit

Die konstanten Situationsvariablen kennzeichnen hier, vergleichbar den in Tab. 8 aufgeführten Übereinstimmungen des textuellen Organisationsbereichs für ein Textmuster, ein pragmatisches Kontinuum der gesamten literalen Diskursdomäne 'Recht'. Insofern kann für den hier interessierenden juridischen Diskurs von einer situationsbedingten intertextuellen Verschränkung aller Korpustexte ausgegangen werden, die Kennzeichen der kommunikationsbezogenen Domänenspezifik ist. Da für die textuell repräsentierten Teildomänen mit weitergehenden Situationsanalogien zu rechnen ist, bedarf es einer empirischen Analyse der pragmatischen Determinanten jeweiliger Diskurssegmente. Die im einzelnen zu erläuternde Situationsanalyse wird dabei ebenso wie die Skalierung des textuellen Organisationsbereichs an den salienten Texten durchgeführt. Für die auf diesem Weg exemplarisch visierten Textmuster innerhalb der untersuchten Teildomänen wird das einzeltextüberschreitende

Situationslayout aufgrund konstrastiver Textprüfung extrapoliert. Ziel sind textmuster- und teildomänenspezifische Matrizes, welche die pragmatische Kotextbindung hinreichend erfassen.

Von sprachgeschichtlichem Gewicht ist eine solche Kotexterfassung, weil sie den Handlungszusammenhang domänengebundener Vertextungen in einer zum Textvergleich geeigneten Skala bestimmt und so die „Rahmenbedingungen der Entstehung und Funktion historischer Texte" (D. Cherubim 1984, 80) als wichtige Größen bei der Einordnung textueller Tradierungen bedenkt. Denn der textgestützte Ausbau kommunikativer Verfahren innerhalb einer Interaktionsdomäne ist kaum allein via textinterner Inhalts- und Strukturanalysen nachzuzeichnen. Aufgrund der Interdependenzen zwischen kotextueller Einbettung einer Vertextungshandlung und dem sprachstrukturellen sowie inhaltlichen Gehalt eines Textes sind vielmehr die kotextuellen Bezugsgrößen und Determinanten sprachlichen Handelns als analytische Gegenstände zu visieren. Es wird noch zu zeigen sein, daß die kotextuellen Isomorphien und Differenzen der Korpustexte geeignete Parameter bei der Zuordnung einzelner Texte zu domänenspezifischen Textmustern sind. Damit erhebt sich die Frage, ob das kotextuelle Layout in bewußter Übereinstimmung mit evtl. präexistenten Mustern steht, ob also Textproduzenten tradierte Handlungsschemata als Folie eigenen sprachlichen Verhaltens übernehmen. Mit diesem Problemzusammenhang ist der Status des Vertextenden als einer intentional handelnden Person/ Institution thematisiert, wobei die Fragen nach der Handlungsintention über die Bezugnahmen auf usualisierte Textschemata durch einen Textproduzenten hinausgeht und insbesondere auf die intentionalen Faktoren der Polyfunktionalisierung und der damit partiell begründeten Etablierung einer Kultursprache gerichtet ist. Im weiteren wird deshalb die Intentionalität sprachgeschichtlich wirksamen Verhaltens reflektiert und als Parameter funktionsgeschichtlicher Empirie eingeführt.

4.2 Die kommunikative Absicht der Textproduktion: Polyfunktionalisierung und Handlungsintention

Mit den Ausführungen zur kommunikativen Absicht von Textproduzenten als Parameter funktionsgeschichtlicher Analysen kann unmittelbar an die Kap. 1.1 und 2.1 angeschlossen werden. In den entsprechenden Zusammenhängen wurde dargestellt, daß der Ausbau von Kultursprachen ein Vorgang intentional gesteuerter Handlungen ebenso wie das Ergebnis nicht direkt beabsichtigter Interaktionen ist und daß kommunikatives Handeln prinzipiell im Verbund von Handlungssubjekt, -intention und -akt realisiert wird. Diese allgemeinen

Ausführungen sind Bestandteil der konzeptionellen Basis der historiolinguistischen Auseinandersetzung mit Polyfunktionalisierungen. Hier geht es nun darum, diese generellen Überlegungen in das Programm zur Analyse der Polyfunktionalisierungen des juridischen Diskurses einzubauen, folglich im Rekurs auf die argumentativen Ausgangspunkte eine Konkretisierung des Begriffs 'Handlungsintention' im Hinblick auf einen operablen Kriterienkatalog der als notwendig erkannten empirischen Analysen vorzunehmen. Mithin ist davon auszugehen, daß jede Form menschlichen Handelns, also auch das textuelle Handeln, strategisch ist: „Sprachliches Handeln ist von Anfang an strategisches Handeln, das den Sinn hat, Probleme zu bewältigen, die sich in der Interaktion ergeben." (B. Strecker 1987, 31) Nun kann jedoch für eine funktionsgeschichtlich orientierte Beschäftigung mit der Geschichte einer Kultursprache nicht das Interesse an den jeweils strategisch zu lösenden Problemen im Zuge von Vertextungshandlungen maßgeblich sein; die Folge wäre eine für sprachhistorische Fragestellungen verfehlte Erörterung der rechtshistorischen Problemkonstellationen und der jeweils zeittypischen Lösungsversuche im gesellschaftlichen Umgang mit der Ordnung des Consoziums. Dies interessiert in unserem Zusammenhang nur am Rande, denn Ziel ist keineswegs die rechtsgeschichtliche Klärung von Handlungsmotiven für einzelne Texte, linguistisch relevant ist vielmehr der Zusammenhang der strategischen Handlungsziele mit der Polyfunktionalisierung einer Sprache. Ist diese auch über die strategisch motivierten Produkte von Vertextungshandlungen beobachtbar, so muß die Frage gestellt werden, ob der Funktionsausbau einer Sprache qua Existenz domänenzugeordneter Texte und ihrer Entstehung selbst Teil der Handlungsstrategie der je textuell handelnden Subjekte ist. In der Reflexion der Polyfunktionalisierung von Kultursprachen ist demzufolge zu bestimmen, in welchem Verhältnis fraglos existente, durch textuelles Handeln bedingte Polyfunktionalisierungen zu den strategischen Zielen der jeweils sprachlich agierenden Textproduzenten stehen. Eine Klärung dieses Problemzusammenhangs fordert ein Sprachwandelmodell, das strategisch gerichtete Handlungen im Zusammenhang sprachgeschichtlich relevanter Entwicklungstendenzen zu erklären vermag.

Da Polyfunktionalisierungen soziale Prozesse sind, läßt sich bereits sola ratione argumentieren, daß der Funktionsausbau einer Sprache nicht infolge eines entsprechenden kommunikativen Ziels domänenspezifischen Handelns erfolgen kann. Sprachwandel resultiert nicht aus individuellen Strategien eines Sprechers/ Schreibers. Denn dies setzte das schwerlich nachzuweisende Bewußtsein historischer Sprachteilhaber von der eigenen Sprache als einem dynamischen System voraus und eine daraus resultierende Strategie zur bewußten Determination des sprachlichen Systems durch individuelles Handeln. Mag eine derartige Motivation im Zuge der Philologisierung von Kultursprachen auch eine gewisse Rolle spielen, so kommt sie als Ursache von Polyfunktionalisierungen nicht in Betracht, zumal zu bedenken ist, daß selbst unter der unwahrscheinlichen Voraussetzung von Polyfunktionalisierungsstrategien einzelner Sprachteilhaber individuelles Handeln kaum geeignet ist, das Funktionsspektrum einer Sprache wirksam und nachhaltig zu verändern. Der Funktionsausbau des Deutschen ist mithin die Folge einer Vielzahl interagierender Vertextungshandlungen. Dabei ist anzunehmen, daß die singulären Textstrategien erst durch diesen interaktiven, über das Bewußtsein einzelner Handlungssubjekte hinausgehenden Verbund die Polyfunktionalisierungskonsequenzen bewirken. Es zeigt sich nun jedoch, daß zur Beantwortung der Frage nach funktionsbezogenem Sprachwandel die kommunikativen Ziele von Textproduzenten als strategische Richtpunkte des sprachlichen Handelns nicht ausgeblendet werden können, denn diese sind ja überhaupt erst die Bedingung der Möglichkeit textbezogenen Sprachwandels. Es wird also sinnvoll sein, zunächst diese unmittelbaren kommunikativen Ziele textuellen Handelns zu betrachten und als kausale Determinanten in Beziehung zum außerhalb der Strategien des einzelnen Textproduzenten liegenden Kultursprachenausbau zu stellen, wobei daran zu erinnern ist, daß für die Rechtsdomäne nicht allein von individuellen Handlungen ausgegangen werden sollte, da die Position des Textproduzenten auch institutionell besetzt sein kann. Textuell handelnd ist in diesem Fall nicht ein Individuum, sondern ein institutioneller Statusträger wie etwa 'der Kaiser'. Als Textproduzenten kommen in diesen Fällen eine Vielzahl von Personen in Betracht, die jeweils unterschiedliche Aufgaben bei der rechtsbezogenen inventio, dispositio und elocutio einer Sollensordnung haben. Wenn hier von den kommunikativen Zielen eines Textproduzenten gesprochen wird, dann folglich auch von den Textabsichten einer Institution in diesem Sinn. In beiden Fällen sind die unmittelbaren Vertextungsziele mit den texttypisch dominanten Illokutionen identisch. Die über einzelne Sprechakte repräsentierten Absichten einer Lokution sind die abstrakten, im Einzelfall mit konkreten Propositionen gefüllten Strategieziele. Wie in Kap. 4.3.2 und in den empirischen Darstellungen noch zu zeigen ist, haben in der Rechtsdomäne insbesondere die Direktiva und die Deklarativa Gewicht und besetzen zum großen Teil das Feld der jeweiligen textuellen Illokutionen. Dies läßt sich weitgehend anhand des Modalverbbestands und der explizit performativen Ausdrücke nachweisen. Einzelne Textmuster sind auch durch andere dominante Sprechaktklassen gekennzeichnet; so ergibt sich für die kaiserlichen Wahlkapitulationen der Frühen Neuzeit entsprechend der darin ausgedrückten Selbstverpflichtungen eine signifikante Belegung mit kommissiven Formeln. Da es hier nun nicht darum geht, diesen Fragen nach illokutionären Gehalten von Texten näher nachzugehen, mag es ausreichend sein, die Illokutionen als Relata primärer Vertextungsziele zu bestimmen. Über diese allgemeinen, strategisch eingelösten Kommunikationsabsichten einer Vertextungshandlung hinaus gehören jedoch die von den Propositionen einzelner Aussagen abhängigen und durch soziokulturelle Umstände bedingten inhaltlichen Ziele von Textproduzenten zu den unmittelbaren kommunikativen Absichten. Es sind also zwei Typen von Handlungsabsichten zu unterscheiden, die Illokutionen als über konventionalisierte Mittel realisierte Ziele im allgemeinen und die weltanschaulich-inhaltlichen Bestrebungen, die mit der Adressierung sprachlicher Aussagen gegeben sind. In seiner Untersuchung zur Intention und kognitiven Struktur mittelalterlicher Ständetexte erkennt auch A. Huber (1993) die Notwendigkeit einer solchen Unterscheidung und schlägt vor, die *kommunikative Intention* von der *ideologischen Intention* zu unterscheiden. Die kommunikative Intention, die mit K. Brinkers (1992, 86) Begriff der 'Textfunktion' weitgehend übereinstimmt, ist A. Huber (1993, 38) zufolge „konventionell und bezieht sich darauf, was mit dem Text explizit verfolgt wird". Die kommunikative Intention juridischer Texte ist weitgehend durch Appelle und Deklarationen gekennzeichnet und fällt mit den dominanten Illokutionen zusammen. Demgegenüber betrifft die ideologische Intention die „Wertewelt, die der Verfasser dem Rezipienten vermitteln möchte" (ebd., 40). Sie ist soziokulturell bedingt und zielt letzthin auf die Erhaltung der durch einen Produzenten bzw. eine Institution repräsentierten Werte. Juridische Texte vermitteln soziale Normen, deren Gültigkeit sich aus eben diesem Bezug auf den weltanschaulichen Konsens einer Diskursgemeinschaft ergibt. Mit A. Hubers Terminologie, die sich nahtlos in unsere Argumentation einfügt, ist nun der Begriff der *Intention* in die Erörterungen einbezogen.

Dies erlaubt, den Problemzusammenhang von strategisch orientierten Handlungsabsichten und funktionsbezogenen Sprachwandelvorgängen präziser zu fassen. Unter Intention ist die Zweckausrichtung menschlichen Handelns im allgemeinen aber auch textuellen Handelns im besonderen zu verstehen. Ein Akteur x beabsichtigt, daß eine spezifische Handlung h mit antizipierten Folgen real wird. Von der Intention als Zweckausrichtung sind die tatsächlichen Handlungsfolgen zu unterscheiden, die nicht unbedingt mit den intendierten und ergo antizipierten Folgen einer Handlung identisch sind. Die hier interessierende Frage lautet demnach, in welcher Verbindung Intention und Handlungsfolge einer Vertextung stehen und wie ihr jeweiliger sprachgeschichtlicher Status in einen operablen Katalog analytischer Parameter einzubringen ist. Doch bevor diese relationalen Aspekte zu betrachten sind, ist A. Hubers Terminologie den rechtssprachlichen Befunden anzupassen. Das Korpus der spätmittelalterlichen und frühneuzeitlichen Rechtstexte zeigt, daß die ideologische Intention von Vertextungen nach zwei Subtypen zu unterscheiden ist, nach sprach- und sachbezogenen Handlungsabsichten. So gehört die Literalisierung der Rechtskommunikation als sprachbezogen-ideologische

Intention zu den expliziten Vertextungsabsichten einer Reihe von Rechtsquellen und ist Ausdruck der gesteuerten Ausbildung rechtsvereinheitlichender Kommunikationsmittel. Bereits in den karolingischen Kapitularien wurde erkannt, daß Gerechtigkeit über schriftliches Recht weit eher zu gewährleisten ist als über oral tradierte Rechtsvorstellungen: „Ut iudices secundum scriptam legem iuste iudicent, non secundum arbitrium suum (...)“.[6] Die gleiche Erkenntnis ist auch leitend für die Verschriftung der spätmittelalterlichen Stadtrechte und anderer juridischer Quellentypen (vgl. G. Dilcher 1992, 17). Zur zentralen sachbezogen-ideologischen Intention der Mehrzahl hier relevanter Texte gehört der normierende, unmittelbare Eingriff in die Strukturen des Consoziums, der durch den sprachgeschichtlich folgenschweren Aufschwung volkssprachiger Schriftlichkeit in enger Bindung an die sprachbezogenen Handlungsabsichten steht.

Entscheidend ist nun, daß alle genannten Intentionstypen nicht auf sprachlichen Wandel selbst, also auch nicht auf Polyfunktionalisierungen ausgerichtet sind. Die beabsichtigte Handlungsfolge bzw. Intention fällt mithin nicht mit den sprachhistorisch relevanten, jedoch unbeabsichtigten Konsequenzen von Vertextungen zusammen. J. Searles (1987) philosophische Theorie der Intentionalität ist geeignet, die aus diesem Faktum resultierenden Konsequenzen für ein Modell des funktionsbezogenen Sprachwandels noch exakter auszumessen. J. Searle (1987, 114) zufolge besteht zunächst eine Verschiedenheit zwischen Handlungsabsichten im allgemeinen und *vorausgehenden Absichten*, von denen wir sagen können, „daß der Handelnde gemäß seiner Absicht handelt oder daß er eine Absicht ausführt oder daß er versucht, sie auszuführen“. Derartige vorausgehende Handlungsabsichten sind der intentionale Gehalt von kommunikativen und ideologischen Intentionen. In Kombination mit den beabsichtigten Handlungen erfolgen nun jedoch sogenannte *unabsichtliche Handlungen*, die nicht vom „intentionalen Gehalt der Handlungsabsicht präsentiert“ (ebd., 133) werden. Sprachwandel bzw. die uns interessierenden Polyfunktionalisierungen sind Konsequenzen genau dieser unabsichtlichen Handlungen von Textproduzenten. Damit scheint eine weitgehend mit der Invisible-hand-Theorie des Sprachwandels übereinstimmende Position eingenommen zu sein.

Bereits in den vorausgehenden Erörterungen zum Text als Realisationsebene sprachlichen Handelns konnte festgestellt werden, daß Polyfunktionalisierungen ein typisches Phänomen der dritten Art sind und der Vorgang ihrer Entstehung als Invisible-hand-Prozeß zu beschreiben ist. Vor dem Hintergrund der Skalierung intentionaler Wirksamkeiten sprachlichen Handelns und nicht zuletzt mit Bezug auf die in Kap. 3.4.1 behandelte Kritik P. von Polenz' an R.

---

6 Vgl. R. Schneider (1977, 259).

Kellers (1994) Theorie von Invisible-hand-Prozessen ergibt sich die Notwendigkeit einer Modifikation des Kellerschen Sprachwandelmodells. Zunächst ist darauf zu verweisen, daß Invisible-hand-Prozesse im Zusammenhang unserer Erörterungen lediglich als e i n analytisch zu erfassendes Modul sprachhistorisch relevanter Ausbauprozesse behandelt werden, und dies auch nur im Hinblick auf Polyfunktionalisierungen einer sich etablierenden Kultursprache. Für andere Aspekte des Merkmalbündels von Kultursprachen kann die Erklärungsmächtigkeit der Invisible-hand-Theorie ein vollkommen anderes Gewicht haben. R. Kellers Anspruch auf Universalität seines Sprachwandelmodells ist damit zurückzuweisen. Doch es ergibt sich nicht nur in Abhängigkeit vom jeweiligen sprachhistorischen Gegenstand eine unter Umständen eingeschränkte Gültigkeit der Invisible-hand-Theorie, diese ist auch für die Modellierung von intentional mittelbar abhängigen Polyfunktionalisierungen abzuändern. R. Keller (1994, 96) definiert das Konzept der Invisible-hand-Theorie wie folgt:

> Eine Invisible-hand-Erklärung erklärt ihr Explanandum, ein Phänomen der dritten Art, als die kausale Konsequenz individueller intentionaler Handlungen, die mindestens partiell ähnliche Intentionen verwirklichen.

Sprachlicher Wandel, und dies bedeutet in unserem Zusammenhang Polyfunktionalisierung, ist demnach intentional motiviert, sofern sein Auftreten kausale Konsequenz strategischen Handelns ist. J. Searle (1987, 147) geht nun davon aus, daß der Kausalnexus bei intentionalen Verursachungen selbst nicht beobachtbar ist und „jedes Paar von Ereignissen, die als Ursache und Wirkung zusammenhängen, (...) unter eine allgemeine Regularität“ fallen muß. Und in der Tat ist die Kausalität von Polyfunktionalisierungen nicht unmittelbar beobachtbar, da dem sprachhistorischen Blick lediglich die Intentionalität einzelner Vertextungshandlungen freigegeben ist. Die Regularität für die kausale Konsequenz der Polyfunktionalisierung besteht in der Domänenspezifik der sie begründenden Vertextungen. Durch eine Vielzahl parallel verlaufender Vertextungen innerhalb einer Funktionsdomäne ist ein Baustein für ein polyfunktionales Stratum gelegt. Während also Intentionalität auf die einzeltexttypischen Handlungsziele bezogen ist, ergibt sich aus der Funktionsparallelität vieler Einzelhandlungen die Kausalität von Polyfunktionalisierungen. Die auf vorausgehenden strategischen Absichten (vA_x) gründende kombinatorische Existenz gerichteter Vertextungen (gV_x) bedingt in der Perspektive auf singuläre Texte die Einordnung des Textes als Produkt sprachlicher Handlungen mit intentionalem Gehalt ($TEXT_x$). Unter Beachtung der domänenbezogenen Kombinatorik von Texten resultiert daraus eine kausale, invisible-hand gesteuerte, auf jeweilige Diskursdomänen zunächst begrenzte Polyfunktionalisierung. In Abwandlung des Kellerschen Sprachwandelmodells ergibt sich folgende graphische Skizzierung der entsprechenden diachronen Prozesse.

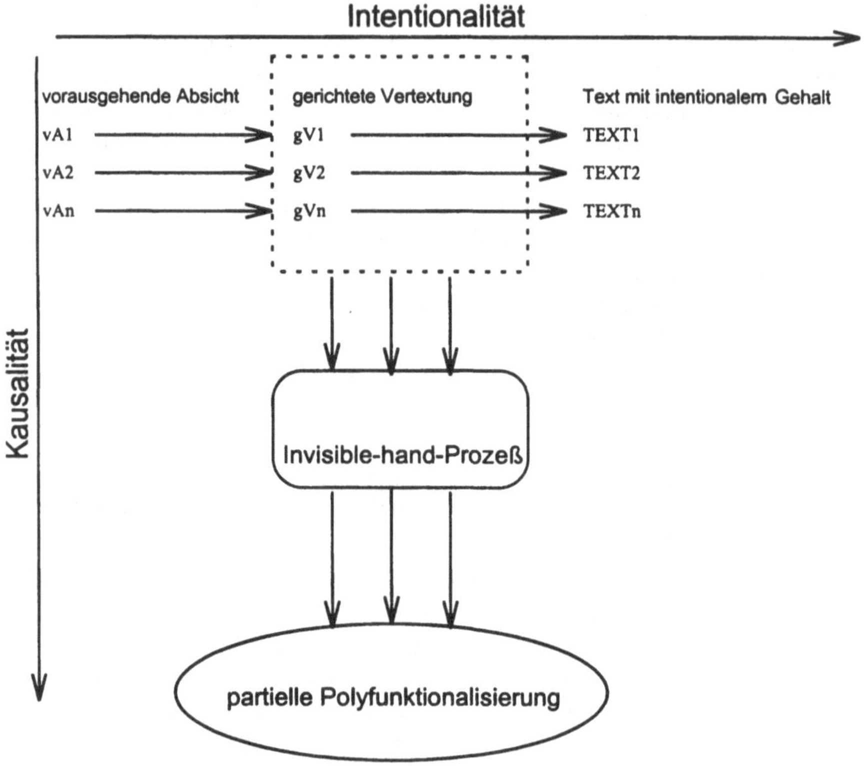

Abb. 9: Intentionale und kausale Implikationen von Polyfunktionalisierungen

Die sprachgeschichtliche Darstellung von Polyfunktionalisierungen gründet in der so erreichten Einordnung von Texten in das Netzwerk intentionaler Einzelhandlungen, das Voraussetzung für funktionsbezogenen Sprachwandel per se ist. Bei der empirisch orientierten Korpusanalyse historischer Rechtsprosa gilt es, Texte in den historischen Zusammenhang partiell gleichgerichteter Vertextungen zu stellen, um die invisible-hand vermittelten, textgestützten Ursachen des kultursprachlichen Funktionsausbaus zu markieren. Methodisch ist diese Forderung zunächst über die Bestimmung der vorausgehenden Handlungsabsichten einzulösen. In Entsprechung der Unterscheidung von kommunikativen und ideologischen Intentionen bedeutet dies eine Einordnung von Texten nach dominanten Illokutionen im Verbund mit der deskriptiven Erfassung evtl. vorhandener metareflexiver Aussagen bzw. der Auswertung sonstiger Indikatoren der im Text vermittelten Wertewelt. Dieses Verfahren entspricht der horizontalen Perspektive im graphisch abgebildeten Modell; die

Fakten sind nur mittelbar relevant für eine Geschichte funktionalen Sprachwandels. Neben diesem Komplex vorausgehender Handlungsabsichten ist der Stellenwert textueller Handlungen bzw. überlieferter Texte in den Zusammenhang der vertikalen Kausalität sprachwandelrelevanter Prozesse zu stellen, wobei mit J. Searle ja bereits darauf hingewiesen wurde, daß der Kausalnexus zwischen partiell parallel verlaufenden, gerichteten Vertextungen und dem Explanandum eines polyfunktionalen Stratums selbst nicht beobachtbar ist. Es kann daher lediglich eine Zuordnung von Texten zur funktionsdifferenzierenden Dynamik einer Teildomäne des juridischen Diskurses beabsichtigt sein. Dabei kommt der bereits eingeführte Begriff des *salienten Textes* erneut zum Tragen. Denn saliente Texte präformieren auf dem Weg von intertextuellen Bezügen die kausale Richtung partiell ähnlicher Handlungen, sie orientieren die invisible-hand geleiteten Sprachwandelprozesse auf je spezifische Richtpunkte. In Abhängigkeit vom sprachgeschichtlichen Gewicht einzelner Texte in einer Teildomäne kommt diesen ein besonderer Rang bei der Funktionsdifferenzierung einer sich etablierenden Kultursprache zu.

Die hier beabsichtigte Parametrisierung der Analyse von Polyfunktionalisierungen des Deutschen in der Rechtsdomäne läuft für die Berücksichtigung sprachgeschichtlich maßgeblicher Handlungsabsichten einzelner Textproduzenten folglich auf die Bestimmung teildomänentypischer vorausgehender Handlungsabsichten hinaus, also auf die Kennzeichnung salienter Texte im Zusammenhang mittelbar bedingter Polyfunktionalisierungen und auf die so ermöglichte Markierung von Zentren nicht beobachtbarer kausaler Sprachwandelkonsequenzen. Neben der in Kap. 4.1 erörterten Zuordnung von Texten bzw. textuellen Mustern und Teildomänen zu pragmatischen Kotextvariablen ist damit eine text- bzw. auch hier wieder teildomänenspezifische Differenzierung der rechtsbezogenen Polyfunktionalisierung des Deutschen im Konnex zu typischen Textintentionen der Rechtsdomäne ermöglicht. Jedes der Teilkapitel in 5. wird im Hinblick auf die dort gegliederten Teildomänen des juridischen Diskurses demzufolge Angaben zu typischen vorausgehenden Handlungsabsichten und zum Zusammenhang von Vertextungen mit den kausal vermittelten Polyfunktionalisierungen enthalten. Es mag bereits jetzt offensichtlich sein, daß der intertextuellen Vermittlung von Texten in diesem Zusammenhang wiederum ein großes Gewicht zukommt. Folglich führen die bisherigen Konzeptionen konsequent auf eine nähere Behandlung des Begriffs der Intertextualität und zu einer differenzierten Erörterung damit in Zusammenhang stehender Analyseparameter für funktionsgeschichtliche Untersuchungen.

4.3 Intertextualität

„(...) tout texte se construit comme mosaïque de citations, tout texte est absorption et transformation d'un autre texte." (J. Kristeva 1969, 146)

Diese, die moderne Intertextualitätsdebatte maßgeblich begründende These J. Kristevas ist bekanntlich das argumentative Zentrum jeglicher neuerer Auseinandersetzung mit den Interdependenzen zwischen Texten. Weitgehend in literaturwissenschaftlichen Arbeiten erörtert, weiterentwickelt und angewendet, gehört der Begriff der Intertextualität zu den gegenwärtigen Leitideen literarischer Textanalyse.[7] Die sprachwissenschaftliche Rezeption entsprechender Konzeptionen setzte bisher nur verhalten ein, so daß die linguistische Analyse textueller Bezüge, soweit sie über die Reflexion von Textsortenantezendenzen hinausgehen, gegenüber der Vielzahl literaturwissenschaftlicher Abhandlungen wenig gewichtig sind.[8] Die Textorientierung sprachwissenschaftlicher Theoreme jüngerer Zeit führt jedoch notwendig zu einer systematischen Behandlung auch solcher Phänomene, die über singuläre Texte als Repräsentanten eines textuellen Musters hinausgehen, also zur Analyse des Bezugs differenter Texte untereinander. Die literaturwissenschaftliche Theoriediskussion stellt dabei bereits eine derartige Fülle konzeptioneller Positionen zur Verfügung, daß die sprachwissenschaftliche Perspektivierung der Intertextualität nicht umhin kommt, die linguistischen Theoreme in Auseinandersetzung mit literaturwissenschaftlichen Sichtweisen zu formulieren. Daß sich dabei signifikante Differenzen in der Fokussierung der Intertextualität zwischen literaturwissenschaftlichen und linguistischen Standpunkten ergeben können, ist damit nicht ausgeschlossen. Doch bevor im einzelnen auf den hier maßgeblichen Intertextualitätsbegriff einzugehen ist, wird grundsätzlicher Kritik am Konzept der Intertextualität zu begegnen sein. Wird das Phänomen und der Begriff 'Intertextualität' nachfolgend sprachgeschichtlich akzentuiert, so ist dem für literaturwissenschaftliche Erörterungen bereits formulierten Einwand nicht zu entsprechen, wonach Intertextualität ein Konzept ist,

> das zum Teil vormals unter anderen Bezeichnungen in der Textforschung geläufig war und nun zu einem 'Theorem' avanciert, das wohl mehr aus theoretischen Innovationsgelüsten und dem Provozieren eines Paradigmenwechsels resultiert denn aus einem 'echten' Interesse an der Sache selbst. (S. Holthuis 1993, 3)

---

[7] Wenngleich J. Kristevas Intertextualitätsbegriff wissenschaftsgeschichtlich zentral ist, grenzen sich neuere Arbeiten bewußt von dem Absolutheitsanspruch des Intertextualitätskonzeptes von J. Kristeva ab. Vgl. dazu H. Tegtmeyer (1997).

[8] Erst in jüngster Zeit wendet sich auch die Linguistik dem Phänomen der Intertextualität intensiver zu. Vgl. dazu den inhaltsreichen Sammelband von J. Klein und U. Fix (1997).

Nun besteht das Ziel der Berücksichtigung von Intertextualitätsdimensionen in der Sprachgeschichtsschreibung keineswegs in historiolinguistischen Innovationsabsichten, sondern in einer begründbaren und durchaus nicht marginalen Notwendigkeit methodischen Vorgehens bei funktionsgeschichtlichen Ansätzen. Kommt eine Erörterung zum Ausbau eines kultursprachlichen Stratums nicht umhin, neben den in bisherigen Sprachgeschichten ungerechtfertigt oft exklusiv hervorgehobenen Überregionalisierungstendenzen auch textgestützte Polyfunktionalisierungen als konstitutive Faktoren zu berücksichtigen, so sind Texte als komplexe sprachliche Handlungsformen ein nicht zu bezweifelnder Gegenstand sprachhistorischen Interesses. Die Sichtung des überlieferten Materials zeigt dabei schnell, daß singuläre Texte weit weniger von historiolinguistischem Interesse sind als der überlieferte einzelne Text im Verbund weiterer textueller Vorkommen innerhalb einer Funktionsdomäne. Textlinguistisch begründet sich dies aus dem Mangel an Texten als unikalen Einheiten. Texte kommen prinzipiell im Verbund prä- und postexistenter Vertextungen vor, so daß von einem Netzwerk hypertextueller Bezüge auszugehen ist. Die weitgehende Entsprechung der Faktizität dieser Feststellung mit J. Kristevas zitierter Intertextualitätsthese ist evident. Folglich impliziert eine funktionale Sprachgeschichte die Analyse solcher hypertextueller Bezüge und zielt unter anderem exakt auf das Phänomen der Intertextualität. Motivierend für eine eingehendere Behandlung historiolinguistischer Aspekte der Intertextualität ist damit nicht das Interesse an der Provokation eines sprachgeschichtlichen Paradigmenwechsels, sondern allein die sachimmanent begründete Feststellung, daß kein Text als creatio ex nihilo zu beschreiben ist. Nun mag auch dagegen eingewendet werden, daß die Beschäftigung mit intertextuellen Verschränkungen keineswegs so neu ist, wie es das begriffliche Etikett suggeriert. Bereits in der Rhetorik und Poetik sind fraglos hypertextuelle Bezüge visiert, so mit den rhetorischen Kategorien *imitatio* und *aemulatio*. B. Bauer (1994) hat in ihrer Abhandlung zum Zusammenhang von Intertextualität und rhetorischem System der Frühen Neuzeit wie auch andere Autoren gezeigt, daß rhetorische Kategorien als komplexe Relationen durchaus auf den Gegenstandsbereich der modernen Intertextualitätsforschung referieren, daß sie aber keineswegs gleichsetzend in den Taxonomien zur Intertextualität aufgehen. An literarischen Beispielen zeigt B. Bauer (1994, 31) vielmehr, daß das „intertextuelle Beschreibungsvokabular (...) den Vorzug hat".

Intertextualität im Sinne hypertextueller Bezüge findet neben den rhetorischen Kategorisierungen auch Berücksichtigung im Stemmabegriff der Editionswissenschaft. Bei der graphischen Darstellung von Beziehungen zwischen „verschiedenen Textträgern, an deren Spitze das Original und ihm folgend der Archetyp steht" (Th. Bein [Hg.] 1995, 390), geht es jedoch allein um die Kollationierung verschiedener Handschriften eines Textes und in keinster Weise um Intertextualität im hier gemeinten Sinn als einem hypertextuellen Bezug zwischen differenten Texten. So ist das Stemma der Handschriften des sogenannten Kleinen Kaiserrechts (vgl. W. Koch 1988) grundsätzlich von den intertextuellen Bezügen desselben Textes auf den Schwabenspiegel, auf das Frankfurter Stadtrecht und auf fränkische Rechte zu unterscheiden, die sich bereits in der Benennung als 'lütteke keyserrecht' gegenüber dem Schwabenspiegel als großes Kaiserrecht zeigen (vgl. U.-D. Oppitz 1990, 42).

Während die stemmatische Abbildung von Bezügen 'unterschiedlicher' Texte also nicht hypertextuell ausgerichtet ist, sondern mit der abstrakten Repräsentation von Textgenesen vornehmlich Versionen weitgehend übereinstimmender und insofern nicht faktisch differenter Texte in Beziehung setzt, weisen die hypertextuell orientierten Komparationskategorien der traditionellen Rhetorik durchaus Züge von Intertextualitätsbeschreibungen auf. Diese sind weitgehend beschränkt auf poetische Verfahren thematischer und formaler Variation und finden folglich im Variatio-delectat-Prinzip ihre Entsprechung. Damit sind nicht-poetische bzw. nonfiktionale Texte als Kategorisierungsgegenstand derartiger textvergleichender Rhetorikbegriffe wenig geeignet. Die Textorganisation von Fachprosa folgt primär den sachgeleiteten Möglichkeiten adäquater Inhaltsübermittlungen und resultiert kaum aus intertextuell verschränkten Absichten einer unterhaltsamen Variation delektabeler Themen. Sind also rhetorische Kategorisierungen in ihrem Gegenstandsbezug deutlich beschränkt, so können Taxonomien der Intertextualität einen universellen Anspruch erheben: „The text is not an autonomous or unified object, but a set of relations with other texts" (V. Leitch 1983, 59). Dies gilt grosso modo für jeden Text, so daß der Anwendung intertextueller Kategorisierungen auf Fachtexte keine konzeptionellen Schranken gesetzt sind. Wenn also der Intertextualitätsbegriff und seine Reflexion auch vorrangig mit Bezug auf literarische Texte eingebracht ist, so erlaubt der universelle Anspruch der Intertextualitätsthese eine sinnvolle Integration auch in analytische Programme zu anderen Texttypen. Hierin liegt der nicht zu bezweifelnde Gewinn der Theorie hypertextueller Bezüge für die funktionsorientierte Sprachgeschichtsschreibung, die infolge der bereits erörterten Argumente ja maßgeblich literale Fachprosa zu untersuchen hat.

Mit dieser Gegenstandsbestimmung ist eine erste Präzisierung des hierfür geeigneten Begriffs der Intertextualität möglich, die auf die prinzipielle Unterscheidung zweier Auffassungen von Intertextualität referiert. In der gegenwärtigen Diskussion wird ein sogenannter extensiver und ein intensiver Intertextualitätsbegriff vertreten. Den jeweiligen Standpunkten liegt die Frage zugrunde, ob Intertextualität ein textinternes Phänomen ist, das unabhängig von der rezeptiven Erschließung hypertextueller Zusammenhänge eine Konstante textueller Organisation darstellt, oder ob vielmehr erst der Rezipient im Sinne eines produktiven Lesers die intertextuellen Bezüge konstituiert, diese also erst textextern konstituiert werden. Radikaler Vertreter des extensiven Intertextualitätsbegriffs ist M. Riffaterre (1979, 496), der davon ausgeht, daß nicht die tatsächlichen rekursiven Bezüge zwischen Texten, sondern der durch den Leser/Rezipient initiierte ästhetische Prozeß der Bezugsetzung literarischer Werke der Gegenstand des Intertextualitätsbegriffs ist: „L'intertextualité est un mode de perception du texte, c'est le mécanisme propre de la lecture littéraire."

U. Broich (1985, 31) modifiziert diesen Ansatz dahingehend, daß die Intertextualitätssetzung durch Rezipienten unter der Voraussetzung vom Autor/Textproduzenten intendierter und für das jeweilige Textverstehen wichtiger Textbezüge erfolgt, wofür dann Markierungen notwendig seien. Die Vertreter des extensiven Intertextualitätsbegriffs rekurrieren auf die spezifischen Produktions- und Rezeptionsmechanismen bei fiktionalen Texten. Eine Eignung dieser Konzeption für die Untersuchung von Fachtexten ist nicht erkennbar. Weder folgt die Produktion etwa juridischer Sollensordnungen dem artifiziellen Interesse ihrer Verfasser, noch kommt den Vermutungen oder Nachweisen hypertextueller Bezüge eine Bedeutung bei der sachbetonten Rezeption solcher Fachtexte zu. Intertextualität ist hier also keine Kategorie der Rezeption, sondern vielmehr ein Kriterium der Ermittlung textueller Ausbauprozesse von Kultursprachen. Notwendig ergibt sich daraus eine intensive Intertextualitätsauffassung, denn zu reflektieren sind allein die von jeweiligen, im übrigen historisch stark variierenden Rezipienteninteressen unabhängigen textkonstitutiven Bezüge auf Prätexte bzw. die durch textuelle Okkurenzen in Teildomänen des Consoziums bedingten Determinationen auf postexistente Texte. Die so fokussierten hypertextuellen Relationen ergeben sich erst in der kontrastiven Analyse und sehen folglich von den am singulären Text gebildeten Rezipienteneinsichten ab. Dabei ist zu bedenken, daß auch keineswegs allgemein davon ausgegangen werden kann, „daß die jeweils ermittelten intertextuellen Referenzen auch der qualitativen Wahrnehmung auf der Objektebene zugänglich sind" (W. Stempel 1983, 88).

Die textorientierten Intertextualitätsdimensionen sind folglich mit den Erkenntnissen einzelner Rezipienten nicht kongruent. Die Klassifikation intensiver Intertextualität ist eine auf definierte Fragestellungen zugeschnittene Methode textbezogener Forschung, während der extensive Intertextualitätsbegriff auf ein Primat subjektiver Einsichten hinausläuft. Die Richtung der Präzisierung des funktionsgeschichtlich geeigneten Intertextualitätsbegriffs ist deutlich: Geeignet erscheint für die sprachhistorische Arbeit allein eine Auffassung von Intertextualität, die textinterne Bezugsgrößen mit nachweisbarer Existenz als Kriterium der hypertextuellen Relationierung ansetzt. Die empirisch zu ermittelnden und damit faktischen intertextuellen Bezüge gelten dabei unabhängig von der Intention des Textproduzenten und in Absehung von möglichen Erkenntnissen zur Textvernetzung durch einzelne Rezipienten. Denn sowohl der Produzent als auch die Menge der potentiellen Rezipienten nehmen in bezug auf einen konkreten Text immer nur einen historisch bedingten Standpunkt ein, der keineswegs mit der analytischen Position eines mit geschichtlichem Abstand operierenden Sprachhistorikers übereinstimmt. Dies bedeutet, daß die auf spezielle sprachliche Entwicklungstendenzen abhebende Bezugsetzung einzelner Texte im Netz hypertextueller Relationen grundsätzlich von den bewußten Absichten der Textvermittlung einzelner Textproduzenten und von den beliebigen Intertextualitätsvermutungen oder -einsichten einzelner nicht wissenschaftlich interessierter Rezipienten zu unterscheiden ist. Der Mangel an primär ästhetischen Ansprüchen der hier interessierenden juridischen Fachprosatexte ermöglicht die Ausklammerung extensiver Intertextualitätsauffassungen ohne weitere theoretische Schwierigkeiten. Unter Intertextualität verstehen wir hier folglich den empirischer Nachweisbarkeit jederzeit zugänglichen strukturellen und/oder inhaltlichen Konnex zwischen unterschiedlichen, also jeweils eigenen Zusammenhängen der Entstehung und Intention beizuordnenden Texten.

Die sprachgeschichtliche Präzisierung des polysem gebrauchten Intertextualitätsbegriffs stellt nun weit mehr als e i n e n empirisch verwertbaren Baustein historiolinguistischer Arbeitsverfahren dar. Intertextualität ist im Zusammenhang der funktionsgeschichtlichen Erörterung kultursprachlichen Ausbaus nicht Teilparameter eines analytischen Modells, sondern d a s Basiskonzept der funktional-historischen Textanalyse. Das textlinguistische Interesse sollte sich nicht in der Analyse struktureller Organisationsformen einzelner Textexemplare erschöpfen, sondern fragt per se nach der Einbettung singulärer Texte in funktional vermittelte Domänen. Wie bereits in den Ausführungen des Kap. 4.1 zum pragmatischen Kotext erläutert wurde, ist die Intertextualität in der hier entworfenen Konzeption eine Bezugsgröße für alle textrelevanten Aspekte der sprachlichen Funktionsdifferenzierung. Folglich erscheint die Frage nach dem Grad von volkssprachlichen Intertextualisierungen bei der Polyfunktionalisierung einer sich konstituierenden Kultursprache als einer der Leitsätze textbezogener Sprachgeschichtsschreibung. Intertextualität als Oberbegriff textanalytischer Verfahren gewährleistet den sprachhistorischen Bezug der im einzelnen zu erörternden analytischen Verfahren.

Die allgemeine Definition des funktionsgeschichtlich zweckmäßigen Intertextualitätsbegriffs und seine Einsetzung als konzeptionelles Zentrum uns interessierender Textgeschichten erlaubt eine Aufgliederung der sprachhistorisch relevanten Intertextualitätsphänomene, die durch ausschließende wie auch bestimmende Differenzierungen ein genaueres Bild der im weiteren bedachten hypertextuellen Bezüge ermöglicht. Zunächst ist mit der Konzentration auf den Gegenstand juridischer Fachprosa die weitere Behandlung fiktionaler Intertextualität aus dem Interesse ausgenommen. Die fokussierte Fachprosa, also die expositorischen Texte, weisen der Möglichkeit nach Auto- und Hetero-Intertextualität auf. Mit dieser Unterscheidung erreicht S. Holthuis (1993, 44f) eine Differenzierung von Bezügen zwischen Texten ein und desselben Produzenten von Relationen zwischen Texten unterschiedlicher Autoren. Da Textproduzenten in der juridischen Fachprosa ohnehin selten einen ausgewiesenen Status als Autoren haben, die Entstehung juridischer Texte vielmehr in der Regel das Ergebnis institutionaler Intentionen und kooperativer Schreibprozesse ist, kann das für literarische Texte weit mehr interessierende Phänomen der Auto-Intertextualität zugunsten einer eingehenden Erörterung von Typen der Hetero-Intertextualität weitgehend unberücksichtigt bleiben. Dazu gehört die Unterscheidung mono- und polylingualer Relationen zwischen Texten.

Es wird zu zeigen sein, daß die Abgrenzung intertextueller Bezüge zwischen Texten einer Sprache bzw. eines Varietätenraums von solchen zwischen Texten unterschiedlicher Sprachen gerade historiolinguistisch sinnvoll ist. Denn für die Etablierung einer Kultursprache kann es durchaus nicht nebensächlich sein, ob die Textualisierungen in Auseinandersetzung mit anderen kulturell produktiven Sprachen stattfinden oder ob eine solche Sprachvermittlung fehlt. Für die europäischen Kultursprachen im allgemeinen und das Deutsche im besonderen ist dabei natürlich in erster Linie an das Latein als lingua franca des Mittelalters zu denken. Auf einer letzten Stufe der Aufgliederung der hier sprachgeschichtlich interessierenden Intertextualitätsphänomene kommt schließlich sowohl für die mono- als auch für die polylinguale Intertextualität eine Unterscheidung von referentiellen und typologischen Bezügen zwischen Texten zum Tragen. Referentielle Bezüge liegen bei unmittelbarer Übernahme von Formulierungen, Textpassagen etc. vor, während von typologischer Intertextualität bei strukturellen Übereinstimmungen wie z.B. kotextuellen Analogien oder Textmustergleichungen zu sprechen ist.

Eine weitere Distinktion nach dem Grad der intertextuellen Vernetzung, etwa mit Bestimmungen wie partielle oder totale Intertextualität (vgl. S. Holthuis 1993, 49), ist kaum sinnvoll, denn denkbar sind alle Stufen intertextueller Relationen vom Plagiat bis zur partiellen Korrespondenz in nur einem Textteil. Die dichotome Klassifikation wäre hier unnötige Vereinfachung der empirischen Textrealität. Im Baumgraph stellt sich der funktionsgeschichtlich brauchbare Umfang intertextueller Phänomene so dar:

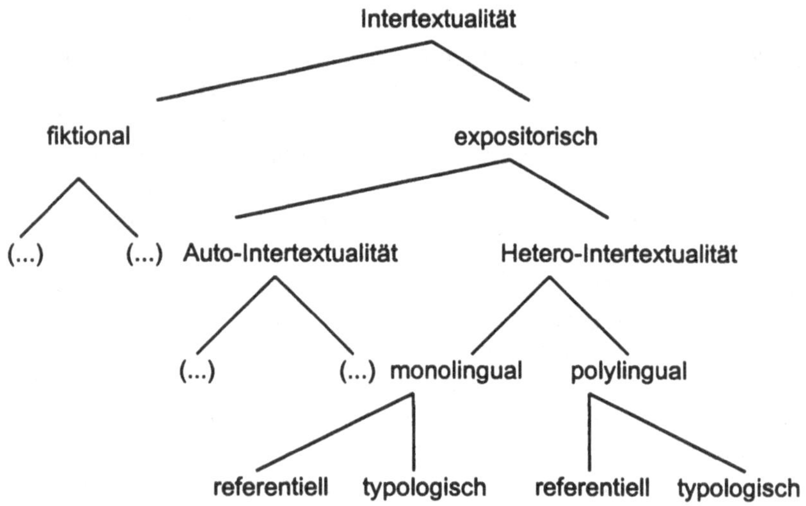

Abb. 10: Funktionsgeschichtlich relevante Typen der Intertextualität

Eine derartige hierarchische Systematisierung legt es nahe, für die jeweils in Betracht kommenden Intertextualitätsphänomene eine Taxonomie als klassifikatorisches Raster aufzustellen. So plausibel der mögliche Gewinn eines derartigen Rasterverfahrens jedoch vom theoretischen Standpunkt auch ist, so ungeeignet erscheint eine solche präskriptive Einordnung von Typen hypertextueller Bezüge für die konkrete Erörterung und Darstellung textgeschichtlicher Fakten. Da das Spektrum textueller Überlieferungen in einer so heterogenen Funktionsdomäne wie dem juridischen Diskurs durch ein hohes Maß an typologischer Variation ausgezeichnet ist, kann es deduktiven Einordnungen intertextueller Vermittlungen grundsätzlich nur gelingen, recht allgemeine Auffälligkeiten des Bezugs von Folien- auf Basistexte zu erfassen. Das auf dem Weg taxonomischer Verfahren gewonnene Maß an klassifikatorischer Spezifität bedingt folglich eine simplifizierte Repräsentation der empirischen Realität. Diese Differenz des Ertrags von induktiven und deduktiven Herangehensweisen an wissenschaftliche Gegenstände ist ein traditionelles Problem analytischen Arbeitens und aufgrund dieser Allgemeingültigkeit in den generellen Dimensionen hier kaum interessant. Doch im speziellen Bezug auf die geeignete geschichtliche Darstellung von Polyfunktionalisierungen ist dennoch zu entscheiden, ob ein taxonomisch-deduktives Verfahren oder ein heuristisch-induktiver Ansatz als empirisch angemessener angenommen wird. Mit dem Verzicht auf eine Taxonomie der Intertextualitätsdimensionen bei der Etablierung der deutschen Kultursprache fällt diese Entscheidung zugunsten einer im weiteren nach ihren Gegenständen näher zu bestimmenden deskriptiven Heuristik aus. Folglich werden die Darstellungen in Kap. 5. zwar an und für sich den zugrunde gelegten Parametern der funktionsorientierten Sprachgeschichtsschreibung folgen, dies jedoch in einem offenen Verfahren.

Die unter 4.3.1 bis 4.3.3 dargelegten Aspekte hierfür relevanter Analyseverfahren bestimmen insofern nicht präskriptive Größen der Skalierung von Intertextualität, sondern lediglich die funktionsgeschichtlich besonders beachtenswerten Gegenstandsbereiche des historischen Interesses an Intertextualisierungen. Dazu gehört die bereits kurz erwähnte Bedeutung polylingualer Textbezüge, die von Übersetzungen aus dem Lateinischen bis zu lateinischen Reformulierungen und Tradierungen volkssprachiger Basistexte in Versionen anderer europäischer Sprachen reicht. Des weiteren sind Detailgrößen monolingualer Intertextualität zu bedenken, so etwa die Einordnung hypertextueller Bezüge mit Blick auf teildomänenspezifische Begrenzungen oder auch Grenzüberschreitungen; hier ist auch der Bedeutung von Intermedialisierungen nachzugehen. Ein Schwerpunkt des Interesses an der Intertextualität im sprachgeschichtlichen Kontext liegt schließlich auf den Realisationsebenen der Systemreferenz,[9] also des Bezugs von Texten auf domänenspezifische Muster kommunikativen Handelns; dies markiert auch eine Schnittstelle zur Textsortengeschichte im bisher üblichen Sinn. Mit der Kennzeichnung dieser sprachgeschichtlichen Einzeldimensionen der Intertextualität ist eine Gliederung nachfolgender Kapitel gegeben, welche die eigentliche Parametrisierung des analytischen Zugriffs auf Polyfunktionalisierungstendenzen des Deutschen im juridischen Diskurs fortsetzen.

4.3.1 Polylinguale Intertextualität

Verstehen wir Intertextualität als eine allgemeine hypertextuelle Relation, die der Möglichkeit nach alle Ebenen je anzunehmender Textverschränkungen umfaßt, so kann eine Einschränkung in Frage kommender Textfolien auf eine nationalsprachliche Überlieferung wohl weder theoretisch noch empirisch sinnvoll sein. Intertextuelle Bezüge können als schriftgestützte Textualisierungsverfahren nicht nur epochenübergreifende kulturelle Traditionen begründen. Neben dieser zeitüberschreitenden Dimension von hypertextuellen Relationen kommt grundsätzlich auch die raumdifferente Relation zwischen Texten in Betracht. Am deutlichsten ist dies dort, wo Folientexte auf fremdsprachige Basistexte referieren und somit den nationalsprachlichen Radius intertextueller

[9] Dieser literaturwissenschaftlich usualisierte Begriff wird von M. Pfister (1985, 53) im weitesten Sinn als „Bezug auf die sprachlichen Codes und das Normensystem der Textualität" bestimmt und der sogenannten Einzeltextreferenz gegenübergestellt.

Aspekte überschreiten. Zu fragen ist nun, ob dieser Subtyp der Intertextualität, der vorangehend bereits als polylinguale Intertextualität bezeichnet wurde, eine sprachgeschichtlich hinreichende Bedeutung für die gesonderte Fokussierung entsprechender Phänomene besitzt. Bei der Analyse von hypertextuellen Verschränkungen wird sicherlich in der Regel von monolingualen Intertextualitätszusammenhängen auszugehen sein. Denn die in den engeren Grenzen einer nationalsprachlichen Texttradition auszumachenden Relationen sind der Standardfall von Intertextualität. Demgegenüber sind polylinguale Textverschränkungen der Sonderfall und folglich als markierte Form der Intertextualität einzuordnen. Doch diese generelle Gewichtung von Intertextualitätsphänomenen erfährt im Zusammenhang sprachgeschichtlicher Erörterungen eine Verschiebung. Weder für das Spätmittelalter noch für die Frühe Neuzeit kann das Deutsche als nationalsprachliches Stratum mit autonomer Texttradition erfaßt werden. Sowohl unter dem Gesichtspunkt der Filiation von Texttraditionen seit ca. 1200 als auch für die Beschreibung der spätmittelalterlichen und frühneuzeitlichen Vertextungen selbst kommt dem Latein eine unbezweifelbar wichtige Bedeutung für die deutsche Kommunikation zu. Bereits in den einführenden Erörterungen des ersten Kapitels zu den Faktoren der Konstituierung von Kultursprachen wurde im Hinblick auf das Deutsche nachdrücklich auf den Ausbau von Kultursprachigkeit als Ablösung von lateinischen Traditionen verwiesen. Der Einfluß lateinischer Schriftlichkeit ist bei der Etablierung des Deutschen als eines kultursprachlichen Stratums bekanntlich hoch anzusetzen. Insofern spielt auch der gegenseitige Bezug von lateinischer und deutschsprachiger Textualität keine unwesentliche Rolle bei den Intertextualitätsdimensionen der deutschen Sprachgeschichte. Eine Vernachlässigung solcher Konstituenten von Intertextualität, die Relationen von lateinischer und deutscher Texttradition taxieren, liefe auf die Ausklammerung maßgeblicher Faktoren sprachlicher Entwicklungszusammenhänge hinaus. Wenn also im allgemeinen auch die monolinguale Intertextualität als Default des textanalytischen Interesses gilt, sind polylinguale Textverschränkungen unbedingt sprachgeschichtlich zu berücksichtigen, jedenfalls solange die Ablösung vom Latein für das Deutsche als wichtiger sprachgeschichtlicher Prozeß eingeordnet wird.

In diesem Zusammenhang weist die Frage nach dem Grad intertextueller Relationierungen eine Verbindung zur allgemeinen Einordnung des Lateins im deutschen Sprachraum auf. Wenn auch dem Latein in der Forschungsliteratur kaum der Rang einer überdachenden Kultursprache des Mittelalters abgesprochen wird, so herrscht doch Uneinigkeit darüber, ob die abnehmende Bedeutung des Lateins in den kontinuierlich vorgestellten Prozeß der Wandlung des Deutschen vom Ahd. über das Mhd., Frnhd. bis zum Nhd. problemlos einzupassen ist und insofern als lediglich koordinierter Faktor neben anderen Vereinheitlichungsursachen des Deutschen zu gelten hat, oder ob nicht vielmehr die volkssprachliche Prosaokkupation zuvor lateinisch besetzter Kommunikationsdomänen als Brennpunkt der Etablierung einer ausgebildeten deutschen Kultursprache anzusehen ist. Die Gewichtung der Substitution des Lateinischen über volkssprachliche Mittel differiert also bei übereinstimmender Annahme des generellen Einflusses der Latinität. Das sprachgeschichtliche Interesse an volkssprachigen Vertextungen des juridischen Diskurses ordnet sich den damit verbundenen konzeptionellen Desideraten der Historiolinguistik in besonderem Maße zu. Bei der Erfassung von Vertextungsgeschichten im hier vorgegebenen Zeitrahmen ist die lateinische Texttradition weithin zu berücksichtigen. Die entsprechenden polylingualen Intertextualisierungen sind ein strukturelles Charakteristikum des juridischen Diskurses im Spätmittelalter und in der Frühen Neuzeit. Die nicht anzuzweifelnde deutsch-lateinische Bilingualität bei einer Vielzahl von Sprechern/Schreibern bis in das 18. Jahrhundert ist gerade in ihren verschiedenen Varianten in der Domäne des Rechts sprachgeschichtlich wirksam. Das Latein als „Muttersprache Europas“ (C. Vossen 1979) ist in der Rechtskommunikation des deutschen Sprachraums noch lange Zeit präsent, greift jedoch im Zuge von Ersetzungen durch das Deutsche bzw. über den partiellen und zeitweiligen Bedeutungszuwachs in die historiolinguistisch relevanten Vertextungen des Rechts ein. Folglich kommt die Darstellung entsprechender Traditionslinien nicht umhin, die diesbezüglichen Ausbauprozesse des Deutschen zumindest exemplarisch zu erfassen.

Die entsprechenden Ausführungen werden dabei sinnvollerweise in den Zusammenhang der bisher einschlägigen Forschungsergebnisse zum Einfluß des Lateins auf das Deutsche zu stellen sein. Denn gerade zu diesem sprachgeschichtlichen Problemkreis liegt eine Fülle von Publikationen vor, deren Aussagen eine ausgesprochen differenzierte Einordnung der sprachproduktiven Wirkung des Lateins ermöglichen. Eine ausführliche Sichtung der eher literaturhistorischen Arbeiten liegt mit N. Henkels/N. Palmers (1992) Forschungsbericht zu Latein und Volkssprache im deutschen Mittelalter vor. Was die eigentlich sprachwissenschaftlichen Erörterungen angeht, so zeigt sich jedoch schnell, daß eine funktionsgeschichtlich verwertbare Sichtung domänenspezifischer Geltungsgrade der Latinität bzw. eine textgeschichtliche Analyse zur Ablösung lateinischer Kultursprachigkeit im deutschen Sprachraum in der bisherigen historiolinguistischen Forschung eine gänzlich untergeordnete Rolle gespielt hat. Die überwiegende Mehrzahl der Veröffentlichungen betrachtet im Hinblick auf die Determination durch das Latein sprachstrukturelle Eigenheiten des Deutschen. Die augenscheinlichsten Beispiele für lateinische Prägungen ergeben sich dabei im Lexikon als dominanter Bereich für Entlehnungen. Es erstaunt daher auch nicht, daß R. Drux' (1984) instruktive Übersicht zum deutsch-lateinischen Sprachkontakt zwar mit den einführenden

Formulierungen eine systematische Aufstellung aller für das Thema in Frage kommender Transferenzen zu geben verspricht, die nachfolgenden Ausführungen sich dann jedoch bis auf einen kurzen Exkurs zur Syntax ausnahmslos mit der lateinisch geprägten Lexik des Deutschen auseinandersetzen. Selbstverständlich kann nicht bezweifelt werden, daß gerade die lateinische Lexik der Humanisten unübersehbare Spuren im Deutschen hinterlassen hat; bereits eine Reihe älterer Arbeiten dokumentiert dies.[10] Doch es erhebt sich in unserem Argumentationszusammenhang die Frage, ob die für Sprachwandlungsprozesse des Deutschen zu erfassenden Einflüsse des Lateins tatsächlich grosso modo auf den Wortschatz beschränkt sind. Mit einer pragmatisch ausgerichteten Perspektive, also unter Beachtung der Organisationsformen der Kommunikation in jeweiligen sprachgeschichtlichen Epochen, scheint eine Auseinandersetzung mit dem Latein als d e r Verkehrssprache des Mittelalters auch durchaus lohnend zu sein. Da jedoch hierfür noch vielfältige Desiderate bestehen, kann es im Zusammenhang vorliegender Arbeit zunächst nur darum gehen, den Ausschnitt juridischer Kommunikation in Beziehung zu den entsprechenden polylingualen Traditionszusammenhängen zu stellen. Eine eingehende Erörterung der Latinität im Kontext der deutschen Vertextungsgeschichte ist damit nicht im geringsten beabsichtigt. Eine solche Arbeit steht noch aus, setzt aber wohl auch noch eine Reihe von Untersuchungen zu ausgewählten Teildomänen literaler Textgeschichten voraus.

Wichtige Hinweise für die konzeptionelle Ausrichtung derartiger Forschungsziele sind H. Munskes (1982) Ausführungen zur Rolle des Lateins als Superstratum im Deutschen und anderen germanischen Sprachen zu entnehmen. H. Munskes (1982, 237) Entscheidung, „nicht die Genese, sondern das Resultat deutsch-lateinischen Sprachkontakts zu betrachten“, eröffnet auch für die funktional ausgerichtete Sprachgeschichtsschreibung einen geeigneten Blick auf die entsprechenden lingualen Transferenzen. Wie bereits eingangs ausgeführt, gründet das Konzept einer textbasierten Historiolinguistik in der Überlegung, daß in Abhängigkeit von der prinzipiell retrospektiven Fokussierung geschichtlicher Problemstellungen die Modellierung sprachlichen Wandels in Abhängigkeit von den Definitionen des historischen Zielpunktes steht. Mit dem Bündel der Merkmale von Kultursprachen wurden diese explizit bestimmt. Eine auf Resultate im Sinne H. Munskes bezogene Erfassung der Interdependenzen zwischen Deutsch und Latein kann folglich für jedes der erwähnten kultursprachlichen Merkmale mehr oder weniger sinnvoll durchgeführt werden. Eine auf das Resultat polyfunktionaler Geltung abhebende Beschreibung sprachlichen Ausbaus verspricht hier aufgrund der zeitweise großen kommunikativen Reichweite des Lateins erwähnenswerte Einsichten. H.

---

[10] Einschlägig sind etwa die Darstellungen von H.-F. Rosenfeld (1974) und (1980).

Munskes Erkenntnisansatz koinzidiert denn auch mit dem pragmatisch ausgerichteten Versuch, hyperlinguale Texttraditionen zu bestimmen. Denn als Gegenstand der Geschichte einer Sprache wird bei H. Munske (1982, 238) nicht nur der Wandel des Sprachsystems angeführt, sondern ebenso die bedingenden Faktoren solchen Systemwandels, also „Geschichte und Wandel des Sprachverkehrs in einem bestimmten Sprachraum". Die „domänenspezifische Differenzierung" (ebd.) der deutsch-lateinischen Diglossie wird dabei im übrigen genauso in Betracht gezogen wie die zentrale Stellung des Rechts:

> Charakteristisch für das Deutsche ist zweifellos (...) die frühe (...) Entscheidung für das Latein zur Kodifizierung des überkommenen Rechts (Leges Barbarorum) und der Beurkundung, die erst ab dem 13. Jahrhundert nach und nach überwunden wurde, nachdem das Deutsche bereits andere Domänen der Schriftlichkeit erobert hatte. Angesichts der Bedeutung, die gerade Rechtsaufzeichnungen für die Konstituierung einer schriftsprachlichen Tradition besitzen, war dies fürs Deutsche von erheblichem Gewicht. (H. Munske 1982, 238f)

Dieser Prozeß einer Überwindung des Lateins 'nach und nach' ist in besonderer Weise geeignet, als Modellfall für die domänenspezifische Bedeutung des Lateins herzuhalten, dies um so mehr, weil die bisherige Forschungsliteratur eben ein weitgehend anderes Interesse an deutsch-lateinischen Transferenzen hatte. Wenn N. Palmers (1984, 579) Feststellung zutrifft, daß es in vielen Bereichen der Übersetzungsliteratur den Texten gelang, „ihre lateinische Vergangenheit abzuschütteln", so erwächst daraus die Forderung, nicht nur die Emanzipation des Deutschen als Kultursprache vor dem Hintergrund sprachstruktureller Prägungen durch das Latein, sondern überdies auch als Begründung eigener volkssprachlicher Vertextungstraditionen einzuordnen. Dies ist für die Geschichte der deutschen Sprache allein unter Berücksichtigung der polylingualen Texttraditionen adäquat, wobei nicht nur an Übersetzungen im eigentlichen Sinn zu denken ist, denn auch die vielfältigen Systemreferenzen in der deutsch-lateinischen Texttradition haben eine wichtige Geltung bei der funktionsgeschichtlichen Textanalyse.

Die starke Gewichtung des Lateins bei der Bestimmung polylingualer Intertextualität des Deutschen im Spätmittelalter und in der Frühen Neuzeit folgt aus den geschichtlichen Gegebenheiten. Hypertextuelle Relationen, deren Bezugsgrößen über die Grenzen nationalsprachlicher Strata hinausreichen, sind für den juridischen Diskurs jedoch nicht nur als lateinisch-deutsche Transferenzen zu erfassen. Sachangemessen ist vielmehr eine Skalierung auch solcher polylingualer Intertextualitätsformen, die aus Texttradierungen in weiteren Sprachen resultieren. Außerdem ist die deutsch-lateinische Textvermittlung selbst noch nach der Tradierungsrichtung zu differenzieren. Es ist nicht unwesentlich, ob ein Text zielsprachlich oder ausgangssprachlich mit dem Latein gekoppelt ist. Bevor auf diese Aspekte näher einzugehen ist, soll zunächst jedoch dem Problemzusammenhang der Textverschränkungen im stark gegliederten Varietätenraum des Deutschen nachgegangen werden.

Das Fehlen einer standardsprachlichen Kommunikationsebene hat bekanntlich die überregionale Schriftverständigung noch im Spätmittelalter ausgesprochen erschwert, wenn nicht sogar unmöglich gemacht. So bedingte die Einsetzung des Reichskammergerichts im Jahr 1495 den Zuwachs an reichsweitem Schriftverkehr von Juristen, was die norddeutschen Institutionen nötigte, auf das im Süden unverständliche Ndd. zu verzichten: „Die Juristen müssen in der Folge das Hochdeutsche beherrschen." (F. Brox 1994, XI) Die dabei zu überwindenden Schranken sprachlicher Verständigungsmöglichkeiten sind nicht als gering anzusehen. Es ist demzufolge durchaus nachvollziehbar, wenn die Übertragungen von deutschen Texten in regionale Varianten in einer Vielzahl von Publikationen als 'Übersetzungen' bezeichnet werden. Auch hier kann als Beispiel der *Sachsenspiegel* (# 238) als einer der prominentesten Texte des Spätmittelalters angeführt werden. In evidenter intertextueller Verschränkung zu diesem steht der *Deutschenspiegel* (# 46) von 1274/75. Dieser ist über den sogenannten *Augsburger Sachsenspiegel* (# 9) und einer vorausgehenden, nicht überlieferten Übertragung des Sachsenspiegels in das Obd. mit dem *Sachsenspiegel* (# 238) vermittelt. Es ist nun keineswegs unwichtig, den Status der Texte im Hinblick auf ihre Repräsentation von Varietäten des Deutschen zu bestimmen. U.-D. Oppitz (1990, 32f) bezeichnet sowohl die obd. Sachsenspiegelvariante als auch den *Augsburger Sachsenspiegel* (# 9) als Übersetzungen. Dies ist aufgrund der Differenzen zwischen dem Elbostfälischen des *Sachsenspiegels* (# 238) und dem Obd. der Varianten auch durchaus möglich. Andererseits ist es nicht sinnvoll, die intertextuellen Verschränkungen bei Varietätentransfer gleichgeordnet den Textkorrelationen des Typs Deutsch-Latein zu behandeln. Im Zusammenhang unserer Erörterungen soll daher von *Textübertragung* bei einer signifikanten Varietätendifferenz zwischen Ausgangs- und Zieltext gesprochen werden, von *Textübersetzung* dagegen nur bei eindeutig einzelsprachlicher Unterscheidbarkeit zweier Texte. Damit kommen 'Übersetzungen' wie der *Augsburger Sachsenspiegel* (# 9) nachfolgend nicht als Gegenstand der Behandlung polylingualer Intertextualität in Betracht. Eine Auseinandersetzung mit Intertextualität bei Textübertragungen ist Teil der Deskription monolingualer Textverschränkungen.

Mit dieser notwendigen Einschränkung ist es möglich, zunächst die Differenzierung deutsch-lateinischer Texttransferenzen nach ausgangs- und zielsprachlichem Status des Deutschen zu behandeln. In der Regel ergeben sich für den juridischen Diskurs intertextuelle Textverschränkungen, also textgeschichtliche Traditionen in der Richtung Latein ↣ Deutsch. Die zahlreichen Beispiele hierfür entsprechen der Einordnung deutscher Textgeschichte als Ablösung vom Latein. Nicht mit dieser Häufigkeit nachzuweisen, aber dennoch sprachgeschichtlich ebenso wichtig sind die Textverschränkungen der Richtung Deutsch ↣ Latein: „Einen bemerkenswerten Sonderfall des Übersetzens stellen die Werke dar, die gewissermaßen eine Umkehrung des 'üblichen' Wegs vom Lateinischen in die Volkssprache bieten: Texte, die nach einer deutschsprachigen Vorlage ins Lateinische transferiert werden." (N. Henkel/N. Palmer 1992, 14) So wurden etwa die *Landläufigen Kulmischen Rechte* (# 132) in ihrer verbesserten und erneuerten Version von 1553 zur besseren Verständlichkeit für die polnischen Textadressaten als *Jus Culmense emendatum* von Caspar Schulz ins Lateinische übersetzt. Ähnlich motiviert ist die lateinische Übersetzung des *Landrechts des Herzogtums Preußen* (# 139) von 1620, das sogenannte *Jus Provinciale Ducatus Prussiae* von 1623/24 und einige andere im einzelnen noch aufzuführende Rechtstexte.

Zeigen diese Beispiele, daß polylinguale Intertextualität für die Geschichte der deutschen Sprache nicht auf die Transferrichtung Latein ↣ Deutsch zu reduzieren ist, so sind schließlich noch jene sprachüberschreitenden Bezüge zwischen Texten anzuführen, bei denen nicht das Latein, sondern eine andere europäische Sprache Relatum deutscher Texte ist. Bei diesem Intertextualitätstypus ist das Deutsche fast ausschließlich Ausgangssprache. So wurde das *Magdeburger Weichbild* (# 160) nicht nur ins Lateinische übersetzt, sondern zudem auch ins Tschechische und Polnische, wie denn viele der salienten Rechtsbücher und manch anderer deutsche Rechtstext in europäischen Sprachen überliefert sind. Die Übertragungsrichtung Deutsch ↣ weitere Sprache ist ein Indikator für die geistesgeschichtliche Bedeutung eines Textes im Hinblick auf seinen Verbreitungsradius.

Festzuhalten bleibt vorerst, daß für die Einordnung polylingualer Intertextualitätsformen drei Typen in Betracht kommen: Der Regelfall des Transfers in der Richtung Latein ↣ Deutsch, die Umkehrung dieser Tradierungslinie als Textvermittlung in der Richtung Deutsch ↣ Latein und schließlich die intertextuelle Relation der Richtung Deutsch ↣ weitere Sprache. Diese bereits aus der allgemeinen Kenntnis von Textverschränkungen im juridischen Diskurs abzuleitenden Bestimmungen korpusangemessener Subtypen der polylingualen Intertextualität gilt es, nach textuellen Gegenstandsbereichen zu differenzieren. Dabei ist weiterhin nicht an eine taxonomische Skalierung hypertextueller Textverschränkungen gedacht. Ziel einer Binnengliederung sprachgeschichtlich relevanter Formen polylingualer Intertextualität ist nicht die Formulierung präskriptiver und vor allem distinkter Kategorien, sondern die Ausgliederung operationaler Kriterien zur Einordnung intertextueller Relationen bei der empirischen Untersuchung textbasierter Funktionsdomänen. Denn jeweilige konkrete Textexemplare können durchaus nicht immer den zuvor bestimmten Kategorien zugeordnet werden. Sinnvoll ist damit allein eine vorläufige Festlegung funktionsgeschichtlich anwendbarer Analyseparameter. Für die eingeführten Subtypen der polylingualen Intertextualität werden in Entsprechung dieser Absicht zwei Erscheinungsformen unterschieden. Unabhängig von den Tradierungsrichtungen kann die Vermittlung zwischen zwei oder mehr Texten als Referenz auf textuelle Muster der standardisierten Verschriftung rechtlicher Inhalte realisiert sein oder als unmittelbare Koppelung eines Textes an einen Basistext. Für den ersten Fall wurde bereits der Terminus *Systemreferenz* eingeführt, im zweiten Fall von *Einzeltextreferenz* gesprochen. Die Bestimmung von Texten als Ausgangs- bzw. Zielform von Übersetzungen läuft auf die Betrachtung von Einzeltextreferenzen hinaus. Diese sind sprachgeschichtlich allein mit Bezug auf Bestimmungen domänenspezifischer Texttradierungen von Interesse. Ob ein Text x einem lateinischen Ausgangstext y oder einem fremdsprachigen Zieltext z zuzuordnen ist, darf losgelöst von einer allgemeinen Analyse der Domänenspezifik als funktionsgeschichtlich weitgehend unwesentlich gelten. Hier setzen eher überlieferungsgeschichtliche Einzelstudien an, deren Ziel von der historischen Dimensionierung der Polyfunktionalisierung weitgehend abweicht. Funktionsgeschichtlich verwertbar ist die Kenntnis von Übersetzungen nur, wenn die jeweiligen Basis- bzw. Folientexte als Repräsentanten einer Funktionsdomäne statuiert sind. Es ergibt sich also ein erkennbares Primat der Bestimmung von intertextuellen Relationierungen in Teildomänen des juridischen Diskurses gegenüber der Detailanalyse hypertextueller Vermittlung singulärer Rechtsquellen. Das bedeutet, daß Einzeltextreferenzen lediglich dann von Bedeutung für die Aufgliederung textueller Traditionen in der Funktionsdomäne des Rechts sind, wenn ihnen ein für die entsprechende Teildomäne verallgemeinernder Status zukommt; für die Mehrzahl der überlieferten Texte ist dies aufgrund einer verbreiteten Homogenität juridischer Vertextungsverfahren der Fall.

Neben den Einordnungen von übersetzungsbezogenen Einzeltextreferenzen sind für die Formen der polylingualen Intertextualität die Systemreferenzen in den jeweiligen Teildomänen zu bestimmen. Funktionsgeschichtlich ist gerade diese Form von Intertextualisierungen hervorzuheben, denn die Einordnung von Texten als Repräsentanten polylingualer Systemreferenzen zielt auf die Beantwortung der sprachgeschichtlich zentralen Frage nach dem Ausbau textueller Handlungsverfahren im Spannungsfeld von Deutsch und Latein. Für die Subdomänen des juridischen Diskurses ist zu zeigen, ob jeweils usualisierte textuelle Muster Vorläufer in lateinischen Texten besitzen und damit von einem lateinisch-deutschen Textmustertransfer zu sprechen ist, oder ob die in einzelnen Teildomänen verwirklichten Formen der Vertextung neu konstituiert sind. Auf diesem Weg ist eine Übersicht über den Geltungsgrad der Substitution lateinisch gesetzter Textmuster möglich. Dabei ist durchaus von einer uneinheitlichen Verteilung lateinisch begründeten Textmustertransfers einerseits und der volkssprachlichen Neukonstituierung textueller Muster andererseits auszugehen. So steht die Quellengruppe der Reichslandfrieden als wichtiger Vertreter der Subdomäne Reichsrecht im Spätmittelalter in evidenter hypertextueller Verschränkung zu vorausgehenden lateinischen Reichslandfrieden bzw. noch früheren Gottesfrieden. Die mit dem *Mainzer Reichslandfrieden* (# 164), der ja noch als lateinisch-deutsche Parallelüberlieferung fungiert, einsetzende volkssprachliche Tradition des Reichslandfriedens ist folglich ein charakteristisches Beispiel für eine polylinguale Systemreferenz und damit für die Substitution des Lateins auf der Ebene textueller Muster. Bei weitem nicht mit dieser Evidenz von lateinischen Vertextungstraditionen abhängig, sind die Land- und Lehnrechtsbücher in ihren Vertextungsmustern weitgehend von lateinischen Transferenzen unabhängig, wenngleich auch hier die lateinische Urform des Sachsenspiegels eine gänzliche Autonomie von initial lateinischen Textmustern ausschließt.

Für die behandelte sprachgeschichtliche Periode von 1200 bis 1800 werden in Abhängigkeit von den unterschiedlichen Entwicklungslinien in den einzelnen Subdomänen des juridischen Diskurses voneinander abweichende Prozesse des Transfers zwischen Latein und Deutsch zu beschreiben sein. Die lingualen Relationen zwischen Texten unterschiedlicher Sprachen sind nicht einheitlich gewichtet, sondern resultieren aus den differenten Kommunikationsansprüchen der verschiedenen Typen juridischer Literalität. Bereits das Beispiel der Reichslandfrieden zeigte, daß etwa die reichsrechtliche Normierung seit Beginn des Spätmittelalters mit konsequentem Zuwachs in deutscher Sprache erfolgt; die lateinische Texttradition ist in dieser Teildomäne des juridischen Diskurses zwar anfänglich noch in hohem Maß Gegenstand von Systemreferenzen, doch eine Fortsetzung reichsrechtlicher Latinität ist seit dem 14. Jahrhundert stark rückläufig. Eine solche Beobachtung sollte nun jedoch nicht Anlaß zur Unifizierung entsprechender Fakten für die gesamte Domäne des juridischen Diskurses sein. Die juristische Literatur etwa zeigt sich mit ihrem weitgehenden Beharren auf dem Latein als Mittel mündlichen und schriftlichen Ausdrucks - bis auf die populäre Literatur der Frühen Neuzeit - als ausgesprochen konservativ gegenüber dem Gebrauch der deutschen Sprache. So muß sich Thomas Murner (1475-1537) für seine laienadressierten juristischen Erörterungen in deutscher Sprache erheblicher Kritik durch seine Fachkollegen aussetzen, und Ulrich Zasius (1461-1535) formuliert als einer der Hauptvertreter der humanistischen Jurisprudenz an der Schwelle zur Frühen Neuzeit ein vernichtendes Urteil über die volkssprachige Vermittlung juristischer Inhalte:

Diejenigen verdienten Züchtigung, welche jetzt die Wissenschaft des Civilrechts, die sie selbst kaum von außen kennen gelernt hätten, in die Muttersprache und allerlei Spielereien übertrugen: denn nicht genug, daß sie selber völlig unwissend seien, machten sie auch andere zu Narren. [11]

Der hier angemeldete Anspruch auf exklusive Gelehrsamkeit der Jurisprudenz, für den eine sprachliche Hermetik über das Latein nur förderlich ist, koinzidiert mit der geistesgeschichtlichen Strömung des Humanismus weitgehend. Bereits in I. Warnke (1994, 369) wurde darauf hingewiesen, daß das Neulatein der Humanisten eine gegenläufige Kraft in der Ablösung des Mittellateins durch das Deutsche darstellt. Die entsprechenden Entwicklungen sind dabei nicht nur domänenspezifisch, sondern eben auch nach Teilen jeweiliger Diskursbereiche sorgfältig auseinanderzuhalten. Das Streben nach einer europäischen Einheit des Geistes, wie es in der an Cicero ausgerichteten und durch die Humanisten beförderten Latinisierung der Frühen Neuzeit im allgemeinen und in einzelnen Schriften[12] im besonderen zum Ausdruck kommt, ist auf genau eingrenzbare Funktionsdomänen beschränkt. Während das Schrifttum der gelehrten Jurisprudenz im Deutschen Reich bis in das 18. Jahrhundert lateinisch dominiert ist, erfolgt etwa im Zuge von Aufklärung und Naturrechtslehre für die Gesetzessprache sogar ein verstärktes Bestreben nach Allgemeinverständlichkeit des Rechts, das in den großen Kodifikationen des 18. Jahrhunderts einzulösen versucht wurde. Eine nicht unwesentliche Rolle spielt dabei Charles L. Montesquieus (1689-1755) Forderung nach nationaler Eigenheit jeweiligen Rechts und nach Verständlichkeit für den minderbegabten Menschen, wie sie in seinem namhaften Werk *De l'esprit des loix*[13] aufgestellt sind.

Bereits diese wenigen Beispiele mögen ausreichen, um die Unangemessenheit pauschalierender Einordnungen des Lateins im juridischen Diskurs zeigen zu können. Das immer wieder perpetuierte Urteil, im Rechtsschrifttum habe das Deutsche bis in das 18. Jahrhundert kaum eine Rolle gespielt, trifft in keinster Weise zu. Es wird gerade im Zusammenhang der teildomänenspezifischen Erörterung polylingualer Intertextualität daher auch darum gehen, derart simplifizierende Auffassungen materialgestützt zu falsifizieren.

Dafür sind die eingeführten Aspekte polylingualer Intertextualität als Parameter für die Untersuchung des generierten Korpus einzusetzen. Daß das analytische Verfahren am Ziel einer generellen Einordnung der in den Teil-

---

[11] Zitiert nach R. von Stintzing (1880, 170).

[12] Von besonderer Bedeutung ist die lateinische Grammatik von Lorenzo Valla: Elegantiarum Linguae Latinae Libri Sex. 1471. Mit dem Ziel einer Erneuerung des Lateins publiziert, erfuhr diese Grammatik bis 1550 über 60 Auflagen.

[13] Charles de Secondat Montesquieu: De l'esprit des loix. 1748.
Seit 1748 deutsche Übersetzung in mehreren Auflagen, darunter:
Des Herrn von Montesquieu Werk vom Geist der Gesetze. Nach der neuesten und vermehrten Auflage aus dem Französischen übersetzt und mit vielen Anmerkungen versehen. Altenburg 1782.

domänen des juridischen Diskurses signifikanten Textverschränkungen zu messen ist, wurde bereits ausgeführt. In Entsprechung der Überlegungen zur zentralen Relevanz intertextueller Beziehungen beim funktionalen Ausbau von Kultursprachen ist damit das sprachgeschichtliche Interesse am überlieferten Quellenbestand von vornherein gestreut. Im Mittelpunkt der Fokussierung von Polyfunktionalisierungen stehen Textmuster und teildomänenspezifische Formen von Vertextungen, nicht der Einzeltext. Konkret wird dieser Vorgabe im Kap. 5. durch die nach Teildomänen und jeweils zu bestimmenden Zeitabschnitten gegliederte Einordnung intertextueller Verschränkungen im polyfunktionalen Textspektrum nachgekommen. Es wird dabei zuerst gezeigt, ob textbezogene polylinguale Transferenzen in den definierten Funktionssegmenten überhaupt in nennenswertem Umfang vorkommen. Ist dies der Fall, so sind die je dominanten Transferrichtungen ausgefiltert. In diesem Zusammenhang wird auch ausgelotet, ob lateinische Muster als textgeschichtliche Determinanten für Systemreferenzen bestimmend sind, oder ob das sachlich und zeitlich eingegrenzte juridische Funktionssegment der deutschen Sprache über weitgehend autonome Organisationsformen volkssprachiger Kommunikation verfügt und insofern von initialen Ausbauvorgängen des Textmusterspektrums ausgegangen werden kann. Gegenüber den Aspekten 'Transferrichtung' und 'Systemreferenz' werden Einzeltextreferenzen nur in Fällen besonderer Prominenz behandelt, da nur hier mit einem sprachgeschichtlich wirksamen Einfluß auf die Funktionsdifferenzierung des Deutschen zu rechnen ist. Die vor allem infolge der humanistischen Neubegründung lateinischer Traditionen ausgebauten Funktionsdomänen des juridischen Diskurses nehmen in den Fällen nahezu alleiniger lateinischer Vertextungen einen Sonderstatus bei der Skalierung polylingualer Intertextualität ein. Diesen Diskursdomänen ist ja gerade das scheinbare Fehlen einer Vermittlung mit deutschen Vertextungen eigen, so daß von polylingualer Intertextualität im engeren Sinn nicht zu sprechen ist. Da sich die hierfür in Frage kommenden Texte jedoch in das Gesamtspektrum der juridischen Diskursdomäne integrieren und sowohl präexistente Texte zum Gegenstand der Erörterungen machen als auch auf spätere volkssprachliche Übersetzungstraditionen wiederum Einfluß nehmen, ist eine Selegierung der Texte gelehrter Jurisprudenz humanistischer Prägung im Zusammenhang vorliegender Erörterungen nicht angemessen. Die sprachgeschichtlich gegenüber den volkssprachigen Vertextungen gegenläufigen Tendenzen frühneuzeitlicher Latinisierungen sind ein konstitutives Merkmal der Funktionsgeschichte des Deutschen. Denn Sprachgeschichte verläuft nicht teleologisch orientiert und diesbezüglich in stetiger Progression, sondern hat jederzeit bezogen auf kultursprachlichen Ausbau mit kontradiktorischen Einflüssen zu rechnen. Da jedoch bereits in der Frühen Neuzeit eine „große Zahl von Rechtspraktikern (...) zwar nicht die lateinische Sprache, wohl aber die deutsche" (E. Kaufmann 1984, 28) beherrschte, haben solche Tendenzen in der Rechtsdomäne nicht das heute fraglos geltende Primat des Deutschen aufhalten können.

4.3.2 Monolinguale Intertextualität

Interessiert bei der Untersuchung polylingualer Intertextualität juridischer Texte vor allem der Transfer textueller Muster zwischen dem Deutschen und anderen Sprachen, so erlaubt die Erörterung monolingualer Intertextualität im Spektrum sprachgeschichtlicher Prozesse des Deutschen eine genauere Betrachtung der potentiellen Ebenen systembezogener Intertextualität. Der bereits in den vorangehenden Argumentationen mehrfach behandelte Begriff des 'Textmusters' wird dabei als Relatum von monolingualer Intertextualität anzusehen sein. Polyfunktionalisierungen wurden als Ergebnis sprachgeschichtlich wirksamer Handlungen eingeführt, ihr textuelles Äquivalent ist folglich als Muster von Vertextungen, mithin als Textmuster angemessen bestimmt. Da das historiolinguistische Interesse an der intertextuellen Vernetzung von Diskursdomänen in erster Linie type-orientiert ist, sind es gerade die für jeweilige Teildomänen typischen Textmuster, die als Gegenstand einer Geschichte von Polyfunktionalisierungen in Betracht kommen. Die historischen Dimensionen von Polyfunktionalisierungen ergeben sich im Kontext einer Vertextungsgeschichte und folglich auch aus den intertextuellen Aspekten textorganisierender Muster. Insofern ist monolinguale Intertextualität über die Bestimmung von Textmustern als komplexen Handlungsmustern (vgl. B. Sandig 1978, 69) zu fokussieren, wobei zu bedenken ist, daß derartige Textmuster mit B. Sandig (1983, 100) als Planelemente anzusehen sind: „Beim Planen eines Textes greift der Sprecher auf Planelemente verschiedener Art zurück und wählt, seinen aktuellen Bedürfnissen entsprechend, daraus aus." Damit ist dem Begriff des Textmusters als eine jeweilige kommunikative Intentionen strukturierende Kombination von Planelementen die Dimension intertextueller Vernetzung bereits inhärent. Denn der Rückgriff auf bekannte Planelemente setzt die Kenntnis von Textmustern voraus. Jeder auch noch so variierende Gebrauch von textuellen Mustern ist erst in der Folge vorausgehender Textrezeption möglich. Die Entfaltung eines funktional differenzierten Textmusterspektrums erfolgt also in stetiger Rückkoppelung an die bereits über konkrete Texte realisierten Muster, so daß monolinguale Systemreferenzen als ein sprachgeschichtliches Kontinuum gelten dürfen. Es kann bereits hier festgehalten werden, daß die Etablierung von polyfunktionalen Textmusterspektren mithin ein durch intertextuelle Referenzen gesteuerter Vorgang der Applikation und Modifikation bereits tradierter Textmuster ist. Schon R.-A. Beaugrande/W.

Dressler (1981, 190) bestimmen in Entsprechung hierzu den Prozeß der Wissensvermittlung zwischen Texten und den Rückgriff auf bestehende Organisationsformen textuellen Handelns als eines von sieben Textualitätskriterien, wenngleich sie nicht auf die hieraus resultierenden Konsequenzen für die Sprachgeschichtsschreibung eingehen.

Bevor im weiteren zu bestimmen ist, welche Ebenen der Textorganisation bei der Erfassung intertextuell verschränkter Textmuster sinnvoll zu erfassen sind bzw. wie der theoretische Anspruch an die Skalierung von Textmusterspektren im juridischen Diskurs in einer Longitudinalstudie zu operationalisieren ist, scheint es keineswegs nebensächlich zu sein, die rechtshistorischen Typologisierungsansätze der juristischen Quellenkunde zu erwähnen. Gerade in jüngerer Zeit hat sich in der Rechtsgeschichte eine Typenlehre etabliert, die den Versuch der merkmalgestützten Einordnung des juridischen Textkorpus unternimmt. Insbesondere Th. Bühler (1980) hat eine Typologie als Systematisierungsmethode der Rechtsquellenlehre eingeführt und dabei sieben Typologisierungsmerkmale aufgestellt: (1) Form der Rechtsquelle, (2) Stoffanordnung, (3) Vollständigkeitsgrad des Inhalts, (4) Rechtserzeugung, (5) Rechtserschließung, (6) beteiligte Personen, (7) Rechtskreis. Wenngleich diese Merkmale nicht homogen im Hinblick auf eine Gewichtung von textbezogenen Aspekten einerseits und außersprachlichen Faktoren der Textentstehung andererseits sind, wird mit ihnen doch eine konsistente Typologie von Rechtsquellen unter der Voraussetzung einer linguistischen Vertiefung möglich. So wurde die Form von Rechtsquellen (1) als mündliche oder schriftliche Texte sowie die Typisierung nach beteiligten Personen (6) in der Bestimmung der textuellen Situation ebenso in Kap. 4.1 bereits erfaßt, wie das Merkmal Rechtskreis (7) in diesem Zusammenhang über die Variablen des textuellen Organisationsbereichs in der vorliegenden Arbeit eingeführt ist. Th. Bühlers Merkmal (2) entspricht als strukturelle Anordnung des Stoffes einer Rechtsquelle weitgehend T. von Dijks (1980) Begriff der 'Superstruktur', während die Bestimmung des Vollständigkeitsgrades von Rechtstexten (3) auf eine Analyse der inhaltlichen 'Makrostruktur' hinausläuft; auf beide Aspekte ist noch näher einzugehen. Die Merkmale Rechtserzeugung (4) und Rechtserschließung (5) beziehen sich schließlich auf die ebenfalls in Kap. 4.2 behandelte Intention von Textproduzenten. Wir sehen also, daß die rechtshistorische Typologisierung durchaus in wesentlichen Bereichen Schnittstellen zur entsprechenden linguistischen Theoriebildung aufweist, für die sprachgeschichtliche Behandlung von Vertextungen jedoch zu modifizieren ist.

Mit den formalen Superstrukturen, die Th. Bühler unter dem Gesichtspunkt der Stoffanordnung zu erfassen versucht, und den global semantischen Bedeutungsstrukturen, also Makrostrukturen, die in Th. Bühlers Typologie als Vollständigkeitsgrad des Inhalts bestimmt sind, haben wir bereits zwei Strukturebenen erfaßt, die systemreferentielle Intertextualität realisieren und insofern Konstituenten jedes Textmusters sind. Unberücksichtigt bleibt bei Th. Bühler der illokutive Gehalt von Texten als wesentlicher Bestandteil der Musterorganisation sowie die argumentative Struktur des Inhalts, sofern diese signifikant ist. Erst bei einem textuellen Verbund von Superstruktur, Makrostruktur, Illokutionsstruktur und Argumentstruktur kann aber im eigentlichen Sinn von Textmustern die Rede sein. Da die Tradierung von derartigen Planelementen prinzipiell Teil der Anwendung von Textmustern ist, sind diese vier Strukturebenen zugleich auch der abstrakte Gegenstand einer Erfassung von monolingualer Intertextualität. Abstrakt deshalb, weil zu fragen ist, ob jede der genannten Strukturebenen in concreto das gleiche Gewicht bei der musterbezogenen Intertextualität von singulären Quellen hat oder ob nicht vielmehr analytische Schwerpunkte zu setzen sind. Gerade bei der Behandlung der Geschichte von funktional bestimmten Textmusterspektren wird es nicht sinnvoll sein, Super-, Makro-, Illokutions- und Argumentstrukturen mit der gleichen Ausführlichkeit zu behandeln. Hier ist es vielmehr sinnvoll, zugunsten der exemplarischen Übersicht die je Text zentralen Strukturebenen mit intertextueller Relevanz zu betrachten. Folglich steht die Darstellung einer Geschichte von Textmusterspektren deutlich gegenüber der exhaustiven Analyse von Einzeltextstrukturen im Vordergrund. Bereits in den textsortengeschichtlichen Beiträgen des Handbuchs zur Sprachgeschichte (W. Besch/O. Reichmann/St. Sonderegger [Hg.] 1984/85) findet sich ein ähnliches Verfahren der einzeltextabstrahierenden Generalisierung, das jedoch einer periodenspezifischen Darstellungsweise folgt, während hier der domänenspezifische Zugriff als angemessen beurteilt wurde. Textmusterspektren sind damit das im Umfang differenzierte Inventar von domänenspezifischen Kombinationen der vier genannten Strukturebenen. Der Textproduzent aktiviert also im Verlauf einer Intertextualisierung bereits gesetzte Muster eines solchen Spektrums und trägt je nach kultur- bzw. rechtsgeschichtlicher Bedeutung der Quelle in unterschiedlichem Maße zum weiteren Ausbau des Textmusterspektrums einer Domäne bei.

Mit dieser sprachgeschichtlichen Dimensionierung des Interesses an Textmustern bzw. ihrer domänenbezogenen Organisation ist es möglich, den im weiteren zugrunde gelegten Begriff 'Textmuster' genau zu definieren. Dies ist nicht nur aufgrund eines generellen Vorteils von eindeutig bestimmten Begriffen sinnvoll, sondern insbesondere weil die Zahl der eingeführten Bedeutungen von Textsorte, Textmuster etc. derart breit gestreut ist, daß nicht selten kolportierte Termini zu konzeptionellen Verwirrungen führen. In Anlehnung an die bereits zitierten Arbeiten B. Sandigs wird 'Textmuster' hier bestimmt als Pattern der formalen, inhaltlichen, illokutiven und im Einzelfall auch argumentativen Organisation von textgenerierenden Handlungen, das als

Planelement je teildomänenspezifischer Vertextungen partiell vorstrukturiert ist und mithin intertextuelle Bezugsbereiche markiert.

Daß die Bestimmung, Skalierung und Einordnung jeweiliger Textmuster keineswegs allein Aufgabe einer gegenwartsbezogenen Sprachwissenschaft synchroner Prägung ist, zeigt das breite Interesse der neueren Sprachgeschichtsschreibung an den historischen Abläufen volkssprachlicher Textmustergenesen, die ja seit dem Spätmittelalter gerade parallel zur Literalisierung der Kommunikation verlaufen und somit die Substitution des Lateins in Abhängigkeit „von der Ausweitung der Schreibpraxis auf neuartige städtische Kommunikationssituationen und Textsorten" (P. von Polenz 1991, 124) erkennbar werden lassen. Es kann damit nochmals betont werden, daß eine Geschichte der Genese intertextuell vermittelter Textmuster ein wesentlicher Baustein jeder pragmatischen Sprachgeschichtsschreibung ist.

Für den analytischen Zugriff auf historisch derart maßgebliche, intertextuell verschränkte Textmuster ist zu entscheiden, welche Gewichtung der vier genannten Strukturebenen dem überlieferten Quellenmaterial am angemessensten ist bzw. durch welche Konzentration auf Ebenen der Textmusterorganisation sprachgeschichtlich sinnvolle Erkenntnisse zu gewinnen sind. Folgt man den rechtshistorischen Typologisierungsversuchen, so scheint eine nachdrückliche Untersuchung von Super- und Makrostrukturen bereits eine ausreichende Präzision in der Erfassung domänentradierter Muster zu gewährleisten. Aus sprachwissenschaftlichem Blickwinkel zeigt sich jedoch, daß den rechtshistorischen Quellentypologien ein disparater Textbegriff eigen ist, der weitgehend in der Vorstellung eines strukturierten Inhaltsträgers sprachlicher Art erschöpft ist. Ein handlungsbezogener Textbegriff geht aber nun gerade davon aus, daß ein Text als sprachlich realisierte komplexe Handlung mehr denn formal organisierte Information ist. Die pragmatische Lesart eines auch sprachgeschichtlich anwendbaren Textbegriffs sieht „Texte-in-Funktion" (G. Presch 1991, 83) als die primären sprachlichen Einheiten an, so daß eine sprachwissenschaftlich konsistente Erfassung von Textmustern nicht nur den eingeschränkten typologischen Zugriff auf Inhalt und Form von Texten erweitert, sondern die kommunikative Funktion eines Textes sogar zum eigentlichen Maßstab seiner Musterorganisation erhebt. Insbesondere in den textlinguistischen Konzeptionen von K. Brinker wird dieser Standpunkt vertreten. Die Textfunktion fungiert hier als Basiskriterium für die Beschreibung von Textualität im allgemeinen und von Textsorten/Textmustern im besonderen. Mit K. Brinker kann davon ausgegangen werden, daß Texte als komplexe sprachliche Handlungen über hierarchisch strukturierte einzelne Sprechhandlungen ein kommunikatives Ziel verfolgen, wobei in der Regel eine Sprechhandlung die anderen dominiert. Die Funktion eines Textes ist dabei an die kommunikativen Ziele gekoppelt, so daß die dominierende Sprechhandlung „als grundlegend für die kommunikative Funktion des gesamten Textes" (K. Brinker 1983, 136) gelten kann. Die Dominanz einer Sprechhandlung bestimmt also die Funktion eines Textes und damit in entscheidendem Maße auch die Musterorganisation. Eine allein inhaltlich und formal orientierte Texttypologie klammert Textfunktionen als konstitutive Größen jeweiliger Textmuster aus und ist folglich nicht geeignet, Texte als kommunikative Einheiten angemessen zu analysieren. Die intertextuelle Vermittlung und Tradierung von Textmustern im monolingualen Spektrum einer Domäne wie des juridischen Diskurses erfolgt eben nicht allein inhaltsorientiert und gebunden an Oberflächenstrukturen der Informationsanordnung, sondern realisiert sich im besonderen über die Adaption von Verfahren zum Erreichen jeweiliger Handlungsabsichten, also Textfunktionen. Diese Überlegung führt zu einer primären Gewichtung der Illokutionsstruktur bei der Analyse historischer Textmuster. Denn Illokutionen sind als Handlungsabsichten die sprachlichen Einzeläquivalente der allgemeinen Textfunktion. Wir gehen folglich auch mit Hinweis auf die Erörterungen in Kap. 4.2 davon aus, daß bei der Erfassung von Textmustern zunächst und in erster Linie der illokutive Gehalt von Texten als analytischer Gegenstand in Betracht kommt. Diesem erst nachgeordnet, erscheint der inhaltliche bzw. propositionale Gehalt von Texten als musterbildend. Wie etwa die Analyse spätmittelalterlicher Reichslandfrieden in I. Warnke (1996a) zeigt, konstituiert sich das Textmuster 'Reichslandfrieden' zwar auch aus inhaltlichen Konstanten, doch die Stabilität dieses Musters über einen Zeitraum von mehreren 100 Jahren resultiert aus einer spezifischen Gestalt der Illokutionsstruktur mit der für Rechtssetzungen typischen Kombination direktiver und deklarativer Handlungsziele.

In weiterer Unterordnung zu den Illokutions- und Propositionsstrukturen kommt die formale Superstruktur als Ebene der Textmusterorganisation in Betracht. Wenngleich es im juridischen Diskurs auch Textmuster mit ausgesprochen spezifischen Formen der Inhaltsorganisation gibt - so etwa bei den Kaiserlichen Wahlkapitulationen der Frühen Neuzeit -, so bestimmen die illokutiven Gehalte und inhaltlichen Zusammenhänge solcher Texte doch auch hier vorrangig die Zugehörigkeit zu einem Textmuster. Die Superstruktur ist bei gleichen Textmustern gemeinhin noch am ehesten variabel, der Inhalt textmustergleicher Quellen dagegen bereits weit weniger, und die dominanten Illokutionen sind zumeist identisch. Die Argumentstrukturen sind schließlich in jeglicher Form am wenigsten spezifisch für bestimmte Textmuster. In nahezu allen juridischen Texten finden sich komplexe oder einfache Strukturen der Argumentation, die Übereinstimmungen auch bei signifikanten Textmusterdifferenzen aufweisen. Eine Analyse von Argumentstrukturen verspricht damit die geringsten Einsichten über die Organisation je sprachgeschichtlich zu beschreibender Textmuster. In der Darstellung zur Geschichte der Polyfunktionalisierung des Deutschen im 5. Kap. wird daher auf die Beschreibung von Argumentstrukturen verzichtet. Die Textanalysen in I. Warnke (1995 und 1996a) mögen für die Einordnung der Argumentstruktur in den Kontext einer Bestimmung von Textmustern zunächst als ausreichend angesehen werden.

Damit ist die als notwendig erachtete Gewichtung der textmusterbezogenen Strukturebenen mit folgenden Rängen erreicht: (1) Illokutionsstruktur, (2) Propositionsstruktur, (3) Superstruktur [, (4) Argumentstruktur]. Es wird im weiteren darum gehen, die Strukturebenen (1) bis (3) als Parameter der Analyse intertextueller Polyfunktionalisierungen des Deutschen näher zu bestimmen.

Bereits in den Erörterungen zum Verhältnis von einzelnen textuell realisierten Handlungsabsichten und kausal gesteuerten Polyfunktionalisierungen in Kap. 4.2 wurden die Illokutionen als primäre Vertextungsziele eingeführt. Die funktionsorientierte Sprachgeschichtsschreibung hat sich folglich im Zuge einer Erörterung von domänenspezifischen Textmusterspektren in erster Linie mit dem illokutiven Gehalt und den sprechhandlungsbezogenen Ausdrücken auseinanderzusetzen. Dieser Zugang zu Fragen der Sprachgeschichte ist dabei keineswegs eine Errungenschaft neuester sprachwissenschaftlicher Reflexion, sondern wurde bereits in der Anfangsphase der pragmatischen Orientierung historiolinguistischer Ansätze gefordert, namentlich von B. Schlieben-Lange (1976), die bereits in den 1970er Jahren eine historische Analyse von Sprechakten voranzutreiben versuchte. Mögliche und auch tatsächlich geäußerte Einwände, die sich auf die a-historische Dimension von Sprechakten berufen und daher geschichtliche Auseinandersetzungen mit Sprechakten marginalisieren, greifen hier argumentativ nicht, da sprachliche Handlungen prinzipiell keinen universalen Status haben, sondern als situations- und produktionsabhängige Verfahren zum Erreichen kommunikativer Absichten immer historisch determiniert sind. B. Schlieben-Lange (1976, 114) ist zu folgen, wenn sie an Stelle universaler sprachlicher Handlungen „je historisch bestimmte, unterschiedene, konventionalisierte sprachliche Handlungen" visiert. Daß dabei die Analyse des institutionellen Rahmens besonderes Gewicht hat und nicht zuletzt eine eingehende Erörterung auch und gerade der Rechtsgeschichte von Gewicht ist, zeigt B. Schlieben-Lange (1976, 117) explizit. Bisher scheinen die damit verbundenen Aufforderungen zur wissenschaftlichen Einzelarbeit jedoch weithin verklungen zu sein, was darauf hindeutet, daß die Umsetzung derartiger konzeptioneller Maximen in der sprachanalytischen Arbeit mit nicht wenigen theoretischen und empirisch-philologischen Problemen verbunden ist. Dies erklärt auch die bisher nur langsam voranschreitende pragmatische Dimensionierung der Sprachgeschichte durch die gezielte Auseinandersetzung mit den für jeweilige Perioden wesentlichen Funktionsdomänen. Der grundsätzlich zu erwartende Erkenntnisgewinn derartiger Untersuchungen ist damit jedoch nicht von der Hand gewiesen, so daß Illokutionsstrukturen als zentrale

Konstituenten von Textmustern durchaus sprachgeschichtliche Aufmerksamkeit verdienen. Der Begriff der Illokutionsstruktur referiert dabei im wesentlichen auf die hierarchische Organisation der Einzelillokutionen in Texten, wobei davon auszugehen ist, daß die mit der Textfunktion übereinstimmenden Illokutionen dominant sind und das damit bestimmte Gesamtziel über Teilziele erreicht wird, denen eine subsidiäre Funktion zukommt. Die subsidiären Illokutionen können dabei durchaus anderen Sprechaktklassen angehören als die textspezifisch dominanten Illokutionen. So kann ein direktiver Text auch über repräsentative Sprechakte im Sinne von Begründungsstrategien gestützt sein. I. Rosengren (1983, 157), die Texte in Entsprechung zum hier vertretenen Konzept als Ergebnis strategischer Überlegungen des Senders betrachtet und mithin auch „als eine kommunikativ strukturierte Einheit", nimmt neben den zentralen und subsidiären Illokutionen auch noch supplementäre Sprechakte an, deren Funktion allein in der Informationsergänzung besteht und die keine für die Analyse hinreichende Bedeutung in bezug auf das kommunikative Ziel eines Gesamttextes hat. Für die Bestimmung intertextuell bedingter Textmuster kommt den dominanten Illokutionen das entscheidende Gewicht zu. Wir gehen also mit I. Rosengren (1983, 166) davon aus, daß ein Text nicht aus unvermittelten Illokutionen besteht, sondern im Gegenteil anzunehmen ist, „daß seine Struktur von dem unmittelbaren Ziel des Senders determiniert wird" und dieses in der Illokutionsstruktur seinen Ausdruck findet. Insofern sind historische Texte Indikatoren jeweils intendierter sprachlicher Handlungen; ihre Struktur ermöglicht Aussagen zur funktionalen Relevanz sprachlicher Mittel, jedenfalls soweit der illokutive Gehalt von Texten als hierarchisch strukturiert angesehen wird. Der einer solchen Auffassung eigene Begriff textdominanter Illokutionen ist nicht nur in dem durch I. Rosengren, M. Brandt, W. Motsch, D. Viehweger u.a. vertretenen Illokutionsstrukturkonzept enthalten, sondern ist auch Teil des textanalytischen Programms von T. van Dijk (1977). Sprache als „integral part of social interaction" (ebd., 167) ansehend, führt T. van Dijk (ebd., 213) zur Bezeichnung textdominanter und gestützter Illokutionen den Terminus *Macro-Speech-acts* ein:

> We may have sequences of speech acts, but some of such sequences may be interpreted as one speech act, consisting of several component or auxiliary acts.

Zu bedenken ist, daß derartige Makro-Sprechakte gerade auch im juridischen Diskurs kaum individuell motiviert sind, da die jeweilige Intention in der Regel Teil eines „social information processing" (ebd., 232) ist. Dieses Faktum koinzidiert mit der bereits angeführten institutionellen Besetzung der Position des Textproduzenten bei vielen Quellen des juridischen Diskurses. Doch unabhängig davon, ob Makro-Sprechakte bzw. Illokutionsstrukturen Ergebnisse individuellen oder institutionellen Handelns sind, müssen Textproduzenten bei der Formulierung ihrer kommunikativen Absichten zwangsläufig auf ein Inventar geeigneter sprechhandlungsbezeichnender Ausdrücke und auf Prinzipien ihrer adäquaten Anwendung zurückgreifen. Das von W. Motsch/D. Viehweger (1991) und M. Brandt/I. Rosengren (1992) vorgestellte Modell einer modularen Textanalyse[14] ist gemäß den bereits dargelegten Ausführungen in Kap. 2.1 geeignet, dieser Annahme theoretisch Rechnung zu tragen. Denn es überzeugt, daß Grammatik und Pragmatik autonome Module sind, die zwar im Text regelhaft miteinander agieren, jedoch im Zuge von Textanalysen je eigen betrachtet werden müssen. Damit stellt sich die Frage, wie Illokutionsstrukturen, und dies heißt in unserem Zusammenhang insbesondere die dominanten Illokutionen, zu ermitteln sind. Dabei ist nochmals festzuhalten, daß als dominierend die Illokution zu betrachten ist, „die das Hauptanliegen des Senders ausdrückt" (M. Brandt/I. Rosengren 1992, 28). Neben der Frequenz, mit der die je Text realisierten Sprechakte im Verhältnis stehen, ergibt sich die Dominanz von Illokutionen damit auch aus der allgemeinen Funktion eines Textes, die über den Inhalt ebenso zu erschließen ist wie über die Analyse des pragmatischen Kotextes. Mithin resultiert ein Makro-Sprechakt nicht allein aus der Summe der Einzelillokutionen, seine Vermittlung mit den übrigen Ebenen der Textorganisation, von denen die Illokutionsstruktur eben nur eine darstellt, läßt ein additives Verfahren sogar als ungeeignet erscheinen. Wenngleich also der Konnex im Text interagierender Kenntnissysteme zur Vertextung eine isolierte Skalierung von Illokutionsstrukturen verbietet, werden diese natürlich weitgehend die Handlungsintention eines individuellen und institutionellen Textproduzenten realisieren. Folglich kommt auch eine historische Erörterung des illokutiven Gehaltes der überlieferten Quellen jeweiliger Diskurssegmente nicht umhin, die Realisationen von Illokutionen auf der Vertextungsebene anzusehen und zu bestimmen, welche sprachlichen Einheiten bei der konkreten Textanalyse als Illokutionsindikatoren gelten. Damit ist zugleich eine Festlegung der analytischen Genauigkeit vorzunehmen, mit welcher das jeweilige Textinventar zu untersuchen ist.

Es wird unmittelbar nachvollziehbar sein, daß die angestrebte Präzision einer Untersuchung von Illokutionsstrukturen in Abhängigkeit vom Umfang eines Korpus und von der Funktion seiner Analyse zu sehen ist. Da in der vorliegenden Arbeit Illokutionen zum einen als wesentliche Konstituenten von Textmustern angesehen werden, zum anderen aber das Interesse an Textmustern selbst in eine weitergreifende sprachhistorische Problemstellung eingebettet ist, scheint es sinnvoll zu sein, die ohnehin nur exemplarisch vorzunehmenden Textanalysen aufgrund der signifikanten Illokutionsindikatoren zu klassifizieren. Dies sind die explizit performativen Äußerungen, also die performativen Verben und die Modalverben. In Kombination mit den Aussagen

[14] Vgl. auch W. Schonebohm (1980).

zum pragmatischen Kotext und zum inhaltlichen Zusammenhang von Quellen erlaubt eine frequentielle Analyse dieser Indikatoren bereits eine hinreichend genaue Bestimmung der für einzelne Texte zu ermittelnden dominanten Illokutionen. Daß auch die Satzmodi[15], deontische Hinweise[16] und andere Elemente der Textorganisation wie die Modalpartikeln geeignet sind, das illokutive Profil eines Textes zu bestimmen, ist damit nicht in Frage gestellt. Doch im Hinblick auf das Ziel der Illokutionsanalyse im Spektrum der Fragen zur Polyfunktionalisierung des Deutschen im juridischen Diskurs ist die Ermittlung von Makro-Sprechakten über den performativen und Modalverbbestand in Texten ausreichend präzise. Neben der Bestimmung der in der Geschichte des Deutschen variierenden Lexeme zur Bezeichnung von Sprechhandlungen muß eine so bestimmte Analyse der Illokutionsstruktur auf ein Raster zur Klassifikation der verschiedenen Sprechhandlungstypen zurückgreifen. Wie auch K. Brinker (1983, 139f) in seinem Textfunktionskonzept orientieren wir uns dabei an J. Searles als bekannt vorauszusetzender fünfstufiger Klassifizierung der Sprechakte nach (1) Repräsentativa, (2) Direktiva, (3) Kommissiva, (4) Expressiva und (5) Deklarativa.

Wie im einzelnen noch zu zeigen ist, spielen im juridischen Diskurs in erster Linie direktive und deklarative Sprechakte eine Rolle. Der textmusterbezogenen Umsetzung dieser kommunikativen Ansprüche über konkrete Formulierung wird insofern besondere Aufmerksamkeit geschenkt. Dabei ist zu bedenken, daß eine kommunikative Absicht um so expliziter durch sprachliche Mittel ausgedrückt werden muß, „je mehrdeutiger sie ist und je verbindlicher die angestrebte Reaktion des Hörers sein soll" (W. Motsch/D. Viehweger 1981, 131). Dies gilt im besonderen im juridischen Diskurs, dessen primäres Interaktionsziel ja in der Normierung individuellen und sozialen Verhaltens liegt. Insofern ist gerade für den Rechtsbereich damit zu rechnen, daß das Illokutionswissen Teil der diachron zu beobachtenden Institutionalisierung von Kommunikation ist.

Da im juridischen Diskurs wie auch in anderen diskursiven Segmenten der verbalen Interaktion die je typischen und d.h. oft realisierten Illokutionen keineswegs zur Dominanz von lediglich einem Illokutionstyp je Text führen müssen, ist nicht nur mit der Präsenz mehrerer dominanter Illokutionen in konkreten Texten zu rechnen, sondern diese durch konkrete Textanalysen motivierte Erwartung ist auch in die Bestimmung der theoretischen und methodischen Voraussetzungen von sprechaktorientierten Analysen einzubauen. Dabei zeigt sich, daß das auf dominante Sprechakttypen abhebende Illokutionsstrukturkonzept, so geeignet es im allgemeinen auch für die funktionsbe-

---

[15] Nach W. Motsch/R. Pasch (1987, 53) zeigt der Satzmodus, dem ein Satz angehört, „einen bestimmten Grundtyp von illokutiven Handlungen an".

[16] Vgl. G. Hindelang (1994, 74ff).

zogene Erörterung sprachgeschichtlicher Prozesse sein mag, mit der Annahme von singulär dominanten Handlungstypen je Text empirisch nicht verifiziert werden kann. So legen W. Motsch/D. Viehweger (1981, 135f) ihrem handlungstheoretischen Textanalysekonzept folgenden Textbegriff zugrunde:

> Ein Text in diesem Sinne ist durch einen Handlungstyp bestimmt, der die kommunikative Funktion der gesamten komplexen Äußerung charakterisiert. Er kann in Sätze bzw. Satzkomplexe zerfallen, die ihrerseits mit Handlungstypen verbunden sind. Textstrukturen dieser Art werden durch Handlungstyphierarchien etabliert.

Bereits exemplarische Analysen juridischer Texte zeigen aber nun, daß die Kombination von Illokutionen, wie etwa die Präsenz dominanter Direktiva und Deklarativa, eine Reduktion der kommunikativen Ziele auf lediglich e i n e n dominanten Sprechakttyp verbietet. Denn keineswegs sind in solchen Texten etwa die Deklarativa lediglich subsidiär, der illokutive Konnex ist vielmehr äquivalent zur jeweils textkonstitutiven Handlungsabsicht von Produzenten. Hier setzt auch J. Schwitallas (1981, 210) Kritik am Illokutionsstrukturkonzept an, denn auch er erkennt das Problem darin, „daß möglicherweise zu einer Illokution eine andere als ebenso wichtig hinzutreten kann" und folglich verschiedene Dominanzen von Illokutionen texttypisch sein können. Diesem Sachzusammenhang wird von W. Koch/I. Rosengren/M. Schonebohm (1981, 169) schließlich auch Rechnung getragen, gehen die Autoren doch davon aus, daß Texte mehrere diktive Handlungen, also „untereinander zu einer funktionalen Einheit verbundene Illokutionen" umfassen können. An diese theoretische Ausrichtung der Illokutionsanalyse schließt das hier vertretene sprachgeschichtliche Konzept der Erfassung systembezogener Intertextualitätskonstituenten an. Werden nun allerdings je nach empirischem Befund auch mehrere dominante Illokutionen für überlieferte Texte des juridischen Diskurses zu beschreiben sein, so ist dabei im besonderen zu beachten, daß für diese das spezifische Verhältnis aufeinander bezogener kommunikativer Absichten zu bestimmen ist. Eine Illokutionsanalyse mit polystrukturellem Ansatz ist insofern mehr als eine summarische Erweiterung der monostrukturellen Illokutionskonzeption. Denn neben der Bestimmung von dominanten Illokutionen ist der auf interaktive Ziele referierende Zusammenhang verschiedener dominanter Illokutionen zu erfassen.

Mit diesen Annahmen und theoretischen Festlegungen ist das Verfahren der Illokutionsstrukturanalyse hinreichend eingeführt. Da die Skalierung des illokutiven Gehaltes entsprechend obiger Ausführungen jedoch für die Textmusterbestimmung allein nicht ausreichend ist, soll im weiteren nun noch auf die Propositions- und Superstrukturen eingegangen werden.

Die in jeweils texttypischen illokutiven Rollen organisierten abstrakten Strategieziele von Textproduzenten sind immer auch mit der Vermittlung eines propositionalen Gehaltes verknüpft. Insofern wird die intertextuelle

Vernetzung des juridischen Quellenkorpus nicht nur über Analogien der dominanten Illokutionen motiviert, sondern ebenso über inhaltliche Übereinstimmungen, also thematische Teilkongruenzen. Ebenso wie die illokutionären Rollen eines Textes nicht qua summarischer Erfassung spezifischer Teilfunktionen erklärt werden können, ist auch für den propositionalen Gehalt von Texten davon auszugehen, daß die singulären Propositionen in hierarchischen Relationen stehen, wobei sich eine Stufung von den Einzelpropositionen über Teilthemen bis hin zum Textthema ergibt. Diese hierarchische Strukturierung der Kommunikationsinhalte ist als Okkurenz des thematischen Gehaltes eine wesentliche Größe intertextueller Vernetzungen. Die exhaustive Darstellung des propositionalen Gehaltes von Texten zielt folglich darauf, singuläre Propositionen als kleinste Einheiten der thematischen Textebene[17] auf mikrothematische bzw. im eigentlichen Sinn subthematische Einheiten zu beziehen, um auf diesem Weg im Bottom-up-Verfahren eine Formulierung des thematischen Gehaltes von Texten zu erreichen. Dabei bleibt festzuhalten, daß das Textthema eben nicht aus der Summe propositionaler Einzelbestände resultiert, sondern über die Rangfolge unterschiedlich komplexer Ebenen beschreibbar wird. Für die juridischen Sollensordnungen erweist es sich jedoch in der Umsetzung eines derart differenzierenden Textinhaltskonzeptes als schwierig, die z.B. in einzelnen Normen vermittelten Propositionen auf e i n texttypisches Thema zu reduzieren, da Rechtsverordnungen zumeist Kompilationen unterschiedlichster inhaltlicher Zusammenhänge vornehmen und insofern nicht notwendig mit der Absicht lediglich e i n e r thematischen Entfaltung geschrieben sind. Vielmehr steuern die propositionsbasierten inhaltlichen Strukturen juridischer Texte häufig auf verschiedene thematische Zentren eines Textes zu, so daß sich heterogene Textstrukturen ergeben. Es ist aus diesem Grund nicht sinnvoll, die subthematischen Inhaltsstrukturen ohne näheres Ansehen auf e i n Textthema zu beziehen; die Annahme unter Umständen polythematischer Strukturen ermöglicht hier einen adäquateren Zugriff auf inhaltliche Determinanten monolingualer Intertextualität.

Mit K. Brinker (1980) soll 'Textthema' dabei unabhängig von der jeweiligen Existenz in mono- oder polythematischen Texten als Kern des Textinhaltes bestimmt werden, wobei Textinhalte die auf einen oder mehrere Gegenstände bezogenen Gedankengänge eines Textes bezeichnen. Diese wiederum sind über je einzelne Propositionen als Referenz-Prädikationsverbände zu beschreiben. In Entsprechung zu den spezifischen Varianten hierarchischer Inhaltsstrukturen muß jedoch mit einer Vielzahl von textkonstitutiven Möglichkeiten der Inhaltsorganisation gerechnet werden. K. Brinker (1980, 139) ist zuzustimmen, wenn er betont, daß es für die textthematische Analyse „keine

---

[17] Vgl. W. Koch/I. Rosengren/M. Schonebohm (1981).

'mechanische' Prozedur geben" kann, „die nach endlich vielen Schritten automatisch zur Themenformulierung führt". Ziel einer auf intertextuelle Verknüpfungen in einer Diskursgemeinschaft bezogenen Inhaltsbestimmung ist insofern die exemplarische Analyse der Anzahl thematischer Substrate in den jeweiligen Quellen im Hinblick auf entsprechende inhaltliche Strukturen überhaupt.

Einige Texte erlauben durch Überschriften bzw. sprachliche Kennzeichnungen von Textabschnitten eine aus der Produzentenperspektive vorgenommene Gliederung, die nicht in gleichem Maße auf die Erörterung des propositionalen Gehaltes von Sätzen angewiesen ist, wie dies bei Texten ohne inhaltsstrukturierende Einträge der Fall ist. Die Überschriften bzw. Teilabschnittkennzeichnungen sind dabei als emische Bezugsgrößen der etischen Textinhalte in den konkreten Satzzusammenhängen zu betrachten. Im Fall des Vorkommens solcher emischen Einträge sind auch diese untereinander in hierarchische Relationen zu setzen und auf jeweilige Textthemen zu beziehen. Auf diesem Weg ist in Ergänzung der Illokutionsstrukturanalyse, die den Handlungsgehalt sprachlicher Äußerungen bestimmt, eine Erfassung des Aussagegehaltes von Texten möglich.[18] Mit T. van Dijk (1980, 27) ist die Erfassung von Makro-Sprechakten folglich durch die Modellierung einer Analyse inhaltlicher Makrostrukturen ergänzt, denn „macrostructures are taken as *semantic* global structures in discourse".

Unabhängig vom Sprechhandlungs- und Inhaltstyp eines Textes ist schließlich noch die globale Formorganisation zu bestimmen. In der Terminologie T. van Dijks (1980, 108f) ist diese, wie gesagt, als Superstruktur bezeichnet: „a superstructure is the schematic form that organizes the global meaning of a text". Im Zuge der Erfassung von Superstrukturen ist die formale Gliederung von Texten zu beschreiben, d.h. ihre Abschnitts-, Kapitel-, Paragraphenstruktur etc., die in Übereinstimmung mit formalen Texttypen wie narrativer, argumentativer, didaktischer, normsetzender Text etc. steht, sowie der Textumfang und die Stoffanordnung. Für intertextuelle Referenzen spielt durchaus auch dieser formale Aspekt eine Rolle, gibt es doch diskursspezifische Formalien der Vertextung.

Ergibt sich bei der Beschreibung von formalen Superstrukturen nicht die Notwendigkeit einer theoriegestützten Konzeption von analytischen Verfahren, so daß ein Hinweis auf die Relevanz bei der Textmustererfassung ausreichend ist, gilt dies für die Argumentstrukturen in Texten nicht in gleicher Weise. Zur Gewichtung der zentralen textmusterorganisierenden Ebenen wurde zwar mit dem Ziel eines operablen Analyselayouts auf die empirische Be-

---

[18] Zu den Begriffen 'Handlungsgehalt' und 'Aussagegehalt' vgl. P. v. Polenz (1988a, 91ff).

rücksichtigung von Argumentstrukturen verzichtet, da diese jedoch zur Textmusterorganisation gehören und folglich in I. Warnke (1995, 112f) auch als Konstituenten der pragmatischen Struktur von Texten behandelt werden, ist es sinnvoll, zumindest knapp den Ausschluß von Argumentstrukturen nochmals zu begründen. Folgt man I. Rosengren (1987, 181), so sind Begründungen und d.h. argumentative Verfahren zur überzeugenden Vermittlung kommunikativer Ansprüche als sprachliche Operationen einzuordnen, „die auf den IR (illokutiven Rollen) und PS (propositionalen Strukturen) operieren". Argumente stehen in ihrer textspezifischen Strukturiertheit also in engstem Konnex zu den textmusterorganisierenden Illokutions- und Propositionsstrukturen. Für die Skalierung monolingualer Intertextualität, die ja Richtpunkt der funktionsgeschichtlichen Analyse ist, kommt den Argumentationsstrukturen dennoch nicht die gleiche Relevanz bei der Textmusterbestimmung wie den illokutiven und propositionalen Gehalten zu. Argumentstrukturen sind eine Universalie aller juridischen Texte, denn diese sind aufgrund des fundamentalen Geltungsanspruches von Rechtssetzungen auf Richtigkeit und Gültigkeit per se argumentierend. Rechtssetzungen haben grundsätzlich eine res controversia zum Gegenstand, und dies sowohl in bezug auf den ohnehin immer strittigen Anspruch von Rechtssetzungen auf Richtigkeit im allgemeinen als auch im Hinblick auf die Anwendung von Rechtssetzungen zur Klärung strittiger Angelegenheiten des je besonderen Falles. Folgen wir J. Kopperschmidt (1989), so ist die Streitigkeit entscheidende Voraussetzung der Notwendigkeit von Argumentationen, wobei eben insbesondere der Geltungsanspruch auf Richtigkeit konstitutiv für den juridischen Diskurs ist. Folglich finden sich vergleichbare Begründungsstrukturen auch in unterschiedlichen teildomänenspezifischen Textmustern des juridischen Diskurses, so daß die Analyse von Argumentstrukturen zur Textmustercharakterisierung hier weit weniger geeignet ist denn zur singulären Erörterung von Verfahren der Rechtfertigung kommunikativer Geltungsansprüche in einzelnen Texten. Die Übereinstimmungen argumentativer Verfahren sind dabei in juridischen Texten so universal, daß selbst Rechtstexte aus unterschiedlichsten Kulturen und historischen Epochen Analogien in ihren logischen Vermittlungsstrukturen aufweisen. Dies ist für konditionale logische Gefüge mit restriktiven Nebenordnungen am Beispiel von Kongruenzen des babylonischen *Codex Hammurapi*, des römischen *Zwölftafelgesetzes* und des *Sachsenspiegels* (# 238) in I. Warnke (1997a) gezeigt. Daraus folgt, daß die Erfassung von Argumentstrukturen für die diskursanalytische Darstellung intertextueller Vernetzungen ein ungeeigneter Beschreibungsbereich ist. Die Deskription von formalen Superstrukturen verspricht hier trotz ihrer vergleichsweise unkomplizierten Realisation auf der Textebene und ihrer einfachen analytischen Zugänglichkeit weit geeignetere Ergebnisse zur Textmusterbestimmung.

Mit der Ausklammerung von Argumentstrukturen sind also Illokutions-, Propositions- und Superstrukturen als Relata einer funktionsgeschichtlich zu analysierenden Textmusterorganisation markiert. Wie bereits für die anderen eingeführten Analyseparameter erwähnt, wird die Darstellung der entsprechenden Strukturen des juridischen Korpus im Zuge der allgemeinen Erörterung von Polyfunktionalisierungstendenzen im Kap. 5. differenziert nach jeweiligen Subdomänen erfolgen. Von hier aus werden Rückschlüsse auf intertextuelle Vernetzungen der Diskursorganisation gezogen und entsprechende Präzisierungen der kultursprachlichen Genese des Deutschen möglich sein.

4.3.3 Geltungsgrade domänenspezifischer Intertextualität

Wenn auch aus Gründen der Operationalisierung von theoretischen Maximen der historischen Textanalyse die Darstellung der angeführten Aspekte intertextueller Vernetzung für die je bestimmten kommunikativen Subdomänen erfolgen soll, so muß doch bedacht werden, daß eine isolierte, segmentale Untersuchung des juridischen Diskurses nicht das Profil der Rechtsvertextungen in ihrer ganzen Breite erfaßt, sondern eben allein kommunikative Ausschnitte in ihrer für die jeweiligen Teildomänen maßgeblichen Texttradition betrachtet. Da aber jede domänenspezifische Diskursorganisation ihr Profil nicht allein aus der Summation von hypertextuellen Kohärenzen innerhalb definierter Diskurssegmente erhält, vielmehr auch aus den Vertextungstraditionen über Teildomänen hinaus spezifisch organisiert wird, ist es erforderlich, auch die Simultanität der auf unterschiedliche Diskurssegmente bezogenen Vertextungshandlungen in der Rechtskommunikation zu berücksichtigen. Während also die vorangehende Erörterung von Intertextualitätsformen den Anspruch theoretischer und empirischer Klärung der hypertextuellen Bezüge von Einzeltexten bzw. Textmustern innerhalb von Teildomänen des juridischen Diskurses erhoben hat, sollen im weiteren die Interdependenzen der hier bereits bestimmten Segmente der Rechtskommunikation behandelt werden.

Es ist anzunehmen, daß gerade die Vermittlung einzelner Diskurssegmente zur ausgeprägten Identität einer Diskursform beiträgt, auf die konkrete Produzenten neuer Texte dann referieren können, womit institutionalisierte Kommunikationsformen aufgegriffen und tradiert werden. Die Behandlung von Vermittlungen einzelner Diskurssegmente bezieht sich folglich auf die Frage, inwieweit Texte in ihrer Teildomänenspezifik dem Konstrukt des juridischen Diskurses im allgemeinen zugeordnet sind bzw. durch welche textuellen Vermittlungen der allgemeine juridische Diskurs konstituiert ist. Denn ganz offensichtlich stehen ja Teildomänen des juridischen Diskurses wie 'Reichsrecht', 'Territorialrecht' oder 'Stadtrecht' trotz ihrer unterschiedlichen sozialen Bezüge nicht unvermittelt nebeneinander, sondern sie beziehen sich schon allein aufgrund ihres normativen Geltungsanspruches auf den Diskurs des Rechts im allgemeinen. Wenn M. Foucault (1973, 184) in seinen Grundlegungen einer Diskursanalyse als Archäologie des Wissens Diskurse als das historische Apriori kommunikativen Handelns und folglich als „Realitätsbedingung für Aussagen" definiert, so ist hiermit eine implizite Bestimmung auch des juridischen Diskurses im allgemeinen als eines konstanten Bezugspunkts von singulären Texten des Rechtskorpus vorgenommen. Da eine derart weitgehend institutionalisierte Kommunikationsform wie die juridische Vertextung prinzipiell auf den kulturspezifischen Status des juridischen Diskurses in toto referiert, ist jederzeit mit einem Bezug der teildomänenspezifischen Entwicklungstendenzen auf die abstrakte Diskursformation zu rechnen. M. Foucault (1977, 25) erkennt in der Fachdisziplin, und als solche ist das Recht unschwer zu identifizieren, „ein Kontrollprinzip der Produktion des Diskurses". Mithin organisiert das Profil des gesamten juridischen Diskurses die teildomänenspezifischen Vertextungstraditionen maßgeblich. Die Disziplin setzt der Produktion des Diskurses Grenzen „durch das Spiel einer *Identität,* welche die Form einer *permanenten Reaktualisierung der Regeln*" hat (ebd.). Realisiert werden kann eine solche Reaktualisierung von diskurstypischen Regeln der Kommunikation wiederum allein durch intertextuelle Referenzen, wobei hier nicht die Zeichenorganisation der einzelnen überlieferten Quellen und ihr pragmatischer Gehalt interessieren, sondern vielmehr die nicht nach einzelnen Subdomänen zu differenzierenden seriellen Vermittlungen der Vertextung.

Sprachgeschichtliche Analyse hat sich hier zwischen den Polen der Analyse singulärer Texte und der Deskription derart serieller Vermittlungen eines ganzen Diskurses zu bewegen „mitsamt dem Netz der daran anknüpfenden Begriffe: Regelhaftigkeit, Zufall, Diskontinuität, Abhängigkeit, Transformation" (M. Foucault 1977, 39). Wenn auch ein solcher Zugang zu sprachgeschichtlichen Fragen in einer weithin strukturlinguistisch geprägten Tradition der Sprachgeschichtsschreibung zu markanten Verschiebungen des analytischen Ansatzes führt, kommt eine funktionale Historiolinguistik nicht umhin, die Diskursformationen auch unter solchen Aspekten in ihrem allgemeinen Profil zu betrachten. Dies kann soweit gehen, daß nicht nur die Vermittlung eines Diskurses mit jeweiligen Teildomänen erörtert wird, sondern ebenso die Interdependenzen zwischen verschiedenen Diskursen. Wenngleich sich vorliegende Darstellung einer derart weitgefaßten Anwendung diskursanalytischer Aspekte wie Abhängigkeit, Transformation etc. enthält, ergeben sich gerade auch für die historische Perspektivierung juridischer Diskursformationen solcherlei interdiskursive Beobachtungsfelder. So ist das spätmittelalterliche Rechtsverständnis an und für sich engstens an die religiöse Legitimation von Recht und Herrschaft gebunden, der religiöse Impetus des juridischen Diskurses dieser Zeit ist folglich als Verkettung unterschiedlicher Domänen öffentlicher Kommunikation beschreibbar. Letzthin hat also jede analytische Deskription von Vertextungshandlungen mit den Problemen segmentaler Untersuchungen zu rechnen. Wenn auch eine Synthese segmentaler Erkenntnisse wiederum nur in graduellen Abstufungen zu erreichen ist, so muß doch im mindesten das Diskursprofil einer Disziplin in bezug zu Einzeltexten und Teildomänen gestellt werden.

Eine angemessene Erfassung domänendifferenzierter Diskurse im allgemeinen orientiert sich demzufolge an der integrativen Funktion derselben. Damit ist das normative Potential eines institutionalisierten Kommunikationsrahmens gemeint, der Einzelvertextungen unter der Bedingung inhaltlicher, formaler und pragmatischer Diskursspezifik als singuläre sprachliche Produkte mit sozial usualisierten Interaktionsschemata vermittelt. Eine diesbezügliche Textanalyse ist grundsätzlich an dem Konnex von Einzelquellen und übergreifenden Kategorien interessiert, die hier als Diskurstypen bestimmt sind. Die Teildomänen des juridischen Diskurses können dabei offenbar nicht als distinkte Klassen bestimmt werden, da das Prinzip fortwährender hypertextueller Bezüge nicht zu evidenten Begrenzungen von Diskursformationen führt, sondern vielmehr Entgrenzungen bedingt. Wenngleich also in Kap. 3.3 von acht Subdomänen des juridischen Diskurses ausgegangen wird und diese Differenzierung auch Gliederungskriterium für die Darstellung im 5. Kapitel ist, so soll doch mit Nachdruck darauf hingewiesen werden, daß derartige Teilklassen von Diskursen nicht über notwendige und hinreichende Bedingungen zu einer matrixartigen Differenzierung von Quellen führen können.[19] Mag ein solches Verfahren bei isolierter Klassifikation einzelner Rechtstexte noch zu plausiblen Ergebnissen führen, so verbietet jede linguistische Perspektive auf intertextuelle Netze die Annahme strikt zu ziehender Grenzen zwischen Diskursklassen. An die Stelle einer oftmals auch vortheoretischen Klassifikation von sogenannten Textsortenrepertoires definierter Korpora nach distinktiven Merkmalen tritt insofern eine Erfassung von Diskursformationen, die um „das Aufdecken eines Netzwerks wesentlicher Zusammenhänge" (A. Lurija 1993, 182) bemüht ist. Die Annahme zerfaserter Grenzen[20] zwischen einzelnen Kategorien ist dabei grundlegende Hypothese des hier vertretenen sprachgeschichtlichen Interesses überhaupt. Denn die entsprechenden Auseinanderset-

---

[19] Vgl. in diesem Zusammenhang etwa das klassifikatorische Verfahren des sogenannten Redekonstellationskonzeptes (H. Steger et al. 1974) der Textlinguistik und anderer auch neuerer Matrixtypologien zur eindeutigen Bestimmung von Textsorten (vgl. auch R. Müller 1995).

[20] Die Bezeichnung wird in direkter Übertragung der Annahme von *fuzzy boundaries* in prototypen-semantischen Konzepten der lexikalischen Semantik übernommen, da es hier wie dort um die Problematik distinkter Kategorien bzw. ihrer Überschneidung und gegenseitigen Verweise geht.

zungen verfehlten ihren Zweck, allgemeine Einblicke in die Genese des Deutschen als Kultursprache zu geben, vollkommen, wenn sie allein auf einer klassifizierenden Taxonomie für eine Kommunikationsdomäne aufbauten. Die Hypothese zerfaserter Grenzen von Diskursprofilen bestimmt dagegen einen so zentralen gesellschaftlichen Bereich wie die Rechtskommunikation als sowohl diskursintern wie -extern, also im Bezug zu anderen Diskursen, als vielfach und unterschiedlichst vermittelt. Somit ist eine diskursanalytische Sprachgeschichte auch bei paradigmatischem Zugriff in der Lage, einzelne Vertextungen als allgemeine, sprachgeschichtlich relevante Handlungen zu beschreiben. Daß jede Form von Textanalyse auch segmentieren muß und folglich konkrete Texte auch isoliert von diskursiven Vernetzungen zu betrachten hat, ist methodologisch bedingt und widerspricht nicht der Annahme von Übergängen zwischen Teildomänen des juridischen Diskurses.

In concreto soll den diskursinternen Vermittlungen von Teildomänen unter drei Gesichtspunkten nachgegangen werden. Zunächst ist ganz allgemein darzulegen, ob hypertextuelle Bezüge von Texten gemäß Kap. 4.3.1 und 4.3.2 auch über einzelne Teildomänen des juridischen Diskurses hinausgehen. Dabei kann es wiederum nicht um eine detaillierte Bestimmung von Referenzen einzelner Texte gehen, sondern allein um eine Darstellung von mehr oder weniger starken Begrenzungen einzelner Diskurssegmente. So kann etwa für die Teildomäne 'Stadtrecht' im Spätmittelalter von expliziten Referenzen, also intertextuellen Bezügen auf Vertextungen in anderen Bereichen des juridischen Diskurses ausgegangen werden, insbesondere auf territoriale Sollensordnungen. Neben dieser Entgrenzung von Teildomänen des juridischen Diskurses ist auch auf die Intermedialisierungen als Form der Erweiterung diskursiver Geltungsgrade einzugehen. Für das Spätmittelalter ist hier vor allem an die visuelle Unterstützung der literalen Rezeption durch Bilderhandschriften zu denken, später dann aber auch an den Einsatz des Mediums 'Buch/Druck'. H. Kästner et al. (1985, 1362) ist zu folgen, wenn sie davon ausgehen, daß das „neue Medium Buchdruck (...) schrittweise nicht nur die Tradierungs- und Kodifikationsprozesse bei den wichtigsten TSS (Textsorten)“ verändert hat, sondern „auch die Textproduktion und das Leseinteresse“. Für Diskursformationen ist in erster Linie der Medientransfer, also die Tradierung von handschriftlichen Texten in späteren Drucken und der beginnende Einsatz des Buchdrucks in der öffentlichen Rechtskommunikation interessant. Denn beide Entwicklungen geben Aufschluß über die im gedruckten Medium ohne Frage weitere Verbreitung - bzw. die Absicht einer solchen - als bei zuvor handschriftlich überlieferten Texte. So wurde der *Sachsenspiegel* (# 238) bereits 1474 erstmals gedruckt, was im Zusammenhang der folgenden 27 Ausgaben des 16. Jahrhunderts (vgl. K.-P. Müller 1995, 47) nicht nur die Bedeutung des Druckmediums auch für den juridischen Diskurs zeigt, sondern überdies den

Sachsenspiegel (# 238) erneut als salienten Text im definierten Sinn erscheinen läßt. Hieraus ergibt sich zugleich der dritte Gesichtspunkt bei der exemplarischen Erörterung diskursinterner Vermittlungen: Die transtemporale Intertextualität, also solche Aspekte hypertextueller Verschränkungen, die sich auf Textreferenzen in ihrem zeitlichen Abstand beziehen. Zumindest im paradigmatischen Zugriff ist zu zeigen, inwieweit Teildomänen des juridischen Diskurses engere oder weitere transtemporale Bezüge herstellen, denn Intertextualität ist zwar an und für sich immer bereits ein Referieren auf vergangene Vertextungen, doch ist zu prüfen, ob das Profil des juridischen Diskurses nicht hinsichtlich der idealiter definierten Teildomänen hierfür erwähnenswerte Unterschiede aufweist.

Diese drei Aspekte, intertextuelle Referenzen über die Grenzen von Teildomänen, Intermedialität und transtemporale Intertextualität, werden als Parameter der Analyse von intertextuellen Geltungsgraden bestimmt. Methodologisch ist hier ebenso wie bei der Konzipierung eines analytischen Layouts für die vorangehend behandelten Textebenen zu fragen, ob eine deskriptive Profilierung von Diskursformationen überhaupt ein empirisch einzulösendes Ziel sein kann bzw. über welches analytische Programm ein solches praktikabel werden kann. Die Diskursanalyse steht dabei nicht nur im Hinblick auf Einordnungen des Geltungsgrades korpusspezifischer Intertextualität zwischen den Polen ideographischer Erörterung einzelner Texte und der nomothetischen Formulierung domänendefinierter literaler Kommunikation im allgemeinen. Daß eine sprachgeschichtliche Auseinandersetzung mit institutionalisierten Diskursformationen sowohl singuläre als auch generelle, unter Umständen pauschalisierende Aussagen vornimmt, ist Spezifikum einer funktionalen Historiolinguistik. Denn weder Einzeltexte allein noch verallgemeinernde Überblicksperspektiven sind für sich geeignet, diskurstypische Formationen von Kultursprachigkeit nachzuzeichnen. Folglich erscheint die Frage nach dem Geltungsgrad von Intertextualität nicht nur auf der Ebene analytischer Konzeptionen für ein definiertes Korpus, sondern darüber hinaus eben auch als methodologisches Problem. So wurde zwar bereits in den vorangegangenen Erörterungen wiederholt die ideographische vs. nomothetische Methode zugunsten des einen oder anderen Verfahrens für spezifische Untersuchungsansätze behandelt, jedoch nicht wie an dieser Stelle als inhärenter Kontrast jeder Diskursanalyse bestimmt. Dies ist jedoch unbedingt notwendig, weil es ermöglicht, auf die Leistungsfähigkeit und auch die Grenzen funktionshistorischer Diskursanalysen zu verweisen. Die Grenzen sind schnell dort bestimmt, wo textlinguistische Verfahren wie die Illokutionsanalyse bei Beschränkung auf ideographische Interessen zu differenzierteren Ergebnissen gelangen könnten, solchen, die im Zuge diskursanalytischer Generalisierungen weder zu erreichen noch beabsichtigt sind. Die Leistungsfähigkeit funktionsgeschichtlicher Diskursanalyse zeigt sich dagegen dort, wo Texte als Relata von Funktionsdifferenzierungsprozessen erklärt werden, der singuläre Text folglich in den Zusammenhang usualisierter, institutionalisierter Rahmenbedingungen der Communicatio gestellt wird. Mithin tendiert der diskursanalytische Ansatz prinzipiell eher zum generalisierenden Zugriff auf überlieferte Quellen, doch dies nicht etwa in der Auseinandersetzung mit sprachexternen Daten wie den soziopolitischen und -kulturellen Umständen von Vertextungen, sondern qua textanalytischem Instrumentarium.

Aufgrund dieser methodologischen Reflexion, die sich gleichermaßen auf alle in Kap. 4. eingeführten Parameter bezieht, ist es möglich, auf die konkrete Umsetzung des Untersuchungsinteresses von Geltungsgraden domänenspezifischer Intertextualität des Rechtskorpus einzugehen. Da hierfür die Frage nach der Profilierung des juridischen Diskurses in toto im Mittelpunkt des Interesses steht und die Be- sowie Entgrenzungen von historisch gewordenen Teildomänen zu bestimmen sind, kann allein ein generalisierender empirischer Ansatz praktikabel sein; dies gilt im weitesten Sinne ja auch für alle anderen eingeführten Parameter. In den Unterkapiteln von 5. werden daher in Abstraktion von den einzelnen Textvorkommen der dort behandelten Teildomänen Aussagen über charakteristische, d.h. teildomänentypische Diskursvernetzungen getroffen. Begründungen erfolgen hier unter Umständen über saliente Texte, also über solche Vertreter des Textkorpus, denen ein jeweils exemplarischer Status zukommt. Es handelt sich hierbei um ein grundsätzlich offenes Verfahren der Analyse wie der Deskription, so daß in unterschiedlichem Maße das Verhältnis von ideographischer und nomothetischer Methode realisiert ist. Kann eine so bestimmte Theorie und Empirie die Vertreter taxonomischer Textanalyseprogramme mit vordefinierten Checklisten von Variablen auch kaum überzeugen, so ist es doch das sprachgeschichtlich überlegene Konzept. Denn die Funktionsdifferenzierung einer Sprache ergibt sich eben nicht aus der Summe textueller Okkurrenzen, so daß eine strikte Matrixanalyse durch Addition sprachhistorische Entwicklungstendenzen zeigen könnte, sondern vielmehr aus dem Konnex der singulären Textexistenz mit den sozial normierten Diskursformationen. Diese kann keineswegs über prädefinierte Klassifikationsraster erfaßt werden. Das insofern offene Verfahren hinsichtlich spezifizierender und generalisierender Aussagen über das juridische Textkorpus gilt nicht nur für die Geltungsgrade von Intertextualität und die zuvor behandelten Parameter, sondern im besonderen auch für die nachfolgend zur Komplettierung des historiolinguistischen Textanalyseprogramms dargelegten Ebenen der Topographie und Chronologie von Rechtstexten.

4.4 Topographie und Chronologie von Polyfunktionalisierungen

Die bisher dargestellten und in ihrem konzeptionellen Gehalt begründeten Parameter der funktionsgeschichtlichen Textanalyse weisen die historische Erörterung juridischer Diskursformationen bereits als komplexe Darstellung der sprachgeschichtlichen Genese aus. Im Sinne einer integralen Textlinguistik wurden verschiedene Zugänge zu den überlieferten Texten als kombiniertes Verfahren eingeführt, wobei der intertextuelle Konnex des juridischen Textkorpus als entscheidender Aspekt der Vermittlung einzelner analytischer Verfahren fungiert. Abgesehen von den Skalierungen des pragmatischen Kotextes, also des textuellen Organisationsbereichs und der textuellen Situation, sind dabei die soziohistorischen Bezüge einzelner Vertextungen zugunsten einer sprechhandlungsorientierten Auseinandersetzung mit den funktionalen Entwicklungslinien der deutschen Sprachgeschichte weitgehend unberücksichtigt geblieben. Dies bewußt, da die Aufgabe einer historio*linguistischen* Arbeit nicht in der Erfassung und Deskription der außersprachlichen Lebenswirklichkeiten liegen kann, denn hier sind gerade für die juridische Texttradition allgemeine Geschichtswissenschaft und Rechtshistorie die aufgerufenen Disziplinen. Wenn der funktionsgeschichtliche Zugriff auf juridische Vertextungen also auch fokussiert ist, so werden trotz der damit verbundenen Einschränkungen an Erklärungsmächtigkeit die pragmatischen Bedingungen textimmanenter Ebenen der Sprachgeschichte präziser erfaßt, als dies aus einem allgemeinen kulturgeschichtlichen Blickwinkel möglich wäre. Da jedoch entsprechend den Darstellungen in Kap. 1. die über Okkurrenzen von Texten motivierten Polyfunktionalisierungen in einem Merkmalverbund mit weiteren kultursprachlichen Entwicklungsfaktoren stehen, scheint eine strikt isolierte Analyse textinterner Organisationsebenen den Interdependenzen kultursprachlicher Genese nicht gerecht zu werden. Dies gilt im besonderen für die Relation von Polyfunktionalisierungen und Überregionalisierungen, da die im einzelnen in Kap. 5. dargelegten funktionsgeschichtlichen Ausbauprozesse selbstverständlich a priori räumlich strukturiert sind. Die Bedingung der Möglichkeit einer Etablierung des überregionalen standardisierten Stratums deutscher Sprache in der Existenz bereits anfänglich differenzierter Funktionsdomänen der Volkssprache ansetzend, gilt die Explikation geographischer Zentren je erfaßter Funktionsdifferenzierungen als Hinweis auf die Relationen zwischen Funktionalität und räumlichen Zentren kultursprachlicher Entwicklungsschübe. Damit ist nicht nur die Funktionsgeschichte aus der textimmanenten Isolation gelöst, sondern vor allem auch die Sprachraumgliederung gegenüber der traditionellen dialektalen Strukturierung um funktionale Aspekte bereichert. Es wird demzufolge als zweckmäßig erachtet, die bestimmbaren räumlichen Zentren von Polyfunktionalisierungstendenzen im juridischen Diskurs in die Geschichte der Polyfunktionalisierung des Deutschen zu integrieren.

Ebenso wie das Apriori räumlicher Okkurrenzen sprachgeschichtlich relevanter Vertextungen gilt zudem die zeitliche Zuordnung von linguistischen Erkenntnissen als Prämisse jeder Sprachgeschichtsschreibung. Die aus intertextuellen Strukturen zu gewinnenden Erkenntnisse über Formen pragmatischer Dimensionen des definierten Textkorpus sind also in den Versuch einer funktionalen Periodisierung sprachgeschichtlicher Abschnitte in Teildomänen des juridischen Diskurses zu überführen. Sowohl die Raumgliederung als auch die Periodisierung kultursprachlichen Ausbaus in Teildomänen gesellschaftlicher Organisation können dabei jedoch nicht mehr als Tendenzen zeigen und sind folglich wie die anderen diskursanalytischen Zugriffe immer auch fragmentarisch, was ihre Behandlung keineswegs als marginal erklären kann.

Im folgenden wird also in Ergänzung textimmanent begründeter Konzeptionen auf die räumlichen und zeitlichen Dimensionen juridischer Vertextungsgeschichte einzugehen und ein wiederum operables Verfahren der Darstellung solcher Aspekte zu begründen sein. Wir gehen dabei mit M. Clyne (1995, 20ff) vom Deutschen als einer plurizentrischen Sprache aus,[21] so daß neben polyfunktionaler Entfaltung das Mit- und Nebeneinander verschieden gewichtiger sprachgeschichtlicher Tendenzen im Raum zu bedenken ist. Es ist anzunehmen, daß die pragmatischen Strukturen und Intertextualitätsdimensionen des juridischen Diskurses folglich in unterschiedlichem Bezug zur räumlichen und per se auch periodischen Entfaltung deutscher Kultursprachigkeit stehen, so daß die Frage nach raum-zeitlichen Zentren der Polyfunktionalisierungsimpulse naheliegt. Gerade das weitgehende Fehlen eines geographischen Richtpunktes im Deutschen Reich des Spätmittelalters und der Frühen Neuzeit weckt hier das historiolinguistische Erkenntnisinteresse, denn dieser Plurizentrismus bedingt, daß bis in die Frühe Neuzeit der normale Lebensraum und auch der politische Raum „die Region im Ausmaß weniger Tagesreisen" war, „bei weitem nicht das ganze Reich" (P. Moraw 1990, 8). Die Registrierung funktionsgeschichtlicher Tendenzen des Kultursprachenausbaus ist daher angemessen über räumliche und zeitliche Differenzierungen vorzunehmen.

Es wurde bereits ausführlich darauf eingegangen, daß die traditionelle germanistische Sprachgeschichtsschreibung das Merkmal der überregionalen Reichweite eines standardisierten Stratums als entscheidendes Kriterium für die Existenz der deutschen Gemeinsprache eingesetzt hat und dies in aktualisierten Ausgleichstheorien noch immer tut. Hinterfragt wurde, ob damit nicht andere Faktoren der Konstituierung des Nhd. als Kultursprache marginalisiert oder gar ausgeklammmert werden, so der Funktionsausbau der Volkssprache

---

[21] Vgl. auch H. Kloss (1978, 66ff) und P. v. Polenz (1988b).

im Verlauf einer Ablösung des Lateins einerseits und die Neubegründung kommunikativer Domänen im Zuge komplexer werdender Strukturen des Consoziums andererseits. Denn die Etablierung des Deutschen in gesellschaftlich relevanten Funktionssegmenten ist eben eine Voraussetzung für den schriftsprachlich begründeten Ausgleich von Varietäten und damit eine den zweifellos wichtigen Prozessen der Überregionalisierung bereits vorgelagerte Stufe der Genese der Kultursprachigkeit; soweit die bisherige Begründung der Notwendigkeit funktionsgeschichtlicher Forschung im Kontext der Fragen zur Konstituierung des Nhd. Wenn nun aber die Einsetzung des Deutschen in zentralen Domänen der gesellschaftlichen Organisation tatsächlich eine Voraussetzung von Überregionalisierungen ist - und dafür sprechen bereits Argumente sola ratione -, so wird es sich empfehlen, die funktionsgeschichtlichen Tendenzen in ihren räumlichen Aspekten zu erfassen sowie den Begriff der 'Überregionalität' nach Reichweiten zu differenzieren. Dazu wird folgendes Erklärungsmodell zugrunde gelegt:

Im Spätmittelalter und damit in den ersten Phasen des hier bestimmten Untersuchungszeitraums ist noch eine stark regionale Lebenswirklichkeit maßgeblich für die Kommunikationsbedürfnisse des einzelnen. Nicht nur P. Moraw (1990) hat darauf hingewiesen, sondern es darf als historischer Konsens gelten, daß die regionale Orientierung der Menschen in dieser Zeit sowohl hinsichtlich ihrer nach späteren Maßstäben eingeschränkten Mobilität als auch in bezug auf die Herrschaftszuordnung und den Rechtsstatus des Einzelnen eine weitgehend regionale Beschränkung von Kommunikationsbedürfnissen bedingte. Überregionale Vertextungsabsichten im eigentlichen Sinn haben zu Beginn des Spätmittelalters allein die bedeutendsten Machthaber und die einflußreichen Institutionen, deren Vertextungstradition jedoch noch weithin durch das Latein geprägt war. Bisherige sprachgeschichtliche Arbeiten, insbesondere die Forschungen von W. Besch (1967ff), zeigen, daß ein Stufenweg aus dieser regionalen Struktur der tatsächlichen verbalen und eben auch schriftsprachlichen Interaktion führt. Dabei kommt es zunächst im Verlauf des Spätmittelalters zu einer Arrondierung mittlerer Reichweite, die vor allem durch die Verfestigung der Schreibsprachen begründet ist, und schließlich in der Frühen Neuzeit zur absolut raumsprengenden Überregionalität der kommunikativen Mittel. Es stellt sich die Frage, wie die funktionale Entfaltung innerhalb der Etablierung des juridischen Diskurses mit Mitteln der deutschen Sprache diesem Prozeß zugeordnet werden kann. Denn es ist zu erwarten, daß auch die juridischen Vertextungen zunächst weitgehend regional gebunden sind und schließlich über eine Expansion räumlicher Geltungsbereiche die überregionalen Kommunikationsintentionen die Oberhand gewinnen. Hier muß selbstverständlich nach juridischen Teildomänen unterschieden werden, die ja nicht zuletzt über die Distinktion der topographischen Extension von

Geltungsansprüchen definiert sind. Somit zielt das Interesse an der Parallelität etwa phonologischer Überregionalisierungen und der funktionsgeschichtlichen Raumdimensionen auf die Gewichtung unterschiedlicher Teildomänen des juridischen Diskurses im Verlauf der Sprachentwicklung des Deutschen.

Es mag offensichtlich geworden sein, daß ein isoliertes funktionsgeschichtliches Vorgehen den Verflechtungen des Merkmalbündels von Kultursprachen nicht gerecht werden kann. Die räumliche Bindung von Vertextungen und damit die Markierung topographischer Zentren bzw. Flächen ist folglich Teil einer angemessenen textbezogenen Darstellung sprachgeschichtlicher Prozesse. In den Teilkapiteln von 5. kann insofern auch gezeigt werden, daß jede Form von intertextuellen Referenzen im Raum realisiert ist und diesbezügliche Daten verwertbare Hinweise auf die Topographie zeitgebundener Funktionen des Deutschen geben.

Daß aussagekräftige Darstellungen der raumstrukturierten Intertextualisierungen des juridischen Diskurses nur über hinreichend differenzierende Zeitgliederungen zu erreichen sind, versteht sich von selbst. Insofern ist auch die Topographie von Polyfunktionalisierungen durch Periodisierungen ergänzt, die unter dem Gesichtspunkt der Vertextungstendenz in Subdomänen der gesamtgesellschaftlichen Einsetzung von Sprache Kontinuitäten und Diskontinuitäten des Diskursausbaus zu erfassen versucht. Topographische Gliederung der Diskursentfaltung einerseits und temporale Segmentierung von Polyfunktionalisierungstendenzen andererseits sind damit Schnittstellen der Funktionsanalyse auch zu anders gewichteten sprachgeschichtlichen Fragen an das juridische Textkorpus. Die entsprechenden Daten sind in einem Vergleichbarkeit gewährleistenden Verfahren für die Teildomänen des juridischen Diskurses dargestellt. Eine Formalisierung der räumlichen und zeitlichen Parameter ist wie folgt vorgenommen und begründet.

Für das Kriterium der räumlichen Strukturiertheit von Polyfunktionalisierungen mögen zwar letzthin die Tendenzen zur Überregionalität im Zusammenhang einer Darstellung sich entfaltender Kultursprachen entscheidend sein, doch kann eben im späten Mittelalter weder die Rede von einem solchen generellen Geltungsanspruch in allen Domänen des juridischen Diskurses sein, noch gibt es ein Primat überregionaler Sollensordnungen, etwa des Reichsrechts etc. Ebenso wie mit W. Besch (1967) von einer stufenweisen Entfaltung des überregionalen Gebrauchs eines standardisierten Stratums deutscher Sprache ausgegangen wurde, muß auch für die Raumgliederung von Funktionsdifferenzierungen mit unterschiedlichen sprachgeschichtlichen Tendenzen gerechnet werden, die nicht alle auf das Telos raumsprengender Kommunikation drängen. Vielmehr ist auch mit gegenläufigen Entwicklungstendenzen zu rechnen, da Sprachgeschichte in aller Regel eben keinem Progressionsmodell folgt, sondern neben Kontinuitäten auch Diskontinuitäten aufweist. Hier ist M.

Foucaults (1977, 39) Grundlegung der Diskurstheorie über die Begriffe 'Ereignis' und 'Serie' unmittelbar auf die sprachgeschichtlichen Sachzusammenhänge zu übertragen. Seriell ist etwa die textgestützte Funktionsdifferenzierung immer dann, wenn der Transfer von Mustern, die Tradierung von Vertextungsverfahren bzw. -gegenständen usw. zu einer intertextuell vermittelten Ausbautendenz beiträgt. Doch dieser lineare Vollzug sprachgeschichtlich progressiver Faktoren wird prinzipiell in jeder geschichtlichen Phase durch singuläre Ereignisse, also Vertextungen, kontaminiert, die sich nicht in die seriellen Tendenzen des Kultursprachenausbaus einpassen. Folglich verläuft Sprachgeschichte nicht strikt seriell und zielgerichtet; neben den entsprechenden Kontinuitäten sind auch diskontinuierliche Einflüsse bestimmend. M. Foucault (ebd.) erfaßt die damit gegebene Komplexität über die bereits zitierten diskurstheoretischen Begriffe „Regelhaftigkeit, Zufall, Diskontinuität, Abhängigkeit, Transformation".

Auch die räumliche Okkurrenz von Vertextungen innerhalb definierter Diskursdomänen entspricht nicht nur den regelhaften, seriell vermittelten Tendenzen funktionaler Ausbauprozesse, so daß es gilt, die allgemeinen diskurstheoretischen Dimensionen von Ereignis und Serie auf die hier interessierenden topographischen Parameter juridischer Polyfunktionalisierung zu übertragen. Es wird für die Teildomänen nach kleinflächiger Einsetzung von Texten bzw. Textmustern vs. großflächigem Vorkommen ebenso zu unterscheiden sein wie nach Expansions- vs. Konzentrationstendenzen. Das erste Begriffspaar ermöglicht eine mehr oder weniger statische, d.h. synchrone Bestandsaufnahme der jeweiligen wichtigen Auftretensgebiete, während mit den Expansions- und Konzentrationstendenzen prozedurale Raumdimensionen des juridischen Diskurses diachron erfaßt werden. Musterfall etwa der räumlichen Expansionstendenzen von Textmustern ist die Diskursdomäne 'Stadtrecht', denn hier kommt es im Zuge der Verleihung einzelner Mutterrechte zu einem durchaus als seriell zu bezeichnenden sukzessiven Zuwachs an räumlicher Verbreitung, der prototypisch für die topographische Ausdehnung funktionaler Kommunikationsdomänen ist. Ganz anders die ohnehin in ihrem Geltungsanspruch weitgehend lokal begrenzten Weistümer, deren Textvorkommen nicht nur kleinflächig organisiert ist, sondern die vorwiegend im Spätmittelalter und zu Beginn der Frühen Neuzeit belegt und damit im Verlauf der Ausbildung eines standardisierten Nhd. zunehmend auf einzelne Vorkommen konzentriert und schließlich überhaupt nicht mehr vorfindbar sind. Wieder andere räumliche Strukturen weisen etwa die Traditionslinien der Rechtsbücher auf. Es ist daher auch nicht sinnvoll, funktionsspezifische Topographien generalistisch zu erfassen, da eben für die Teildomänen von etablierten Diskursen immer auch mit unterschiedlichen Okkurrenzen zu rechnen ist, die zudem über die Streuung von Handschriften, Drucken etc. je eigene Daten bedingen.

Dies gilt ebenso für die zeitlichen Dimensionen der juridischen wie jeder anderen Diskursentfaltung, womit die temporale Strukturiertheit von Polyfunktionalisierungen angemessen zu erfassen ist. Im Zusammenhang der Gegenstandsbestimmung vorliegender Untersuchung konnte bereits gezeigt werden, daß funktionsgeschichtliche Analysen zum einen nur als Longitudinalstudien sinnvoll sind und zum anderen die Geschichte des juridischen Diskurses adäquat für den Zeitraum von 1200 bis 1800 zu behandeln ist. Dieser Zeitraum wurde in allgemein üblicher Weise in zwei Phasen unterteilt, das Spätmittelalter und die Frühe Neuzeit. Nun ist augenscheinlich, daß damit eher eine ad-hoc-Strukturierung zeitlicher Phasen der Funktionsgeschichte des Deutschen vorgenommen wurde denn eine differenzierte Periodisierung sprachgeschichtlich interessierender Entwicklungstendenzen. Dies liegt daran, daß abgestufte Periodisierungen lingualer Systeme ja grundsätzlich nur über Detailperspektiven erreichbar sind und folglich die Grobeinteilungen von sprachgeschichtlichen Phasen immer pauschalierend sein müssen. So verwundert es auch nicht, daß viele einander oft widersprechende Periodisierungsentwürfe zur deutschen Sprachgeschichte vorgelegt wurden und auch in der gegenwärtigen Sprachgeschichtsschreibung vertreten werden. T. Roelcke (1995), der die wichtigsten Periodisierungen zum Deutschen erfaßt und tabellarisch aufbereitet hat, kommt bereits auf 43 Periodisierungsentwürfe seit Joh. Chr. Adelung, die einer ernsthaften Auseinandersetzung lohnen. Wenn im Zusammenhang einer Geschichte der Polyfunktionalisierung im juridischen Diskurs nun die ad hoc vorgenommene Grobgliederung zweier deutlich unterscheidbarer Phasen einer Differenzierung unterzogen werden soll, so sind hierfür die Periodisierungskriterien gerade in Anbetracht der Vielzahl bereits diskutabler Zeitgliederungen anzuführen. Denn ein häufiges Problem ergibt sich gerade aus der mangelnden theoretischen Begründung sprachgeschichtlicher Periodisierungen. Nicht selten werden zwar Perioden mit scharfen Grenzen definiert und auch mit mehr oder weniger aussagekräftigen Bezeichnungen versehen, doch über die Kriterien zur Entscheidung von zeitlichen Grenzziehungen selbst läßt sich unter Umständen wenig in Erfahrung bringen. Hierauf weist auch J. Schildt ([Hg.] 1982) hin und nennt als ein offensichtliches Beispiel die Sprachgeschichte von H. Eggers (1963-77), die zwar Sprache als zeitlich gegliederten Gegenstand behandele, es aber versäume, über die Kriterien der Einteilung Aufschluß zu geben. Überdies wird bei H. Eggers auch die zentrale Frage umgangen, ob sprachgeschichtliche Perioden linguistische Konstrukte oder objektive Kategorien sind. Mit O. Reichmann (1992, 196) gehen wir hier davon aus, daß Sprachepochen nicht theorieabhängige Konstrukte mit jeweils neu bestimmbaren Profilen sind, sondern daß kulturelle Bedingungen spezifische Kommunikationsverhältnisse schaffen, „die sich je nach Abstraktionsgrad der linguistischen Systembildung sowie je nach Art des Teilsystems unterschiedlich direkt im Sprachsystem spiegeln müssen". Folglich sind unterschiedliche Periodisierungsvorschläge Resultate der jeweiligen konzeptionellen Zugänge und der Fokusweite auf den Gegenstand Sprache.

Kriterium der Binnendifferenzierung von Spätmittelalter und Früher Neuzeit ist in der vorliegenden Darstellung der funktionsspezifische Einsatz des Deutschen in den Domänen des juridischen Diskurses. Wie für die Raumdifferenzierung bereits ausgeführt, müssen hierfür jedoch die Entwicklungsphasen je Teildomäne strikt unterschieden werden. Eine Unifizierung zwecks Periodisierung ganzer Diskurskomplexe scheint kaum geeignet zu sein, die bekannten Makroperiodisierungen der deutschen Sprachgeschichte durch perspektivisch eingegrenzte Mikroperiodisierungen zu ergänzen. Um eine solche Ergänzung sollte es jedoch gerade gehen, da sprachlicher Wandel nicht gleichmäßig, monokausal und zielgerichtet verläuft, sondern multifaktoriell ist. Hier kann T. Roelcke (1995, 16f) gefolgt werden, der eine hierarchische Periodisierung für angemessen erklärt und wie folgt bestimmt:

> Eine hierarchische sprachgeschichtliche Periodisierung ist hiernach eine in sich gegliederte Gliederung der Geschichte einer Einzelsprache in sowohl zeitlich als auch faktisch zu unterscheidende Abschnitte.

Es wird demnach in Kap. 5. für jede Teildomäne des juridischen Diskurses eine Periodisierung der signifikanten Tendenzen zum Funktionsausbau vorgeschlagen, deren Kombination für alle behandelten Diskurssegmente ein korpusabhängiges Gesamtbild unter den Kriterien jeweiliger funktionaler Geltung in bezug auf Konstituierung und Dekonstituierung von Standardisierungsprozessen ergibt. Die Einteilung in Spätmittelalter (1200 bis 1500) und Frühe Neuzeit (1500 bis 1800) ist dabei allgemeines Differenzierungsmerkmal. Im abstrakten Modell stellt sich die Deskription wie folgt dar:

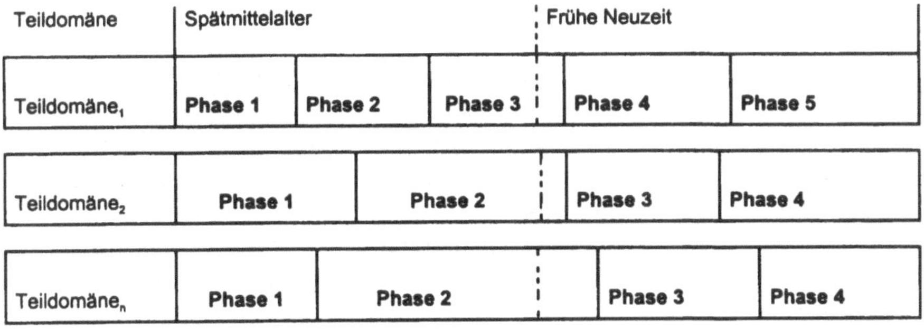

Abb. 11: Abstraktes Modell teildomänenbezogener Perioden der deutschen Sprachgeschichte

Ziel ist eine Ergänzung der Daten zu Raumstrukturen der Polyfunktionalisierung des Deutschen durch Mikrodimensionierung der zwangsläufig oft stark verallgemeinerten Periodisierungen deutscher Sprachgeschichte im allgemeinen. Denn selbst textgeschichtlich argumentierende Periodisierungen sind in der Regel noch ausgesprochen generalistisch. Abgesehen davon, daß T. Roelcke (1995, 320ff und 332f) bezeichnenderweise der Behandlung des Periodisierungskriteriums 'Lautung' achtmal soviel Raum schenkt wie dem Kriterium 'Text', zeigen seine Übersichten, daß die wichtigsten textgeschichtlichen Periodisierungsentwürfe des Deutschen noch weit entfernt von angemessener Binnendifferenziertheit sind (ebd., 462ff).

Eine modifizierte Gliederung zeitlicher Abschnitte der Vertextungsgeschichte wird von Art und Anzahl zu erwartender funktionshistorischer Arbeiten abhängen. Erst in Kombination der unterschiedlichsten Analysen zu funktionalen Domänen in der Geschichte des Deutschen wird ein annähernd präzises Bild von kontinuierlichen und diskontinuierlichen Phasen der Sprachgeschichte zu gewinnen sein, wie denn überhaupt das Verhältnis von seriellen, d.h. traditionsbegründeten und -gestifteten Ausbauprozessen zu singulären funktionsgeschichtlichen Daten im Sinne historischer Ereignisse erst infolge kumulierter Ergebnisse angemessen bestimmt werden kann. Da diskursanalytische Arbeiten zur Funktionsgeschichte für eine derartige Gesamtinterpretation von Daten noch bei weitem nicht in ausreichender Zahl vorliegen, müssen vorerst die domänenkonzentrierten Einsichten ausreichen, die jedoch wie bereits erwähnt lediglich gesamtsprachliche Tendenzen markieren können. So fest formuliert daher auch eine Periodisierung nach dem obigen Modell im einzelnen aussehen kann, hat sie immer den Status einer korpusbezogenen Gliederung zeitlicher Verläufe von Sprachgeschichte und ist folglich jederzeit über die Komplettierung mit weiteren textgeschichtlichen Daten zu modifizieren. Gleiches gilt für die Angaben zur tendenziellen Raumgliederung und alle anderen Ergebnisse aufgrund der vorangehend dargestellten Parametrisierungen.

Damit sind sämtliche für die vorliegende Darstellung in ihrem sprachempirischen Anspruch maßgeblichen Konzeptionen der in Betracht kommenden Analysen eingeführt, theoriebezogen diskutiert und unter dem Kriterium der Pratikabilität bzw. Operationalisierbarkeit eingeführt. In nuce ist mithin folgendes Untersuchungslayout festgelegt:

Die generelle Einordnung und Skalierung des juridischen Textkorpus erfolgt grundsätzlich im ersten Analyseschritt über die jeweils matrixgestützte Klassifikation des textuellen Organisationsbereichs und über die Typisierung der textuellen Situation, womit eine generalisierende teildomänen- und textmustertypische Bestimmung des pragmatischen Kotextes überlieferter

Quellen vorgenommen ist. Im weiteren wird ebenso in der Ausrichtung auf eine Textmustercharakteristik der Zusammenhang zwischen je typischen Vertextungsintentionen und den dadurch mehr oder weniger motivierten Polyfunktionalisierungen erörtert. Infolge dieser allgemeinen Bestimmungen werden Ebenen intertextueller Bezüge des Korpus behandelt: Zunächst die polylinguale Intertextualität, wobei insbesondere geklärt wird, ob in jeweiligen Teildomänen überhaupt derartige Vernetzungen festzustellen sind, welche dominanten Transferrichtungen sich unter Umständen ergeben und inwieweit von einer lateinisch stark determinierten oder weitgehend volkssprachlich autonomen Texttradition auszugehen ist. Für die monolinguale Intertextualität werden Illokutionsstruktur, thematischer Gehalt und formale Superstruktur unter dem Aspekt von Systemreferenzen bestimmt und schließlich im sechsten Analyseschritt Geltungsgrade von Intertextualität in bezug auf die Überschreitung teildomänentypischer Traditionen, auf Intermedialisierungen und transtemporale Intertextualitätsphänomene untersucht. Im letzten Analysezugriff ist die räumliche und zeitliche Gliederung teildomänentypischer Texttraditionen erfaßt.

Gewählt ist damit ein holistisches Textanalysekonzept, das verschiedenen sprachgeschichtlich relevanten Sachzusammenhängen gerecht zu werden versucht. Dabei liegt der Schwerpunkt auf der historischen Erörterung von Textmustergenesen in ihren jeweils teildomänenbezogenen Traditionslinien einer zentralen Diskursdomäne. Der Einzeltext tritt in den nachfolgenden empirischen Analysen zugunsten einer type-orientierten funktionalen Sprachgeschichtsschreibung des Deutschen am Beispiel juridischer Kommunikation zurück. Die damit verbundenen Generalisierungen sind notwendiges Vehikel funktionsgeschichtlicher Erörterungen und weisen das diskursanalytische Interesse gegenüber traditionellen Einzeltextanalysen aus. Daß die Bestimmung textgeschichtlicher Ausbauprozesse zu den gegenwärtig vorrangigen Aufgabenstellungen der historischen Sprachwissenschaft gehört und vorliegende Darstellung damit den Anspruch eines Beitrags zu diesem Desiderat erhebt, mag folgender Ausschnitt aus einer Podiumsdiskussion eines sprachgeschichtlichen Symposions der Universität Heidelberg (11.-14. Juni 1992) unter dem Motto „Was soll Gegenstand der Sprachgeschichtsforschung sein?“ verdeutlichen:

> Diejenige Einheit der Sprache, von welcher sich die Diskutanten die interessantesten Ergebnisse für eine sozialhistorisch und pragmatisch orientierte Sprachgeschichtsschreibung erhoffen, ist der Text. Mit der Ausrichtung auf Texte bzw. Textsorten könnte sich ein ‘Paradigmenwechsel’ (A. Betten) ankündigen. Es sollten ‘Textsortengeschichten’ verfaßt werden, wobei einzelne Textsorten ‘bis zur Gegenwart begleitend zu beschreiben’ seien (E. Straßner). (D. Cherubim et al. 1995, 456f)

5. Geschichte der Polyfunktionalisierung des Deutschen im juridischen Diskurs des 13. bis 18. Jahrhunderts

5.1 Reichsrecht

I. Pragmatischer Kotext: sozialer Organisationsbereich

I.1 Räumlicher Geltungsbereich

Die Bestimmung der räumlichen Geltungsansprüche reichsrechtlicher Quellen ist dem ersten Anschein nach kaum problematisch, benennt doch 'Reichsrecht' bereits den vorausgesetzten Normradius des gesamten Diskurssegments. Die Verfassungsorganisation des Deutschen Reichs seit dem Niedergang der staufischen Kaisermacht schränkt jedoch die Eindeutigkeit des machtbezogenen und auch geographischen Begriffs 'Reich' erheblich ein. Referiert 'Reich' mit Rückgriff auf die Vorstellung historischer Kontinuität seit dem römischen Imperium auf einen jenseits territorialer Machtzersplitterung eingesetzten universalen Machtraum, so hat es einen solchen als Geltungsbereich der spätmittelalterlichen und frühneuzeitlichen Rechtsnormierung nur bedingt gegeben. Ohne Frage steht das Reichsrecht als Ius commune idealiter über den kleinräumigen Rechtskreisen, doch faktisch waren die territorialen Sollensordnungen und auch die stadtrechtlichen Setzungen nicht nur autonom bzw. haben sie eine Selbständigkeit von reichsrechtlichen Machtansprüchen gezielt zu verwirklichen gesucht, sondern das subsidiäre Recht hatte noch in der Frühen Neuzeit gegenüber dem Reichsrecht primäre Gültigkeit. Das Primat des subsidiären Rechts bedingte insofern eine den heutigen Verhältnissen des Grundsatzes *Bundesrecht bricht Landesrecht* (Art. 31 GG) vollkommen gegensätzliche Situation. Während in der gegenwärtigen Rechtsorganisation der Bundesrepublik Deutschland jegliches Bundesrecht jeglichem Landesrecht vorgeht, „gleichgültig, ob es das frühere oder spätere, das speziellere oder das allgemeinere Gesetz ist“ (C. Creifeld [Hg.] 1986, 233), brach im Spätmittelalter und in der Frühen Neuzeit das Stadtrecht das Landesrecht und dieses wiederum das gemeine Recht. Diese verfassungsrechtliche Eigenart der deutschen Reichsorganisation ist einer der ausschlaggebenden Gründe für die nur sehr gebremst wirksam werdenden Polyfunktionalsierungstendenzen des Deutschen in der Domäne des Reichsrechts. Keineswegs waren es also die reichsrechtlichen Texte, die allein sprachgeschichtlich wirksame Standards der Vertextung gesetzt haben. Ganz im Gegenteil zeigt die Gesamtanalyse des juridischen Diskurses von 1200 bis 1800 die Vorreiterrolle der kleineren Rechtskreise bei den Vertextungsschüben in deutscher Sprache. Wenngleich also die überregionale Geltung reichsrechtlicher Aktivitäten grundsätzlich auch eine geeignete allgemeinverständliche Sprache forderte und insofern Überlegungen zur sprachlichen Gestaltung reichsrechtlicher Dokumente ebenso wie zur Sprachkompetenz der Kurfürsten seit dem Spätmittelalter angestellt wurden, hat das Reichsrecht doch keine nachhaltige Vorbildfunktion für andere Subdomänen des juridischen Diskurses entwickeln können. H. Hattenhauer (1987, 6ff) legt, angefangen von der *Goldenen Bulle* (# 76) bis zu den Reichskammergerichtsordnungen und den Wahlkapitulationen, solche sprachplanerischen und sprachreflektorischen Aktivitäten des Reichs dar. Doch der massive Rückgang der Reichsmacht im Interregnum und die damit gestellten Weichen im Machtgefüge der folgenden Jahrhunderte führten dazu, daß alle diese reichsrechtlichen Vertextungen lediglich neben den übrigen Rechtsaktivitäten anderer Rechtskreise standen.

Ist also das Reichsrecht neben anderen Quellen universalen Rechts, wie dem *Corpus Iuris Canonici*, der Rechtskreis mit der größten Extension des räumlichen Geltungsanspruchs, so eben nur der abstrakten Anlage nach, die realiter jederzeit von subsidiären Normen konterkariert werden konnte und wurde. Nicht zuletzt deshalb ist auch die Zahl der reichsrechtlichen Überlieferungen gemessen etwa am Quellenbestand des Territorialrechts gering. Der subsidiäre Normvorrang ging soweit, daß selbst eines der herausragenden Kompendien reichsrechtlicher Gesetzgebungstätigkeit - die für die Geschichte des Strafrechts in Deutschland bedeutende *Constitutio Criminalis Carolina* (# 35) - nur vermittels der salvatorischen Klausel Gültigkeit hatte, also sofern nicht territoriales Strafrecht bestand.

Die verfassungsrechtlichen Hintergründe der Rechtsgeschichte des Deutschen Reichs sind deshalb auch für die textgeschichtliche Analyse ausgesprochen wichtig, weil sie dem reichsrechtlichen Diskurssegment einen Ort innerhalb der gesamten rechtsbezogenen Communicatio zuordnen. Obgleich also der räumliche Geltungsbereich bei den reichsrechtlichen Texten auf das gesamte Reich bezogen ist, schließt die Subsidiarität der Verfassungsstruktur jede Annahme universaler Geltung aus. Weitgehend unbeeinflußt von der Faktizität der begrenzten Normansprüche des Reichs, wird die territoriale Universalität der Geltung jedoch in den Quellen fast ausnahmslos hervorgehoben. So findet sich die Formel 'wir tun kund allermaniglich' in einer Vielzahl reichsrechtlicher Texte aus den verschiedenen Quellengruppen:

(1) Bekennen offentlich und thun kund allerma-enniglich: (...). (# 7, 211)

(2) Wir Maximilian (...) bekennen offentlich und thun kund allermeniglich, (...). (# 65, 38)

(3) Wir Maximilian (...) thun kunt allermenniglich: (...). (# 205, 297)

(4) ...; Unser Nachkommen und Erben offenlich mit disem Brieff und thun kundt allermenigklich, das Wir (...). (# 186, 294)

Eine Markierung des Textes nach geographischer und ständischer Geltung findet sich in der prototypischen Grußformel der *Gesetzentwürfe zur Reichsreform vom Nürnberger Reichstag* aus dem Jahr 1438 (# 73, 252):

(5) Wir Albrecht von gots gnaden Romischer könig etc. enbieten allen und iglichen unsern und des heiligen Romischen reichs fursten grafen herrn freien rittern knechten stetten merkten und dorfern und sundirlichen allen und iglichen des heiligen reichs untertan unser gnade und alles gut.

In der *Reichspolizeiordnung* von 1577 (# 225, 57) wird schließlich davon gesprochen, daß der Text 'in das Reich' publiziert ist.

I.2/3 Sachlicher und zeitlicher Geltungsbereich

Der sachliche Geltungsbereich ist in einem thematisch nicht näher bestimmten Diskurssegment wie dem Reichsrecht sehr heterogen, in der Gesamtsichtung der hier berücksichtigten Quellen ergibt sich kaum ein reichsrelevanter Normgegenstand, der nicht Eingang in reichsrechtlichen Vertextungen gefunden hat. Jedoch zeigt sich auch hier, daß ein erheblicher Unterschied zwischen Normanspruch und tatsächlicher Normierung bestand. So schreibt H. Fehr (1962, 228) zu den Reichspolizeiordnungen:

> Besonders die Polizeiordnungen erweisen sich als wichtiges Beispiel für die Unsicherheit der Rechtszustände im Reich. Denn wieweit ihre Normen eigentlich verbindlich waren für die Landesherren und ihre Untertanen, das wußte kein Mensch. Den Reichsständen wurde anheimgegeben, genauere Bestimmungen zu diesen Ordnungen zu erlassen und diese Ordnungen 'nach des Landes Gelegenheit zu ermäßigen'. Ein geschickter Jurist konnte also damit anfangen, was er wollte.

Entsprechend wenige, faktisch bedeutsame Texte der Frühen Neuzeit sind daher zu nennen, darunter die *Constitutio Criminalis Carolina* (# 35) von 1532 und die *Reichskammergerichtsordnung* (# 211) von 1495 mit ihren Bearbeitungen.

Die zeitliche Geltung der Mehrzahl reichsrechtlicher Quellen schließlich ist seit dem Spätmittelalter unbestimmt, abgesehen von den Reichslandfrieden und den Wahlkapitulationen, die zumeist ein zeitlich beschränktes Friedensgebot bzw. eine derart definierte Selbstverpflichtung aussprechen. Die übrigen Texte haben entweder typische Textbausteine nach dem Muster

(6) Daß jr die ob einuerleibt Ordnung, nu fu-erohin, in allen vnd yeden Artickeln, Inheltungen, Puncten vnnd Begreiffungen, stracks gewißlich, vnd vnuerbrochenlich haltet (...). (# 220, 269)

(7) (...), inmaßen dieselbig euch allen samt und sonderlich und gemeinlich allen unsern und des Reichs Untertanen und Verwandten hiemit verkündet wird mit dem ernstlichen Befelch, daß ihr derselben alles ihres Inhalts bei Peen und Straf, in einem jeden Articul verleibt, gehorsamlich und festiglich für euch selbst gelebt und die Eueren dahin weiset und vermüget, diese unsere Reformation und Ordnung bei Vermeidung derselben Strafen also unverbrüchlich zu halten und dero nachzukommen. (# 225, 58)

oder zeigen den unbeschränkten zeitlichen Geltungsanspruch über lexikalische Marker an, wie im sogenannten *Jüngsten Reichsabschied* oder *Recessus Imperii Novissimus* (# 96, 447) aus dem Jahr 1654, in dem der Text als „immerwährende Richtschnur und ewige norma iudicandi" bezeichnet wird, die es „vest und unverbrüchlich" zu halten gelte.

II. Pragmatischer Kotext: textuelle Situation

II.1 Gesellschaftliche Bindung

Abgesehen davon, daß Rechtsordnungen per se eine starke gesellschaftliche Bindung schon deshalb aufweisen, weil sie, ausgehend von einer Bestandsaufnahme der jeweiligen Struktur und Organisation des Consoziums, Normbedürfnisse konstatieren bzw. präsupponieren und diesen durch steuernde Eingriffe in die Sozial- und Rechtsverfassung einer Gesellschaft entsprechen, so gilt dies bei den reichsrechtlichen Texten in besonderem Maße aufgrund der zumindest idealiter in Anspruch genommenen allgemeinen Adressierung der entsprechenden Sollensordnungen. Anders als etwa in den Sonderrechten oder in der Domäne des ländlichen Rechts, wo zwar auch eine gesellschaftliche Bindung vorliegt, doch eben nur im Bezug auf bestimmte Personenkreise, hat das Reichsrecht zumeist einen im nationalen Radius unbeschränkten Anspruch auf Gültigkeit. Wir können also sagen, daß das Reichsrecht aufgrund des sozial normativen Charakters der Texte und des damit verknüpften Anspruchs auf Allgemeingültigkeit eine weit ausgeprägte gesellschaftliche Bindung aufweist. Im wesentlichen supponieren jedoch die Texte ihre aktuellen Bezüge und generellen Normansprüche, ohne diese selbst zum Gegenstand expliziter Darlegungen zu machen. So sind es einzelne Formulierungen, die das Selbstverständnis reichsrechtlicher Texte erkennbar machen und keine festgefügten, formelhaft verwendeten Textbausteine:

(8) Diesem Unserm embsigen Nachsinnen, getreues vätterliches Fleiß anzuhangen und nachzusetzen, sind Wir zu Eingang Unser Kays. Regierung, derselben so vielmehr ein beständige Grund=Feste zu legen höchster Begierde gäntzlich Willens gewesen, zuvorderst des H. Reichs von vielen Jahren herrührende, hochwichtige, unerledigte, ansehentliche Obliegen an die Hand zu nehmen, (...). (# 7, 212)

Nun ist auch hier zu bedenken, daß zwischen textualisierter Gesellschaftsbindung und der tatsächlichen Relevanz von reichsrechtlichen Sollensordnungen vor dem Hintergrund territorialer Machtansprüche ein differierendes Verhältnis von Anspruch und Wirklichkeit vorliegt. Dies weist bereits darauf hin, wie wenig Textanalysen allein geeignet sind, hinreichend adäquate Aussagen zur Situierung zu treffen, da über den Text allein der dort angeführte Wirklichkeitsbezug zu ermitteln ist und Variablen wie die gesellschaftliche Bindung folglich nur als textuelle Situierung aussagekräftig sind. Diese konzeptionelle und empirische Einschränkung textlinguistischer Befunde der Situationsanalyse ist kein Mangel, sondern ein Kennzeichen der Diskursanalyse. Für das Reichsrecht heißt dies, daß die textuell vertretene Bindung an gesellschaftliche Normbedürfnisse invariabel ist, wenn auch de facto manches Recht nicht die mit der Promulgation implizierte Allgemeingültigkeit und -verbindlichkeit der Aussagen gewinnen konnte.

II.2 Zeitliche Bindung

Hinsichtlich der Normierungsabsichten reichsrechtlicher Texte ist fraglos von einer gegenwärtigen bzw. zukünftigen Bindung der Texte auszugehen. Während die Reichslandfrieden als Friedensinstrumente infolge drängender Notwendigkeiten der Normierung bzw. des Verbotes der Fehde und zur Eindämmung der Selbstjustiz vor allem auf die je gegenwärtigen Verhältnisse referieren und auch die Wahlkapitulationen der deutschen Kaiser Dokumente der je aktuellen Verpflichtung auf fürstlich toleriertes Verhalten sind, beabsichtigen etwa die Verfassungsgesetze des Reichs sowie die gesamte frühneuzeitliche Einzelgesetzgebung trotz ihres Gegenwartsbezugs eine Normierung insbesondere auch zukünftiger Gesellschaftsstrukturen. Im wesentlichen zeigt sich diese Unterscheidung in der Festlegung von Quellen als temporäre oder unbeschränkt gültige Normen. Für den reichsrechtlichen Diskurs der Sollensordnungen im allgemeinen ist die zeitliche Bindung auf zukünftige Rechtszustände der Standardfall:

(9) (...) Uns mit Unsern und des H. Reichs Churfürsten, Fürsten und Ständen, darüber zu berathschlagen, und sonderlich die Anstellung und Versehung zu thun, wie das Heil. Reich in bemeldten seinen Würden und Wesen künfftiglich bestehen, (...). (# 7, 212)

(10) (...), sein Herrschaft oder Freunde, von denen er geschickt oder gewalthabend ist, betrifft oder betreffen mag, wahr / sta-et / fest / aufrichtig und unverbrochen zu halten (...). (# 7, 240)

Die ohnehin in vielerlei Hinsicht trotz ihrer bemerkenswerten Kürze aufschlußreiche Vorrede Karls V. zur *Constitutio Criminalis Carolina* (# 35) zeigt jedoch, daß die in anderen Segmenten des juridischen Diskurses stark ausgeprägte Vergangenheitsbindung bei den reichsrechtlichen Normsetzungen nicht unberücksichtigt bleibt. In der Vorrede heißt es:

(11) Demnach haben wir sampt Churfürsten, Fürsten vnd Stende auß gnedigem geneygtem willen etlichen gelerten trefflichen erfaren personen beuolhen eyn begrieff, wie vnd welcher gestalt inn peinlichen sachen, vnd rechtfertigungen, dem rechten vnd billicheyt am gemeßten gehandelt werden mag, zumachen, inn eyn form zusammen zu ziehen (...). (# 35, 30)

Hier wird bewußt an vergangene Rechtsordnungen angeschlossen, die in kompilierter Form ein textuelles Fundament des Textes ausmachen. Dies ist keineswegs ein allein für die intertextuellen Implikationen und Strukturkonstituenten der *Constitutio Criminalis Carolina* (# 35) charakteristischer Befund, sondern entspricht der im Spätmittelalter und in der Frühen Neuzeit noch lange Zeit fortgetragenen Auffassung von der primären Gültigkeit älteren Rechts vor den jüngeren Normen. Nicht zuletzt die salvatorische Klausel entspricht unter anderem dieser Auffassung, so daß die an und für sich gegenwarts- und zukunftsgerichtete Reform des Strafrechts in der *Peinlichen Gerichtsordnung* durch die Geltungsansprüche älteren Rechts unterminiert und folglich relativiert ist.

II.3 Prätextbezug

Die Ergebnisse einer generalisierenden Einordnung der zeitlichen Bezüge von reichsrechtlichen Texten und dort vor allem die nicht ausgeschlossene Vergangenheitsbindung führen unmittelbar zur Sichtung der Prätextbezüge. Diese sind für die Reichsrechte ein wesentlicher Bestandteil fast aller Textokkurrenzen, was allein deshalb nicht eigentlich erstaunen kann, weil allgemeingültige oder auf Allgemeingültigkeit angelegte Normkataloge in einem territorial stark gegliederten Consozium keine creatio ex nihilo sein können. Die kaiserlich-königliche Gesetzgebungstätigkeit, die gemessen an anderen Domänen des juridischen Diskurses jederzeit nur schwach ausgeprägt war, war demgemäß stets auf eine Berücksichtigung bzw. den Verweis auf den Textbestand subsidiärer Rechtskreise angewiesen. In den Quellen finden sich häufig Hinweise auf Vorläufertexte, wie etwa in der *Reichshandwerksordnung* (# 208, 302) aus dem Jahr 1732, die sich explizit auf Texte des reichsrechtlichen Diskurssegments beruft:

(12) Wir Carl der Sechste (...) thun (...) hiemit zu wissen: Nachdeme vorgekommen, daß, ob zwar in verschiedenen Reichs-Abschieden, insoderheit aber der eingerichteten *Reformation* guter Policey, im Jahr 1530, 1548, sodann 1577 wegen Abstellung derer bey denen Handwerkern insgemein sowohl, als absonderlich mit denen Handwerks-Knechten, Söhnen, Gesellen, und Lehr-Knaben eingerissenen Mißbräuche, allbereits gar heilsame Fürsehung geschehen, solchem aber nicht allerdings nachgelebt worden, auch nach und nach deren mehr andere bey vorgemeldten Handwerkern eingeschlichen: Als ist vor nöthig er-

achtet worden, obgedachte Satzungen, und was wegen der Handwerker im jüngsten Reichsabschied *de Anno* 1654 verordnet, nicht allein zu erneuern, sondern folgender Gestalt zu verbessern, und zu vermehren.

Die Spuren der intertextuellen Vernetzung beschränken sich jedoch nicht allein auf Auskünfte zum hypertextuellen Bezug, sondern betreffen, wie noch zu zeigen sein wird, entscheidende überlieferungsgeschichtliche Ecksteine der reichsrechtlichen Textüberlieferung. Bereits hier kann auf die *Goldene Bulle* (# 76) verwiesen werden, die als Prätext einer Vielzahl reichsrechtlicher Texte des 16. Jahrhunderts fungierte und in das *Corpus Recessum Imperii* einging; im Jahr 1507 noch als Anfügung der deutschen Version, seit 1585 dann in der lateinischen Originalfassung an erster Stelle (vgl. A. Laufs 1971, 1744). Auch die Reichspolizeiordnungen sollen noch erwähnt werden, die vielfältigste intertextuelle Bezüge aufweisen, da sie nicht nur auf diversen Landesordnungen gründen, sondern auch die Reichsabschiede von Rothenburg (1487), Lindau (1497) etc. verarbeiten.

II.4 Status des Textproduzenten

Abgesehen von den privat verfaßten Sollensordnungen der spätmittelalterlichen Rechtsbücher ist die überwiegende Mehrzahl aller Normquellen des juridischen Diskurses ein Ergebnis je kollektiver Vertextungsprozesse. So sind auch die reichsrechtlichen Texte gemeinschaftlich verfaßt und tragen in ihrer konkreten Textgestalt unterschiedlichste Handlungsabsichten und Normvorstellungen. Diese Heterogenität wird zwar zwecks besserer Durchsetzbarkeit von direktiven Intentionen im Text nicht explizit, sie ist jedoch eine zu berücksichtigende Determinante der Rechtssetzung seit dem Spätmittelalter. Für das Reichsrecht ist im besonderen zu bedenken, daß autonome Rechtsansprüche in Anbetracht der fürstlichen Macht spätestens seit dem *Statutum in favorem principum* unmöglich waren. Als Folge der Machtverteilung im Reich, die bekanntlich im wesentlichen zu Lasten einer wirkungsvollen Zentralmacht bestand, ging den Promulgationen reichsrechtlicher Normtexte grundsätzlich eine Beratung zwischen König, Fürsten und anderen, jeweils betroffenen Machtträgern voraus. Diese kollektive Textarbeit bzw. Vertextungsvorbereitung expandierte in der Frühen Neuzeit erheblich, da seit dem 15. Jahrhundert auch noch die Reichsstände auf den Reichstagen präsent und damit an der Beratung von Gesetzesinitiativen beteiligt waren. Seit dem Wormser Reichstag von 1495 wurden zudem gelehrte Rechtskundige und rechtsgebildete Laien zu den Beratungen hinzugezogen. Das Reichsrecht ist folglich seit dem Spätmittelalter weder Volksrecht noch Königsrecht, sondern ein universales Fürstenrecht. Da die Festigung gerade der fürstlichen Machtansprüche auch über die Rechtsnormierungen des Reichs versucht wurde und in Entsprechung dazu die

Gesetzgebung des Reichs weder zahlreich noch angemessen verbreitet war, stand „das Volk dem Reichsrecht recht kalt und fremd gegenüber" (H. Fehr 1962, 156). Die nicht vorhandene Reichszentralmacht im Spätmittelalter und in der Frühen Neuzeit, die sich eben auch in den Textproduktionsbedingungen spiegelt, ist eine der entscheidenden Ursachen für die Zentrierung von Polyfunktionalisierungstendenzen des Deutschen in anderen Teildomänen des juridischen Diskurses. Das Funktionieren volkssprachiger Kommunikation in der Domäne des Rechts wird, wie die Gesamtanalyse noch zeigen wird, über eine Bottom-up-Differenzierung erreicht. Das heißt, die Rechtskreise mit kleinerer Extension bringen die Polyfunktionalisierung wesentlich voran, so daß der reichsrechtliche Gebrauch des Deutschen als Reflex auf das Vertextungsverhalten in subsidiären rechtssetzenden Institutionen des Reichs einzuordnen ist und nicht im Sinne einer Top-down-Differenzierung die Polyfunktionalisierung des Deutschen steuerte.

Die rechtsgeschichtliche Beurteilung der Konfrontation von Reichs- und Territorial- bzw. Stammesrecht ist demzufolge ein auch textgeschichtlich wesentlicher Aspekt bei der Funktionsdifferenzierung des Deutschen:

> Von Bedeutung war auch das Neben- und Gegeneinander von *Reichsrecht und Stammesrecht*. Das Deutsche Reich besaß von Haus aus kein gemeinsames weltliches Recht. Als solches kamen nur fortgeltende karolingische Kapitularien in Betracht. Der König unterstand für seine Person dem fränkischen Recht. Ein gemeinsames Recht des Reiches hat sich in der Folge nur zögernd und bruchstückhaft herangebildet. Nicht zufällig ist dieses gemeinsame Recht vor allem Fürstenrecht. Hauptquelle des gemeinen deutschen Rechtes vor der Rezeption sind die Reichslandfrieden, die Fürstenprivilegien Friedrichs II. von 1220 und 1231 und die von den Fürsten in Einzelfragen gefällten Reichsweistümer. Zu förmlichen Reichsgesetzen - auch sie mit weistumartiger Grundlage - kam es nur vereinzelt. (H. Mitteis 1992, 295)

Wie schwerfällig die Beratungsprozeduren und Vorarbeiten zur eigentlichen Promulgation von Reichsnormen waren, zeigt wiederum das Beispiel der *Constitutio Criminalis Carolina* (# 35) besonders deutlich. Die strafrechtlichen Reformbestrebungen wurden bereits mehr als 30 Jahre vor dem Inkrafttreten der *Peinlichen Gerichtsordnung Karls V.* durch das Reichskammergericht initiiert und als Vorschlag im *Freiburger Reichsabschied* (# 65, 46) von 1498 im § 34 festgehalten. Hier wird gefordert, „ein gemein Reformation und Ordenung in dem Reich fürzunemen, wie man in Criminalibus procediren soll". Zunächst arbeitete das Reichsregiment an diesem Gesetzesprojekt, doch mit der Auflösung desselben im Jahr 1502 kam es zu einer fünfzehnjährigen Bearbeitungspause. Erst der Bezug auf die von Joh. Freih. von Schwarzenberg erarbeitete *Bambergensis* aus dem Jahr 1507 und unter Beteiligung seines fachlichen Rates wurde ein Entwurf möglich, der dem Reichstag von Worms im Jahr 1521 vorlag. Doch selbst der vierte Entwurf von 1530 erlangte aufgrund des territorialen Widerstandes noch keine Gesetzeskraft. Erst die salvatorische Klausel ermöglichte die Promulgation auf dem Regensburger Reichstag am 27. Juli 1532. Wenn also Karl V. sowohl in der Textbenennung als auch in der 'Vorrede des Peinlichen Halsgerichts' als Promulgator auftritt, so sagt dies nichts über die tatsächlichen Vertextungsbedingungen aus. Dies gilt im allgemeinen vor allem für die reichsrechtlich so häufig belegten prototypischen Formeln im Pluralis majestatis, die immer nur terminaler Ausdruck eines zuvor kollektiven Textproduktionsprozesses sind.

II.5/6 Themenwahl und Kommunikationsrichtung

Da die domänentypische Struktur des propositionalen Gehaltes gesondert zu erörtern ist, geht es für die Variable der Themenwahl gemäß unserer konzeptionellen Überlegungen hier allein um den Grad der situativen Anknüpfung des propositionalen bzw. thematischen Gehaltes von reichsrechtlichen Quellen an die aktuellen Kommunikationsanlässe. Für alle Texte des reichsrechtlichen Diskurssegments ist dabei eine mittelbare Themenwahl festzuhalten, denn keiner der hier behandelten Texte resultiert spontan aus einer spezifischen Kommunikationskonstellation, sondern die Texte sind sämtlich Ergebnis der kommunikativen Planungen im Kontext der von gegenwärtigen Situationen unabhängigen Vertextungsziele. Es handelt sich bei der mittelbaren Themenwahl folglich um eine Invariante der reichsrechtlichen Quellen, ebenso wie die Kommunikationsrichtung aller hier behandelten Texte, mit Ausnahme der Wahlkapitulationen, eine strikt monologische ist. Innerhalb des mittelbaren Situationsbezugs ist das Reichsrecht insgesamt thematisch kaum festgelegt. Wenn auch manche Rechtsgegenstände eher als andere Teil der reichsrechtlichen Normierungsabsichten sind, so zeigt die generalisierende Betrachtung keine profilbildenden Schwerpunkte der textbasierten Normsetzung.

II.7 Medium

Es mag auf den ersten Blick fast als triviale Feststellung angesehen werden, wenn wir die Schrift als Medium der Vertextung im reichsrechtlichen Diskurssegment der Sollensordnungen bestimmen. Doch weisen Recht und Schrift nicht nur vielfältige Beziehungen auf und stehen bei der Konstituierung von Kultursprachen in einem zumeist rekursiven Bedingungsverhältnis (vgl. I. Warnke 1997a), die nähere Betrachtung zeigt außerdem, daß die schriftliche Medialisierung zugleich eine Reihe textkonstitutiver Eigenschaften mit sich bringt, die im Zusammenhang der Textmusteranalyse nicht ausgeblendet werden sollten. Es ist daher sinnvoll, auf einige Implikationen der schriftlichen Präsenz von reichsrechtlichen Sollensordnungen näher einzugehen.

Zunächst zeigt sich, daß der Beginn volkssprachiger Rechtsfixierung mit schriftlichen Mitteln in das beginnende Spätmittelalter fällt, genauer in die erste Hälfte des 13. Jahrhunderts. Hier sind es vor allem die Reichslandfrieden, welche die Funktionsvorteile der schriftlichen Aufzeichnung, also die Herstellung von Verbindlichkeit und Transtemporalität, nutzen. Die Landfrieden sind ihrer Entstehung nach orale Textformen, sie waren im Hochmittelalter beschworene Einungen oder Verschwörungen, die zum Zweck der Friedenssicherung initiiert wurden. H. Hattenhauer (1991, 63) verweist darauf, daß die hochmittelalterlichen Landfrieden als Eide notwendig volkssprachig zu realisieren waren und folglich bei den Landfrieden im Zuge der Erkenntnisse über die Vorteile schriftlicher Festlegung der Friedensgebote „der Übergang zur deutschen Schriftsprache am leichtesten zu vollziehen und wohl am unmerklichsten" war. Doch die schriftlichen *Reichslandfrieden* sind keineswegs autonom von oralen Rechtstraditionen, denn ihre Normen waren per se nur für den verbindlich, der die promulgierten Aussagen beschworen hatte. Wenn es auch Restriktionsmaßnahmen bei Schwurverweigerungen gab, so sind eben die schriftlichen Reichslandfrieden lediglich *leges imperfectae*, wie R. Schröder und E. von Künßberg (1932, 716) ausführen, denn sie „erhielten ihre verbindliche Kraft erst durch die eidlichen Verpflichtungen jedes einzelnen".[1]

Die funktionalen Vorteile der Schrift haben die orale Bindung der Texte also nicht gänzlich aufheben können, doch sie haben entscheidend zur Ausprägung verbindlicher Rechtsvorstellungen beigetragen. Folglich lösen die Reichslandfrieden ein, was etwa im *Decretum Gratiani* schon früher erkannt wurde und durch den Bezug auf die verbreitete *Etymologia* Isidors von Sevilla eine bereits etablierte Vorstellung der Rechtserörterungen des Hochmittelalters war. Gemeint ist die Auffassung, daß normative Texte schriftlich kodifiziert sein sollten. Bei Isidor von Sevilla heißt es:

> Lex est constitutio scripta. Mos est vetustate probata consuetudo, sive lex non scripta. Nam lex a legendo vocata, quia scripta est. [2]

Trotz der Einsichten in die Funktionsvorteile der Schrift hat sich im Spätmittelalter aus der literalen Fixierung kein erkennbarer Bedeutungszuwachs der reichsrechtlichen Normabsichten ergeben, was jedoch in keinem Zusammenhang zur schriftlichen Medialisierung steht, sondern am Widerstand der subsidiären Rechtskreise lag. So wurden viele Reichsgesetze bis zum Wormser Reichstag 1495 nur ausgesprochen mangelhaft verbreitet, „vielfach blieben sie ganz unbekannt" (R. Schröder/E. von Künßberg 1932, 718). Dies ändert sich

---

1 Vgl. hierzu auch R. Schmidt-Wiegands (1992) Darstellung zum Verhältnis Mündlichkeit und Schriftlichkeit im Mainzer Reichslandfrieden.

2 Isidori Hispalensis Episcopi Etymologiarvm sive Originvm libri XX / recogn. brevique adnotatione critica instruxit W. M. Lindsay. Oxonii 1911, V 3,2. Vgl. A. Wolf (1973, 534).

in der Frühen Neuzeit, so daß die Reichsgesetze zumindest verbreitet und damit bekannt wurden, was zum einen Folge der Sammlung und Edition aller verfügbaren Reichsgesetze auch aus den vorhergehenden Jahrhunderten war,[3] zum anderen und im wesentlichen aber eine Auswirkung der neugegebenen Möglichkeiten gedruckter Publikationen. Der Übergang vom handschriftlich aufgezeichneten Gesetz zur gedruckten Publikation ist dabei ein gesamteuropäisches Phänomen mit in etwa zeitgleichem Beginn, wie nachfolgende tabellarische Übersicht in Anlehnung an A. Wolf (1973, 539) zeigt:

königlicher Machtbereich	**Jahr des ersten gedruckten Gesetzestextes**
Kirchenstaat	1473
römisch-deutsches Reich	1474
Neapel	1475
Aragón	1476
England	1482
Valencia	1482
Frankreich	1484
Kastilien	1484
Dänemark	1486
Polen	1487
Ungarn	1487
Sardinien	1493
Katalonien	1495
Sizilien	1497
Böhmen	1500
Portugal	1512
Livland	1537
Preußen	1560
Schottland	1566
Navarra	1567
Irland	1572
Litauen	1588
Norwegen	1604
Schweden	1607
Mallorca	1663

Tab. 11: Übergang von der handschriftlichen Rechtsaufzeichnung zum gedruckten Gesetz in europäischen Königreichen nach A. Wolf (1973, 539)

[3] Zu verweisen ist insbesondere auf die systematisch chronologische Sammlung der fränkischen Reichsgesetzgebung durch Melchior Goldast (1578-1635), unter anderem in seinem mehrbändigen, von 1607 bis 1610 erschienenen Sammelwerk: Imperatorum Caesarum Augustorum, Regum et Principum Electorum S. R. Imperii Statuta et Rescripta Imperialia ...

Mit dem Druck war eine kostengünstige Verbreitung von Sollensordnungen möglich, die zugleich wirkungsvoll den vielen Fälschungen mittelalterlicher Handschriften begegnen konnte. A. Wolf (1973, 538) zeigt, wie wichtig gerade die mit dem Druck gegebene Möglichkeit der Eindämmung von Textmanipulationen war, und verweist darauf, daß es nicht selten ein Politikum war, „ob die Gesetze überhaupt, in welcher Gestalt und wo sie gedruckt werden sollten". Die Bedeutung der Druckpublikation ist auch daran abzulesen, daß die *Constitutio Criminalis Carolina* (# 35) dem Druckprivileg fast den gleichen Raum gibt wie der Vorrede, die immerhin die verfassungsrechtliche salvatorische Klausel enthält. Auch die *Reichspolizeiordnung* (# 225) von 1577 weist in ihrem Titelblatt explizit auf die mit dem Druck verbundenen Urheber- und Verbreitungsrechte hin (# 225, 55):

(13) Mit Ro-em. Kay. Mayt. gnad und sonderm priuilegio in zehen jarn nicht nachzutrucken.

Im 35. Titel §§ 1 und 2 geht der Text zudem inhaltlich-normativ auf den Buchdruck ein und rechtfertigt in diesem Zusammenhang die obrigkeitliche Zensur (# 225, 77f):

(14) Wiewol auf vielen hievor gehaltenen Reichstägen weiland unsere löblichen Vorfahren sich mit Kurfürsten, Fürsten und Ständen des Heiligen Reichs und der Abwesenden Botschaften sich vereiniget und verglichen, auch Satzung und Ordnung im Truck ausgehen und verkünden lassen haben, daß in allen Truckerein, auch bei allen Buchführern und -händlern mit ernstem Fleiß Versehung getan, daß hinfüro nichts Neues, so Obrigkeit wegen nicht ersehen, insonderheit aber, daß keine Schmähschriften, Gemälds oder dergleichen weder öffentlich noch heimlich gedicht, getruckt und feil gehabt werden sollen, wie dann dieselben Abschied (...), so setzen und ordnen wir, auch hiemit ernstlich gebietend, daß hinfüro Buchtrucker, -verleger oder -händler, (...), keine Bücher klein oder groß, wie die Namen haben möchten, in Truck ausgehen lassen sollen, dieselbe seien dann zuvor durch ihre ordentliche Obrigkeit eines jeden Orts oder ihre darzu Verordnete besichtiget und der Lehr der Christl. Kirchen, desgleichen den aufgerichteten Reichsabschieden gemäß befunden, (...).

Wenn auch den gedruckten Reichsgesetzen von seiten der Textproduzenten und -rezipienten mehr Aufmerksamkeit als den handschriftlichen Aufzeichnungen des Mittelalters geschenkt wurde und damit die schriftliche Fassung von Rechtssätzen die letzten Relikte oraler Rechtstradition ersetzte, so bleibt festzuhalten, daß auch der gedruckte Reichstext nur selten geeignet war, die subsidiäre Vertextungsflut einzudämmen.

II.8/9 Sozialer Raum/Verhältnis der Kommunikationspartner

Für den Situationsaspekt des sozialen Raums textgestützter Kommunikation ist bei den reichsrechtlichen Quellen eine generalisierende Aussage möglich, denn allen überlieferten Texten ist, wie bereits ausgeführt, eine nicht personalisierte Adressierung und ein zumeist zeitlich unbeschränkter Gültigkeitsanspruch eigen. Zwischen den Textproduzenten und -adressaten bestand also eine soziale Ferne, die ein wesentliches Merkmal des öffentlichen sozialen Raums von Vertextungshandlungen ist. Diese unpersönlich gerichtete Aussage von Normgeboten entspricht der bereits in der mittelalterlichen Rechtslehre bekannten Vorstellung, daß Gesetze im Gegensatz zu einzelnen, auf singuläre Rechtsgegenstände bezogenen Privilegien, Allgemeingültigkeit besitzen und folglich persönliche Beziehungen zwischen normgebender Instanz und normgebundener Gruppe ausgeschlossen sind; in den Worten des Ulpianus: „Jura non in singulas personas, sed generaliter constituuntur" (A. Wolf 1973, 518). Diesbezüglich stimmt auch die öffentliche Situierung mit der faktischen Normierungskraft vollkommen überein, was angesichts der bereits thematisierten Spannung zwischen Anspruch und Wirklichkeit reichsrechtlicher Quellen keineswegs selbstverständlich ist. Es folgt daraus, daß das Verhältnis der Kommunikationspartner durch soziale Ferne gekennzeichnet ist, die der realen Gesellschaftspyramide des Spätmittelalters und der Frühen Neuzeit entsprach.

II.10/11 Rollenverhältnis/Interaktionskontakt

Da die Variablen der interpersonalen Situation interdependent sind, folgen aus der Belegung von II.8 und II.9 das Rollenverhältnis und die Art des Interaktionskontaktes. So ist die Rolle des Textproduzenten als dem ultimativen Machthaber - dies zeigen die Eingangsreden der meisten reichsrechtlichen Texte sehr anschaulich - ebenso festgelegt wie die des Rezipienten als Untergebenem. Die Kommunikation selbst ist per se raum-zeitlich different, was allein schon an den großen Verbreitungswegen im Zuge der Mitteilung längst promulgierter Reichsnormen liegt.

II.12/13 Anzahl der Textproduzenten/Produzent-Rezipient-Hierarchie

Auf die textkonstitutive Beteiligung vieler Personen bei der Vertextung von reichsrechtlichen Quellen sind wir bereits eingegangen und haben in diesem Zusammenhang die Textverfertigung als kollektiven Beratungs- und Schreibprozeß eingeordnet. Nochmals sei aus der Vorrede der *Constitutio Criminalis Carolina* (# 35, 30) zitiert, die explizit auf diesen Sachverhalt verweist:

(15) Demnach haben wir sampt Churfürsten, Fürsten vnd Stende auß gnedigem geneygtem willen etlichen gelerten trefflichen erfaren personen beuolhen eyn begrieff, wie vnd welcher gestalt inn peinlichen sachen, vnd rechtfertigungen, dem rechten vnd billicheyt am gemeßten gehandelt werden mag, zumachen, inn eyn form zusammen zu ziehen (...).

So bleibt für die textuelle Situation der reichsrechtlichen Texte nur noch auf die asymmetrische Produzent-Rezipient-Relation zu verweisen, die wiederum unter Hinweis auf die bereits erörterten Variablen evident sein sollte.

III. Polyfunktionalität und Handlungsintention

Wie bereits gezeigt, liegen Anspruch und Normierungswirklichkeit bei den reichsrechtlichen Quellen des Spätmittelalters und der Frühen Neuzeit in der Regel weit auseinander. Da es zudem grundsätzlich keine unmittelbare Verbindung zwischen singulären Handlungsabsichten bzw. -folgen und den Polyfunktionalisierungstendenzen einer Sprache gibt, sondern die Vermittlung allein durch einen Invisible-hand-Prozeß zustande kommt, haben wir es beim reichsrechtlichen Diskurs mit einer doppelten Brechung zu tun: Einerseits gehen die Handlungsabsichten reichsrechtlicher Textproduzenten selten in der Realität der Verfassungsorganisation auf, andererseits stehen diese selbst in vermittelter Beziehung zu den sprachgeschichtlichen Folgen von reichsrechtlichen Normierungen. Für das Diskurssegment des Reichsrechts ist die Divergenz zwischen königlichem bzw. kaiserlichem Normanspruch und der ausbleibenden Führungsrolle bei der Etablierung der Rechtskommunikation mittels deutscher Sprache ein wesentlicher, funktionshistorisch zu klärender Aspekt der gesamten Struktur des juridischen Diskurses im behandelten Zeitraum. Könnte vermutet werden, daß gerade die Subdomäne des Reichsrechts als Rechtskreis mit der größten räumlichen Extension dazu prädestiniert war, allgemein verbindliche Normen der Rechtsvertextung auszubilden und damit das diskursive Profil von Normtexten entscheidend zu bestimmen, so zeigt sich de facto eben die oft untergeordnete Stellung des Reichsrechts gegenüber den subsidiären Rechtskreisen. Es sind die Territorialrechte, Stadtrechte und Rechtsbücher, die über eine hochgradige intertextuelle Vernetzung strukturbildend für den gesamten juridischen Diskurs waren, wodurch auch eine Figuration des polyfunktionalen Spektrums der Communicatio vermittels deutscher Sprache erreicht wurde. Bei der Erklärung der ausbleibenden funktionshistorischen Führungsrolle des Reichsrechts ist im einzelnen selbstverständlich immer auf die Handlungsabsichten der jeweiligen Quellengruppen zu blicken, denn zumeist ist das Scheitern des intendierten Normanspruchs zugleich eine Ursache textgeschichtlicher Verdrängung durch andere Diskurssegmente.

Zentraler Richtpunkt der reichsrechtlichen Aktivitäten ist seit dem Spätmittelalter und damit seit Beginn der Verwendung des Deutschen in der Reichsgesetzgebung die Bekämpfung der Fehde mit dem Ziel einer zuverlässigen Friedensherstellung. Während die Verfassungstexte noch im 14. Jahrhundert in lateinischer Sprache promulgiert wurden, verwendet die Friedensgesetzgebung der Reichslandfrieden seit dem *Mainzer Reichslandfrieden* (# 164) aus dem Jahr 1235 bereits des Deutsche. Das Verbot der Fehde und Selbstjustiz verbunden mit strafrechtlichen Sanktionsvorschriften war die entscheidende Keimzelle der Ersetzung des Lateins in der Rechtskommunikation. Da es bis in das 12. Jahrhundert überhaupt keine Reichsgesetzgebung im engeren Sinne des Wortes gab, „kommt der constitutiones pacis eine maßgebliche

Rolle“ (U. Eisenhardt 1984, 45) bei der Ausbildung des Reichsrechts zu, die angesichts des Überhandnehmens der ritterlichen Fehde auch wohlbegründet war. Die Reichslandfrieden gehören wegen dieser Bindung an drängende soziale Konfliktkonstellationen und ihres Gebrauchs des Deutschen zur besseren Verbreitung der Normansprüche und Direktiven zu den wichtigsten spätmittelalterlichen Texten des Reichsrechts, die in einem eigenen Textmuster strukturiert auch textgeschichtlich markante Spuren hinterlassen haben, wenngleich diese in der Frühen Neuzeit durch andere Diskurssegmente überlagert wurden.

Zunächst ist also das Ziel der Friedensherstellung die entscheidende Intention bei den reichsrechtlichen Vertextungen und prägt die frühen Polyfunktionalisierungstendenzen des Deutschen im juridischen Diskurs über eine Reihe prominenter Texte. Dabei sind es nicht allein die Reichslandfrieden, die eine Vereinheitlichung und Verbindlichkeit des Rechts mit dem Ziel der Fehdebekämpfung einzulösen versuchen. Auch in den Verfassungsgesetzen wird die Friedensherstellung thematisiert, wie der *Jüngste Reichsabschied* (# 96, 446) noch im 17. Jahrhundert zeigt:

(16) (...); inmittelst aber, und damit die Zeit vergeblich nicht zugebracht würde, etliche zu völliger Beruhigung des Reichs, auch Erhaltung gleichen Rechtens, Fried und Einigkeit in demselben und unter den Ständen höchst nöthige Materien, (...).

Ziel der Friedensherstellung war dabei letzthin das Gemeinwohl, das aus dem gemeinen Nutzen rechtlicher Direktiven resultieren sollte. Der Gemeinnutz ist ohnehin spätestens in der Frühen Neuzeit ein Schlüsselbegriff des öffentlichen Diskurses überhaupt und bezieht sich in der reichsrechtlichen Diskursdomäne auf einen fiktiven Anspruch des Königs, im Sinne des Reichsganzen zum Nutzen des Consoziums zu dirigieren. Besonders deutlich ist dies in den Polizeiordnungen, bei denen es sich um Gesetze handelt, „die in den Territorien im Reich vorzüglich im 16. bis 18. Jahrhundert zur Ordnung des Gemeinwesens, nach damaligem Sprachgebrauch zum Zweck der *guten Polizei* ergangen sind“ (G. Schmelzeisen 1984, 1803). In den Reichspolizeiordnungen ist eine auffällige, auch redundant lexikalisierte Orientierung am präsupponierten Begriff des Gemeinwohls oder Gemeinnutzes unübersehbar. Ausgehend von der Kennzeichnung konkreter Mißstände, verspricht man sich Abhilfe durch „planmäßige, zielbewußt regelnde Rechtsgestaltung“ (ebd.) und entspricht damit dem Normierungsbedarf für die Aufrechterhaltung der sozialen Ordnung in einer immer komplexer werdenden Lebenswelt. Die Handlungsintention der Vertextung liegt also auch bei den Reichspolizeiordnungen auf der Hand und ist Teil des direktiven Diskurses der Frühen Neuzeit überhaupt. So beziehen sich die Reichspolizeiordnungen bereits auf die territorialen Polizeiordnungen, die durch die Reichspolizeiordnungen später selbst wiederum geprägt bzw. beeinflußt wurden.

Texte mit dem erklärten Ziel der gemeinnützigen sozialen Normierung wurden bereits vor der Existenz einer ausgeprägten Standardvarietät des Deutschen verfaßt und standen damit unter anderem vor dem Problem der angemessenen sprachlichen Vermittlung. Dies gilt wiederum für die *Reichspolizeiordnungen*, die reichsweite Gültigkeit in Anspruch nahmen und folglich von möglichst vielen verstanden werden sollten. Daran ist abzulesen, wie eng vermittelt direktive Texte als Zeugnisse des öffentlichen Sprachgebrauchs mit Fragen der adäquaten sprachlichen Darstellung waren. Es kann nicht erstaunen, in den entsprechenden Quellen Texten zu begegnen, die sich eines zumindest vergleichsweise fortgeschritten standardisierten Stratums bedienen und damit Anteil an der überregionalen Normierung der öffentlichen Reichssprache hatten:

(17) Doch soll hierdurch niemand verboten sein, sich mit jemands in Gesellschaft zu tun, Gewaren zu kaufen und zu verhantieren, allein daß solchs obgestimter Satzung, Ordnung und Verbot zuwider nit geübt noch gebraucht werde. (# 225, 65)

Die Absicht der Reichspolizeiordnungen, das Verhalten des Einzelnen in Ausrichtung am durchaus ideologisch definierten Wohl des Consoziums zu normieren, kann als Fortschreibung der spätmittelalterlichen Friedensdirektiven des Reichs aufgefaßt werden, so daß zwar die Propositionen der Normansprüche zeitbedingt modifiziert werden, nicht aber die implizit ausgesprochene Verpflichtung des Reichs zur Sicherung des sozialen Friedens. Bereits J. Gernhuber (1952, 20) verweist darauf, daß die „in den Landfrieden zutage tretenden Tendenzen (...) überall auf eine radikale Änderung der Dinge“ abzielen, „auf eine Ablösung der fast schrankenlosen Einzelgewalt durch eine allumfassende Staatsgewalt“. Markieren die Reichslandfrieden einen Epochenübergang vom altgermanisch geprägten Fehdeprinzip zur Friedensherstellung mittels eines anfänglich sich etablierenden staatlichen Gewaltmonopols, so stehen sie zugleich am Beginn der positiven Rechtstradition des Reichs, wie sie in den Reichspolizeiordnungen ihren Ausdruck findet. Ungeachtet der ideologischen Intentionen entsprechender Quellen, Machtansprüche unmißverständlich zu markieren und zu sichern, ist der Versuch zentraler Verhaltensnormierung ohne Zweifel von sprachgeschichtlicher Bedeutung, erklärt sich doch aus ihm die frühe Substituierung der lateinischen Rechtssprache und die Konstituierung von Textmustern des öffentlichen Sprachgebrauchs mit Okkurrenzen über lange Zeiträume.

Mit den Reichspolizeiordnungen versuchte also der Gesetzgeber nicht nur, eine gute Ordnung des Gemeinwesens zu schaffen (vgl. U. Eisenhardt 1984, 156), sondern knüpfte des weiteren am Netz des staatlichen Gewaltmonopols an, das de facto in die Vertextungspraxis und damit in die Funktionsstruktur der deutschen Sprache einging.[4] Daß der intendierte Gemeinnutz mit der Verwendung einer in der Entstehung begriffenen Gemeinsprache vermittelt ist, zeigen die Quellen deutlich:

(18) Der Römischen Kaiserl. Majestät reformirte und gebesserte Polizeiordnung, zu Beförderung gemeines guten bürgerlichen Wesen und Nutzen auf *Anno* MDLXXVII zu Frankfurt gehaltenem Reichsdeputationstag verfaßt und aufgericht. (# 225, 57)

In den Texten des reichsrechtlichen Korpus wird die bereits in den Institutionen Justinians vertretene Auffassung eingelöst, daß Kriegs- und Friedenszeiten nicht allein durch militärische Machtpotentiale zu lenken sind, sondern zudem im verschrifteten Wort, im Gesetz gründen:

Imperatoriam maiestatem *non solum armis* decoratam, *sed etiam legibus* oportet esse armatam, ut utrumque tempus et bellorum et pacis recte possit gubernari (...). (vgl. A. Wolf 1973, 517)

Die spätmittelalterliche und frühneuzeitliche Verfassungsorganisation bedingt jedoch eine ständige Konfrontation derartiger textgestützter Normansprüche des Reichs mit dem fortschreitenden Partikularismus. Wenngleich also Textgruppen wie die Reichsabschiede mit der Funktion verbindlicher Festschreibungen des Reichsrechts versehen sind, so ist daran keineswegs eine tatsächliche Normwirkung oder auch nur ein faktischer Normanspruch abzulesen. Die Vermittlung von Gesetzgebung als Verfahren der Vertextung von Normabsichten und der Ausprägung einer geeigneten weil weithin verständlichen und präzisen sprachlichen Varietät war im reichsrechtlichen Diskurssegment also nur potentiell geeignet, Vereinheitlichungen in Recht und Sprache durchzusetzen. Da das Reichsrecht im Vergleich zum subsidiären Recht noch in der Frühen Neuzeit marginal für die Organisation lebensweltlicher Konflikte bleibt, tritt sein sprachgeschichtlich relevanter Versuch, das Deutsche als Gesetzessprache auszuprägen, gegenüber anderen Rechtskodifikationen in den Hintergrund. Dies begründet sich nicht zuletzt daraus, daß es die bloße Existenz von Texten oder auch Textmustern kaum vermag, sprachgeschichtliche Dynamik auszulösen. Erst die Parallelität gleichgerichteter Handlungsintentionen ist Movens von Sprachwandel, also auch des Wandels von Funktionsspektren. Die rechtshistorisch oft thematisierte Isolation des Reichsrechts verhinderte die dafür notwendige diskursive Vernetzung, die entscheidend über intertextuelle Relationen hergestellt wird. Je weniger Textmuster im Diskursverband rezipiert werden, um so geringer ist ihr funktionshistorischer Einfluß. Wenn P. von Polenz (1991, 276f) „die Aufwertung altdeutscher Rechtssprache durch die Verschriftung deutscher Rechtstexte und den allmählichen adressa-

---

[4] Vgl. das Kapitel zur deutschen Rechtssprache in den *Reichspolizeiordnungen* in J. Segall (1914, 11ff).

tenbezogenen Übergang von lateinischer zu deutscher Urkundensprache, beides seit dem 13. Jh.", als Teil der volkssprachlichen Literaturexpansion aufführt, so erkennen wir bereits hier, daß eine Differenzierung nach unterschiedlichen Diskurssegmenten dringend geboten ist, denn andernfalls begibt man sich in die Gefahr, mit generell domänenbezogenen Aussagen die entscheidenden soziokulturellen Voraussetzungen des Funktionswandels im Licht der Diskursdispositionen zu übergehen.[5] Eine kommunikative Domäne wie der juridische Diskurs ist stark profiliert und kaum über verallgemeinernde Aussagen sprach- bzw. diskursgeschichtlich einzuordnen.

Ein anschauliches Beispiel für die Bedingtheit der reichsrechtlichen Vertextungen durch die Dispositive der Machtverteilung sind die Reichsreformen im Übergang zur Frühen Neuzeit. Die mit dem Wormser Reichstag von 1495 beschlossenen Gesetze zur Reichsverfassung können keineswegs als Glanzlichter auch der sprachlichen Kodifikation durch die Reichsmacht verbucht werden, sondern sind Folge bzw. Kompromißergebnis zwischen kaiserlicher und territorialer Macht. So sind es vor allem die Pläne zur Reichsreform des Kurfürsten von Mainz und Erzkanzlers des Reichs, Berthold von Henneberg, die den Ausgangspunkt der später publizierten Gesetze bilden (vgl. R. Gmür 1994, 64ff):

> Politische Strukturen ließen sich damals ganz allgemein nur durch Mitsprache der Stände, der Großen im Lande, reorganisieren. Das galt für das Reich im besonderen Maße, als hier der kaiserlichen Zentralgewalt mächtige Territorialherren gegenüberstanden und der König/Kaiser selbst durch seine Wahl von den bedeutendsten unter ihnen, den Kurfürsten, abhängig war. Hinzu kam, daß sich in der Person des Kaisers gerade damals Reichsinteressen und dynastische Interessen in problematischer Weise miteinander zu verquicken begannen. (H. Boldt 1995, 58)

Ähnlich problematisch verhält es sich mit der Rolle der Reichstage im Kontext entstehender Rechtstexte ohnehin. Hatte der Reichstag in der Frühen Neuzeit auch „unbegrenzte Gesetzgebungskompetenz" (R. Gmür 1994, 67), so waren die dort promulgierten Normen selten faktisch verbindlich, denn allein schon das Prinzip der fortdauernden Gültigkeit älteren Rechts und die primären Normansprüche subsidiärer Direktiven waren nicht zu umgehen. Dies zeigt sich nochmals in aller Deutlichkeit an der Entstehung eines reformierten Strafrechts im 16. Jahrhundert, das eben bis zur Promulgation der *Constitutio Criminalis Carolina* (# 35) immer wieder am „partikularistischen Widerstand gegen die Rechtsvereinheitlichung" (R. Lieberwirth 1971, 593) scheiterte und über die salvatorische Klausel eine weit eingeschränktere Bedeutung für die Diskursformation der Frühen Neuzeit hatte, als dies von sprachgeschichtlicher Seite zu vermuten wäre.

---

[5] Ein gutes Beispiel für die Analyse einzelner Domänensegmente ist H. Hattenhauers (1987) Beschäftigung mit der Sprache des Reichskammergerichts.

Ein letztes Beispiel für die enge Verknüpfung von soziohistorischen Bedingungen der Vertextung und der sprachgeschichtlichen Gewichtung bei der Funktionsdifferenzierung wollen wir mit dem Textmuster der historiolinguistisch bisher gänzlich vernachlässigten *Wahlkapitulationen* geben. Bei diesen Texten handelt es sich um originär reichsrechtliche Quellen, die im Spannungsfeld von territorialen Direktiven und kaiserlicher Selbstverpflichtung ein charakteristisches Produkt der zumeist dissoziierten Interessen im Reich sind (vgl. C. von Schwerin 1950, 259):

(19) Der Ko-enig soll sowol seinen geheimbden als Reichs=Hof=Rath verpflichten / daß er sich in allen Rathschla-egen nach dieser Capitulation richte / und darwider nicht handle. (# 290, 118)

Wir können zusammenfassend festhalten, daß die Reichsgesetzgebung im allgemeinen trotz ihrer Vielfältigkeit seit dem 13. Jahrhundert vor allem auf die Einigung des Rechts zielt, was über die Bestimmungen zur Verteidigung der äußeren Reichsgrenzen z.B. in der *Reichsverteidigungsordnung* (# 227, 233) aus dem Jahr 1681 angesichts der Bedrohung durch die Türken

(20) Nachdeme aber aller Orten die Zeiten und Läufften jetztmahls dergestalt beschaffen, daß auf die *Securität* des Vatterlands zeitlich ein wachtsames Auge zu haben; (...). (# 227, 233)

bzw. des Hussitenkrieges

(21) Gerattschlagt und beschloßen durch (...): wie man den Hußen und keczern zu Beheim widersten müg, die keczerei zu verdilgen und auszurewten. (# 212, 237)

ebenso markiert ist wie etwa über Refomversuche zur bestehenden Verwaltungs- und Justizstruktur in der *Reichshofratsordnung* (# 210, 444):

(22) Und dieweil die allzugrosse Menge der Räthe nur zu mehrer Verlängerung der Raths=Geschäfften gereicht, also haben Wir Uns allergnädigst resolvirt, daß hinfüro jetztermeldtes Unsers Reichs=Hof=Raths Mittel über achtzehen Personen (...) sich nicht erstrecken soll; (...).

Solche Ansprüche auf Rechtsvereinheitlichung wurden in den seltensten Fällen vollständig eingelöst. Der *terminus publicationis* der reichsrechtlichen Texte[6] ist demzufolge durchaus ideologisch konnotiert, denn eine unangefochtene Reichsmacht gab es nicht. Das reichsrechtlich immer wieder in Angriff genommene Projekt der Sozialdisziplinierung durch die Gesetzgebung scheiterte also regelmäßig. So lesen wir noch in der *Reichshandwerksordnung* (# 208) im 18. Jahrhundert die Klage über die mangelnde Durchsetzung der Reichspolizeiordnungen, die als Legitimation einer erneuten Normierung fungiert:

---

6 Vgl. z.B. (# 207, 301).

(23) Wir Carl der Sechste (...) thun (...) hiemit zu wissen: Nachdeme vorgekommen, daß, ob zwar in verschiedenen Reichs-Abschieden, insonderheit aber der eingerichteten *Reformation* guter Policey, im Jahr 1530, 1548, sodann 1577 wegen Abstellung derer bey denen Handwerkern insgemein (...) eingerissenen Mißbräuche (...). (# 208, 302)

Folgerichtig, und fast möchte man sagen desillusioniert, regt die *Reichshandwerksordnung* (# 208) am Textende auch nur noch die Vergleichung der regionalen und lokalen Handwerksordnungen mit den vorangehenden Direktiven und Vorschriften des Reichs an und bestimmt sich damit selbst lediglich als Versuch zur Herstellung von Rechtskonformität. Daß ein Diskurssegment mit derart konterkarierter Vertextungsintention nicht maßgeblich an der sprachlichen Vereinheitlichung bzw. am Diskursausbau beteiligt sein konnte, ist evident.

IV. Polylinguale Intertextualität

Die Erörterungen zum Konnex von Handlungsintention und Funktionswandel haben gezeigt, daß die reichsrechtliche Diskursdomäne in der Herstellung von Frieden und Recht, also in der legislativen Kontrolle der hochmittelalterlichen Fehdepraxis gründet. Das dafür ausgeprägte Textmuster 'Reichslandfrieden' weist dabei nicht nur erkennbare sprachliche Bezüge zur lateinischen Vertextungspraxis auf, sondern ist in eben dieser zentralen Intention reichsrechtlicher Gesetzgebungspraxis überhaupt als Fortsetzung von lateinisch vorgeprägten Normsetzungen zu sehen. Die mit dem *Mainzer Reichslandfrieden* (# 164) von 1235 einsetzende Geschichte deutschsprachiger Reichsgesetze leitet sich im wesentlichen aus der Friedenssicherung der französischen Gottesfrieden oder der treuga dei ab, deren Anfänge im 10. Jahrhundert liegen (vgl. G. Köbler 1990, 116). Nachdem bereits territoriale Friedensvereinbarungen getroffen waren, errichtete zuerst Heinrich IV. einen *Reichslandfrieden*. Bis zum *Mainzer Reichslandfrieden* (# 164) sind diese Texte ausnahmslos lateinisch, was jedoch angesichts der vielen deutschen Reichslandfrieden seit dem Jahr 1235 bis hin zum *Ewigen Landfrieden* (# 56) des Wormser Reichstags von 1495 keine anhaltende lateinische Dominanz begründete. Die Entwicklung der Reichslandfrieden auf dem Substrat der hochmittelalterlichen Gottesfrieden in Frankreich zeigt übrigens deutlich, wie wichtig eine Berücksichtigung von interkulturellen Kontakten bei der Deskription von Sprachwandel ist. Die französischen Gottesfrieden „waren die von der Kirche veranlaßten beschworenen Einigungen, die Gewalttaten, insbesondere die Fehde, aber auch Diebstahl und andere Taten, eindämmen und bekämpfen sollten" (U. Eisenhardt 1984, 46). Die Reichslandfrieden übernehmen dieses Institut der Friedensherstellung und -sicherung. Dabei wurden nicht nur wesentliche Inhalte aus den lateinischen Texten in die deutschen Reichslandfrieden übernommen, sondern auch die bei den Gottesfrieden bereits entscheidende Einsetzung der Friedensgebote über einen oralen Eid, die Beschwörung des Friedens gesichert. Bereits H. Planitz (1971, 134) hat darauf hingewiesen, daß damit die Friedensgesetzgebung des Reichs im Spätmittelalter nicht in Kontinuität zu den Volks- und Königsfrieden der germanischen und fränkischen Zeit steht, wie denn überhaupt die im 13. Jahrhundert auch im reichsrechtlichen Diskurssegment vollzogene Einsetzung des Deutschen als legistische Sprache einen Neubeginn darstellt und zumindest funktions-, und das heißt auch textgeschichtlich kaum mit den Normierungen der Volks- und Königsrechte des fränkischen Reichs vermittelt sind. Eine ungebrochene volkssprachliche Tradition gab es im Übergang zum Spätmittelalter im Reichsrecht nicht, so daß die Textokkurrenzen als Substitute lateinischer Prätexte oder als initiale Quellen neubegründeter Textmuster einzuordnen sind. Die Dominanz des Lateinischen im Hochmittelalter ist besonders deutlich in der Urkundensprache abzulesen. Bekanntlich sind Texte wie der *Mainzer Reichslandfrieden* (# 164) die ersten deutschen Urkunden, doch neben den 4.200 deutschen Originalurkunden der Zeit von 1230 bis 1300 stehen 500.000 lateinische Urkunden (vgl. G. Köbler 1990, 122).

Dieser Sachverhalt wird nicht zuletzt in der plurilingualen Struktur des mittelalterlichen Reichs begründet sein, wobei das konkurrierende Verhältnis zwischen unterschiedlichen Muttersprachen und dem Latein als lingua franca des Reichs bis in die Frühe Neuzeit anhält. War zunächst das Latein im Hochmittelalter noch d a s überregionale Kommunikationsmedium des juridischen Diskurses, so tritt später das Französische als alternatives Superstratum neben das Deutsche. Der Reichsschluß betreffend den Ausschluß der französischen Sprache beim Reichstag vom 15. Februar und 8. März 1717 (# 226, 498) greift in die dadurch eintretende sprachliche Verwirrung ein und bestimmt Deutsch und Latein als alleinige Reichssprachen, was jedoch dem Gebrauch des Französischen in den territorialen Machtzentren kaum Einhalt gebieten konnte:

(24) (...), den Frantzösischen Ministrum nicht ehender pro legitimato zu erkennen, biß nicht derselbe von seinem Creditiv und Vollmacht eine Teutsch= oder Lateinische Ubersetzung dem Chur=Mayntzischen Reichs=Directorio für das gantze Reich, dem alten Herkommen und Gebrauch nach, übergeben haben werden, (...).

Diesem Reichsschluß geht eine Diskussion seit dem frühen 16. Jahrhundert voraus, die um das Problem der richtigen Reichssprache kreiste. Bereits in der *Wahlkapitulation Karls V.* (# 297) von 1519 werden Deutsch und Latein als Reichssprachen bestimmt, und auch die wichtigsten anderen Reichsgesetze des 16. Jahrhunderts, wie die Reichspolizeiordnungen, die Reichskammergerichtsordnung oder die Reichshofratsordnung bestätigen diese Zweisprachigkeit (vgl. H. Hattenhauer 1987). Parallel und bereits vor diesen sprachpolitischen Debatten hatte sich das Deutsche in den legistischen Texten des Reichs längst zum dominierenden Schriftmedium entwickelt und folglich die unangefochtene hochmittelalterliche Latinität abgelöst. Wenn in der Frühen Neuzeit das Lateinische überhaupt noch einen kommunikativen Anspruch hatte, so in Vereinbarungen, Verträgen, Klageschriften, Urteilen etc., in nennenswertem Umfang aber nicht mehr in den Sollensordnungen.

Ohnehin sind die sprachpolitischen Debatten um linguale Geltungsansprüche lediglich der Hintergrund der eigentlich interessierenden Frage nach dem Grad der polylingualen Intertextualität im reichsrechtlichen Diskurssegment. Kann ausgehend von der hochmittelalterlichen Verwendung des Lateins in der Rechtskommunikation und bezüglich der späteren Rezeption römischer Rechtsquellen eine stark ausgeprägte intertextuelle Vernetzung auf der Transferachse Latein ↣ Deutsch vermutet werden, so zeigt die Quellenlage eine bemerkenswert andere Situation. Es gibt zwar vereinzelt die Vorprägung durch lateinische Texte, wie bereits die Reichslandfrieden zeigten und wie sie etwa mit der *Goldenen Bulle* (# 76) zu belegen ist, die zunächst als lateinische Textfassung vorlag und erst später in das Deutsche übertragen wurde (vgl. A. Laufs 1971), doch häufig beobachten wir im reichsrechtlichen Diskurssegment die Neukonstituierung von volkssprachigen Textmustern, also die Etablierung von typikalisierten Sprechhandlungsmustern ohne lateinische Präfigurierung. Ein überzeugendes Beispiel dafür sind die Wahlkapitulationen der deutschen Kaiser, die als wichtige Gesetzgebungstexte mit einer maximal formalisierten Struktur seit dem ersten belegten Text, der *Wahlkapitulation* Karls V. (# 297) aus dem Jahr 1519, deutsch sind. Zweifellos gibt es auch für die Wahlkapitulationen domäneninterne Vorläufertexte, so etwa die mittelalterlichen Wahlzusagen der deutschen Könige, was uns nur zeigt, daß Texte in ihrer diskursiven Bezugsetzung grundsätzlich nicht als creatio ex nihilo angemessen zu erfassen sind. Doch sowohl unter den Aspekten des propositionalen Gehaltes und der Adressierung als auch im Bezug auf die Form des Wahlversprechens unterscheidet sich die erste der eigentlichen Wahlkapitulationen von diesen vorhergehenden Texten. G. Kleinheyer (1968, 44) kommt folglich nach einer Analyse aller potentiellen Prätexte der Wahlkapitulationen zu dem Schluß:

> Erst die Wahl Karls V. im Jahr 1519 veranlaßte also, wie wir nach diesem Überblick bestätigt finden, die Errichtung der ersten förmlichen Wahlkapitulation, die nur in der Forderung nach Rückgewinnung verlorenen Reichsgutes bis auf jene Versprechungen Ruprechts, Josts und Sigmunds aus den Jahren 1400, 1410 und 1411 zurückreicht, wenngleich diese Wurzel den Partnern des Jahres 1519 nicht bewußt gewesen zu sein braucht.

Die Wahlkapitulationen sind allein schon aufgrund dieser nicht zu belegenden lateinischen Präfigurierung eine funktionsgeschichtlich wichtige Quellengruppe, die in anderen Untersuchungen noch einer eingehenden texthistorischen Analyse unterzogen werden sollte. Doch auch die *Constitutio Criminalis Carolina* (# 35) hat mit ihrem diskursgeschichtlichen Bezug auf die *Bambergen-*

sis (# 13) keine lateinische Vorprägung. Der lateinisch dominierte wissenschaftliche Rechtsdiskurs begegnete dieser Autonomie der Volkssprache jedoch noch im 16. Jahrhundert mit lateinischen Übersetzungen der *Constitutio Criminalis Carolina* (# 35), die im Kontext des auch ansonsten im juridischen Diskurs zu belegenden, humanistisch motivierten Transfers auf der Achse Deutsch ↣ Latein zu sehen sind. Bereits 1543 erschien die Übersetzung von Justinus Gobler (ca. 1503 - 1567):

Augustissimi imperatoris Caroli V. de capitalibus judiciis constitutio Germanice pimum evulgata nuncquam ... in Latinum versa et aequo Commentario aucta. Basil 1543.

und 1594 erstmals die lateinische Paraphrase der *Constitutio Criminalis Carolina* (# 35) von Georg Remus (1561/2 - 1625):

Nemesis Carulina D. Caruli V. ... leges capitales .... paraphrasi expositae et scholiis auctea. Herbornae 1594.

Justinus Gobler hat auch die revidierte *Reichspolizeiordnung* von 1584 in das Lateinische übersetzt, in humanistischer Manier in den Kommentaren mit griechischen und lateinischen Zitaten versehen sowie die *Reichskammergerichtsordnung* von 1555 und andere reichsrechtliche Texte übertragen. Die rege Übersetzungstätigkeit nicht nur Justinus Goblers, sondern auch anderer humanistisch Gebildeter seit dem 16. Jahrhundert ist als Reflex auf die bereits allein volkssprachige Reichsgesetzgebung zu interpretieren. Eine polylinguale Intertextualität ist daher, wenn überhaupt, in nennenswertem Umfang nur für diese frühneuzeitliche Übersetzungsliteratur und die frühen Reichslandfrieden zu belegen. Es gibt zwar auch in den Wahlkapitulationen Verweise auf vorangehende Texte, doch diese betreffen nicht eigentlich intertextuelle Konstituenten der Quellen. So müssen wir also im Hinblick auf die polylinguale Intertextualität die weit verbreitete Auffassung, die Gesetzessprache in Deutschland sei noch lange Zeit lateinisch dominiert gewesen, zugunsten der Hervorhebung quasi-autonomer volkssprachiger Vertextungen falsifizieren. Lediglich die leges fundamentales wie die *Goldene Bulle* (# 76) und später die beiden Dokumente des Westfälischen Friedens - *Instrumentum Pacis Osnabrucense* (# 92) und *Instrumentum Pacis Monasteriense* (# 91) - sind als langlebige Verfassungsdokumente und international bedeutsame Urkunden lateinisch.

Insgesamt zeigt sich also eine Gliederung des reichsrechtlichen Diskurssegments in zwei deutlich voneinander zu unterscheidende Textmustertypen. Zum einen handelt es sich um Texte mit offensichtlich lateinischer Prätextualisierung, zum anderen um die häufigeren und von der lateinischen Vertextungspraxis weitgehend autonomen volkssprachigen Textmuster. Die Intertextualität auf der Transferachse Deutsch ↣ weitere Sprache spielt keine nennenswerte Rolle.

V. Monolinguale Intertextualität

V.1 Illokutionsstruktur

Die bereits unter verschiedenen analytischen Aspekten hervorgehobene Gewichtung der reichsrechtlichen Friedens- und Ordnungsintentionen als Konstituenten jeglicher Vertextungspraxis in der Domäne direktiver bzw. rechtsverpflichtender Texte des Reichs zeigte uns bereits die Reichslandfrieden als prominente Quellengruppe zumindest der spätmittelalterlichen Vertextung. Es ist folglich nicht willkürlich, wenn bei der Erörterung der Illokutionsstruktur die Reichslandfrieden an den Anfang gestellt werden. Diese Texte repräsentieren in besonderem Maße sowohl die frühe Substituierung des lateinischen Rechtsdiskurses durch die Volkssprache als auch die unmittelbare Einlösung der zentralen Ordnungs- und Vertextungsziele des Reichs. Zugleich soll die Analyse der Illokutionsstruktur eine empirische Verifizierung unserer konzeptionellen Annahme sein, daß die Illokutionsstruktur von Texten als Teil der pragmatischen Gesamtorganisation ein Bestandteil von Textmustern ist und insofern als distinktive Variable bei der Segmentierung von Textmustern aus dem Gesamtdiskurs einzusetzen ist. Die Ausführlichkeit, mit der daher die Illokutionsstruktur des Textmusters *Reichslandfrieden* behandelt wird, dient unter anderem dem exemplarischen Beleg der Leistungsfähigkeit einer an der Searlschen Sprechaktklassifikation ausgerichteten funktionshistorischen Illokutionsstrukturanalyse und kann im Rahmen der vorliegenden Longitudinalanalyse nicht Maßstab der Ausführlichkeit aller Illokutionsanalysen zu den verschiedenen Teildomänen des juridischen Diskurses sein.

Es wurde gezeigt, daß die Reichslandfrieden im Gegensatz zu anderen Quellengruppen des reichsrechtlichen Diskurssegments weitgehend durch polylinguale Intertextualität determiniert sind. So fußt der *Mainzer Reichslandfriede* (# 164) auf den *Landfrieden Heinrichs IV.* von 1103, *Friedrichs I.* von 1152, auf dem *Ronkalischen Landfrieden* von 1158, auf der *Constitutio contra iucendiorios* von 1186, auf dem *Sächsischen Landfrieden* Heinrichs VII. und der *Treuga Henrici* von 1224. Der *Mainzer Reichslandfriede* (# 164) ist damit Teil einer diskursiven Praxis des sprachbasierten Friedensgebotes, die ohne Frage auch Einfluß auf die Genese des volkssprachig realisierten Textmusters 'Reichslandfriede' im Spätmittelalter hatte. E. Kaufmann (1978, 1462) greift bei der Kennzeichnung der so bestimmten Dikurskontinuität sogar noch weiter zurück und verweist auf die Tradition der Landfriedensgesetzgebung seit den karolingischen Anfängen:

> Vom historischen Standpunkt aus wird man feststellen müssen, daß die Geschichte der Landfrieden sowohl Anknüpfungen an vorhandene Rechtsnormen wie auch deren Weiterentwicklung zeigt. Neue Gedanken treten hinzu, ältere Vorstellungen werden abgestoßen. Daß Gottesfrieden und Landfrieden des 11. und 12. Jh. einen selbständigen Typ von Gesetzgebung als Ganzes darstellen, kann nicht bestritten werden. Die Einzelelemente stehen jedoch in einer mehr oder minder starken Tradition. Es sei an dieser Stelle darauf hinge-

wiesen, daß die karolingische Gesetzgebung auch sonst in der Gesetzgebung des späteren Mittelalters deutlich sichtbare Spuren hinterlassen hat. Dabei begegnen sowohl die wörtliche Übernahme, wie die Übereinstimmung der Sache nach.

Wir wollen uns bei der Analyse der Illokutionsstruktur des Textmusters 'Reichslandfrieden' auf die volkssprachigen Texte beschränken, also auf die Zeit von 1235 bis zum *Reichslandfrieden Karls V.* (# 117) von 1548, und wählen hier 14 repräsentative Texte für die Untersuchung aus, die wir zwecks besserer Übersichtlichkeit als RLF 1 bis 14 bezeichnen werden:

Text	Nachweis	Bezeichnung
Mainzer Reichslandfriede 1235	# 164	RLF 1
Reichslandfriede Rudolfs von Habsburg 1287	# 218	RLF 2
Reichslandfriede Rudolfs von Habsburg 1291	# 219	RLF 3
Reichslandfriede Albrechts I. 1298	# 214	RLF 4
Reichslandfriede Ludwigs des Bayern 1323	# 217	RLF 5
Nürnberger Reichslandfriede 1383	# 182	RLF 6
Egerer Reichslandfriede 1389	# 49	RLF 7
Friedensgebot Sigmunds 1431	# 69	RLF 8
Frankfurter Landfriedensordnung Friedrichs III. 1442	# 59	RLF 9
Reichslandfriede Friedrichs III. 1467	# 215	RLF 10
Frankfurter Reichslandfriede 1486	# 60	RLF 11
Ewiger Landfriede Maximilians I. 1495	# 56	RLF 12
Erklärung des Landfriedens zu Nürnberg 1522	# 54	RLF 13
Landfriede Karls V. 1548	# 117	RLF 14

Tab. 12: Wichtige RLF der Zeit von 1235 bis 1548

Für das so bestimmte Korpus von 14 Reichslandfrieden gilt es, die auffallend häufigen, explizit performativen Verben und den dominanten Modalverbbestand als Indikatoren der dominanten Textintention auszuwerten. In RLF 1 findet sich allein dreizehnmal die Formel 'wir sezzen und gebiten', womit die Äußerungsformen des deklarativen Handlungstyps IN KRAFT SETZEN und des direktiven Handlungstyps GEBIETEN textkonstitutiv sind.[7] Nahezu alle explizit performativen Äußerungen entsprechen dabei der syntaktischen Idealform nach G. Hindelang (1994, 23), wobei, durch den Pluralis majestatis bedingt, das Subjekt des je übergeordneten Satzes ein Personalpronomen in der 1. Pers. Pl. ist und das performative Verb die Akzidenzien 1. Pers. Pl. Ind. Präs. Akt. realisiert, z.B.:

[7] R. Schmidt-Wiegand (1992, 349) ist zuzustimmen, wenn sie in der Zwillingsformel keine stilistische Ausschmückung erkennt, sondern feststellt, „daß Paar- oder Zwillingsformeln in Rechtstexten eine rechtliche Funktion haben." Diese ist als Illokutionsmarker unterschiedlicher Sprechakte zu beschreiben.

(25) Wir setzen und gebieten, daz man die phalburgere allenthalben laze. (# 218, 373.11)

(26) Wir setzen und gebieten, daz alle die zolle ... (# 218, 373.25)

Wir x , daß

performativer Vorspann | eingebetteter Satz

In den meisten frühen Texten ist der Bestand explizit performativer Äußerungen auf die Verben 'setzen' und 'gebieten' beschränkt, seit dem Ende des 14. Jahrhunderts differenziert sich das lexikalische Spektrum der Deklarativa jedoch deutlich, so daß als sprechhandlungsbezeichnende Verben für Direktiva und Deklarativa folgender Lexembestand des Korpus anzuführen ist:

direktive Verben	anordnen, empfehlen, gebieten, verbieten, wollen
deklarative Verben	abtun, aufheben, aufrichten, bessern, deklarieren, erkennen, erklären, erneuern, hintansetzen, machen, mehren, richten, setzen, vorbehalten

Tab. 13: Performative Verben der RLF in der Zeit von 1235 bis 1548

Gegenüber den Direktiva und Deklarativa sind andere Sprechakttypen marginal, das Korpus weist hierfür nur sieben explizit performative Kommissiva, fünf Expressiva und vier Repräsentativa auf. Um für die Korpustexte eine Vergleichbarkeit der direktiven und deklarativen Sprechakte herzustellen, sind die absoluten Zahlen der textuellen Okkurenz in Relation zur Textlänge zu setzen, die über die Wortvorkommen definiert werden kann. Allein auf der Basis der relativen Frequenz (rFrq) in bezug zur Wortanzahl (W) und zur Anzahl der performativen Verben (pV) ist die kontrastive Interpretation des Illokutionsbestandes über Prozentangaben aussagekräftig. Die Tabelle zeigt den Bestand nach relativen und geklammert nach absoluten Zahlen:

Text / Verben	1	2	3	4	5	6	7
Deklarativa	0,555 (16)	0,304 (10)	0,345 (11)	0,483 (17)	0,401 (2)	0,032 (1)	0,026 (1)
Direktiva	0,763 (22)	0,669 (22)	0,690 (22)	0,880 (31)	1,606 (8)	0,129 (4)	0,026 (1)

Text / Verben	8	9	10	11	12	13	14
Deklarativa	0,202 (3)	0,074 (2)	0,087 (1)	0,335 (6)	0,357 (7)	0,0 (0)	0,238 (19)
Direktiva	0,202 (3)	0,259 (7)	0,175 (2)	0,167 (3)	0,204 (4)	0,011 (1)	0,213 (17)

Tab. 14: Bestand von Illokutionsmarkern in RLF der Zeit von 1235 bis 1548

Es fällt unter dem Gesichtspunkt der Frequenz eine geringe Dominanz der direktiven Sprechakte auf, wenngleich diese ab RLF 6, also seit dem Ende des 14. Jahrhunderts, nicht signifikant ist. Vielmehr verhalten sich Direktiva und Deklarativa analog, was das Illokutionsmuster der Reichslandfrieden als kombinatorische Sprechhandlung kennzeichnet.[8] Alle hier untersuchten Friedensgebote sind als Verfassungsgesetze[9] prinzipiell deklarative Setzungen gesellschaftlicher Normen und aufgrund geschichtlicher Erfahrungen zugleich Appell an das Rechtsbewußtsein des einzelnen. Beide Funktionen werden gleichgewichtet sprachlich realisiert. Zu beobachten ist dabei ein Rückgang der textinternen Redundanz explizit performativer Formeln, wie sie für die RLF 1-5 noch textprägend sind. Die Diminution ist für die Textproduktion dabei ganz offensichtlich deshalb nicht kontraproduktiv, weil parallel zur chronologischen Achse ein Textmusterwissen entsteht, das als kommunikatives Konzept die deklarative und direktive Intention der Reichslandfrieden bestätigt. Deutlich abzulesen ist dies am Vorkommen selbstindizierender Textsortenbezeichnungen seit dem Ende des 14. Jahrhunderts, also ab RLF 6. Benennungen wie 'eynunge', 'Lantfrid', 'Land-Frieden' markieren die textuelle Intention und grenzen damit die redundante Explikation von Illokutionen über explizit performative Verbformen ein.[10] So besteht z.B. e i n Illokutionszweck des gesamten RLF 5 ebenso wie von RLF 13 darin, die Adressaten auf zukünftige Handlungen zu verpflichten. Aufgrund der kurzen Tradition des volkssprachigen Friedensgebotes kann im Jahr 1323 jedoch noch keine prototypische Textualisierung der entsprechenden direktiven Handlungsintention aufgerufen werden. Folglich beginnt jedes Gebot in RLF 5 mit einem explizit performativen Sprechakt, während die Erklärung des Landfriedens durch Karl V. 200 Jahre später mit einer explizit performativen Direktion den Appell zur Friedensbewahrung formuliert, wobei die kommunikative Intention über redundante selbstindizierende Textsortenbezeichnungen markiert wird. Die Substitution der performativen Illokutionsindikatoren durch Textmusterwissen bestätigt sich auch in der Dynamik des Modalverbbestands mit 'sollen'. Den direktiven Anspruch der Reichslandfrieden unterstreichend, ist in allen Reichslandfrieden signifikant häufig 'sollen' gebucht, in der Mehrzahl im Verbund mit der konditionalen Konjunktion 'so'. Der Vergleich mit gegen-

---

[8] Vgl. hierzu auch G. Presch (1991), der sich gegen K. Brinkers Konzept der dominierenden Textfunktion wendet und ein Interferenzmodell vorstellt, das auch unterschiedliche Funktionen eines Textes beschreibbar macht.

[9] Es ist mit O. Kimminich (1987, 128) zu bedenken, daß der deutsche König erst mit den Reichslandfrieden „eine Gesetzgebungsgewalt entfalten konnte".

[10] Eine weitere diachrone Dynamik ergibt sich für den Zuwachs an referierenden Sprechakten, die gerade in RLF 14 gehäuft vorkommen.

wartssprachlichen Korpora[11] verdeutlicht, daß die textrelative Frequenz des Verbums 'sollen' unabhängig von oraler oder literaler Sprache um den Faktor 0,13% schwankt, womit die Gesamtfrequenz von 1,79% in den Reichslandfrieden demgegenüber als auffälliger Marker des direktiven Handlungsanspruches fungiert:

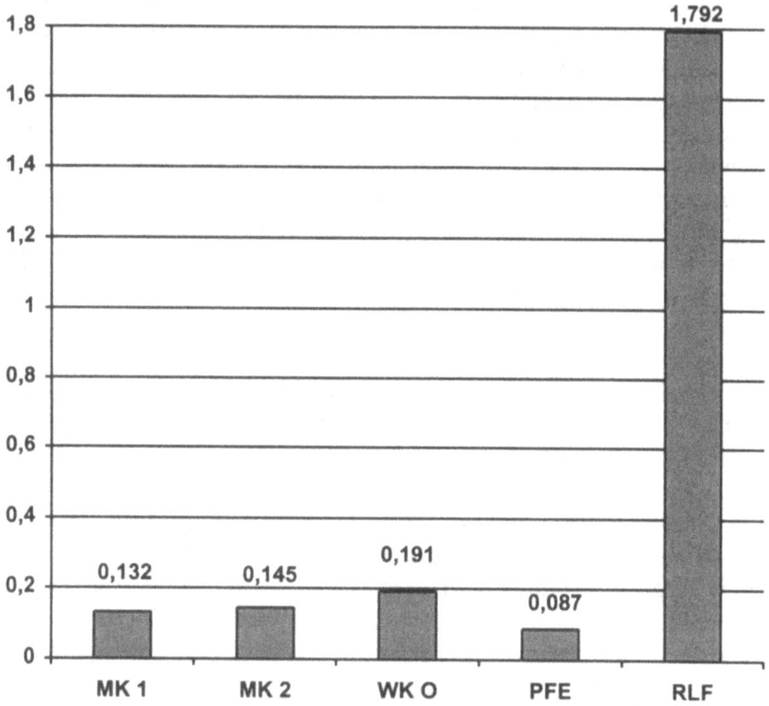

Abb. 12: Textrelative Frequenz von 'sollen' in ausgewählten Korpora

Folglich unterstreicht der Frequenzabbau von 'sollen' im Korpus der *Reichslandfrieden* die Feststellungen zur Ausbildung eines funktionalen Textmusters parallel zum Abbau von Illokutionsindikatoren. Im graphischen Überblick ergibt sich für den textrelativen Bestand an explizit performativen Direktiva,

---

[11] Als Vergleichsmaterial sind für den textrelativen Bestand des Verbums 'sollen' vier im Cosmas-System des Instituts für deutsche Sprache gespeicherte Korpora herangezogen: MK1= Mannheimer Korpus 1, MK2= Mannheimer Korpus 2, WK O+W= Wendekorpus Ost und West, PFE= Pfeffer-Korpus gesprochener Umgangssprache. Zugänglich ist das Material über Telnet [idsserver.ids-mannheim.de].

Deklarativa sowie für die Belegung mit 'sollen' folgendes Gesamtbild des Korpus:

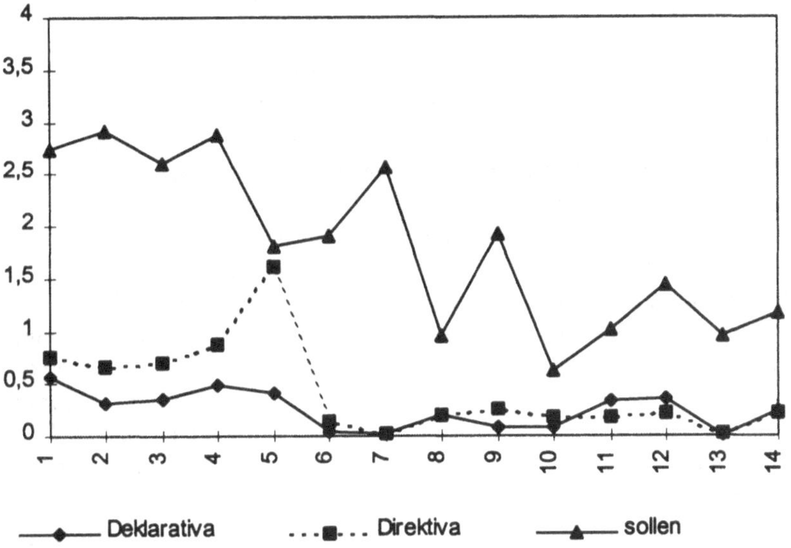

Abb. 13: Textrelative Frequenz von Illokutionsindikatoren bei RLF.

Die Befunde kennzeichnen den Reichslandfrieden als Textmuster mit einer kombinatorischen Dominanz von Direktion und Deklaration. Die Okkurenz der Stützungsrelationen zwischen illokutionsmarkierenden Einheiten kann im Zusammenhang dieser Ausführungen nur paradigmatisch durch den Verweis auf die Modalverbbelegung erfolgen. Differenzierungen der Aussagen wären aufgrund von Angaben etwa zum Modalpartikelbestand möglich, doch relativierten diese nicht die Erkenntnisse zur Illokutionsdominanz aller Reichslandfrieden.

Eine derart lang anhaltende Ausprägung textueller Muster, die es erlaubt, eine diachrone Analyse typischer Vertextungsweisen vorzunehmen, ist selten und im reichsrechtlichen Diskurssegment auch nur bei den Reichslandfrieden der Fall. Doch die monolinguale Vermittlung singulärer Texte über illokutionsgestützte Intertextualität ist keine Ausnahme. Sehr deutlich zeigt sich dies bei der *Reichskammergerichtsordnung* von 1555, deren textuelle Struktur sich einem ausgeprägten Satzungsrecht der vorangehenden Jahrzehnte verdankt:

Es verging vor allem im 16. Jahrhundert kaum ein Reichstag, der sich nicht mit der Ordnung des Kammergerichts befaßt hätte. (A. Laufs 1976, 8)

Zu bedenken ist außerdem, daß das Reichskammergericht selbst eine entscheidende Bedeutung bei der Ausprägung des Prozeßrechts hatte, seine gesetzesbezogene Organisation also zumindest indirekt auf prozeßrechtliche Vertextungen Einfluß hatte. Doch die eigentliche monolinguale Intertextualität beobachten wir am deutlichsten an den verschiedenen Fassungen des Textes der Reichskammergerichtsordnung, deren wiederholte Novellierungen und daraus folgende Tradierungen zur Entstehung eines eigenständigen Textmusters geführt haben. Bekanntlich wurde die *1. Reichskammergerichtsordnung* auf dem Wormser Reichstag 1495 erlassen. Dieser Text umfaßt 32 Paragraphen, in denen die Anfänge der Rezeption römischer Rechtsvorstellungen zu erkennen sind, die jedoch für die damaligen Verhältnisse und Ordnungsnotwendigkeiten nur beschränkt Vorschriften zum Prozeßrecht enthielten. Wenngleich die Ordnung von 1495 zumeist als Initialtext der Reichskammergerichtsordnungen angesehen wird, so ist gerade im Zusammenhang der Analyse intertextueller Bezüge darauf hinzuweisen, daß es bereits vorher zwei Gerichtsordnungen gab, die als Vorläufertexte anzusehen sind (vgl. A. Laufs 1976, 10). Die Geschichte der *Reichskammergerichtsordnung* reicht des weiteren von der *2. Reichskammergerichtsordnung* von 1521 und einer wiederholten Diskussion auf den Reichstagen über die *3. Reichskammergerichtsordnung* des Augsburger Reichstages von 1547/48, die 1555 in revidierter Fassung vorlag, bis zum Entwurf einer *4. Reichskammergerichtsordnung*, dem *Concept der erneuerten und verbesserten Cammergerichtsordnung* von 1603, die jedoch nie zum Reichsgesetz erhoben wurde. Bei allen diesen Texten zeigt sich eine Dominanz der Direktiva, die über das fremdverpflichtende Modalverb 'wollen' und das unmittelbar direktive Modalverb 'sollen' markiert ist. Auffallend ist eine gegenüber anderen reichsrechtlichen Texten, insbesondere auch im Vergleich zu den Reichslandfrieden, stark zurückgenommene Einsetzung von Modalverben und explizit performativen Formeln.

Eine Quellengruppe mit deutlich anders geschnittenem Illokutionsprofil bilden die kaiserlichen Wahlkapitulationen, die bereits als weitgehend autonom von präfigurierenden Textmustern eingeordnet wurden, die aber unabhängig davon als Texttyp eine stark verpflichtende, bindende Kraft hatten. Mittelpunkt der Illokutionsstruktur der Wahlkapitulationen ist die Vertragsnatur der Texte:

Nicht nur der Wortlaut der Kapitulationen, sondern auch ihre Behandlung im Rahmen des Wahlverfahrens läßt den Vertragscharakter hervortreten. Schon bei der Wahl Karls V. war die Kapitulation tatsächlich das Ergebnis der Verhandlungen zwischen den Kurfürsten und den Kommisarien des Königs. (G. Kleinheyer 1968, 102)

Gegenstand dieses Vertrags ist die Selbstverpflichtung des künftigen Königs auf ein den Vorstellungen des Wahlkollegiums entsprechendes Herrscherverhalten. Damit fällt die Quellengruppe der Wahlkapitulationen nicht nur aus den invariablen Funktionen der externen Verhaltensnormierung bei den übrigen Texten des juridischen Diskurses heraus, sondern hat auch eine im gesamten juridischen Diskurs eigenständige pragmatische Struktur. Folglich sind die Wahlkapitulationen auch besonders geeignet, die typologische Relevanz von Illokutionsstrukturen zu zeigen, denn sie fungieren hier als distinktives Merkmal. Daß die von anderen Textmustern des juridischen Diskurses differente Illokutionsstruktur der Wahlkapitulationen zudem ein Relatum intertextueller Vernetzungen ist, folgt schon aus der weitgehenden Formalisierung der Texte, die im wesentlichen als je neu gesetzte Zusagen mit übereinstimmendem Textkörper zu bestimmen sind. Die ZUSAGE als kommissiver Sprechakt ist damit der dominante Funktionsmarker:

(27) Daß Wir Uns demnach aus freyem gnädigen Willen mit denselben Unsern lieben Freunden/Neven/Oheim und Churfürsten / dieser nachfolgenden Artickel / Geding und Pactsweiß vereiniget / die angenommen / bewilliget / und zu halten zugesagt haben / alles wissentlich / in Krafft dieses Brieffs. (# 297, 8)

Nach J. Searle besteht der Zweck von Kommissiva in der Verpflichtung des Sprechers, eine künftige Handlung auszuführen, was dem Zweck der Wahlkapitulationen als selbstgeäußerter Festlegung königlicher Verhaltensmaximen entspricht. Neben dem nur selten gebrauchten explizit performativen Verb 'zusagen' ist es vor allem die Kombination der Modalverben 'sollen' und 'wollen' in Paarformeln, welche die Textoberfläche bestimmt. Das kommissive Verb 'wollen', das auch in Einzelstellung belegt ist,

(28) Wir wollen auch die gemeldte Chur=Fürsten, wie vorgedacht, zu jeglicher Zeit bey ihrer freyen Wahl, wie von Alters her auf sie kommen, (...), in Sachen das Heil. Römische Reich belangend, geruhiglich bleiben, und ganz ungekra-enckt lassen, (...). (# 299, 10),

zeigt in der Verbindung mit dem direktiven Modalverb 'sollen' sehr deutlich, daß die Selbstverpflichtung eine inhaltlich vom Wahlkollegium vorgegebene Handlung war, die es auch sprachlich als Ausdruck der kurfürstlichen Machtansprüche zu textualisieren galt. Deshalb kann es auch kaum erstaunen, daß der Gebrauch von 'sollen' und 'wollen' in Paarformeln üblicherweise in der Folge 'wir sollen und wollen' gebraucht wird. Der kommissive Sprechakt der Selbstverpflichtung ist immer reaktiv und bezieht sich auf eine zuvor explizit oder implizit eingesetzte Direktion des Wahlkollegiums.

Die allgemeine Dominanz von Direktiva findet sich in der Frühen Neuzeit respektive im 16. Jahrhundert vor allem in den zahlreichen Einzelgesetzen des Reichs, wobei hier die explizit performativen Verben zugunsten sprechaktmarkierender Modalverben weitgehend zurückgenommen sind. Deutlich ist dies z.B. in der *Wormser Regimentsordnung* (# 317), in der *Beschreibung und*

Ordnung des gemeinen Pfennigs (# 186) - hier mit Stützung durch den kombinatorischen Gebrauch der explizit performativen Direktiva und Deklarativa 'verordnen' und 'setzen' -, im *Reichskriegssteuergesetz* (# 212) und in der *Regiments-Ordnung* von 1500 (# 205):

(29) Aber andere und mindere Lehen, die soll ein jeder (...). (# 317, 319)

(30) Item söllen auch die vier Jar järlich alle Juden (...). (# 186, 295)

(31) Welchem herren denn es also gelegen wer, das er fünfzehen gulden nicht wol gegeben möchte, der schol zehen gulden geben; und schol das stehen zu seiner gewißen. (# 212, 239)

(32) Wo auch ein oder mehr Pfarren wären, die nicht so viel Leut als vierhundert in obgeschriebener Maß vermöchten, in denselben sollen sich zwo oder mehr zusammen schlagen nach gelegenheit der Pfarr und Anzahl der Leut. (# 205, 303)

Die Dominanz des direktiven Modalverbs 'sollen' mit flankierendem Gebrauch von kombinatorisch eingesetzten expliziten Performativa findet sich auch in der *Reichshofratsordnung* (# 210). Lediglich die *Reichshandwerksordnung* (# 208) fällt aus dieser allgemeinen Struktur von dominanten Direktiva heraus. In diesem Text ist der Anspruch auf Verhaltensnormierung über direktive Sprechakte durch die Feststellung propositionaler Gehalte ersetzt, so daß repräsentative Sprechakte typisch sind und vor allem mit dem performativen Verb 'befinden' wiedergegeben sind:

(33) Ingleichen, und weilen man befunden, daß mehrmalen bey dem Aufdingen, und Ledigzehlen der Lehr-Jungen (...). (# 208, 305)

Ein letzter hier zu behandelnder Typ der Sprechaktorganisation im reichsrechtlichen Diskurssegment ist schließlich die mehrfach kombinatorische Sprechaktorganisation, wie sie für die wichtigsten deutschen Verfassungstexte ebenso typisch wie für die *Constitutio Criminalis Carolina* (# 35) und die Reichspolizeiordnungen ist. In den Reichsabschieden als den Vertretern der fortlaufend vertexteten Reichsverfassung ist der kombinatorische Gebrauch von Deklarativa, Direktiva und Expressiva evident, wenn auch die Belege zur formelhaften Verwendung derartiger kombinatorischer Sprechakte nicht zahlreich sind und die Textfunktion hier in der Regel nur über einen initialen Illokutionsmarker bestimmt ist, so daß die folgenden Normen auf diese eingangs zum Ausdruck gebrachte Handlungsabsicht rekurrieren:

(34) Setzen demnach, ordnen, wollen und gebiethen allen und jeden (...). (# 96, 447)

(35) Wir setzen, ordnen und wo-ellen auch, (...). (# 7, 215)

(36) Setzen demnach, ordnen, wöllen und gebieten, daß hinfüro (...). (# 8, 344)

Diese Kombinationen finden wir wie gesagt auch in der *Constitutio Criminalis Carolina* (# 35), wobei hier über das Modalverb 'wollen' eine stärkere Gewichtung der Direktiva vorliegt. Damit lehnt sich die *Constitutio Criminalis*

Carolina (# 35) unmittelbar an die Illokutionsstruktur der ***Bambergensis*** (# 13) an, die ja ohnehin als Prätext weitreichende intertextuelle Bezüge zur *Constitutio Criminalis Carolina* (# 35) hat[12] und damit ein salientes Beispiel für die Vernetzung des juridischen Diskurses ist:

(37) Item wo wir nachmals redlich anzeygen melden, da wöllen wir alwegen (...). (# 35, 40)

(38) So wöllen wir das inn solchem jetztgemeltem fall, (...). (# 35, 105)

(39) Jtem Erstlich Setzen, orden vnd wo-ellen wir, das (...). (# 13, 5)

In den Reichspolizeiordnungen begegnet uns schließlich wieder der häufige Gebrauch von 'sollen', hier aber auch in Verbindung mit kombinatorischen Einsetzungen explizit performativer Formeln:

(40) Demnach setzen, ordnen und wöllen wir, hiemit ernstlich gebietend, daß (...). (# 225, 61)

Wir halten in der Gesamtperspektive auf den juridischen Diskurs fest, daß die Textmuster-Ausprägungen im Bezug auf die Illokutionsstruktur bei den einzelnen Quellengruppen stark differieren. Die intuitiv alltagsweltlichen bzw. rechtsgeschichtlichen Typologisierungen des Textbestands in einzelne Quellengruppen decken sich dabei mit den Ergebnissen der pragmatischen Analyse und belegen bereits hier die typologische Aussagekraft der Illokutionsstrukturanalyse.

V.2 Propositionsstruktur

Das reichsrechtliche Diskurssegment gehört im Hinblick auf die thematischen Schwerpunkte und die bedingenden propositionalen Strukturen zu den heterogenen Domänen des juridischen Diskurses. Demzufolge verbieten sich generalisierende Aussagen zur Textthematik der Reichsrechte im allgemeinen. Die einzelnen Quellengruppen haben je eigene inhaltliche Invariablen, die als Textmusterkonstituenten bestimmt werden können. Das heißt jedoch nicht, daß die singulären Quellen gleichsam disloziert nebeneinander stehen, denn im Verband der einzelnen Quellengruppen hat die kontinuierliche Tradierung inhaltlicher Bausteine sehr wohl ihr Gewicht. Besonders deutlich ist dies wiederum bei den Reichslandfrieden und bei den Reichspolizeiordnungen.

Der kontrastive Zugriff auf ein Korpus, das hinsichtlich des pragmatischen Kotextes und der Illokutionsstrukturen als weitgehend homogen charakterisiert ist, muß unter dem Gesichtspunkt der propositionalen Strukturierung prüfen, ob und welche thematischen Übereinstimmungen inhaltliches Relatum eines Textmusters sind. Alle untersuchten Reichslandfrieden weisen nahezu identische Situationsvariablen und übereinstimmende illokutionäre Rollen auf und

---

[12] Zur Textgeschichte vgl. R. Schröder/E. von Künßberg (1932, 969ff).

sind insofern als Realisationen eines Textmusters bereits taxiert. Die isomorphen Strukturen ergeben sich auch für den propositionalen Gehalt. Für RLF 1-4 ist dies evident, handelt es sich hier doch um direkte Zitation als bloße Erneuerung vorhergehender Direktiven. Doch auch für das Gesamtkorpus sind thematische Übereinstimmungen zu bestimmen. Das Textmuster 'Reichslandfrieden' beinhaltet hypertextuelle Propositionskomplexe, die als thematische Einheiten in mehreren Texten des Korpus realisiert sind. Bereits ein exemplarischer Zugriff auf sechs Teilthemen der Reichslandfrieden zeigt, daß keiner der Texte thematisch isoliert ist:[13]

	1	2	3	4	5	6	7	8	9	10	11	12	13	14
Friedensgebot	X	X	X	X	X	X			X		X	X		X
Schwurgebot		X	X	X	X		X							
Friedensbruch		X	X	X			X		X	X	X	X		X
Gewaltbericht							X	X		X	X	X	X	X
reisige Knechte							X	X	X		X	X		X
Hintansetzung											X	X		X

Tab. 15: Übereinstimmungen der propositionalen Struktur von RLF der Zeit von 1235 bis 1548

Ein Indikator für die Konsequenz der propositionalen Bezugsetzung der Korpustexte sind auch die übereinstimmenden Lexeme für die Argumentpositionen singulärer Propositionen. Das in RLF 7, 8, 9, 11, 12, 14 ausgesprochene Verbot gerüsteter Knechte ist trotz der Zeitspanne von 150 Jahren weitgehend einheitlich über die Kollokation „raisige knechte“ lexikalisiert; ähnlich das Verb „hintansetzen“ in RLF 11, 12, 14.

Daß die partiellen Referenzidentitäten auch expandieren, zeigen die Reichspolizeiordnungen sehr deutlich, die zudem auch ein ausgezeichnetes Beispiel für polythematische Textmuster sind (vgl. G. Schmelzeisen 1955), in denen strafrechtliche Normen neben Kleiderordnungen, handelsrechtlichen Bestimmungen und privatrechtlichen Festlegungen stehen. Die mit der Zeit zunehmende Verdichtung des propositionalen Gehaltes der Polizeigesetzgebung des Reichs seit dem *Rothenburger Reichsabschied* aus dem Jahr 1487 bis zur *Reichspolizeiordnung* (# 225) von 1577 zeigt die tabellarische Darstellung von G. Schmelzeisen (1968, 21) sehr deutlich:

[13] Für die Tabelle sind folgende Themen angeführt: Friedensgebot = Gebote zur Einhaltung und Wiederherstellung des Friedens; Schwurgebot = Bestimmungen zur Inkraftsetzung der Normen durch Schwur der Adressaten; Friedensbruch = Angaben zu den Konsequenzen des Schwurbruchs; Gewaltbericht = allgemeine Darstellung der Gewalt im Reichsgebiet; reisige Knechte = Verbot gerüsteter Knechte unter je spezifizierten Bedingungen; Hintansetzung = Erklärung der dominanten Gültigkeit der Verordnungen gegenüber anderen Geboten.

Gegenstände polizeilicher Regelung	Reichsgesetze: [a]										
	1487	1495	1497	1498	1500	1512	1524	1526	1529	RPO 1530	RPO 1548	RPO 1577
Weinbereitung	b)	41	27	50[c]	XXXIV						XV, XVI	XV, XVI
Zutrinken		38ff.	22	47	XXIX	IV 5				VIII	VIII	VIII
Kleiderordnung			8-16	39	XXIII					IX ff.	IX ff.	IX ff.
Übermaß			17	40						XXIII, XXV	XV	XV
Tuchhandel			18	41	XXIV					XXVIII	XXI	XXI
Pfeifer			19	42	XXV					XXXVII	XXIX	XXX
Schalksnarren			19	43	XXVI					XXXVI	XXVIII	XXIX
Bettel, Müßiggang			20	44	XXVII					XXXIV	XXVI	XXVII
Zigeuner			21	46	XXVIII					XXXV	XXVII	XXVIII
Stationierer			26	48	XXX							
Wucher, Juden				51	XXXII					XXVI ff.	XXVII, XX	XVII, XX
Monopole						IV 16	27	26	34		XVIII	XVIII
Schmähschriften, Drucker							28		9		XXXIV	XXXV
Gesinde										XXXIV,XXXI	XV, XXIV	XV, XXV
Maß, Gewicht										XXX	XV	XV
Gewürzhandel										XXIX	XXIII	XXIV
Handwerk										XXXIX	XV,XXXVI f.	XV,XXXVII f.
Früchte, Gülten											XIX	XIX
Vormundschaft											XXI	XXII
Apotheker											XXXIII	XXXIV
Goldschmiede											XXXV	XXXVI
Woll- und Lederausfuhr											XXI 3[d]	XX

a) 1487 RA *Rothenburg* (NS I S. 282ff.)
1495 RA *Worms* (NS II S. 2ff.)
1497 RA *Lindau* (NS II S. 29ff.)
1498 RA *Freiburg* (NS II S. 38ff.)
1500 RA *Augsburg* (NS II S. 72ff.)
1512 RA *Trier, Köln* (NS II S. 136ff.)
1524 RA *Nürnberg* (NS II S. 252ff.)
1526 RA *Speier* (NS II S. 272ff.)
1529 RA *Speier* (NS II S. 292ff.)

b) Weinordnung (NS I S. 282ff.)

c) Dazu Weinordnung (NS II S. 54ff.)

d) Nur Wolle!

Abb. 14: Übereinstimmungen der propositionalen Struktur von RLF der Zeit von 1235 bis 1548

Die auch ansonsten für das Reichsrecht charakteristische Vielzahl thematischer Gegenstände innerhalb eines Textes ist formal durch kurzgehaltene und über verschiedene Gliederungsebenen strukturierte Textarchitekturen bewältigt. So sind etwa die 219 Artikel der *Constitutio Criminalis Carolina* (# 35) in sechs Teile gegliedert, und jeder Artikel ist zwecks besserer Übersichtlichkeit und Auffindbarkeit noch mit Zwischenüberschriften versehen. Hier ist jedoch zu bedenken, daß die *Constitutio Criminalis Carolina* (# 35) als wichtigste Strafrechtsordnung der Frühen Neuzeit trotz ihres Umfangs noch ähnlich den vielen Einzelgesetzen der Zeit thematisch eingegrenzt ist. Doch bereits die Promulgations- und Publikationspraxis der Einzelgesetze verweist noch auf eine andere, hinsichtlich der Inhaltsorganisation charakteristische Quellengruppe des Reichsrechts. Dies sind die Reichsabschiede, die als kumulative Texte bezeichnet werden können, verbinden sie doch alle auf einem Reichstag verabschiedeten Einzelgesetze zur einer Gesamtpublikation. So umfaßt beispielsweise der *Freiburger Reichsabschied* (# 65) von 1498 unter anderem einen *Landfrieden*, eine Ordnung *Von dem gemeinen Pfenning*, eine *Kammergerichtsordnung* und eine *Münzordnung*. Die Einleitungen und die Schlußteile der Reichsabschiede weisen jedoch auch die Gesamttexte als textuelles Muster aus, wobei eben einzelne Textmuster die Konstituenten der kumulativen Struktur sind.[14]

V.3 Superstruktur

Wie nicht nur diese Darstellung zur Superstruktur der Reichsrechte zeigen wird, sondern wie überhaupt die Erörterungen der formalen Strukturierung von Textarchitekturen des juridischen Diskurses verdeutlichen werden, weist der juridische Diskurs Invarianten der textuellen Gliederung auf, die über die Grenzen einzelner Teildomänen hinausreichen und teilweise noch heute als Oberflächensignale zur Identifikation juridischer Texte fungieren. Dazu gehören systematische Hierarchien bis zur Ebene der Einzelverordnung in Gestalt von Paragraphen, Artikeln etc. Folglich gibt die Analyse der juridischen Superstruktur wenig für die Profilierung einzelner Textmuster her. Die formale Struktur der juridischen Texte ist vielmehr jenseits distinktiver Merkmale von domänenspezifischen Mustern ein dem juridischen Gesamtdiskurs eigenes Spezifikum der Vertextung. Detaillierte Analysen versprechen daher wenig für die Bestimmung des Texmusterausbaus im Verlauf der Polyfunktionalisierung

---

[14] Ein gutes Beispiel sind auch die Gesetze des Wormser Reichstags von 1495; vgl. K. Kroeschell (1992, 246).
Eine allgemeine inhaltsorientierte Typologie der Reichsgesetzgebung in der Frühen Neuzeit findet sich bereits bei H. Fehr (1962, 227f). Einzelne Reichsgesetze werden unter inhaltlichen Aspekten vor allem bei O. Stobbe (1860) und (1864) behandelt.

des Deutschen, so daß die Abschnitte zur Superstruktur jeweils knapp und auf wenige wesentliche Aspekte beschränkt sein werden.

Bereits die Analyse der Propositionsstruktur hat gezeigt, daß in der mittelalterlich und auch noch frühneuzeitlichen Gesetzgebung des Reichs zwei Formtypen zu unterscheiden sind: Die Einzelgesetze und die Gesetzbücher oder Codizes, die jedoch nicht mit allgemeinen Kompilationen gleichzusetzen sind, sondern alle maßgeblichen Normen lediglich zu je einem Gegenstandsbereich sammeln. Der erste bedeutende reichsrechtliche Codex dieser Art ist die *Goldene Bulle* (# 76). Auch A. Wolf (1973, 552) unterscheidet für das Reichsrecht diese beiden Formtypen:

> Unter dem Gesichtspunkt der Form sind zwei Gesetzestypen - Einzelgesetz und Gesetzbuch - zu unterscheiden. Man kann sie *Statuten* und *Codex* nennen.

Die Statuten sind zumeist auf knappe Darstellungen bedacht, haben jedoch wie die Codizes in der Regel schon im Spätmittelalter eine die Arbeit mit den Texten erleichternde Segmentierung des Gesamttextes in Einzelabschnitte. Bei den Gesetzbüchern ist diese mehrgliedrig, so bei der *Goldenen Bulle* (# 76), in der die Inhalte nach Kapiteln und Abschnitten gegliedert sind, oder die Mehrzahl der Reichsabschiede, die Teile und Paragraphen aufweisen. Die Reichskammergerichtsordnungen zeigen deutlich, daß mit zunehmender Komplexität des Rechtsstoffes und dem quantitativen Wachstum der Norminhalte auch die Superstruktur komplexer wird. So sind die Inhalte in den *1. Reichskammergerichtsordnungen* noch zweigliedrig nach Teilen und Paragraphen hierarchisiert, während mit der revidierten Fassung der *3. Reichskammergerichtsordnung* bereits eine dreigliedrige Strukturierung nach Teilen, Titeln und Paragraphen zu belegen ist.

Ungeachtet dessen stellt die zweigliedrige Superstruktur den Standardfall des juridischen Diskurses dar, wie auch an der *Constitutio Criminalis Carolina* (# 35) und der *Reichspolizeiordnung* (# 225) von 1577 abzulesen ist, die 38 Titel mit durchschnittlich je fünf Paragraphen hat. In der Frühen Neuzeit ist die Superstruktur auch typographisch über verschiedene Druckweisen markiert, wovon die Sammlung der Reichsabschiede in der Ausgabe von 1747 ein schönes Beispiel gibt. Die Einzelgesetze z.B. des Reichsabschiedes zum Reichstag von Speyer im Jahr 1498 sind durch Zwischenüberschriften gekennzeichnet, die jeweiligen Artikel und fortlaufenden Paragraphen strikt gegliedert und durch Glossen für den schnellen Textzugriff gekennzeichnet.

VI. Geltungsgrade der Intertextualität

Mit den bisherigen, auf den wichtigsten Textbestand des Reichsrechts fokussierten Analyseparametern sind die entsprechenden Textmuster bereits als intertextuell vernetzt ausgewiesen, doch häufig nur innerhalb engerer Überlieferungszusammenhänge. In den konzeptionellen Vorüberlegungen zur eigentlichen empirischen Diskursanalyse wurde jedoch der Grad intertextueller Vernetzung als Indikator der diskursiven Salienz bestimmt, so daß den reichsrechtlichen Quellen im Gesamtverband des juridischen Diskurses nur bedingt und in Einzelfällen eine prominente Stellung in der gesamten juridischen Textüberlieferung zukommt. Im wesentlichen wird dies auch im Bezug auf die teildomänenüberschreitende Intertextualität bestätigt, die einen wichtigen Wert des intertextuellen Geltungsgrades ausmacht. Die Mehrzahl der reichsrechtlichen Quellen weist keine dominant textkonstitutive Vernetzung mit dem juridischen Diskurs auf, so daß die Quellen in der Verfassungsgeschichte des Deutschen aufgrund ihrer rechtsgeschichtlichen Relevanz ihre Bedeutung haben mögen, im Zuge der textbasierten Polyfunktionalisierung jedoch keine entscheidende Rolle spielen. Einzig der Konnex von Reichsrecht und Territorialrecht bricht die ansonsten zumeist isolierte Rechtssetzungspraxis des Reichs und ist damit Teil der über einzelne Domänensegmente hinausgehenden Etablierung des deutschsprachigen juridischen Diskurses.

Als augenfälliges Beispiel können auch hier die Reichspolizeiordnungen angeführt werden. Wie bereits dargelegt, knüpfen diese an territoriale Ordnungen mit polizeirechtlichem Inhalt an. Doch die *Reichspolizeiordnungen* von 1530, 1548 und 1577 haben ihrerseits wieder die territorialen Vertextungen von polizeirechtlichen Vorschriften angeregt. Da den Reichsständen die Bekanntmachung und Beachtung des Einhaltens der Reichspolizeiordnungen oblag, kam es häufig zu eigenen territorialen Verordnungen, „die sich an die Reichspolizeiordnungen anlehnten und dazu meist weitere polizeirechtliche Anordnungen enthielten" (G. Schmelzeisen 1984, 1805), also in teildomänenüberschreitender Intertextualität zu den Reichstexten standen. Noch deutlicher ist die Überschreitung der Domänensegmente beim Einfluß des Reichskammergerichtes auf die territorialen Ordnungen. H. Gabel (1993, 75) verweist zu Recht darauf, daß die Erörterung der Einflüsse des Reichskammergerichts auf die Landrechte den Blick öffnet

> auf territoriale Binnenstrukturen und deren Wandel, vor allem auf die institutionell relevant gewordene Herausforderung, die das Reichskammergericht aufgrund seiner räumlichen und sachlichen Zuständigkeit für das fürstliche - und im 16. Jahrhundert auch landständische - Exemtionsstreben bedeutete.

Dabei zeigt H. Gabel (1993, 103), daß die Einleitung von Reformen territorialer Rechtsordnungen nicht selten auf Einzelpersönlichkeiten zurückging, die er als „Agenten des 'stillen', unspektakulären Wandels" bezeichnet, die „durch ihre Tätigkeit in den fürstlichen Regierungskollegien oder als reichsständische Beauftragte am Reichskammergericht einem einmal initiierten Adaptionsprozeß die erforderliche Stabilität und Nachhaltigkeit verliehen" hätten, womit zugleich ein hervorragendes Beispiel für die methodologisch noch bei weitem nicht erschöpfte Relevanz von idiographischen Analysen im Rahmen der

Sprachgeschichtsschreibung gegeben ist, die Sprachwandel als individuell basierten Bottom-up-Prozeß beschreibt (vgl. I. Warnke 1996b).

Indirekt verweist der Konnex von reichsrechtlichem Diskurs und territorialer Vertextungspraxis bereits hier auf die bedeutsame Rolle, die die Landesordnungen innerhalb des Funktionsausbaus der deutschen Sprache zur Rechtssprache gespielt haben. Im Vorgriff auf die Darstellung in Kap. 6.1 verweisen wir also schon auf das territoriale Diskurssegment als maßgebliches Relatum der Polyfunktionalisierung des Deutschen im juridischen Diskurs.

Auch die Geschichte der intertextuellen Verknüpfung der *Constitutio Criminalis Carolina* (# 35) bestätigt dies. Der Text ist nicht nur im Bezug auf seine Prätexte, namentlich die *Bambergensis* (# 13), als territorial gebunden zu betrachten, sondern auch in der Fortwirkung in den Territorien. Die salvatorische Klausel hat zwar eine unmittelbare Gültigkeit in den Territorien unmöglich gemacht, doch ist die *Carolina* gleichwohl

> in der überwiegenden Mehrzahl der deutschen Territorien entweder als Gesetz anerkannt oder mit nicht erheblichen Änderungen in die Landesgesetzgebung aufgenommen worden. Sie ist die Grundlage des Strafrechts bis weit in das 18. Jahrhundert. (C. von Schwerin 1950, 261)

Dieser Beurteilung schließt sich auch R. Lieberwirth (1971, 594) an:

> Die Carolina als letztes großes Werk der Reichsgesetzgebung ist außerordentlich bedeutsam gewesen; sie leitet eine neue Epoche der deutschen Strafrechtspflege ein; sie wurde zum Vorbild zahlreicher deutscher Territorialgesetze und damit zur Grundlage eines einheitlichen deutschen Strafrechts, das den Bedürfnissen der Zeit weitgehend entsprach. Auch in der Schweiz, in Holland und in Polen fand die Carolina Verbreitung. Erst das Zeitalter der Aufklärung ging in seinen strafrechtlichen Anschauungen über die Carolina hinaus.

Ebenfalls bereits erwähnt wurde, daß der Druck als Verbreitungsmedium für die Rezeption der reichsrechtlichen Texte in den Territorien eine wichtige Bedeutung hatte.[15] In der Geschichte des gesamten reichsrechtlichen Diskurses ist die Ablösung der handschriftlichen Aufzeichnungspraxis, die schon mit dem Druck sämtlicher Gesetze des Wormser Reichstags von 1495 vollzogen war, als Vorgang der Intermedialisierung zu verstehen, der dem Reichsrecht eine wenn auch immer noch gebremste, so doch gegenüber der spätmittelalterlichen Randstellung überlegene Position im gesamten juridischen Diskurs einräumte. In diesem Zusammenhang ist auf eines der seltenen Beispiele für intermediale Text-Bild-Beziehungen in der reichsrechtlichen Diskursdomäne zu verweisen. Daß die *Bambergensis* als Prätext für die *Constitutio Criminalis Carolina* fungierte, zeigt sich unter anderem auch in den Übereinstimmungen der jeweiligen Holzschnitte zur Darstellung des jüngsten Gerichts:

---

[15] Für die *Constitutio Criminalis Carolina* vgl. H. Planitz (1971, 259).

Abb. 15: Das jüngste Gericht in der Darstellung der *Bambergensis* von 1507 und der *Constitutio Criminalis Carolina* von 1542

Bei der transtemporalen Intertextualität schließlich haben wir die Spannung zwischen dem noch in der Frühen Neuzeit gültigen Topos vom 'guten alten recht' in seiner fortdauernden, durch keine Reform zu brechenden Gültigkeit und den Versuchen der schriftgestützten verbindlichen Festlegung über enge Grenzen zu bedenken. Auch die Gesetzgebung des Reichs hat über lange Zeiträume fortgewirkt. Wenngleich nicht immer eindeutig war, welche Ansprüche auf Gültigkeit damit verbunden waren, so ist die faktische Fortwirkung reichsrechtlicher Texte offensichtlich. Für die transtemporale Dimension des Reichsrechts kommt der schriftlichen Medialisierung große Bedeutung zu:

> Noch wichtiger erscheint: die moderne Gesetzgebung selbst - d.h. der Grundsatz, geschriebenes Recht mit dem Anspruch allgemeiner Geltung unter Beachtung bestimmter Formen machen und auch wieder abschaffen zu können - ist ein solches seit dem Mittelalter fortlebendes Institut. (A. Wolf 1973, 519)

Wenn also im ganzen die Geltungsgrade der Intertextualität im reichsrechtlichen Diskurssegment durchaus beschränkt sind, zeigen sich im einzelnen durchaus Intermedialisierungen und transtemporale Dimensionen der Diskursstruktur.

VII. Topographie und Chronologie

VII.1 Räumliche Gliederung

Bereits bei der Darstellung von Binnenstrukturen des hier zugrundegelegten juridischen Diskurskorpus nach sprachlichen Großräumen wurde auf die Schwierigkeit adäquater Variablen für die Zuordnung eines Textes zu je einem Entstehungsraum eingegangen. In keiner anderen Teildomäne des juridischen Diskurses tritt diese Problematik so deutlich hervor wie beim Reichsrecht. Eine räumliche Gliederung geht per se vom Paradigma der Segmentierbarkeit eines geschlossenen Sprachraums aus, fokussiert folglich topographische Segmente als räumliche Bestimmungsgrößen des Textes. Eben dieses Paradigma, mag es auch ansonsten für texthistorische Darstellungen praktikabel und aussagekräftig sein, ist als analytischer Zugriff auf die räumlichen Dimensionen des Reichsrechts nur von eingeschränkter Tauglichkeit. Die singulären Texte des Reichsrechts entziehen sich ebenso wie das gesamte reichsrechtliche Diskurssegment der Bestimmung eines geschlossenen Sprachraums und der Festlegung eines Entstehungsortes. Allein schon die sprachlichen Inseln des Deutschen in Osteuropa, deren Entwicklung in Abhängigkeit von Siedlungsbewegungen diachronisch-dynamisch ist, sowie die zahlreichen Übergangsgebiete in den Grenzregionen machen es unmöglich, eine zeitkonstante linguale Bezugsgröße als reichsrechtlichen deutschen Sprachraum zu bestimmen. Die eigentlichen Schwierigkeiten einer Aussage zur räumlichen Gliederung des reichsrechtlichen Diskurssegments rühren von der fehlenden lokalen Bindung der Texte. Der Schreibort kann sinnvollerweise nicht als Entstehungsort eingesetzt werden, weil dieser durch die Lage der Kanzleien bedingt war und nicht mit dem Vertextungsort identisch sein mußte, geschweige denn mit dem Promulgationsort zusammentreffen mußte; gleiches gilt bei den Drucken für die Orte der Officinen. Die in fast allen reichsrechtlichen Texten vorhandenen Ortsangaben sind demgemäß nicht geeignet, den Vertextungsort, den Ort der Verlautbarung und schriftlichen Aufzeichnung gleichermaßen zu bestimmen. Eine textuelle Topographie ist auf der Basis dieser Daten nicht sinnvoll, da sie keinerlei Hinweise auf räumliche Zentren der diskursiven Entfaltung des Deutschen vermitteln kann. So unbefriedigend dies vom topologischen Standpunkt aus gesehen auch sein mag, so angebracht ist es, der fehlenden expliziten Topographie des reichsrechtlichen Diskurssegments mit einem Verzicht auf räumliche Strukturierungen zu entsprechen. Der linguale Raum des Reichsrechts ist im Spätmittelalter und in der Frühen Neuzeit gleichermaßen ein terrain vague, was nicht zuletzt durch das verfassungsgeschichtlich begründete Fehlen eines Machtzentrums bedingt ist, also durch die wechselnden Örtlichkeiten des kaiserlichen Hofes. Dabei haben wir zu bedenken, daß im Reich „der König oder (für uns gleichbedeutend) der Kaiser mit seinem Hof das beinahe einzige staatliche oder quasistaatliche Element“ war; der „Hof war und blieb klein, mit vergleichsweise wenig entwickelten und altertümlichen Instanzen" (P. Moraw 1995, 27). Hinzu kommt, daß die Entstehungsgeschichte manches reichsrechtlichen Textes mehrere Jahrzehnte umfaßte, wie bereits am Beispiel der *Constitutio Criminalis Carolina* (# 35) erläutert wurde. Auf welchem Reichstag dann schließlich die endgültige Verabschiedung solcher Gesetze erreicht wurde, ist unter topographischen Gesichtspunkten zufällig und daher kaum geeignet, sinnvolle sprachräumliche Aussagen zur reichsrechtlichen Diskursgliederung nach Entstehungsorten zu treffen. Wie noch zu zeigen sein wird, ist dieses Problem vor allem ein Kennzeichen des Reichsrechts und nicht auf die anderen hier behandelten Diskurssegmente übertragbar.

Wir halten fest, daß die in den reichsrechtlichen Quellen nachzuweisenden Ortsangaben nicht mehr als formelhafte Bausteine der Urkundensprache sind, deren explizite Festlegung von Textentstehungsräumen die diskursgeschichtliche Aporie des reichsrechtlichen terrain vague nicht aufheben kann.[16]

VII.2 Zeitliche Gliederung

Die Schwierigkeiten bzw. die Unmöglichkeit der eindeutigen Raumgliederung des reichsrechtlichen Diskurssegments sind nicht auf die chronologische Struktur der Vertextungstendenzen zu übertragen, denn im Bezug auf die Phasen der Verschriftung reichsrechtlicher Normtexte sind unterschiedliche Perioden deutlich voneinander zu unterscheiden. Dabei liegt es auf der Hand, daß die zeitliche Gliederung der Textgeschichte des Reichsrechts in engstem Zusammenhang zur allgemeinen Geschichte und respektive der Verfassungsgeschichte steht. Als regelrechte Zäsur sowohl der Reichsgeschichte überhaupt als auch der diskursiven Entfaltung ist der Übergang zur Frühen Neuzeit erkennbar, der in den Bestrebungen einer Neuordnung des Reichs auf dem Wormser Reichstag von 1495 kulminiert. H. Boldt (1995, 57) stellt fest:

> Der Reichstag von Worms im Jahre 1495 ist als der Reichstag der 'Maximilianeischen Reichsreform' in die deutsche Geschichte eingegangen. Von ihm sind die Grundlagen für die politische Struktur des Heiligen Römischen Reiches in der Neuzeit gelegt worden - Grundlagen, auf denen die Struktur des Reichs bis zu seinem Zusammenbruch 1806 beruhte.

Der Entwicklungsschub, der durch die Reformbestrebungen seit dem Jahr 1495 für das Reich zu konstatieren ist, fand auch in der Vertextungsgeschichte seinen nachhaltigen Ausdruck. Ist die Gesetzgebung des Reichs im Spätmittelalter im Verhältnis zur Textfrequenz des gesamten juridischen Diskurses weitgehend marginal, so tritt die Reichsgesetzgebung im 16. Jahrhundert aus dem

---

[16] Die dennoch vorgenommene Raumgliederung im Kap. 3.4.2 diente lediglich der Grobsortierung des Korpus und widerspricht damit nicht der Argumentation.

Schatten der öffentlichen Aufmerksamkeit heraus. U. Eisenhardt (1984, 155) spricht von „einer neuen Epoche der Reichsgesetzgebung" bis zum Dreißigjährigen Krieg, die durch wichtige gesetzgeberische Aktivitäten geprägt sei. Am Beginn dieses Vertextungsaufschwungs stehen 1495 die Gründung des Reichskammergerichtes, der *Ewige Landfriede* (# 56), die *Reichskammergerichtsordnung* (# 211), die *Ordnung vom gemeinen Pfennig* (# 186) und die *Reichsregimentsordnung*. Trotz dieses Vertextungsschubes bleibt die „Gesetzgebung des Reichs (...) wegen der komplizierten partikularistischen Verfassung im wesentlichen unergiebig" (G. Köbler 1990, 156). Dies ist nicht zuletzt eine Folge des jähen Abbruchs reichsrechtlicher Diskurspraxis durch den Dreißigjährigen Krieg und den folgenden Absolutismus. Durch die weitgehende Machtübernahme der Territorialstaaten auf der Grundlage des Westfälischen Friedens von 1648 tritt die reichsrechtliche Gesetzgebungsaktivität, die erst 150 Jahre zuvor ihren Aufschwung erlebt hatte, zugunsten der diskursiven Dominanz des Territorialrechts wieder in den Hintergrund. Die Rechtskompetenz der Territorialherren wurde durch die *plenitudo potestatis* gefestigt, also das Recht der Fürsten in ihrer Kompetenz als oberste Richter ihres Machtbereichs, alle Prozesse entscheiden zu können.[17] Die Phase der weitgehend unbedeutenden reichsrechtlichen Entwicklungstendenzen reicht bis zum Ende des Reichs 1806.

Den terminus ante quem der volkssprachlichen Vertextungstendenzen im reichsrechtlichen Diskurssegment haben wir bereits auf die erste Hälfte des 13. Jahrhunderts festgelegt, wobei als markantes Datum das Jahr 1235 als Promulgationsdatum des *Mainzer Reichslandfrieden* (# 164) angeführt wurde. Damit ergeben sich im schematischen Überblick drei Perioden der Vertextung im reichsrechtlichen Diskurs des Deutschen:

Quellengruppe	Spätmittelalter	Frühe Neuzeit	
Reichsrecht	**Phase 1** **(1235-1495)**	**Phase 2** **(1495–1650)**	**Phase 3** **(1650-1806)**

Abb. 16: Perioden des Textmusterausbaus von Reichsrechten

Die Geschichte des Reichsrechts ist unter funktionsgeschichtlicher Betrachtung ein Prozeß konstanter Erneuerungsversuche seit dem 13. Jahrhundert, dessen wiederholtes Scheitern am Widerstand und den diskursiven Verdrängungstendenzen des Territorialrechts lag. Die texthistorische Betrachtung der

[17] Vgl. zum Fehlen jeglicher Gewaltenteilung im Absolutismus B. Diestelkamp (1994).

reichsrechtlichen Teildomäne des juridischen Diskurses hat demgemäß die besondere verfassungsgeschichtliche Stellung der Texte zu bedenken und darf keinesfalls von heutigen Verhältnissen des Bundes- und Landesrechts Rückschlüsse auf die Relevanz des Reichsrechts für die Gesamttendenzen der Vertextung im juridischen Diskurs ziehen.

5.2 Territorialrecht

I. Pragmatischer Kotext: sozialer Organisationsbereich

I.1 Räumlicher Geltungsbereich

Wie die Bezeichnungen 'Reichsrecht', 'Stadtrecht' etc. bereits als Textklassenmarker Auskunft über die räumliche Geltung bzw. den Normradius von Sollensordnungen geben, vermittelt auch die generische Benennung der zahlreichen Rechtsordnungen aus den subsidiären Herrschaftskreisen des Reichs mit dem Begriff 'Territorialrecht' eine zunächst unproblematisch erscheinende Textmusterspezifizierung. Der alltagsweltlichen und rechtshistorischen Klassifikationen entsprechende Begriff vermittelt eine eindeutige Abgrenzung gegenüber Textexemplaren anderer Rechtskreise, die zumeist ebenfalls über ihren räumlichen Geltungsgrad bestimmt sind. Abgesehen davon, daß aber bereits eine distinktive Klassifikation mit scharfen Grenzen aufgrund der vielfachen Überschneidungen spätmittelalterlicher und auch noch frühneuzeitlicher Rechtskreise faktisch schwierig ist, deckt die paradigmatische Analyse der zahlreichen Quellen eine gegenüber den theoretischen Segmentierungen von Textklassen vielfältige Bedeutung des Begriffs 'Territorium' auf. Der räumliche Geltungsbereich ist also keineswegs eindeutig über den Begriff des Territoriums bestimmt, denn was hierunter zu verstehen ist, muß nicht zuletzt im Hinblick auf die historische Dynamik der Herrschaftsgebiete im Deutschen Reich bis 1806 zunächst geklärt werden. Rechtsgeschichtlich betrachtet ist das Territorialrecht noch im Hochmittelalter ein Gebietsrecht, das aus den juridischen Gewohnheiten der germanischen Stämme resultiert; der Begriff Territorialrecht ist für diese Periode also noch nicht angemessen, viele Rechtsgeschichten sprechen demgemäß für diese Zeit von Stammesrecht. Verfassungsgeschichtlich ebenso bedeutsam wie sprachgeschichtlich folgenreich ist die strukturelle Wandlung der Gebietsrechte von der stammesrechtlichen Tradition zum Territorialrecht, die durch die Konstituierung autonomer Rechtstraditionen der Städte flankiert wird. An die Stelle einer personal repräsentierten Gebietsherrschaft mit eigenen juridischen Normansprüchen tritt seit dem ausgehenden 12. Jahrhundert zunehmend eine Entpersonalisierung der Herrschaftsansprüche, die einen insofern abstrakten Begriff des Territoriums erst ermöglichte. In der Verfassungsgeschichte wird dieser wichtige Schritt zumeist als Übergang vom Personalitäts- zum Territorialitätsprinzip bezeichnet. D. Willoweit (1990, 105) bemerkt hierzu:

> Unter den verfassungsgeschichtlichen Entwicklungen, welche das politische Gesicht Deutschlands im Übergang vom Mittelalter zur Neuzeit verändern, kommt dem Wandel der Landesherrschaft zum Territorialstaat die vielleicht größte Bedeutung zu. Mit diesem Schlagwort sollen zusammenfassend Erscheinungen bezeichnet werden, die eine gedankli-

che Verselbständigung der territorialen politischen Herrschaft gegenüber der Person des Herrschaftsinhabers erkennen lassen.

Von besonderer Bedeutung sind dabei die sich durchsetzenden neuen erbrechtlichen Bestimmungen des Primogeniturprinzips, die eine im Hochmittelalter jederzeit denkbare Teilung der Gebietsherrschaft im Erbfall ausgeschlossen und so zur Unteilbarkeit der Flächenstaaten beigetragen haben. Daß damit die Wurzeln zur „Entstehung des modernen Staates" (G. Köbler 1990, 130) gesetzt sind, zeigen nicht zuletzt die Auswirkungen bis zur heutigen föderalistischen Struktur der Bundesrepublik Deutschland. Es liegt auf der Hand, daß eine derartige verfassungsgeschichtliche Neuformulierung von Herrschaftsansprüchen und Machtverteilungen ihre kulturgeschichtlichen Folgen hat, die wir hier im Hinblick auf die historiolinguistischen Aspekte zu betrachten haben. Dabei kann der Begriff des Territoriums im flächenstaatlichen Sinn nicht losgelöst werden von den flankierenden bzw. konkurrierenden oder parallel ausgebauten Rechtskreisen. Die diskursgeschichtliche Perspektive fordert also kontrastive Beschreibungsverfahren, die zur Aufklärung von funktionshistorisch maßgeblichen Machtgefügen auszugehen haben. Wie die rechtsgeschichtliche Gewichtung einzelner Normkreise mithin variabel ist, muß die sprachgeschichtliche Einordnung von Textmusterausprägungen die dispositiven Machtansprüche mit ihren entscheidenden Brüchen bedenken. Daß ein enger Konnex zwischen Herrschaftsorganisation und Funktionsdifferenzierung besteht, zeigt die folgenreiche Etablierung des territorialrechtlichen Diskurssegments parallel zum Bedeutungszuwachs der Flächenstaaten. Dabei spiegelt sich die Abgrenzung von Territorial- und Reichsrecht insbesondere in der Textüberlieferung und ihrer sprachhistorischen Auswirkung. Die Tendenz zum Ausbau von Staaten im Staat seit dem 13. Jahrhundert beschreibt U. Eisenhardt (1984, 19) wie folgt:

> Während es dem Königtum nicht gelang, in Deutschland eine einheitliche Staatsgewalt aufzubauen, schaffen dies die Fürsten in einer sich über Jahrhunderte hinziehenden Entwicklung: ihre Territorien werden zu Gebiets- und Flächenstaaten.

Damit bildet sich auch für die räumlichen Geltungsbereiche der Rechtsordnungen als entscheidendes Definiens der pragmatischen Organisation eine immer klarer profilierte Bestimmung heraus. Zentral sind in der textgeschichtlichen Überlieferung selbstredend die Fürstentümer, die in ihrer Machtstellung spätestens seit der *Goldenen Bulle* (# 76) kaum mehr anzuzweifeln sind (vgl. H. Planitz 1971, 192). Der räumliche Geltungsbereich der entsprechenden Rechtsordnungen ist damit die zumeist eindeutig bestimmte Landesherrschaft.[18] In den Texten selbst erfolgt die Kennzeichnung des räumlichen Geltungsbereiches in den meisten Fällen durch explizite Nennung:

(1) Das sind die recht nach gewonhait des landes bei herczog Leupolten von Osterreich. (# 189, 55.15f)

(2) Wir Ludwich, (...), haben angesehen den gebresten den wir gehabt haben in unserm land ze Bayern an dem rechten. (# 183, 491)

Im *Allgemeinen Landrecht für die Preußischen Staaten* (# 1) von 1794, das den unangefochtenen Höhepunkt der territorialrechtlichen Diskursgeschichte markiert, erscheint der Staatsbegriff schließlich explizit zur Bestimmung der räumlichen Geltungsansprüche:

(3) Das allgemeine Gesetzbuch enthält die Vorschriften, nach welchen die Rechte und Verbindlichkeiten der Einwohner des Staats, so weit dieselben nicht durch besondre Gesetze bestimmt worden, zu beurtheilen sind. (# 1, 51)

Daß die landesherrschaftlichen und später staatspolitischen Auffassungen des Normradius der Territorialrechte häufig in der Abgrenzung gegenüber dem Reichsrecht formuliert wurden, soll beispielhaft durch einen längeren Textabschnitt aus der Einleitung des *Solmser Landrechtes* von 1571 (# 250, 175) verdeutlicht werden:

(4) Wiewol die allgemeyne alte beschriebene Kayserliche Satzungen und Recht darumb verordent und auch in dem heyligen Römischen Reich allenthalben angenommen worden, damit alle desselben Untertanen und Angehörige ein gewiß und einhellig Recht haben, sich darnach verhalten und richten mögen und sollen, auch wir selber, so viel unsere Grave- und Herrschaften belangt, gern sehen möchten, daß solchen alten Kayserlichen Rechten und Satzungen durchaus nachgegangen würde, so haben wir doch daneben befunden, dieweil dieselben Kayserlichen Recht etwas weitläufig und dem gemeynen Mann unverstendlich, daß derselbig derwegen mehrerteyls eines gemeynen unbeschriebenen Lantbrauchs, so von alten Zeiten in unsern Graveschaften (...) eingeschlichen, bis daher sich gehalten, welcher aber, ob er wol in etlichen Puncten und Sachen dem Rechten und der Billicheyt auch nit ungemeß und derhalben ime, dem gemeynen Man, ohn Zerrüttung schwerlich zu entwenen, doch des mehrern Teyls unrichtig, ungleich, zweyfelich, disputirlich, auch wol ime selber widerwertig ist, also daß oftmals vilerley beschwerlicher Unrichtigkeyten und confusiones in den Gerichten, im Urteylsprechen und bey den Undertanen im Verstand und ungleicher Deutung ermelts Landbrauchs mit nicht geringen derselben Nachteil daraus erfolget seind.

[18] R. Gmür (1994, 45) führt aus, daß dieser Ausdruck erst für die spätmittelalterliche Zeit Verwendung findet. „Er bedeutet die staatsgewaltsähnliche Herrschaft der Reichsstände und Reichsritter über die einzelnen von ihnen beherrschten Teilgebiete des Hl. Römischen Reiches Deutscher Nation. Man spricht auch von Landeshoheit, besonders für die Zeit vom 14. Jahrhundert an, in der die Landesherrschaft schon stark angestrafft war."

I.2/3 Sachlicher und zeitlicher Geltungsbereich

Für das Territorialrecht gilt hinsichtlich des sachlichen Geltungsbereiches eine dem Reichsrecht weitgehend vergleichbare Heterogenität, bestimmt sich doch die Abgrenzung des Diskurssegments in erster Linie aus topographischen Parametern, die keinerlei Eingrenzung der inhaltlichen Aspekte betreffender Sollensordnungen bedingen. Die überlieferten Territorialrechte sind auch faktisch sehr vielfältig, was ihre rechtlichen Gegenstände betrifft, zumal die Mehrzahl der salienten Texte Kodifikationen darstellt, die unterschiedlichste Normbereiche systematisch zu erfassen suchen. Wie im Abschnitt zum propositionalen Gehalt der Texte noch gezeigt werden wird, sind zwar thematische Schwerpunkte erkennbar, doch diese bedingen keine Einheitlichkeit der sachlichen Geltung. Die insofern offensichtliche Analogie zum Reichsrecht bestimmt bereits eine wesentliche Ursache des konkurrierenden bzw. verdrängenden Bezugs von Reichs- und Territorialrecht. Beide Rechtskreise sind unter sachlichem Aspekt des sozialen Organisationsbereiches kaum differenzierbar, sie überlagern sich vielmehr in ihrem Sachbezug häufig. Dies kommt unter anderem in (4) deutlich zum Ausdruck, es führte jedoch keineswegs dazu, dem Reichsrecht eine Führungsrolle per se zu verleihen, sondern ganz im Gegenteil dazu, daß die territorialen Normansprüche um so klarer formuliert wurden.

Die zeitliche Geltung der Mehrzahl territorialer Rechtsordnungen ist unbestimmt, was als invariantes Merkmal für alle umfänglichen Rechtskodifikationen gilt. Wie beim Reichsrecht ergibt sich lediglich bei den territorialen Landfriedensgesetzen eine diesbezügliche Ausnahme. Als zeitlich befristete Friedensgebote oder Einungen wird der zeitliche Rahmen ihrer Geltung in der Regel exakt befristet:

(5) Der selbe lantfrede sal weren von vnsir vrouwen tage lichtewie der allir nest komt ein gantz jar, vnde daz er stete veste vnd vnzubrochen blibe, daz han wir lantgrefe Friderich vnde di andern di da vor genant sint, mit truwen gelobit vnde gesworn zu den heiligen. (# 285, 23)

Die übrigen Sollensordnungen verzichten zumeist auf solche Gültigkeitsaussagen, so daß ihre Anwendbarkeit im Standardfall bis zur Substituierung durch erneuertes oder reformiertes Recht gilt.

II. Pragmatischer Kotext: textuelle Situation

II.1 Gesellschaftliche Bindung

Wesentlicher Bestandteil der Situierung pragmatischer Schriftlichkeit ist der Bezug der Inhalte auf gesellschaftliche Kommunikationsbedürfnisse bzw. auf die Steuerung sozialer Verhaltensweisen. Insofern ist es auch die Fachkommunikation, und hier von vornherein vor allem die juridische Diskursetablierung, die auf derartige kommunikative Erfordernisse seit dem Spätmittelalter durch Ausprägung eines differenzierten Textkorpus reagiert. Der gesellschaftliche Bezug kann demgemäß bei den territorialen Rechtsquellen kaum in Frage stehen. Die Sollensordnungen einzelner Herrschaftsbereiche des Deutschen Reichs sind ein Reflex auf die verfassungsbezogene Umstrukturierung des Reichs im Spätmittelalter und beziehen sich damit ebenso auf gesellschaftliche Veränderungen, wie sie solche auch selbst bedingen. Bei der Bestimmung der textuellen Situation territorialer Rechtsordnungen im allgemeinen ist daher zu bedenken, daß die Normansprüche einzelner Landesherrschaften und ihr Äquivalent der verschrifteten Rechtsordnung nicht nur territoriale Macht und insofern bereits vorhandene politische Einflußbereiche markieren, sondern daß die Vertextungspraxis noch der kleinsten Territorialmacht dazu dient, eine soziale Identität regionaler Herrschaften überhaupt erst herzustellen bzw. zu erhalten. Es ist dies die Funktion des Gesetzes, die Verbindung von Personengemeinschaften zu begründen bzw. zu erhalten, wie sie noch im *Allgemeinen Landrecht* (# 1) zum Ausdruck gebracht wird:

(6) Die Gesetze des Staats verbinden alle Mitglieder desselben, ohne Unterschied des Standes, Ranges und Geschlechts. (# 1, 51)

Die hier bereits moderner Gesetzgebung weitestgehend entsprechende Formulierung einer verbindenden Kraft des Gesetzes ist durchaus auch in früheren Rechtstexten schon thematisiert. Schon in der *Kulmer Handfeste* (# 105, 126) des *Codex Surlandinus Cellensis* vom Ende des 13. Jahrhunderts - der territorialen Satzung für das Gebiet des Deutschen Ordens in deutscher Version - wird die Verbindlichkeit des verschrifteten Rechts in seiner doppelten Bedeutung betont:

(7) Diz ist die hantvestene des landes cholmen darnach sich alle die richten mvzen, den irgen zv pruzen in dem lande gut zv cholmisschem rechte ist geligen.

Die territorialen Rechtstexte beziehen sich folglich unmittelbar auf gesellschaftliche Gegenstände; dies geschieht durch soziale Normierung als Werkzeug des Machterhalts ebenso wie durch die Begründung einer Rechtsgemeinschaft vermittels einer als notwendig erachteten Steuerung sozialen Verhaltens:

(8) Gedächtnus, nachdem sein vätterliche Liebden zu Eintretung dero Kurf. Regierung befunden und mit zeitigem, vorgehabtem Rat erwogen, auf daß solche fürfallende Ehesachen und Speen desto gottseliger, richtiger und schleuniger zu jeder Zeit gebürlich erörtert werden möchten, ein Notturft sein, demselbigen geordneten und durch dieselb S(einer) V(äterlichen) L(iebden) bestätigten Eherichtern, auch deroselben Undertanen sich fürbaß darnach haben zu verhalten, ein gewisse Form und Maß vorzustellen, dieselbig auch in etliche underschiedliche Capitul verfaßt, (...). (# 110, 31)

II.2 Zeitliche Bindung

Was die zeitliche Bindung von Territorialrechten angeht, so ist zunächst zu bedenken, daß die verfassungsgeschichtlich begründete Dynamik der landesherrschaftlichen Vertextung innerhalb kurzer Zeit zu einer textuellen Tradition führte, die eine Folie nahezu aller territorialen Rechtsordnungen bis zum *Allgemeinen Landrecht* (# 1) darstellt. Entsprechendes Gewicht kommt der Bindung dieser Texte an vorangehende Rechtsbestimmungen zu. Bereits O. Stobbe (1860, 553ff) unterscheidet dabei verschiedene Traditionsbindungen, die mit der Ausdehnung des räumlichen Geltungsanspruches von Texten korrespondieren. Hier werden die Landrechte für kleinere Gebiete angeführt, die weitestgehend auf der Basis regionalen Gewohnheitsrechts fußen und folglich auch viele Rückbezüge auf vorzeitig geltendes Recht haben. Daneben stehen die Landrechte für die größeren Territorien im eigentlichen Sinne, die häufig in Form von Bearbeitungen und Reformationen des Gewohnheitsrechts angelegt waren, also bereits eine Transformation der Tradition vornahmen. So wird der Vergangenheitsbezug der Quellen auch in vielen Texten thematisiert:

(9) Er sol über in richten nach des landes gewonhait als recht ist. (# 189, 55.31)

(10) In die ere Gotz is dat alde recht herkomen ind die gewoenheid des lantz van dem Berge ein deil beschreven. (# 233, 79)

Daß neben der Anbindung der Texte an die gewohnheitsrechtliche oder kodifikationsgeschichtliche Tradition jede Sollensordnung zudem einen Gegenwarts- und Zukunftsbezug aufweist, kann vorausgesetzt werden. In den frühen Rechten wird die Zukunftsbindung als unbeschränkte Geltungsaussage meist nur implizit zum Ausdruck gebracht, mit zunehmender Etablierung des territorialen Diskurssegments finden sich aber auch vermehrt explizite Aussagen dazu, so im *Kurbayrischen Landrecht*, dem sogenannten *Codex Maximilianeus Bavaricus Civilis* (# 106, 3):

(11) Setzen, ordnen und wollen auch hiermit, daß man solchen in Unseren sammentlichen Chur-Landen, mit Einschluß der Oberen-Pfalz, und all anderer Uns zugeho-eriger Herrschaften und Landereyen, genau beobachte, sowohl bey hoh- als niederen Gerichten in denen daselbst vorfallenden Streitha-endlen pflichtma-essig hierauf spreche und erkenne, jedoch soviel das Jus novum betrifft, wodurch nemlich entweder etwas ganz Neues verordnet, oder das a-eltere bisher u-eblich geweste Recht abgeschafft worden, erst auf naechstku-enfftigen ersten Tag Junii den Anfang damit mache; im Ubrigen hingegen, wo das Vorige nur wiederholt, besta-ettiget, oder in Thesi dubia & controversa declarirt wird, sich gleich von nun an in Ero-erterung deren sowohl ku-enftig- als gegenwa-ertig- und vergangener Handlungen, so weit nemlich diese letztere noch nicht abgeurtheilt, und in rem judicatam erwachsen seynd, hiernach regulire (...).

II.3 Prätextbezug

Auch beim Territorialrecht zeigt bereits die zeitliche Bindung, daß die Vertextungsgeschichte wesentlich durch den Bezug auf vorhergehendes Recht geprägt ist, eine intertextuelle Vermittlung mit Prätexten folglich als sachgegebene Folge der Rechtstradierung anzusehen ist. Das territoriale Diskurssegment stellt geradezu einen Modellfall für die Ausprägung einer schriftsprachlichen Tradition und entsprechender Korpusbildung auf der Grundlage eines vorausgehenden Textbestandes dar. Wie ausgeführt, sind als erste Basis der umfassenden Kodifikationsbestrebungen in den deutschen Territorien seit dem Spätmittelalter die oft nur mündlich tradierten Gewohnheitsrechte anzuführen. Diese werden keineswegs als überholt angesehen, sondern in vielen Vorworten territorialer Sollensordnungen explizit als Basis der gesetzgeberischen Praxis genannt. Noch im *Solmser Landrecht* von 1571 (# 250, 180) heißt es:

(12) (...) was für dieser unser gegenwärtige Ordnung, dem alten Landbrauch und Gewohnheyten nach in Recht erkennt oder durch Verträge und sonst erörtert, vergliechen und allbereyt verrichtet ist, daß es dabey bleyben und dise unsere Ordnung alleyn auf die Fäll, so in unseren Graveschaften hinfüran künftiglich sich zutragen werden und noch unerörtert, auch unverrichtet seynd, gezogen und verstanden solle werden.

Hier wird der Diskurs des Gewohnheitsrechts, also Sitte und Brauch in Rechtsangelegenheiten, gleichsam zum nonverbalen Bestandteil des Textes erklärt, sind doch die gewohnheitsrechtlichen Normen in ihrer Gültigkeit bestätigt. Es ist durchaus problematisch, hier von einem Prätextbezug im eigentlichen Sinn zu reden, so daß unter Umständen besser von Diskurstradierung außerhalb schriftlicher Medialisierung gesprochen werden sollte. Der Prätextbezug von territorialen Rechtsordnungen im eigentlichen Sinn als Verweis eines Folientextes auf einen Basistext ist neben dieser Vermittlung von schriftlicher und oraler Rechtstradition in nahezu allen Texten des Diskurssegments entweder direkt formuliert oder implizit durch Verarbeitung vorhergehender Texte belegbar. Im *Neuen Dithmarsischen Landrecht* von 1567 (# 173, 10) und im ersten Buch des *Corpus Iuris Fridericianum* aus dem Jahr 1781 (# 37, XVf) lesen wir:

(13) Und hebben demnah datt olde Dittmarsche Landt=Rechte dorch Unsere Ra-ede und Rechtesgelerdenn fu-ememen, mit vlite besichtigenn, und watt darinne befunden worden, dat afgestellt werden scholde, casseren und affdhoen; (...).

(14) Sowohl die in den Jahren 1746 und folgenden vorgenommene Reforme, der in der Justiz=Verwaltung, und bey den dazu bestellten Collegiis eingeschlichenen Mißbra-euche, und die Einfu-ehrung der in dem Projekt des Codicis Fridericiani enthaltenen abgekuerzten Proceß=Form; als so viel andre, seit dem, u-eber eben diesen Gegenstand, von Zeit zu Zeit, ergangne Verordnungen sind redende Beweise der unermu-edeten Sorgfalt, (...).

Schon diese Beispiele, die mit Textausschnitten fast aller territorialen Rechtsordnungen ergänzt werden könnten, zeigen den Prätextbezug als Konstituente der Textmusterausprägung in aller Deutlichkeit.

II.4 Status des Textproduzenten

Im Zusammenhang der Analyse von Vertextungsvorgängen im Reichsrecht und der damit in Verbindung stehenden Frage nach dem Status des jeweiligen Textproduzenten konnte gezeigt werden, daß trotz personaler Promulgation die kollektive Vertextung der Regelfall bei den juridischen Quellen ist. Dies gilt auch bei den Territorialrechten, die zumeist als umfängliche Kodifikationen abgefaßt sind und allein schon wegen ihres Umfangs und ihrer thematischen Fülle auf die Kompetenz mehrerer Textproduzenten zurückgegriffen haben. Dabei hat nicht zuletzt die oft zeitaufwendige Diskussion mit den Ständen zu langwierigen Textabfassungen geführt. Nicht selten waren ganze Arbeitsgruppen mit der Abfassung neuer Normkataloge befaßt.

> Um das erforderliche legislatorische Material zu gewinnen, pflegte die Regierung von den einzelnen Gerichten die Einsendung der beobachteten Rechtssätze, des bestehenden Statutar- und Localrechts, so z.B. in Württemberg, oder eine Zusammenstellung derjenigen Rechtssätze zu verlangen, in Betreff deren an dem Gericht keine feste Ueberzeugung bestünde, so z.B. in Sachsen. (O. Stobbe 1864, 218)

Für das *Kurpfälzer Landrecht* aus dem Jahr 1582 (# 110) zeigt B.-R. Kern (1991, 41) beispielsweise, daß mindestens sieben Personen aktiv an der Kodifikation des territorialen Rechts beteiligt waren:

> Landrecht und Landesordnung sind nicht das Werk eines einzelnen Redaktors, sondern die Teile haben unterschiedliche Verfasser.

Gerade in der Frühen Neuzeit ist es in den Territorien üblich, Gesetzgebungskommissionen einzusetzen, deren Aufgabe es unter anderem war, das gelehrte Recht für die jeweiligen Ordnungsbedürfnisse in eine angemessene Form zu bringen (vgl. H. Conrad 1966, 364). So stehen sich die Promulgation durch den Landesherrn und die tatsächliche Vertextung als unterschiedliche situative Merkmale der territorialen Rechtsordnungen gegenüber. Häufig finden wir explizite Nennungen des Promulgators zu Beginn der Texte, wie in folgendem Beispiel:

> (15) Wir Cristoff võ gots gnade Marggraue zu-o Bade und Hochberg (...) Thun kund aller menglich. (# 10, 135)

Diese formelhafte Personalisierung der Rechtsordnung in der Macht des Landesherrn entspricht nicht nur vielen reichsrechtlichen Quellen, sondern stimmt im wesentlichen auch mit den Vertextungsgewohnheiten der territorialen Landfrieden überein:

(16) Wir Wentzelauw von gots gnaden Romscher ku-enig zu allen zijten merer des rijchs (...) bekennen und tun ku-ent (...). (# 230, 337.21f)

In Quellen der Frühen Neuzeit wird neben diesen festen formalisierten Textbausteinen dann immer häufiger auf die kollektiven Vertextungen hingewiesen, womit den Sollensordnungen nicht zuletzt die Attribute der Gelehrsamkeit und juristischen Dignität verliehen werden konnten. So lesen wir in Quellen der Zeit häufig Passagen folgender Art:

(17) Dieweil dann solche zu Hauff geordnete Personen beru-ehrtes Werck verrichtet, die Juristen=Faculta-eten und Scho-eppen=Stu-ehle, die streitigen, zweifelhafftigen und disputirlichen Fa-elle verglichen, und solche ihre Vergleichunge, und wie es in allen verzeichneten Fa-ellen zu sprechen, schrifftlich gefasset, auch daru-eber in etzlichen sonderlichen Fa-ellen, (...), da es Unsers Landes, (...), Nothdurfft erfordert, aus Unserm Befehl (...) Constitutionen gestellet (...). (# 39, 2f)

(18) Wie nun die Ausfu-ehrung einer so wichtigen Sache nicht das Werk eines einzelnen Mannes ist, so mu-eßt Ihr die geschicktesten und redlichsten Leute, welche Ihr ausforschen ko-ennt, aufsuchen; die verschiedene Arten der Ausarbeitungen unter sie vertheilen; sie sodann in ein Collegium zusammen ziehen; und alles mit gemeinschaftlichem Rath reguliren. Dergleichen Gesetz=Commißion muß auch ku-enftig beybehalten werden, damit bey etwa sich ereignenden Ma-engeln, Undeutlichkeit, oder Fehlen der Gesetze, solche auf eine gru-endliche Art verbessert, supplirt oder interpretirt werden koennen. (# 37, XIII)

II.5/6 Themenwahl/Kommunikationsrichtung

Die Analogien zwischen Reichs- und Territorialrecht beim Status des Textproduzenten verweisen auf strukturelle Übereinstimmungen der formalen Situierung, die im Hinblick auf die Variablenbelegung von Themenwahl und Kommunikationsrichtung gestützt wird. Die Themenwahl ist bei den Territorialrechten grundsätzlich festgelegt. Schon die bereits angeführten umfänglichen Vorbereitungen bei einer Vielzahl territorialer Kodifikationen schließen spontane Thematisierungen aus, die ohnehin in der juridischen Diskursdomäne nicht sachangemessen sind. Der hohe Grad von Prätextualisierungen definiert überdies die territorialen Rechtstexte als weithin determiniert durch juridische Tradierungen, womit wiederum die Interdependenz textueller Situationsaspekte deutlich wird. Haben wir im Diskurssegment des Reichsrechts für die Quellengruppe der Wahlkapitulationen eine Ausnahme der prototypischen Kommunikationsrichtung im literalen juridischen Diskurs bestimmt, so entsprechen die territorialrechtlichen Quellen alle dem typischen Muster monologischer Kommunikation. Unabhängig von der Anzahl der Textproduzenten werden die Quellen als monologische Sollensordnung formuliert.

II.7 Medium

Die unüberschaubare Zahl territorialer Rechtsordnungen, die neben den mehr oder weniger prominenten Kodifikationen eine Vielzahl von Einzelverordnungen umfaßt, ist Folge einer massiven Verschriftung alltagsweltlicher Normbedürfnisse, die unter sprachgeschichtlichem Aspekt bisher nicht hinreichend thematisiert wurde. Die mnemotechnischen Vorteile der Schrift sind es neben der literalen Fixierbarkeit von Rechtsstandpunkten, die gerade in der juridischen Diskursdomäne zur frühen volkssprachigen Literalisierung führen. Im *Landrecht der Grafschaft Saarbrück* (# 134, 939) aus dem 14. Jahrhundert wird auf diese Funktionsvorteile der Schrift direkt eingegangen:

(19) Herumb und dem allmechtigen Gott zu Lob und zue Ehren, auch umb Fredens und Gemachs willen, so ist gedacht und fu-ergenommen, in Geschrifft zu setzen die Rechten alter Gesetzede, ehrlichen und lo-eblichen Gewohnheiten, und Herbringunge der wuerdigen Graffschafft und Sta-ette Sarpru-ecken und sant Johann, alß die von Alters here vor Recht gehalten, geu-ebt, gepraucht und herpracht sind, umb der also fort zu ewigen Tagen in Geda-echtnus zu pleiben, die unverkeret, ehrlich und loe-b-lich hinfort zu bringen, zu halten, und also zu geprauchen, (...).

Die hier zum Ausdruck gebrachte Sicherung rechtlicher Ansprüche und bessere Nachvollziehbarkeit von Normen in schriftlicher Fassung entspricht auch der gerichtlichen Praxis im Spätmittelalter, wie an der Begründung einer Forderung von Gerichtsschreibern in der *Landesordnung für das Kurkölnische Herzogtum Westfalen* (# 113, 365) aus dem Jahr 1452 erkennbar ist:

(20) Item in ichlichem gericht eynen schriuer zo hauen, der die sachen, processe ind ordele schryue, up dat man siehe wie die gerichte sachen gehandelt werden.

Die Erkenntnis besserer Durchsetzbarkeit schriftlich fixierter Rechtsnormen und die insofern seit dem Spätmittelalter weitgehend literale Medialisierung im juridischen Diskurs steht im Zusammenhang mit dem Problem der Verständlichkeit derartiger Schrifterzeugnisse. Während die orale Kommunikation rekursiv ist und sich jeweiligen Kommunikationssituationen immer neu anpassen kann, zeigt sich die schriftliche Fixierung von Sollensordnungen als statisches Produkt, das der Möglichkeit nach schnell an die Grenzen der Verständlichkeit rührt, zumal in einer Periode, die erst pragmatische Schriftlichkeit mit volkssprachlichen Mitteln ausprägt. Noch im *Corpus Iuris Fridericianum* (# 37) wird die Schwerverständlichkeit von Gesetzen beklagt, die Schriftsprache des juridischen Diskurses also einer fachlichen Kritik unterzogen. Dabei zeigt das Quellenstudium, daß die Bemühungen um Verständlichkeit von Rechtstexten ein parallel zur Überregionalisierung von volkssprachiger Kommunikation verlaufender Impuls ist, der aus den Landesherrschaften hervorgeht. In der *Königlichen Cabinets-Ordre betreffend die Verbesserung des Justizwesens* vom 14. April 1780, die als Vorwort des *Corpus Iuris Fridericianum* (# 37, X) publiziert ist, lesen wir:

(21) Was endlich die Gesetze selbst betrift, so finde Ich es sehr unschicklich, daß solche groeßtentheils in einer Sprache geschrieben sind, welche diejenigen nicht verstehen, denen sie doch zu ihrer Richtschnur dienen sollen. Eben so ungereimt ist es, wenn man in einem Staat, der doch seinen unstreitigen Gesetzgeber hat, Gesetze duldet, die durch ihre Dunkelheit und Zweydeutigkeit zu weitla-euftigen Disputen der Rechts-Gelehrten Anlaß geben, oder wohl gar daru-eber: ob dergleichen Gesetz oder Gewohnheit jemals existirt oder eine Rechts=Kraft erlangt habe? weitla-euftige Prozesse veranlaßt werden mu-essen. Ihr mu-eßt also vorzu-eglich dahin sehen, daß alle Gesetze für Unsere Staaten und Unterthanen in ihrer eigenen Sprache abgefaßt, genau bestimmt, und vollsta-endig gesammlet werden.

Das Verständlichkeitsproblem der literalen Rechtsquellen bedingte also unter anderem eine Arbeit an der Sprache, die sich auf weite Zeiträume der Texttradierung zu beziehen hatte. Dies insbesondere seit der Frühen Neuzeit, denn spätestens im 16. Jahrhundert ermöglichte der Druck territorialer Sollensordnungen eine zuverlässige Verbreitung von Normierungsabsichten. Obgleich auch in dieser Zeit noch handschriftliche Rechtsordnungen entstehen und die mündliche Tradierung eine Rolle spielt (vgl. O. Stobbe 1864, 223), zeigt sich eine deutliche Tendenz zur amtlichen Drucklegung der Rechtstexte, die im übrigen ähnlich wie die Etablierung volkssprachiger Rechtskommunikation seit dem 13. Jahrhundert ein europäisches Phänomen ist:

> Mit Ausgang des 15. Jahrhunderts ergaben sich durch die Erfindung des Buchdrucks bisher ungeahnte technische Möglichkeiten, (...) das Rechtschaos zu beseitigen. Die deutschen Stadt- und Landrechtsreformationen jener Zeit waren (...) nur Einzelfälle von auf dem Kontinent häufig zu beobachtenden Parallelentwicklungen. Als solche sind beispielsweise die offiziellen Redaktionen der *coutumes* der Gebiete des heutigen Frankreich und Belgien anzusehen. Schriftlichkeit und Rechtssicherheit standen und stehen in engstem Zusammenhang (...). (J.-M. Scholz 1973, 124)

Nicht zuletzt die Eindämmung der Fälschung gab daher dem Druck von Rechtsordnungen gegenüber der handschriftlichen Fixierung einen deutlichen Vorteil. Thematisiert wird dies in den Publikationspatenten vieler Kodifikationen der Frühen Neuzeit (vgl. # 108, 25). Die heute in der Bundesrepublik unter anderem im Art. 82 GG über Ausfertigung, Verkündung und Inkrafttreten von Rechtsvorschriften vorgeschriebene Publikation im Bundesgesetzblatt ist eine geschichtliche Konsequenz dieser Entwicklungen. Bereits im *Allgemeinen Landrecht* (# 1) regeln die §§ 10-13 die schriftliche und allgemein zugängliche Publikation des Gesetzes, und auch der § 6, 1. Teil, 1. Kap. des *Codex Maximilianeus Bavaricus Civilis* (# 106) bestimmt die öffentliche, schriftliche Verkündung als Voraussetzung rechtlicher Gültigkeit, wobei hier in § 9, 1. Teil, 1. Kap. die Verständlichkeit der Rechtsordnungen besonders thematisiert wird. Das territorialrechtliche Diskurssegment verdeutlicht damit den engen geschichtlichen Zusammenhang zwischen der Etablierung pragmatischer Schriftlichkeit und den rechtlichen Normierungsabsichten ebenso wie die jeweilige mediengeschichtliche Aktualität des juridischen Diskurses.

II.8/9 Sozialer Raum/Verhältnis der Kommunikationspartner

Hinsichtlich des sozialen Raumes und des Verhältnisses zwischen Textproduzenten und -rezipienten ergeben sich für das Territorialrecht übereinstimmende Variablen mit dem Reichsrecht. Alle Quellen sind im öffentlichen Kommunikationsraum situiert, denn die Adressierung von Rechtsnormen erfolgt grundsätzlich unpersönlich und in der Regel für alle betroffenen Personen eines territorialen Herrschaftsbereiches. Entsprechend ist das Verhältnis der Kommunikationspartner durch soziale Ferne gekennzeichnet. Wir erkennen also für diese Aspekte eine gewisse Invariabilität des juridischen Diskurses, die als prototypisches Merkmal einer über den einzelnen Textmustern stehenden Diskursorganisation fungiert.

II.10/11 Rollenverhältnis/Interaktionskontakt

Die gleiche strukturelle Analogie ergibt sich für das gebundene Rollenverhältnis zwischen dem Landesherrn als Textproduzent und der Gemeinschaft rechtsgebundener Personen als Textrezipienten. Daß der Interaktionskontakt gemäß der schriftlichen Medialisierung grundsätzlich raum-zeitlich different ist, gilt trotz des geringeren räumlichen Geltungsbereiches in abstracto gemäß der Analyse des Reichsrechts.

II.12/13 Anzahl der Textproduzenten/Produzent-Rezipient-Hierarchie

Die Erörterung zum Status des Textproduzenten von territorialen Sollensordnungen hat bereits gezeigt, daß in der Regel von einer kollektiven Vertextung auszugehen ist, so daß die entsprechenden Quellen selbst im Falle einzelner bekannter Verfasser grundsätzlich kaum zu personalisieren sind. Trotz der üblichen einleitenden Promulgationsformeln vieler Gesetze seit dem Spätmittelalter zeigt sich damit der juridische Diskurs und respektive das territorialrechtliche Diskurssegment als Textkorpus, für das die Verfasserschaft eine vollkommen untergeordnete, angesichts des Grades an Intertextualität auch kaum wesentliche Bedeutung hat. Dies schließt eine strikt hierarchische Produzent-Rezipient-Relation nicht aus, denn die Texte arbeiten in bezug auf ihre Normabsicht ja zumeist mit einem abstrakten Begriff des Textproduzenten. Der Landesherr tritt als Promulgator auf und vermittelt damit eine Machthierarchie, auch wenn er selbst faktisch als Verfasser der Rechtsordnungen nicht in Frage kommt.

III. Polyfunktionalität und Handlungsintention

Grundsätzlich ergibt sich für die diskursanalytische Behandlung von Vertextungstendenzen der territorialen Rechtsordnungen im Spätmittelalter und in der Frühen Neuzeit das Problem der Quellenfülle und der insofern kaum möglichen detailbezogenen Aussage über funktionshistorische Einzelaspekte. Gerade was die Handlungsintentionen einzelner landesherrlicher Sollensordnungen angeht, ist von heterogenen Strukturierungen des Korpus auszugehen, denen in diesem Zusammenhang nicht wirklich nachgegangen werden kann. Da der erkenntnisleitende Zugriff auf diese Texte jedoch funktionshistorische Tendenzen profiliert, ist das Absehen von textuellen Einzelaspekten nicht nachteilig, sondern ermöglicht die Beschreibung sprachgeschichtlicher Prozesse im Zuge der Etablierung von Kultursprachen, die über die Grenzen einzeltextlicher Überlieferung hinausreichen. Im Wissen um die damit verbundene Hervorhebung generischer Aussagen zu Lasten singulärer Textaspekte sind folglich die markanten und prototypischen Handlungsintentionen des territorialrechtlichen Diskurssegments zu untersuchen. Da die Textmusterdeterminierung einzelner Quellen im juridischen Diskurs sehr ausgeprägt ist, entspricht dies auch durchaus der textuellen Typizität. Denn für das territorialrechtliche Diskurssegment zeigen sich klare Schwerpunkte hinsichtlich der Handlungsintention einzelner Texte, die im Kontinuum einer diachronen Dynamik ausgeprägt sind.

Während im Spätmittelalter die Intentionen der landesherrlichen Sollensordnungen in den meisten Fällen nur implizit gegeben sind und allein aus den historischen Umständen der Textentstehung rekonstruiert werden können, zeigt sich in der Frühen Neuzeit eine deutliche Tendenz zu expliziten Aussagen über die Motive der Verschriftung von Rechtsnormen. So findet die seit dem ausgehenden 15. Jahrhundert vielfach zu belegende und auch in anderen Domänen zu beobachtende Reflexion von Handlungen in den Vorworten vieler Territorialrechte ihre Entsprechung. Unabhängig von der Binnendifferenzierung des territorialen Diskurssegments in Polizei- und Landesordnungen, Landrechtsreformationen und später insbesondere auch vernunftrechtlichen Kodifikationen erscheint dabei als wesentliches Movens der Verschriftung von Rechtsgeboten die mit der Gerichtsgewalt der Länder einhergehende Festigung der Gesetzgebungskompetenz überhaupt, also die Markierung von juridischen Machtansprüchen. U. Eisenhardt (1984, 131) weist auf diesen sprach- bzw. textgeschichtlich folgenreichen Umstand hin und führt aus:

> Nachdem der größte Teil der Gerichtsgewalt auf die Landesherren und freien Städte übergegangen war, stellte die vom Reich weitgehend unabhängige Rechtspflege mit der Möglichkeit, eine zügige Abwicklung der Prozesse zu garantieren, für die Untertanen eines Landesherren wie für ihn selbst einen gewichtigen Anteil staatlicher Macht dar.

Der Schwerpunkt der Gesetzgebungstätigkeit lag seit der Frühen Neuzeit damit eindeutig in den Territorien, die in Abgrenzung zum Reich und untereinander ihre jeweils den Zeiterfordernissen angepaßten neuen Kodifikationen erarbeiteten. Verfassungsgeschichtlich betrachtet, drückt sich in der frühneuzeitlichen Entwicklung der Beginn einer neuen Staatsidee aus, die zwar in der spätmittelalterlichen Reichsstruktur gründet, doch erst seit dem 16. Jahrhundert massiv auf die Organisation eines territorialen Staatswesens zielt. Das in der Rechtsgeschichtsschreibung häufig angeführte „Versagen der Reichsgesetzgebung“ (U. Eisenhardt 1984, 157) zeigt sich in der Textgeschichte als zunehmende Verdrängung reichsrechtlicher Vertextungen durch territoriale Normierungen.

Neben der allgemeinen Besetzung von Machtpositionen im Kampf um Einfluß und Sicherung der Landesherrschaft ist als Handlungsziel der Vertextung von territorialen Sollensordnungen aber auch die als notwendig erachtete Vereinheitlichung des unüberschaubaren Rechts im Deutschen Reich anzuführen. So nahm Landgraf Wilhelm II. von Hessen die heterogene Rechtspraxis in Erbfällen des beginnenden 16. Jahrhunderts zum Anlaß einer Sammlung aller erbrechtlichen Normen seines Herrschaftbereiches, die Grundlage einer vereinheitlichenden Ordnung sein sollten (vgl. O. Stobbe 1864, 208). Zur Fertigstellung dieser Erbrechtsordnung ist es nie gekommen, doch ist das Verfahren in jedem Falle typisch für die damaligen Versuche, verbindliche Normen für die Gerichte zu bestimmen, und zeigt außerdem, daß die Handlungsabsichten noch weit über den überlieferten Textbestand hinausgingen. Der Unübersichtlichkeit des Rechts konnte oft nicht einmal begegnet werden, wenn es zu landesherrlichen Satzungen kam, denn einerseits stellten die gesellschaftlichen Umbrüche den Gesetzgeber immer wieder vor die Notwendigkeit der Neuformulierung von Normen, andererseits war es dem Landesherrn oft nicht möglich, Normansprüche parallel existierender Rechtskreise gänzlich auszuschließen. Für die Partikulargesetzgebung der Mark Brandenburg in ihrem Verhältnis zum märkischen Gewohnheitsrecht und zum Ius commune hat dies J.-M. Scholz (1973) in einer Untersuchung zum brandenburgischen Landrechtsentwurf von 1594 gezeigt, die unter anderem für das Polizeirecht des 16. Jahrhunderts die immer wieder notwendig werdende Überarbeitung nachzeichnet; J.-M. Scholz (1973, 17) schreibt:

> Zusammenfassend halten wir sowohl für das Privat- als auch für das Polizeirecht fest: die Partikulargesetzgebung der Mark Brandenburg zeichnet sich im betrachteten Zeitraum durch ihre Unübersichtlichkeit aus; der jeweilige, unübersehbare Mißstand motiviert die obrigkeitlichen Regelungen; eine planmäßig angelegte Rechtssetzung fehlt.

Die Besetzung der juridischen Normansprüche durch die Landesherren ist also keinesfalls als ungebrochene Expansion der Vertextungstätigkeit anzusehen, sondern vielmehr als Prozeß der Abgrenzung gegenüber anderen Rechtskreisen und der wiederholten Bearbeitung überlieferter Normkataloge. Zur Komplexität der landesherrlichen Gesetzgebungstätigkeit seit der Frühen Neuzeit trägt wesentlich auch die Rezeption des gelehrten Rechts bei, die zumindest in einigen Territorien vollkommen neue Impulse für die Gesetzgebungstätigkeit gab. Besonders deutlich ist dies bei den Landrechtsreformationen, die als Parallelentwicklung zum Stadtrecht das überkommene Recht einer romanistischen Lesart unterziehen bzw. es dahingehend verändern. Als salienter Text sei hier das *Solmser Landrecht* (# 250) von 1571 angeführt, das im wesentlichen von Johann Fichard (1512-1581) kodifiziert wurde. Auch heute ist R. Schröder und E. von Künßberg (1932, 972) also noch zuzustimmen, wenn sie in der Rezeption des römischen Rechts einen Anlaß „zu einer außerordentlich lebhaften Landesgesetzgebung" sehen.

Neben der Markierung von Machtansprüchen, der Rechtsvereinheitlichung und der Rezeption des römischen Rechts kommt schließlich in der ausgehenden Frühen Neuzeit der Naturrechtslehre eine wichtige Bedeutung für die Handlungsintentionen landesherrlicher Vertextungen zu, die zu einem erneuten Schub der Vertextungstätigkeit in den Territorien führt. Das Vernunftrecht als Wissenschaft vom Naturrecht und Reflex auf die Aufklärung hat dabei nicht nur die großen Kodifikationen des 18. Jahrhunderts hervorgebracht, sondern wesentlich auch zur Durchsetzung oder zumindest Arbeit an einer „aufgeklärten Gesetzessprache" (H. Hattenhauer 1987, 41ff) beigetragen, die in der preußischen Gesetzgebungstätigkeit besonders deutlich ist. Da das Ziel der Rechtsvereinheitlichung und allgemeinen Verständlichkeit noch in der Frühen Neuzeit im Reichsrecht uneingelöst blieb, übernahmen die großen vernunftrechtlichen Kodifikationen Preußens, Bayerns und Österreichs diese Funktion. In Preußen war es das *Allgemeine Landrecht* (# 1), in Bayern der *Codex iuris Bavarici criminalis* aus dem Jahr 1751, das Zivilprozeßrecht von 1753 und das bürgerliche Recht von 1756 sowie in Österreich das Strafgesetzbuch von 1787 (# 190), die aufgeklärtes Rechtsverständnis mehr oder minder einlösten. Trotz ihrer Unterschiedlichkeit in Auffassung und Gewichtung naturrechtlicher Verdikte verbindet diese Kodifikationen des 18. Jahrhunderts eine übrigens mit Frankreich parallel verlaufende Neuorientierung des Rechts:

> Die der Epoche des Vernunftrechts zugerechneten Kodifikationen Preußens, Frankreichs und Österreichs gelten als Symbole eines in der politischen und Ideengeschichte Zentraleuropas einzigartigen Umbruchs. Er erfaßte die feudale Ständegesellschaft des Ancien Régime mit der Urgewalt eines Erdbebens und veränderte ihr Profil elementar. Die herkömmlich als 'aufgeklärt' bezeichnete revolutionäre Gesetzgebung im Zeichen der alles beherrschenden '*ratio*' verstand sich als Schrift gewordene rationalistische Naturrechts- und Gerechtigkeitslehre. (H. Schlosser 1995, 63)

In Entsprechung zu diesem Selbstverständnis geht die Begründung der Vertextungsintentionen grundsätzlich in die Vorworte der vernunftrechtlichen Kodifikationen ein. Im *Allgemeinen Landrecht* (# 1) wird diesbezüglich vor allem die rechtliche Herstellung und Sicherung des Gemeinwohls thematisiert, die nicht zuletzt die allgemeine Verständlichkeit der Rechtsnormen voraussetzt und damit wiederum linguistische Implikationen hat:

> Es ist das Gemeinwohl, das die Durchsetzungskraft der subjektiven Rechte begrenzt und in einem sozial verträglichen Rahmen hält. Mehr als zwei dutzendmal beruft sich die preußische Kodifikation auf das 'gemeine Wohl', auf das 'Wohl des gemeinen Wesens', das 'gemeine Beste' und ähnliche Varianten desselben Gedankens. Zugrunde liegt der naturrechtliche Gedanke des Gesellschaftsvertrages, der in diesem Zusammenhang einmal mehr seine außerordentliche Leistungsfähigkeit unter Beweis stellt. (D. Willoweit 1995, 11)

Die Abhilfe von Rechtsunsicherheiten und sozialem Unfrieden durch eine auf das Gemeinwohl ausgerichtete und naturrechtlich begründete Kodifikation kann somit als zentraler Vertextungsimpuls der großen Territorialrechte des 18. Jahrhunderts festgehalten werden. Daß die Nachvollziehbarkeit durch die Vernunft dabei gewährleistet sein muß, ist eine durch die Aufklärung formulierte Voraussetzung und findet als solche ihren Ausdruck in den Texten:

(22) Das natu-erliche Recht (Jus Naturae) ist ein Gesa-etz, welches von GOtt auf die menschliche Natur gegru-endet ist, und sich aus dem Endzweck und innerlicher Beschaffenheit derselben dergestalt zu erkennen giebt, daß der Mensch solches durch die blose Vernunft begreiffen, mithin auch wissen kan, was er zufo-erderst GOtt, sodann sich selbst, und endlich seinem Nebenmenschen sowol insgemein als besonders zu seiner Nothdurft oder Bequemlichkeit zu leisten habe. (# 106, 4)

(23) Die Rechte des Menschen entstehn durch seine Geburt, durch seinen Stand, und durch Handlungen oder Begebenheiten, mit welchen die Gesetze eine bestimmte Wirkung verbunden haben. Die allgemeinen Rechte des Menschen gründen sich auf die natürliche Freyheit, sein eignes Wohl, ohne Kränkung der Rechte eines Andern, suchen und befördern zu können. (# 1, 54)

Zeigt sich bereits im 13. Jahrhundert die Vertextungsabsicht territorialer Sollensordnungen als Versuch der Rechtsvereinheitlichung und insbesondere als Bereitstellung eines probaten Mittels zur Bekämpfung von Rechtsunsicherheit, so ergibt sich trotz der handlungsmotivierenden Übereinstimmungen im 18. Jahrhundert eine andere Argumentation. Die Quellen des Spätmittelalters formulieren in der Regel einen Gegensatz von falschem bzw. mangelhaftem Recht und den je kodifizierten Normen. So begründet das in Vertragsform abgefaßte *Würzburger Landrecht* (# 322) aus dem Jahr 1435 seinen Normanspruch mit der gesellschaftlichen Unordnung der Zeit und dem daraus resultierenden Unfrieden, dessen katastrophale Folgen für das Consozium unmittelbaren Schaden verursache und folglich eine neue Rechtsordnung dringend fordere. In den Naturrechtskodifikationen ist es die Diskrepanz von Gesetz und Rechtspflege, die als wesentlicher Motor vereinheitlichender Vertextungen angeführt wird. Im *Codex Maximilianeus Bavaricus civilis* (# 106, 2f) folgt aus dieser Bestandsaufnahme eine differenzierte Erörterung von Interpretationsregeln für die Rechtspflege, die als Handlungsanweisung zur legistischen

Hermeneutik ganz offensichtlich die Rechtsprechung enger an die kodifizierten Texte binden soll. Auch in früheren Texten sind zwar Anweisungen an die Rechtspflege zu finden (vgl. # 183, 491 und #39, 2), doch nicht in der Systematik der aufgeklärten Kodifikationen des 18. Jahrhunderts.

Nun haben wir uns bisher bezüglich der Handlungsintentionen territorialer Rechtstexte ausschließlich mit den umfangreicheren Rechtssammlungen bzw. Kodifikationen beschäftigt. Neben diesen kommt den territorialen Landfrieden für die frühe Verschriftung von territorialen Normierungsansprüchen Bedeutung bei der funktionalen Besetzung der juridischen Diskursdomäne zu. Jedoch kann für diese Texte kaum eine Distinktion gegenüber den Reichslandfrieden begründet werden. Die territorialen Landfrieden entsprechen den Landfriedensgeboten des Reichs und sind hinsichtlich ihrer motivierenden Handlungsintentionen von diesen überhaupt nicht zu unterscheiden. Es gilt damit für diese Quellengruppe das im Kap. 5.1 dieser Arbeit Gesagte. Die Übereinstimmung von Quellentypen in unterschiedlichen Teildomänen verweist hier auf die Schwierigkeit einer taxonomischen Klassifizierung von Textbeständen, denn die diskursive Verknüpfung von Quellen bedingt in einigen Fällen offene Grenzen von Textklassen.

Es ist bereits deutlich geworden, daß die sachbezogenen und ideologischen Intentionen im territorialrechtlichen Diskurssegment aufeinander bezogen sind. Jeder territoriale Normeingriff in die Struktur der gesellschaftlichen Ordnung bezieht sich, wie bereits ausgeführt, auch auf die Erreichung, Stützung und den Ausbau von Machtpositionen im verfassungsrechtlichen Gefüge des Deutschen Reichs. Der Kampf um politischen Einfluß ist textgeschichtlich betrachtet als ideologische Intention ein Katalysator der Funktionsdifferenzierung des Deutschen im juridischen Diskurs. Selbst kleine Herrschaftsbereiche verfassen seit dem Spätmittelalter ihre eigenen Sollensordnungen, so daß es zu einer flächendeckenden pragmatischen Schriftlichkeit des Rechts kommt; der Gegensatz zum Reichsrecht ist dabei lange Zeit ein entscheidender Motor.

Die Übereinstimmungen in den kommunikativen und ideologischen Intentionen und die immer wieder erneute Redaktion begründet für die Territorialrechte den Rang einer Kontinuität stiftenden Teildomäne des juridischen Diskurses im Spätmittelalter und der Frühen Neuzeit. Die kausale Konsequenz der insofern breiten Übereinstimmung sprachbezogener Intentionen hat zweifellos sprachlichen Wandel bedingt, so daß das Territorialrecht im Sinne des hier zugrunde liegenden Sprachwandelmodells entscheidendes Gewicht bei der Etablierung des öffentlichen deutschen Sprachgebrauchs und damit der Funktionsdifferenzierung des Deutschen hat.

IV. Polylinguale Intertextualität

Konnten im Zusammenhang der Erörterungen zur Handlungsintention territorialer Rechtsquellen die Landfrieden mit Verweis auf das Reichsrecht am Rande behandelt werden, so sind sie für die polylinguale Intertextualität als wichtige Textgruppe anzuführen. Die Konstituierung einer eigenständigen territorialen Normierung fällt zusammen mit den territorialen Landfriedensgesetzen des ausgehenden Hochmittelalters und beginnenden Spätmittelalters. Wie das Reichsrecht hat auch das Territorialrecht im wesentlichen seinen Ausgang in der Fehdebekämpfung über zeitlich befristete Friedensgebote. Besonders zahlreich sind die bayrischen Landfriedensgesetze, die aus den Jahren 1205, 1213, 1244, 1256, 1281, 1293, 1300, 1340 und 1352 überliefert sind.[19] Die Textgeschichte der territorialen Landfrieden zeigt sich dabei als Ablösungsvorgang von der lateinischen Verschriftungspraxis des Hochmittelalters zugunsten einer volkssprachigen Aufzeichnung von rechtlichen Normen. Bereits folgende Kurzübersicht zu einigen territorialen Landfrieden des 13. Jahrhunderts zeigt dies:

Text	Nachweis	Sprache
Landfrieden für Bayern 1244	# 121	lateinisch
Landfrieden für Österreich 1254	# 126	deutsch
Landfrieden für Bayern 1256	# 112	deutsch
Landfrieden für Bayern 1256	# 120	lateinisch
Landfrieden des Erzbischofs von Mainz 1264	# 116	lateinisch
Mittelrheinischer Landfriede 1265	# 170	lateinisch
Landfrieden für Österreich 1276	# 124	lateinisch
Schlesischer Landfriede 1277/78	# 244	lateinisch

Tab. 16: Wichtige territoriale Landfrieden des 13. Jahrhunderts und ihre sprachliche Fassung

Interessant ist dabei, daß die Landfriedensgesetzgebung in den Territorien zunächst hinsichtlich der sprachlichen Realisierung gegenüber dem Reich noch durchaus konservativ ist. Während zeitgleich die Reichslandfrieden bereits deutsch vertextet sind, greifen die territorialen Texte auf das überlieferte Latein zurück. Dabei ist schon hier darauf zu verweisen, daß von einem Rückgriff auf juridische Vertextungstraditionen für die Territorien nicht eigentlich gesprochen werden kann. Es gab zwar schon im 10. Jahrhundert eine provinzielle Gesetzgebung im deutschen Sprachgebiet, doch diese kann kaum als unmittelbare, intertextuell wirksame Präfiguration sprachlicher Handlungsweisen

[19] Vgl. die ausführlichen Quellenangaben in der Behandlung von Landrechten und Landesgesetzen bei R. Schröder und E. v. Künßberg (1932, 733ff).

angesehen werden. Die territoriale Gesetzgebung nimmt ihren Ausgang im eigentlichen Sinn erst mit den verfassungsbezogenen Umwälzungen im beginnenden Spätmittelalter und ist damit ein direkter textueller Reflex auf den „Übergang von der personenverbandsrechtlichen Struktur zur territorialstaatlichen Struktur" (O. Kimminich 1987, 114) des Deutschen Reichs. Mithin fällt die Etablierung eines autonomen, territorial definierten Diskurssegments mit der Konstituierung volkssprachlicher Vertextungsgewohnheiten zusammen. Dies schließt nicht aus, daß für einzelne Texte polylinguale Bezüge zu belegen sind. So ist die *Kulmer Handfeste* (# 105) zunächst lateinisch vertextet und gewinnt als territoriale Satzung für das Gebiet des Deutschen Ordens in deutscher Fassung erst als Übersetzungstext Bedeutung. Der Ausgangstext ist die lateinische Version von 1233, die in einer ebenfalls lateinischen Überarbeitung von 1251 tradiert wurde. Erst mit dem ausgehenden 13. Jahrhundert entstehen zwei deutsche Übersetzungen. Im wesentlichen ist das territoriale Diskurssegment jedoch durch eine nur schwache Vermittlung mit lateinischen Prätextualisierungen gekennzeichnet. Typisch für die landesherrliche Gesetzgebungstätigkeit ist die autonome volkssprachige Aufzeichnung des Gewohnheitsrechts, wie sie etwa mit dem *Oberbayrischen Landrecht* (# 183) aus dem 14. Jahrhundert belegt ist; dies gilt im übrigen auch für die vielen überlieferten Landschaftsrechte des Spätmittelalters.

Kann also von einer ausgeprägten polylingualen Intertextualität bei den Territorialrechten nicht die Rede sein, so stehen die entsprechenden Texte selbstverständlich nicht außerhalb der Gesamtorganisation des juridischen Diskurses. Folglich gibt es im Verlauf der Textgeschichte der deutschen Territorien immer wieder Berührungspunkte zwischen deutschen und lateinischen Vertextungen, die zumindest lateinische Spuren in einigen Texten hinterlassen. Dies gilt vor allem für solche Quellen, die auf den juridischen Diskurs selbst zurückgreifen und dabei notwendig lateinisches Quellenmaterial zu berücksichtigen hatten. Beispiel hierfür ist die unter Karl IV. und als Entwurf für Böhmen entstandene *Maiestas Carolina* (# 163) und insbesondere die *Bambergensis* (# 13), die versuchte, „die einheimischen, gewohnheitsmäßigen mit den fremdländischen, durch die Italiäner und ihre Literatur überlieferten Principien zusammenzuarbeiten" (O. Stobbe 1864, 243) und damit die italienische Strafrechtsdoktrin verbreitete.[20] In den frühneuzeitlichen Texten sind die lateinischen Bezüge in der Regel jedoch nur noch lexikalischer Art. Im Zuge der Rezeption gelehrten Rechts und der humanistisch geprägten wissenschaftlichen Beschäftigung mit legistischen Texten gewinnen zeitweise juristische

---

[20] Unter anderem bezieht sich die *Bambergensis* auf:
Francesco Bruno: Tractatus de indiciis et tortura. Venetia 1502.

Latinismen an Bedeutung, wie ein Textausschnitt aus dem *Codex Maximilianeus Bavaricus civilis* (# 106, 131) zeigt:

(24) Der Debitor bleibt I^{mo} ohngeacht der Verpfa-endung Eigenthu-emer von dem Pfand, und kan solches mithin 2do auch wa-ehrender Pfandschaft, wenn keine andere Hindernuß im Weeg stehet, nach eignen Belieben vera-eusseren, jedoch niemal anderst, als mit der Buerd des darauf haftenden Pfand=Rechts, annebens soll er solchenfalls dem Creditori die Alienation, sofern es ein Special-Unterpfand betrift, bey Vermeidung willku-erlicher Straf und Abthuung des dadurch verursachten Schadens allzeit gleich anzeigen. Desgleichen gehet auch 3^{tio} die Possession des Pfands durch die blosse Verschreib= oder Hypothecirung, solang die wu-erkliche Extradition nicht erfolgt, auf Seiten bemelten Debitoris keineswegs verlohren.

Ebenso schwach ausgeprägt wie die lateinisch-deutschen Textbezüge sind die intertextuellen Verknüpfungen zu anderen Sprachen. Lediglich für einzelne Texte ergibt sich die diesbezügliche polylinguale Intertextualität. So bezieht sich das *Triersche Landrecht* (# 287) von 1668 auf französische Prätexte, und die *Österreichische Prozeßordnung* (# 187) von 1788 ist von vornherein deutsch und ungarisch publiziert, was freilich nicht eigentlich als polylinguale Intertextualität zu werten ist.

Wir halten fest, daß das territorialrechtliche Diskurssegment trotz Anbindungen an die Vertextungstraditionen des juridischen Diskurses im allgemeinen eine nur schwach ausgeprägte polylinguale Intertextualität aufweist. Dies begründet sich aus der Konstituierung der kommunikativen Domäne parallel zum Ausbau autonomer Machtbereiche im Deutschen Reich, so daß die frühen Vertextungen zumeist als initiale volkssprachliche Handlungen wirksam waren.

V. Monolinguale Intertextualität

V.1 Illokutionsstruktur

Das weitgehende Fehlen polylingualer Textvermittlungen bei den Quellen des territorialen Diskurssegments ist nicht auf die monolingualen Textverknüpfungen zu übertragen. Hier zeigt die Analyse im Gegenteil ausgeprägte interne Vernetzungen, die den je singulären Text grundsätzlich in den Zusammenhang einer diskursiven Praxis stellen. Anders als über Adaptionen vorgeprägter sprachlicher Handlungsmuster wäre auch die zeitgleiche Entstehung so vieler territorialer Rechtsordnungen kaum erklärbar. Die Vertextungspraxis ist bei den Territorialrechten ein fortgesetzter Rückgriff auf bereits verschriftete Rechtsnormen, dessen Komplexität mit der Expansion territorialer Verschriftungen zunimmt. Zwei Formen des Bezugs auf Prätextualisierungen sind dabei zu unterscheiden: Die Verarbeitung vorausgehender Quellen desselben Herrschaftsbereichs in Form von Neuredaktionen und der Bezug auf autonom existente Rechtsordnungen.

Für den ersten Typ ist das *Allgemeine Landrecht* (# 1) ein ausgezeichnetes Beispiel. Bereits im Jahr 1714 hat Friedrich Wilhelm I. die juristische Fakultät Halle um Erarbeitung eines preußischen Gesetzbuches ersucht, wobei erst unter Friedrich dem Großen in den Jahren 1749/51 das *Project des Corporis Juris Fridericiani* erschien.[21] Eine erneute Bearbeitung ergab sich als Folge des sogenannten Müller-Arnold-Prozesses, in dem der König eine Kammergerichtsentscheidung abänderte und die beteiligten Richter rügte. Beauftragt mit der erneuten Erarbeitung einer preußischen Kodifikation wurden der schlesische Justizminister von Carmer und der Breslauer Oberamtsregierungsrat Svarez. Der Entwurf eines allgemeinen subsidiarischen Gesetzbuches erschien in den Jahren 1783-88. Eine weitere Überarbeitung hat das *Allgemeine Gesetzbuch fuer die Preussischen Staaten*[22] aus dem Jahr 1791 hervorgebracht, das wiederum in überarbeiteter Form als *Allgemeines Landrecht für die preußischen Staaten* schließlich bis zur Einführung des BGB Gültigkeit behielt. Die Geschichte des Textes ist damit nur im Hinblick auf die je vorangehenden Versuche einer preußischen Kodifikation angemessen zu beschreiben; Intertextualität im Sinne der Adaption unmittelbar sachlich und formal vorausgehender Vertextungen ist dabei textkonstitutiv.

Von diesem ersten, im territorialrechtlichen Diskurssegment häufig belegten Intertextualitätstyp unterscheiden wir die Verarbeitung von Rechtstexten im allgemeinen, sofern diese für die formale oder inhaltliche Struktur von Sollensordnungen Gewicht hat. Dies trifft für nahezu alle territorialrechtlichen Quellen in irgendeiner Weise zu, denn bestand auch zunehmend ein ausgeprägtes Interesse der Landesherren an der Fixierung autonomer Rechtsnormen, so war die Einlösung der Normierungsabsichten kaum ohne Rückgriff auf bereits bestehende juridische Texte zu bewältigen. Insofern ergibt gerade für die Quellen des territorialrechtlichen Diskurssegments eine allein singuläre Betrachtung von Textentstehungsbedingungen und -strukturen keinen Sinn. Die Quellen stehen in derart vielfältigen Bezügen, daß die Okkurrenz des Einzeltextes immer mit den diskursgeschichtlichen Tendenzen im ganzen vermittelt ist. Dies gilt weitgehend unabhängig von der Zeit der Entstehung, wenngleich die späteren Quellen schon allein aufgrund des frequentiellen Zuwachses an Normtexten in der Frühen Neuzeit komplexere intertextuelle Bezüge aufweisen als etwa diejenigen des 13. Jahrhunderts. An der Tatsache des Bezugs auf Prätexte überhaupt ändert dies jedoch nichts, er ist seit dem Spätmittelalter von eminenter Bedeutung für die Entfaltung territorialrechtli-

---

21 Project des Corporis Juris Fridericiani, das ist Sr. Koenigl. Majestaet in Preussen in der Vernunft und Landes-Verfassungen gegruendete Land-Recht, worinn das Roemische Recht in eine natuerliche Ordnung und richtige Systema nach denen dreyen Objectis juris gebracht (...) und ein Jus certum und universale in allen dero Provincien statuirt wird. Halle 1749/51.

22 Allgemeines Gesetzbuch fuer die Preussischen Staaten. Berlin 1791-1792.

cher Vertextungspraxis. Einige Beispiele mögen das belegen. Bereits das *Breslauer Landrecht* (# 28) aus dem Jahr 1356 ist als amtliche Bearbeitung des *Sachsenspiegels* (# 238) ein Paradigma des progressiven Ausbaus juridischer Textdomänen. Der textgeschichtliche Verlauf ist wie folgt zu kennzeichnen: Ein Initialtext, der selbst nie vollkommen autonom existiert, sondern seinerseits textuelle Referenzen hat, wird im Zuge seiner Rezeption tradiert und in je neue Rechtstexte mehr oder weniger verändert integriert. So war etwa die *Kulmer Handfeste* (# 105) ein wesentlicher Basistext „der ostdeutschen Rechtsentwicklung überhaupt" (B. Koehler 1978, 1245). Für die *Ernestinische Landesordnung* von 1547 hat Gregor Richter (1964) die vielfältigen Bezüge auf die *Wettinischen Landesordnungen* der Jahre 1446 und 1482 nachgezeichnet und die Tradierung in den *Ernestinischen Landesordnungen* von 1556 und 1589 sowie in der *Gothaer* und *Altenburger Landesordnung* im einzelnen belegt. Auch das *Landrecht für das Herzogtum Preußen* (# 139) verarbeitet eine Vielzahl von Prätexten, darunter die *Constitutio Criminalis Carolina* (# 35), Jodocus Damhouders *Praxis rerum criminalium* von 1555, das *Kurpfälzer Landrecht* (# 110) von 1582, die *Kursächsischen Konstititutionen* (# 111) von 1572 und das Kulmisches Recht.[23]

Die komplexe Vernetzung des territorialrechtlichen Diskurssegments hält eine unüberschaubare Menge möglicher Beispiele für die textkonstituierende Rolle der intertextuellen Vernetzung bereit.[24] Hier geht es jedoch nicht so sehr um die Feststellung der bloßen Existenz monolingualer Intertextualität, sondern vielmehr um die Frage, auf welcher textuellen Ebene derartige Textverschränkungen realisiert werden, welche Typen von Bezugnahme es gibt und wie dadurch domänenspezifische Muster ausgeprägt werden. Dazu ist zunächst wieder auf die Illokutionsstruktur zu blicken, die als sprachliches Relatum der Handlungsabsichten einen Einblick in die linguale Umsetzung von Normierungsansprüchen ermöglicht. Konnten für die Art der intertextuellen Bindung zwei Typen unterschieden werden, so ergeben sich auch für die Illokutionsstruktur verschiedene Texttypen der territorialrechtlichen Quellen; mit Bezug auf die je textdominante Illokution und ihre sprachlichen Äquivalente sind fünf Illokutionsstrukturtypen zu unterscheiden. Die damit stark ausge-

---

[23] Vgl. die Abhandlung zu den strafrechtlichen Quellen des Landregiments für das Herzogtum Preußen von Curt Elwenspoek (1908, 15ff).

[24] Verwiesen werden kann in diesem Zusammenhang noch auf den ausgeprägten Bezug auf Prätexte folgender Quellen:
Oberbayrisches Landrecht von 1335 (# 183)
Niederbayrisches Landrecht von 1474 (# 177)
Jülicher Landrecht von 1537 (# 95)
Solmser Landrecht von 1571 (# 250)
Landrecht von Jülich-Berg von 1555 (# 143)
Kurpfälzer Landrecht von 1582 (# 110).

prägte Binnendifferenziertheit des territorialrechtlichen Diskurssegments geht über den Bestand an unterschiedlichen Illokutionsstrukturtypen in anderen Teildomänen des juridischen Diskurses deutlich hinaus. Dies erklärt sich mit der großen Anzahl von territorialen Rechtsordnungen überhaupt und dem langen Zeitraum ihrer Bedeutung im Spektrum der Rechtsordnungen des Deutschen Reichs. Eine exemplarische Auswertung von 40 Territorialrechten, insbesondere Kodifikationen, zeigt, daß die Belegung der einzelnen Illokutionsstrukturtypen relativ gleichgewichtet ist.

Typ 1 Dominanz von Direktiva mit signifikant häufiger Belegung von explizit performativen Verben und partieller Okkurrenz von Modalverben als Illokutionsmarker

Die bereits bei der Behandlung der Reichslandfrieden eingehend erörterte Paarformel 'wir setzen und gebieten' ist hier besonders häufig zu belegen. Die Kombination von direktivem und deklarativem Sprechakt kann dabei jedoch nicht über die Dominanz der Direktion hinwegtäuschen. Dies wird insbesondere deutlich bei denjenigen Texten, die zusätzlich zur hochfrequenten Verwendung von explizit performativen Verben die Handlungsintention über Modalverbmarker kennzeichnen. In der Regel ist es das Verb 'sollen', das die verpflichtende Perspektive der Inhaltsvermittlung unmißverständlich ausdrückt. Als Beispieltexte für diesen Illokutionsstrukturtyp können angeführt werden:

- *Kulmer Handfeste* (# 105) von 1233
- *Landfrieden für Österreich* (# 126) von 1254
- *Salzburgische Landesordnung* (# 242) von 1328
- *Herzoglicher Landfrieden für Österreich* (# 87) von 1256-61
- *Neues Dithmarsisches Landrecht* (# 173) von 1567
- *Sächsische Landesordnung* (# 239) von 1661

Typ 2 Dominanz von Direktiva mit signifikant häufiger Belegung des Modalverbs 'sollen' bei gleichzeitig kaum belegten explizit performativen Verben

Ist bereits bei einigen Texten des Typs 1 das Modalverb 'sollen' ein offensichtliches sprachliches Relatum des direktiven Handlungsanspruches, so lösen die Texte des Typs 2 diesen fast ausschließlich über das Modalverb ein. Die Texte sind mit der daraus resultierenden Redundanz von Sollensgeboten sehr formalisiert, so daß die analogen Tiefenstrukturen lediglich propositional anders gefüllt sind. Gegenüber dem Illokutionsstrukturtyp 1 tritt hier der Promulgator auffallend in den Hintergrund. Die Handlungsgebote werden bei primärer Modalverbkonstruktion gleichsam entpersonalisiert vermittelt. Dies wird der entscheidende Grund dafür sein, daß diese Form der sprachlichen Realisierung normierenden Verhaltens bei den territorialen Landfrieden überhaupt nicht belegt ist. Bei diesen Texten wie auch bei den Reichslandfrieden kommt dem Promulgator grundsätzlich eine zentrale Stellung im Text zu, die am ehesten über performative Formeln markiert werden kann. Im Zentrum der Texte des Illokutionsstrukturtyps 2 steht demgegenüber die Aussage *x soll y tun*. Auch für diesen Typ sind zahlreiche Belegtexte zu nennen, angeführt werden beispielhaft:

- *Landesordnung für das Kurkölnische Herzogtum Westfalen* (# 113) von 1452
- *Niederbayrisches Landrecht* (# 177) um 1474
- *Landrecht von Montjoie* (# 144) von 1516
- *Landrecht von Jülich-Berg* (# 143) von 1555

Typ 3 Dominanz von Repräsentativa mit nur marginalem Modalverbgebrauch und gering belegter konditionaler Syntax

Quellen dieses Typs haben eine gänzlich andere Strategie bei der Vermittlung von rechtsbezogenen Handlungsanweisungen bzw. juridischen Normen. Während die Texte des Typs 1 und 2 Verpflichtungen als Handlungsgebote verbinden, sind die Texte mit dominant repräsentativer Sprechaktstruktur allein feststellend. Die Normen werden als etwas formuliert, das der Fall ist, folglich wird eine Wahrheitsaussage getroffen, die den Adressaten auf die zum Ausdruck gebrachten Inhalte festlegt. Während die direktiven Texte appellierend sind, drücken die dominant repräsentativen Texte die jeweiligen Sollensgebote darstellend aus. Bei der direktiven und repräsentativen Vermittlung von Propositionen handelt es sich um die Standardformen der Sprechaktorganisation im juridischen Diskurs überhaupt. Es erstaunt also nicht, beide Typen auch für die territorialrechtlichen Quellen belegen zu können. Deutlich ist die proportionale Zunahme dieses Illokutionsstrukturtyps parallel zur zeitlichen Achse. So verzichten die großen naturrechtlichen Kodifikationen wie das *Allgemeine Landrecht* fast gänzlich auf jede direktive Formulierung von Propositionen, was auch der heutigen Vertextungspraxis von allgemeinen Gesetzen weitgehend entspricht. Als Beispiele seien genannt:

- *Burger Landrecht* (# 31) um 1300
- *Landrecht der Grafschaft Saarbrück* (# 134) von 1321
- *Bayrisches Landrecht* (# 19) von 1616
- *Kurkölnisches Landrecht* (# 108) von 1663
- *Österreichisches Strafgesetzbuch* (# 190) von 1787
- *Allgemeines Landrecht für die Preußischen Staaten* (# 1) von 1794

Typ 4 Initiale Einsetzung explizit performativer Verben mit direktiver Dominanz des Gesamttextes über gelegentlichen Gebrauch von handlungsverpflichtenden Modalverben und eine konditionale Syntax

Der Standardaufbau dieser Texte beginnt mit einer explizit performativen Formel des Typs 'wir setzen und gebieten' etc. Das Fehlen weiterer performativer Verben im Textverlauf kann dabei nicht als vage Illokutionsstruktur eingeordnet werden, da alle Propositionen auf die Eingangsillokution bezogen sind. Dominant ist dabei ein direktiver Handlungsanspruch, was an der Unterstützung der initialen Illokution über den Gebrauch des Modalverbs 'sollen' und die typischen konditionalen Satzgefüge abzulesen ist. Als Belegtexte können angeführt werden:

- *Oberbayrisches Landrecht* (# 183) um 1346
- *Badisches Landrecht* (# 10) von 1511
- *Solmser Landrecht* (# 250) von 1571
- *Kurpfälzer Landrecht* (# 110) von 1582
- *Nassau-Katzenelnbogische Gerichts- und Landesordnung* (# 172) von 1616
- *Codex Maximilianeus Bavaricus civilis* (# 106) von 1756

Typ 5 Dominanz von Direktiva mit signifikant häufiger Belegung des Modalverbs 'sollen' bei gleichzeitig kaum belegten explizit performativen Verben und ausgeprägter Buchung von konditionalen Satzgefügen

Hier handelt es sich um eine Erweiterung des Illokutionsstrukturtyps 2, insofern neben dem massiven Gebrauch des direktiven Modalverbs 'sollen' keine explizit performativen Formeln belegt sind, dafür aber ein um so zahlreicherer Gebrauch von Konditionalsätzen. Die Texte des Typs 5 sind sehr formelhaft und bringen die unterschiedlichen Propositionen weitgehend in einem illokutionären und syntaktischen Schema unter. Da eine solche schematische Vertextung angesichts der zumeist ausgesprochen umfangreichen Kodifikationsabsichten die Verschriftung selbst maßgeblich erleichtert, ist Typ 5 auch durchaus häufig zu belegen. Hier führen wir als Beispiele an:

- *Landesherrlicher Landfrieden für Bayern* (# 112) von 1256
- *Thüringischer Landfrieden* (# 285) von 1338
- *Ritter- und Landrecht der Grafschaft Berg* (# 233) aus der 2. Hälfte des 14. Jh.
- *Landlauf von Steyr* (# 131) vor 1422
- *Landrecht des Alten Landes* (# 137) von 1517
- *Jülicher Landrecht* (# 95) von 1537

Zusammenfassend bleibt festzuhalten, daß trotz der relativen Gleichgewichtung bei der Belegung der einzelnen Illokutionsstrukturtypen im Gesamtergebnis eine deutliche, auch frequentiell belegte Dominanz von direktiven Illokutionsstrukturen für das territorialrechtliche Diskurssegment besteht. Die

Typen 1, 2, 4 und 5 sind durch die Dominanz des direktiven Handlungsanspruches gekennzeichnet, so daß die Texte mit primär repräsentativer Sprechaktorganisation deutlich in der Minderzahl sind.

V.2 Propositionsstruktur

Ebenso wie die reichsrechtlichen Texte in der Gesamtperspektive als ausgesprochen heterogene Quellengruppe im Bezug auf die kodifizierten Inhalte einzuordnen sind, behandeln die Texte des territorialrechtlichen Diskurssegments unterschiedlichste Rechtsgegenstände. Anders als etwa die Stadtrechte und vor allem die Sonderrechte sind die Territorialrechte inhaltlich nicht prädeterminiert. Zum Gegenstand der Normierung konnte der Möglichkeit nach alles werden, was als regelungsbedürftig erkannt wurde. Für den juridischen Diskurs insgesamt ergibt sich damit ein proportionales Verhältnis von inhaltlicher Spezifität und räumlicher Extension des Rechtskreises. Je kleiner der räumliche Geltungsbereich von juridischen Normtexten ist, um so eingegrenzter und inhaltlich spezieller sind die Inhalte der entsprechenden Sollensordnungen. Vor diesem Hintergrund ist es zu erklären, daß territorialrechtliche Texte zunächst inhaltlich nicht definiert sind. Auch hier bedeutet das jedoch wie bei den reichsrechtlichen Texten nicht, daß keinerlei Profilierungen über typische Vertextungsgegenstände erreicht werden. Die textmustertypische Offenheit der Quellen für unterschiedliche Rechtsgegenstände hat in der Verschriftungs- und insbesondere Gesetzespraxis der Territorien selbstredend gewisse Schwerpunktbildungen nicht verhindert. So finden sich in den Texten vor allem privat- und prozeßrechtliche Normen; strafrechtliche Inhalte sind die Ausnahme im Territorialrecht des Spätmittelalters und der Frühen Neuzeit. Eine wichtige und für das Territorialrecht charakteristische Quellengruppe bilden dabei die sogenannten Polizeirechte. Zum Polizeirecht, das sich seit der Frühen Neuzeit ausprägte, gehören „alle Fragen des Wirtschaftsrechts bis hin zu den Kleiderordnungen" (J.-M. Scholz 1973, 17). Obgleich die Polizeirechte also für das Rechtsleben bedeutsam waren, sind diese Texte bisher wissenschaftlich „weder erfaßt noch inhaltlich erschlossen" (M. Weber 1996, 8), was insbesondere auch für die sprachgeschichtliche Beschäftigung gilt. Seit dem 16. Jahrhundert bis weit in das 18. Jahrhundert hinein hatte die Polizei weitgehende Rechte, deren Regelung einen ausgezeichneten Einblick in die Rechtspraxis einerseits und die volkssprachige Verschriftung von juridischen Normen andererseits gibt. M. Weber (1996, 12) weist darauf hin, daß die aktuelle Rechtsgeschichtsschreibung aus diesen Gründen den Polizeiordnungen auch eine „Schlüsselstellung in der frühneuzeitlichen obrigkeitlichen Gesetzgebungsaktivität" zuweist. Wie überhaupt für das Diskurssegment des Territorialrechts eine inhaltliche Heterogenität charakteristisch ist, so weisen auch die

Polizeirechte selbst wiederum keine Einheitlichkeit der Inhalte auf. Auch dies belegt M. Weber (1996, 13f):

> Die umfangreiche 'Polizeyordnung' der schlesischen Kleinstadt Neumarkt von 1669 betont in ihrer Vorrede ausdrücklich, daß alle im folgenden behandelten Materien 'insgemein zu guter polizey dünlichen' seien. Es folgen Artikelgruppen über Bau-, Kauf-, Markt- und Brauwesen, über Hochzeiten, Kleidung, Feuerschutz, städtische Sauberkeit, Defension, Kirchen, über Gotteslästerung, Wein- und Bierschank, Strafenfestsetzung, Administration der Stadtgüter, städtische Rechnungsregelung und Gerichtswesen, über Schwangere, Gesinde, Tagelöhner, Bauern, Reisende und Fremde, über Mietung und Vermietung von Herbergen. Die bloße Bezeichnung eines Gesetzes als Polizeiordnung besagt deshalb nichts Konkretes über den Inhalt (...).

Daher ist eine Abgrenzung zwischen Polizei- und Landesordnungen unter inhaltlichen Gesichtspunkten kaum möglich, zumal manche Polizeiordnungen unverändert in größere, kumulierende Landesordnungen eingehen.

Was die inhaltliche Architektur der insofern thematisch komplexen Texte angeht, ist auf das Fehlen eines propositionalen Zentrums einzugehen. Die thematische Heterogenität der Texte im einzelnen und die Variabilität des territorialrechtlichen Diskurssegments im allgemeinen bedingen eine Koordination von Textthemen, die nicht in eine hierarchische Struktur eingebracht sind. Schon die frühen landesherrlichen Sollensordnungen weisen diese propositionalen Anreihungsrelationen auf, so die *Kulmer Handfeste* (# 105) oder das *Burger Landrecht* (# 31), das um das Jahr 1300 datiert ist; thematisch fokussierte Texte mit einer konsequenten subordinierenden Textarchitektur sind eine Ausnahme im Territorialrecht.[25] Im Verlauf der Entfaltung territorialer Vertextungspraxis ist eine zunehmende Systematisierung der Inhalte gleichwohl nicht zu übersehen. Dies ist nicht etwa ein Aspekt der Superstruktur, sondern steht in Zusammenhang mit dem Bestreben, die Einzelpropositionen und thematischen Cluster in eine benutzerfreundliche inhaltliche Ordnung zu bringen. Die Notwendigkeit hierzu wuchs in der Frühen Neuzeit durch die Versuche zur umfassenden Kodifikation von insbesondere privatrechtlichen Bestimmungen. Ein Höhepunkt der Systematisierung ist mit dem *Allgemeinen Landrecht* (# 1) erreicht. Dieses schließt eine textgeschichtliche Entwicklung zur strukturierten Inhaltsorganisation von Sollensordnungen vorläufig ab, die seit der landesherrlichen Friedensgesetzgebung über die Landschaftsrechte, Gerichtsordnungen und Einzelrechte immer wieder einzulösen versucht wurde; die Verschiedenartigkeit der Inhalte innerhalb eines Textes bleiben dabei in der Regel wichtiges Kennzeichen der propositionalen Struktur.

Von der Komplexität des propositionalen Gehaltes territorialrechtlicher Kodifikationen mag der Inhalt der *Nassau-Katzenelnbogischen Gerichts- und Landesordnung* (# 172) aus dem Jahr 1616 einen Eindruck vermitteln. Der

---

[25] Siehe etwa die *Badische Landesordnung* (# 10) von 1511.

Text behandelt die wesentlichen Gegenstände des Privatrechts mit Bezug auf römische Rechtsnormen. Dabei zeigt sich eine Koordination von sechs Textthemen, die jeweils subordinierte Propositionscluster, also teilthematische Segmente, auf ca. 200 Seiten zusammenfassen:

Thema	Propositionscluster
Kontrakte	Kauf/Verkauf Rücktritt vom Kauf Pfandrecht Gläubiger Bürgschaften Bezahlung Tausch
Ehesachen	Heiratsverbote Einwilligung der Eltern Eheschließung Ehescheidung
Erbrecht	Testament Erbfolge Enterbung ungültige Testamente Annahme/Ausschlagung des Erbes
Erbfolge	Kindschaftsverhältnisse Seitenlinien Verwandtschaftsgrade bewegliche und unbewegliche Güter
Vormundschaft	Beeidigung Amt und Pflichten der Vormundschaft Beendigung der Vormundschaft
Verjährung	Verträge Dienstleistungen

Tab. 17: Inhalt der Nassau-Katzenelnbogischen Gerichts- und Landesordnung

Nicht nur im Hinblick auf diesen Text, sondern zusammenfassend ergeben sich als textmustertypische bzw. intertextuell bedingte Inhaltskonstanten fast aller Territorialrechte Erbrecht, Handelsrecht und Eherecht.

V.3 Superstruktur

Die inhaltliche Heterogenität der einzelnen Texte des territorialrechtlichen Diskurssegments steht in Zusammenhang mit einer ausgeprägten Hierarchisierung der einzelnen Rechtsnormen im Sinne einer superstrukturellen Anordnung. Es wurde bereits darauf verwiesen, daß eine Vielzahl der Quellen mit einer gestuften Bezugsetzung von der Einzelproposition bis zu einem der jeweils koordinierten Themen arbeitet. Überhaupt nicht hierarchisierte Texte sind daher die Ausnahme, wenngleich sie für das 13. Jahrhundert in den Landfriedensgesetzen zu belegen sind. Diese sind jedoch thematisch und in bezug auf den Umfang nicht mit den späteren Kodifikationen vergleichbar. Im Spätmittelalter sind vorrangig Texte mit einfacher Zählung bzw. mit einer ersten hierarchisierenden Ebene zu belegen. Die Einteilung ist dabei meistens nach Artikeln und Kapiteln bzw. nach Abschnitten und Teilen oder Paragraphen vorgenommen. Diese Zweigliedrigkeit ist dann in der Frühen Neuzeit der Standardfall, was die entsprechende Aussage zur typischen Superstruktur des juridischen Diskurses in Kap. 5.1 bestätigt.[26] Eine dreigliedrige Hierarchisierung der Inhalte ist selten und hier nur für das *Oberbayrische Landrecht* (# 183) aus dem Jahr 1335, das *Solmser Landrecht* (# 250) von 1571, den *Codex Maximilianeus Bavaricus civilis* (# 106) von 1756 und das *Österreichische Strafgesetzbuch* (# 190) aus dem Jahr 1787 belegt.

Eine textgeschichtliche Ausnahme bildet auch für die Superstruktur wieder das *Allgemeine Landrecht* (# 1). Es weist eine ansonsten für das Territorialrecht nicht belegte Fünfgliedrigkeit der Inhaltsorganisation auf, was auf die enorme Vertextungsleistung hinweist. Die Normen des *Allgemeinen Landrechts* (# 1) sind konsequent von Teilen über Titel, Abschnitte, Gruppen bis zu den Paragraphen strukturiert, was folgendes Beispiel veranschaulicht:

Zweiter Theyl
↪ Erster Titel: Von der Ehe
↪ Erster Abschnitt: Von den Erfordernissen einer gültigen Ehe
↪ Gruppe 7: Eheverbot wegen Ungleichheit des Standes
§ 30: Mannspersonen von Adel können mit Weibspersonen aus dem Bauer- oder geringerem Bürgerstande keine Ehe zur rechten Hand schließen.

Die gegliederte Tektonik der einzelnen Inhaltsebenen ist eine teildomänenspezifische Konstante. Da die einzelnen Sollensordnungen entsprechend der bisherigen Darstellung vielfach miteinander verbunden sind, ist die Ausprägung typischer superstruktureller Textlayouts zweifellos auf intertextuelle Determinierung zurückzuführen. Die Vertextung im Analogieverfahren zu bereits verfaßten Rechtsordnungen wird die übliche Arbeitsweise bei den territorialrechtlichen Quellen gewesen sein. Unter diachronem Aspekt zeigt sich dabei

---

[26] Vgl. als Texte: # 13, # 19, # 29, # 39, # 43, # 50, # 95, # 108, # 110, # 127, # 134, # 144, # 172, # 173, # 187, # 191, # 233, # 235, # 239.

eine Tendenz zur komplexer werdenden Strukturierung. In I. Warnke (1996c) werden solche komplexen Textarchitekturen als Projektionen konzeptueller Schemata erklärt. So betrachtet ist die Differenzierung der Superstrukturen in den territorialen Rechtstexten Ausdruck der Verfeinerung der legistischen Konzepte überhaupt. Aufgabe der landesherrlichen Gesetzgebungstätigkeit war es, diese mit volkssprachlichen Mitteln systematisch zu vertexten. Die Ergebnisse dieser Tätigkeit sind ein wichtiger Aspekt auf dem Weg zur Bewältigung komplexer Vertextungsaufgaben im Bereich der pragmatischen Schriftlichkeit.

VI. Geltungsgrade der Intertextualität

Die auf allen hier untersuchten Ebenen der monolingualen Intertextualität nachzuweisenden Vermittlungen der Einzeltexte des territorialrechtlichen Diskurssegments sind nicht auf den Konnex landesherrlicher Sollensordnungen untereinander beschränkt. Eine zentrale Bedeutung des Territorialrechts im Spektrum der spätmittelalterlichen und frühneuzeitlichen Rechtskreise ergibt sich nicht nur aus der verfassungsgeschichtlichen Gewichtung der Territorien im Machtspektrum des Deutschen Reichs, sondern sie ist unter anderem auch Folge der Profilierung territorialer Rechtsordnungen im Gesamtspektrum des juridischen Diskurses. Die Einbindung von Normen anderer Rechtskreise und der Einfluß auf diese ist ein wesentliches Charakteristikum des Territorialrechts. Insofern ist die teildomänenüberschreitende Intertextualität der entsprechenden Quellen ein wichtiger Baustein ihrer diskursgeschichtlichen Bedeutung. Angesichts der Komplexität intertextueller Bezüge muß es für das Territorialrecht hier genügen, auf drei wichtige diskursive Verschränkungen einzugehen. Zunächst ist die enge geschichtliche Ausprägung von Territorial- und Stadtrechten zu nennen. Vertrat W. Seagle (1969) noch die Auffassung, das Stadtrecht sei grundsätzlich die Wurzel sich etablierender Rechtssysteme, so widersprach bereits W. Ebel (1966) mit Bezug auf die erste Auflage der Weltgeschichte des Rechts von W. Seagle dieser These vom Primat des Stadtrechts. W. Ebel zeigt, daß das Stadtrecht in der deutschen Rechtsgeschichte vielmehr ein Zweig der territorialrechtlichen Entwicklungstendenzen ist; er hält fest:

> Das deutsche Stadtrecht war ein Seitentrieb dieser im strengen Sinne landrechtlichen Welt - oder: ländlichen Rechtswelt -, indes von einer erstaunlichen Triebkraft und Fruchtbarkeit. Dennoch hat es nie - wie etwa das römische - als Recht schlechthin gewaltet, und auch nicht etwa - wie wieder das römische - den Begriff des Staatsbürgers geliefert. (W. Ebel 1966, 241)

Neben den engen Bezügen von Stadt- und Territorialrecht beziehen sich manche Territorialrechte auch auf die spätmittelalterlichen Rechtsbücher, wie oben bereits ausgeführt. So ist das *Breslauer Landrecht* (# 28) aus dem Jahr 1356 eine amtliche Bearbeitung des *Sachsenspiegels* (# 238) mit Zusätzen für das Fürstentum Breslau. Die Vermittlung von Territorialrechten und Rechtsbüchern kann kaum erstaunen, sind doch die Rechtsbücher zum einen auch Quellen mit territorial definiertem Geltungsradius und stehen zum anderen neben den Territorialrechten als wichtigste Quellengruppe des juridischen Diskurses im hier behandelten Zeitraum. Als letzte wichtige diskursive Verschränkung der Territorialrechte sei noch auf die schon mehrfach angesprochenen Bezüge zum Reichsrecht eingegangen. Die Einflüsse des territorialrechtlichen Diskurssegments auf die Vertextungen des Reichs sind vielfältig zu belegen, und auch umgekehrt gibt es intertextuelle Bezüge. Für die Gesetzgebung in Bayern hat dies E. Helml (1985, 7) ausdrücklich als Grundzug der territorialen legistischen Praxis angeführt:

> Von Bedeutung für die Entwicklung des bayerischen Privatrechts war auch die Gesetzgebung des Reichs. So übten zahlreiche Reichsabschiede und die auf dem Reichstag zu Köln beschlossene Reichsnotariatsordnung des Jahres 1512 auf die Erbrechtsregelungen der einzelnen deutschen Territorien, auch auf Bayern, großen Einfluß aus. Die Notariatsordnung des Deutschen Reichs befaßte sich im wesentlichen mit den Fragen der Ernennung der Notare, sie enthielt Bestimmungen über die Formalien bei der Testamentserrichtung und Regelungen über die Aktenführung der Notare. Mittelbar hatte die Reichsnotariatsordnung einen nicht zu übersehenden Einfluß auf die Gerichtsordnung der Länder.

Wie in den meisten anderen Teildomänen des juridischen Diskurses kommt bei der Wandlung der Medialisierung von Territorialrechten dem Übergang von der Handschrift zum Druck eine entscheidende Bedeutung zu; auch darauf wurde bereits eingegangen. Die Drucke werden für die landesherrliche Gesetzgebungspraxis ein wichtiges Mittel zur Promulgation, so daß es zu einer raschen Ablösung handschriftlicher Aufzeichnungen kommt. Zwar war bereits manche handschriftliche Quelle des Spätmittelalters in weitem Umlauf - so etwa das *Oberbayrische Landrecht* (# 183) von 1335 -, doch erst die Drucke haben die vielfachen Überarbeitungen in der Frühen Neuzeit und die durch die Rezeption notwendigen Reformationen im tatsächlichen Umfang ermöglicht. Was die seltenen Beispiele von Text-Bild-Relationen und entsprechende Intertextualisierungen angeht, kann ebenso auf bereits Ausgeführtes verwiesen werden. Im Zusammenhang der Behandlung von Geltungsgraden der Intertextualität des Reichsrechts wurden die Bezüge zum Territorialrecht am Beispiel der *Constitutio Criminalis Carolina* (# 35) und der *Bambergensis* (# 13) behandelt.

Entsprechend der ausgeprägten teildomänenüberschreitenden Intertextualität von Territorialrechten zeigt sich für den geschichtlichen Verlauf landesherrlicher Gesetzgebungspraxis eine über weite Zeiträume wirksame transtemporale Intertextualität. Der Bezug auf Prätexte ist demzufolge nicht auf kleinere Perioden der rechtsgeschichtlichen Entwicklung beschränkt, sondern vermittelt Texte unterschiedlichster Phasen der Diskursentfaltung. Eine Ausnahme bildet lediglich die Quellengruppe der territorialen Landfrieden, die nur bis in das 13. Jahrhundert für die Gesetzgebungspraxis von Bedeutung sind. Die seit dem Spätmittelalter überall entstehenden Kodifikationen sind jedoch gerade dadurch geprägt, daß sie bisherigen Rechtsstoff aufnehmen und im Zuge von Neuredaktionen die bisherigen Textbestände aktualisieren. Von singulären Texten ist demzufolge gerade bei den landesherrlichen Kodifikationen kaum zu sprechen; diese Quellen stehen im Zusammenhang einer oft sehr langen Tradierung von Rechtsgeboten und kompilieren häufig unterschiedlichste schriftliche Aufzeichnungen zu einem neuen Text. Die textmustertypischen Ausprägungen der territorialrechtlichen Diskursdomäne begründen sich aus dieser zunehmenden Vernetzung von Tradition und Novellierung. Manches Territorialrecht hat direkt oder indirekt noch bis in die gegenwärtige Rechtsprechung eine Bedeutung. So war das mit dem *Allgemeinen Landrecht* (# 1) umfänglich kodifizierte preußische Recht im 19. Jahrhundert bereits das bedeutendste im deutschen Sprachraum überhaupt. Durch das Inkrafttreten des BGB verlor zwar das Zivilrecht des *Allgemeinen Landrechts* (# 1) seine Geltung, doch zeigt unter anderem C. Seiler (1996, 275), daß die Rechtsprechung der höchstrichterlichen Judikatur nach dem BGB ein hohes Maß an Kontinuität aufweist:

> Als Ergebnis der Untersuchung findet sich die zu Anfang aufgestellte These bestätigt, wonach der Übergang vom *Allgemeinen Landrecht* zum BGB regelmäßig keine Brüche in der Kontinuität der Rechtsprechung zum Sachmangelgewährleistungsrecht beim Kauf bewirkte. (...) Soweit die Kontinuität durch die Rechtsprechung zum BGB herbeigeführt wurde, beruht die Harmonisierung darauf, daß die Judikatur an bereits im neunzehnten Jahrhundert entwickelten Auffassungen festhielt.

Als Geltungsgrade der Intertextualität von territorialrechtlichen Quellen halten wir mithin eine ausgeprägte teildomänenüberschreitende und transtemporale Vernetzung des juridischen Textbestands fest.

VII. Topographie und Chronologie

VII.1 Räumliche Gliederung

Parallel zur Ausprägung der Landesherrschaften und des damit verbundenen territorialen Machtzuwachses im Deutschen Reich kommt es zur massiven Verschriftung je eigener landesherrlicher Sollensordnungen. Die Konstituierung des juridischen Diskurses ist in dieser Teildomäne also engstens an die deutsche Verfassungsgeschichte gebunden:

> Mit der Ausbildung der Landesherrschaften vollzog die deutsche Verfassungsgeschichte die entscheidende Wendung zum Partikularismus. Die Wurzeln dieser Entwicklung liegen schon im 12. Jahrhundert. Die eigentliche Entwicklung des neuen Territorialstaates aber vollzog sich erst im 13. Jahrhundert. (H. Conrad 1962, 309)

Seit dieser Zeit sind in allen Sprachräumen des Deutschen legistische Aktivitäten zu belegen, die mehr oder weniger erfolgreiche schriftliche Rechtsordnungen hervorgebracht haben. Für die Frühe Neuzeit ergibt sich bereits bei Berücksichtigung nur der wichtigsten Texte eine weitgefaßte räumliche Ausdehnung territorialrechtlicher Vertextungspraxis. Unter Zugrundelegung der bei O. Stobbe (1864, 336ff) aufgeführten Texte können als Partikularrechte allein für den deutschen Nordseeraum und Holstein folgende wichtige Quellen tabellarisch angeführt werden:

Geographischer Raum	Rechtsordnung
Deutsche Nordsee/Holstein	Des olden landes Ordenunge und Rechte Bock
	Landrecht des Amtes Hagen
	Landrecht der Bremischen vier Gohen
	Verordnung des Hadeler'schen Landgerichts
	Kedinger Landrecht
	Wurster Landrecht
	Ritterrecht des Herzogthums Bremen
	Würder Landrecht
	Butjadinger Landrecht
	Ostfriesisches Landrecht
	Billwärder Landrecht
	Dithmarsisches Landrecht
	Recht der Ämter Neumünster und Bordesholm

Tab. 18: Wichtige Partikularrechte des deutschen Nordseeraums und Holsteins in der Frühen Neuzeit

In der Gesamtsichtung des Textbestandes der landesherrlichen Gesetzgebung in der Frühen Neuzeit belegt H. Conrad (1962, 364ff) Quellen in Bayern, der Mark Brandenburg, Württemberg, der Grafschaft Solms, Kursachsen, Baden, Jülich-Berg, den Rheinischen Kurstaaten, Tirol und Dithmarschen. Für das Spätmittelalter ergibt sich ein Schwerpunkt der Verschriftung in Süddeutschland, insbesondere im bairischen Sprachraum, in dem große territoriale Rechtsordnungen entstehen. Zu nennen sind hier vor allem die *Salzburgische Landesordnung* (# 242) von 1328 und das *Oberbayrische Landrecht* (# 183) von 1335 bzw. in revidierter Form von 1346. Obgleich diese Schwerpunktbildung im süddeutschen Raum in der Frühen Neuzeit zugunsten einer in vielen Territorien nachzuweisenden legistischen Praxis abgeschwächt ist, kommt es im Verlauf der gesamten diskursgeschichtlichen Entwicklung nie zu einer wirklich ausgewogenen flächendeckenden Vertextung. Zwar ist aus sprachgeschichtlicher Perspektive die Existenz von territorialen Rechtsordnungen in allen Sprachräumen des Deutschen zu registrieren, doch hatten diese zumindest rechtsgeschichtlich betrachtet unterschiedliche Bedeutung. Dies mag mit Blick auf die territoriale Zersplitterung des Deutschen Reichs im 18. Jahrhundert einerseits und die zeitgleiche Herausbildung von großen territorialen Flächenstaaten andererseits deutlich werden. Im 18. Jahrhundert gab es eine Vielzahl territorialer Sollensordnungen, und kein Landesherr hat sich mit entsprechenden, sprachgeschichtlich notwendig wirksamen Vertextungen zurückgehalten. Zukunftsweisend und rechts- wie sprachgeschichtlich eigentlich bedeutsam waren jedoch allein die Rechtsordnungen der mächtigen modernen Flächenstaaten. Diese wurden zur Grundlage des heutigen Bundesrechts ebenso, wie sie Vereinheitlichungstendenzen des öffentlichen Sprachgebrauchs vorantrieben, womit letzthin linguale Überregionalität in der juridischen Normpraxis ihre Entsprechung fand. Insofern steht die Ausprägung der sprachgeschichtlich fraglos wichtigen territorialen Teildomäne des juridischen Diskurses im Spannungsfeld von räumlich exhaustiven Textbeständen, die gleichsam Ferment öffentlichen Sprachgebrauchs mittels deutscher Sprache sind, und den je zeittypischen, verfassungsgeschichtlich bedingten Zentren der Rechtssetzung. Beide Tendenzen, Expansion und Zentralisierung, sind historiolinguistisch betrachtet von gleicher Wichtigkeit für den hohen Stellenwert der territorialen Rechtsordnungen im Zusammenhang einer funktionsgeschichtlichen Betrachtung der deutschen Sprachgeschichte.

Eine Auswertung von privatrechtlichen Einzelverordnungen der Territorien der Frühen Neuzeit nach Sprachräumen mag dies nochmals belegorientiert veranschaulichen. Von den über 190 in den Quellen zur Neueren Privatrechtsgeschichte Deutschlands[27] aufgeführten landesherrlichen Einzelverordnungen sind allein 74 im norddeutschen Sprachraum lokalisiert, 55 im Bairischen und 29 im Westmitteldeutschen belegt. Die übrigen Texte verteilen sich etwa gleichgewichtet an das Ostmitteldeutsche, das Nordoberdeutsche und das Westoberdeutsche. Frequentielle, also quantitative Schwerpunkte der Vertextungspraxis sind damit eindeutig belegt, doch sind diese ebenso wichtig für die Diskursentfaltung wie die belegte Okkurrenz in allen deutschen Sprachregionen.

VII.2 Zeitliche Gliederung

Die diskursgeschichtliche Periodisierung von Vertextungstendenzen hat die je eigenständig verlaufenden Entwicklungen in Teildomänen der Kommunikation zu berücksichtigen. Dabei zeigen sich im Vergleich des geschichtlichen Verlaufs in den verschiedenen Diskurssegmenten jedoch vielfache Über-

---

[27] Quellen zur Neueren Privatrechtsgeschichte Deutschlands. Begründet von Franz Beyerle et. al. Bd. II: Polizei- und Landesordnungen. Hg. von Wolfgang Kunkel et al. Bearbeitet von Gustav K. Schmelzeisen. 2. Halbband: Einzelverordnungen. Köln et al. 1969.

schneidungen und Tendenzen, die aus der internen Vernetzung von Textgeschichten resultieren. Eine solche Überschneidung ist die initiale Konstituierung einer volkssprachlichen Vertextungspraxis der pragmatischen Schriftlichkeit in der ersten Hälfte des 13. Jahrhunderts. Ohne Zweifel sind auch die zu dieser Zeit belegten frühen Texte des juridischen Diskurses im Rahmen einer in die Neuzeit greifenden Entwicklungslinie vielfach mit hoch- und frühmittelalterlichen Diskursen verbunden. Doch sind diese Referenzen gemessen an der spätmittelalterlichen Intertextualisierung und Etablierung von kommunikativen Teildomänen des Rechtsschrifttums marginal. So liegt auch für die Territorialrechte der Beginn einer volkssprachigen Schriftlichkeit und damit Textmusterausprägung im 13. Jahrhundert. Als einer der frühesten Texte ist die *Kulmer Handfeste* (# 105) zu nennen bzw. die babenbergischen Rechtsaufzeichnungen für Österreich. Das gesamte Spätmittelalter ist ausgehend von diesen frühen Texten als Phase der Etablierung landesherrlicher Rechtsnormierung und ihrer schriftlichen Fixierung zu beschreiben. Im 16. Jahrhundert kommt es durch verfassungsgeschichtliche Umbildungen und eine damit verbundene Machterweiterung der Territorien ebenso wie durch die Rezeption gelehrten Rechts[28] und die wachsende Bedeutung protestantischer Territorien[29] zu einem Vertextungsschub, der dieses Jahrhundert als Höhepunkt territorialer Rechtssetzung im Deutschen Reich überhaupt markiert. Diese Phase einer ausgeprägten autonomen Gesetzgebung der Territorien und der auf das Reich bezogenen, nicht selten konkurrierenden Normierung reicht bis zum Ende des 17. Jahrhunderts, wenngleich der Dreißigjährige Krieg einen erkennbaren quantitativen Rückgang der Vertextungsaktivitäten bewirkte und damit der enge Zusammenhang von allgemeiner Geschichte, Rechts- und Sprachgeschichte exemplarisch deutlich wird. D. Willoweit (1990, 131) hält fest:

> Das größte kriegerische Ereignis, welches Deutschland jemals heimgesucht hat, läßt sich über weite Strecken als ein gigantischer Verfassungskonflikt begreifen. Was die kriegführenden Parteien wollten, ist lange Zeit untrennbar verbunden mit verschiedenartigen Vorstellungen über die im Reiche zu schaffenden oder zu erhaltenden rechtlichen Strukturen.

Erst mit dem Westfälischen Frieden kam es bekanntlich zur erneuten Festigung der Landesgewalt, die wiederum ihre textgeschichtlichen Spuren hinterlassen hat. Jedoch sind die entsprechenden Quellen eher eine Fortsetzung der im 16. Jahrhundert bereits etablierten autonomen Gesetzgebung der Länder. Erst das 18. Jahrhundert kann dann als weitere eigenständige Phase der territo-

---

[28] H. Planitz (1971, 260) sieht einen Grund für die umfangreiche territoriale Rechtssetzung im 16. Jahrhundert in der Rezeption und dem Versuch, „den zur Rechtsprechung berufenen Laien die unentbehrliche Kenntnis“ der neuen Rechtsmaterie zu verschaffen, was freilich sprachgeschichtlich nicht folgenlos bleiben konnte, geht es doch bei den entsprechenden Texten nicht um fachsprachliche, sondern vielmehr breitenwirksame Kommunikation.

[29] Zum Machtzuwachs der Landesherren protestantischer Gebiete vgl. R. Gmür (1994, 70).

rialen Textgeschichte angesehen werden, entstehen doch hier als Reflex auf die Aufklärung und das dort reflektierte Naturrecht die großen landesherrlichen Kodifikationen, namentlich in Österreich und Preußen. Es sind damit ungeachtet der internen Differenziertheit einzelner Quellengruppen wie Landfriedensgesetzgebung, Kodifikationen, Landschaftsrechte etc. in nuce drei Phasen zu unterscheiden, die als Etablierung landesherrlicher Rechtspraxis weitgehend autonome Vertextungsaktivität und natur- bzw. vernunftrechtliche Periode etikettiert werden können. In der graphischen Übersicht sei dies wie folgt festgehalten:

Quellengruppe	Spätmittelalter	Frühe Neuzeit	
Territorialrecht	**Phase 1** **(~1230-1500)**	**Phase 2** **(1500-1700)**	**Phase 3** **(1700-1800)**

Abb. 17: Perioden des Textmusterausbaus von Territorialrechten

5.3 Stadtrecht

I. Pragmatischer Kotext: sozialer Organisationsbereich

I.1 Räumlicher Geltungsbereich

Die Gliederung der mittelalterlichen Rechtsordnung in verschiedene Rechtskreise mit unter Umständen in Überschneidung stehenden Geltungsansprüchen findet auch bei den Stadtrechten ihren Ausdruck. Gegenüber dem Reichsrecht und Territorialrecht offensichtlich kleinräumiger organisiert, steht das Stadtrecht keineswegs im Kontrast zu den großräumigen Rechtsordnungen, sondern flankiert diese lediglich mit eigens für den städtischen Lebensraum entwickelten Rechtsnormen. Für die Stadtrechte als Textgruppe des juridischen Diskurses ist folglich der räumliche Geltungsbereich ein wichtiges Definiens bei der Abgrenzung gegenüber anderen juridischen Texten. Es ist jedoch zu bedenken, daß der Begriff 'Stadtrecht' dabei fälschlicherweise einen allein lokalen Geltungsanspruch der Rechtskompilationen bestimmt. Im Zusammenhang der rechtsgeschichtlichen Einordnung von Stadtrechten in das System der spätmittelalterlichen Rechtsordnung und damit letzthin auch der frühneuzeitlichen Diskursformation wird die Stadt in erster Linie nicht als räumlich kategorisierte Größe bestimmt, sondern als Lebensumfeld mit spezifischen rechtlichen Eigenarten im Vergleich zu den ländlichen Ansiedlungen und den territorialen Rechtsräumen. Der Begriff 'Stadt' ist also entgegen der alltagssprachlichen siedlungsbezogenen Bedeutung rechtlich definiert. Dabei zeigt sich als wichtiges Kennzeichen der Städte ihr autonomer Machtanspruch sowie der gegenüber den zeitlich beschränkten Landfrieden dauerhafte Burgfrieden und die selbständige Rechtssetzung und Gerichtsbarkeit. Die Stadt des Hoch- und vor allem des Spätmittelalters ist mithin eine Gebietskörperschaft mit eigenständigem Rechtsgefüge.

Auch die Textgeschichte hat dieser Einordnung bei der Behandlung des räumlichen Geltungsbereichs zu entsprechen. Denn die siedlungsbezogene Existenz von Städten sagt über deren rechtsgeschichtlichen Rang ebensowenig wie über ihre sprachgeschichtliche Bedeutung aus. Für die Textgeschichte des Deutschen im juridischen Diskurs sind fraglos nur die Städte von Interesse, die ein Ius civitatis ausgeprägt und dieses zudem noch verschriftet haben. Gerade dies ist aber in nicht wenigen Fällen unterblieben. Während etwa Köln als eine der bedeutendsten deutschen Städte des Mittelalters als Gebietskörperschaft autonome Rechtstraditionen entwickelt, diese jedoch nicht vertextet hat, war in Riga trotz der städtischen Lebensverhältnisse im 13. Jahrhundert noch überhaupt kein Ius civitatis ausgebildet (vgl. F. von Bunge 1878, 7ff). Der räumliche Geltungsbereich der Stadtrechte ist folglich nicht allein über die flächenbezogenen Aspekte des Textbezugs auf einen je historisch definierten pragmatischen Kotext zu bestimmen. Textgeschichtlich ist der räumliche Geltungsbereich der Stadtrechte in erster Linie auf die autonomen Rechtstraditionen des städtischen Consoziums unter der Voraussetzung der schriftlichen Kodifikation bezogen. Insofern sind die Stadtrechte gegenüber den Landrechten und ländlichen Rechtsordnungen durch die verfassungsrechtliche Sonderstellung der Stadt in der Gesellschaftsordnung des Hoch- und Spätmittelalters abgegrenzt, wobei die „Heraushebung aus dem Landrecht, die in Deutschland stärker hervortritt als anderwärts" (H. Mitteis 1992, 280), im Verlauf der Konstituierung von Stadtrechten besonders deutlich ist.[30] Ursache hierfür ist unter anderem der Übergang von ländlichen Wirtschaftsformen zur städtischen Markt- und Geldwirtschaft. Dabei bleibt der Lokalhandel jedoch noch lange Zeit vorrangig, so daß in den meisten Städten die Handelsbedürfnisse der „engsten landschaftlichen Umgebung" (H. Planitz 1971, 129) das Wirtschaftsleben prägen. Neben den verfassungsrechtlichen Aspekten des Stadtbegriffs ist also die merkantile Reichweite des städtischen Lebens ein zusätzlicher Aspekt der engen räumlichen Geltung stadtrechtlicher Texte.

I.2/3 Sachlicher und zeitlicher Geltungsbereich

Die vorangehende, an und für sich bereits sachbezogene Definition der mittelalterlichen und frühneuzeitlichen Stadt als eigenständiger Rechtskreis bedingt die Behandlung allein solcher Rechtsstoffe, die Relevanz für die räumliche, merkantile und verfassungsrechtlich begrenzte städtische Gemeinschaft haben. Der sachliche Geltungsbereich ist demzufolge strikt begrenzt. In der gereimten Vorrede des *Bamberger Stadtrechtes* (# 254, 215.32ff) von 1306 ist neben der topischen Anrufung Gottes und der aus dem *Sachsenspiegel* (# 238) und anderen Rechtsbüchern bekannten religiösen Legitimierung der Rechtsaufzeichnung die verfassungsrechtliche Sonderstellung der Stadt im mittelalterlichen Consozium eigens angesprochen; die Anweisung an die städtische Gerichtsbarkeit und der Versuch der Bewahrung städtischen Gewohnheitsrechts sind Ausdruck des sachlich spezifizierten Geltungsbereichs:

(1) Vnnd wil man das recht nuhn hie bewehren,
vnnd ist dis buch zu einer anweisung
gemacht, darzu alten vnnd jungen,
die die vrthel sprechen vnnd geben,
die sich darnach richten eben,
wan die eltesten hie darob sindt gesessen
vnnd die weisen, die das alles haben gemessen
nach der statt recht vnnd lauff,
da haben sie es gewegen auff,

---

[30] H. Mitteis (1992, 280) verweist in diesem Zusammenhang auch auf das gegenwärtig noch stark ausgeprägte Kommunalrecht, das im europäischen Vergleich als Eigentümlichkeit der deutschen Rechtsordnung erscheint.

vnnd darauff man lang gedracht hat;
vnnd ist hier nöter, wan in einer andern statt:
nuhn ist der *not* hie manigfalt,
davon, das hie ist weder rat noch gewalt.
Vnnd darumb ist nott, das hier das recht
werdt gemacht gleich fest vnnd schlecht.

Den Verfassern des *Bamberger Stadtrechtes* (# 254) geht es allein um die Herstellung einer verbindlichen Rechtsordnung. Ein Interesse an der Prägung überregionalen Rechts, also der Versuch der Einflußnahme auf die Rechtsordnung in toto, besteht nicht. Das ist prototypisch, wenn auch nicht in allen Texten qua Verweis auf die drängenden städtischen Probleme so deutlich zum Ausdruck gebracht. Daß die sachliche Spezifizierung des Stadtrechts zudem mit der durch zunehmend autonomes Rechtsbewußtsein gekennzeichneten Ausbildung der städtischen Bürgerschaft parallel laufen kann, zeigt der selbstreflexive Stolz der Praefatio der ersten *Frankfurter Reformation* (# 61, 223) aus dem Jahr 1509. Auffallend ist hier das zelebrierte Gruppenbewußtsein, das mit pluralen Pronomina indiziert ist. Die Stadt grenzt sich hier von anderen Rechtskreisen ab, womit der Zusammenhang von sachlichem Geltungsbereich der Stadtrechte und dem mentalitäts- und verfassungsgeschichtlichen Autonomiestreben des städtischen Consoziums offensichtlich ist.

Die zeitliche Geltung ist bei den stadtrechtlichen Quellen in der Regel unbegrenzt und wird als solche in einigen Texten der Vergänglichkeit des Lebens und der damit einhergehenden Unsicherheit gewohnheitsrechtlicher Überlieferung gegenübergestellt. So ist im *Freiburger Stadtrecht* (# 259, 672) von 1293 zu lesen:

(2) Wande das leben der lûte kurz ist / un ir gehûge zer ganglich / da von spûlget man ze schribene swas beschiht / dur das ez ewiklich blibe bi der gehûgde der die nu lebent un o-uch der nahkomenden / da von sol ez kunt sin allen den die disen brief iemermer an gesehent das diz sint dû reht der stat zu friburg in brisgo-ewe / mit den si gemachet wart un gefriet nach ko-elne der stat / un nah ir vriheit von herzogen berhtolden seligen von zeringen.

II. Pragmatischer Kotext: textuelle Situation

II.1 Gesellschaftliche Bindung

Die unmittelbare inhaltliche Bindung der spätmittelalterlichen und frühneuzeitlichen Rechtsordnungen an gesellschaftliche Ordnungsbedürfnisse ist eine Invariable der juridischen Diskursorganisation und trifft folglich auf alle Rechtskreise zu. Während jedoch bei den reichs- und territorialrechtlichen Sollensordnungen mit der Normierung des Rechts zugleich auch Machtansprüche markiert werden, die Funktion dieser Texte also unter anderem in der Verfestigung von Hierarchien liegt, steht der Bezug auf konkrete Rechtsbelange bei den Stadtrechten ohne Zweifel im Vordergrund. Die mittelalterliche Stadt ist eine Rechtsstadt, und dies bedeutet, „daß die Stadt als Bürgerschaft in besonderer Weise rechtlich verfaßt ist, die städtische Gesellschaft ihr Zusammenleben durch rechtliche und nicht andersartige soziale Normen geregelt hat" (G. Dilcher 1990, 1863). Folglich wird die mittelalterliche und frühneuzeitliche Stadt auch mit dem modernen Rechtsstaat verglichen. Wie dieser durch eine verbindliche Rechtsordnung mit definierten Rechtsprinzipien überhaupt erst konstituiert ist, bezieht die Stadt seit dem ausgehenden Hochmittelalter ihre Legitimation als eigenständiger Lebensraum aus den selbstverfaßten oder von anderen Städten übernommenen Rechtsordnungen. Die Koppelung der Normkataloge an die städtische Lebenswelt ist dabei stets unübersehbar. Nicht zuletzt die Klage über das Fehlen einer verbindlichen Rechtsordnung im Bewußtsein der Notwendigkeit von rechtlichen Normen für das Funktionieren des städtischen Zusammenlebens zeigt in einigen Stadtrechten, wie unmittelbar die Kodifikation von gewohnheitsrechtlichen Sätzen auf aktuelle soziale Fragen und Probleme bezogen ist. So war Bamberg zwar seit dem 12. Jahrhundert städtisch organisiert und hatte auch ein eigenes Stadtgericht, doch ist ein verschriftetes Stadtrecht erst aus dem 14. Jahrhundert überliefert. In der bereits im Ausschnitt zitierten prototypischen Reimvorrede dieses Stadtrechts (# 254, 215f) wird das Fehlen einer verbindlichen Rechtsordnung folglich beklagt und eine schriftliche Zusammenfassung des bisher überlieferten Rechts als notwendig erachtet. Wie wichtig die städtische Verfassung als Garant rechtsstädtischer Organisation war, läßt sich auch aus den Mahnungen des *Hamburger Stadtrechtes* (# 262, 1) von 1270, dem sogenannten *Ordeelbok*, ablesen:

(3) In deme namen des vaders vnde des sones vnde des hilgen geistes sint desse ordele bescreuen van der menen stad willen vnde van den wittegesten rade van Hamborch. Vnde se ne mach ok nen man beschelden by syner wonynge de he heuet in der stad. Wil se ouer ienich man beschelden, de schal vntberen synes erues vnde syner wonynge, sunder weder in dyt bock.

II.2 Zeitliche Bindung

Die unmittelbare Bindung der stadtrechtlichen Quellen an aktuelle soziale Ordnungsbedürfnisse kann nicht darüber hinwegtäuschen, daß gerade die Stadtrechte unverkennbar gewohnheitsrechtlich orientiert sind. So ergibt sich der notwendige Gegenwartsbezug bei enger gesellschaftlicher Bindung in den Texten selbst auch meist nur aus Präliminarien, wenn er nicht sogar allein implizit durch den Rang eines Stadtrechts für das städtische Consozium zu erschließen ist. Charakteristischer als der zeitliche Bezug auf gegenwärtige Rechtsbelange ist der redundante Verweis auf das alte Recht, das weitgehend als authentisch und unanfechtbar gültig bestimmt ist. Die retrospektive Versicherung kodifizierter Normen im Gewohnheitsrecht einer Stadt oder eines Territoriums entspricht der bereits behandelten Rechtsauffassung des Mittelalters, wonach das 'gute alte Recht' das neue Recht bricht. Es handelt sich hierbei um eine Rechtsauffassung, die den heutigen Prinzipien von Novellierung und Reformierung gesetzlicher Regelungen konträr entgegensteht. Ebenfalls im *Bamberger Stadtrecht* (# 254, 43) zeigt bereits der erste Titel, wie wichtig der Rückbezug auf das alte Gewohnheitsrecht für die Gültigkeit und Einlösbarkeit von Rechtsaussagen war:

(4) Es ist von alter herkommen, das ein icklich schulteß, wanen der czu Sant-Walpurgmeß von einß herren wegen czu Bamberg auß den purgern lesen wolt, (...).

Dabei ist die Vergangenheitsbindung der stadtrechtlichen Texte, die nicht selten auch nur assertiert ist, doch zugleich auch aus Prätextbezügen glaubhaft erscheint, noch in frühneuzeitlichen Quellen zum Ausdruck gebracht. Im *Hamburger Stadtrecht* von 1603/05 wird weitgehend am alten Rechtsbestand festgehalten, wie er bereits im *Ordeelbok* von 1270 kodifiziert ist. Die Bindung an schriftlose Vorzeiten wird dabei sogar noch verstärkt hervorgehoben, so daß eine Dialektik von Schriftvertrauen im Zuge der stadtrechtlichen Kodifikation und Schriftzweifel im Rückgriff auf orale Rechtstraditionen erkennbar ist:

(5) Es soll bey der uralten und noch ietzo üblichen Gewohnheit gelassen werden, daß hinfüro ein Rath-Haus, und anders kein, und auch eine Ding-Banck, seyn und bleiben soll. Nach altem Herkommen und sittlicher Gewohnheit, soll der Rath, vor Petri ad Cathedram, zusammen treten, und, auf vorhergehende Berathschlagung, sich mit einander vereinigen, ob der Stadt Nothdurft erfordere, (...). (# 263, 5)

In nahezu allen städtischen Rechtsordnungen finden sich vergleichbare Passagen, so daß die Vergangenheitsbindung der Texte bei gleichzeitigem Anspruch auf je gegenwärtige Normierung textmustertypisch ist. Dabei ist zu bedenken, daß in die Stadtrechte ältere Markt- und Handelsrechte eingehen, folglich die Genese der stadtrechtlichen Domäne erkennbare textgeschichtliche Wurzeln hat. Auch im *Augsburger Stadtrecht* von 1276 (# 253, 2) heißt es:

(6) Hie hebent sich an die ehaftin unde elliu diu reht als si disiu stat ze Auspurch von ir herschefte mit rehte unde mit gu-eter gewonheit herbraht hat.

II.3 Prätextbezug

Die stark ausgeprägte und immer wieder thematisierte vorzeitige Bindung der Texte im Sinne einer literalen Verfestigung gewohnheitsrechtlicher Praxis läßt vermuten, daß auch die Verweise auf Prätexte als Zeugnisse gewohnheitsrechtlicher und retrospektiver Verankerung zahlreich sind. Doch trotz vielfältiger tatsächlicher Referenzen auf Prätexte werden diese kaum expliziert. Der Rückbezug auf das 'gute alte Recht' ist somit nicht überprüfbar, er wird behauptet, und nicht selten zielt er allein darauf, Rechtsordnungen die Patina des schon immer Gültigen zu verleihen. Doch realiter schöpfen, wie kaum anders zu erwarten, auch die Stadtrechte aus vorhergehenden Texten, der Prätextbezug ist konsequent gegeben. Eine besonders ausführliche und zuverlässige Untersuchung dazu liegt aus rechtsgeschichtlicher Perspektive für das Freiburger Stadtrecht vor. M. Blattmann (1991) unterscheidet in ihrer Analyse drei Typen des Prätextbezugs: Die pauschale Übernahme ganzer Textpassagen, die Satzergänzung bzw. -erweiterung sowie die systematische Kompilation und Integration von älteren Texten in einen neuen Text. In der Regel sind alle Typen der Bindung an vorzeitige Texte in den Stadtrechtsquellen festzustellen.

II.4 Status des Textproduzenten

Die Stadtrechte sind eine ausgesprochen heterogene Quellengruppe innerhalb des juridischen Diskursverbandes, und dies nicht nur hinsichtlich ihrer unterschiedlichen Verbreitungsradien und der daraus resultierenden rechtsgeschichtlichen Bedeutung, sondern ebenso in bezug auf ihre Entstehungsbedingungen und die daraus folgende Textgestalt. Eine allgemeine Aussage zum textmustertypischen Status des Textproduzenten ist daher nicht möglich, denn die Textproduzenten selbst sind bei den Stadtrechten keine einheitliche Größe. Zu unterscheiden sind vier Typen der Aufzeichnung stadtrechtlicher Normen, die teilweise parallel zu belegen sind, zum Teil aber auch in zeitlichem Nacheinander auftreten. Die älteste Form literalen Stadtrechts ist die Verleihung durch ein Privileg des Stadtherrn. Soest etwa verdankt seinen Status als Stadt einem jedoch nicht mehr erhaltenen Privileg des Kölner Erzbischofs aus dem 12. Jahrhundert (vgl. R. Gmür 1994, 50). In den Stadtrechtsprivilegien ist der Textproduzent grundsätzlich expliziert, geht es doch bei der Verleihung der städtischen Rechte auch immer um Selbstdarstellungen des Stadtherrn und um die eindeutige Zuordnung zu einem jeweiligen Machtzentrum. Die Stadtrechtsverleihungen, die zumeist im Hochmittelalter datiert sind, wurden weitgehend in lateinischer Sprache abgefaßt. Um diese Textgruppe kann es also nicht eigentlich gehen, wenn von der allein quantitativ schon bedeutsamen Rolle der Stadtrechte bei der Polyfunktionalisierung des Deutschen die Rede ist. Wichtiger als die Stadtrechtsprivilegien sind in unserem Zusammenhang die von der Bürgerschaft je eigenständig verfaßten Satzungen, die auch als Einigung oder Willkür bezeichnet wurden. Auf den Stadtrechtsprivilegien gründend, sind diese Texte Ausdruck des autonomen Handlungswillens der Bürgerschaft. Die Satzungen machen einen wesentlichen Anteil an der Stadtrechtsüberlieferung aus; ihre Aufzeichnung erfolgte im Auftrag des städtischen

Rates. In den Prologen der Stadtrechtssatzungen wird dies durch Textbausteine zur Explikation des Textproduzenten häufig zum Ausdruck gebracht, so im *Goslaer Stadtrecht* von 1330 (# 261, 29):

(7) De rad der stat to Goslere is to rade gheworden mit endrechtigher wulbort der koplude unde der woltwerchten unde der ghelden der sulven stat, dat se ere recht in dit boch willet bringhen, uppe dat it deste redelekere si, mallikem na rechte to to vorschedene.

Neben den Stadtrechtssatzungen sind die durch Aufzeichnung gewohnheitsrechtlicher Praxis entstandenen Rechtssammlungen zu nennen. So war das Magdeburger Recht zwar weithin bekannt im Mittelalter, doch kam es nie zu einer systematischen Aufzeichnung. Vielmehr bildete sich das Magdeburger Recht durch die Tätigkeit der Schöffen, also durch gerichtliche Praxis fort; ähnliche Verhältnisse gab es in Leipzig. Da es sich bei den Schöffensprüchen nicht um Kodifikationen bzw. verschriftete Normkataloge handelt, sind sie für das Textmuster der systematischen Verschriftung stadtrechtlicher Sätze nicht von zentraler Bedeutung.

Wichtiger sind hier die Stadtrechtsbücher, die neben den Satzungen die Überlieferung und Verbreitung städtischen Rechts maßgeblich geprägt haben. Die Stadtrechtsbücher „sind in deutscher Sprache verfaßte private Aufzeichnungen städtischen Rechts aus dem 13. bis 15. Jahrhundert" (D. Munzel 1990b, 1873) und als solche den Rechtsspiegeln verwandt, denen sie in Form und Vertextungsabsicht folgen. Das älteste Rechtsbuch und Prosawerk des juridischen Diskurses in deutscher Sprache überhaupt ist das *Mühlhäuser Stadtrechtsbuch* (# 171), das um 1230 entstanden ist; im Text wird auf jegliche Explikation des Textproduzenten verzichtet. Textgeschichtlich bedeutsam sind vor allem die Stadtrechtsbücher des Magdeburger Rechts, also das *Meißner Rechtsbuch* (# 168), das *Eisenacher Rechtsbuch* (# 51), das *Sächsische Weichbild* (# 160) und das *Breslauer systematische Schöffenrecht* (# 156). Wie bei den Rechtsbüchern tritt auch hier der Textproduzent in den Hintergrund; im Zentrum steht die Sammlung von Normen und nicht die persönliche Leistung des Kompilators.

Unberücksichtigt können in diesem Zusammenhang schließlich die Stadtbücher bleiben, die Aufzeichnungen aller städtischen Rechtsgeschäfte sowie Urkunden jeglicher Art enthalten. Es handelt sich bei diesen Quellen nicht um Sollensordnungen, für die hier behandelte Genese des juridischen Diskurses sind die Texte folglich irrelevant. Festzuhalten ist somit, daß als wichtigste Quellengruppe des Stadtrechts für die funktionale Sprachgeschichtsschreibung die Satzungen und die Stadtrechtsbücher in Betracht kommen. Während der Rat in den meisten Satzungen als Textproduzent genannt ist, wird der Kompilator in den Stadtrechtsbüchern nur selten erwähnt.

II.5/6 Themenwahl und Kommunikationsrichtung

Die Themenwahl der damit im wesentlichen zu behandelnden Stadtrechtstexte ist auf die stadtrechtlich relevanten Inhalte festgelegt, doch zeigen sich innerhalb dieses Themenkomplexes unterschiedliche inhaltliche Schwerpunktbildungen. Es ergeben sich folglich durchaus variable Strukturen der behandelten Rechtsgegenstände. Während etwa mancher Stadtrechtstext auf strafrechtliche Normen ganz verzichtet, finden sich in anderen Quellen gerade hierzu ausführliche Darlegungen. Lediglich die verfassungsrechtliche Stellung der Stadt, ihre Ratsorganisation und die daraus resultierenden Rechte und Pflichten der Bürger werden in nahezu allen Texten behandelt. Damit ist nochmals die Definition der mittelalterlichen und frühneuzeitlichen Stadt als Rechtsstadt bestätigt. Die Vermittlung der partiell gebundenen Themen erfolgt in einer strikt monologischen Kommunikationsrichtung, was dem Standardfall des juridischen Diskurses entspricht.[31]

II.7 Medium

Die bereits im Hochmittelalter einsetzende Verschriftung städtischen Rechts hat unterschiedliche Ursachen. Zum einen kam es zu den Aufzeichnungen aufgrund stadtinterner Differenzen zwischen der Bürgerschaft und den jeweiligen Stadtherren, was erstere zur schriftlichen Niederlegung ihres Rechtsverständnisses mit dem Zweck der Legitimation von Bürgerrechten veranlaßt. Wichtiger war jedoch die schnelle Entwicklung der städtischen Verbände und die daraus resultierende Festlegung immer neuer Rechtsgegenstände. Allein schon aus mnemotechnischen Gründen gelangte dabei die orale Tradierung bald an ihre Grenzen:

> Vielfach sind die Stadtrechte aufgezeichnet worden. Der Grund dafür dürfte nicht nur der geforderte schriftliche Rechtsbeweis gewesen sein, sondern auch die Tatsache, daß niemand in der Lage war, die durch die komplizierte Rechtsstruktur der Stadt notwendige Zahl der Rechtssätze mit der erforderlichen Genauigkeit im Gedächtnis halten zu können. (U. Eisenhardt 1984, 49)

Das heißt jedoch nicht, daß es in allen größeren Städten auch tatsächlich zu Rechtsaufzeichnungen gekommen ist, wie am Beispiel Kölns bereits gezeigt werden konnte. Häufig hat erst die Bewidmung anderer Städte zur Aufzeichnung des eigenen Rechts geführt, doch kam es durchaus auch zur Verschriftung für eigene Zwecke. Dabei wurden „entweder diejenigen Rechtssätze, welche bisher in stillschweigender Anerkennung gegolten hatten, durch schriftliche Aufzeichnung befestigt, oder es wurden die Verhältnisse selbstän-

---

[31] Eine Ausnahme bildet das *Liegnitzer Stadtrechtsbuch* (# 150) des Nikolaus Wurm, das als Dialog zwischen Lehrer und Schüler gestaltet ist.

dig und neu geordnet" (O. Stobbe 1860, 487). Das Freiburger Stadtrecht (# 260, 243) aus dem Jahr 1520 will der „blöden vergessenheit" mit den Mitteln der Schrift begegnen, und im *Augsburger Stadtrecht* (# 253, 1) wird die mnemotechnische Funktion der Schrift sogar zu Beginn des Prologs ausdrücklich hervorgehoben:

(7) Wande elliu dinch unde diu geschaefde diu die lv-ete waerbent dicke vergaezzen waerdent unde ouch verderbent, davon so ist not, swaz man wirbet daz man daz gu-eter gehugnusse enpfaelhe mit der schrift, daz ez staete belibe.

Im Zuge der Rezeption des römischen Rechts sind die Funktionsvorteile der Schrift gegenüber der mündlichen Tradierung bewußt in den Kodifikationsgedanken, also den Versuch der systematischen Sammlung des überlieferten Rechtsgutes, eingebracht. Dabei wird etwa in der *Wormser Reformation* (# 316, 97) aus dem Jahr 1498 dem unbeständigen Handeln des Menschen in Entsprechung der Gerechtigkeitsdefinition des *Corpus Iuris Civilis* die Beständigkeit von Recht und Schrift gegenübergestellt, die Funktionsanalogie beider also betont. Da es sich hierbei nicht nur um ein rechtsgeschichtlich interessantes Zeugnis handelt, sondern ebenso um ein ausgezeichnetes Beispiel einer quasi-philologischen Reflexion zur Funktion der Schrift, sei der entsprechende Passus in ganzer Länge zitiert:

(8) So das wesen der menschen von angeborner natur geprechlich, die geschicklicheit unglich und die verstentnus in underscheidung und urteilen der fürfallenden sachen und hendel zu zyten durch natürlich begirde (die gemeinlich schnel ist zu bösem), auch etwan durch vernuft und ursachen anders und anders bewegt, gezogen und geleitet, dardurch der gemein nütz enthalten oder gemeret oder gekrenkt wirdet, und aber die gerechtikeit ein stanthaftige muter, der ding aller regirerin und glymesserin, einem yeden gibt das syn, auch frid und einikeit, one die der gemein nütz nit bestehen mag (das alles steet in gemüt der menschen, die unglycher synn, verstentnus und meynung sind), darumb ist not, nütz und gut gewesen und noch zu hilf der gedechtnus, gesetze und ordenung zu machen, auch die unser voraltern, mit hohem flyß uffgericht, in schriften zuvervassen.

Das hier zum Ausdruck kommende Schriftvertrauen bzw. die hohen gesellschaftlichen Erwartungen an die Leistungsfähigkeit der Schrift als Bedingung einer gemeinnützigen Sozialstruktur können jedoch nicht darüber hinwegtäuschen, daß die Stadtrechte noch bis in die Frühe Neuzeit am Schnittpunkt von oraler und literaler Tradierung stehen. Ähnlich wie die Weistümer wurden auch die Stadtrechte noch lange Zeit jährlich vor der Stadtgemeinde verlesen (vgl. O. Stobbe 1864, 230) und zudem manche Rechtsgewohnheit parallel zur Existenz von schriftlichen Rechtsquellen allein durch Übung und Brauch überliefert. Wir müssen insofern davon ausgehen, daß neben den heute greifbaren Quellen ein Substrat oraler Tradierung die Rechtsordnung der spätmittelalterlichen und noch frühneuzeitlichen Stadt prägte. Mag dies auch rechtsgeschichtlich bedeutsam sein, so nimmt es den Stadtrechtstexten nichts von ihrem Rang im Kontext der Verschriftung rechtlicher Kommunikation im deutschen Sprachraum. Schon die frühen lateinischen Aufzeichnungen von Privilegien haben eine fortschreitende literale Vertextung angestoßen, die M. Blattmann (1991, 384) als „Initialzündung einer kontinuierlichen schriftlichen Rechtstradition" beurteilt und von einer schriftbedingten Eigendynamik in der Verbreitung der Texte reden läßt. Die schriftliche Fixierung des Rechtsguts städtischer Verbände hat schließlich erst die Rechtstraditionen der Stadt begründet, die Bildung von Stadtrechtsfamilien ermöglicht und insofern zu einer Verbreitung pragmatischer Schriftlichkeit in deutscher Sprache geführt.

II.8 Sozialer Raum

Wenn auch die spätmittelalterlichen Städte nicht die Größe der römischen Städte in den ersten nachchristlichen Jahrhunderten erreichten - Trier hatte im 4. Jahrhundert beispielsweise mehr als 80.000 Einwohner (vgl. O. Kimminich 1987, 89) -, so waren die bedeutenden deutschen Städte doch immerhin so groß, daß eine städtische Anonymität bezogen auf den gesamten sozialen Verband bestand. Köln zählte um 1500 immerhin 35.000, Lübeck 25.000 Einwohner; die Zahl der Bürger anderer großer Städte bewegte sich zwischen 10.000 und 20.000. Die Mehrzahl der spätmittelalterlichen und frühneuzeitlichen Städte im Deutschen Reich zählten jedoch kaum mehr als 500 Einwohner (vgl. ebd.). Doch unabhängig von der unterschiedlichen Größe der Städte ist allen der Zusammenschluß der Bewohner als Bürgerschaft zur Stadtgemeinde eigen. Zu diesem Bürgerverband gehörte erst, wer den Bürgereid geleistet hatte, so daß die Stadt als bürgerschaftlicher Personenverband einen klar definierten sozialen Zusammenhang beschreibt (vgl. G. Dilcher 1990, 1864). Innerhalb dieses Consoziums hatten die Stadtrechte ihre Geltung, und dies zumindest in bezug auf ihre generellen Normierungen ohne Einschränkung auf einzelne soziale Gruppen. Die Stadtrechte sind also ein Textmuster mit öffentlicher Adressierung, denn jeder Bewohner war letzthin Subjekt der selbstverfaßten Ordnung. Es ist der bereits in obigem Zitat aus der *Wormser Reformation* (# 316) eindringlich genannte gemeine Nutzen der Stadtrechte, also die Textfunktion einer Ordnung des gesamtstädtischen Zusammenlebens, der diese öffentliche Adressierung motiviert. Ganz im Zeichen der Rechtsnormierung für die städtische Gemeinde in toto steht etwa die *Nürnberger Reformation* (# 181, 3) von 1479, gedruckt 1484. Auch hier ist eine Zitation der entsprechenden Passage in voller Länge aufgrund der sprach- und rechtsgeschichtlichen Bedeutsamkeit sinnvoll:

(9) Und nach dem auch in zimlicher und geleicher austailung der gerechtikait nit allain geschützt, beschirmt und gehanthabt würdet fride, eynigkait und zymliche gehorsame der ganzen gemainde, sunder auch darzu die gemüt allermeniglich mit gepürlichen und pillichen gesetzen und ordnungen sovil mer und stattlicher in ausübung irer verpflicht und gehorsam mit liebe und günstigem willen verfasset und bestetiget werden, hierumb got

zu lobe und zu hailsamer und seliger merung gemaines nutzes diser erbern stat und auch der ganzen gemainde hat ain erber rat incraft gemaines rechten, auch aus kaiserlicher und küniglicher freyhait und deshalb irer oberkait und regiments, so man zu latein ius magistratus nennet, mit gutem vorrate, wolbedechtlich und auch mit rate der hochgelerten gemainer geschribner recht erkant, gesetzt und geordent die hernach geschriben gesetze und ordnung, zu gemainen statrechten und andern gerichten, gemainer stat und den iren underworfen, dienende.

II.9 Verhältnis der Kommunikationspartner

Innerhalb der vereidigten Bürgerschaft kann durchaus von einem Zusammengehörigkeitsgefühl der Städter ausgegangen werden, doch die konkreten Lebensbedingungen der Stadtbewohner waren realiter selbstverständlich von einer Distanz zwischen Rat und einfachen Bürgern geprägt. Die Handlungsanweisungen bzw. Normen der Stadtrechte spiegeln insofern durchaus einen sozialen Abstand zwischen den Kommunikationspartnern, wenn diese auch nicht so evident wie bei den Reichs- und Territorialrechten sind.

II.10 Rollenverhältnis

Das gebundene Rollenverhältnis der Textmuster des übrigen juridischen Diskurses prägt auch die Vertextungen der Stadtrechte. Dabei trifft die ständische Ordnung mit der Verteilung der Produzenten- und Rezipientenrolle zusammen. U. Eisenhardt (1984, 123) weist darauf hin, daß die „ständische Schichtung" innerhalb der Bürgerschaft seit dem Mittelalter zunahm, so daß es zu Gruppenbildungen im städtischen Gemeinwesen kam. Die *Reichspolizeiordnung* (# 225) von 1530 unterscheidet bereits die gemeinen Bürger und Handwerker, die Kauf- und Gewerbsleute sowie die finanziell unabhängigen, von Zinsen und Renten lebenden Einwohner. Die Textproduzenten der Stadtrechte gehören vor allem zur letzten Gruppe, zum vornehmen Patriziat, denn das war im Rat maßgeblich vertreten. Die Normadressaten sind demnach in der Mehrzahl Bürger anderer sozialer Schichten als die Textproduzenten.

II.11 Interaktionskontakt

Die topographische Begrenzung der Stadt bedingt eine raumkonstante Kommunikation, die der zeitlichen Differenz von Rechtssetzung bzw. -aufzeichnung und Normrezeption nicht im Wege steht. Viele Stadtrechte haben über lange Zeiträume Gültigkeit beansprucht, so daß die Auseinandersetzung mit älteren Normsetzungen zur täglichen Rechtspraxis der spätmittelalterlichen und frühneuzeitlichen Periode gehörte.

II.12 Anzahl der Textproduzenten

Für diese Variable ergibt sich eine deutliche interne Differenziertheit nach den verschiedenen stadtrechtlichen Quellentypen. Während die Satzungen auf Vertextungsabsichten der Bürgerschaft und des Rates zurückgehen und folglich für diese ein kollektiver Schreibprozeß anzunehmen ist, sind die Stadtrechtsbücher als Privatarbeiten ein Ergebnis der Aufzeichnung einzelner Kompilatoren. Einen besonderen Status haben die Stadtrechtsreformationen, die wir bereits als wichtige Textgruppe für die Rezeption des römischen Rechts eingeführt haben und die als solche zumindest partiell auf die Kompetenz einzelner Rechtsgelehrter zurückgehen. Ein prominentes Beispiel hierfür ist das *Freiburger Stadtrecht* (# 260) von 1520 des Ulrich Zasius (1461-1536), das nicht nur als gesetzgeberische Leistung, sondern auch „durch seine klare und verständliche Sprache" (H. Conrad 1966, 370) hervortritt. Doch selbst in diesem Text führt die Vorrede die Bürgerschaft und den Rat als Textproduzenten an (# 260, 243).

II.13 Produzent-Rezipient-Hierarchie

Was die zweifellos hierarchische Produzent-Rezipient-Relation der Stadtrechte angeht, ist neben den rollenbedingten Aspekten zu bedenken, daß nicht alle Stadtrechte bzw. sämtliche Normen eines Stadtrechtstextes an die Bürger selbst adressiert sind. Vielmehr waren manche Textpassagen allein für den Gebrauch in Gerichten und in der Verwaltung bestimmt, so daß die Bürger nur mittelbar angesprochen waren. Deutlich ist dies etwa im ausführlichen *Münchener Stadtrecht* (# 260, 305) von 1340:

(10) Dovon gepieten wir pey unsern hulden allen unsern richtern und amptluten in unserm land ze Bayern u-eberal in steten, in maergten und auf dem land, daz si diu selben recht also halten pey im ayden, (...).

III. Polyfunktionalität und Handlungsintention

Wir haben bereits für die Verschriftung lokal ausgeprägter Rechtsnormen verschiedene Ursachen angeführt, allen voran das Bestreben der Bürgerschaft nach eigenen, gegenüber den Machtansprüchen des Stadtherrn einzubringenden Rechtsordnungen und das Wissen der Städter um die mnemotechnischen und verfahrensrechtlichen Vorteile aufgezeichneten Rechts. Die Faktoren, die zur Ausbildung schriftlicher Rechtstraditionen in den Städten geführt haben, fallen mit diesen allgemeinen Motivationsgrundlagen der stadtrechtlichen Normierung zusammen. Auch hier kommt den Differenzen zwischen Stadtherrn bzw. der Landesherrschaft und dem sich neu konstituierenden Bürgertum erhebliches Gewicht zu; H. Hattenhauer (1992, 233) ordnet die entsprechenden Machtkämpfe sogar als „Leitthema der europäischen Stadtgeschichte“ ein, wobei die innerstädtischen Auseinandersetzungen deshalb keineswegs ausgeblendet werden können. Die sprachgeschichtlichen Aspekte der massiven Verschriftung stadtrechtlicher Normen in deutscher Sprache seit dem beginnenden Spätmittelalter stehen folglich in engstem Zusammenhang zur Veränderung der sozialen Strukturen durch den Aufschwung der Städte und die wachsende Bedeutung des Bürgers in der ständischen Ordnung des Deutschen Reichs. Daß die Bestrebungen um Aufbau und Erhalt eines nicht nur merkantil, sondern auch im umfassenden Sinn rechtlich autonom definierten Lebensraums qua eigener Stadtverfassung in der schriftlichen Fixierung der städtischen Ordnungsvorschriften aufgeht, entspricht sachlich und zeitlich den parallel verlaufenden Tendenzen in anderen Subdomänen des juridischen Diskurses. Während jedoch in den ländlichen Ansiedlungen Einwohnerzahlen von wenigen hundert erreicht wurden, forderten die Städte aufgrund ihrer für damalige Verhältnisse teilweise beträchtlichen Siedlungsdichte besonders klar und zuverlässig ausgearbeitete Rechtsordnungen. Bereits makrostrukturell unterscheiden sich daher auch die ländlichen Weistümer von den Stadtrechten. Während die Weistümer in der Regel auf Anlaß konkreter Rechtspflegebedürfnisse nur wenige Normauskünfte erteilen, sind die stadtrechtlichen Satzungen von Anfang an um ausführliche, den einfachen Kompilationsbestrebungen entsprechende Sammlungen aller städtisch relevanten Rechtssätze bemüht. Da die Herstellung und Bewahrung sozialer Ordnung zu den wichtigen Aufgaben des Stadtherrn bzw. des Stadtrates gehörte, gibt es auch keine mittelalterliche Stadt ohne eigene Rechtsordnung, ob diese nun verschriftet und mitüberliefert ist oder nicht. Im Verlauf des Spätmittelalters führten dann einerseits die verfassungsbezogenen Besonderheiten des Deutschen Reichs und andererseits die sozialen Umschichtungen durch Entfaltung des Bürgertums zu einer Komplizierung des Rechts, die zugleich eine sachbezogene Differenzierung und die Notwendigkeit der Konkretisierung von Rechtsnormen nach sich zog. Folglich erfuhren auch die Sollensordnungen des Spätmittelalters selbst eine funktionale Differenzierung, die in der Ausprägung neuer Rechtsinstitute, im stetigen Anwachsen von Rechtsnormen und in der Bildung neuer Rechtskreise, wie dem Stadtrecht, ihren Ausdruck findet. Die Verschiebung von der zentralisierten Reichsmacht auf die territorialen Machtzentren und die damit verbundenen Ansprüche auf je eigene Rechtskodifizierung und Gerichtsbarkeit auf der lokalen Ebene führten demgemäß zu einer Vertextungswoge im gesamten Spätmittelalter. Gerade die Fülle der überlieferten Stadtrechte zeigt, daß dieser Vertextungsschub als Bottom-up-Prozeß zur Funktionsdifferenzierung des Deutschen beigetragen hat.

Mit Beginn der Frühen Neuzeit kommt es für das Stadtrecht schließlich zu einer Erweiterung der Handlungsabsichten bei der Verschriftung. Die seit dem

14. Jahrhundert durch Studien deutscher Studenten in Italien beginnende Aufnahme spätantiken Rechtsgutes führt im 15. und 16. Jahrhundert zu einer intensiven Auseinandersetzung mit dem römischen Recht. Mit H. Mitteis (1992, 328) ist in diesem Zusammenhang zu bedenken, daß die gesamte Rezeption des römischen Rechts in engstem Zusammenhang mit dem spätmittelalterlichen Selbstverständnis des Gelehrten und seiner bibliozentrischen Arbeitsweise zu sehen ist. So sei der Rezeptionsvorgang nicht zu verstehen ohne den Blick auf die Beziehung mittelalterlicher Gelehrsamkeit zum Buch. Und auch das römische Recht hat eben als ratio scripta gegolten. Die frühneuzeitlichen Stadtrechtsreformationen sind Reflexe auf diese Buch- bzw. Schriftorientierung, indem sie das literal überlieferte römische Recht rezipieren und selbst den Versuch der umfassenden schriftlichen Kompilation unternehmen. So hat die Rezeption in Deutschland zur Ausbildung eines neuen Rechtsquellentypus beigetragen, wobei die Stadtrechtsreformationen neben den reformierten Landrechten an erster Stelle zu nennen sind. Daß die Stadtrechte durch Zuzug und Veränderung der sozialen Struktur dabei erkennbar progressiver als die ländlichen Rechtsordnungen waren und den „städtischen Verwaltungsgedanken" (H. Fehr 1962, 129) maßgeblich beförderten, gilt auch für die Frühe Neuzeit, hier jedoch ergänzt durch die gelehrten Rechtsvorstellungen. Eine Folge der theoretischen Durchdringung der Rechtsordnungen ist in den reformierten Stadtrechten unter anderem die vermehrte Erklärung der Vertextungsintentionen. Nach einer Aufzeichnung des Chronisten und Ratsherrn Reinhard Noltz von 1499 sollte beispielsweise der „Statt Wormbs Reformation" auf der Basis des römischen Rechts jedermann Auskunft darüber erteilen können, „wan er Recht oder Unrecht hette, wie du dan clärlich in demselben Buch, der Statt Worms Reformation genant, findest" (vgl. J. Battenberg 1995, 1536). Bemerkenswert ist dabei der Anspruch auf Gültigkeit über die engen städtischen Grenzen hinaus. Die bedeutenden unter den frühneuzeitlichen Stadtrechten bezwecken folglich eine am römischen Recht orientierte Vereinheitlichung der Rechtsordnung, die neben den weiterhin in Betracht kommenden Autonomiebestrebungen Movens der Vertextung sind.

Für die dritte hier relevante Quellengruppe des stadtrechtlichen Diskurssegments, für die Stadtrechtsbücher, kommen neben den allgemeinen, bereits erwähnten Handlungsintentionen eines aufblühenden Bürgertums noch die zeittypischen Kompilationsbestrebungen zum Ausdruck, wie sie vor allem mit den Rechtsbüchern einzulösen versucht wurden. Entsprechend eng sind auch die intertextuellen Beziehungen zwischen Rechtsbüchern und Stadtrechtsbüchern. Wie in manchen der überlieferten Rechtsbüchern finden sich dabei auch in den Stadtrechtsbüchern explizite Erklärungen zur Vertextungsabsicht. Nikolaus Wurm erklärt in seinem *Liegnitzer Stadtrechtsbuch* (# 150, XXX) vom Ende des 14. Jahrhunderts, die Verwirrung über geltendes Recht sei soweit vorangeschritten, daß die Zeit zur systematischen Aufzeichnung verbindlicher Normen gekommen sei:

(11) Die zache dezes buches ist in sich selber slecht, so das sich vil lewte vorworren haben mit dem rechten und noch vorwerren, die sich mit manchirhande eynval bekommen. (...) Und synt das denne alle sachin in dem rechte nicht mogin beschreben seyn, synt das alle tage newe sachen entsprissen, dorumme wil ich das buch yn stad recht setzczen ordenlichin noch den materien, die ich hirynne begreiffen will.

Auch das *Wiener Stadtrechtsbuch* aus der ersten Hälfte des 14. Jahrhunderts, das in 151 Artikeln eine Fülle von Rechtssätzen systematisch aufführt, gibt im Prolog Auskunft über die Zielsetzung (vgl. D. Munzel-Everling 1995, 1399):

(12) (...) daz ich weltlichen recht, der ich gedacht han ze reden, und ze schreiben, den leuten also fürpringe, daz seu do von getröst werden, und dester paz erchennen, an wem si schaden oder frum nemen, swenne si durch not, und auf recht chömen fur gericht.

Nicht immer trifft die tatsächliche rechtsgeschichtliche Bedeutung der Stadtrechtsbücher mit dem intendierten Nutzen zusammen, doch aus sprachgeschichtlicher Perspektive gehören die Stadtrechtsbücher als Teilbereich des stadtrechtlichen Diskurssegments ohne Zweifel zu denjenigen Zeugnissen pragmatischer Schriftlichkeit des Spätmittelalters, die den Differenzierungstendenzen der Rechtskommunikation und insofern der Polyfunktionalisierung des Deutschen beizuordnen sind.

In der Gesamtbeurteilung gilt dies für die Stadtrechte überhaupt, weil das Stadtrecht eine bemerkenswerte quantitative und räumliche Verbreitung gefunden hat und die Inhalte der lokalrechtlichen Normen auf die unmittelbaren lebensweltlichen Umstände der im Wachsen begriffenen Schicht des Bürgertums bezogen waren. Es ist davon auszugehen, daß der Stadtbürger von den Stadtrechten in aller Regel Kenntnis hatte, und dies nicht allein aufgrund der mancherorts aufrecht erhalten gebliebenen oralen Tradierung gewohnheitsrechtlicher Vorstellungen. Die Fülle der inhaltlichen Aspekte und die Präsenz der verschrifteten Stadtrechte haben dazu geführt, daß jeder Bürger Kenntnis zumindest von einigen dieser Normen gehabt haben muß, seien diese nun handelsrechtlicher, privatrechtlicher oder anderer Art. Die Stadtrechtstexte standen folglich im Fokus der juridischen Aufmerksamkeit des Städters. Die Vielzahl parallel gerichteter Handlungen im Prozeß der Vertextung hat in gänzlicher Entsprechung des hier zugrunde gelegten Modells sprachlicher Wandlungsvorgänge zur Ausprägung schriftfixierter lokaler Rechtstraditionen im gesamten deutschen Sprachraum geführt, die erst durch die wachsende Bedeutung landesrechtlicher Sollensordnungen im Zuge der Zentralisierung von Machtansprüchen im Absolutismus ein Ende fand. Die im weitesten Sinn rechtsbezogene Schriftpraxis der Städte hat sich seitdem auf das Feld kommunaler Verwaltungstätigkeit beschränkt.

Der Stellenwert der Stadtrechte wird in den bisherigen Sprachgeschichten wie viele andere textgeschichtliche Aspekte des sprachlichen Wandels unterschätzt bzw. mißachtet. Ist sich eine auch sprachexterne Faktoren berücksichtigende Historiolinguistik der soziologischen Implikationen der Städtegründungen schon seit langer Zeit bewußt, so berücksichtigt man die stadtrechtlichen Quellen selbst in der Regel nicht. Doch gerade die Texte sind Indikatoren historischen Wandels und nutzen nicht nur das Deutsche als Medium der Literalisierung, sondern bedingen im Rahmen eines Invisible-hand-Prozesses eine Ausweitung des Funktionsumfanges der deutschen Communicatio.

IV. Polylinguale Intertextualität

Bereits die Analyse der reichs- und territorialrechtlichen Quellen zeigte, daß polylinguale Textverschränkungen einen beachtlichen Anteil bei der Ausprägung volkssprachiger Textmuster haben; dies wird als Ergebnis der Gesamtuntersuchung noch zu diskutieren und in den Kontext methodologischer Fragen der Historiolinguistik einzubringen sein. Auch das Diskurssegment der stadtrechtlichen Sollensordnungen weist ausgeprägte polylinguale Intertextualität auf, die zumindest im paradigmatischen Zugriff zu behandeln ist. Während für den juridischen Diskurs insgesamt der Übergang vom Latein zum Deutschen als lingua franca der rechts- und verwaltungsbezogenen Kommunikation gegenüber den bisherigen, oft sehr pauschalen Positionen modifiziert zu betrachten ist, geben die stadtrechtlichen Quellen ein geradezu prototypisches Beispiel für die Substituierung einer zunächst ausschließlich lateinisch verfaßten Diskursdomäne durch deutsche Vertextungen. Bis in das beginnende 13. Jahrhundert ist die Sprache der Stadtrechte noch fast ausschließlich Latein, doch parallel zur Konstituierung einer deutschen Texttradition in den übrigen Teildomänen des juridischen Diskurses erfolgt die Aufzeichnung rechtlicher Normen seit dieser Zeit in wachsendem Maße nur noch deutsch. Damit fallen viele der Stadtrechtsprivilegien noch in die Zeit der lateinischen Dominanz, während die autonome Aufzeichnung stadtrechtlicher Satzungen schon massiv von den volkssprachlichen Tendenzen geprägt ist. Viele Stadtrechtssatzungen sind von vornherein in deutscher Sprache abgefaßt oder zumindest innerhalb kürzerer Zeiträume aus dem Latein in das Deutsche übertragen. Beispiel hierfür ist das *Hildesheimer Stadtrecht* (# 264), das 1249 zunächst in lateinischer Sprache abgefaßt, im Jahr 1300 jedoch bereits ins Deutsche übersetzt wurde (vgl. H. Conrad 1962, 356). Auch das *Dortmunder Stadtrecht* (# 258), das nach 1250 aufgezeichnet wurde, ist zunächst als lateinischer Text überliefert, doch diesem „ersten lateinischen Stadtrecht wurden in der ersten Hälfte des 14. Jahrhunderts verschiedene Novellen in deutscher Sprache angehängt“ (R. Schröder/E. von Künßberg 1932, 747); auch hier bediente sich also die spätmittelalterliche Aufzeichnung der deutschen Sprache. Schon mit diesen Beispielen zeigt sich die lateinische Prätextualisierung der spätmittelalterlichen deutschen Stadtrechte. Als älteste Quelle des Stadtrechts ist dabei das Ius mercatorum des 10. Jahrhunderts anzusehen, also die Vereinbarungen zum Schutz der Kaufleute gegen Abgabenleistungen, die auf karolingischen Privilegien gründeten (vgl. H. Planitz 1971, 143). Auch dieses hochmittelalterliche Kaufmannsrecht war ausschließlich lateinisch kodifiziert.

Ein ausgezeichnetes Beispiel für die Ablösung der lateinischen Vertextungstradition durch deutsche Aufzeichnungen ist für das stadtrechtliche Diskurssegment die Geschichte der Rechtsquellen aus Freiburg/Br., nicht zuletzt weil die polylinguale Intertextualität von rechtsgeschichtlicher Seite durch M. Blattmann (1991) ausführlich untersucht ist. M. Blattmanns Ergebnissen zufolge ordnen sich die prominenten Freiburger Stadtrechte in deutscher Sprache von 1275, 1293 und 1520 einer texthistorischen Achse zu, die zuvor allein lateinische Rechtsaufzeichnungen mit der volkssprachigen Verschriftung gewohnheitsrechtlicher Normen verbindet. Noch der *Freiburger Stadtrodel* von 1218 ist lateinisch verfaßt. Demnach gehen dem ersten deutschen Stadtrecht von 1275 bei Konzentration auf die wesentlichen Quellen vier Freiburger Stadtrechtsquellen in lateinischer Sprache voraus. Dies sind die *Gründungsurkunde* von 1120, die *Bertoldsbestätigung* ebenfalls aus dem 12. Jahrhundert, die um 1200 entstandene erweiterte *Handfeste* und schließlich der *Stadtrodel* von 1218. Eine detaillierte Übersicht zu den lateinisch-deutschen Texttransferenzen ergibt sich aus M. Blattmanns 44 Texte berücksichtigendem Stemma, das neben den erwähnten Texten auch die von diesen abhängigen Tochterrechte in die Analyse einbezieht. Die Substituierung lateinischer Texttraditionen mit Beginn des Spätmittelalters ist dabei offensichtlich, so daß M. Blattmann (1991, 389) zusammenfassend festhält: „Alle Rechte des Freiburger Kreises (...) basieren auf einer oder mehreren früheren Aufzeichnungen“, und diese sind, sofern es sich um hochmittelalterliche Quellen handelt, ausnahmslos lateinisch. Dieser diachrone Befund wird durch eine Vielzahl weiterer Stadtrechtsüberlieferungen bestätigt. So führt P. Csendes (1987) bis zur Mitte des 14. Jahrhunderts sieben prominente Stadtrechtsquellen für die Stadt Wien an, von denen die ersten fünf noch gänzlich in der Tradition der lateinischen Rechtsaufzeichnung stehen. Im einzelnen handelt es sich dabei um das Stadtrechtsprivileg von 1221, das sogenannte *Leopoldinum*, das *Privileg* von 1237, die ergänzende Bestätigung des *Leopoldinums* von 1247 und deren Wiederholung aus dem Jahr 1247 und schließlich um die beiden Fassungen des *Rudolfinums* von 1278. Parallel zu den Verhältnissen Freiburgs wird das *Stadtrechtsprivileg* von 1296, das *Albertinum I*, bereits ausschließlich in deutscher Sprache verfaßt, wobei es sehr aufschlußreich ist, daß „23 der insgesamt 38 Artikel (...) unmittelbar aus der Vorurkunde, dem Rudolfinum II, übersetzt“

(P. Csendes 1987, 45f) wurden. Die Mehrzahl der Rechtssätze aus dem *Rudolfinum II* bleibt also im *Albertinum I* erhalten, so daß es aufzeichnungstechnisch am einfachsten gewesen wäre, die Rechtssätze in ihrer lateinischen Fassung einfach zu kopieren. Doch trotz der weitgehenden Textübereinstimmungen folgt das *Albertinum I* der Gesamttendenz des juridischen Diskurses zur volkssprachigen Rechtsaufzeichnung und schafft durch die Übersetzung einen neuen Text. Mit dem Text von 1296 ist die volkssprachige Kodifikation des Wiener Stadtrechts etabliert, so daß es kaum erstaunt, daß auch die Neuredaktion des Textes, das *Albertinum II* von 1340, in deutscher Sprache verfaßt wurde. Die Schnittstelle zwischen lateinischer und deutscher Vertextung qua Übersetzung einer lateinischen Quelle entspricht auch der Freiburger Vertextungsgeschichte vollkommen. So sind viele der Rechtssätze des *Freiburger Stadtrechts* von 1275 unmittelbare Übersetzungen des lateinischen *Stadtrodels* von 1218 bzw. Bearbeitungen anderer lateinischer Vorlagen. M. Blattmann (1991, 286f) führt allein 50 wörtliche Übertragungen zwischen *Stadtrodel* und dem *Stadtrecht* von 1275 an. Das sind über 60% der insgesamt 81 Rechtssätze.

Es ist deutlich, daß die deutsche Texttradition des Stadtrechts in Verbindung mit jeweiligen lateinischen Prätexten zu sehen ist, die polylinguale Intertextualität demnach ein zentraler Faktor der volkssprachlichen Etablierung dieses Diskurssegments ist. Die erkennbar enge Bindung der frühen deutschen Stadtrechte an die hochmittelalterliche Latinität der Stadtrechtsprivilegien hat eine schnelle, vom Latein gänzlich autonome Vertextungstradition dabei keineswegs gebremst. Der Übergang von der lateinischen zur deutschen Textokkurenz ist bei den Stadtrechten absolut. Je weiter der zeitliche Abstand der deutschen Stadtrechte schließlich zu den lateinischen Privilegien ist, um so stärker treten die deutschen Texte selbst bereits als Prätexte wiederum neuer Kodifikationen auf, womit die volkssprachliche Diskursdomäne dann seit dem 14. Jahrhundert von der juridischen Latinität gänzlich abgelöst ist. Als ein weiteres Beispiel für den entsprechenden Ablösungsprozeß können die Aachener Rechtsdenkmäler und Urkunden aus dem 13. bis 15. Jahrhundert nach der Sammlung von Hugo Loersch (# 252) angeführt werden. Nachfolgendes Histogramm zeigt die Verteilung der deutschen und lateinischen Texte dieser Sammlung und bestätigt die bisherigen Befunde:

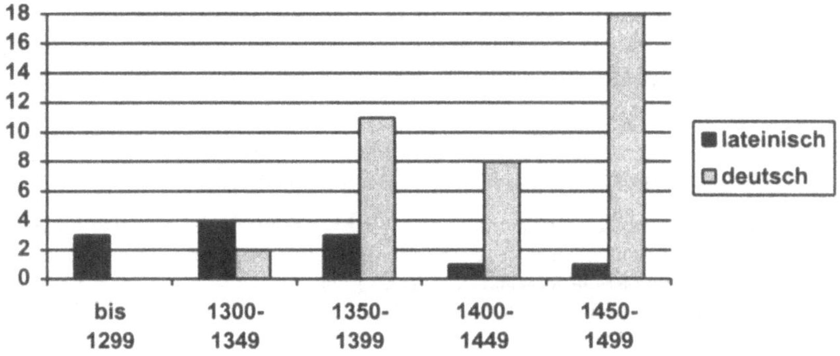

Abb. 18: Verhältnis von deutschen und lateinischen Texten in Aachener Rechtsdenkmälern

Wir halten fest, daß bei den stadtrechtlichen Quellen die polylinguale Intertextualität auf der Transferachse Latein ↣ Deutsch so dominant ist, daß andere polylinguale Bezüge kaum ins Gewicht fallen. So sind bei den Stadtrechtsquellen auch keine Relatinisierungen wirksam. Dies ist besonders aufschlußreich im Hinblick auf die Leistungen der stadtrechtlichen Diskursdomäne als subsidiäre Quellengruppe bei der Etablierung des römischen Rechts im Deutschen Reich. Während das gelehrte juristische Rechtsschrifttum der Frühen Neuzeit in Entsprechung der dort primär behandelten antiken römischen Rechtstexte in lateinischer Sprache abgefaßt war, werden die zeitgleich entstehenden Stadtrechtsreformationen trotz der Berücksichtigung und des Bezugs auf die antiken Quellen konsequent in Deutsch aufgezeichnet. Damit stehen diese Texte unabhängig von ihren rechtsbezogenen Neuerungen im Kontinuum des Ausbaus deutscher Rechtsvertextung und der damit einhergehenden Ablösung des Lateins als Kodifikationssprache. Die Stadtrechtsreformationen bedienen sich sogar einer ausgesprochen allgemeinverständlichen deutschen Sprache, so daß sie vom lesenden Laien gut zu verstehen waren. Die darin zum Ausdruck kommende Absicht der Textproduzenten nach Verständlichkeit erklärt auch die Beibehaltung deutscher Texttraditionen trotz der humanistischen Antikenrezeption. Das Deutsche löste offenbar bereits zu Beginn der Frühen Neuzeit die Funktion der Texte, einen verbindlichen und verständlichen Verhaltenskodex aufzustellen, am besten ein. Ein Textausschnitt aus dem *Freiburger Stadtrecht* (# 260, 260) von 1520 mag die hohe stilistische Qualität der volkssprachigen Vermittlung von Rechtsinhalten verdeutlichen:

(13) Welcher ein ligend gut, acker, matten oder anders verlyhet, so sind die frücht, so daruff wachsen, als win, korn oder anders, desglichen ander hab, so in daßelb gut bliblich ingepracht, dem verlyher verschwigenlich umb die pension verpfendet.

Die sprachliche Verarbeitung des gelehrten Rechts ist in den Stadtrechtsreformationen eine gänzlich andere als etwa in Nikolaus Wurms *Liegnitzer Stadtrechtsbuch* (# 150). Auch bei Nikolaus Wurm wird gelehrtes Recht ausführlich berücksichtigt, die römischen und kanonischen Normen sind direkt in den Text eingearbeitet. Der Text wird dabei jedoch schwer lesbar und insbesondere für den Laien und juristisch Halbgebildeten kaum verständlich gewesen sein, wie am Beispiel der Behandlung des Naturrechts gezeigt werden kann:

(14) Dorumme das es Got der naturlichen vornumfft gegebin hat, nicht alleyne dem menschen, sunder eynir iglichen creaturen noch seynir nature zugebruchen. Und dis heist man auch Gotis recht ut *Inst.* de iure naturali *§*. ius autem naturale (*Inst., 1,2,pr.*). Dezis rechtis orsprung qwam von Gote an Adam und an Evam. Czu dem andern mole heist naturlich recht Gotis recht, dorumme das dis gemeyne ist, zo das sich vil lewte dornoch halden ut Instit. de rerum divisione § singulorum *(Inst. 2,1,11)*. Czu dem dritten mole so heist es auch Gotis recht durch seynir redelichkeit wille ut ff. de pactis l. primo (*Dig. 2,14,1)*. (# 150, 20)

Der ausgebliebene Erfolg des *Liegnitzer Stadtrechtsbuchs* (# 150) macht deutlich, daß allein die sprachlich progressiven Stadtrechtsquellen einen auch rechtsgeschichtlich hervorragenden Status erlangten.

Die in anderen Domänen des juridischen Diskurses zum Teil besonders stark ausgeprägte polylinguale Intertextualität auf der Transferachse Deutsch ↣ weitere Sprache ist bei den Stadtrechten kaum belegt. Ad summam ist die Geschichte der deutschen Stadtrechte daher allererst ein Beispiel für die Etablierung deutscher Rechtsvertextung vor dem Hintergrund einer zunächst lückenlosen Latinität.

V. Monolinguale Intertextualität

V.1 Illokutionsstruktur

Neben der Transferrichtung Latein ↣ Deutsch sind die monolingualen Textverschränkungen im stadtrechtlichen Diskurssegment besonders hervorzuheben. Gerade die Vielzahl der überlieferten Stadtrechte bildet keine unvermittelte Summe von Einzeltexten und ist daher allein als vernetzter Diskursverband adäquat zu beschreiben. Daß fast jede spätmittelalterliche Stadt bereits ein eigenes bzw. übernommenes Stadtrecht hatte, bedeutet eben nicht die Ausprägung lokaler Autonomie in der Rechtsbildung sowie der Vertextungspraxis, denn das Korpus der stadtrechtlichen Quellen ist durch zumeist evidente und oft auch weitreichende Textanalogien gekennzeichnet, die nicht wenige Texte als bloße Kopien bzw. unwesentlich verändernde Bearbeitungen anderer Stadtrechtsquellen ausweisen. Diese textgeschichtliche Gegebenheit ist eine Folge der Expansion von Stadtrechtssetzungen durch die Bewidmungspraxis des Spätmittelalters. Die Mehrzahl der deutschen Städte des Spätmittelalters und auch noch der Frühen Neuzeit sind sogenannte Tochterstädte, die das Recht der so bezeichneten Mutterstädte unmittelbar übernommen hatten. Der Verbund von Mutter- und Tochterstädten wird in der Rechtsgeschichte als Stadtrechtsfamilie bezeichnet. Bereits diese metaphorische Benennung verweist auf den engen rechtsgeschichtlichen Konnex vieler Stadtrechtstraditionen untereinander; dieser hat auch sprachhistorische Implikationen, die im allgemeinen Befund von der hochgradigen intertextuellen Vernetzung des juridischen Diskurses lückenlos aufgehen. Die Konstituierung von Stadtrechtsfamilien erklärt dabei nicht nur die vielen inhaltlichen und pragmatisch-strukturellen Übereinstimmungen im stadtrechtlichen Diskurssegment, sondern war ebenso in vielen Fällen überhaupt erst Anlaß der Rechtsaufzeichnung in den Mutterstädten. Es war die Bitte von potentiellen Tochterstädten um Rechtsmitteilung, die manche Mutterstadt erst zur Aufzeichnung ihres Gewohnheitsrechts zwang. Insbesondere die „führenden Städte des Ostens, Magdeburg und Lübeck, haben zahlreiche Rechtsmitteilungen erlassen." (H. Planitz 1971, 144). Magdeburg ist dabei für die Ausprägung von Stadtrechten dem Rang des *Sachsenspiegels* (# 238) bei den Rechtsbüchern vergleichbar, die Bewidmung wirkte weit in das deutsche Ost-Kolonialgebiet, einzelne Textspuren finden sich in Rußland bis Nowgorod.

> Die wichtigsten Rechtsquellen von Magdeburg wurden erst bei der Gelegenheit niedergeschrieben, dass die Herzöge von Schlesien seit dem Anfang des 13. Jahrhunderts ihre nach deutschem Recht gegründeten oder neu organisierten Städte mit Rechtsquellen zu versehen gedachten und sich deshalb nach Magdeburg wendeten. (O. Stobbe 1860, 536)

Die textuell indizierten Rechtsbeziehungen haben ihre Entsprechungen in den Gerichtsbeziehungen, denn die Mutterstädte waren zumeist auch Oberhof, das heißt übergeordnete gerichtliche Institution. Dadurch kam es zu einer Rechtsvereinheitlichung im Verbund der Stadtrechtsfamilien, die über die stadtrechtlichen Kodifikationen und die gerichtliche Praxis gleichermaßen eingelöst wurde. Dies gilt nicht nur für das Magdeburger Recht, sondern auch für andere Stadtrechtsfamilien, deren prominenteste neben den genannten Städten Aachen, Dortmund, Freiburg/Br., Leipzig, Lübeck und Münster waren. Gerade die Bedeutung Lübecks für die Intertextualisierungen der niederdeutschen Stadtrechtsquellen ist kaum zu überschätzen, wobei Lübeck vor der Verleihung seiner Rechte im Ostseeraum diese selbst von Soest übernommen hatte.

Nun ist die Ausprägung von Stadtrechtsfamilien trotz der häufigen Textübereinstimmungen nicht in allen Fällen eindeutig nachzuvollziehen. Dies liegt an den sehr unterschiedlichen Traditionen der Rechtsaufzeichnung in den einzelnen Städten. So hat Magdeburg, obgleich seit der Mitte des 12. Jahrhunderts eine bedeutsame deutsche Stadt und im Mittelalter das Zentrum einer der größten Stadtrechtsfamilien überhaupt, keine eigenen Stadtrechtsquellen im Sinne von Normkodifikationen. Die Magdeburger Rechtsauffassungen lassen sich folglich nur rekonstruktiv aus der städtischen Schöffentätigkeit und den Stadtbüchern mit ihrem Urkundenbestand erschließen. Dennoch ergibt sich aus der Bewidmungspraxis Magdeburgs und auch Lübecks, daß beide Städte die größten spätmittelalterlichen Stadtrechtsfamilien bildeten. Zu berücksichtigen ist bei solchen Rangordnungen jedoch auch, daß manche Stadtrechtsfamilie des Spätmittelalters realiter größer war, als dies die Quellenlage heute vermuten läßt, folglich auch manche Mutterstadt zumindest temporär herausragende Bedeutung hatte, die sich dann durch die sehr unterschiedliche Prosperität in den deutschen Städten wieder verlieren konnte. So mißglückten auch Stadtgründungen, und die entsprechenden Bewidmungen haben damit nie zu einer Texttradition des stadtrechtlichen Diskurssegments beigetragen. Als Beispiel für eine solche unbedeutend gewordene Stadtrechtsfamilie kann Nürnberg angeführt werden. Obgleich die Zahl der Bewidmungen hoch war, hat die Nürnberger Stadtrechtsfamilie wegen der ausbleibenden Bedeutung ihrer Tochterstädte keine rechtsgeschichtlich zentrale Position innerhalb der deutschen Stadtrechte erlangt. Die rechtsgeschichtliche Prominenz von Stadtrechten resultiert mithin aus der je eigenen städtischen Vertextungspraxis nur zu einem Teil. Ebenso wichtig war die Verbreitung der jeweiligen Rechtsordnungen, die sich sprachgeschichtlich als fortschreitende Intertextualisierung zeigt und zumeist in den städtischen Handelsbeziehungen ihre Entsprechung findet. So verbreitet sich das seit 1270 in deutscher Sprache aufgezeichnete Ius lubicense unter anderem deshalb so massiv und gewinnt für die norddeutsche Rechtsgeschichte eine nachhaltige Wirksamkeit, weil der „energische Vorstoß der Lübecker in den Ostseehandel“ (W. Ebel 1984, 78) einen merkantilen Machtfaktor erster Ordnung darstellte. Nach W. Ebel (1984) kommt für die Ausbildung der lübischen Stadtrechtsfamilie hinzu, daß in den bewidmeten Städten oft einflußreiche Angehörige des Lübecker Patriziats lebten, welche die Bindung an das Recht der Mutterstadt forderten und förderten. Obgleich die Bedeutung des lübischen Rechts parallel zur einsetzenden Krisis der Hanse im 15. Jahrhundert bereits wieder abnimmt, wirkt die bis dahin erreichte Verknüpfung von Rechtstraditionen im Ostseeraum noch weit in die Frühe Neuzeit hinein. Dies resultiert nicht zuletzt aus dem rechtsgeschichtlichen Konnex der prominenten Tochterstädte, darunter Elbing, Greifswald, Kiel, Kolberg, Memel, Reval, Rostock, Stralsund und Wismar. Manche der Städte, die das Ius lubicense ganz oder partiell übernommen hatten, haben dann auch selbst wieder Stadtrechtsfamilien ausgeprägt, so etwa Hamburg (vgl. O. Stobbe 1860, 543).

Neben den bereits angeführten prominenten Stadtrechtsfamilien sind als bedeutende stadtrechtliche Zentren auch noch Frankfurt/M., Goslar, Iglau, Köln, Lüneburg, München, Prag und Wien zu nennen. Überall ist eine kettenförmige Tradierung des Rechts der jeweiligen Mutterstädte zu belegen. Als Beispiel führen wir die Stadtrechtsverleihungen bzw. Oberhofverhältnisse des

Soester Stadtrechtes an, das neben dem Dortmunder und Münsteraner zu den wichtigen westfälischen Stadtrechten zu zählen ist. In einer vereinfachten Übersicht ergibt sich folgendes Bild:

Soest →	Medebach		
	Lippstadt →	Hamm →	Lünen Unna Bochum
		Eversburg Hagen Buren Neheim Rheda	
	Rüden →	Medebach Werl Geseke Belecke Brilon Arnsberg Callenhord Hallenberg Wenden Warsten	
	Attendorn →	Minden Olpe	
	Siegen		
	Minden →	Hannover	
	Korbach		
	Warburg		
	Wartenberg		
	(...)		

Tab. 19: Stadtrechtsverleihungen und Oberhofverhältnisse der Stadtrechtsfamilie von Soest

Parallel zum rechtsgeschichtlichen Verbund des städtisch-subsidiären Rechts findet das Bestreben der Städte, zur Sicherung ihrer autonomen Interessen Allianzen zu bilden, auch in den spätmittelalterlichen Städtebünden seinen Ausdruck, namentlich im Hansebund, im Schwäbischen Städtebund und im Rheinischen Städtebund. Es ist evident, daß die rechtsbezogenen Zusammenschlüsse der Städte ebenso wie ihre machtpolitisch und wirtschaftlich motivierten Verbände als sprachexterne Faktoren Spuren in der Vertextungsgeschichte der städtischen Rechtsordnungen hinterlassen haben. Und dies sind eben die ausgeprägten intertextuellen Beziehungen der Quellen, also die Präfigurierung von Stadtrechtstexten durch einzelne herausragende Stadtrechte und die Übernahme in zahlreichen Tochterstädten. Dieser textuelle Konnex ist nicht nur bei den Satzungen, sondern auch bei den Stadtrechtsbüchern zu belegen, denn auch diese standen in engster Beziehung zur lokalen Rechtspraxis und den damit einhergehenden Rechtsbeziehungen der jeweiligen Stadt. Auch die Stadtrechtsbücher weisen also weitgehende intertextuelle Vernetzungen auf. Besonders deutlich ist dies beim sogenannten *Magdeburger Weichbild* (# 160), das um 1300 entstand und Magdeburger Weistümer ebenso verarbeitete wie das *Magdeburger Schöffenrecht* (# 159), das sogenannte *Rechtsbuch von der Gerichtsverfassung* (# 161), sowie Teile des *Sachsenspiegels* (# 238) und sogar der *Sächsischen Weltchronik*. Neben den Vernetzungen mit Prätexten wurde das *Magdeburger Weichbild* (# 160) selbst wiederum vielfach bearbeitet und vor allem in Osteuropa überliefert, was nicht zuletzt die Übersetzungen ins Lateinische, Polnische und Tschechische belegen (vgl. H. Planitz 1971, 145). Ähnliches läßt sich für die *Neun Bücher des Magdeburger Rechts* (# 176) des Walther Ekhardie vom Anfang des 15. Jahrhunderts festhalten. Dieses Stadtrechtsbuch verarbeitet vor allem auch eine Vielzahl spätmittelalterlicher deutscher Quellen und avancierte selbst zum Prätext für spätere Bearbeitungen, so für die *Poelmannschen Distinktionen* von 1408 (vgl. H. Conrad 1962, 357).

Für das stadtrechtliche Diskurssegment insgesamt ergeben sich folglich vielfältige intertextuell bedingte Übereinstimmungen in der pragmatischen sowie formalen Struktur der Texte. Gerade die formalen Analogien begründen sich dabei aus den formelhaften, also weitgehend übereinstimmenden kaiserlichen Privilegien, die häufig die Basis des später autonom aufgezeichneten Stadtrechts sind. Für die Bewidmung mit Magdeburger Recht hat Johann von Geylnhausen in seinem *Collectarius perpetuarum formularum* später sogar ein Formular erstellt (vgl. O. Stobbe 1860, 530f); es kann folglich kaum verwundern, daß das Korpus der überlieferten Stadtrechte nur wenige Nischen für nicht formalisierte Vertextungsverfahren ließ. Ebenso wie das „Recht einer Stadt (...) keine völlig selbständige neue Rechtsbildung war" (ebd., 528f), sind die an der Polyfunktionalisierung des Deutschen auf lokaler Ebene maßgeblich beteiligten Stadtrechte als originäre Vertextungsleistungen einzuordnen. Gerade der Verzicht auf je neue Setzungen bzw. Aufzeichnungen subsidiären Gewohnheitsrechts zugunsten einer Übernahme bereits vorhandener und konsistenter Stadtrechtsordnungen ist ein zentraler Grund für die Ausprägung einer fast flächendeckenden stadtrechtlichen Vertextung, denn zu eigenständiger Aufzeichnung wären viele kleinere Städte kaum in der Lage gewesen.

Nun geht es in diesem Zusammenhang der monolingualen Intertextualitätsanalyse im besonderen um die Illokutionsstruktur der stadtrechtlichen Quellen, doch die eindeutigen Befunde der Sprechaktorganisation sind eben allein vor dem Hintergrund der historisch zu kennzeichnenden Städteverbände zu verstehen, weshalb die Ausführungen hierzu unvermeidbar erscheinen. Die überlieferten Stadtrechte - und hier wollen wir uns angesichts der Fülle stadtrechtlicher Texte auf die Satzungen konzentrieren, zumal die Stadtrechtsbücher weitgehende Übereinstimmungen in der pragmatischen Struktur mit den gesondert behandelten Rechtsbüchern aufweisen - sind im Hinblick auf ihre Illokutionsstruktur nach zwei Typen zu unterscheiden. Zum einen handelt es sich um Texte mit allein bzw. zweifelsfrei dominanten direktiven Sprechakten, zum anderen um Texte, bei denen Direktiva und Repräsentativa gleichgewichtet die Illokutionsstruktur konstituieren. Jeder der wichtigen Stadtrechtstexte ist einem dieser beiden Typen zuzuordnen, was bereits ein Indikator der diskursspezifischen Spechaktorganisation aller Stadtrechtsquellen ist.

Als eines der frühesten Stadtrechtsbücher weist das *Mühlhäuser Stadtrechtsbuch* (# 171) von 1229 bereits die typische Illokutionsstruktur des zweiten Typs auf. Wir finden im Text sowohl eine Fülle von Konditionalsätzen mit Repräsentativa nach dem logisch-syntaktischen Muster

(unter der Voraussetzung x ist y)

als auch eine Vielzahl von direktiven Sprechakten, die mit dem Modalverb 'sollen' operieren und in eben solchen Konditional-Konstruktionen stehen, hier jedoch nach dem Muster

(unter der Voraussetzung x soll z y tun).

Folgende Sätze zeigen die formelhafte Verwendung dieser Musterorganisation recht deutlich:

(15) Wundit ein man din andirin sogitanir wundin, da di achti zu rechti sal ubir gei·wirt he bigrifphin undi daz in sienier hant, da he die wundin mieti gitan heit·so sal min umi zu rechti die hant abisla. (# 171, 100.16ff)

(16) Sui mit valschin phennigin edir mit valschimi silbiri edir mit valscimi goldi bigrifphin wirt·undi wirt he biclagit vor mi richteri undi din burgerin, den valsch sal min umi abir in sieni hant bindi·undi sal in also vur din richteri brengi·vurrumit he sich dan werin, den sal min lazi suchi dri virzennacht. (# 171, 115.14ff)

(17) Cumin abir luiti dar undir, e dan iz giclagit werdi, undi haldin iz uf so inheit die richteri nichein recht dani. (# 171, 101.4ff)

(18) Inbrengit he abir des werin nicht so sal min richti ubir sieni hant. Loisiti abir he sini hant widir din richteri undi die clegeri·so is he och givratit. Sleit min umi abir die hant abi ummi die sachi, so is he och givratit. (# 171, 115.23ff)

In diesem Text ist keiner der beiden Sprechaktmustertypen hinsichtlich des Textziels einer Feststellung und Normierung des städtischen Rechts dominant. Die stringente und konsequente Gleichgewichtung von Direktiva und Repräsentativa findet sich auch im *Goslaer Stadtrecht* (# 261) von 1330. Neben der direktiven Strukturierung (wer x, der soll/muß y),

(19) We weyghert, erve, herwede oder rade to ghevene na dem dritteghesten, de mot dar umme wedden deme richtere, unde deme kleghere buten, unde ne mach dar vore nicht inne sitten. (# 261, 35),

stehen die repräsentativen Sprechakte in ausgewogenem Verhältnis:

(20) We sin gut emme sineme live verkoft oder let also beschedeliken (...), de erft he vort uppe sinen erven. (# 261, 49)

Wenngleich im Ergebnis der Sprechaktorganisation kaum Unterschiede auftreten, so sind die Darstellungsverfahren und die Illokutionsmarker der *Wormser Reformation* (# 316) von 1499 bereits wesentlich differenzierter; so werden hier die direktiven Sprechakte nicht nur qua 'sollen', sondern häufig auch über das direktive 'mögen' realisiert:

(21) So aber solicher schildner oder bürgen etlich nit so vermüglich weren zu zyten des fürgenommen rechtens und bevestigung des kriegs, so mögen die andern, so vermüglich und habich weren, durch den schulthern fürgenommen werden, aber die schuldner und bürgen under und gegeneinander mögen sich dis ußzugs behelfen. (# 316, 133)

(22) Brüder und schwestern, die nit kinder haben, mögen einander erben und geben ire hab und güter oder im elteren und usschließen ir geschisterde, doch unvergrifflich, ob sie kinder uberkemen, gegen denen sölich erbschaft und gaben craftlos syn söllen, wie oben von andern ubergaben auch geschriben stet. (# 316, 149)

An der prinzipiellen Gleichgewichtung von Direktiva und Repräsentativa ändert dies jedoch nichts. Vielmehr handelt es sich bei der im Vergleich zu früheren Stadtrechtstexten differenzierteren Ausdrucksweise und Realisierung von Kommunikationsabsichten um eine allgemeine Tendenz der stilistischen Ausarbeitung von Rechtsquellen in der Frühen Neuzeit. Dabei kommt es auch zu einer interessanten Angleichung von reichs- und territorialrechtlichen Diskursspezifika. Die in den reichsrechtlichen Texten, namentlich in den Reichslandfrieden, charakteristische Parallelität von Direktiva und Repräsentativa, die ihren Ausdruck in redundant gebrauchten performativen Zwillingsformeln findet, werden beispielsweise in der *Nürnberger Reformation* (# 181) von 1484, der *Frankfurter Reformation* (# 61) von 1509 und in der *Freiburger Reformation* (# 260) von 1520 direkt übernommen:

(23) De confessis: von den bekantnüssen setzen und ordenen wir, daz (...). (# 61, 224)

Die Übereinstimmungen erklären sich aus der Verarbeitung auch überregionaler Sollensordnungen in den reformierten Stadtrechten und dem Versuch, eine dem Territorialrecht der Frühen Neuzeit entsprechende Vereinheitlichung von Stadtrechten vorzunehmen. Daß dabei die einzelnen Stadtrechtsreformationen auch untereinander als Vorbild der Vertextung fungierten, zeigt etwa der Bezug der *Wormser Reformation* auf die *Nürnberger Reformation*.

Für den anderen Illokutionsstrukturtyp, also für die Texte mit nahezu ausschließlich direktivem Kommunikationsanspruch, kommen beispielhaft die *Hamburger Stadtrechte* (# 263, # 262) von 1270, 1497 und 1603 in Betracht. Gerade in den neueren Stadtrechten ist allein schon der modale Illokutionsmarker 'sollen' derart häufig gebucht, daß an der primär normativ-direktiven Handlungsabsicht kein Zweifel aufkommen kann. Wenn überhaupt eine Substitution von 'sollen' realisiert ist, dann durch 'müssen'. Gleiches gilt für das Primat der Direktiva im *Lübecker Stadtrecht* (# 266) und im *Münchener Stadtrecht* (# 270), das zu den wenigen stadtrechtlichen Texten des 14. Jahrhunderts gehört, die bereits mit dem später in den Reformationen konsequent eingelösten Ziel überörtlicher Geltung verfaßt wurde, wie der Prolog expliziert. Tatsächlich galten die Rechtsnormen auch in Aichach, Ingolstadt, Kitzbühel, Kufstein, Landsberg, Pfaffenhofen, Wasserburg und Wolfsratshausen (vgl. A. Erler 1984, 729). Interessante Beispiele der Stadtrechte mit primär direktivem Handlungsanspruch sind außerdem das *Augsburger Stadtrecht* (# 253) von 1276, das *Bamberger Stadtrecht* (# 254) aus dem Jahr 1306 und die *Nürnberger Reformation* (230), weil sie Besonderheiten in der ansonsten weitgehend formalisierten Aufzeichnungspraxis aufweisen. So wird im *Augsburger Stadtrecht* (# 253, 221) die Direktion durch einen kombinatorischen Sprechakt von direktiver und repräsentativer Illokution ausgedrückt, ohne dabei das Primat des direktiven Sprechaktes in Frage zu stellen:

(24) Man sol auh wizzen: swa eins mannes chint spilt daz ze sinen tagen niht chomen ist, swaer dem iht an gewinnet oder ez waert die wile ez niht eigen gutes hat oder sunder gesaezzet ist, daz enhat keine kraft.

Im *Bamberger Stadtrecht* (# 254) ist die Verwendung von repräsentativen Sprechakten insbesondere im gerichtsrechtlichen Teil nachzuweisen, während im die Bürger unmittelbar betreffenden Teil des Textes fast ausnahmslos direktive Sprechakte gebucht sind.

Für die Illokutionsstruktur bleibt festzuhalten, daß die überlieferten Stadtrechtstexte weitgehend übereinstimmen in ihrer sprachlichen Realisierung von Handlungsabsichten, wobei ad summam die direktiven Ansprüche im Vordergrund stehen. Die auffallend formalistische und über Jahrhunderte nur langsam sich differenzierende Darstellungsweise mag neben den bereits angeführten allgemeinen textgeschichtlichen Faktoren ein wichtiger Grund für die weite Verbreitung und topographische Belegdichte der Stadtrechte sein, denn ein konsistent-konservatives Textmuster stellt eine ideale Voraussetzung für eine konsequente Verbreitung diskursspezifischer Texte dar. Die Einheitlichkeit in der Illokutionsstruktur ist damit Teil des vom Altreich ausgehenden Entwicklungsschubs der Stadtrechte, insbesondere auch in Osteuropa.

V.2 Propositionsstruktur

Angesichts der kaum zu überblickenden Fülle überlieferter Stadtrechte, die in ihrer Gesamtheit zudem über lange Zeiträume und in unterschiedlichsten Regionen tradiert sind, konnte bereits die Einheitlichkeit der Illokutionsstruktur und die damit gegebene Musterorganisation der Einzeltexte erstaunen. Doch nicht allein über die sprachlichen Indikatoren von Handlungsabsichten ist das stadtrechtliche Diskurssegment intertextuell bzw. textmusterspezifisch definiert. Gerade auch die Übereinstimmungen im Inhalt der Texte bis hin zur Ebene der Einzelpropositionen erlauben es bei den stadtrechtlichen Quellen, von einem gegenüber anderen Rechtsquellen abgrenzbaren Textmuster zu sprechen. Ebenso wie für die Analyse der prototypischen Illokutionsstrukturen kann dabei eine Darstellung prima facie bereits hinreichend überzeugen. Denn die durch Bewidmung verbundenen Texte verknüpfen sich insbesondere auch über ihren jeweiligen Inhalt, so daß die rechtsrelevanten Propositionen der eigentliche Gegenstand der Weitergabe von Rechtserfahrungen sind; Illokutionsstruktur und Superstruktur sind dabei nur mitvermittelte Ebenen der Textorganisation. Mag auch die konkrete syntaktische Oberflächenstruktur von Mutter- und Tochterrechten im Einzelfall voneinander abweichen, so stimmen die innerhalb von Stadtrechtsfamilien verknüpften Texte doch in ihrem propositionalen Kern zumeist überein.

Die Sprechakttheorie erlaubt es, dabei sogar die potentielle Unterschiedlichkeit der Illokutionsstruktur bei konstanter Proposition zu beschreiben. Demzufolge ist die Inhaltsübereinstimmung von Stadtrechten ein primärer Aspekt ihres intertextuellen Konnexes im Rahmen der pragmatischen Analyse. Die propositionalen Konstanten beschränken sich jedoch nicht allein auf die Textexemplare jeweiliger Stadtrechtsfamilien. Wie für die Illokutionsstruktur bereits gezeigt, ergeben sich vielmehr evidente inhaltliche Übereinstimmungen auch solcher Texte, die in keinem Bewidmungsverhältnis stehen.

Wir haben es also bei den regelmäßig zu belegenden und erwartbaren Einzelpropositionen und Propositionsbündeln mit den typischen Inhalten des stadtrechtlichen Diskurssegments in toto zu tun. Im wesentlichen fokussieren diese inhaltlichen Äquivalente die eigentlichen städtischen Belange. Die konstante propositionale Intertextualität des Stadtrechts resultiert folglich aus einer Identität der textuellen Referenz. Im Zentrum steht dabei das Kauf- und Handelsrecht in zum Teil besonderen Ausprägungen als Normen für Handwerk und Gewerbe. Flankiert werden diese Inhalte in der Regel von allgemein privatrechtlichen Normen respektive solchen des Vertragsrechts, des Grundbesitzrechts sowie des Erb- und Familienrechts. Es liegt auf der Hand, daß die Gewichtung von Kauf- und Handelsrecht aus der zentralen Bedeutung von Handel und Gewerbe für die städtische Eigenständigkeit im Spätmittelalter und der Frühen Neuzeit resultiert: „Grundsätzlich war die Stadt als Marktort gekennzeichnet durch das allgemeine Ius emendi et vendendi, das Recht, Kaufmannschaft zu treiben" (K. Kroeschell 1992, 87). Als weitere Inhaltsebene kommt auch dem städtischen Verfassungsrecht eine wichtige Bedeutung für die Textorganisation zu. Denn in den stadtrechtlichen Sollensordnungen mußte auch die städtische Sozialstruktur mit ihrer Ratsverfassung und den Aufgabenbereichen des Bürgermeisters wie der einfachen Bürger in bezug auf gemeinschaftliche Anliegen begründet und gesichert werden. Die entsprechenden Normen zur Grundordnung des städtischen Consoziums spiegeln sich im besonderen im Versuch vieler Städte, Macht und Kompetenz der Stadtherren, also in der Regel den rechtlichen Zugriff von König und/oder Landesherrn, einzuschränken. Inhaltliches Zentrum der verfassungsrechtlichen Bestimmungen in den deutschen Stadtrechten sind die Bestimmungen zur Akklamation oder Wahl des Rates, zu dessen Kompetenzen und zur Machtbefugnis des Bürgermeisters (Ius civium).

Abstrahiert man von den fraglos vorhandenen Modifikationen und Differenzierungen bezüglich der Vereinfachung oder Expansion inhaltlicher Basisschemata, so ergeben sich für alle Stadtrechte des hier behandelten Zeitraums drei grundsätzliche Inhaltsebenen, die konstitutiv für die stadtrechtlichen Textmuster sind: Normen zum Ius mercatorum, Regelungen der städtischen Eidgenossenschaft und Bestimmungen der verfassungsrechtlichen Organisation (vgl. H. Planitz 1971, 143).

Daß die wachsende interne Differenziertheit der Städte in Verbindung mit zunehmenden, oft jedoch auch mißglückten Autonomiebestrebungen schließlich in der Frühen Neuzeit zu einer Ausweitung des Inhalts der Stadtrechte führt, kann kaum überraschen; die Zunahme der Textlänge und die Expansion der Textinhalte ist ein allgemeines textgeschichtliches Charakteristikum der Frühen Neuzeit. So wird in den Stadtrechtsreformationen im Licht der Rezeption neben den verfassungsrechtlichen Grundfragen auch die Rolle der Verwaltung genauer bestimmt. Die Normen zum Privat-, Straf- und Prozeßrecht werden zahlreicher und zusätzlich das Polizei- und Steuerwesen behandelt.

Alles in allem kann das nicht über die Einheitlichkeit der Inhaltsorganisation von Stadtrechten hinwegtäuschen, die als thematisch und häufig propositionale Invariante ein entscheidender Faktor der intertextuellen Vermittlung des stadtrechtlichen Diskurssegments sind. Hinzu kommen schließlich noch die formalen Übereinstimmungen im Textaufbau, in der Gliederung der Propositionen und Propositionsbündel, die sich bei der Analyse der Superstruktur zeigen.

V.3 Superstruktur

Wir haben in der analytischen Konzeption der Untersuchung die Superstruktur mit T. von Dijk (1980, 108f) als schematische Form bestimmt, welche die globale Bedeutung eines Textes organisiert. Insofern stehen Propositions- und Superstruktur in unmittelbarer Relation zueinander. Die Inhaltsfülle der stadtrechtlichen Aufzeichnungen fordert bei einer adressatengerechten Verschriftungsabsicht komplexe Gliederungsverfahren, also eine hinreichend differenzierte textuelle Superstruktur. Während die im wesentlichen monothematischen Texte des juridischen Diskurses kaum über eine erste Gliederungsebene hinaus strukturiert sind, finden wir bei den polythematischen Texten vielfältige Beispiele der mehrfach strukturierten Inhaltsorganisation. Nicht nur die Stadtrechte zeigen dies, sondern auch die Rechtsbücher als Kompilationen unterschiedlichster Rechtsstoffe und andere Sammelkodifikationen. Während die Illokutionsstruktur den normativen Anspruch innerhalb eines Diskurssegments indiziert und die Propositionsstruktur die rechtsbezogene Thematik der teildomänenspezifischen Texte betrifft, ist die Superstruktur im Zusammenhang der Praktikabilität von Texten zu sehen, jedenfalls sofern es sich wie bei den juridischen Texten um Quellen der pragmatischen Schriftlichkeit handelt. Daß bereits die frühen deutschsprachigen Stadtrechte eine komplexe, mehrfach gegliederte Superstruktur haben, verweist auf die Absicht der Textproduzenten, ein in der Rechtspraxis taugliches Instrument zur Verfügung zu stellen. Dabei sind die formalen Strukturierungen der Texte immer auch als Versuch zu beurteilen, die Systematik des juristischen Wissenssystems wiederzugeben (vgl. I. Warnke 1996c). Bei Texten des juridischen Diskurses ist die Superstruktur folglich Ikon der kognitiven Fachsystematik. Die überwiegende Mehrzahl aller überlieferten Stadtrechte - und dabei ist es unwesentlich, ob es sich um Stadtrechtssetzungen, Stadtrechtsreformationen oder Stadtrechtsbücher handelt - weist eine mehrfach gegliederte Superstruktur von Teilen, Abschnitten und Paragraphen bzw. Einzelnormen auf. Besonders auffällig sind dabei Teilüberschriften als Strukturmarker, die das Auffinden einzelner Rechtssätze entscheidend erleichtern und erleichtert haben. Die Stadtrechte entsprechen mit ihrer allgemeinen Musterorganisation damit weitestgehend der üblichen Strukturierung komplex organisierter Texte des juridischen Diskurses.

Als Beispiel sei das *Hamburgische Stadtrecht* (# 263) aus dem Jahr 1497 angeführt. Es ist in Teile, Titel und Artikel gegliedert und hat damit eine prototypische Superstruktur. Eine periodische Varianz der Inhaltsstrukturierung ist dabei im stadtrechtlichen Diskurssegment ebenso wenig festzustellen wie eine Unterschiedlichkeit nach einzelnen Quellentypen.

VI. Geltungsgrade der Intertextualität

Trotz der weiten Verbreitung stadtrechtlicher Texte seit dem Spätmittelalter und der damit einhergehenden Prominenz der entsprechenden Textmuster sind die intertextuellen Bezüge zu Texten anderer juridischer Subdomänen nicht zahlreich. Ähnlich wie die sonderrechtlichen Texte weisen die Stadtrechte zwar vielfältige Binnenbezüge auf - es kommt folglich zur Ausprägung charakteristischer Vertextungsmuster -, doch weder erhalten die jeweiligen Textvorkommen einen salienten Status als Prätexte für Quellen weiterer Teildomänen des juridischen Diskurses, noch beziehen sie sich in nennenswertem Umfang auf solche. Das heißt jedoch nicht, daß sich im Einzelfall nicht auch Intertextualität über die Grenzen von Teildomänen hinaus feststellen läßt, doch ist diese eben gemessen an sonstigen hypertextuellen Bezügen der juridischen Diskursdomäne kaum ausgeprägt. Die Einzelfälle teildomänenüberschreitender Intertextualität sollen damit aber nicht übergangen werden, belegen sie doch nicht zuletzt, daß J. Kristevas (1969) These von der absoluten Intertextualität als Bedingung jeder Textokkurenz über die Befunde der juridischen Diskursanalyse weitgehend bestätigt werden kann. Wir führen daher von den marginal zu beurteilenden teildomänenüberschreitenden Intertextualitätsrelationen für die Stadtrechte vor allem die Referenzen auf partielle Präfigurationen durch landrechtliche Texte an. So führen D. Mertens et al. (1996, 301) aus, daß die Wirkungen des von Ulrich Zasius erarbeiteten *Freiburger Stadtrechtes* von 1520 nicht auf den städtischen Lebensraum beschränkt blieben, sondern sowohl „das Württembergische Landrecht von 1555 als auch die Gerichts- und Landesordnung der Grafschaft Solms von 1571 beeinflußte". Auf dem Weg der Textrezeption im territorialen Rechtskreis finden einzelne stadtrechtliche Bestimmungen zudem Eingang in landesrechtliche Spezialrechte. So sind Substrate des *Münchener Stadtrechts* (# 270) in die gesamtbayrische *Forstordnung* von 1568 eingegangen (vgl. H.-H. Vangerow 1976, 113ff). Berücksichtigung finden die stadtrechtlichen Normen auch in den Sonderrechten, was etwa an der Übernahme von 17 seearbeitsrechtlichen Bestimmungen aus dem *Hamburgischen Stadtrecht* (# 83) von 1497 in den Seerechtsteil des *Hamburgischen Stadtrechtes* von 1603/05 abzulesen ist. Unabhängig von solchen Einzelbelegen hat die teildomänenüberschreitende Intertextualität keine Relevanz.

Anders verhält es sich bei der Intermedialisierung, für die das stadtrechtliche Diskurssegment ein Beispiel der jeweils zeittypischen medialen Vermittlungsstrategien ist. Nicht nur die Bebilderung von stadtrechtlichen Handschriften ist hier in Entsprechung zu den Rechtsbüchern anzuführen (vgl. B. Binder 1988), sondern in erster Linie auch die bereits sehr frühe Verwendung des Buchdrucks für die Verbreitung der Rechtstexte. So sind alle Stadtrechtsreformationen von vornherein im Druck erschienen; die *Nürnberger Reforma-*

tion (# 181) wurde bereits 1484 von Anton Koberger gedruckt. So sind gerade die Stadtrechtsreformationen nach H. Kaspers (1972, 49) „ein schönes Zeugnis für die nun beginnende Epoche der amtlichen Verkündung neuer Rechtssätze in der Form des Drucks". Im stadtrechtlichen Diskurssegment wird also die Verbreitungsmöglichkeit durch den Druck und der durch den Druck vermittelte offizielle Charakter von Normtexten als Promulgationsmittel bewußt genutzt. Der hohe Grad an subdomäneninterner Intertextualität trifft schließlich bei den Stadtrechten mit einer stark ausgeprägten transtemporalen Intertextualität zusammen. Mit Beginn der stadtrechtlichen Aufzeichnung in deutscher Sprache seit dem 13. Jahrhundert und der damit angestoßenen Tradierung des Ius civitatum ist eine jahrhundertelange Textgeschichte der Überlieferung, Bearbeitung und Übernahme von Texten angestoßen.

VII. Topographie und Chronologie

VII.1 Räumliche Gliederung

Ad summam ergibt sich für das Gesamtvorkommen der deutschen Stadtrechte seit dem Spätmittelalter eine bereits frühe, fast flächendeckende Ausprägung, die jedoch gegenüber den Textüberlieferungen anderer Rechtskreise auffallend polyzentrisch gegliedert ist. Folglich ergeben sich auf der diachronen Achse der Diskursanalyse deutliche Expansionstendenzen der stadtrechtlichen Textvorkommen, die zur Festigung textueller Muster bei gleichzeitig wachsender topographischer Okkurrenz führten. Als einer der wichtigsten Überlieferungsräume ist dabei Ostmitteleuropa anzusehen. Im Zuge der Ostkolonisation verbreiten sich nicht nur sprachliche Strata und städtische Rechtsgewohnheiten des Altreichs, sondern zudem kommt es in den deutschen Ostsiedlungen auch zu einer nachhaltigen Rezeption und Tradierung stadtrechtlicher Textmuster. Indikatoren hierfür sind auf der Ebene der pragmatischen Textorganisation die behandelten Übereinstimmungen in der Illokutions-, Propositions- und Superstruktur von Stadtrechtstexten. Wie weit die Expansion der stadtrechtlichen Textmuster ging, zeigt am deutlichsten die Überlieferungsgeschichte des Magdeburger Rechts, das „seinen Weg über Braunschweig, Sachsen, die Lausitz, Schlesien, Polen, Litauen in den Südosten" (U. Eisenhardt 1984, 50) nahm. Obgleich das Stadtrecht also nur ein Segment der gesamten deutschen Rechtsordnung seit dem Spätmittelalter darstellt, hat es allein schon aufgrund seiner räumlichen Verbreitung einen wichtigen Platz in der Vertextungsgeschichte des Deutschen. Angesichts der Überlieferungsfülle, die freilich unsere bisherigen Einsichten nur verifizieren kann, ist eine Kennzeichnung nur wesentlicher topographischer Aspekte der stadtrechtlichen Diskursgeschichte unvermeidlich. Es sei jedoch darauf verwiesen, daß die Ostrezeption weit über die hier angeführten Daten hinausgeht, was etwa die Untersuchung von W. Kuhn (1968) zu den deutschrechtlichen Städten in Schlesien und Polen in der ersten

Hälfte des 13. Jahrhunderts eindrucksvoll zeigt. In der Untersuchung werden für den Zeitraum von 1210 bis 1253 allein 106 Stadtgründungen in Schlesien und Polen aufgeführt. Dabei ist es von besonderer Bedeutung, daß diese deutschen Städte „nicht durch allmähliche Entwicklung aus den älteren polnischen" entstanden waren, sondern „neben diese als selbständige, räumlich viel größere Gründungen gesetzt" (W. Kuhn 1968, 162) wurden.

Doch beschränkt sich die Zentrierung des stadtrechtlichen Diskurssegments nicht auf Osteuropa. Als wichtige Gebiete sind zumindest auch noch die Rheinebene mit Köln, Mainz, Worms, Straßburg und Basel zu nennen sowie der Donauraum und das norddeutsche Territorium. Wenn auch für den ganzen deutschen Sprachraum mit dem Ende des Spätmittelalters stadtrechtliche Vertextungen zu belegen sind, so bleibt der Magdeburger Rechtskreis doch an erster Stelle zu nennen. P. Laband (1869, o.S.) hat bereits festgehalten: „Es giebt nächst dem Sachsenspiegel keine deutsche Rechtsquelle des Mittelalters von solcher Bedeutung wie die Aufzeichnung des magdeburgischen Rechts". Folgende Karte von W. Ebel (1952) zeigt die Verbreitung des magdeburgischen und auch lübischen Rechts:

Abb. 19: Deutsche Stadtrechte in Nord- und Osteuropa

Diese Karte von W. Ebel (1952) ist natürlich stark vereinfacht und erfaßt nur die wichtigsten Tochterstädte.[32]

Daß trotz der allein schon sprachgeographisch bedeutsamen Dimensionen von Stadtrechten den entsprechenden Texten in den einschlägigen Sprachgeschichten des Deutschen so wenig Bedeutung zugemessen wurde, ist Ausdruck der noch mangelnden funktionshistorischen Untersuchung des Deutschen. Einzig die Analyse zur Stadtsprachengeschichte von K. J. Mattheier und W. Hoffmann (1985) hat sich dem städtischen Lebensraum als sprachgeschichtlicher Größe en detail zugewandt, dies jedoch mit dem Anspruch raum- und nicht domänenspezifischer Aussagen. Einzeluntersuchungen zur stadtrechtlichen Vertextungsgeschichte stellen demnach für die sprachhistorische Forschung ein Desiderat dar, zumal die unverkennbaren Expansionstendenzen der Stadtrechtstexte seit Beginn des Spätmittelalters mit den Tendenzen zur Ausbildung großräumiger Strata parallel läuft und die Stadtrechte ihre Bedeutung schließlich durch die landrechtlichen Rechtsordnungen mit ihrem überlokalen Normanspruch verloren haben.

Bezogen auf die räumliche Diskursentfaltung stellt sich für das stadtrechtliche Diskurssegment die Textmustergeschichte als Bottom-up-Prozeß dar, der ausgehend von Einzelrechten zur späteren Ausprägung von Mutter- und Tochterrechten bzw. zur flächendeckenden Konstituierung von Stadtrechtsfamilien führt und letzthin in den Landrechten der Frühen Neuzeit aufgeht. Dabei bleibt für das Verhältnis von Land- und Stadtrecht zu bedenken, daß ein rechtsgeschichtlicher Konnex der beiden Teildomänen des juridischen Diskurses nicht erst mit dem absolutistischen Machtanspruch der Landesherren begründet wurde, sondern Land- und Stadtrechte bereits seit den ersten Vertextungen des Rechts in den Städten in wechselseitiger Beeinflussung zu sehen sind. Nicht zuletzt deshalb ist das Stadtrecht auch eine „tragende Kraft der mittelalterlichen Rechtskultur“ (U. Eisenhardt 1984, 158) geworden.

VII.2 Zeitliche Gliederung

Bei der textgeschichtlichen Periodisierung stadtrechtlicher Quellen zeigt sich die für den juridischen Diskurs überhaupt charakteristische Gliederung in zwei große Phasen, die im wesentlichen analog zur allgemeinen historischen Epocheneinteilung verlaufen. Denn auch bei den Stadtrechten ist der Übergang zur Neuzeit als terminus ante quem der mittelalterlichen Diskursgeschichte und terminus post quem neuer, den frühneuzeitlichen Kommunikationsbedürfnissen entsprechenden Vertextungsabsichten einzuordnen. Der Beginn volksspra-

---

32 Vgl. auch: Großer Historischer Weltatlas. Zweiter Teil: Mittelalter. 2. Auflage. München 1979, 41. Hier sind allein über 1200 Städte mit Magdeburger Recht aufgeführt.

chiger Vertextungen von stadtrechtlichen Normen liegt dabei ebenfalls in Entsprechung zur allgemeinen Tendenz des juridischen Diskurses im ausgehenden 12. und insbesondere im 13. Jahrhundert. Die texthistorische Entwicklung ist dabei weitgehend als Reflex auf die Geschichte der Stadt zu sehen, die seit dem 11. Jahrhundert durch kaiserliche und landesherrliche Stadtgründungen eine wachsende Bedeutung im Machtgefüge des mittelalterlichen Reichs bekam. Ein entscheidender Einschnitt in der Tradierung bzw. Bewidmung und überhaupt der Kompilation von Stadtrechten ist um 1500 festzustellen. Wesentlicher Ausdruck dieser Epochengrenze ist der einsetzende Versuch, das überlieferte Stadt- aber auch Landrecht zu verbessern und in Reformationen zu überarbeiten, die das Recht neu systematisieren und mit römischen Rechtsvorstellungen ergänzen sollten; die stadt- und landrechtliche Entwicklung ist dabei zeitlich koordiniert, wie eine tabellarische Aufführung der wichtigsten Texte aus beiden Diskursdomänen zeigt:

Jahr	Stadtrechtsreformation	Landrechtsreformation
1479	Nürnberg	
1497	Tübingen	
1499	Worms	
1509	Frankfurt/M.	
1518		Bayern
1520	Freiburg/Br.	
1527		Brandenburg
1533		innerösterreichische Länder
1555		Württemberg
1571		Solms
1572		Kurchsachsen
1574	Lüneburg	
1586	Lübeck	
1603	Hamburg	

Tab. 20: Wichtige reformierte Stadt- und Landrechte in der Frühen Neuzeit nach G. Köbler (1990, 159)

Das Bedürfnis nach Überarbeitung der zuvor gültigen Normkataloge war unter anderem auch eine Konsequenz aus den Differenzen zwischen partikulärem und gemeinem Recht im Rechtskreisgefüge der beginnenden Neuzeit. Die Stadtrechtsreformationen stellen somit den Versuch einer Neuformulierung des partikulären Rechts dar, die häufig auf römisch-rechtliche Vorstellungen zurückgriffen und zudem eine stringente Systematik bei der Vertextung einzulösen versuchten. Dabei tragen die prominenten Stadtrechtsreformationen keineswegs zur fachsprachlichen Isolation der Rechtssprache vom übrigen gesellschaftlichen Diskurs bei, sondern sind, wie die *Wormser Reformation* besonders deutlich zeigt, um Allgemeinverständlichkeit bemüht. Es fällt dabei auf, daß zeitgleich die ersten Versuche der populären Vermittlung römischen Rechtsguts unternommen werden. Dabei dürfte die Intention nach Verständlichkeit bei den Stadtrechtsreformationen wie bei den populären Darstellungen in etwa die gleiche sein:

> Zu den bedeutendsten populärwissenschaftlichen Darstellungen des fremden Rechts zählen der *Klagspiegel* und der *Laienspiegel*. Darstellungen dieser Art wurden durch den Zustand, in dem sich die Rechtspflege im 15. und 16. Jahrhundert befand, notwendig. Einen großen Teil der Spruchkörper bildeten immer noch die Schöffengerichte, die sich nun vor das Problem gestellt sahen, das ihnen in vielerlei Hinsicht fremde römisch-kanonische Recht anwenden zu müssen. Selbst die den Gerichten angehörenden halbgebildeten Juristen waren wegen ihrer unzureichenden Ausbildung nicht in der Lage, nach gelehrtem Recht zu entscheiden. (U. Eisenhardt 1984, 143)

Die erkennbare Gliederung der stadtrechtlichen Vertextungsgeschichte in zwei Phasen wird auch von D. Willoweit (1990) vertreten, wobei dieser jedoch die spätmittelalterliche Periode noch einmal untergliedert in eine erste Phase der stadtherrlichen Städte im Hochmittelalter und eine zweite Phase seit dem 13. Jahrhundert, die durch autonome, genossenschaftlich bzw. körperschaftlich verfaßte Städte geprägt ist. O. Kimminichs (1987, 97) Periodisierungsvorschlag stimmt damit überein:

> Die im 12. Jahrhundert beginnende Epoche des Stadtrechts, die zusammenfällt mit der Hochblüte des mittelalterlichen Städtewesens, wird die 'genossenschaftliche Epoche' genannt. In ihr bildete sich die Stadtgemeinde als Personenverband der Bürger, die sich zu einer Eid- und Schwurgenossenschaft zusammengeschlossen haben und als 'conjurati cives' bezeichnen. Aber es wäre falsch zu glauben, daß die 'conjuratio', die Begründung dieser Genossenschaft, mit der Städtegründung zusammenfällt.

Sprachgeschichtlich kommt jedoch aufgrund der fehlenden volkssprachigen Vertextungen der hochmittelalterlichen Phase keine nennenswerte Bedeutung zu, so daß die rechtsgeschichtliche Periodisierung der Stadtrechtsentwicklung mit den Phasen II und III den textgeschichtlichen Phasen weitgehend entspricht. Für den Übergang zur textgeschichtlichen Phase 2 um 1500 kommt neben der Rezeption des römischen Rechts auch dem „Eingriff des neuzeitlichen Staates in die kommunale Selbstverwaltung" (H. Conrad 1966, 269) großes Gewicht zu, denn dieser führt nicht zuletzt zum Niedergang vieler Städte im 16. Jahrhundert. Wenngleich solche sprachexternen Faktoren die textbasierte Diskursgeschichte nur flankieren, können sie bei der Periodisierung nicht unberücksichtigt bleiben, bedingen sie doch die wachsende Bedeutung von Landrechten in der Frühen Neuzeit und die damit einhergehende Verdrängung von Stadtrechten. Der Dreißigjährige Krieg trägt dann sein Übriges zur Zerschlagung der rechtsbezogenen Bedeutung und des textgeschichtlichen Gewichtes von Stadtrechten bei (vgl. R. Gmür 1994, 51). Ein ultimativer

Schlußpunkt der frühneuzeitlichen Diskursgeschichte des Stadtrechts ist schließlich die Mediatisierung durch den Reichsdeputationshauptschluß von 1803, der damit als Ende der zweiten Periode angesetzt wird. Dies war eine konsequente Folge der diskursgeschichtlichen Tendenz der Landesordnungen, sukzessive die Funktion der Stadtrechte zu übernehmen.

Schematisch ergibt sich für die Periodisierung des stadtrechtlichen Diskurssegments folgendes Bild:

Quellengruppe	Spätmittelalter	Frühe Neuzeit
Stadtrecht	**Phase 1** **(1200-1500)**	**Phase 2** **(1500-1800)**

Abb. 20: Perioden des Textmusterausbaus von Stadtrechten

5.4 Ländliches Recht

Das ländliche Recht des Spätmittelalters und der Frühen Neuzeit stellt sich dem historischen Blick als weit differenziertes Geflecht unterschiedlichster Textmuster dar, deren gemeinsames Merkmal in der Referenz auf Rechtsbelange der Landbevölkerung mit ihren je eigenen Normgewohnheiten und spezifischen Konfliktsituationen besteht. Da jede Hofgenossenschaft, jedes Dorf bzw. jeder bäuerliche Kleinstlebensraum der Möglichkeit nach und oft genug auch tatsächlich eigene Rechtstraditionen hatte, handelt es sich beim ländlichen Recht um den Rechtskreis mit der größten Binnendifferenzierung. Überlieferte Textmuster sind vor allem Verträge, Schiedssprüche, Urbare, Dorfordnungen, Zeugenaufzeichnungen, Hofrechte, Flur- und Markordnungen sowie eine Reihe von Verordnungen für spezielle Arbeits- und Lebensbereiche. Bedingt ist diese Vielfalt überlieferter Rechtstexte durch die spätmittelalterliche Rechtszersplitterung, denn die fehlende Gesetzgebungskompetenz des Reichs und der daraus resultierende Mangel an Subsidiarität des ländlichen Rechts forderten geradezu verbindliche Regelungen rechtlicher Zusammenhänge im engeren Lebensumfeld der ländlichen Bevölkerung. So wurde insbesondere die aus germanischen Rechtstraditionen herrührende Normierung des Rechts in Form der Rechtsauskunft, der Weisung durch eigens dafür bestimmte Personen, zu einer zentralen Rechtsquelle seit dem Spätmittelalter und damit auch zu einem Textmuster mit besonderem Gewicht im juridischen Diskursverbund. Neben den aufgezählten Quellengruppen ist damit das Weistum der markante Texttyp des ländlichen Rechtsdiskurses. Im Zusammenhang vorliegender Darstellung wird daher auch allein das Textmuster 'Weistum' exemplarisch für den gesamten überlieferten Quellenbestand des ländlichen Rechts behandelt, stellt es doch zum einen mit der Fülle an Überlieferungen und zum anderen als konstitutive Kommunikationsform des juridischen Diskurses deutscher Sprache im ländlichen Raum die gewichtigste Basis des Diskurssegments dar.

In Präzisierung der Terminologie müßte an und für sich von bäuerlichen Weistümern gesprochen werden, denn neben diesen gibt es seit den Ottonen auch sogenannte Reichsweistümer,[33] daneben weltliche Landgerichtsweistümer, Femeweistümer, klerikale Weistümer etc. Die auf J. Grimm zurückgehende Gesamtbezeichnung der Rechtsweisungen als 'Weistum'[34] bedeutet dabei eine für das deutsche Mittelalter typische Form der Rechtsfindung auf

[33] Es handelt sich hierbei um kurze Reichsgesetze in Form von Urteilen des Reichshofgerichts. Vgl. Otto Franklin: Sententiae curiae regiae. Rechtssprüche des Reichshofes im Mittelalter. Hannover 1870.

[34] Die Bezeichnung 'Weistum' findet sich bereits in zeitgenössischen Quellen, so in den Rechtsweisungen der Pfalz, der Mosel und des Mittelrheins.

dem Wege einer Rechtsauskunft.[35] So findet sich etwa in den Reichsweistümern für die Aktivität eines Klägers nicht das Verbum 'clagen', sondern die Wendung 'bat fragen einer Urteil' (vgl. U. Eisenhardt 1984, 41f). Bezogen auf die bäuerlichen Weistümer definiert A. Greule (1992, 397) wie folgt:

> Unter der 'Weisung' hat man zu verstehen: die Feststellung von Rechten und Pflichten sowohl der Dorfgenossenschaft als auch der Herrschaft in einer durch die Förmlichkeit des Versammelns, Fragens und Weisens bestimmten Art und Weise; die Weisung hat nur für einen bestimmten räumlich abgegrenzten Bezirk Gültigkeit.

Für die so zu bestimmende Quellengruppe der ländlichen Weistümer sind einige alternative Bezeichnungen überliefert, die aus jeweiligen regionalen Rechtstraditionen resultieren: Offnung (Schweiz), Taiding (Österreich/ Bayern), Dinghofrodel (Elsaß), Ruge (Böhmen/ Sachsen), Willkür und Beliebung (Norddeutschland). Eine wissenschaftliche Auseinandersetzung mit diesen Texten hebt bekanntlich mit J. Grimms umfänglicher Quellensammlung an.[36] Meinte J. Grimm, mit den Weistümern ein Indiz für die Richtigkeit eines von ihm vermuteten gemeinsamen Ursprungs von Recht und Poesie gefunden zu haben, so ist die romantische Annahme, die Weistümer hätten das 'gute alte Recht' unverfälscht tradiert, längst zur hinfälligen Forschungsposition geworden.[37] Es gilt heute als Konsens, daß in den Weistümern die jeweiligen Rechtsgewohnheiten der Zeit im Vordergrund stehen, es daher auch nicht verwundern kann, daß seit der Frühen Neuzeit unter anderem römischrechtliche Vorstellungen in den Quellen Platz greifen. Wenngleich diese Ergebnisse neuerer Untersuchungen auch eine Aktivität der modernen Forschung belegen, so fand die ausführlichste und nachdrücklichste wissenschaftliche Auseinandersetzung mit den Weistümern im 19. Jahrhundert und in der ersten Hälfte des 20. Jahrhunderts statt. Bei den neueren Arbeiten hat insbesondere die Studie über Aufkommen und Verbreitung der Weistümer von D. Werkmüller (1972) Gewicht. Trotz der rechtsgeschichtlich wichtigen Erkenntnisse kann diese Arbeit jedoch für die Sprachgeschichtsschreibung kaum befriedigen, behandelt der Autor doch die Bedeutung der Weistümer als Quellen für die Sprachforschung in einem lediglich fünf Zeilen umfassenden Kapitel, wobei allein auf die Dialekt- bzw. Rechtssprachgeographie verwiesen wird.

Es wird daher im weiteren zu zeigen sein, daß die Weistümer als Zeugnisse der genossenschaftlichen und herrschaftlichen Rechtsordnung, die als mündliche Textmuster seit dem 10. Jahrhundert tradiert und seit dem 13. Jahrhundert

---

[35] Es handelt sich bei den Weistümern folglich nicht um eine Rechtssetzung im eigentlichen Sinn, sondern um eine Auskunft zum überlieferten Gewohnheitsrecht, die Quellen stehen damit den frühneuzeitlichen Rechtskodifikationen konträr entgegen.

[36] Weisthümer. Gesammelt von Jacob Grimm. 6 Bde. und Register. Göttingen 1840-78.

[37] W. Ebel vertritt jedoch noch in (1958, 12) die Auffassung, die Weistümer seien als „sozusagen naturhafte() Gesetzesform" zu beschreiben. Ähnlich H. Conrad (1962).

einer massiven Literalisierungstendenz folgen, gerade auch für die funktionsorientierte Textgeschichte des Deutschen von kaum zu marginalisierendem Rang sind.

I. Pragmatischer Kotext: sozialer Organisationsbereich

I.1 Räumlicher Geltungsbereich

Spezifikum aller bäuerlichen Weistümer ist die eng begrenzte lokale Geltung der Rechtsaussagen, die sich vor allem an den Rechtsbelangen der einzelnen Hofangehörigen orientieren. Der aufgrund mangelnder Mobilität stark eingeschränkte Lebenshorizont von agrarischen Gemeinschaften bestimmt unter anderem noch in der Frühen Neuzeit die Gliederung des deutschen Territoriums in kleinste Rechtsbereiche mit lediglich örtlichem Normierungsradius von Rechtsauskünften. Das Textmuster 'Weistum' ist daher hinsichtlich seines räumlichen Geltungsbereichs unabhängig von zeitlichen Schwankungen weitgehend eindeutig zu klassifizieren. Dabei werden in vielen der überlieferten Texte genaueste Angaben zum lokalen Bezug gemacht, sei es durch topographisch exakte Ortsbeschreibungen wie im *Weistum von Michelrieth* aus dem Jahr 1452,

(1) Zu wissen, das in dem dorfe Michelriett, zwischen Wertheim und Rotenfels gelegen, Wirtzpurger bistum, (...). (# 63, 77),

oder durch lexikalisch-kompositionelle Bezeichnung wie im *Weistum über die Saumast in Biewald*, einem Waldgebiet des Hochstifts Speyer vom 25. Januar 1391, das als „Biewaltrecht" überliefert ist (# 307, 111). In diesen und vergleichbaren Selbsttitulationen finden sich als weitere Hinweise auf den allein lokalen Geltungsanspruch der Weistümer auch häufig Bezeichnungen wie 'dorfreht' etc.

I.2 Sachlicher Geltungsbereich

Bezogen auf das Gesamtkorpus ist der sachliche Geltungsbereich der Weistümer also ebenso generell unspezifiziert, wie die räumliche Geltung meist explizit eingegrenzt ist. Denn in den Weistümern werden sämtliche dem bäuerlichen bzw. ländlichen Lebensumfeld eigenen Rechtsprobleme behandelt, letzthin findet sich in den Texten demnach die Gesamtheit der rechtlichen Verhältnisse des Hofes im besonderen und des ländlichen Consoziums im allgemeinen gespiegelt. Dies bedeutet nicht, daß jeder Text alle lokalrechtlichen Fragestellungen jeweiliger Zeiträume behandelt. Doch mit Blick auf die Teildomänenspezifik ergibt sich für die bäuerlichen Rechtsauskünfte im ganzen eben keine prädeterminierende Sachfestlegung des sozialen Organisationsbereichs. Vielmehr finden sich verteilt auf die Vielzahl noch heute greifbarer Texte sachliche Bezüge auf alle entscheidenden Rechtsfragen lokaler Gemeinschaften. Insbesondere zu nennen sind Bestimmungen zum Verhältnis von Grundherr und Gemeinde, zum Abgabenrecht, Gewerberecht, Nutzungsrecht, Verfahrensrecht, vereinzelt auch zum Strafrecht sowie zu einer großen Zahl einzelner Rechtsgegenstände wie Zinsrecht etc.

I.3 Zeitlicher Geltungsbereich

Gemäß der Definition des Weistums als Rechtsauskunft über das bestehende, weil überlieferte und damit als zeitlos gültig betrachtete Gewohnheitsrecht sind die normativen Rechtsauskünfte des bäuerlich-ländlichen Diskurssegments per se ohne zeitliche Beschränkung. Dies gilt in der pauschalierenden Beurteilung zweifelsfrei zumindest bei einer type-bezogenen Perspektive. Wenngleich die Weistümer auf singuläre, konkret vorgebrachte Fälle bzw. Rechtskonstellationen bezogen sind, ist ihre Vermittlung zeittypischer Rechtsvorstellungen doch im Selbstverständnis der Weisungen immer Bezugnahme auf die überkommenen und somit auch als unbeschränkt gültig gedachten sozialen Normen. Das Textmuster 'Weistum' referiert also auf infinit bestimmte Rechtsgewohnheiten. Die diesbezüglichen Belegstellen sind zahllos, da ein großer Anteil der Weistumstexte die Gültigkeitsbestimmung des gewiesenen Rechts als gleichermaßen überkommen und unbeschränkt thematisiert. Im *Weistum des Hofes zu Mauenhein* vom 16. Mai 1286 (# 309, 221) findet sich beispielsweise neben der allgemein gehaltenen Bestimmung der sachlichen Geltung eine klare Aussage zur unbeschränkt eingesetzten Gültigkeit der Rechtsauskünfte, die als exemplarisch für das zeitbezogene Rechtsverständnis gelten kann:

(2) Want die menslige gedechtnisse vergenclich ind vellich is, ind die dinck, die man in der tzyt bedryfft (...), soe hain wir diesin brieff doin machen ind dae ynne alle recht des hoefs ind guede, (...), dat dat stede, vast, unverbruchlich ind vur bestant in ewicheit gehalden werden sall, (...). (# 309, 2. Abt., 1. Bd., 221.12ff)

II. Pragmatischer Kotext: textuelle Situation

II.1 Gesellschaftliche Bindung

Wie bereits erwähnt, gehen die neueren Forschungen zur Weistumsliteratur trotz des auffallend gewohnheitsrechtlichen Duktus dieser Quellengruppe davon aus, daß die textualisierten Rechtsvorstellungen sich in erster Linie auf je gegenwärtige und d.h. situativ weitgehend eindeutig zu bestimmende Rechtsunsicherheiten oder Ordnungsanliegen der ländlichen Bevölkerung beziehen. Die Texte sind demzufolge nicht nur Ausdruck des überlieferten Rechts, sondern sind durch aktuelle Rechtskonflikte motiviert, womit eine

Einordnung der Weistümer als konservierende Größe bei der Tradierung 'des guten alten Rechtes' hinfällig ist. Mit diesem konkreten Bezug auf die Rechtsunsicherheiten der Landbevölkerung weisen die bäuerlichen Rechtsauskünfte eine starke gesellschaftliche Bindung auf. Dies jedoch nicht qua generell nomothetischer Aktivitäten, sondern in Entsprechung des strikt begrenzten räumlichen Geltungsgrades unter Bezug auf zeittypische soziale Fragen der engeren Gruppenorganisation; G. Kocher (1987, 129) spricht vom lebensraumbezogenen Charakter der Weistümer. So wenn etwa im *Weistum von Altenkirchen* (# 231, 5) vom 12. November 1545 die Rechte und Pflichten der Kinder des Junkers Hans Blick von Lichtenberg mit genauesten Angaben bestimmt werden. Analog der fallrechtlichen Organisation von Weistümern lassen diese konkreten Bezüge von einer auffallend starken gesellschaftlichen Bindung der Texte sprechen.

II.2 Zeitliche Bindung

Auch die zeitliche Bindung der Weistumstexte ist durch die textuell tradierten gewohnheitsrechtlichen Normen bestimmt. Denn trotz des unübersehbaren aktuellen Situationsbezuges des Textmusters 'Weistum' wird es kaum möglich sein, eine texttypisch abgrenzbare Zeitbindung zu bestimmen. Es ist davon auszugehen, daß Produzenten und Rezipienten in den Weisungen sowohl vorzeitig bereits geltendes oder existentes Recht tradiert bzw. erkannt, als auch je gegenwärtiges Recht gesetzt und zukünftige Rechtsvorstellungen bewußt vorbestimmt haben. Insofern hebt die Auffassung vom ewig beständigen, überlieferten Recht ein zeitliches Bezugsraster der Quellen strikt auf. Die Weistümer sind damit den heutigen Rechtsquellen des juridischen Diskurses mit ihren konkretisierten zeitlichen Bezügen konträr gegenüberzustellen. Für die simultane Vergangenheits-, Gegenwarts- und Zukunftsbindung des Textmusters 'Weistum' gibt es zahlreiche Belegstellen, hier sei lediglich paradigmatisch aus zwei Texten zitiert. Der simultane Gegenwarts- und Zukunftsbezug ländlicher Rechtsauskünfte wird im *Weistum von Soller* aus den Jahren 1393-1402 formuliert:

(3) Dat ys des dorps gewoenede alweyge geweyst ind noch ys. (# 178, Bd. II N.F., 60)

Einer der unübersehbar vielen Verweise auf das alte Herkommen des Weistumsrechts und insofern auf den Vorzeitbezug der Rechtsauskünfte findet sich im 'Weistum' *von Kleinbockenheim* vom 20. Oktober 1423:

(4) (...), das alle die vorgeschr(ieben) wisunge, die sie getan hant, das die ir altern uff sie bracht vnd gewiset hant lenger, dan yemant gedencken kan oder mag, (...). (# 307, Bd. I, 162)

II.3 Prätextbezug

Merkmal gewohnheitsrechtlicher Bestimmungen ist unter anderem auch die Rekursivität von Normansprüchen. Mit der Legitimation von gesellschaftlichen Ordnungsmechanismen über die Berufung auf die althergebrachte Richtigkeit von geteilten Rechtsvorstellungen ist ein Rekurs auf vorhergehende Weisungen oder überhaupt Sollensordnungen bereits strukturell motiviert. Demzufolge sind Prätextbezüge bei den Weistümern durchaus belegt, gleichwohl werden solche hypertextuellen Relationen nicht in allen Texten explizit ausgedrückt. Doch bereits die Existenz von Weistumsfamilien, auf die unten noch einzugehen ist, und der gelegentlich offensichtliche Verweis auf Prätexte erlauben es, in der type-bezogenen Perspektive von potentiellen Prätextbezügen für das Textmuster auszugehen. Entsprechende Verweise haben meist folgendes Aussehen:

(5) Es haben zwar unsere alten vorfahren schon zu zeiten die eine ruge 1472 zusammfestgesetzet, umb friede und einigkeit in der gemeine zu haben, in welcher folgendes clausel enthalten, (...). (# 45, 22. Jg., 311)

(6) In der anderten gemein rüge, welche zu zeiten des regierenden herrn herrn Maximiliani des heil. röm. reichsgrafen von Thun, seind alle alte clausel zu haltender einigkeit in der gemeinde von neuen bestättiget und also zu halten wieder festgesetzt worden. (# 45, 22. Jg., 312)

Die Beispiele sind der *Rüge von Losdorf* (# 45) aus dem Jahr 1703 entnommen und zeigen, daß der Prätextbezug gerade bei den späteren Weistümern ein wichtiges Element der Rechtsaussage sein kann.

II.4 Status des Textproduzenten

Die Vertextung der Weistümer erfolgte im Verlauf der Sprachgeschichte in Stufen unterschiedlicher medialer Repräsentation, denn zunächst sind Weistümer noch ein allein orales Textmuster, das erst im Verlauf der allgemeinen Verschriftungstendenzen im juridischen Diskurs literalisiert wird. Dieser Übergang von der mündlichen zur schriftlichen Repräsentation erfolgt dabei nochmals im Zuge der Entstehung und Tradierung jedes einzelnen Weistums. Die Vertextung von Weistümern ist damit als gestaffelter Transfer von der oralen Rechtsauskunft zur literalen Festsetzung ausgesprochener Normen zu beschreiben. Beteiligt sind an diesem Vertextungsvorgang zwei Produzentengruppen. In der ersten Phase der Weisung kooperieren Auskunftsuchende über mündlich vorgebrachte Fragen mit den Auskunfterteilenden, also denjenigen, die das Recht oral weisen; es handelte sich bei dieser Personengruppe um vereidigte Hofangehörige. In der zweiten Phase der Weistumsvertextung, der schriftlichen Fixierung, sind Schreiber die maßgeblichen Textproduzenten. Sie transformieren den mündlich vorgebrachten Rechtsgegenstand sprachlich, womit im übrigen die in älteren Forschungen oft vermuteten Spuren gesprochener Sprache in den schriftlichen Weistümern weitgehend eliminiert wurden (vgl. A. Greule 1992, 409); das Weistum ist in der heute überlieferten Form also ein primär schriftsprachliches Textmuster. Die zwei genannten Personengruppen werden als kooperierende Textproduzenten in der Mehrzahl der Weistümer angeführt.

II.5 Themenwahl

Der thematische Gehalt im Sinne einer situativen Determinante ist bei den Weistümern grundsätzlich festgelegt, denn die Texte erteilen Auskunft zu konkreten Fragen an die bäuerlichen Honoratioren. Da die Weistümer auf Begehren von Bauern und/oder Grundherren entstanden, ist ihr rechtlicher Inhalt zumeist unpretentiöse Antwort auf festgelegte Fragegegenstände. So etwa im *Weistum von Wangen* aus dem Jahr 1491:

(7) Und als die gemain beschwärung hat gehabt von wegen, das man alle die zu dem rechten erfordert hat, ist erfunden und fürgenommen, das (...). (# 188, Bd. V, 207.8f)

II.6 Kommunikationsrichtung

Obgleich also der Dialog zwischen Auskunftsuchenden und Auskunfterteilenden konstitutiv für das Textmuster 'Weistum' ist, bedient sich die Mehrzahl der Texte einer monologischen Kommunikationsrichtung. Im Sinne einer protokollarischen Wiedergabe des rechtlichen Gehalts von Weisungen verzichten viele der Schreiber auf eine szenisch strukturierte Wiedergabe der Dialogstruktur, womit wiederum deutlich wird, daß jeder generalisierende Versuch einer Archäologie der gesprochenen Sprache für die Weistümer scheitern muß. Im Zusammenhang der monologischen Kommunikationsrichtung schriftlicher Weistumstexte thematisieren die Schreiber jedoch in der Regel die mündlich-dialogische Textvorlage ihrer Literalisierungen. Sei es im Zuge allgemeiner Situationsbeschreibungen, wie im *Weistum von Völlan* aus dem Jahr 1473

(8) (...), daß zu mir komben sint die erbarn weisen Daniel Roch, (...), und gaben mit zu bekennen, wie si etwas zwispal wären von wegen iren dorflichen rechten, (...) (# 188, Bd. V, 172.29ff),

mit der Protokollkennzeichnung des vordem mündlichen Textmusters im *Weistum von Michelrieth* von 1452

(9) Da sprachen sie und teylten zu rechte, als hirnachgeschrieben steht: (...). (# 63,77)

oder über die Formulierung indirekter Fragesätze, wie im *Weistum von Kleinbockenheim* vom 20. Oktober 1423

(10) Item darnach fraget der erczprister den perrer, die geswom vnd die gemeynde, als vorgeschr(ieben) stet, wer die grosze kirch an buwe halten solt, aber etwasz daran brost were. (# 307, Bd. I, 161)

Die durch den Dialog bedingten unterschiedlichen Kommunikationsrichtungen werden also durchaus in die Texte eingearbeitet, aber die Unifizierung der Kommunikationsrichtung im Zuge der schriftlichen Fixierung ist dennoch ein spezifisches Merkmal des schriftlichen Textmusters 'Weistum', das folglich als monologisch ausgerichtete Rechtsweisung zu klassifizieren ist.

II.7 Medium

Wie bereits ausgeführt, bedienen sich die Weistümer konsequent der mnemotechnisch vorteilhaften Funktionseigenschaft der Schrift gegenüber mündlicher und ritueller Rechtstradierung; dies anfänglich seit dem 11. Jahrhundert und schließlich seit dem 13. Jahrhundert mit Nachdruck in allen Gebieten mit Weistumstradition. Die Absicht, bäuerliche Weisungen „in schrifften zu fassen" (# 305, 102), gehört daher zu den originären Situationsmerkmalen dieses Textmusters. Folglich sind die Weistümer auch ein ausgezeichnetes Beispiel für den Übergang von der oralen Rechtsweisung zum literalen Ausbau des juridischen Diskurses.[38] Bereits B. Huppertz (1977 (1939)) hat darauf hingewiesen, daß wesentliche Antriebe für die Verschriftung ländlichen Rechts aus den Städten erfolgten, die zu eben dieser Zeit das mündlich tradierte Recht vermehrt verschrifteten. R. Hinsberger (1989, 28) spricht in diesem Zusammenhang von einer „allgemein festzustellenden Kodifikationsfreudigkeit und Tendenz zur schriftlichen Fixierung von Rechten". Daß die Weistümer auch nach ihrer Verschriftung in den jährlich stattfindenden öffentlichen Weisungszusammenkünften verkündet und verlesen wurden, zeigt jedoch, wie wenig die Literalisierung im bäuerlichen Lebensbereich zu einer umgehenden Ablösung von oralen Rechtstraditionen führte. Noch im 16. Jahrhundert konnten die Normadressaten in der Regel weder schreiben noch lesen, so daß eine erfolgversprechende Weisung durch die rechtskompetenten Personen auf den mündlichen Kommunikationskanal zurückgreifen mußte. Aus diesem Grund hat das mittelalterliche und frühneuzeitliche bäuerliche Recht als Sitte und Brauch und

---

[38] In diesem Sinn weist W. Rösener (1990, 23) auf die Relevanz der Weistümer für entsprechende Forschungen zur Literalisierung der Kommunikation hin und betont, daß die „Frage nach den Auswirkungen der Verschriftlichung des Rechts auf die bäuerliche Kultur (...) die Problematik des Verhältnisses von Mündlichkeit und Schriftlichkeit der Gesellschaft des Mittelalters" berührt.

damit als „Urform des Gewohnheitsrechts" (Th. Bühler 1977, 14) parallel zur Verschriftung den oralen Status erhalten. Vereinzelt sind Weistümer noch bis in das 19. Jahrhundert zum mündlichen Vortrag gekommen.

II.8 Sozialer Raum

Wie die Mehrzahl der überlieferten Weistümer zeigt, sind die ländlichen Rechtsauskünfte trotz ihres oft individuellen Zuschnitts, also der fallbezogenen Einzelentscheidung, öffentlich erteilt worden. Dies wird in den schriftlichen Fassungen in der Regel auch betont, etwa im *Weistum von Schauenburg* vom 28. April 1399:

> (11) Ez ist zu wißende, daz der schultheiß und die scheffen und die ganze gemeynde zu Hentschußheim by einander sint gewest (...). (# 184, Bd. 16, 26)

Der soziale Raum ist aber nicht nur hinsichtlich der protokollierten Entstehungsmomente öffentlich, sondern auch in bezug auf die verschrifteten Fassungen selbst, die ja Grundlage der öffentlichen Verlautbarungen gleichen Inhalts bei den jährlichen Reoralisierungen waren. Es ist anzunehmen, daß gerade die öffentliche interpersonale Situation trotz Behandlung jeweils mehr oder weniger privater Rechtsanliegen zur weiten Verbreitung des Textmusters 'Weistum' beigetragen hat. Weistümer waren im Bewußtsein der ländlichen Bevölkerung keine hermetische Kommunikationsform mit spezialisierten Rechtsverfassungen eines lokal begrenzten Consoziums, sondern ein breit institutionalisiertes Textmuster des juridischen Diskurses mit großer Bekanntheit. Es mag hier nochmals deutlich werden, daß sprachgeschichtliche Erörterungen von Fachdomänen nicht mit einer Konzentration auf abseitige Expertensprachen gleichzusetzen sind.

II.9 Verhältnis der Kommunikationspartner

Obgleich gerade die Beziehung von Grundherr und Bauer durch soziale Distanz geprägt war, kann doch davon ausgegangen werden, daß bei den ausgesprochen kleinflächigen Siedlungsräumen und den geringen Einwohnerzahlen des räumlichen Geltungsbereiches von Weistümern immer eine soziale Nähe von Textproduzenten und -rezipienten im Sinne des persönlichen Bekanntseins bestand. Im Verhältnis etwa zu land- oder reichsrechtlichen Texten kann eine relative soziale Nähe zwischen den mündlichen und schriftlichen Textproduzenten, den Auskunftsuchenden und anderen Rezipienten als Invariante angesetzt werden.

II.10 Rollenverhältnis

Obgleich die soziale Nähe der Kommunikationspartner als Konstituente des Textmusters 'Weistum' angesetzt werden kann, ergibt sich für die textuelle Situation ein eindeutiges Rollenverhältnis, das den Produzenten und Rezipienten jeweils sachspezifische Funktionen als Rechtskundige bzw. Auskunftsuchende zuschreibt. Somit erstaunt es auch nicht, daß in den schriftlichen Versionen der Weistümer offensichtlich großer Wert auf die detaillierte Wiedergabe der Rollenverteilung bei der Rechtsweisung gelegt wird.

II.11 Interaktionskontakt

Charakteristisch wiederum für das Textmuster 'Weistum' ist die zweipolige Art des Interaktionskontaktes. Während die mündliche Weistumstradition eine per definitionem raum-zeitliche Einheit aufweist, stellen die verschrifteten Weistumstexte trotz ihrer weiterhin räumlich eng begrenzten Geltung der Möglichkeit nach erhebliche zeitliche Differenzen zwischen Textproduktion und -rezeption her, wobei die Reoralisierungen wiederum eine raumzeitliche Übereinstimmung von Wiedergabe und Annahme der Rechtsweisung erreicht. Dieser unklare Status des Weistums als mündliche oder schriftliche Rechtsquelle verbietet eine taxonomische Variablenzuteilung, denn die Grenzen von face-to-face-Kontakt zur zeitlich divergenten Interaktion changieren bei nahezu jedem überlieferten Weistum. Eindeutig ist zumindest, daß die gewohnheitsrechtliche Vorstellung infiniter Gültigkeit bäuerlicher Rechtsaussagen von vornherein eine zeitdifferente Rezeption der Weistümer legitimiert. So weist etwa das *Weistum von Großbockenheim* vom 24. Juni 1483 explizit auf die unverrückbare Gültigkeit der Rechtsnormen hin. Das findet seine Entsprechung auch in einer Erneuerung der Weisung im 16. Jahrhundert:

(12) Und umb das die obgemelten dinge mit irer innhalt, wie die fur begriffen stene, immer stede und onverruckt verliben und gehalten werden, so haben wir, (...). (# 307, Bd.I, 167)

II.12 Anzahl der Textproduzenten

Wie die Mehrzahl der Textmuster des juridischen Diskurses zeigen auch die Weistümer, daß die Festlegung rechtlicher Normen und ihre sprachliche Encodierung zumeist ein kooperativer Vertextungsprozeß ist. Wenn auch die Protokolle der mündlichen Rechtsauskünfte als Bearbeitungen eines Schreibers mit weitgehenden Freiheiten einzuordnen sind, sind doch alle an der Rechtsauskunft beteiligten Personen als struktur- und inhaltsbestimmende Produzenten des Weistums anzusehen. Auch dieser kooperative Charakter des Weistums hat die jahrhundertelang uneingeschränkte Bedeutung desselben ermöglicht. Die Vertextung bäuerlicher Rechtsauskünfte ist mithin als soziale Praxis einzuordnen.

II.13 Produzent-Rezipient-Hierarchie

Die Rollenverteilung von Textproduzenten als Auskunfterteilenden und Rezipienten als Auskunftsuchenden bedingt eine evidente Hierarchie hinsichtlich der rechtlichen Normformationen von Weistümern. Zumeist befragten Beauftragte der Grundherren in den Dorfversammlungen die ältesten Bauern als „Träger der örtlichen Rechtstradition" (D. Willoweit 1990, 85) zum überlieferten Recht. Aus der situativen Perspektive standen diese Bauern folglich hierarchisch über den Grundherren, doch kann dies selbstverständlich nicht zu der Annahme verleiten, daß die konverse soziale Hierarchie nicht gewichtiger gewesen sei. Spätestens seit der Aufzeichnung der Weistümer vor allem in der Frühen Neuzeit hat sich daher auch das sozial vorgegebene hierarchische Gefälle zwischen Grundherren und Bauern deutlich auf die Textproduktion ausgewirkt, waren doch zu dieser Zeit die Grundherren vermittels ihrer Schreiber und des sonstigen archivalischen Apparats maßgeblich an der Aufzeichnung beteiligt (vgl. U. Eisenhardt 1984, 41). Seit dem Absolutismus nahm schließlich sogar das Supremat der Landesherren direkten Einfluß auf die Inhalte der bäuerlichen Rechtsauskünfte (vgl. Th. Bühler 1980, 142ff).[39] Von einem hierarchischen Bezug zwischen Produzenten und Rezipienten der Weistümer ist demzufolge auszugehen, doch gilt es zwischen der situativen Hierarchie des Moments von Rechtsauskünften und der maßgeblicheren Ständehierarchie strikt zu unterscheiden. Die aus dieser Konversion resultierenden Konflikte gehören zur Geschichte des ländlichen Rechtskreises ebenso, wie der Verweis auf die hierarchische Gliederung des ländlichen Consoziums ein zahlreich belegter Textbaustein der Weistümer ist. Als Beispiel sei das Protokoll eines Begrüßungszeremoniells der Dorfversammlung in der *Rüge von Pröhl* aus dem Jahr 1536 angeführt:

(13) Nu dank ein nachpar dem andern, der unters dem obersten und der obers dem untersten wider, das wir nit anders wissen, dan einer von dem andern alles guetes. (# 45, 15. Jg., 178)

III. Polyfunktionalität und Handlungsintention

Die Analyse des pragmatischen Kotextes legt eine für das Weistum charakteristische Relationierung von konstitutiven Merkmalen offen. Dies sind die mediale Repräsentation in oraler, literaler und reoraler Gestalt sowie die enge Begrenzung des räumlichen Geltungsbereiches bei gleichzeitig maximal gedachter zeitlicher Geltung. Damit sind die allgemeinen Handlungsziele des

---

[39] W. Rösener (1990, 22) ist daher zu folgen, wenn er die „alte Streitfrage, ob herrschaftlicher oder genossenschaftlicher Einfluß in den Weistümern dominiert, (...) epochenspezifisch je nach ihrer Entstehungszeit" zu beantworten versucht.

Textmusters 'Weistum' grundsätzlich vor dem Hintergrund dieser spezifischen Situierung zu betrachten. So steht bei den frühen, allein mündlich produzierten Weistümern fraglos die Sachintention im Vordergrund, während bei den literalen Medialisierungen die Absicht zur Sicherung bzw. Fixierung von Rechtsaussagen hinzutritt, ein Handlungsziel, das im übrigen der infinit gewohnheitsrechtlichen Rechtsauffassung der Zeit entgegenkommt. Bei den Reoralisierungen werden schließlich die Vorteile schriftlicher Fixierung mit der Breitenwirkung und mnemotechnischen Relevanz des regelmäßigen, ritualisierten Vortrags für die Schriftunkundigen kombiniert. Die insofern unterschiedlichen Rezeptionsmodi werden als Möglichkeiten der Kenntnisnahme von Rechtsauskünften in vielen Weistümern formelhaft angeführt mit Phrasen wie 'tun kunt allen denen, die es immer ansehend, lesend oder hörend lesen'.

Wenn für das sprachgeschichtliche Erkenntnisinteresse auch allein die literalen Konservierungen zugänglich sind, so muß doch in Entsprechung des textmusterspezifischen situativen Kontextes von den triadischen Medialisierungen ausgegangen werden. Denn die horizontalen Intentionen des Textmusters 'Weistum' sind nicht allein im Zuge segmentaler Funktionszuweisungen für die schriftlichen Texte zu bestimmen. Obgleich also die unmittelbare Prägung der sprachlichen Gestalt durch die gesprochene Sprache gemäß obiger Ausführungen als gering anzusetzen ist, kommt eine allgemeine Funktionsbestimmung des Weistums nicht umhin, die unterschiedlichen Medialisierungen des Textmusters zu differenzieren. Ebenso zu berücksichtigen ist die raumzeitliche Situierung der Weistümer, denn diese bestimmt wesentlich die Vermittlung von horizontal bestimmten Intentionen mit den sprachgeschichtlich wirksamen Tendenzen zur Polyfunktionalisierung, also mit den vertikal modellierten Kausalitäten. Die unbeschränkte zeitliche Geltung von Weistümern bedingt eine Konstanz des textgeschichtlichen Gewichts für den juridischen Diskurs, die von den hochmittelalterlichen Anfängen bis zu den Rückgangstendenzen in der fortgeschrittenen Frühen Neuzeit reicht. Für einen Zeitraum von mindestens 500 Jahren hat das Weistum damit einen unbestritten wichtigen Platz im Textmusterspektrum der deutschen Rechtssprache. Bereits aufgrund dieses Faktums liegt die Vermutung nahe, daß eine derart konsequent tradierte Teildomäne des juridischen Diskurses zum Gesamtprofil des rechtssprachlichen Funktionsausbaus wesentlich beigetragen hat. Allerdings kommt hier die strikte räumliche Begrenzung der Weistümer als einschränkender Faktor in Betracht, denn diese läuft den sprachgeschichtlichen Standardisierungstendenzen in Richtung einer Arrondierung kommunikativer Geltungsbereiche mittlerer Reichweite und schließlich gemeinsprachlicher Überregionalität funktionsbezogen entgegen. Es verwundert so auch nicht, daß die Weistümer parallel zu diesen gemeinsprachlichen Standardisierungen seit dem 17. Jahrhundert an Bedeutung verlieren. Der Kleinstraum täglicher Lebenserfahrung der ländlichen Bevölkerung wird in dieser Zeit längst von größeren Einheiten des Consoziums rechtsbezogen flankiert, so daß schließlich die nicht zuletzt sprachlich standardisierten Landesordnungen in der jüngeren Geschichte der Frühen Neuzeit die rechtlichen Funktionen des Weistums übernehmen.

Weistümer können demnach allein schon infolge ihrer räumlichen Verbreitung und ihrer kontinuierlichen rechtsgeschichtlichen Bedeutung seit dem 12. Jahrhundert als ein Basissegment des juridischen Diskurses eingeordnet werden. Doch bleibt eben festzuhalten, daß sie nicht unmittelbar zur Standardisierung der Communicatio im überregionalen Raum beigetragen haben. Der funktionsgeschichtlich wichtige Status der Weistümer ist damit kaum in Frage zu stellen, denn unter Funktionsdifferenzierung ist gerade nicht die unifizierte Tendenz aller Teildomänen einer Diskursformation auf ein sprachhistorisches Standardisierungsziel zu verstehen, sondern vielmehr entgegen einer solchen teleologischen Sprachwandelauffassung die Auffächerung funktionaler Domänen in je eigenen raum-zeitlich bestimmten Perioden in Richtung einer internen Domänendifferenzierung. In derartige sprachhistorische Tendenzen paßt sich das Textmuster 'Weistum' ausgezeichnet ein. Wenn immer wieder darauf verwiesen wird, Weistümer hätten nicht nur für die Rechts- und Wirtschaftsgeschichte, sondern ebenso für die Sprachgeschichte eine herausragende Bedeutung, so gilt diese eben nicht allein für die historiolinguistische Erforschung der Lexik etwa in der Rechtswortgeographie oder Begriffsgeschichte. Auch im Zusammenhang einer funktionshistorischen Betrachtung der deutschen Sprachgeschichte haben die Weistümer den Rang einer zentralen Quellengruppe.

Sind die Weistümer also mit ihren je spezifischen rechtsbezogenen Intentionen auch nicht unmittelbar textgeschichtliche Determinanten gesamtsprachlicher Standardisierungstendenzen, so sind sie doch als ein Basissubstrat des juridischen Diskurses seit Beginn der massiven funktiolektalen Entfaltung des juridischen Diskurses mittels deutscher Sprache belegt. Bereits aus der stetig wachsenden Zahl überlieferter Weistümer seit dem 13. Jahrhundert ergibt sich, daß der funktionale Sog zur Differenzierung des literalen Textmusterspektrums kein Top-down-Prozeß war. Nicht die auf überregionale Geltung zielenden reichsrechtlichen Textmuster etc. führen zu einem sukzessiven Ausbau auch kleinräumiger subsidiärer Diskurssegmente, sondern gerade die hinsichtlich ihres räumlichen Geltungsanspruches maximal eingeschränkten Textmuster des ländlichen Rechts haben seit Beginn der massiven Funktionsdifferenzierung Teil am Binnenausbau des Deutschen. Das Textmuster 'Weistum' ist als prototypische Überlieferungsform des Gewohnheitsrechts ein Anker der Polyfunktionalisierung des juridischen Diskurses. Der lokale Mangel an verbindlich regelnden und von den jeweils betroffenen Gruppen allgemein anerkannten Schriftrechten und die dadurch motivierte sowie zunehmend verwirklichte literale Fixierung des überlieferten Rechts (vgl. U. Eisenhardt 1984, 40) im ländlichen Raum sind folglich ein wichtiger Baustein bei der Ausbildung einer deutschen Rechtssprache.

Unter dieser Voraussetzung ergibt für die Weistümer als Tendenz der Handlungsintention das Ziel der Beilegung von Konflikten zwischen Grundherrschaft und Bauern bzw. von Grundherren und Bauern untereinander. Im wesentlichen ist dies auch in der Definition des Weistums von K.-H. Spieß (1986, 5) festgehalten, die dem heutigen Forschungskonsens weitgehend entspricht:

> Weisung ist die gemeinschaftsbezogene, weisende Feststellung von wechselweise wirkenden Rechten und Pflichten der Herrschaft und der Genossenschaft in gerichtsverfassungsmäßiger, d.h. in einer durch die Förmlichkeit des Fragens, des Weisens und des Versammelns bestimmten Weise, gültig für einen bestimmten, räumlich abgegrenzten Bezirk.

Die kommunikative Intention im allgemeinen ist demnach zweiseitig: Zum einen sichert das Weistum dem Grundherren Leistungen der Bauern zu, zum anderen gewährleisten die Rechtsaussagen den Bauern zumindest idealiter Schutz vor unkalkulierbaren Handlungen der Grundherren (vgl. E. Kaufmann 1984, 24). Im Zentrum der kommunikativen Intention steht damit die Herstellung sozialer Garantien bzw. Verbindlichkeiten, exemplarisch zum Ausdruck gebracht in der *Oblasser Rügung* von 1604:

(14) Diesse Stuckh alle mit einand, Rüget vnndt verbindet die Ehrbahr gemein allhie zu Oblass, nun vndt hin führ zu Künfftiglich mit ihren Inhalt, ... (# 162, 79).

Zur Durchsetzung dieses Ziels nutzen die Weistümer die Vorteile der literalen Medialisierung von Sprache, was durch zahllose Formeln belegt ist:

(15) ... und thuen kundt vor mennigklichen hiemit und krafft dieser unser schriefft, ... (# 45, 22. Jg., 296).

Es ist davon auszugehen, daß sich seit dem 13. Jahrhundert auch die ländliche Bevölkerung nicht mehr allein auf die einheitsstiftende und normierende Kraft von Sitte und Brauch bezieht, so daß die Verschriftung zum eigentlichen Motor der Weistumsproduktion wird.

Was die ideologische Intention der Fülle überlieferter Weistümer angeht, ergibt sich selbstredend keine monothematische Aussage. Ohne Zweifel wird in jedem Weistum auch ein rechtsbezogenes Wertesystem tradiert, doch dies in der gesamten Breite ideologischer Überzeugungen der jeweiligen Zeiträume. Die kommunikative Intention der Weistümer insgesamt erweist sich damit im Verlauf gleichgerichteter Handlungsabsichten als sprachgeschichtlich wirksamer Faktor von Polyfunktionalisierungen. In der Regel wird das generelle Handlungsziel in den Weistümern selbst nicht explizit erwähnt, wenige Texte enthalten diesbezüglich Passagen, so das pfälzische *Weistum von Großbockenheim* aus dem Jahr 1340:

(16) Daz ouch wir, (...), desdir fruntlicher vnd friedelikher furbazser me mit einander geleben mogen, so han wir soliche recht, (...), von worte zu worte geschriben an disem brief, (...). (# 307, Bd. I, 157)

IV. Polylinguale Intertextualität

Die Genese des Textmusters 'Weistum' entspricht in ihren Patterns polylingualer Texttradition weitgehend der Makrohistorie des juridischen Diskurses. Auf die frühen Verschriftungen in lateinischer Sprache zu hochmittelalterlicher Zeit folgen deutsch-lateinische Übergangsformen und schließlich der konsequente Ausbau als volkssprachiges Textmuster im schriftlichen Medium. Die generelle Frage nach Okkurrenzen polylingualer Intertextualität kann folglich auch für die herausragendste Textgruppe des ländlichen Rechts bejaht werden, die schriftlichen Weistümer entstammen unmittelbar einer auch lateinischen Texttradition. Die dominante Transferrichtung dieser hypertextuellen Bezüge führt unverkennbar vom Lateinischen zum Deutschen, wobei jedoch der das Weistum erst eigentlich weithin etablierende, nachdrücklich literale Vertextungsschub mit der volkssprachigen Fixation der ländlichen Rechtsauskünfte einsetzt. Wenn Weistümer demzufolge kaum autonom von fremdsprachlichen Bezügen etabliert sind, so resultiert ihre Rangstellung im juridischen Diskurs doch vor allem aus deutschsprachigen Aufzeichnungen. Entsprechend sollte es auch nicht verwundern, daß die für einige Teildomänen des juridischen Diskurses bedeutsame Relatinisierung der rechtsbezogenen Kommunikation im Zuge der humanistischen Besinnung auf antikes Gedankengut für die Weistümer keine Rolle spielt. Den örtlich gebundenen und Rechtstraditionen persönlich vermittelnden Quellen fehlt hierzu überdies jeder gelehrte Anspruch, wenn auch Einflüsse des römischen Rechts in den Weistümern zu belegen sind. Das Weistum ist damit trotz der polylingualen Bezüge ein weitgehend volkssprachlich tradiertes Textmuster, im übrigen nicht nur der deutschen Rechtssprachgeschichte.

Was das Verhältnis von deutscher und lateinischer Texttradition angeht, ist bereits eine exemplarische Analyse des Textbestandes in einschlägigen Weistumseditionen aufschlußreich. Greift man aus den niederrheinischen Weistümern die Jülichschen und die Kurkölnischen Weistümer heraus, so sind von 124 Texten lediglich sieben in lateinischer Sprache und nur drei deutsch-lateinische Übergangsformen belegt. Bezeichnenderweise sind die lateinischen Texte nur bis zum 14. Jahrhundert, die Übergangsformen aus dem 15. Jahrhundert nachzuweisen. Dies entspricht auch der Überlieferung fränkischer Weistümer. Von 50 Texten sind drei ausschließlich lateinisch und zwei deutsch-lateinisch verschriftet, die zeitlichen Zuordnungen sind analog, und auch für die süddeutsche Weistumstradition ergeben sich ähnliche Zahlenverhältnisse.

Weistumssammlung	Texte insgesamt	lat. Texte	deutsch-lat. Texte
Jülichsche und Kurkölnische Weistümer (# 178)	124	7 (= ~5,5%) bis zum 14. Jahrhundert	3 (= ~2,5%) aus dem 15. Jahrhundert
Fränkische Weistümer (# 63)	50	3 (= 6%) bis zum 15. Jahrhundert	2 (= 4%) aus dem 15. Jahrhundert
Österreichische Weistümer (# 188)	292	1 (= 0,3 %) Anfang 14. Jahrhundert	Ø

Tab. 21: Verhältnisse deutscher und lateinischer Texte in ausgewählten Weistumseditionen

Die tabellarische Übersicht zum Verhältnis lateinischer und deutscher Texttraditionen der Beispielkorpora zeigt weitgehend übereinstimmende Zahlenverhältnisse. Die textliche Tendenz ist deutlich ablesbar. Für die Frühzeit der Verschriftung kommt dem Lateinischen noch eine gewisse Bedeutung zu, die jedoch recht bald auf dem Weg von Übergangsformen an Bedeutung verliert. So ist seit dem sprunghaften Anstieg der Weistümer in der Frühen Neuzeit nicht mehr mit lateinischen Vertextungen zu rechnen. Daß trotz der insofern geringen Bedeutung der Latinität für den literalen Ausbau des Textmusters 'Weistum' von polylingualer Intertextualität zu sprechen ist, zeigen im mindesten die deutsch-lateinischen Texte. In ihnen werden strukturelle Systemreferenzen, also formale Übereinstimmungen im Aufbau von Weistümern recht deutlich. A. Greule (1992, 402ff) spricht in diesem Zusammenhang von Übereinstimmungen funktionaler Textsegmente des diplomatischen Formapparats. Die lateinischen und deutschen Passagen entsprechen in den bilingualen Texten nämlich weitgehend den Textbausteinen prototypischer Urkunden. So im *Weistum von Meckenheim* von 1421 (# 178, Bd. I, 338ff). Neben den deutschen Abschnitten sind z.B. die Invocatio „In nominae domini amen", die Promulgatio und die Datierung lateinisch, während die eigentliche Weisung deutsch aufgezeichnet ist. Daß auch der lateinische Text nicht ohne Transferintentionen verschriftet wurde, zeigen die häufigen Synonymeinschübe mit volkssprachiger Fachlexik, etwa „mandare et inhibire, - quod »gebieden« vulgariter exprimitur". Einen ähnlichen Aufbau zeigt auch das *Weistum von Michelrieth* (# 63, 76ff). Die in diesen Übergangstexten noch lateinisch formulierten Textsegmente werden mit zunehmender Ausbreitung des Weistums schließlich auch volkssprachig gefaßt. Trotz der weitgehend autonomen volkssprachlichen Ausbauvorgänge des Textmusters 'Weistum' ergeben sich demzufolge deutliche polylinguale Systemreferenzen. So ist das zunächst ausschließlich lateinische Textsegment der Invocatio auch Teil einer Reihe vollständig deutscher Weistümer, wenngleich dieser Textbaustein in den lateinischen Quellen durchgängiger belegt ist als in den deutschen Texten:

In nomine domini. Amen

Dem allmächtigen ewigen güttigen gott sey lob, danck, ehr und preiß gesagt, der unß erschaffen, leib, seel gegeben und erlöst hat, auch noch erheldt etc. (# 45, 22. Jg., 302)

In dem namen der heiligen ungetaylten dreyvaltigkeit. amen. (# 45, 22. Jg., 319)

In gottes namen amen. (# 12, Abt. I.1, 4)

In Gotiz namen, amen. (# 309, Abt. III.1, 104)

Es bleibt damit festzuhalten, daß die formalen Notariatsstrukturen der Weistümer zweifelsfrei als Transformationen lateinischer Muster einzuordnen sind, ihre Okkurrenzen verselbständigen sich jedoch vom Lateinischen ebenso wie die gesamten Ausbautendenzen dieses Textmusters (vgl. K. Burmeister 1977, 80).

Sind Weistümer auch nicht nur für die deutsche Sprachgeschichte belegt, so kommt dem Transfer vom Deutschen in andere Sprachen, also Weistumsübersetzungen, gemessen an der volkssprachlichen Tradition, ein gänzlich untergeordneter Rang zu.[40]

V. Monolinguale Intertextualität

V.1 Illokutionsstruktur

Ist das Ziel der Beilegung oder Verhütung von Konflikten zwischen Grundherrschaft und Bauern die sachliche Basisintention der Weistümer, so ist nach den sprachlichen Mitteln entsprechender Illokutionsmarkierungen zu fragen. Als problematisch erweist sich dabei wiederum die hinsichtlich räumlicher und zeitlicher Organisation weit verstreute Okkurrenz der Weistümer, sie stellt durchaus ein Hindernis für die generalisierende Festlegung von textmustertypischen Illokutionsstrukturen dar. Wenngleich einzelne Sprechaktklassen in ihren Kombinationen auch für Weistümer charakteristisch bzw. konstitutiv sind, so werden diese in den einzelnen Quellen unterschiedlich realisiert. Eine textgestützte Erfassung dominanter Illokutionen wäre demnach weitgehend idiographisch und für die type-bezogene Funktionsgeschichte nicht hinreichend aufschlußreich. Es gibt jedoch Texte, die als prototypische Vertreter des

---

40 Vgl. hierzu die Studien von Th. Bühler (1972, 20ff) und K. Burmeister (1977).

Textmusters 'Weistum' gelten können, sie entsprechen sowohl inhaltlich und formal als auch in ihrer pragmatischen Organisation den Spezifika dieser Quellengruppe; an diesen Texten ist der generelle pragmatische Gehalt bäuerlicher Rechtsweisungen durchaus abzulesen, eine nomothetische Beurteilung der Illokutionsstrukturen von Weistümern folglich möglich. Ziel ist es dabei, die in unterschiedlichem Maß eingelösten prototypischen Muster hypertextuell zu erfassen, denn die idealiter realisierten Handlungsstrukturen sind ein wesentlich vermittelnder Faktor der Vielzahl singulärer Weistümer. Besonders kennzeichnend für das Weistum ist dabei das Primat der Repräsentativa, denn anders als eine Vielzahl überlieferter Rechtsquellen lösen die Weistümer nicht in erster Linie einen auf normative Intentionen bezogenen direktiven Kommunikationsanspruch ein. Der Illokutionszweck besteht bei den Weistümern im wesentlichen darin, „den Sprecher (in verschiedenen Graden) darauf festzulegen, daß etwas der Fall ist, d.h. ihn an die Wahrheit der ausgedrückten Proposition zu binden" (J. Searle 1980, 92f). Weistümer geben Auskunft über das hergebrachte und mithin geltende Recht in Form von Feststellungen, deren Gültigkeit präsupponiert wird. Besonders frequent ist als diesbezüglicher performativer Marker das Verbum 'weisen', das in vielen Weistümern in explizit performativen Äußerungen belegt ist, so im *Weistum von Emmel*. Bereits dieser Text zeigt in der Gesamtorganisation die Dominanz von Repräsentativa als expliziten performativen Formeln, jeder thematische Abschnitt wird mit Eingangsformulierungen wie 'auch weisen wir', 'ferner weisen wir' etc. markiert. Daß das Verbum 'weisen' in der Tat auch im Bewußtsein der Textproduzenten eine Feststellung bezeichnete und nicht etwa einen direktiven Sprechakt, zeigen aufschlußreiche lexikalische Substitutionen im Text. Statt der Konstruktion mit 'weisen' finden sich auch Formeln des Typs 'es ist Sache', 'es ist der Fall', womit die textstrukturierenden Illokutionsmarker erkennbar den Repräsentativa zugehören. Das *Weistum von Emmel* ist aber nicht allein wegen der Häufung bzw. Redundanz der explizit performativen Formel 'x-weisen' bzw. ihrer lexikalischen Substitute ein geeignetes Exempel für das Textmuster 'Weistum', sondern insbesondere auch wegen seiner illokutiven Konnexionen. So erteilt der Text zwar Auskunft über das bestehende Recht, doch kann die primäre Handlungsintention der Friedensstiftung bzw. Konfliktvorbeugung wirksam allein über direktive Kommunikationsintentionen erreicht werden. Die explizit performativen Marker realisieren damit zwar den repräsentativen Handlungszweck, de facto enthalten die Weistümer aber doch eine für Sollensordnungen notwendige direktive Intention, die über eine signifikant hohe Buchung des Modalverbs 'sollen', also eines Aufforderung indizierenden Lexems realisiert ist. Von den 1.280 Wörtern des Textes ist das Verbum 'sollen' 91 mal belegt. Dies entspricht einem Wert von 7,1 % - ein allgemeiner Mittelwert für die deutsche Gegenwartssprache liegt bei 0,13 % (vgl. I. Warnke 1996a,

143). Dies ist nicht nur bemerkenswert, weil der Prozentsatz ausgesprochen hoch ist und 'sollen' gegenüber den kaum belegten anderen Modalverben einen prominenten Rang einnimmt, sondern weil hier eine sachlich bedingte und formal in der Mehrzahl der Weistümer eingelöste Spezifik des Textmusters bestimmt ist, die einen entscheidenden Anteil an der intertextuell vermittelten Textmusterspezifik des Weistums hat. Weistümer erteilen Auskunft mittels repräsentativer Sprechakte, normieren jedoch ebenso das Verhalten von Textadressaten über nachdrücklich zum Ausdruck gebrachte direktive Handlungsansprüche. Beide Handlungsziele laufen dabei parallel und stützen sich gegenseitig, womit ein intertextuelles Pattern der Weistümer bestimmt ist. Neben der Kombination von expliziten Repräsentativa mit 'sollen' findet sich in manchen Texten auch noch die Variante mit 'mögen'. Da 'mögen' in diesen Fällen in der semantischen Variante des Wunsches nach Ausführung einer bestimmten Handlung gebraucht wird, handelt es sich auch hier um einen Marker direktiver Interaktionen, das weistumsspezifische Muster kann also auf die Formel

[explizite Repräsentativa + direktives Modalverb]

abstrahiert werden, wobei die Direktiva geeignet sind, Gebote und Verbote zu bestimmen.

Im niedersächsischen *Weistum von Wölpe* (# 315, Bd. III, 295ff) aus dem Jahr 1540 findet sich beispielsweise die Variante mit 'mögen' recht häufig. Neben den expliziten Repräsentativa 'für recht erkennen', 'finden', 'zu recht einbringen', 'erkennen', 'zu erkennen' ist 'mögen' mit etwa 2 % des Gesamtlexembestandes belegt. Eine Kombination von 'sollen' und 'mögen' ist beispielsweise im wetterauischen *Weistum von Altenstadt* aus dem Jahr 1485 (# 315, Bd. III, 453ff) zu belegen.

Wenngleich regionale und zeitbezogene Variationen vorliegen, handelt es sich bei der beschriebenen Illokutionsverschränkung um ein elementares Muster des Weistums. Dies zeigt bereits der Vergleich mit Texten anderer regionaler und zeitlicher Situierung. Im *Weistum von Wirtheim* von 1361 (# 315, Bd. V, 309ff) werden die expliziten Repräsentativa 'verjähen' und 'bekennen' als durchgehende Struktursignale verwendet und mit einer Belegung des Modalverbs 'sollen' von annähernd 2,3 % kombiniert. Im *Weistum von Niederdreiss* von 1622 (# 315, Bd. I, 631ff) ist die relationierte Handlungsabsicht neben den Repräsentativa 'erkennen', 'weisen' und 'es ist Sache' mit einem Wert von 4 % für 'sollen' umgesetzt.

Wir halten damit bereits ein konstitutives und im Kern invariables Merkmal der intertextuellen Textmusterspezifik von Weistümern fest, wobei auch noch weiteren illokutiven Strukturen Bedeutung zukommt. So spricht A.

Greule (1992, 409) davon, das Weistum sei ein „ritualisierte(r) Dialog“, so daß mit einer kombinatorischen Struktur von Frage und Antwort zu rechnen ist. Nicht in allen Weistümern werden jedoch die Anliegen der Auskunftsuchenden zitiert bzw. durch entsprechende Satzmodi oder lexikalische Items als Fragen eingearbeitet. Sehr häufig hingegen ist die den eigentlichen Weisungen vorangehende generelle Formulierung zu behandelnder Rechtsgegenstände. Die Situierung der Weistümer bedingt demnach eine idealisierte Struktur von Erotemata und Assertionen. Dabei sind die erotetischen Illokutionen in einigen Texten sogar realisiert, etwa im *Weistum zu Alflen* von 1507:

(17) Zum ersten ist gefragt durch den scholtesen: ob ess zeit seye von jahr vnd von tagh, dass mein herr der abt von Springirssbach sein gedingh besitze? Sprach der lehenman, es seye zeit von jahr vnd von tagen.
Fraget der scholtes, wie man ess forter beginnen solle? sprach der lehenman, man solt (...). (# 315, Bd. II, 407)

Die hier im Ausschnitt angeführte und für das Weistum bestimmende Illokutionsstruktur mit ihren dialogisch motivierten, unterschiedlichen Handlungszielen ist wie folgt zu abstrahieren: Der Auskunftsuchende realisiert seine Handlungsabsichten über einen (1) erotetischen Sprechakt, der Auskunft Erteilende antwortet darauf über einen (2) assertiven Akt mit einer repräsentativen Weisung, die wiederum mit einem (3) direktiven Anspruch vorgebracht wird. Die Strukturposition (1) ist fakultativ, während (2) und (3) obligatorische Bausteine sind. (1) und (2) entsprechen dem für das Weistum aufgeschriebenen Muster von Fragen und Finden, während (3) auf die normativen Interessen an Gebot und Verbot referiert.

Als dominante Sprechakte haben die Direktiva zu gelten - nicht nur, daß ein auffallender Prozentsatz der Prädikatstellen mit direktiven Modalverben als Filler versehen ist -, die gesamte Sender-, also Produzentenstrategie zielt beim Weistum letzthin auf Gebot und Verbot. Selten werden allerdings diesbezügliche Informationen in den Texten selbst gegeben, doch beispielsweise im *Weistum von Niederdreiss* aus dem Jahr 1622, das als durchaus typischer Vertreter des Textmusters gelten kann, wird exakt das hier ausgemessene Verhältnis von assertiven und direktiven Handlungsansprüchen bestimmt:

(18) (...), und weisen denselbigen zu gebot u. verbot, (...). (# 315; Bd. I, 631)

Die Weisung ist als repräsentativer Sprechakt demnach nur Mittel zum Zweck der Umsetzung direktiver Intentionen und gründet im Sinne eines Verfahrens zur Verhaltensnormierung in den gewohnheitsrechtlichen Vorstellungen der Rechtsfindung. Primär ist folglich der repräsentative Handlungsanspruch, im Zentrum der Weistümer stehen jedoch ohne Zweifel die kommunikativen Strategien zur Adressierung verpflichtender Verhaltensgebote. Gebot und Verbot sind damit dominant, während die Weisung als primäre Verfahrensform eine subsidiäre Größe innerhalb der Senderstrategie ist. Ein nicht zu unterschätzender Vorteil derartiger Sollensordnungen besteht in dem Axiom, daß der Handlungszweck, x zu bewegen, y auszuführen, durch die Gültigkeitsannahme des repräsentativen Sprechakts gleichsam unanfechtbar legitimiert ist. Letztlich bleibt also auch für Weistümer die Direktion als d e r Makro-Sprechakt eine ausgeprägte intertextuelle Invariante vieler Segmente des juridischen Diskurses; der weithin usualisierte Marker ist das Modalverb 'sollen'.

Auch diese häufige Buchung von 'sollen' ist nicht allein intertextuelles Kontinuum des Textmusters 'Weistum', sondern der maßgebliche imperativische Diskursmarker des juridischen Diskurses. Die Konzentration auf das Modalverb zeigt, daß der juridische Diskurs in toto auf ein bereits als geeignet erwiesenes Benennungssystem zurückgreift und insofern lexikalische Systemreferenzen herstellt. Mit G. Öhlschläger (1989, 171ff) ist dabei für die Semantik von 'sollen' eine Orientierung an 'wollen' oder 'müssen' entscheidend; die Frage ist, ob 'sollen' einen Willen ausdrückt oder vielmehr eine Obligation. In den Weistümern liegt eindeutig die Bedeutungsvariante zu 'müssen' vor, denn die Auskunft Erteilenden verleihen nicht lediglich ihren Wünschen und angestrebten Hoffnungen Ausdruck, sondern normieren Recht, das im Fall der Nichtachtung im übrigen auch immer Sanktionen bereithält.

> Volles ideales Sollen hat im Unterschied zum bloß Wünschenswerten eine maximale Intensität. Aber dies Maximum ist nur bezogen auf das Nichtsollen des jeweils entgegengesetzten Sachverhalts. Dieser wird bei allem idealen Sollen in gleicher Weise ausgeschlossen. Es handelt sich also um ein relatives, besser: ein relationales Maximum. (H. Spiegelberg 1989, 67)

Dieses Maximum des verhaltensregulierenden Kommunikationsanspruches ist im Falle des Textmusters 'Weistum' aufgrund der repräsentativen Stützung als unanfechtbare verité de fait adressiert und hat sich als sanktionierende Sozialordnung im lokalen Geltungsbereich über einen beachtlichen Zeitraum mittels deutscher Sprache durchgesetzt. Für das Weistum bleibt folglich festzuhalten: Die gewollten Zwecke werden auffordernd formuliert und feststellend gestützt.

Neben der Konstruktion von dominanten Direktiva mit subsidiären Repräsentativa gehören zu den fakultativen Konstituenten der Illokutionsstruktur des Textmusters 'Weistum' auch noch weitere Sprechaktklassen, die jedoch nicht als textmustercharakteristische, im Kern strukturbildende Bausteine anzusehen sind. Dazu gehört das bereits genannte funktionale Textsegment der Invocatio, das beispielsweise einen expressiven, respektiven und vokativen Sprechakt formelhaft realisiert. Was die Lexik der Weistümer an und für sich angeht, sind die Bezeichnungen für die Repräsentativa, also die performativen Verben, regional und chronologisch breit gestreut, während der direktive Anspruch nahezu invariant über die Prädikatbesetzung mit 'sollen' realisiert wird.[41]

V.2 Propositionsstruktur

Trotz der bisher bereits gezeigten Invarianten des Textmusters 'Weistum' kann nicht unbeachtet bleiben, daß die überlieferten bäuerlichen Rechtsauskünfte eine ausgesprochen heterogene Quellengruppe darstellen. Dies gilt insbesondere für die Inhalte der Texte, also den thematischen Gehalt. Wenngleich durch die konstante Referenz der bäuerlichen Weistümer auf den Lebensraum der Landbevölkerung gleichsam eine intertextuelle Minimalanalogie der Textthemen gegeben ist, behandeln die Quellen im einzelnen doch recht unterschiedliche Gegebenheiten. So wurde auch bereits im Zusammenhang der Darstellung zum sachlichen Gegenstandsbereich auf den weit gefaßten inhaltlichen Rahmen der Weistümer hingewiesen, und auch D. Werkmüller (1994, 1242) betont, daß die „Weistümer im engeren Sinn einen einheitlichen Inhalt nicht haben". Dennoch ergeben sich auch für die Inhaltsorganisation strukturelle Konstanten, und dazu gehört insbesondere der polythematische Aufbau der meisten ländlichen Rechtsweisungen. Behandelt werden in den Quellen je unterschiedliche rechtliche Sachverhalte, die oft unvermittelt nebeneinanderstehen. Der Prototyp des so ausgeprägten Weistums entwickelt also nah an den Einzelpropositionen Teilthemen, die durch keine weiteren Vertextungsstrategien auf höhere Ebenen eines bzw. mehrerer Textthemen transformiert sind. Ergebnis ist eine weitgehend gereihte thematische Struktur mit disparaten Inhaltssegmenten und dem Verzicht auf hierarchische Kohärenzen. So enthält etwa das undatierte *Weistum zu Oberhilbersheim* (# 315, Bd. IV, 599ff) eine Gerichtsordnung, Nutzungsrechte für Wasser und Weiden etc., strafrechtliche Bestimmungen, baurechtliche Verordnungen, eine Abgabenordnung, gewerberechtliche Normen usw. Die thematische Kohärenz ergibt sich lediglich durch den Bezug auf die ländliche Rechtsgemeinschaft. Eine Verkettung der einzelnen Textteile wird durch ein weitgehend formalisiertes Verfahren erreicht, in dem die jeweiligen Rechtsauskünfte mit einem kaum variierten Textbaustein eingeleitet werden:

(19) Item wir weisen und erkennen unserer hochgemelte gdst. und gdge. herrschaft zu (...). (# 315, Bd. IV, 603)

Die Mehrzahl der insgesamt 35 Textabschnitte des Weistums operiert mit diesem Gliederungssignal. Als Struktur vieler überlieferter Weistümer firmiert also eine durch formalisierte Marker gegliederte thematische Kleinststruktur.

---

41 Vgl. dazu auch die Untersuchungen von W. Admoni (1980, 127ff) zur Häufigkeit von Konditionalsätzen in deutschen Weistümern.

Trotz der inhaltlichen Variation des Textmusters 'Weistum' kann insoweit doch von einer intertextuellen Konstante die Rede sein. Gliederungssignale wie 'auch' realisieren dabei auf der formalen Ebene eine anaphorisch motivierte Textkohärenz, die jedoch nicht zwangsläufig Entsprechungen in der thematischen Entfaltung findet. Als strukturell kohäsive Verknüpfungsmittel kommen im übrigen auch numerale Gliederungen vor. In den Weistümern wird folglich die segmentale thematische Struktur bewußt als ökonomisch sinnvolles Prinzip maximaler Inhaltsübermittlung bei minimalem Vertextungsaufwand gebraucht.

V.3 Superstruktur

Sowohl im Zusammenhang der Erörterung von signifikanten Propositionsstrukturen als auch bei den Darstellungen zu Illokutionskonstanten und polylingualen Systemreferenzen ergaben sich funktionsgeschichtlich wichtige Einsichten in die formale Struktur des Weistums im prototypischen Sinn. Die Superstruktur des Textmusters ist in Entsprechung zur variablen Situierung der Weistümer relativ uneinheitlich, wenngleich sich, abgesehen von den bereits erwähnten Tendenzen der segmental-knappen Architektur des Inhalts, typische formale Textbausteine des Diploms als serielle Merkmale finden. Wie bereits erwähnt, hat dies insbesondere A. Greule (1992) plausibel dargestellt. Danach ergibt sich folgender idealtypischer Aufbau des Textmusters 'Weistum':

1. Invocatio
2. Promulgatio
3. Datierung
4. Aufführung der Anwesenden
5. Aufforderung zur Weisung
6. Beratung der Schöffen
7. Weisung
8. Beauftragung des Notars
9. Actum-et-datum
10. Aufführung der Zeugen

Setzt man diese Superstruktur als maximale Textarchitektur an und ordnet die singulären Weistümer dann unter Umständen als Reduktionen dieses Musters ein, so kann R. Schröder/ E. von Künßberg (1932, 762) durchaus zugestimmt werden, wenn sie Weistümern „eine typische Form" zusprechen, die im übrigen orale Tradition und literal-notarielle Vertextungsverfahren kombiniert. Doch im einzelnen sind die Texte mehr oder weniger weit von dem zehnstufigen Layout der abstrahierten Superstruktur entfernt. Nahezu allen Weistümern eigen ist hingegen eine prozedural-lineare Architektur, also eine Abbildung des Prozesses der Weisung in der Textstruktur. Auf die Situierung folgt in der Regel die Auskunftsuche, schließlich die Rechtsweisung und die Festschreibung der rechtlichen Normen. Die jeweiligen Textsegmente werden dabei durch formalisierte „sprachliche Indikatoren“ (A. Greule 1992, 403) markiert. Die für Weistümer typische narrative Struktur der Textbausteine 1-7 findet sich in vielen Weistümern wieder, so etwa im rheinländischen *Weistum von Frankenstein* aus dem Jahr 1426 (# 315, Bd. IV, 645):

(1) Invocatio	In gots namen amen.
(2) Promulgatio	Durch disz gegenwirtige offin instrument sij kuntgethan allen, die es vmme angesehent odir horent lesen, daz (...)
(3) Datierung	in dem iare, als man schreib virtzhenhundert vnd darnach ymme seszvndzwentsten iare, in der vierden indicien, an dem eylften dage des mandes den man nennet zu latine Junii, (...)
(4) Aufführung der Anwesenden	in gegenwertikeit myne vffin schribers vnd der gezuge hernachgeschr. sint gestande der strenge her Dieter von Inseltheim (...),
(5) Aufforderung zur Weisung	vnd frageten die vorgen. scholtheissen vnd gerichtslude vnd hissen sie vff ir eyde wisen, wie verre vnd wie wiit der begriff vnd die zugehoringe des vorgen. sloszes Franckstein were, (...)
(6) Beratung der Schöffen	Do hant die vorgen. gerichtslude orlaub geheissen sich daruff zu beraden, vnd sint von der gerichtsstadt vszgegangen vnd hant sich gude redelich zijt beraden, (...)
(7) Weisung	Zum ersten hait er gesprochen, daz ir alten vnd vorfaren vff sie bracht vnd vor recht gewijset haben, und sie wijsent auch vor recht, daz (...)

Tab. 22: Textbausteine eines prototypischen Weistums

Im ganzen zeigt sich also für das Weistum trotz der wenig institutionalisierten Strukturvorgaben und der weitgehenden räumlichen und zeitlichen Streuung eine starke Ausprägung von Formalisierungen, die analog zu diskursspezifischen Formalien der juridischen Vertextung überhaupt stehen. Die Analyse zeigt, daß sowohl die Illokutionsstruktur als auch der propositionale Gehalt und die Superstruktur intertextuelle Systemreferenzen herstellen und damit Zentren des Ausbaus rechtsbezogener Kommunikation im ländlichen Bereich sind. Die deutsche Sprache zeigt sich dabei als durchweg leistungsfähiges Medium zur Ordnung rechtlicher Belange des Consoziums. Es bleibt in diesem Zusammenhang darauf zu verweisen, daß eine besondere Form, sozusagen eine auffällige Ausprägung monolingualer Intertextualität, die sogenannten Weistumsfamilien sind. In der Lehr- und Forschungsliteratur wird immer wieder betont, daß Aufbau und Inhalt von Weistümern innerhalb von Regionen häufig weitgehende Entsprechungen aufweisen.[42] K. Burmeister (1977, 77) erklärt dies wie folgt:

> Die Ursache ist in der Regel die Zugehörigkeit zu der selben Grundherrschaft, die eine planmäßige Weistumspolitik verfolgt. Sie legt den jeweiligen Gerichtsversammlungen den gleichen Fragenkatalog vor, sie paßt die Weistümer unter Umständen erst nachdrücklich an, oder sie läßt überhaupt ein Gesamtweistum bilden.

Die Übereinstimmungen zwischen Weistümern innerhalb einer Region gehen zum Teil auch über die engeren Grenzen der Grundherrschaft hinaus und sind vor allem in der Frühen Neuzeit auch durch Landrechte bedingt.

VI. Geltungsgrade der Intertextualität

Die Weistümer sind bis auf wenige Ausnahmen, die bei den zahlreichen Überlieferungen kaum ins Gewicht fallen, im Vergleich zu anderen Quellengruppen des juridischen Diskurses kaum über die Grenzen des lokal ländlichen Geltungsbereiches intertextuell vermittelt. Obgleich die Weistümer seit der Frühen Neuzeit an der Rezeption des römischen Rechts beteiligt sind, finden sich auf römischrechtliche Quellen oder Abhandlungen keine expliziten Verweise oder Bezugnahmen. Die wenigen direkten Referenzen auf Prätexte sind vielmehr auf zeitlich vorangehende lokale Rechtsweisungen beschränkt, so etwa durch die Bezeichnung *Neuwes Scheffensweistum* einer Diedenhofener Rechtsweisung aus dem 17. Jahrhundert (# 305, 95ff).

Dieses Bild ändert sich nicht durch die frühneuzeitlichen Dorf- und Polizeiordnungen, die parallel zu den Weistümern ländliche Rechtsgewohnheiten steuern, denn intertextuelle Verschränkungen, die über das orale Diskurssegment hinausgehen, fallen auch über diese textgeschichtlichen Daten kaum ins Gewicht. Somit korrespondiert bei den Weistümern die lokal strikte Begrenzung des räumlichen Geltungsbereiches mit der Zentrierung der intertextuellen Bezüge auf das Diskurssegment des ländlichen Rechts. Sind die Weistümer also bezüglich ihrer hypertextuellen Referenzen im Gesamtdiskurs des Rechts weitgehend unbedeutend, so geben sie für die Bedeutung der Intermedialität im Prozeß der Polyfunktionalisierung des Deutschen ein ausgezeichnetes Beispiel. Die Texttraditionen des Weistums gehen bekanntlich bis auf die oralen Rechtsauskünfte der Karolingischen Zeit zurück, so daß ihr Textmusterausbau im wesentlichen durch „the Threshold to Literacy" (J. Goody 1994) gekennzeichnet ist, durch den Prozeß der Transmedialisierung, der nicht zuletzt durch die Reoralisierungen im Verlauf der ritualisierten öffentlichen Verlesung längst zuvor schriftlich gefaßter Texte offensichtlich ist. Wenn auch nonverbale Medien in den Weistümern keine Rolle spielen, so zeigt sich der hohe

---

[42] Vgl. K. Kroeschell (1992, 128), K. Burmeister (1977, 77), H. Wiessner (1934, 65ff).

Grad an Intermedialität des Textmusters an den unterschiedlichen sprachlichen Existenzformen. Der Bezug auf die orale Tradition zeigt sich dabei für Textproduzenten und -rezipienten als stets gegenwärtig, beziehen sich doch nahezu alle Weistümer auf das alte Herkommen der Rechtsinhalte, also auf letztlich oral vermitteltes Kulturgut:

(20) Auch weiseten wir vor recht vnd alt herkommen, (...). (# 315, Bd. III, 503)

Intermediale bzw. transmediale Aspekte sind jedoch bei den Texten nicht allein für die oralen und literalen Existenzformen der Quellen festzuhalten, sondern auch für die unterschiedlichen Verfahren schriftlicher Fixation. Zumeist sind die Weistümer handschriftlich überliefert worden, doch in der Frühen Neuzeit bedienen sich selbst einige ländliche Rechtsorgane des Druckmediums. So etwa ein *Wetterauisches Weistum* von 1484, das noch im Jahr 1653 gedruckt wurde (vgl. B. Huppertz (1939) 1977, 32).Daß für die Weistümer schließlich entsprechend der strikt gewohnheitsrechtlichen Konzeption ein hohes Maß der weitgefaßten transtemporalen Intertextualität in Betracht kommt, kann nach den bisherigen Ausführungen kaum verwundern. Indiz für die weitreichenden zeitlichen Traditionslinien sind unter anderem die Archaismen und die formalen Entsprechungen von spätmittelalterlichen und frühneuzeitlichen Texten. Die intertextuellen Bezüge der Weistümer zur Vergangenheit reichen bis zu den memorablen Grenzen, und gerade seit dem 16. Jahrhundert ist diese retrospektive Traditionsorientierung Ausgang der Bewahrung und Fortentwicklung des überlieferten Weistumsbestandes. An Stelle einer Neuproduktion gegenwartsorientierter Rechtsnormen steht die vergangenheitsgerichtete Pflege überkommener Rechtsauskünfte.

VII. Topographie und Chronologie

VII.1 Räumliche Gliederung

Die Weistümer gehören zu denjenigen Quellen des juridischen Diskurses, die für die gesamte Fläche des Reichs belegt sind. Dieser große Verbreitungsradius, der das Weistum als gesamtgesellschaftlich relevantes Textmuster kennzeichnet, ist jedoch in bezug auf Zahl und rechtsgeschichtliche Bedeutung der Quellen unausgewogen. Während etwa im Nordosten des Reichsgebietes erst spät und in geringem Umfang Weistümer überliefert sind, liegt ein räumlicher Schwerpunkt der Textentstehung mit signifikanter Dominanz im Wmd., und dies seit Beginn der Verschriftung. Bereits J. Grimm (1899, X) beobachtete, daß die Weistumsüberlieferungen für einige Regionen „wie abgeschnitten" sind, während eben gerade im Westen des Altreichs aber auch in Österreich eine hochfrequente Verbreitung festzustellen sei. Als dialektale Großräume bilden das Wmd., das Wobd. und der südliche Teil des Oobd., also insbesondere Tirol und Niederösterreich, die räumlichen Zentren. B. Huppertz ((1939) 1977, 33) hat in seiner grundlegenden Abhandlung zur Verbreitung der Weistümer bereits früh darauf hingewiesen, daß in diesen Gebieten mit besonders reichhaltiger Weistumsüberlieferung auch „die Grundherrschaft eine besonders hervorragende Rolle gespielt hat", während diese in Altbayern, Mittel- und Niederdeutschland erst spät durchgesetzt worden sei. Bestätigt wird die verschiedentlich angenommene räumliche Dominanz von Weistumsvertextungen durch die Auswertung der Grimmschen Weistümersammlung von D. Werkmüller (1972). Die Analyse zeigt, daß seit den Anfängen der Verschriftung räumliche Zentren auszumachen sind. Eine von D. Werkmüller selbst nicht vorgelegte kumulative Kartenübersicht zur Verbreitung der Weistümer von etwa 1200 bis nach 1650 unter Einschluß der undatierten Texte zeigt folgende grau unterlegte Gebiete für den Bereich der alten Bundesrepublik als räumliche Zentren der Weistumsüberlieferung:

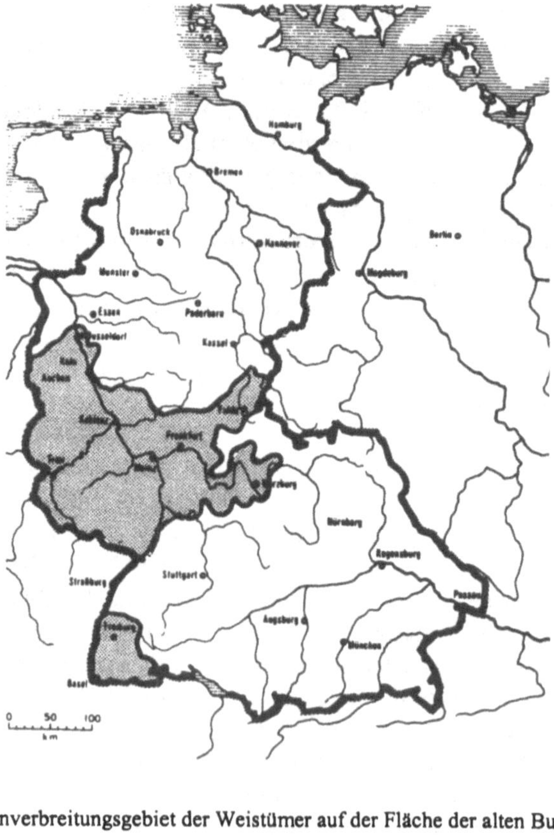

Abb. 21: Kernverbreitungsgebiet der Weistümer auf der Fläche der alten Bundesrepublik.

Weitere Forschungen haben noch zu zeigen, welche Zentralisierungen der Weistumsüberlieferungen auch außerhalb der alten Bundesrepublik anzunehmen sind.

VII.2 Zeitliche Gliederung

Für die zeitliche Gliederung des Ausbaus und Rückgangs von Weistümern liegt sowohl mit den von D. Werkmüller analysierten Beständen des Grimm-Korpus und der württembergischen und pfälzischen Weistümer als auch im Vergleich mit anderen einschlägigen Weistumssammlungen ein eindeutiger Befund vor. Seit etwa 1200 kommt es zu einem sukzessiven Zuwachs an Weistümern. Diese Phase kann als Konstituierungsperiode (1) bezeichnet werden und reicht von ca. 1200 bis 1400. Dabei ist zu bedenken, daß seit dem 13. Jahrhundert die Dorfgemeinde als sozialer Raum entsteht und durch Auflösung von Hofverbänden und die Neuverteilungen des Landes der Bauer als „Bewirtschafter eines selbständigen Einzelbetriebes“ (K. Kroeschell 1992, 126) an Bedeutung gewinnt. G. Köbler (1990, 122) weist darauf hin, daß die Konstituierung des literalen Textmusters ‘Weistum’ parallel zur Ausbildung der Stadtrechte verläuft.[43] Bereits ab der Mitte des 14. Jahrhunderts, doch insbesondere im 15. Jahrhundert kommt es zu einem steilen Anstieg der Überlieferungsfrequenz. Mit R. Gmür (1994, 53) fällt diese Etablierungsperiode (2) in eine Zeit, in der die Schaffung neuen Rechts als weitgehend unmöglich galt und daher „autoritative“ Feststellungen des geltenden Rechts eine wichtige Funktion zur Ordnung des Zusammenlebens hatten. Diese Phase reicht von ca. 1400-1650. Ab der Mitte des 17. Jahrhunderts übernehmen zunehmend landesrechtliche Sollensordnungen die Aufgabe einer Normierung rechtsbezogener Sachzusammenhänge, so daß von ca. 1650 bis zum Beginn der Neuzeit eine Rückgangsperiode (3) anzusetzen ist (vgl. H. Feigl 1977, 446f).[44]

Quellengruppe	Spätmittelalter		Frühe Neuzeit
Ländliches Recht	**Phase 1** (1200-1400)	**Phase 2** (1400-1650)	**Phase 3** (1650-1800)

Abb. 22: Perioden des Textmusterausbaus von ländlichen Weistümern

[43] Vgl. in diesem Zusammenhang P. Blickles (1989, 82) Ausführungen zum spätmittelalterlichen Verdorfungsprozeß und zum Begriff des Kommunalismus.

[44] D. Werkmüller (1990, 324) erklärt den Rückgang der Weistümer auch als Folge der Verschriftung. Das schriftliche Recht sei nicht in gleicher Weise wie orale Rechtsweisungen geeignet, aktuelle Rechtsverhältnisse zu regeln. Mag dies für den bäuerlich-ländlichen Lebensbereich zutreffen, so motivierte die Literalisierung der Rechtsnormierung in anderen Diskurssegmenten die Kodifikationstendenzen und die Erarbeitung von Sollensordnungen.

5.5 Rechtsbücher

Ergibt sich aus der longitudinalen Analyse von Diskursformationen grundsätzlich die Notwendigkeit generalisierender Aussagen, so gilt dies im besonderen auch bei den Rechtsbüchern. Wie zu zeigen ist, handelt es sich bei diesem Diskurssegment um die Teildomäne mit den ausgeprägtesten Vernetzungen spätmittelalterlicher Rechtskommunikation überhaupt. Folglich können allein Monographien zu einzelnen textgeschichtlichen Problemkreisen hinreichend ausführlich und erschöpfend Detailaspekte behandeln. Im weiteren werden, wie in der gesamten vorliegenden Untersuchung, jedoch allein funktionshistorische Gesichtspunkte der textorientierten Rechtssprachgeschichte behandelt. Im Mittelpunkt steht dabei die Behandlung der pragmatischen Organisation des *Sachsenspiegels* (# 238) unter Einschluß seiner wichtigsten Transfertexte. Die Bezeichnung der angeführten Rechtsbücher folgt den üblichen rechtshistorischen Benennungen.

I. Pragmatischer Kotext: sozialer Organisationsbereich

I.1 Räumlicher Geltungsbereich

Bereits bei der Bestimmung des räumlichen Geltungsbereiches von spätmittelalterlichen Rechtsbüchern zeigt sich eine prinzipielle Schwierigkeit der textgeschichtlichen Einordnung dieses juridischen Quellentyps, die aus den Problemen bei der Klassifizierung dieser Texte als normierende Quellen resultiert. Während die Mehrzahl der übrigen Texte des juridischen Diskurses hinsichtlich ihrer Geltung territorial definiert ist und eine Überlieferungsform öffentlich gesetzten Rechts darstellt, stehen die Rechtsbücher außerhalb der institutionalisierten Ordnungsabsichten. Mithin erheben diese Texte auch nicht per se den Anspruch, das Recht für einen je definierten Geltungsbereich mit autoritativer Gültigkeit festzuschreiben und damit Verhalten zu präskribieren. Vielmehr erfassen die Rechtsbücher das regionale und überregionale Gewohnheitsrecht ihrer Zeit allein mit dem Ziel der umfänglichen literalen Fixierung. Für den regionalen Geltungsbereich der Rechtsbücher ist daher nicht vorrangig nach der Topographie des Adressatenkreises zu fragen, sondern vor allem nach der räumlichen Herkunft des kodifizierten Gewohnheitsrechts. Da die Rechtsbücher aber nicht allein aus der gewohnheitsrechtlichen Praxis schöpfen, sondern durchaus auch schriftliche Quellen heranziehen, ist für die Bestimmung des so definierten räumlichen Geltungsbereiches zudem deren Normradius zu berücksichtigen. Diese Vielschichtigkeit der konstituierenden Bezugstexte von Rechtsbüchern erschwert die Bestimmung des räumlichen Geltungsbereiches erheblich.

Hinzu kommen Probleme bei der Einordnung des sozialen Organisationsbereichs, die sich aus den verschiedenen Existenzformen der Rechtsbücher als Urtext und überlieferter Text ergeben. Gerade die Rechtsbücher, namentlich der *Sachsenspiegel* (# 238), sind Quellen mit mannigfachen Überlieferungen, so daß bei der texthistorischen Kategorisierung zu klären ist, ob solche Texte als singuläre Quellen mit spezifischen zeitlichen und räumlichen Entstehungsbedingungen zu behandeln sind oder ob eine adäquate Einordnung nicht vielmehr diese Texte als über Jahrhunderte tradierte und variierte Konglomerate verschiedenster Überlieferungsstränge einzuordnen hat. Der *Sachsenspiegel* (# 238) wäre dann als sprachgeschichtlicher Gegenstand nicht Einzeltext, sondern eine abstrakte Größe.[45] Die spezifischen Merkmale des Textmusters 'Rechtsbuch' fordern also eine generelle konzeptionelle Entscheidung hinsichtlich der Frage, ob die Texte in üblicher textgeschichtlicher Praxis als originäre Schriftzeugnisse eines möglichst exakt bestimmbaren Zeitrahmens und Herkunftsortes bestimmt werden sollen oder als konstruierte Gesamtheit der unterschiedlichen Überlieferungsstränge. Die Bestimmung des sozialen Organisationsbereiches ist hiervon unmittelbar abhängig. Da die Rechtsbücher anders als etwa reichsrechtliche Urkunden oder Territorialrechte keinen eindeutigen Status als singuläre Texte haben, ihre komplexe Überlieferung Teil ihrer jeweiligen Rezeption und Geltung ist, ist es angemessen, diese als überlieferungsgeschichtlich determinierte abstrakte Größen zu behandeln. Ohne die Bedeutung ursprünglicher Entstehungsbedingungen marginalisieren zu wollen, werden die Rechtsbücher hier als vielfach überschriebene Texte behandelt, die Ergebnis von Tradierung und Variation sind.

Unter dieser Voraussetzung wird eine Festlegung des räumlichen Geltungsbereiches von Rechtsbüchern nachgerade unmöglich. Selbstverständlich ist im *Sachsenspiegel* (# 238) vorrangig sächsisches Gewohnheitsrecht kodifiziert, doch wie noch zu zeigen ist, sind die Expansionstendenzen für die räumliche Geltung der Rechtsnormen unübersehbar. Die vielen regionalen Sonderformen des *Sachsenspiegels* (# 238), die Angleichung der Normen an regionale und lokale Gegebenheiten, verbietet bei einem überlieferungsgeschichtlichen Textbegriff die enge Definition räumlicher Geltung. Weder haben die Rechtsbücher im allgemeinen eine angestrebte reichsweite Gültigkeit, noch beschränken sie sich auf die Behandlung regionaler oder lokaler Rechtskontexte. Hinsichtlich ihres räumlichen Geltungsbereiches bilden sie offene Textklassen, die in vielfältigen Abwandlungen jeweils neue Geltungsradien aufweisen.

---

[45] R. Schmidt-Wiegand (1991, 13f) nimmt diese Überlegung zum Anlaß, auf die Problematik der Sachsenspiegel-Edition von Karl August Eckhardt hinzuweisen. Während diese eine autornahe Ausgabe des Textes darstelle, sei es heute notwendig, eine „überlieferungskritische" Ausgabe des Rechtsbuches zu erarbeiten.

I.2 Sachlicher Geltungsbereich

Der sachliche Geltungsbereich der Rechtsbücher ist grundsätzlich sehr weit gefaßt, denn es handelt sich bei dieser Quellengruppe um die umfänglichsten Kodifikationen verschiedenster juridischer Normen, die für das Spätmittelalter überliefert sind. Bereits das macht zusammen mit den räumlich kaum eingrenzbaren Kodifikationsabsichten einen wesentlichen Teil der rechts- aber auch sprachgeschichtlichen Bedeutung von Rechtsbüchern aus. So umfaßt der *Sachsenspiegel* (# 238) als prototypischer Vertreter der behandelten Teildomäne Staatsrecht, Privatrecht, Strafrecht, Verfahrensrecht und Lehnrecht. Er weist multiple Schnittstellen zu späteren Rechtstexten anderer Funktionsdomänen auf, womit ihm der Status eines funktionsgeschichtlichen Nucleus zukommt.

I.3 Zeitlicher Geltungsbereich

An und für sich sind die Rechtsbücher als charakteristische Beispiele pragmatischer Schriftlichkeit auf die Handlungsnotwendigkeiten ihrer jeweiligen Gegenwart bezogen. Daß die hierfür gesammelten Rechtssätze mit Rekurs auf die Rechtsüberlieferung formuliert sind, ist jedoch ebenso offensichtlich wie der Anspruch aller Rechtsbücher auf eine langzeitige positive Beeinflussung der Rechtszustände. Ebenso wie für den räumlichen Geltungsbereich keine explizite Einordnung möglich ist, darf die Festlegung eines zeitlichen Geltungsbereiches der Rechtsbücher als unangemessen bezeichnet werden. Verallgemeinernd kann lediglich festgehalten werden, daß die Quellen primär gegenwartsbezogen, daneben aber auch andere zeitliche Bezugsachsen konstitutiv sind.

II. Pragmatischer Kotext: textuelle Situation

II.1 Gesellschaftliche Bindung

Als nicht institutionell gebundener Rechtsquellentyp fehlt dem Rechtsbuch die den offiziellen Rechtssetzungen eigene starke Bindung an konkrete gesellschaftliche Ordnungsbedürfnisse. Während in den institutionellen Rechtstexten die legistischen bzw. normierenden Direktiven mit einem Apparat zur Durchsetzung rechtlicher Ansprüche verknüpft sind, haben die Rechtsbücher zunächst keinen verbindlichen Gehalt, sie sammeln das Recht und geben dieses schriftlich wieder. Verbindlichkeit der Rechtsbücher in der Praxis kommt den Rechtsbüchern grundsätzlich erst durch die Gleichsetzungen mit institutionellen Rechtsordnungen zu, also durch die Einordnung der Texte als verpflichtende Normkataloge. Trotz des ursprünglichen Fehlens von Durchsetzungsansprüchen der gesammelten Normen sind jedoch gerade die spätmittelalterlichen Rechtsbücher als Reflex auf je gegenwärtige Rechtsbedürfnisse einzuordnen. Die umfassende Kodifikation des zuvor verstreuten oder auch nur durch Rechtsbrauch und orale Tradierung geltenden Rechts referiert unmittelbar auf die sozialen Normbedürfnisse. An die Stelle institutioneller Autorität setzen viele Rechtsbücher das Argument religiöser Legitimation. So wird im *Sachsenspiegel* (# 238, 40.38ff) das göttliche Recht als Folie zur Kennzeichnung des Unrechten herangezogen und damit eine für den spätmittelalterlichen Menschen unanfechtbare Instanz eingesetzt. Dabei ist die religiöse Legitimation zugleich ein Argument für die Allgemeingültigkeit der Rechtssätze, denn jeder steht im Verständnis der Zeit unter dem verpflichtenden Gesetz Gottes. Der *Sachsenspiegel* (# 238) bestimmt folglich das göttliche Recht als Basis der Normkodifikationen, so daß jede Person potentieller Adressat der Sollensordnung ist. R. Schmidt-Wiegand (1983a, 213f) hat gezeigt, daß es sich dabei keineswegs um eine simplifizierende Theologisierung der Rechtsinhalte handelt, sondern daß Eike von Repgow vielmehr mit seinem Bezug auf das göttliche Recht das zuvor „nur mündlich überlieferte Gewohnheitsrecht mit seiner neugewonnenen Schriftform der mittelalterlichen Naturrechtslehre eingeordnet“ hat. Eikes Rechtsbegriff weist deutliche Parallelen zum später ausgereiften scholastischen Rechtskonzept des Thomas von Aquin (1225-1274) auf, wonach neben der *lex divina vel voluntas Dei*, die *lex naturalis* und schließlich erst die *lex positiva* steht. Das kodifizierte Recht ist hier letzthin allein am göttlichen Recht orientiert (vgl. O. Kimminich 1987, 104).

Der gesellschaftliche Bezug des *Sachsenspiegels* (# 238) kommt damit nicht allein in der allgemeinen pragmatisch-sozialen Bindung an alltagsweltliche Kommunikationsbedürfnisse zum Ausdruck, sondern überdies in einem für die Rechtsbücher charakteristischen Rechtskonzept. Danach ist das göttliche Recht zwar als absoluter Bezugspunkt jeder positiven Rechtsordnung eingesetzt, wird jedoch insoweit auch als idealisierter Maßstab erkannt. Die faktischen rechtsrelevanten Gegebenheiten der Zeit werden gegenüber dem Leitbild des göttlichen Rechts als Kontrast, wenn nicht sogar als gegensätzlich beurteilt. Eike von Repgow geht davon aus, daß es faktisch nur wenige sind, die Gott zum Maßstab ihres Handelns machen. Gerade aufgrund dieser fehlenden Einlösung der *lex divina* wird die Notwendigkeit erkannt, die Inhalte der göttlichen Rechtsordnung auf die aktuelle gesellschaftliche Situation zu projizieren. Das göttliche Recht kondensiert also gleichsam in der Verschriftung positiver Normen des Rechtsbuches:

(1) Got hevet de Sassen wol bedacht,
    sint dit buk is vorebracht
Den luden algemene;
    doch ist der leider klene,
De Godde so eren,
    dat se er witte an gut keren. (# 238, Landr., 38.97ff)

Die Klage über eine mangelnde Orientierung des menschlichen Handelns am göttlichen Willen als Begründung für die Kodifikation gewohnheitsrechtlicher Normen ist ein Topos vieler Rechtsbücher. So ist der zitierte Passus des *Sachsenspiegels* (# 238) auch in der Reimvorrede des *Deutschenspiegels* (# 46, 75.3ff) zu finden, dort heißt es in nahezu wörtlicher Übernahme der Praefatio rhythmica des *Sachsenspiegels* (# 238):

(2) Got hat tiutsche lant wol bedâht,
Sô daz buoch wirt volbrâht
Den liuten ze nütze allen gemeine;
Doch ist ir leider kleine
Die got sô êren
Daz si ir witze an in kêren.

Die Rechtsbücher haben demzufolge eine ausgeprägte gesellschaftliche Bindung, sie legitimieren ihren Anspruch auf Normsetzung jedoch in der spezifischen Annahme absoluten göttlichen Rechts, das bei der Bevölkerung erst zu internalisieren ist. Die Rechtsbücher und insbesondere der *Sachsenspiegel* (# 238) beabsichtigen also, eine Leerstelle des Rechtsbewußtseins ihrer Zeit zu schließen. Damit sind sie ein Textmuster, das eine ansonsten im juridischen Diskurs kaum zu belegende Verbindung von Immanenz im Sinne eines unmittelbaren lebensweltlichen Bezugs und einer Transzendenz qua Verweis auf die religiösen Fundamente positiven Rechts anstrebt.

II.2 Zeitliche Bindung

Schon die ausgeprägte gesellschaftliche Bindung der Rechtsbücher läßt eine prinzipiell gegenwartsorientierte Vertextung erwarten, liegt die erklärte Funktion der Verschriftung des Gewohnheitsrechts doch in der Bereitstellung eines Ordnungskatalogs für die alltäglichen Regelbedürfnisse eines Consoziums. Doch die gewohnheitsrechtliche Orientierung der Rechtsbücher schließt die Akzeptanz des alten Rechts ein, das keineswegs novelliert, sondern allein gespiegelt werden soll. Die Akzeptanz alten Rechts ist „durch die Niederschrift perpetuiert, der gewiesene Rechtssatz wird zur kaum anfechtbaren Regel, zur Norm für künftige Fälle“ (B. Janz 1989, 35). Die an Rechtsgewohnheiten vergangener Zeiten ausgerichtete, rückbezügliche Vertextung ist eben nicht nur gegenwarts-, sondern auch zukunftsbezogen. Da die Rechtsbücher außerdem zu den umfänglichsten Quellen der Geschichte des juridischen Diskurses im mittelalterlichen Deutschen Reich gehören, ist eine bloß gegenwartsbezogene Zeitbindung auch kaum vorstellbar. Der erhebliche Vertextungsaufwand für Kodifikationen wie dem *Sachsenspiegel* (# 238) muß im Bewußtsein ihrer Verfasser eine Orientierung auf zukünftige rechtliche Verhältnisse eingeschlossen haben. Dabei ist es von Bedeutung, daß Eike von

Repgow darauf verzichtet, seinem Text gegenwärtige Aktualität zuzusprechen. W. Trusen (1985, 16) weist darauf hin, daß Eike bewußt von der Zeitgeschichte abstrahiert, es finden sich im *Sachsenspiegel* (# 238) „kaum Reflexe der überaus bewegten zeitgenössischen Ereignisse". Das Recht des *Sachsenspiegels* (# 238) weist also über momentgebundene Sachzusammenhänge hinaus, es thematisiert die Rechtsunsicherheiten und -unklarheiten der Gegenwart nur implizit und weist eine vorrangig zukünftige zeitliche Bindung auf. Gerade aus der Perspektive eines überlieferungsgeschichtlichen Quellenbegriffs zeigt sich diese Zukunftsbindung als Movens der Tradierung von Rechtsbüchern auch noch lange Zeit nach ihrer Entstehung. Die Rechtsbücher konzentrieren sich nicht wie andere Texte des juridischen Diskurses auf eng definierte Ordnungsbedürfnisse der Gegenwart, sondern beziehen sich mit ihren globalen Normansprüchen auf eine erst zu erreichende Umsetzung ihres Rechtsverständnisses.

II.3 Prätextbezug

Die Rechtsbücher sind im rechtsgeschichtlichen Verständnis Kompilationen des überlieferten Rechts. Unter einer Kompilation ist dabei die möglichst systematische Erfassung der greifbaren oder zumindest der wichtigsten Rechtsnormen zu verstehen. Kompilationen sind rekursiv erstellt, sie fassen zuvor disparate oder auch nur verstreute Inhalte zusammen, ordnen diese und bringen sie in einen Gesamtzusammenhang. Das rechtsgeschichtliche Gewicht der Rechtsbücher begründet sich ebenso wie ihr textgeschichtlich herausragender Status aus dem Novum dieser Diskursform, denn vor dem *Sachsenspiegel* (# 238) wurden Rechtskompilationen in deutscher Sprache nicht verfaßt. Dabei „liegt es in der Natur der Sache dieser Methode, daß sie auf bereits bestehendes oder älteres Quellenmaterial zurückgreift" (Th. Bühler 1977, 87f). Der im juridischen Diskurs ohnehin ausgeprägte Prätextbezug ist folglich bei den Rechtsbüchern besonders markant. Ein ausgezeichnetes Beispiel dafür ist der *Schwabenspiegel* (# 248). Abgesehen davon, daß angesichts der mannigfaltigen Überarbeitungen für diesen Text allein ein überlieferungsgeschichtlicher Textbegriff angemessen ist, weist der Text eine Fülle von Referenzen auf. Die wichtigsten Folientexte sind der *Sachsenspiegel* (# 238), die *Lex Baiuwarorum*, die *Lex Alamannorum*, fränkische *Kapitularien*, *Reichs-* und *Landfriedensgesetze* sowie die Schriften Davids von Augsburg und Bertholds von Regensburg. Der *Schwabenspiegel* (# 248) weist damit vielschichtige Prätextbezüge auf, die als Rückgriff auf vorhergehende Vertextungen jedoch eine generelle Konstituente des Textmusters 'Rechtsbuch' darstellen. Paradigmatisch sei hier auch das *Wiek-Öselsche Lehnrecht* (# 312) aus dem 14. Jahrhundert angeführt, das den *Livländischen Spiegel* (# 151) und andere livländische

Rechte kompiliert und damit letzthin wieder auf den *Sachsenspiegel* (# 238) rekurriert (vgl. F. von Bunge 1827).

II.4 Status des Textproduzenten

In der Reimvorrede des *Sachsenspiegels* (# 238) werden nicht nur Entstehungsumstände und Ziele der Rechtskompilation genannt, Eike von Repgow gibt sich auch bewußt als Verfasser des Rechtsbuches zu erkennen, die Sammlung von Rechtssätzen ist als Arbeit einer identifizierbaren Person ausgewiesen:

(3) Nun danket al gemene
deme von Valkenstene,
De greve Hoier is genant,
dat an dudisch is gewant
Dit buk dorch sine bede:
Eike van Rechowe it dede; (# 238, Landr., 49.261ff).

Im ersten der überlieferten deutschen Rechtsbücher ist also der Status des Verfassers durch Namensangabe exakt zu bestimmen. Dies gilt für die späteren Rechtsbücher keineswegs in gleichem Maße. Oft ist die Verfasserfrage nicht einmal rekonstruktiv zu beantworten. Obgleich also das Rechtsbuch per definitionem „eine in deutscher Sprache verfaßte private Arbeit rechtskundiger Männer" darstellt, „die nicht im amtlichen Auftrag oder durch einen legislatorischen Akt zustande kam" (D. Munzel 1990a, 278), wird dem Textproduzenten zumeist kein entscheidendes Gewicht zugemessen. Viel wichtiger sind die expliziten Bezüge auf je kumulierte Rechtsgewohnheiten. Dies um so mehr, wenn Rechtsbücher als Bearbeitungen des *Sachsenspiegels* (# 238) anzusetzen, also Quellen zweiten bis n-ten Grades sind. Der *Sachsenspiegel* (# 238), der ein neues volkssprachiges Textmuster konstituiert, expliziert noch den Verfasser, spätere Kompilationen verzichten darauf, denn es handelt sich bei diesen Quellen in der Regel allein um Textsammlungen, die unterschiedlichste Überlieferungsstränge nicht selten auch über direkte Zitation zusammenführen und für spezifische Adressatenkreise aufarbeiten; die Textproduzenten der Rechtsbücher sind dann weit eher Kompilatoren als Autoren.

II.5 Themenwahl

Da Rechtsnormen per se auf je konkrete Ordnungserfordernisse bezogen sind, ist die Themenwahl der Rechtsbücher weitgehend auf diese festgelegt, dies jedoch nicht allein durch die sachliche Referenz auf spezifische Rechtskonstellationen, sondern auch durch die Prätextbindungen. Die Verfasser der Rechtsbücher betonen, daß sie das kodifizierte Recht nicht selbst erdacht haben, sondern daß ihre Leistung allein in der Zusammenführung rechtsgeschichtlicher Überlieferungen besteht. Exemplarische Aussagen dieser Art finden sich nicht nur in den bekannten Abschnitten des *Sachsenspiegels* (# 238). Besonders anschaulich ist etwa auch folgender Ausschnitt aus dem *Deutschenspiegel* (# 46, 77.11ff):

(4) Ditz reht hân ich niht erdâht;
Ez habent die künige an uns brâht
Mit wîser meister lêre.
Mîne kunst ich dâ mit mêre
Und wil gegen gote wol gevarn
Unde wil daz wol bewarn,
Daz mîn kunst under der erde
Iht begraben werde.

Die Themenwahl ist in den Rechtsbüchern prädeterminiert durch die intertextuelle Bindung an vorausgehende Vertextungen bzw. durch die Referenz auf Rechtsgebräuche. Für die Rechtsbücher ist damit von einer gleichsam doppelt gebundenen Themenwahl auszugehen, die als konstitutives Merkmal des Textmusters anzusehen ist.

II.6 Kommunikationsrichtung

Als Zeugnisse der frühen volkssprachigen Vertextung juridischer Normen sind die Rechtsbücher trotz des Fehlens institutioneller Legitimation Sammlungen von verhaltensregulierenden Propositionen. Die Texte sind also nicht nur wegen der literalen Existenzform als monologische Interaktionsmuster einzuordnen, denn auch ihre eindeutige Trennung von normsetzender Textebene und normverpflichteter Adressatenebene entspricht der einseitig gerichteten Kommunikation.

II.7 Medium

Was ihren medialen Status als literale Quellen angeht, nehmen die Rechtsbücher einen herausragenden Rang in der volkssprachigen Verschriftung alltagsweltlicher Kommunikation ein. Die konsequent auf Vollständigkeit bedachte Sammlung von Rechtssätzen erfolgt dabei in den verschiedenen Rechtsbüchern unter Anpassung auf regionale Verhältnisse, ist jedoch immer Ergebnis der Fixierung und systematischen Zusammenführung zuvor vereinzelt tradierter Rechtssätze. Damit lösen die Rechtsbücher als frühe Zeugnisse pragmatischer Schriftlichkeit im Deutschen die entscheidenden Vorteile der schriftlichen Fixation gegenüber der oralen Überlieferung ein: Die Funktionsanalogie von Recht und Schrift, ihre Mittel-Zweck-Relation und die Übereinstimmung im Universalitätsanspruch von Recht und Schrift.[46]

Damit kommt den Rechtsbüchern nicht nur eine Vorrangstellung im Rahmen der Polyfunktionalisierung deutscher Sprache zu, sondern ebenso für die Prozesse der Literalisierung spätmittelalterlicher Lebenswelten. Der enorme Verschriftungsschub über Rechtsbücherbearbeitungen, Abschriften, Editionen ist hierfür Indiz. Eine noch ausstehende Geschichte der Literalisierung des Deutschen wird den Rechtsbüchern einen wichtigen Platz zuzuweisen haben. Abgesehen von Relikten der Mündlichkeit in den sprichwörtlichen Redewendungen (vgl. B. Janz 1989, 35ff) sind die Rechtsbücher auch als Schrifttexte im stilistischen Sinn anzusehen. Sie weisen ein hohes Maß interner Strukturiertheit auf, verfügen über komplexe Kohärenzstrukturen und eine hierarchische Inhaltsorganisation.

Die Rechtsbücher sind entscheidende Domäne des Transfers rudimentär aufgezeichneter Gewohnheitsrechte in die komplexe Verschriftung und insofern ein maßgeblicher Baustein im Zuge des Ausbaus der deutschen Kultursprache. Zudem ist Eike von Repgows Berufung auf die mündliche Tradition (vgl. R. Schmidt-Wiegand 1983a, 209) bei gleichzeitig gelungener kompilatorischer Verschriftung auch Movens des Übergangs von der Oralität zur Literalität im juridischen Diskurs. W. Trusen (1962, 237) bezeichnet die Rechtsbücher des 13. Jahrhunderts daher zu Recht als „Schrittmacher der Kodifikation".

II.8 Sozialer Raum

Mit der allgemeinen Adressierung der Rechtsbücher ist der soziale Raum grundsätzlich öffentlich, der Grad an genereller Geltung steht den institutionellen Rechtsweisungen der Zeit nicht nach. So richtet Eike von Repgow den *Sachsenspiegel* (# 238) an alle rechtschaffenen, guten Leute (vgl. R. Schmidt-Wiegand 1983a, 209), der *Deutschenspiegel* (# 46) versteht sich als „Spiegel aller tiutscher liute" (# 46, 78.180).

II.9 Verhältnis der Kommunikationspartner

Die öffentliche Kommunikationssituation koinzidiert als pragmatische Bezugsgröße des Textmusters 'Rechtsbuch' mit der sozialen Ferne der Kommunikationspartner. Jede Rechtskompilation wird mit dem Anspruch weitestgehend allgemein gehaltener Präsentation der wesentlichen Rechtssätze verfaßt und sieht daher von den Rechtsanliegen des Einzelnen ab. Die Inhalte der

[46] Zum rekursiven Bedingungsverhältnis von Recht und Schrift und zu den genannten Aspekten des Recht-Schrift-Konnexes vgl. I. Warnke (1997a).

Rechtsbücher haben eine abstrakte Relevanz, die losgelöst von unmittelbaren Beziehungen zwischen Kompilator und Normadressat die Textorganisation steuert. Es wird noch darauf einzugehen sein, daß der Grad an Abstraktion etwa im *Sachsenspiegel* (# 238) derart ausgeprägt ist, daß die Bilderhandschriften dieses Textes durch ihre Visualisierung von Rechtsgegenständen versuchen, kasuistische Dimensionen als Präzisierung der Normabsichten beizugeben. Aber selbst diese sind nicht auf einzelne, identifizierbare Individuen ausgerichtet, sondern vermitteln die Rechtsgegenstände in exemplarischer Art und Weise.

II.10 Rollenverhältnis

Auch das Rollenverhältnis der Kommunikationspartner ist bei den Rechtsbüchern klar zu definieren, jedoch hier nicht in Übereinstimmung mit dem Standardfall der legistischen Vertextung. Während in der Regel bei den juridischen Texten der institutionell gebundene Produzent qua Promulgation seinen Status als Rechtsweisender bzw. Rechtssetzender markiert und die Adressaten damit in der Rolle des Weisungs- bzw. Normgebundenen stehen, ist die Rolle des Textproduzenten bei den Rechtsbüchern in keinem Fall exakt zu bestimmen. Zeigte sich in den vorangehenden Darstellungen ohnehin ein autornaher Textbegriff für die Rechtsbücher als nur bedingt angemessen, so ist der Produzent eben ein Kompilator, nimmt also die Rolle des Normsetzenden nicht ein. Gehen wir weiterhin von einem überlieferungsgeschichtlichen Textbegriff aus, so verlieren sich greifbarer Status und explizierte Rolle des Textproduzenten gänzlich, denn die Texte sind unter dieser Voraussetzung lediglich Überschreibungen präexistenter Quellen. Die Vertextungssituation ist nicht interpersonal, so daß rollenspezifische Textkonstituenten nicht nachzuweisen sind.

II.11 Interaktionskontakt

Der Kontakt zwischen Textkompilator und seinen Adressaten ist bei den Rechtsbüchern in ausgeprägtem Maße raum-zeitlich different. Bereits die Bestimmung der zeitlichen Bindung und die Ausführungen zur medialen Existenz der Texte macht deutlich, daß Rechtsbücher ihre zukünftige Verwertbarkeit bewußt anstreben. Gerade der *Sachsenspiegel* (# 238) und der *Schwabenspiegel* (# 248) sind beredte Zeugnisse dafür, daß die spätmittelalterliche Kompilation des Gewohnheitsrechts langfristige Gültigkeit hatte und ihre Rezeption sowohl zeitlich wie räumlich ausgedehnt ist.

II.12 Anzahl der Textproduzenten

Die Eliminierung des konkreten Textproduzenten bei überlieferungsgeschichtlichem Textbegriff erübrigt die Frage nach der Zahl der Textproduzenten. Die Überschreibung der Texte im Zuge ihrer Tradierung ist ein multifaktorieller Vorgang, denn die häufigen Zitationen bzw. Übernahmen ganzer Textpassagen aus dem überlieferten Rechtsschrifttum lassen eben von einem Textproduzenten nicht reden. An und für sich sind es zwar einzelne Rechtsgelehrte wie Eike von Repgow, die als Kompilator tätig waren, doch sind sie nicht Produzenten der Texte im eigentlichen Sinn. Wir erkennen, daß bei stark ausgeprägten intertextuellen Vernetzungen innerhalb einer Diskursdomäne die traditionelle Situationsbestimmung von Texten an ihre Grenzen stößt.

II.13 Produzent-Rezipient-Hierarchie

Eine Hierarchie zwischen den Kompilatoren und den Normadressaten der Rechtsbücher ist nicht gegeben, denn es gibt bei den Rechtsbüchern zunächst keine hierarchisierende Vollstreckbarkeit der Rechtsnormen. Erst die Aufwertung der Rechtsbücher durch solche gesellschaftlichen Institutionen, die eine Legitimation zur Vollstreckung von Rechtsgeboten hatten, also insbesondere durch die Verwendung der Rechtsbücher in den spätmittelalterlichen Gerichten, schreibt diesen einen wirklich handlungsverpflichtenden Rang zu, womit dann auch eine erkennbare Hierarchie zwischen nicht anzuzweifelnder Normsetzung und den Normempfängern ausgebildet wird.

III. Polyfunktionalität und Handlungsintention

Daß die Rechtsbücher zu den wichtigsten rechtsgeschichtlichen Quellen des Spätmittelalters gehören, ist sowohl in der Rechts- als auch in der Sprachgeschichte unbestritten. Daß sie als solche aber auch einen wesentlichen Beitrag zur Strukturierung des juridischen und fachsprachlichen Textmusterspektrums des Deutschen leisten, wird in der Forschung aufgrund mangelnder textgeschichtlicher Perspektiven zu wenig berücksichtigt. Dabei ist es nicht allein die weite räumliche Verbreitung der Rechtsbücher und ihre fast konkurrenzlose Zahl an Handschriften, die eine herausragende Stellung im Rahmen spätmittelalterlicher Vertextungen bedingt, sondern zudem die kaum zu überschätzende Determinierung des juridischen Diskurses insgesamt und die übereinzelsprachliche Dimension der Tradierung von Rechtskompilationen. Ein maßgeblicher Einfluß der Rechtsbücher auf die Vertextungsgeschichte des juridischen Diskurses ist daher kaum zu bezweifeln, und so drängt sich die Frage auf, aufgrund welcher kommunikativen Absichten die Rechtsbücher einen so entscheidenden Einfluß auf die Organisation des juridischen Diskurses und damit auf die Polyfunktionalisierung des Deutschen im Rahmen des Rechts nehmen konnten. Das Verhältnis von Handlungsintention und Polyfunktionalisierung in der Subdomäne der Rechtsbücher ist damit wichtiger Reflexionsgegenstand für die Geschichte des juridischen Diskurses im allgemeinen.

Die offensichtlichste Handlungsintention der Verfasser von Rechtsbüchern bzw. der Textkompilatoren bestand in der Fixierung zuvor weitgehend oral tradierten Gewohnheitsrechts und der Bündelung schriftlicher Rechtsgebote, insbesondere der Reichsgesetze bzw. Landfriedensgesetze. Das Anliegen schriftgestützter Herstellung von Rechtssicherheit trifft dabei mit der Absicht zusammen, verstreute Normen zu bündeln und durch die literale Kumulation ein konsistentes Kompendium geltenden Rechts zusammenzustellen. Dabei sind die Kompilatoren der Rechtsbücher ausgesprochen bemüht, alle relevanten Quellen zusammenzufassen. Im *Deutschenspiegel* (# 46) werden Quellen des römischen Rechts, der deutschrechtlichen Überlieferung, kanonische Normen des Ius divinum bzw. Ius humanum, kaiserliche Sollensordnungen und weitere Texte verknüpft. Mit den Rechtsbüchern liegt also ein früher Typ der Datenbündelung vor, es handelt sich bei den Texten um den Versuch, eine unübersichtlich gewordene Rechtsüberlieferung in ein verbindliches System zu transformieren. Mit moderner kommunikationstheoretischer Terminologie kann durchaus davon die Rede sein, daß die Rechtsbücher einen kommunikativ-textuellen Synergieeffekt beabsichtigten. Daß diese Intention gerade in der Rechtsdomäne den Anstoß zu einer sprachgeschichtlich folgenreichen Entwicklung gibt, begründet sich aus dem hohen Grad der Wissensvernetzung, der für die Semantisierung von legistischen Texten notwendig ist. Im Rahmen seines framesemantischen Konzeptes weist K.-P. Konerding (1993, 15) darauf hin, daß die Semantisierung von Texten immer auf *chunks of knowledge* zurückzugreifen hat, die Decodierung von Texten also präsupponierte Wissensrahmen aktiviert:

> Zusammenfassend läßt sich sagen, daß ein Hörer oder Leser nur dann einen Text inhaltlich verstehen kann, wenn er über die im Text explizit verbalisierten und assertierten Sachverhalte hinaus auf weiteres Wissen von denjenigen Bezugsobjekten zurückgreift, die durch die im Text vorkommenden Lexeme bestimmt sind.

Da sich Rechtssysteme nicht aus der Summe einzelner Normen, sondern erst aus einem strukturierten, interdependenten Katalog juridischer Normen ergeben, ist die Vernetzung von Textinhalt und präsupponierten Bezugsinhalten bei juristischen Texten besonders ausgeprägt (vgl. I. Warnke 1996c); allein eine systematische Vertextung kann also die sachadäquate Rezeption juristischer Inhalte gewährleisten. Erkennt der Rezipient bereits über die Superstruktur des Textes, in welchem systematischen Zusammenhang sich einzelne Ausführungen bewegen, so ist die Aktivierung der notwendigen Wissensrahmen wesentlich erleichtert. Die Rechtsbücher sind ein gelungener Versuch einer solchen systematischen Darstellung des Rechtsgutes.

Der sozialgeschichtliche Anstoß zu diesem kompilativen Bemühen liegt auf der Hand. Es ist die oft behandelte Komplexität der Rechtsbeziehungen innerhalb des spätmittelalterlichen Consoziums und die damit einhergehende Rechtsunsicherheit aufgrund fehlender allgemeinverbindlicher Normen. Die Situation der Rechtszersplitterung und der willkürliche Umgang mit Rechtsgeboten wird in den Rechtsbüchern auch beschrieben und als Anlaß der schriftlichen Sammlung von Rechtsgeboten genannt. So zielt der *Schwabenspiegel* (# 248) auf die Herstellung einvernehmlich geltender Rechtsnormen, um die rechtlich zerfahrene Situation nach dem Interregnum zu klären. Im *Frankenspiegel* (# 101, 159) setzt die Kodifikation von Rechtsgeboten mit der topischen Klage über die rechtlichen Verhältnisse der Zeit ein:

(5) Synt wir von czijt czu zijden die werlt ye boser und boser und die werlt an guden wercken krang unde leptin unredelichen und gar unrechte. do daz der keyser gesach, do wartz er czu rade mit den wysen meystern, die in dem riche worn, wie er rechte gemechte uber alle sache zu richtin uz zu dem rechten und gantz gerichte, do myede uff daz die werlt worde fredebere und auch dorch der bosen lude obel dat und argelist an den guden luden icht vor gang hetten und daz rich von den bosen luten vorliebe ungeleczet, und dar umb sast er solich recht ober alle die werlt, also her nach geschrieben stet, und gebot daz zu halden allen luden by syner keiserlicher gewalt und by des riches hulden ober alle die werlt.

Dieser formelhaften Kennzeichnung mangelhafter Rechtszustände wird in den Rechtsbüchern das Ideal eines geordneten Consoziums gegenübergestellt, das durch die Handlungsdirektiven der Kompilationen selbst gesichert werden soll. Daß dabei eine Differenz zwischen Realität und angestrebtem Zustand auftritt, folglich auch Widerstände gegen die Verschriftung eines verbindlichen Normenkatalogs aufkamen, wird in einigen Rechtsbüchern reflektiert. Im *Livländischen Spiegel* (# 151, 95, Art. 2) heißt es,

(6) We to allen tiden dem rechte tosteit unde to rechte spreket, de gewinnet vel unwillen. Des schal sik ein jewelik vrame rechtverdich man trosten dorch Got unde sine ere. Dar umme gewinnet dit bok mannichen vient, (...).

Dieser Passus wird im *Wiek-Öselschen Lehnrecht* (# 312, 99) übernommen:

(7) Wer zu allen Zeiten dem Rechten zustehet und zu Rechte spricht, der gewinnet viell Unwillen. Des soll sich ein jeglich from, rechtfertigt Man trosten durch Gott und seine Ehr. Darumb gewinnet das Buch mannichen Feindt; (...).

Es kann nicht davon ausgegangen werden, daß die Rechtssprechung oder gar die Rechtsnormierung qua Rechtsbuch in der mittelalterlichen Gesellschaftsordnung allgemein anerkannt war. Die Legitimation rechtsbezogener Kompilations- und Vollstreckungsansprüche über Schrifttexte gehört daher zu den wichtigen inhaltlichen Textbausteinen der Rechtsbücher.

Die unterschiedlichen kommunikativen Intentionen sowie die Behandlung zeittypischer Problemkonstellationen werden in den meisten Quellen in Vorreden behandelt, sind also zumeist selbstreflexiv in die Vertextung eingebracht. Daß es sich bei den entsprechenden Textpassagen trotz stereotyper Abschnitte nicht um formelhafte Versatzstücke handelt, sondern um aufschlußreiche Dokumente zur kommunikativen Absicht der Vertextung, hat R. Schmidt-Wiegand (1983a, 213) für den *Sachsenspiegel* (# 238) gezeigt. Aus den Selbstdarstellungen der Verfasser in den Vorreden und dem gesellschaftlichen Status der Rechtsbücher ergibt sich die Funktion des Textmusters mit Eindeutigkeit. Beabsichtigt ist die Friedensherstellung und -wahrung auf der Grundlage verbindlicher, kumulierter Normen des Gewohnheitsrechts und der schriftlichen Rechtsüberlieferung. Damit sind die Rechtsbücher herausragende Vertreter der frühen pragmatischen Schriftlichkeit im deutschen Sprachgebiet, wobei darunter „alle Formen der Schriftlichkeit verstanden" werden, „die unmittelbar zweckhaftem Handeln dienen oder die menschliches Tun und Verhalten durch die Bereitstellung von Wissen anleiten wollen" (Träger, Felder, Formen 1988, 389). Mit Verweis auf das *Mühlhäuser Rechtsbuch* (# 171) und die Kodifikation des österreichischen Landrechts zeigt H. Beckers (1982, 17), daß der *Sachsenspiegel* (# 238) keineswegs ein isoliertes Beispiel derartig ausgeprägter pragmatischer Schriftlichkeit ist. Mit der Definition pragmatischer Schriftlichkeit ist zwar jeder legistische bzw. juridische Text ein solches Beispiel, doch die Rechtsbücher lösen die pragmatischen Kommunikationsansprüche in besonderem Maße ein. Sie reagieren auf die gesellschaftliche Situation von Rechtszersplitterung und -unsicherheit mit dem gänzlich neuen Mittel kompilativer Verschriftung. Obgleich es sich bei den Rechtsbüchern nicht um institutionelle Texte handelt, hat gerade diese Verpflichtung der Texte auf die Rechtsgegebenheiten eine massive Verbreitung bewirkt. Die Spiegelung des zuvor bereits geltenden Rechts, die Speculum-Funktion der Rechtsbücher, ist einerseits durch die Wiedergabe zuvor in anderer Form tradierten Rechts eingelöst, darüber hinaus aber auch durch die Spiegelung der konkreten Rechtsbedürfnisse des spätmittelalterlichen Consoziums. Wie weit dabei der Realitätsbezug der Rechtsbücher in Form einer Referenz auf die Rechtssituation der konkreten Lebenswelt ausgeprägt ist, ist an den örtlichen Sonderformen des *Sachsenspiegel*s (# 238) abzulesen. Insbesondere das *Neumarkter Rechtsbuch* (# 174) ist hier neben den baltischen Sonderformen des *Livländischen Spiegels* (# 151) und des *Wiek-Öselschen Lehnrechts* (# 312) anzuführen. Die wachsende Bedeutung der Rechtsbücher auf der diachronen Achse der Vertextungsgeschichte des Deutschen ist wesentlich durch die regionalen Bearbeitungen bedingt, führten diese doch zu einer flächendeckenden Verbreitung des Textmusters innerhalb der Grenzen des deutschen Sprachgebietes und darüber hinaus. So gab es im ausgehenden Spätmittelalter keine

Region, in welcher der *Sachsenspiegel* (# 238) nicht bekannt oder sogar als regionale Variante tradiert war.

Ein weiterer Hinweis zum unmittelbaren Bezug der Rechtsbücher auf die Anliegen einer komplexer und damit unübersichtlicher werdenden Gesellschaftsordnung ist die Stellungnahme vieler Texte zu ideologisch-politischen Fragen. So die Behandlung der mittelalterlichen Zweischwerter-Lehre, die z.B. im *Schwabenspiegel* (# 248), im *Deutschenspiegel* (# 46) und im *Neumarkter Rechtsbuch* (# 174) zu belegen ist. Die Rechtsbücher fungieren hier als Mittel zur Festigung ideologisch motivierter Verfassungsstrukturen. Ganz deutlich ist dies im *Sachsenspiegel* (# 238), wo ein Primat des weltlichen Rechts und der weltlichen Machtansprüche gegenüber der kirchlichen Einflußnahme begründet wird. Dies hat immerhin zur Reprobation von 14 Artikeln des Landrechts durch Gregor XI. im Jahr 1374 geführt, die Johannes Klenkok (1. Viertel 14. Jh.-1374) mit seiner Schrift *Decadicon contra decem errores speculi Saxonum*[47] um 1369 erstmals anstieß. Gerechtfertigt werden die ideologischen Standpunkte in den Rechtsbüchern mit einem zumeist deutlich ausgesprochenen Wahrheitsanspruch. So im *Deutschenspiegel* (# 46, 80),

(8) Swer ditz bouch dar umbe lernet, daz er ez nâch unrehte bescheide, und dar an sînen vlîz leget, der tuot wider got unde wider daz reht. Swer got minnet, der minnet daz reht, unde wizzet daz: swer durch liebe oder durch leide oder durch gâbe oder durch vriuntschaft oder durch vîntschaft iht anders richtet danne alse ditz buoch saget, daz ist wider got (...)

oder in kürzester prosaischer Form im *Görlitzer Rechtsbuch* (# 78, 21.1f),

(9) Swer clu-och an lenrechte welle wesin,
der sol diz buch dicke vor lesin.

Das hier zum Ausdruck gebrachte Selbstbewußtsein der Kompilatoren leitet sich nicht aus einer institutionalisierten Unfehlbarkeit ab, sondern aus dem durchgängigen Bezug auf das Ius Divinum. Ganz im Sinne des bereits erwähnten triadischen Rechtsmodells der Scholastik ist das Naturrecht bzw. göttliche Recht damit „Nachprüfungsmaßstab für das positive Recht“ (O. Kimminich 1987, 105).

Die massive Einflußnahme des Textmusters Rechtsbuch auf das juridische Textmusterspektrum als kausale Konsequenz der Vertextungsabsichten ist in den Quellen selbst nicht thematisiert. Es handelt sich mithin bei der Relation von Handlungsabsicht und Handlungsfolgen um einen exemplarischen Fall eines Invisible-hand-Wandels.

---

[47] G. Homeyer: Johannes Klenkok wider den Sachsenspiegel. in: Abhandlungen der Königlichen Akademie der Wissenschaften zu Berlin. Phil.-hist. Klasse. Berlin 1855, 423-427.

IV. Polylinguale Intertextualität

Alle bisher behandelten Textmuster haben gezeigt, daß mehr oder weniger stark ausgeprägte polylinguale Intertextualitätsbezüge ein Charakteristikum der spätmittelalterlichen und frühneuzeitlichen Rechtskommunikation sind. Im allgemeinen trifft das auch für die Rechtsbücher zu, wenn diese auch nicht in ihrer Gesamtheit ausgeprägte Referenzen auf anderssprachige Texte aufweisen. Ganz im Gegenteil ist bei einigen Rechtsbüchern überhaupt keine derartige Intertextualitätsreferenz nachzuweisen, bei anderen Rechtsbüchern ist dafür die polylinguale Intertextualität um so ausgeprägter. Für letztere Vertreter des Textmusters 'Rechtsbuch' sind an erster Stelle der *Sachsenspiegel* (# 238) und der *Schwabenspiegel* (# 248) zu nennen, auf die sich auch die weiteren Ausführungen im wesentlichen beschränken werden, denn die Textverschränkung über die Grenzen nationalsprachlicher Bezugnahmen ist bei diesen Quellen ein wesentlicher Aspekt ihrer sprachgeschichtlichen Bedeutung. Dies gilt sowohl für die Referenz auf fremde Texte wie für die polylinguale Überlieferung der Texte qua Übersetzung. Was den Bezug auf nicht deutsch gefaßte Rechtsordnungen angeht, weisen der *Sachsenspiegel* (# 238) und der *Schwabenspiegel* (# 248) als Kompilationen einer Phase der erst beginnenden Aufzeichnung des Gewohnheitsrechts in deutscher Sprache die zu erwartenden Bezüge auf lateinische Quellen auf. So beziehen sich einzelne Rechtssätze des *Sachsenspiegels* (# 238) auf die *Confoederatio cum princibus ecclesiasticis* und die *Treuga Henrici* oder auf die *Historica Scholastica* des Petrus Comestor. Der *Schwabenspiegel* (# 248) erweitert die lateinischen Textbezüge des *Sachsenspiegels* (# 238) insbesondere um die Verarbeitung der *Institutionen* Justinians und um Quellen wie die *Summa de casibus penitentie* des Raymundus von Peñaforte und die *Lex Alamannorum*. Ohne auf die hochkomplexen und äußerst zahlreichen Bezüge der Rechtsbücher auf Prätexte im einzelnen eingehen zu können, ist die textkonstitutive Bedeutung der Bezüge des *Sachsenspiegels* (# 238) und des *Schwabenspiegels* (# 248) auf lateinische Quellen unübersehbar. Da die übrigen Rechtsbücher allesamt in textgeschichtlicher Vermittlung zum *Sachsenspiegel* (# 238) und zum *Schwabenspiegel* (# 248) stehen, kann der polylinguale Rückgriff auf lateinische Prätexte als signifikantes Merkmal der gesamten Teildomäne des juridischen Diskurses gelten. So sind es schließlich die Rechtsbücher, die vermittels systematischer Auswertung römischrechtlicher Normen wesentlich zur Verbreitung fremdrechtlicher Anschauungen im Spätmittelalter beigetragen haben.

Der Bezug auf fremdsprachige Quellentexte ist von der textgeschichtlich bedingten Fassung eines Rechtsbuches in verschiedenen Sprachen zu unterscheiden. Die Überlieferung der Rechtsbücher in verschiedenen Sprachen ist ein weiterer aufschlußreicher Baustein für das unverkennbare sprachgeschichtliche Gewicht der Rechtsbücher, denn bei der Tradierung in verschiedenen europäischen Sprachen geht es um die Ausprägung eines Textmusters außerhalb der prototypischen polylingualen Achse Latein ↣ Deutsch. Ob damit bereits eine von lateinischen Traditionen autonome Textgeschichte beschreibbar ist, wird kontrovers diskutiert und hängt eng mit der Überlieferungsgeschichte des *Sachsenspiegels* (# 238) zusammen. Eike von Repgow hebt in der Reimvorrede des *Sachsenspiegels* (# 238) hervor, daß Graf Hoyer von Falkenstein Auftraggeber der deutschen Textfassung sei. Wenn Eike in diesem Zusammenhang von Deutsch spricht, so bedeutet das „so viel wie 'in der Volkssprache'" und steht „im Gegensatz zum Latein als der Bildungssprache" (R. Schmidt-Wiegand 1985, 28). Von einer lateinischen Urfassung des *Sachsenspiegels* (# 238) wird heute ausgegangen. K. Eckhardt (1964) vertrat bereits die Auffassung, daß der *Auctor vetus de beneficiis* Teil des lateinischen Ur-Sachsenspiegel-Lehnrechts ist, was auch von K. Kroeschell (1977, 355) nicht angezweifelt wird; letzte Klarheit darüber besteht bis dato nicht. Kommt dem *Auctor vetus* allein schon als Präversion des *Görlitzer Rechtsbuchs* (# 78) eine Bedeutung im Kontext polylingualer Intertextualität der Rechtsbücher zu - K. Kroeschell (1977, 356) ordnet das *Görlitzer Rechtsbuch* (# 78) als „eine nicht eikesche deutsche Parallelfassung zum Sachsenspiegel-Lehnrecht" ein -, so ist es für die Beantwortung der generellen textgeschichtlichen Frage nach der lateinischen Herleitung eines juridischen Textmusters nicht ausschlaggebend, ob die lateinischen Vorlagen des deutschen *Sachsenspiegels* (# 238) überliefert sind; vielmehr kommt es darauf an, daß diese existierten. Es soll folglich hier auch nicht auf die Diskussion um den tatsächlichen Auftrag zur deutschen Sachsenspiegel-Übersetzung durch Graf Hoyer von Falkenstein eingegangen werden, es sei nur darauf verwiesen, daß die Ausführungen von P. Johanek (1984) hieran erhebliche Zweifel aufkommen lassen. Wir halten fest, daß das erste deutschsprachige Rechtsbuch in Abhängigkeit von der lateinischen Vertextungstradition des juridischen Diskurses im Hochmittelalter steht. Dennoch liegen die Verhältnisse anders als in der übrigen juridischen Diskursdomäne, wo zunächst lateinisch eingeführte Textmuster im Laufe des Spätmittelalters, zunehmend durch deutsche Vertextungen substituiert werden und die Ausprägung deutscher Textmuster mithin als Ablösungsgeschichte vom Lateinischen als der frühen juridischen Fachsprache zu interpretieren ist. Bei den Rechtsbüchern steht die lateinische und deutsche Vertextungsgeschichte in keinem erkennbaren zeitlichen Nacheinander, die Verschriftung des Gewohnheitsrechts erfolgt in beiden Sprachen nahezu zeitgleich. Der deutsche *Sachsenspiegel* (# 238) ist also nicht als progressive Version gegenüber einer deutlich älteren lateinischen Texttradition zu verstehen. Erkennbar ist dies in erster Linie an den Relatinisierungen des *Sachsenspiegels* (# 238) und anderer Rechtsbücher, wie des *Schwabenspiegels* (# 248). Dabei handelt es sich nicht, wie in anderen Quellengruppen des juridischen Diskurses, um Reflexe der humanistischen Besinnung auf das gelehrte Recht, denn die ersten lateinischen Übersetzungen von *Sachsenspiegel* (# 238) und *Schwabenspiegel* (# 248) sind bereits vor der Epoche des Humanismus entstanden. Nach K. Kunze (1989, 60ff) sind derartige lateinische Adaptionen deutscher Texte im 12. bis 14. Jahrhundert keineswegs selten, jedoch bisher angesichts der fokussierten Übersetzungsgeschichte vom Lateinischen in die Volkssprache gänzlich marginalisiert. Für den *Sachsenspiegel* (# 238) und den *Schwabenspiegel* (# 248) sind als wichtigste Übersetzungen in das Lateinische zu nennen:

	Lateinische Übersetzung	**Entstehungszeit**
Sachsenspiegelübersetzungen	Versio Vratislaviensis	zwischen 1272-1292
	Versio Sandomiriensis	vor 1360
	Versio vulgata	1. Drittel des 14. Jahrhunderts
	Auctor vetus de beneficiis	um 1300
Schwabenspiegelübersetzung	Liber iudiciorum provincialium, Liber feudorum	1356

Tab. 23: Lateinische Übersetzungen des Sachsenspiegels und Schwabenspiegels

Die polylinguale Intertextualität der Transferrichtung Latein ↣ Deutsch ist bei den Rechtsbüchern durch die systematische Auswertung kodifizierten Rechts im Zuge der Kompilation begründet, während der Transfer Deutsch ↣ Latein durch die Übersetzungen der Rechtsbücher konstituiert ist. Aufgrund der parallelen Okkurrenz ist ein eigentlicher Textmustertransfer nicht gegeben. Das konkurrenzlose Nebeneinander von lateinischen und deutschen Versionen der Rechtsbücher ergibt sich aus dem Unterschied von praktischer und gelehrter Rezeption der Kompilationen, so daß die verschiedenen Fassungen jeweils unterschiedlichen Kommunikationsbedürfnissen nachkamen.

Schon der textgeschichtliche Konnex von lateinischer und deutscher Diskursgeschichte zeigt, daß der Ausbau des Textmusters 'Rechtsbuch' wesentlich über die polylinguale Intertextualität gestützt ist. Bestätigt wird dies durch Daten der Transferrichtung Deutsch ↣ andere Sprachen. Kein anderes Textmuster des juridischen Diskurses weist eine derart starke Wirkung auf andere nationalsprachige Vertextungen auf wie die Rechtsbücher. Neben den Übertragungen in eine Vielzahl deutscher Dialekte und den Verschränkungen mit der niederländischen Vertextungsgeschichte (vgl. H. Teuchert 1949) ist dabei der slawisch-germanische Sprachkontakt besonders prägend. Anzuführen sind neben der altfranzösischen Übersetzung des *Schwabenspiegels* (#

248) die tschechische Übersetzung des Textes sowie die russische, ukrainische, tschechische und polnische Übersetzung des *Sachsenspiegels* (# 238). Insbesondere die polnische Rezeption des sächsischen Rechts ist ein wichtiger Faktor in der Ausprägung großflächiger Rechtsräume seit dem Spätmittelalter, denn der *Sachsenspiegel* (# 238) „erhält bereits 1356 durch König Kasimir den Großen Gesetzeskraft in Polen und gilt dadurch in Wolhynien, Podolien, in der Ukraine und anderen Teilen des damaligen Polnischen Reiches" (H. Kaspers 1972, 40). So wurden auch die polnischen Drucke des *Sachsenspiegels* (# 238) mehrfach aufgelegt; I. Kwiatkowska (1991, 121) führt die drei Auflagen der Ausgabe von Nikolaus Jaskerus von 1535 und 1555 sowie die beiden polnischsprachigen Fassungen von Paul Szczerbicz von 1581 an; H. Kaspers (1972, 42) nennt zudem die Ausgabe von Bartholomäus Groicki, die in mehreren Drucken seit 1558 überliefert ist.

V. Monolinguale Intertextualität

V.1 Illokutionsstruktur

Da Rechtsbücher als Kompilationen auch schriftlicher Überlieferungen per se prätextbezogen sind, ist die intertextuelle Vernetzung Bedingung ihrer Existenz. Doch es sind nicht allein die Bezüge der ersten Rechtsbücher auf vorangehende Verschriftungen rechtlicher Normen, die eine ausgeprägte intertextuelle Verschränkung mit dem literalen juridischen Diskurs ausmachen, sondern ebenso die Tradierung der wichtigsten Texte in unterschiedlichsten regional oder lokal gebundenen Sonderformen. Die Ausprägung verschiedener Zeugnisse des Textmusters 'Rechtsbuch' verdankt sich daher nicht in der autonomen Entstehung von juridischen Kompilationen in historisch bedingter Gleichzeitigkeit, sondern folgt im wesentlichen aus der Rezeption von *Sachsenspiegel* (# 238) und *Schwabenspiegel* (# 248). Gegenüber den prototypischen Formen monolingualer Intertextualität im juridischen Diskurs weichen die Textverschränkungen bei den Rechtsbüchern ab. Während gezeigt werden konnte, daß z.B. die Aufzeichnung des ländlichen Rechts oder der Sonderrechte ein sprachgeschichtlich wirksamer Faktor der Polyfunktionalisierung des Deutschen mit einer Vielzahl von parallel verlaufenden Vertextungen ist, so ergibt sich für die Rechtsbücher fast ausnahmslos eine überlieferungsgeschichtliche Zentrierung auf den *Sachsenspiegel* (# 238) und den *Schwabenspiegel* (# 248). Die Teildomäne der Rechtsbücher ist damit eines der wenigen Diskurssegmente deutscher Prosa, für die Initialtexte mit weitreichender Determinanz auf die weitere Vertextungsgeschichte auszumachen sind. Schon bei Berücksichtigung nur der wichtigsten Rechtsbücher ist die Verschränkung der Textmustergeschichte mit dem *Sachsenspiegel* (# 238) offensichtlich:

	Rechtsbuch	Textverschränkung
(1)	Sachsenspiegel (1224/25-35)	
(2)	Augsburger Sachsenspiegel (1265/76)	Verarbeitung von (1) in Verbindung mit städtischem Augsburger Recht
(3)	Deutschenspiegel (1275/76)	Verarbeitung von (1) und (2) in Verbindung mit Augsburger Gewohnheitsrecht und zahlreichen weiteren Quellen
(4)	Schwabenspiegel (1275/76)	Verarbeitung von (1) und (3) mit Berücksichtigung zahlreicher weiterer Quellen
(5)	Frankenspiegel (1344/50)	Verarbeitung von (4) mit Berücksichtigung regionaler Rechtsbesonderheiten
(6)	Livländischer Spiegel (1322/37)	Verarbeitung von (1) mit Berücksichtigung regionaler Rechtsbesonderheiten
(7)	Wiek-Öselsches Lehnrecht (14. Jh.)	Verarbeitung von (6) mit Berücksichtung weiterer baltischer Rechtsquellen
(8)	Görlitzer Rechtsbuch (1. Hälfte 14. Jh.)	Verarbeitung bzw. örtliche Sonderform von (1) mit Berücksichtigung weiterer sächsischer Rechtsquellen
(9)	Neumarkter Rechtsbuch (1. Hälfte 14. Jh.)	Verarbeitung bzw. örtliche Sonderform von (1) mit Berücksichtigung weiterer Rechtsquellen
(10)	Zipser Willkür (1370)	Verarbeitung von (1) mit Berücksichtigung weiterer Rechtsquellen
(11)	Glogauer Rechtsbuch (1386)	Verarbeitung von (1) mit Berücksichtigung weiterer Rechtsquellen

Tab. 24: Bezüge prominenter Rechtsbücher auf den Sachsenspiegel

Hat die überlieferungsgeschichtlich orientierte Rechtsgeschichte die komplexen Bezüge zwischen *Sachsenspiegel* (# 238) und *Schwabenspiegel* (# 248) in vielen Einzeluntersuchungen dargelegt, so bleibt die aus funktionsgeschichtlicher Perspektive gestellte Frage nach den textmustertypischen Konstituenten der pragmatischen Struktur der Rechtsbücher bisher unbeantwortet. Die entsprechend ausgeprägten Textmuster stellen aber ein Kategorienmerkmal der Teildomäne 'Rechtsbücher' dar, sie sind sprachwissenschaftlich zu bestimmen. Als zentraler Aspekt der pragmatischen Struktur wird dabei auch hier zunächst auf die Illokutionsstruktur einzugehen sein.

Während in der Mehrzahl der Textmuster des juridischen Diskurses im Spätmittelalter und der Frühen Neuzeit eine häufige Verwendung von explizit performativen Verben auszumachen ist, die weit über die situationsspezifischen Notwendigkeiten hinausgehen und damit als redundant einzuordnen sind, fehlt eine derartige Häufung selbsterklärender Handlungsabsichten in den Rechtsbüchern. Vielmehr läuft die Darstellungsweise etwa Eikes von Repgow im *Sachsenspiegel* (# 238) auf eine Entindividualisierung der Normabsichten hinaus. Der Textproduzent spielt weder als normsetzende Instanz noch als Promulgator eine entscheidende Rolle für die Inhaltsvermittlung, so daß die Kennzeichnung des kommunikativen Ziels ebenso wenig über explizite Indikatoren erfolgen muß, wie eine Selbstdarstellung der Kompilatoren notwendig ist. So finden sich etwa schematische Prädikate als Indikatoren der Handlungsabsicht und als Mittel der Machtdarstellung des Promulgators - wie die im reichsrechtlichen Diskurssegment verbreitete Paarformel *„wir setzen und gebieten"* - in den Rechtsbüchern nicht. Das heißt jedoch nicht, daß die Rechtskompilationen ohne den Anspruch auf juristisch konsistente Normierungen auftreten, doch handelt es sich eben nicht um Rechtssetzungen im eigentlichen Sinn, sondern um die Aufzeichnung des geltenden und überlieferten Rechts in systematischer Weise. Dieses Handlungsziel koinzidiert mit der pragmatischen Struktur der Texte vollkommen. Die Illokutionen werden nicht über explizit performative Verben indiziert, sondern im wesentlichen über Modalverben und die syntaktischen Strukturen.

Dabei ergibt sich für den land- und lehnrechtlichen Teil des *Sachsenspiegels* (# 238) in Entsprechung zur Textcharakteristik von gewohnheitsrechtlich orientierten Kompilationen nicht die ansonsten charakteristische Dominanz direktiver Sprechakte; eine solche widerspräche schon der Selbstauskunft Eikes von Repgow zur Vertextungsabsicht:

(10) Dit recht hebbe ek selve nicht irdacht,
it hebbet van aldere an unsik gebracht
Unse guden vorevaren. (# 238, Landr., 41.151ff)

Neben den vergleichsweise reduzierten direktiven Sprechakten, die weitgehend über das Modalverb 'sollen' markiert sind, findet sich vielmehr eine große Zahl repräsentativer Sprechakte. Ebenso wie die Weistümer als Literalisierungen des ländlichen Gewohnheitsrechts im wesentlichen Feststellungen geltender Rechtsauffassungen treffen, referiert der *Sachsenspiegel* (# 238) häufig auf anerkannte Normen und gibt diese als gegeben wieder. So könnten etwa die Normen I 31 § 1 und I 22 § 5 des *Sachsenspiegel*-Landrechtes und 21 § 1 des Lehnrechtes durchaus mit dem direktiven Modalverb 'sollen' gebildet sein, der Kompilator verzichtet hierauf jedoch zugunsten eines jeweils repräsentativen Sprechaktes:

(11) Swen en man wif nimt, so nimt he in sine were al er gut to rechter vormuntscap; (...). (# 238, Landr., 96.7f)

(12) Swar twene man oder die to eneme herwede geboren sin, de eldeste nimt dat swert to voren, dat andere delet se gelike under sek. (# 238, Landr., 89.33ff)

(13) De sone behalt des vader scilt to lenrechte de eme evenbordich is, de wile he sek mit manscap nicht ne nederet. (# 238, Lehnr., 38)

Ein Verzicht auf normsetzende Direktionen qua Modalverb schließt jedoch deren Buchung im Gesamttext des *Sachsenspiegels* (# 238) nicht aus. Nachzuweisen sind alle Modalverben als *mogen, kunnen, dorven, willen, muten* und *scolen*. Von diesen finden 'sollen' und 'müssen' vorrangig Verwendung. Die Verwendung von 'sollen' ist dabei häufig im Kontext von Handlungsanweisungen an die Richter belegt, also im Zusammenhang prozeßrechtlicher Darstellungen:

(14) Der richtere scal twene boden geven er iewelkeme, (...). (# 238, Landr., 123.12)

Im Kontrast zu anderen Texten des juridischen Diskurses der Zeit steht die hohe Frequenz von 'müssen' im *Sachsenspiegel* (# 238). 'Müssen' entspricht als Marker für den Ausdruck der Notwendigkeit einer Handlung x dem kombinatorischen Illokutionsgehalt des Textes. Im Verwendungszusammenhang einer Feststellungsdefinition indiziert 'müssen' einen repräsentativen Sprechakt. In der Bindung an eine Handlungs- bzw. Verpflichtungsdefinition realisiert das Verb einen direktiven Sprechakt. Die erste Variante, also die Feststellung der Existenz rechtsbezogener Erfordernisse, steht im *Sachsenspiegel* (# 238) eindeutig im Vordergrund des Modalverbgebrauchs. Mit 'müssen' wird in erster Linie auf die gewohnheitsrechtlich usualisierte Existenz von Rechtsnormen verwiesen, wohingegen 'sollen' als Relatum von Handlungsanweisungen fungiert:

(15) Ane des richteres orlof mut en man sin egen wol vergeven in erven gelof, (...). (# 238, Landr., 98)

(16) Swe kampleke groten wille enen sinen genot, de mut bidden den richtere, (...). (# 238, Landr., 119)

(17) Swe ungerichte klaget op enen, de dar nicht jegenwardich n'is, kumt he seder vore unde ne klaget jene op ene nicht, he mut deme richtere wedden unde jeneme buten; (....). (# 238, Landr., 134)

(18) Swelk man vor gercihte vorderet so gedanke sake, (...), he mut sine vorderunge laten mit ener werebute, (...). (# 238, Landr. 145)

Eine hinreichende Differenzierung von repräsentativen und direktiven Sprechakten wird im *Sachsenspiegel* (# 238) durch eine ausgeprägte Verwendung von Konditionalsätzen erreicht. Die kasuistisch orientierte Festlegung rechtsbezogener Handlungsgebote bzw. deren Feststellung ist zumeist ohne ein direktives Modalverb sprachlich eingelöst. Statt dessen sind differenzierte, die Bedingungen ihrer Gültigkeit per Konditionalkonstruktion ausdrückende repräsentative Sprechakte gebräuchlich:

(19) Swelk man van sinen vir anen, dat is van twen eldervaderen unde van twen eldermuderen unde van vader unde van muder umbesculden is an sime rechte, den ne kan nemant scelden an siner bord, he ne hebbe sin recht verwarcht. (# 238, Landr., 109.13ff)

(20) Vreget men enen man ordels, unde vint he it na sinen sinnen, so he it rechtes wet, al si it wol unrecht, he ne lidet dar nene not umme. (# 238, Landr., 139. 41ff)

Wie in I. Warnke (1997a) mittels Vergleich des *Codex Hammurapi*, des *Zwölftafelgesetzes* und des *Sachsenspiegels* (# 238) gezeigt, handelt es sich bei derartigen konditionalen Satzstrukturen um eine kulturübergreifende Invariante gewohnheitsrechtlicher Literalisierungen von juridischen Normen. Dies heißt nicht, daß die prototypischen Befunde der Analyse des *Sachsenspiegel*s (# 238) einfach auf die gesamte Teildomäne der Rechtsbücher zu übertragen sind. Vielmehr ergeben sich für das Korpus der spätmittelalterlich bedeutsamen Rechtsbücher zwei Kategorien: Einerseits die Texte, deren pragmatische Organisation tatsächlich weitestgehend an die des *Sachsenspiegels* (# 238) angelehnt ist, und andererseits die Quellen, die den Handlungsgehalt des *Sachsenspiegels* (# 238) als Prätext transformieren und allgemeineren Kommunikationsverfahren des juridischen Diskurses anpassen. Weitgehend analog zum *Sachsenspiegel* (# 238) strukturiert sind der *Deutschenspiegel* (# 46), der *Livländische Spiegel* (# 151) und in unmittelbarer Abhängigkeit von diesem das *Wiek-Öselsche Lehnrecht* (# 312), das *Neumarkter* (# 174) und *Glogauer Rechtsbuch* (# 75). Allen diesen Texten ist ein stark ausgeprägter repräsentativer Handlungsanspruch eigen, der teilweise dem *Sachsenspiegel* (# 238) gleich über das Modalverb ‘müssen’ realisiert wird:

(21) Wenn ein man einen dödet edder vorwundet bet in den dot, bringet he en vor gerichte unde wilen vor einen missdeder bereden, (...). (# 151,113)

(22) Ob ein spittelscher Man stirbet, der noch Lehen noch Erbe hat, hat er auch die Sucht entpfangen, und wird darnach krank, er verleuret darmit nicht sein Lehen. (# 312, 99)

(23) Obir eyns unde czwelf so ist der man czu iaren komen unde obir sechs wochin obir sechczen iar, so ist der man obir sine iar komen (...). (# 174, 143)

(24) Wer leip ader hand lediget dy om mit rechte vorteilit ist der ist rechtlosz. (# 75, 41)

Im *Wiek-Öselschen Lehnrecht* (# 312) fallen zudem die expansiven Konditionalsatzgefüge und das hochfrequente direktionale Modalverb ‘mögen’ auf. Im *Livländischen Spiegel* (# 151) ist ‘sollen’ gegenüber anderen Texten des juridischen Diskurses insbesondere im Vergleich zum *Neumarkter Rechtsbuch* (# 174) analog zur Dominanz repräsentativer Feststellungsdefinitionen stark zurückgenommen.

Zur zweiten Kategorie, also den Rechtsbüchern mit erkennbaren Abweichungen in der pragmatischen Struktur vom *Sachsenspiegel* (# 238), gehören der *Schwabenspiegel* (# 248), der *Frankenspiegel* (# 101), das *Görlitzer Rechtsbuch* (# 78) und die *Zipser Willkür* (# 323). In diesen Texten sind direktive Sprechakte unzweifelhaft dominant:

(25) eyn son der geharsamkeit, der sal besiczen synes fader erbe in freden des keisers. (# 101, 199)

Zusammen mit den kasuistisch einschränkenden Konditionalgefügen lösen sich diese Texte im Vergleich zur ersten Kategorie mehr von der *Sachsenspiegel*-Vorlage, ihre illokutionären Rollen setzen Verhaltensgebote als Handlungsanweisungen um. Trotz der unverkennbaren überlieferungsgeschichtlichen Vernetzung der Rechtsbücher kann von einem homogenen Illokutionsprimat also nicht die Rede sein, was sich aus der Bindung der einzelnen Quellen an jeweils zeit- und raumtypische Rechtserfordernisse begründet. Weit mehr als über die Illokutionsstruktur ist jedoch die intertextuelle Vernetzung bei den Rechtsbüchern auf der Ebene ihres propositionalen Gehaltes realisiert. Festzuhalten bleibt ungeachtet dessen jedoch eine zumindest in einigen Rechtsbüchern zu beobachtende Strategie, neben die direktiven auffallend häufig repräsentative Sprechakte zu setzen. Im Verhältnis von direktivem und repräsentativem Sprechakt zeigen sich die Literalisierungsverfahren von Rechtsweisung vs. Rechtsaufzeichnung.

V.2 Propositionsstruktur

In erster Linie ist also das Textmuster 'Rechtsbuch' in seiner pragmatischen Organisation über thematische Kongruenzen zwischen den Textvertretern konstituiert. Mit den vielfach übereinstimmenden Einzelpropositionen und den parallelen thematischen Einbettungen solcher Analogien ergeben sich typische Inhalte aller Rechtsbücher. Diese intertextuellen Verknüpfungen resultieren aus referentiellen Identitäten der Texte bzw. begründen sich aus isotopischen Relationen zwischen den Rechtsbüchern. Eine Maximalform thematisch bedingter Intertextualität ist das Zitat oder die nur geringfügig veränderte Übernahme von Textpassagen eines Prätextes. In der Taxonomie von Intertextualitätsformen bei S. Holthuis (1993, 97ff) wird dieser Typ referentieller Intertextualität als „Wiederholung und Modifizierung“ bezeichnet. Ist die unveränderte Wiedergabe von Prätextmaterial nach S. Holthuis (1993, 98) „in poetischen Texten eher selten“, so kann die Zitation gerade bei expositorischen Texten wie im Fall der Rechtsbücher ein konstitutives Merkmal darstellen. Denn die Rechtsbücher sind als Kompilationen ohnehin propositional auf andere Texte bezogen. Dies zwingt zu einer deutlichen Unterscheidung zwischen thematischen Analogien von Rechtsbüchern untereinander und Übereinstimmungen von kompilierenden und kompilierten Texten. Für beide Typen intertextueller Vernetzung sind die Rechtsbücher ein hervorragendes Beispiel. Denn gerade diese Texte zeigen, daß der frühe Ausbau volkssprachlicher Textmusterspektren durch ein kaum zu überschätzendes Maß an textuellen Interdependenzen zustande kam. Die seit dem Spätmittelalter massiv wachsende Zahl pragmatischer Schriftlichkeit kann folglich nicht als Summe je isoliert motivierter Literalisierungen erklärt werden, sondern als domänenspezifisch definierter, hypertextuell hochgradig verknüpfter Vertextungsschub.

Gerade bei den Rechtsbüchern ist dieser derart komplex, daß eine Behandlung im Zusammenhang einer funktionsgeschichtlichen Überblicksdarstellung nur unter Berücksichtigung ausgewählter Aspekte erfolgen kann. Dabei zeigt sich, daß als erste thematische Basis aller überlieferten Rechtsbücher die Referenz auf das gewohnheitsrechtlich überlieferte Land- und/oder Lehnsrecht in Betracht kommt. Unter 'Landrecht' ist dabei das für Bewohner einer definierten Region geltende allgemeine Recht zu verstehen, das an „die Stelle ehemaliger Stammesrechte" (U. Eisenhardt 1984, 40) trat, während das 'Lehnsrecht' als typisch mittelalterliche Rechtsform alle Belange im Verhältnis von Lehnherr und Lehnsmann behandelt. Da das Lehnswesen ein entscheidender Faktor der mittelalterlichen Verfassungsorganisation war, entsprach die Behandlung seiner rechtlichen Aspekte in den Rechtsbüchern den Ordnungsbedürfnissen der Zeit in typischer Weise. Mit Bezug auf das deutsche Recht des Mittelalters im allgemeinen schreibt O. Kimminich (1987, 76):

> Der gesamte Zeitraum, dessen politische Entwicklung im vorstehenden kurz skizziert wurde, ist im Bereich der gesellschaftlichen und staatlichen Institutionen gekennzeichnet durch das Lehenswesen. Im Verlaufe der ganzen Weltgeschichte hat kaum eine andere Institution einen so langen Bestand aufzuweisen wie diese.

Entsprechend bilden die Differenzierungen von Land- und Lehnsrecht auch die tragenden Säulen der Inhaltsorganisation des *Sachsenspiegels* (# 238). Zusammen mit den Vorreden, die sich an die antike rhetorische Tradition der Praefatio anschließen und in denen Eike durch die religiöse Legitimation der Vertextung jeden Verdacht persönlicher Kompilationsabsichten eliminiert, erfaßt der *Sachsenspiegel* (# 238) damit im Kontext des mittelalterlichen Weltbildes alle wesentlichen Normbereiche seiner Zeit. Im Landrecht, das auf den bäuerlich-adligen Lebensraum unter Ausschluß des Stadt-, Ministerialen- und Kirchenrechts beschränkt ist, werden im wesentlichen folgende Rechtsgebiete behandelt:

Eigentumsrecht
Erbrecht
Feldrecht
Güterrecht
Hirtenrecht
Jagdrecht
Nachbarschaftsrecht
Prozeßrecht
Strafrecht
Tierhaltungsrecht
Verfassungsrecht
Wegerecht.

Im Lehnsrecht des *Sachsenspiegels* (# 238) werden in erster Linie die Heerschildordnung und lehnsrechtliche Aspekte des Prozeßrechts behandelt. Die thematische Komplexität des Gesamttextes suggeriert auf den ersten Blick eine durchgehend systematische Sammlung aller relevanten Rechtssätze der gewohnheitsrechtlichen Überlieferung in Form einer strukturierten Kompilation. Wenn auch E. Molitor (1947) und K. Beier (1962) einen zusammenhängenden Gedankengang bzw. eine themenbezogene Systematik des *Sachsenspiegels* (# 238) zu beschreiben versuchten, hat die rechtsgeschichtliche Forschung diese Ansätze doch zurückgewiesen. Es steht heute außer Frage, daß der *Sachsenspiegel* (# 238) häufig unsystematisch strukturiert ist, wobei sich die nicht selten assoziativ anmutenden Themenverknüpfungen wohl auch oralen Kommunikationsverfahren verdanken. Doch unabhängig davon motiviert die Vielzahl der Teilthemen des *Sachsenspiegels* (# 238) eine mittelbare oder oft unmittelbare intertextuelle Verschränkung zu anderen spätmittelalterlichen Rechtsbüchern, insbesondere gilt dies im Bereich der Einzelpropositionen. So sind beispielsweise die verfassungsrechtlichen Übereinstimmungen zwischen *Sachsenspiegel* (# 238) und *Schwabenspiegel* (# 248) im Zusammenhang der Zwei-Schwerter-Lehre offensichtlich, beide Texte unterscheiden in analoger Weise im Sinne der imperialen Theorie zwischen kaiserlicher und päpstlicher Machtbefugnis. Überhaupt ist der *Schwabenspiegel* (# 248) in seiner inhaltlichen Struktur überwiegend am *Sachsenspiegel* (# 238) orientiert, wenn auch die Oberflächenstruktur durch Exkurse und Textexpansionen variiert ist. Die Artikel 1-117b des *Schwabenspiegels* (# 248) lehnen sich dabei vorrangig an den *Deutschenspiegel* (# 46) an, der seinerseits unmittelbare inhaltliche Verschränkungen mit dem *Sachsenspiegel* (# 238) aufweist, etwa mit der Übernahme des *Sachsenspiegel*-Textes ab Artikel 110. Die Artikel 118-313 des *Schwabenspiegels* (# 248) sind dann direkte Bearbeitungen des *Sachsenspiegels* (# 238). Der dritte Teil des Landrechts, der nur in der Langfassung des *Schwabenspiegels* (# 248) überliefert ist, orientiert sich jedoch fast vollständig an anderen Quellen, während der lehnsrechtliche Teil wiederum dem Aufbau des *Sachsenspiegels* (# 238) folgt. Insofern ist der *Schwabenspiegel* (# 248) ein prominentes Beispiel der intertextuellen Vernetzungen im Spektrum der pragmatischen Schriftlichkeit des Spätmittelalters und als solches nicht nur ein wichtiger Multiplikator des *Sachsenspiegel*-Textes, sondern zudem auch ein zentraler Text im Verlauf der Polyfunktionalisierung des juridischen Diskurses in Deutschland:

> So ist aus der 'Sachsenspiegel'-Übersetzung ein Rechtsbuch entstanden, das zwar das Grundkonzept des sächsischen Rechtsbuches beibehielt, es jedoch seines spezifischen Bezugs auf das sächsische Rechtsgebiet entkleidete. Durch die Erweiterungen aus dem römischen und kanonischen Recht und unter Rückgriff auf die obd. Rechtstexte des FrühMAs wurde es zur Verwendung in Oberdeutschland hergerichtet. (P. Johanek 1992, 899)

Der *Frankenspiegel* (# 101) wiederum ist im wesentlichen eine Bearbeitung des *Schwabenspiegels* (# 248). Nach einem Prolog folgt das Rechtsbuch dem zu seiner Zeit bereits ausgeprägten Textmuster des Rechtsbuches und behandelt in vier Büchern die wichtigsten Rechtsnormen, wobei im ersten Buch die Übereinstimmungen mit dem *Sachsenspiegel* (# 238) am deutlichsten sind, während das vierte Buch die meisten Divergenzen zu anderen Rechtsbüchern aufweist:

1. Prozeß- bzw. Verfahrensrecht
2. Privat- und Strafrecht
3. Lehnsrecht
4. Verfassungsrecht der Reichsstädte

Die intertextuellen Verschränkungen der übrigen Rechtsbücher sind ähnlich stark ausgeprägt. Der *Livländische Spiegel* (# 151) orientiert sich am *Sachsenspiegel*-Landrecht, der lehnsrechtliche Teil arbeitet sogar mit vielen wörtlichen Zitaten aus dem *Sachsenspiegel* (# 238). Das *Wiek-Öselsche Lehnrecht* (# 312), dessen Bezeichnung irreführend ist, da es in erster Linie landrechtliche Normen behandelt, verarbeitet den *Livländischen Spiegel* (# 151) sowie die Bauernrechte der Esten in der Wiek und das Älteste Livländische Ritterrecht. Viele Artikel des *Wiek-Öselschen Lehnrechts* (# 312) sind in späteren livländischen Rechtssammlungen dann selbst wiederum tradiert. Das *Görlitzer Rechtsbuch* (# 78) ist mit seinem lehnsrechtlichen Teil (Artikel 1-30) eine Übersetzung des *Auctor vetus*, mit seinem Landrechtsteil (Artikel 31-47) eine Bearbeitung des *Sachsenspiegels* (# 238). Als charakteristische Divergenz zum *Sachsenspiegel* (# 238) kommt dabei nur die Altersangabe der Mündigkeit mit 24 Jahren in Betracht, die dort mit 21 Jahren angegeben ist. Offensichtlich sind die inhaltlichen Verknüpfungen zum *Sachsenspiegel* (# 238) auch im *Neumarkter Rechtsbuch* (# 174), in der *Zipser Willkür* (# 323) und im *Glogauer Rechtsbuch* (# 75).

Ebenso komplex wie der hier nur anzureißende textmusterinterne Inhaltsbezug der Rechtsbücher untereinander ist der Verweis und die Adaption auf Rechtstexte anderer Teildomänen. Wir haben diesen Typ der monolingualen Intertextualität als Übereinstimmung zwischen kompilierendem und kompiliertem Text benannt. Bekannt ist etwa, daß in den Bilderhandschriften D und W des *Sachsenspiegels* (# 238) der *Mainzer Reichslandfriede* (# 164) mitüberliefert ist.[48] Besonders viele textuelle Interdependenzen ergeben sich für die

[48] B. Janz (1990, 244) hat nachvollziehbar gezeigt, daß die der Sachsenspiegel-Aufzeichnung unmittelbar vorangehende Handschrift des Mainzer Reichslandfriedens in der Wolfenbütteler Bilderhandschrift als gezielte Begleitüberlieferung anzusehen ist. Eikes von Repgow Kenntnis älterer Reichslandfrieden steht auch außer Zweifel. „Besonders zwei Stellen im »Sachsenspiegel« zeigen (...) deutlich Eikes Kenntnis älterer Landfrieden: die Strafsatzungen

Rechtsbücher auch in bezug auf die Stadtrechte. Klammert der *Sachsenspiegel* (# 238) das Stadtrecht noch bewußt aus seinem Normkatalog aus, so werden im *Deutschenspiegel* (# 46) bzw. im *Augsburger Sachsenspiegel* (# 9) gerade die städtischen Rechtsbelange berücksichtigt. Vermittelt darüber, kommt es im *Schwabenspiegel* (# 248) schließlich zu einer Rechtsaufzeichnung, die für das gesamte süddeutsche Territorium Gültigkeit erlangt, auch für die süddeutschen Städte. Ein anderes Beispiel für die städtische Rezeption des *Sachsenspiegels* (# 238) ist das *Herforder Rechtsbuch* (# 203) (vgl. D. Hüpper 1989).

Diese Verweise mögen ausreichen, um die ausgeprägten propositionalen bzw. teilthematischen Analogien der Rechtsbücher untereinander und hinsichtlich der Überlieferung weiterer Rechtstexte erkennbar zu machen. Die Rechtsbücher sind maßgeblich an der gesamten intertextuellen Vernetzung des juridischen Diskurses beteiligt und prägen diese. Ablesbar ist dies unter anderem auch an der Tradierung von Rechtsbegriffen, wie A. Feuring (1995) gezeigt hat.

V.3 Superstruktur

Rechtsaufzeichnungen, insbesondere solche mit legistischem Anspruch weisen in der Regel typische Strukturen der globalen Textoberfläche auf, die den Zugriff auf Einzelinformationen und -normen erleichtert. So erkennen Laien Texte mit Paragraphengliederung unschwer als Verordnung, Gesetz, Norm, Vertrag, Satzung etc., die Textmusteridentifikation erfolgt dabei also über Indikatoren der Superstruktur. U. Sayatz (1996, 276) spricht von „prototypischen Realisierungsformen“ der Textsorten, die eine Zuordnung zu textuellen Mustern vereinfachen. Solche prototypischen Muster haben jedoch nicht allein für die Textmusterindentifikation des Rezipienten und damit für die Steuerung seiner Wissensaktivation im Rahmen des schemabasierten Textverstehens Bedeutung, sondern ebenso für die intertextuelle Vermittlung und insofern für die Ausprägung diskursspezifischer Funktionsmuster einer Sprache.

Gerade in den Rechtskodifikationen bzw. -kompilationen hat sich entsprechend der Inhaltsfülle und der zunächst vielfältigen Möglichkeiten thematischer Gliederung eine differenzierte Textgliederungsstrategie entwickelt. Bereits im *Corpus Iuris Civilis* findet sich die Einteilung in Bücher, Titel, Sätze. Vergleichbar sind auch nahezu alle überlieferten Rechtsbücher strukturiert. Neben der fakultativen Differenzierung in Land- und Lehnsrecht werden die Normen der Rechtsbücher in der Regel in Bücher, Artikel und Sätze bzw.

---

in II 13 und II 66 - III 3 über den Frieden, d.h. über befriedete Sachen, Personen und Zeiten.“ (ebd., 258). J. van Hoek (1982, 133f) schließt nicht aus, daß die Parallelüberlieferung von Sachsenspiegel und Mainzer Reichslandfrieden auf Veranlassung Eikes selbst geschah.

Paragraphen gegliedert. Damit liegt fast immer eine drei- wenn nicht vierstufige Formorganisation vor. Ausnahmen bilden hier lediglich das *Neumarkter Rechtsbuch* (# 174), die *Zipser Willkür* (# 323) und das *Glogauer Rechtsbuch* (# 75):

Rechtsbuch	**Landrecht / Lehnrecht**	**Buch-einteilung**	**Artikel-einteilung**	**Paragraphen-/ Satzeinteilung**
Sachsenspiegel	X	X	X	X
Deutschenspiegel	X	X	X	X
Schwabenspiegel	X	X	X	
Frankenspiegel		X	X	
Livländischer Spiegel	X	X	X	X
Wiek-Öselsches Lehnrecht		X	X	X
Görlitzer Rechtsbuch		X	X	X
Neumarkter Rechtsbuch	nur Kapiteleinteilung			
Zipser Willkür	nur Kapiteleinteilung			
Glogauer Rechtsbuch	nur Kapiteleinteilung			

Tab. 25: Superstruktur spätmittelalterlicher Rechtsbücher

Die Übereinstimmungen in der Superstruktur der Texte sind deutlich. Funktion der Superstruktur ist es dabei, die Praktikabilität der Kompilationen zu gewährleisten, also den Zugriff auf Einzelinformationen zu erleichtern. Dies zeigen auch die Gliederungsverfahren über graphische Markierungen in den Handschriften, die das Rechtsbuch ebenso als anwendungsorientiertes Textmuster kennzeichnen.

VI. Geltungsgrade der Intertextualität

Das Textmuster 'Rechtsbuch' zeigt besonders deutlich, welches Gewicht der Überlieferung und Rezeption von Texten als komplexen, standardisierten Formen sprachlichen Handelns für die Differenzierung funktionaler Domänen einer Sprache zukommt. Mit M. Foucault (1977) gingen wir in der Grundlegung der Arbeit davon aus, daß die Entwicklungstendenzen jeweiliger Teildomänen der Communicatio auf die übergeordneten Diskursformationen bezogen sind und dieser Bezug als wechselseitige Dependenz zu beschreiben ist. Die herausragende Stellung des *Sachsenspiegels* (# 238) und anderer prominenter spätmittelalterlicher Rechtsbücher resultiert danach nicht allein aus den teildomänenspezifischen Vertextungsabsichten und Handlungsfolgen. Die Kompilationen sind nicht nur Reflex auf die Rechtsbedürfnisse einer Zeit, sondern der sprachgeschichtliche Rang der Rechtsbücher ergibt sich ebenso aus der Vermittlung der entsprechenden Quellen mit dem gesamten juridischen Diskurs im definierten Sinn, also über die Vermittlung mit der räumlich und zeitlich weit gefaßten, teildomänenübergreifenden Rechtskommunikation. *Sachsenspiegel* (# 238) und *Schwabenspiegel* (# 248) bilden zusammen mit anderen wichtigen Rechtsbüchern d i e Beispiele für eine solche sprachgeschichtlich wesentliche Bezugsetzung des Einzeltextes mit einer funktionalen Gesamtdomäne im Spätmittelalter und der Frühen Neuzeit. Allein die teildomänenüberschreitende Intertextualität des *Sachsenspiegels* (# 238) ist schon derart komplex, daß eine systematische Darstellung Einzeluntersuchungen vorbehalten bleibt, wie etwa E. Gaupps (1828, 83) Monographie zum Verhältnis von *Sachsenspiegel* (# 238) und *Schlesischem Landrecht* bzw. dem *Landrecht des Fürstentums Breslau* festhält:

> Die Handschriften des Schlesischen Landrechts sind dem größten Theile nach auch für eigentliche Sachsenspiegelhandschriften zu halten, und schon dadurch scheinen sie der Aufmerksamkeit würdig zu werden.

Als neuere Untersuchung ist insbesondere die Analyse zum Zusammenhang zwischen *Alsfelder Stadtrechtsbuch* und *Schwabenspiegel* (# 248) zu nennen, die H.-J. Gerhardt (1995) vorgelegt hat. Schon diese Abhandlungen zeigen, daß die intertextuellen Bezüge keineswegs auf die Teildomäne der Rechtsbücher beschränkt sind. Für den juridischen Diskurs des hier behandelten Zeitraums ist davon auszugehen, daß jede der definierten Teildomänen inhaltliche Bezüge zu den Rechtsbüchern aufweist; und nicht nur in den Quellen des juridischen Diskurses selbst, sondern auch darüber hinaus. So behandelt ein Abschnitt der *Kosmographie* Sebastian Münsters (1489-1552) die Rechtsbücher des Mittelalters. Bereits im Humanismus sind die Rechtsbücher also Gegenstand rechtsgeschichtlicher Reflexion (vgl. A. Erler 1980). Doch auch hier ist zu bedenken, daß von eigentlichen singulären Texten bei den Rechtsbüchern keine Rede sein kann. Allein die Zahl der Handschriften, die sich für den *Sachsenspiegel* (# 238) auf über 460, für den *Schwabenspiegel* (# 248) auf etwa 380 beläuft, zeigt die Streuung und Verbreitung der Texte. Ihre Verarbeitung, Zitation, Transformation löst dabei die ursprünglichen Texte notgedrungen auf. So weist B. Janz (1989, 261) zu Recht darauf hin, daß „der »Sachsenspiegel« (...) seine Wirkung nicht als Privatarbeit“ fand, „sondern über die Rezeption des Magdeburger Rechts“; ein Standpunkt der auch von W. Trusen (1985) vertreten wird. Derartige, teildomänenüberschreitende Vermittlungen von Einzeltexten sind ein entscheidender Baustein für den Funktionsausbau einer Sprache. Der *Sachsenspiegel* (# 238) ist damit nicht nur als salienter Text des juridischen Diskurses einzuordnen, sondern als wesentlicher

Text einer Funktionsgeschichte des Spätmittelalters überhaupt. H. Kuhn (1980, 30) ist also zu ergänzen, wenn er den *Sachsenspiegel* (# 238) als Teil der deutschen Literaturgeschichte des 13. Jahrhunderts verstanden wissen will. Zum einen geht die Wirkung des Textes weit über das 13. Jahrhundert hinaus, zum anderen hat das Rechtsbuch mehr als nur literaturgeschichtliche Relevanz. Neben der Zahl der Handschriften und dem Grad intertextueller Vernetzungen zeigt dies auch die räumliche und zeitliche Geltung. Der ursprüngliche Geltungsbereich des *Sachsenspiegels* (# 238) wird im Zuge der Texttradierung stark expandiert. Eine entscheidende Rolle kommt dabei den örtlichen Sonderformen des Rechtsbuches zu. Was die zeitliche Geltung der Rechtsnormen des *Sachsenspiegels* (# 238) angeht, sei nur auf die Gültigkeit bis 1900 in weiten Teilen Deutschlands verwiesen. Noch in gegenwärtigen Gerichtsentscheidungen wird auf den *Sachsenspiegel* (# 238) rekurriert, so daß trotz der kurzen Entstehungsphase von Rechtsbüchern von einer ausgeprägten transtemporalen Intertextualität zu sprechen ist.[49]

Auch die mediale Okkurrenz der Rechtsbücher weist die Teildomäne als wichtiges Segment des juridischen Diskurses aus. Werden die Vorteile literaler Kommunikation mit den Rechtsbüchern bereits in der ersten Phase schriftgestützter Polyfunktionalisierungen des Deutschen eingelöst, so gehören die Rechtsbücher auch zu den frühesten Druckwerken. Die auffallend hohe Zahl der Handschriften von *Sachsenspiegel* (# 238) und *Schwabenspiegel* (# 248) ist Indiz ihres Gebrauchs in der Rechtspraxis; der Druck entsprach den Anwendungsbedürfnissen in noch weiterem Maße. So ist der erste Sachsenspiegeldruck bereits 1474 datiert, und im 16. Jahrhundert gab es bereits 27 Druckausgaben des *Sachsenspiegels* (# 238). Alle diese frühen Drucke dienten „dem Gebrauch des Rechtsbuches vor Gericht“ (K.-P. Müller 1995, 47). Handelt es sich beim Transfer der handschriftlichen Verbreitung zum Druck noch nicht eigentlich um Intermedialisierung, so liegt eine solche mit den vier Bilderhandschriften des *Sachsenspiegels* (# 238) vor, mit der Heidelberger Bilderhandschrift aus dem 13./14. Jahrhundert, der niederdeutschen Oldenburger Bilderhandschrift von 1336, der mitteldeutschen Dresdner Bilderhandschrift aus dem 3. Viertel des 14. Jahrhunderts und der Wolfenbütteler Bilderhandschrift von 1375. Nach heutigem Forschungsstand gehen die Bebilderungen weit über eine figurativ-ornamentale Funktion hinaus und stützen die Einordnung der Rechtsbücher respektive des *Sachsenspiegels* (# 238) als Zeugnis zeittypischer Vermittlungsstrategien in der öffentlichen Kommunikation. Mit R. Schmidt-Wiegand ([Hg.] 1986, XIX) diente die Bebilderung des Rechtsbuches in erster Linie dazu, „das Auffinden des einschlägigen Textes“ zu er-

---

[49] BGH, 3. Zivilsenat, 22.6.89, AZ III ZR 266/87.
BVerfG, 2. Senat, 18.5.88, AZ Z BvR 579/84.

leichtern „und seine Anwendung in der Rechtspraxis“ zu ermöglichen. Dabei ist zu berücksichtigen, daß die Bilderhandschriften des *Sachsenspiegels* (# 238) Textzeugnisse eines doppelseitigen Ausbauprozesses der volkssprachigen Communicatio sind. Zum einen stehen sie für den frühen Übergang von der mündlichen zur schriftlichen Tradierung gesellschaftlich bedeutsamer Inhalte, zum anderen für den Kategorientransfer vom nichtillustrierten zum illustrierten Text (vgl. H. Ott 1983, 195f). Für das gesamte Spätmittelalter finden sich die „umfassendsten Textillustrationen (...) in den Bilderhandschriften des Sachsenspiegels“ (W. Peters 1989, 14). Dabei liegt es nahe, die konsequente Illustration, die im Spätmittelalter ohne weiteres Beispiel ist, als medial transferierten Paralleltext zu lesen. Auffallend ist die kasuistische Aussage der Bilder, die den allgemeinen Rechtssätzen des literalen Textes interpretierend und kommentierend beigeordnet sind:

> Hier bieten die Illustrationen Informationen, die über das im Text Ausgeführte weit hinausgehen können. Die Illustration vermag so auch nicht den Text zu ersetzen. Als eine Sprache in Bildern mit einem besonderen Zeichensystem will sie genauso eingehend 'gelesen' werden wie der Text selbst. Die Bilder sind ohne den Text nicht zu verstehen. Sie machen indessen den Text verständlicher (...). (R. Schmidt-Wiegand 1983b, 47)

Die abstrakten Rechtssätze, deren Semantisierung allein im Rückgriff auf komplexe juristische Wissenssysteme erfolgen kann (vgl. I. Warnke 1996c), werden fallrechtlich präzisiert. Die Vereinfachung des Verständnisses durch Aktivierung alltagsweltlicher Konzepte entspricht den modernen Rechtsratgebern für den Laien vollkommen. Diese Auffassung koinzidiert mit J. van Hoeks (1982) Schluß, daß die Illustration die Kenntnis der komplexen Rechtszusammenhänge voraussetzt. Die Bilder sind also kognitive Aktivatoren von Wissenssystemen, Rezeptionshilfen für das Verständnis der Rechtssätze. Die ältere Einordnung der Codices picturati als Verständnishilfen für Leseunkundige darf als überholte Forschungsposition gelten. Denn der narrative Charakter der Illustrationen verweist unmittelbar auf den literalen Text, dieser tritt folglich nicht in den Hintergrund. Mit R. Schmidt-Wiegand (1988, 370) kann die heute verbreitete Einordnung der Bilderhandschrift als Indextheorie bezeichnet werden. Verifiziert wird diese Kategorisierung durch den bemerkenswerten Rückgang der Bebilderung mit Zunahme der Glossenhandschriften (vgl. B. Janz 1989, 42f). Die Funktion der Bilder, den Informationszugriff zu optimieren und dem Text präzisierende Zusatzangaben beizuordnen, übernehmen seit dem 14. Jahrhundert die Glossen. Vorrangig ist die Glosse zum Sachsenspiegel-Landrecht von Johann von Buch zu nennen, in der die in Italien entwickelte Technik der Glossierung als Mittel der Textinterpretation und Verständnissicherung bereits im ersten Drittel des 14. Jahrhunderts auf einen deutschen Rechtstext angewendet wird. Es handelt sich bei der Buchschen Glosse ebenso wie bei den daraus hervorgegangenen Glossierungen des *Sach-*

senspiegels (# 238) um eine „Kommentierung des Sachsenspiegels im Stil des gelehrten Rechts“ (R. Lieberwirth 1993, 7), die neben den bereits genannten Faktoren zur räumlichen und zeitlichen Verbreitung des *Sachsenspiegels* (# 238) und des Textmusters ‘Rechtsbuch’ beigetragen hat.

VII. Topographie und Chronologie

VII.1 Räumliche Gliederung

Haben die Rechtsbücher als singuläre Quellen trotz ihrer Kompilation unterschiedlichster Rechtsüberlieferungen und damit auch der Verarbeitung überregionalen Rechtsgutes einen zumeist regional deutlich begrenzten Geltungsbereich, so ist ihr überlieferungsgeschichtlich bedingtes Gesamtaufkommen flächenmäßig kaum eingegrenzt und erfaßt weite Räume des deutschen Sprachgebiets und der angrenzenden Territorien. Für die Beschreibung der textmusterspezifischen Topographie der Rechtsbücher ist insofern der überlieferungsgeschichtliche Textbegriff wiederum Bedingung angemessener Deskription, denn nur dieser ermöglicht es, an Stelle der Einzeltextbetrachtung die intertextuell bedingten Expansionstendenzen der juridischen Teildomäne im ganzen zu fokussieren. Dabei ist sinnvollerweise wiederum vom *Sachsenspiegel* (# 238) als d e r Bezugsquelle des Textmusters ‘Rechtsbuch’ auszugehen. Im elbostfälischen Bereich entstanden, bezieht sich der *Sachsenspiegel* (# 238) auf die Rechtsbelange des Herzogtums Sachsen, der Markgrafschaft Brandenburg, der Landgrafschaft Thüringen, der Mark Meißen, der Mark Lausitz sowie der Pfalzstädte und Bistümer Sachsens (vgl. # 238, Landr., 246.12ff). Der Geltungsgrad wird im Text selbst auf die norddeutschen und ostmitteldeutschen Territorien beschränkt, was jedoch für die Textrezeption bzw. die Adaption in weiteren Regionen kaum ein Hindernis darstellte. Bereits im 13. Jahrhundert war der *Sachsenspiegel* (# 238) südlich der Mainlinie bekannt, so daß der oberdeutsche Sprachraum schon frühzeitig für die Tradierung des Textmusters ‘Rechtsbuch’ in Betracht kam. Insbesondere Augsburg, das im Grenzbereich von west- und ostoberdeutschem Sprachraum liegt, nimmt über den *Augsburger Sachsenspiegel* (# 9), den *Deutschenspiegel* (# 46) und namentlich über den *Schwabenspiegel* (# 248) eine wichtige Stellung ein. Die mit diesen Texten bereits fortgeschrittene Expansion der Rechtsbücher-Kultur wird begleitet von der schon erwähnten Generalisierung des räumlichen Geltungsanspruches der Quellen. Während dieser für den *Sachsenspiegel* (# 238) noch regional definiert, und im *Augsburger Sachsenspiegel* (# 9) und im *Deutschenspiegel* (# 46) lediglich auf die süddeutschen Rechtsbelange beschränkt ist, tritt der *Schwabenspiegel* (# 248) schon mit dem Anspruch reichsweiter Gültigkeit auf.

Bereits mit dem Ende des 13. Jahrhunderts ist das Textmuster 'Rechtsbuch' aus der allein regionalen Bindung gelöst und im doppelten Sinn als überregionale Quellengruppe ausgeprägt: Über das Vorkommen in unterschiedlichen Regionen und über den *Schwabenspiegel* (# 248) als Rechtsbuch mit umfassendem räumlichen Geltungsanspruch. Diese Generalisierung hat jedoch im 14. Jahrhundert die zahlreichen örtlichen Sonderformen der Rechtsbücher nicht verhindert. So wird der *Schwabenspiegel* (# 248) im *Frankenspiegel* (# 101) verarbeitet und damit auf die regionalen Rechtsbelange des hessisch-fränkischen Territoriums bezogen, womit in die Überlieferungsgeschichte des Textmusters auch das Westmitteldeutsche integriert wurde. Eine besonders wichtige Rolle spielt bei der Ausbreitung des *Sachsenspiegels* (# 238) und seiner unmittelbar verwandten Quellen die osteuropäische Tradierung. Ohne die Verbreitung in den Niederlanden marginalisieren zu wollen, darf die durch deutsche Siedlungsbewegungen begründete Expansion der Rechtsbücher nach Osteuropa als wesentlicher topographischer Aspekt der Textmustergeschichte gelten. Dabei ist nicht nur an die Übersetzung des *Sachsenspiegels* (# 238) ins Polnische, Tschechische und Russische zu denken, sondern auch an die deutsche Überlieferung außerhalb der engen Grenzen des heutigen deutschen Sprachgebiets. Von den hier behandelten Quellen sind für die Wirkung des *Sachsenspiegels* (# 238) im Baltikum der *Livländische Spiegel* (# 151) und das *Wiek-Öselsche Lehnrecht* (# 312) zu nennen. Beide Texte beziehen den Sachsenspiegel-Stoff und seine pragmatische Struktur auf die regional beschränkten baltischen Verhältnisse. Indiz für die regionale Beschränkung der im *Sachsenspiegel* (# 238) bereits auf Allgemeingültigkeit tendierenden Inhalte ist die Streichung aller historisch-philosophischen und staatsrechtlichen Artikel sowie anderer, regional weniger interessanter Inhalte im *Livländischen Spiegel* (# 151). Neben den baltischen Sonderformen sind für die Ostrezeption vor allem auch die schlesischen Varianten zu nennen, also das *Görlitzer* (# 78), das *Neumarkter* (# 174) und das *Glogauer Rechtsbuch* (# 75) sowie als inseldeutsche Variante die *Zipser Willkür* (# 323). Die Verfestigung regionaler Rezeption des *Sachsenspiegels* (# 238) und *Schwabenspiegels* (# 248) führt schließlich zum Rückgang der Rechtsbücher-Kultur. An die Stelle der regionalen Rechtsbücher treten im 14. und 15. Jahrhundert zunehmend die Stadtrechtsbücher.

Es bleibt für die Topographie der Rechtsbücher damit eine vom norddeutschen und ostmitteldeutschen Raum ausgehende schnelle Ausbreitung in den oberdeutschen Territorien sowie für das Westmitteldeutsche festzuhalten, die im weiteren Verlauf der räumlichen Textmusterexpansion schließlich die östlichen Regionen massiv erfaßt und zu einer handschriftlichen Okkurrenz in allen Regionen des Deutschen Reichs und seiner Randbereiche führt.

VII.2 Zeitliche Gliederung

Gegenüber der weiten topographischen Extension der Rechtsbücher-Überlieferung ist das zeitliche Vorkommen der Rechtsbücher relativ eng begrenzt. Innerhalb nur eines halben Jahrhunderts konstituiert sich das spätmittelalterliche Rechtsbuch - angefangen mit dem *Sachsenspiegel* (# 238) bis zur Fertigstellung des *Schwabenspiegels* (# 248) - als typisches Textmuster, das in weiten Teilen des deutschen Territoriums Beachtung und Anwendung in der Rechtspraxis findet. Anders als bei den Kleinformen des juridischen Diskurses, wie etwa dem Weistum, ist die Zahl der Textvorkommen sachgemäß klein. So hat das 13. Jahrhundert als Periode der Etablierung kompilativer Rechtstexte privater Verfasser zu gelten. Im 14. Jahrhundert entstehen dann insbesondere die regionalen und lokalen Sonderformen, die im weiteren Verlauf der Geschichte des juridischen Diskurses schließlich durch die Stadtrechtsbücher des ausgehenden Mittelalters abgelöst werden. Es ergeben sich im wesentlichen also zwei Perioden für das Textmuster 'Rechtsbuch': Die erste Phase der Textmusteretablierung, die zugleich die wichtigsten Texte einschließt, und die Phase des Textmustertransfers, die durch Adaption der Texte von Periode 1 auf je spezifische regionale Rechtszusammenhänge gekennzeichnet ist. Die zweite Periode hat ihr Zentrum im 14. Jahrhundert und läuft spätestens mit Beginn der Frühen Neuzeit aus. Es bleibt zu bedenken, daß diese Zeitgliederung allein von den Entstehungszeiten der jeweiligen Texte ausgeht. Im Zusammenhang der Darstellung des Medientransfers konnte jedoch gezeigt werden, daß gerade der *Sachsenspiegel* (# 238) und der *Schwabenspiegel* (# 248) bis weit in die Frühe Neuzeit tradiert werden. Für die Periodisierung des Textmusters 'Rechtsbuch' ist folglich zwischen der Entstehung von Texten und ihrer Bearbeitung bzw. Tradierung zu unterscheiden.

Angesichts der insgesamt erkennbar gewordenen Zentralstellung von Rechtsbüchern im Spektrum juridischer Textsorten des Spätmittelalters und damit der Etablierung deutscher Fachprosa überhaupt ist ein weiteres gewichtiges Argument gegen die sprachgeschichtliche Vernachlässigung des Spätmittelalters im Kontext einer Erforschung der Konstituierung deutscher Kultursprachigkeit gewonnen. In diesem Zusammenhang ist nochmals auf N. Wolf zu verweisen (H. Moser/H. Wellmann/N. Wolf 1981), nach dem gerade die neuen Vertextungsbedingungen im 13. und 14. Jahrhundert auf sprachlichen Ausgleich drängen und eine Voraussetzung späterer Gemein- bzw. Kultursprachigkeit darstellen. Nicht nur die Textgeschichte der Rechtsbücher verifiziert diese These. Auch U.-D. Oppitz' (1990) Sammlung deutscher Rechtstexte, die nicht Resultat der rechtssetzenden Tätigkeit von Reich, Ländern und Gemeinden ist und für die Zeit von ca. 1200 bis 1500 annähernd 100 Texte umfaßt, weist ein signifikantes frequentielles Gewicht gerade für die Zeit von 1300 bis 1450 auf; über 80% der aufgenommenen Texte sind diesem

Zeitabschnitt zuzuordnen. Wenn R. Lieberwirth (1993, 3) die Zeit bis 1500 als „Rechtsbücherzeit" bezeichnet, so kann ihm aufgrund dieser Daten vollständig zugestimmt werden, wenn auch nachfolgende Darstellung die Notwendigkeit der Differenzierung deutlich macht:

Quellengruppe	Spätmittelalter		Frühe Neuzeit
Rechtsbücher	**Phase 1** **(1200-1300)**	**Phase 2** **(1300-1500)**	

Abb. 23: Perioden des Textmusterausbaus von Rechtsbüchern

5.6 Sonderrechte

Neben den weitgehend über räumliche Geltungsbereiche voneinander abgegrenzten Rechtskreisen und den Rechtsbüchern als spezifischer Form spätmittelalterlicher Normkodifikation bilden die *leges specialis* eine bedeutende Gruppe der Quellenüberlieferung. Von Sonderrecht kann die Rede sein, da sich die entsprechenden Sollensordnungen auf Spezialgebiete des Rechts beziehen; es handelt sich also um solche Texte, die lediglich für bestimmte Personengruppen innerhalb eines Geltungsradius relevant sind. Der Terminus 'Sonderrecht' ist damit in dieser auf ältere Rechtsverhältnisse bezogenen Bedeutung verwendet. Zu den Sonderrechten des Spätmittelalters und der Frühen Neuzeit gehören in erster Linie die Seerechte, Bergrechte und Deichrechte. In Kap. 3.3 wurde bereits die Nichtbehandlung der Dienstrechte in dieser Untersuchung begründet. Eine weitere, ebenso unberücksichtigte Quellengruppe sind die Ritterordnungen der freien Reichsritterschaft, die aufgrund ihres Status' der Reichsunmittelbarkeit ihre Rechtsangelegenheiten selbständig regelten. Ebenso wie die Dienstrechte handelt es sich allerdings auch bei dieser Quellengruppe um ein im Verlauf der Geschichte immer unwesentlicher werdendes Diskurssegment, so daß eine sprachgeschichtliche Behandlung mit Blick auf allgemeine Ausbautendenzen des Funktionsspektrums der deutschen Sprache auf andere Textüberlieferungen konzentriert sein sollte. Erwähnt sei in diesem Zusammenhang jedoch, daß auch die Ordnungen der Reichsritterschaft[50] nicht gänzlich isolierte Nischen des juridischen Diskurses bildeten, denn die Texte waren ebenso wie die Mehrzahl des überlieferten juridischen Quellenmaterials vielfach interdiskursiv vernetzt. Eine ausführliche Behandlung der entsprechenden Tradierungsaspekte liegt unter anderem mit H. Frohnhaus (1987) vor, der die Einwirkung des *Sachsenspiegels* auf das 'Bergische Land- und Ritterrecht' des 13. und 14. Jahrhunderts sowie dessen Einfluß auf die 'Jülich-Bergische Rechtsordnung' von 1555 untersucht hat.

Die nachfolgende Darstellung wird mit der Konzentration auf die wichtigsten sonderrechtlichen Quellenbestände insbesondere zu klären haben, welche konstitutiven Merkmale der jeweiligen Fortbildung von Textmustern eigen sind, und inwieweit trotz eigener Traditionszusammenhänge von Seerecht, Bergrecht und Deichrecht von Invarianten der sonderrechtlichen Diskursdomäne zu sprechen ist. Nicht zuletzt mag geklärt werden, ob die rechts- wie

---

[50] Erwähnenswert sind:
- Ritterordnung der freyen Reichs-Ritterschaft der 5 Theile im Land zu Schwaben. 1560.
- Ritterordnung der fränkischen Reichsritterschaft. 1590.
- Vertrag etlicher Herrn von der fränkischen Reichsritterschaft wegen Beobachtung der Polizei. 1517.

sprachgeschichtliche Marginalisierung der spätmittelalterlichen und frühneuzeitlichen Sonderrechte angemessen ist.

I. Pragmatischer Kotext: sozialer Organisationsbereich

I.1/2 Räumlicher und sachlicher Geltungsbereich

Kennzeichnend für alle im weiteren exemplarisch behandelten Sonderrechte ist eine direkte gegenseitige Abhängigkeit von räumlichem und sachlichem Geltungsbereich, wie sie für die übrige Textüberlieferung des juridischen Diskurses als untypisch zu gelten hat. Da sich die Sonderrechte grundsätzlich auf regionalspezifische Wirtschaftsformen, wie den Bergbau und die Seeschiffahrt, bzw. auf topographisch bedingte Ordnungserfordernisse bei der Errichtung und Instandhaltung von Deichen beziehen, wird der räumliche Geltungsbereich weitgehend durch die sachliche Referenz der Rechtssetzung bestimmt. Bei den Sonderrechten handelt es sich also hinsichtlich des Geltungsgrades um sowohl sachlich als auch räumlich exakt begrenzte Rechtsquellen.

I.3 Zeitlicher Geltungsbereich

Als Sollensordnungen alltagsweltlicher Lebenszusammenhänge insbesondere der merkantilen Praxis und der Sicherung von Besitz und Leben bilden die Sonderrechte die jeweiligen Grundlagen eines intern verzahnt funktionierenden Wirtschaftssystems bzw. eines sicheren Zusammenlebens. Insofern beziehen sich die überlieferten Texte trotz ihrer sachlichen Einschränkung auf Rechtsnotwendigkeiten allgemeinster Art, sowohl von Berufsgruppen als auch von solchen Gemeinschaften, deren Zusammengehörigkeit durch Lebensräume mit besonderen Gefahren bedingt ist. Da es sich bei den Normsätzen sonderrechtlicher Verordnungen mithin in erster Linie nicht um Antworten auf spezialisierte Einzelfragen mit temporärer Relevanz handelt, sondern diese eben gerade auf die Sicherung allgemeiner Bedingungen des Wirtschaftens und Zusammenlebens zielen, ist der zeitliche Geltungsbereich der Texte per se unbeschränkt. Lediglich die im Untersuchungszeitraum sich langsam durchsetzenden Veränderungen des Handels, der Technik und der sozialen Ordnung führen zu Verschiebungen im Normgehalt der Texte. Der inhaltliche Grundbestand der Sollensordnungen wird dabei jedoch nicht berührt, so daß zwar Modifikationen und Expansionen legistischer Ansprüche im Laufe der Jahrhunderte unübersehbar sind, die zeitlich zunächst unbeschränkte Gültigkeit der Textinhalte aber generell allen Quellen präsupponiert ist. Beispielhaft kann die Korrespondenz von generalisiertem Normanspruch innerhalb der sonderrechtlichen Domäne mit dem zeitlich unbeschränkten Gültigkeitsanspruch der Direktiven aus der Geltungserklärung des *Lübischen Schiffsrechts* (# 155, 898) vom 8. März 1299 abgelesen werden:

(1) Unde umme dat alle desse dinch scholen ewich bliuen ganz vnde vn to broken, so hebbe wi ratmanne van Lubeke (...).

Ebenso explizit wird die Auffassung indefiniter Gültigkeit der Rechtsordnungen in den Deichrechten zum Ausdruck gebracht, so im *Büsumer Deichrecht* (# 32, 247) von 1455, das mit dem Satz beginnt:

(2) Dyt nascreuen schal wesen unde bliuen eyn Dyckrecht tu Busen to ewighen tyden, alzo desse nascreuen gehvunden hebbet by eren eden an desser wise: (...).

Analoges gilt für das Bergrecht, das in besonderem Maße an nur langsam fortentwickelte Techniken des Bergbaus, der Arbeitsorganisation und Besitzverhältnisse gebunden ist, so daß die einzelnen Normen auch dieser Texte keine zeitlich von vornherein beschränkte Gültigkeitsdauer haben.

II. Pragmatischer Kotext: textuelle Situation

II.1 Gesellschaftliche Bindung

Wenn auch jeder legistische bzw. allgemein normierende Eingriff in die Organisationsformen des Consoziums eine gesellschaftliche Bindung aufweist, so doch je nach rechtsspezifischem Geltungsumfang der Quellengruppen in erheblich voneinander abweichenden Graden. Da die Sonderrechte zu den Sollensordnungen mit geographisch und berufsbezogen klarer Abgrenzung gegenüber anderen Normtexten gehören, resultiert die gesellschaftliche Bindung der einzelnen Texte aus dem Status der Rechtsgegenstände im jeweiligen sozialen Gefüge. Den Bergrechten, Seerechten und Deichrechten kommt damit eine im Rahmen ihres Geltungsbereiches stark ausgeprägte gesellschaftliche Bindung zu, denn Gegenstand der Texte sind fraglos zentrale, das Consozium in seinem jeweiligen Profil maßgeblich bestimmende Lebensbereiche. Dies gilt für die wirtschaftlichen Implikationen von Bergbau und Seefahrt ebenso wie für die lebenssichernde Funktion der Deiche in den Küstenregionen. Gerade das Deichrecht zeigt mit den vorgesehenen Zwangsmaßnahmen gegenüber Personen, die ihrer Deichlast nicht nachkommen, welche elementare Relevanz den Sonderrechten für die soziale Ordnung zukam. Es kann daher auch kaum erstaunen, wenn der gesellschaftliche Bezug der Normsetzungen etwa in der *Billwärder Land- und Deichordnung* (# 22, 696) vom 14. Juli 1639 ostentativ zum Ausdruck gebracht wird:

(3) Demnach das gute Land der Billwärder, wegen Mangel beständiger Ordnung, bißhero vielfältig in grosse Land- und ein jeder Land-Mann in eigne Schaden gerathen, auch allerhand Unordnung haben eingerissen; Damit dann hinfüro mehrer Schade durch Gottes

Gnade abgewendet, die Deiche in beständigen Wesen stets erhalten, und den Unordnungen, so viel müglich, vorgekommen werde möge; (...).

Daß auch die auf einzelne Wirtschaftsbereiche referierenden Sonderrechte hinsichtlich ihrer sozialen Bedeutung keineswegs als marginale Zeugnisse der Verschriftung des juridischen Diskurses einzuordnen, sondern vielmehr im Fall der Berg- und Seerechte auf zentrale Gesellschaftsdomänen bezogen sind, wird aus ähnlichen Vorbemerkungen in einer Vielzahl der überlieferten Texte deutlich. So findet sich in der deutschen Übersetzung des *Jus Regale Montanorum* (# 93, 41.21ff) des Johann von Gellnhausen (vor 1350 - nach 1407) aus den Jahren 1406/07 ein auf das Seerecht unschwer übertragbarer Passus, der die wichtige Rolle des Bergbaus im spätmittelalterlichen Gesellschaftssystem betont und damit die Wichtigkeit einer Vereinheitlichung des Bergrechts zu begründen versucht:

(4) Nu mere in uns deine gotliche krafft durch unser pete willen, das wir also unsern getrewen perkleuten, die nicht alleine unser kunigreich, sunder die gancze werld mit ihrer arbeit trosten, sulches recht setczen und machen mugen, das uns gluk und hail und in ruw und gemach und deinem heiligen namen ere und lob davon bekume.

II.2 Zeitliche Bindung

Da in den Sonderrechten die gewohnheitsrechtliche Substanz einzelner Normsätze parallel zur gesamten hoch- und spätmittelalterlichen Rechtsauffassung ein konstitutiver Faktor des propositionalen Textgehaltes ist, wird in einigen Quellen darauf verwiesen, das mitgeteilte Recht sei nicht gesetzt, sondern gefunden; so im bereits angeführten *Büsumer Deichrecht* (# 32, 247):

(5) Dyt recht dykrecht hebbet ghevunden Tebben Clawes, Odden Clawes Odde, (...).

Dennoch steht im Vordergrund der Sonderrechte eine auf je gegenwärtige Sachzusammenhänge ausgerichtete Zeitbindung der Quellen. Schiffahrt, Bergbau und auch die Errichtung und Pflege der Deiche waren ja keineswegs Rechtsgegenstände ohne Dynamik, sondern an technische und merkantile Entwicklungen gebunden, die es in den Sollensordnungen zu berücksichtigen galt. Insofern sind sonderrechtliche Normen auch weit eher geeignet, Hinweise auf zeitspezifische Organisationsformen der Gesellschaft zu geben, als etwa die in hohem Maße auf vorzeitige Rechtsvorstellungen rekurrierenden Weistümer. Trotz der noch zu zeigenden, durchaus ausgeprägten Prätextbezüge der sonderrechtlichen Quellen und dem bereits gekennzeichneten Anspruch auf Gültigkeit über die Grenzen einer eng gefaßten gegenwärtigen Situation hinaus, beziehen sich die sonderrechtlichen Texte damit in erster Linie auf je gegenwärtige Rechtszusammenhänge.

II.3 Prätextbezug

Angesichts der in den bisher behandelten Teildomänen des juridischen Diskurses nachgezeichneten Bezüge von Rechtsquellen auf Prätexte, kann es kaum noch erstaunen, auch in den sonderrechtlichen Domänen eine weit ausgeprägte Vermittlung der Texte mit zeitlich vorangehenden Verschriftungen rechtlichen Inhaltes festzustellen. Bei den Sonderrechten ist der Prätextbezug jedoch besonders stark ausgeprägt, denn die sachspezifischen Normkataloge haben sich nicht unwesentlich aus den regionalen Rechtstraditionen entwickelt, deren Quellen folglich als determinierende Größen für den juridischen Gehalt der eigentlich interessierenden Sonderrechte großes Gewicht haben. So gehen die Schiff- und Seerechte von den Stadtrechten der Küstenregion aus, denn diese enthielten in ihren frühen literalen Fassungen bereits seerechtliche Verordnungen, die im Verlauf der Rechtsgeschichte zu autonomen Texten um-, fort- und abgeschrieben wurden. Die Hinweise auf Einzelbezüge sind dabei derart zahlreich, daß weder eine erschöpfende Übersicht möglich noch eine willkürlich exemplarische Nennung im allgemeinen sinnvoll ist. Im Zusammenhang der Behandlung der monolingualen Intertextualität werden jedoch unter einzelnen Aspekten noch Beispiele gegeben.

II.4 Status des Textproduzenten

Wenn auch der Status des bzw. der Textproduzenten gemäß der im Spätmittelalter bereits formalisierten Textstrukturen des juridischen Diskurses in den Sonderrechten häufig expliziert wird, so ergeben sich doch für die Quellengruppen des Bergrechts, Seerechts und Deichrechts jeweilige Besonderheiten der Produktionsbedingungen, die aufschlußreiche Hinweise auf die Umstände der Verschriftung von Rechtsnormen überhaupt geben. Während die Deichrechte im Zuge der sachgegebenen Kooperationsnotwendigkeiten beim Bau und der Erhaltung von Deichen zunächst Resultat einer genossenschaftlich organisierten Rechtstätigkeit der Deichverbände sind, die im übrigen neben der Rechtssetzung bis zur vermehrten Einsetzung landesherrlicher Verordnungen auch mit eigenen Organen die Rechtspflege betrieben, so ergeben sich für das Bergrecht gänzlich andere Verhältnisse. Das Bergrecht war bereits im Früh- und Hochmittelalter Regalrecht, d.h. ein dem König zustehendes Hoheitsrecht über den Bergbau. Bereits seit dem 12. Jahrhundert und insbesondere durch die entsprechenden Verordnungen der *Goldenen Bulle* (# 76) gehen die entsprechenden Nutzungsrechte zusammen mit anderen Sonderprivilegien an die Kurfürsten und schließlich auch an andere Landesfürsten über. Die zentralistische Herkunft der *Jura Regalia* hat jedoch keine von vornherein monarchische Berggesetzgebung bedingt, da das Regalrecht grundsätzlich zu verleihen war, d.h. im Zuge der Bergbaufreiheit jedem Finder ein unter bestimmten Rahmenbedingungen geltendes Überlassungsrecht zustand. Seit dem 13. Jahrhundert haben aus den Reihen der Finder und Arbeiter sukzessive bemittelte Gewerken Anteile erworben, so daß der Regalherr zwar den Bergbau beaufsichtigte und auch rechtliche Rahmenbedingungen setzte, jedoch hierfür eine Kooperation mit den Grundeigentümern zu suchen hatte. Die Königsgesetzgebung und die kurfürstlichen Rechtsweisungen, für die einerseits das *Jus Regale Montanorum* (# 93) König Wenzels II., andererseits das *Schneeberger Bergrecht* (# 246) des Kurfürsten Friedrich steht, konnten daher ebenso wie die übrigen landesherrlichen Bergrechte die jeweils am Bergbau beteiligten Personengruppen nicht umgehen. Als Produzent der Bergrechte kommt damit zwar grundsätzlich der Regalherr in Betracht, der sowohl das Aufsichtsrecht hatte als auch die Berggerichtsbarkeit einsetzte[51] und die Kodifikationen veranlaßte, doch faktisch ist das Entstehen der Bergrechte als ein Pactus zwischen dem jeweiligen Landesherrn und prominenten Mitgliedern der Bergbaugemeinden vorzustellen.

Die Textproduzenten der Seerechte schließlich - dies waren im allgemeinen die Räte der großen norddeutschen Hafenstädte bzw. die Machtträger der Hanse - hatten die Rechtsstandpunkte und -erfordernisse der Reeder als den Eigentümern der Schiffe, den Kaufleuten als Befrachter, den Kapitänen als nautisch Verantwortlichen und den Schiffsmannschaften zu berücksichtigen. Auch die Seerechte kamen folglich nicht umhin, trotz der klaren Normkompetenz bei ihrer Erarbeitung unterschiedliche Standpunkte in die Produktionsbedingungen zu integrieren. Entsprechend der unterschiedlichen Umstände der Textproduktion finden sich in den Subtypen des Sonderrechts auch unterschiedliche Explikationen des Textproduzenten. Im oben erwähnten *Schneeberger Bergrecht* (# 246, 102.14ff) ist einleitend der Regalherr als Textproduzent genannt:

(6) Nachdem wir von gots gnaden Friderich - churfurst, Johanns und Jorg gebrudere und vettern - (...) thun (wir) kund und wissen allen und iglichen (...), das wir die volgennde unnser ordnung (...) wollen gehalten haben.

Im *Büsumer Deichrecht* (# 32, 247) wird als Textproduzent die Versammlung der mit der Rechtssetzung betrauten Personen einer Deichkommune genannt und im *Hansischen Seerecht* (# 86, 3) von 1614 der Bürgermeister und Rat mit Verweis auf die an der Seefahrt beteiligten Personen:

(7) Dyt recht dykrecht hebbet ghevunden Tebben Clawes, Odden Clawes Odde, Clawes Brus, Schildetz Wulfard, Reymers Reymer (...). (# 32, 247)

---

51 In diesem Zusammenhang kommt den Berggerichtsbüchern als Zeugnissen der Rechtspraxis wichtige Bedeutung zu. Vgl. insbesondere die Einleitungen und Editionen in K.-H. Ludwig (1986) und (1989).

(8) Wir Bürgermeister und Räthe / der vereinigten Teutschen Hänse-Stätt / entbieten den Ehrsamen unsern lieben Bürgern / sonderlich den Schiffsredern und Schiffern / wie auch sonst dem gemeinen Schiffs-Volck / (...) / unsern Gruß / (...). (# 86,3)

II.5 Themenwahl

Die sachspezifischen Notwendigkeiten hinsichtlich der zur Regelung anstehenden Zusammenhänge bedingt bei den Sonderrechten eine strikt festgelegte Themenwahl, die als entscheidende Ursache für die inhaltlichen Übereinstimmungen der jeweiligen Verordnungen auch über längere Zeiträume in Betracht kommen. Die sonderrechtlichen Teildomänen lassen kaum Spielräume für den Geltungsumfang literalisierter Normen, so daß die entsprechenden Quellen zumeist einen Katalog von Themen behandeln. So kodifiziert jedes spätmittelalterliche und frühneuzeitliche Seerecht Pflichten der Schiffsmannschaft. Die handels- und handlungsbezogenen Direktiven stehen dabei soweit im Vordergrund, daß Präliminarien und Exkurse, wie sie sich in Textüberlieferungen anderer Domänen des juridischen Diskurses finden, unüblich sind.

II.6 Kommunikationsrichtung

War für die Weistümer eine interessante Kombination dialogischer Prinzipien der Textkonstitution mit der an und für sich strikt monologischen Kommunikationsrichtung festzustellen, so entsprechen alle hier behandelten Sonderrechte dem Standardfall des juridischen Diskurses, die Verschriftung ist monologisch organisiert.

II.7 Medium

Ebenso wie die Kommunikationsrichtung entspricht die Medialisierung von sonderrechtlichen Verordnungen und Normierungen dem Default allgemeiner Verschriftungstendenzen des juridischen Diskurses mittels deutscher Sprache. Die Existenz der sonderrechtlichen Texte ist ausnahmslos literal, wenngleich orale Prädeterminanten nie auszuschließen und sogar wahrscheinlich sind. Der schriftliche Text ist gemäß der Darstellungen in I. Warnke (1997a) eben das allein hinreichend geeignete Medium zur Setzung und Gewährleistung von Recht und Gerechtigkeit, und dies nicht nur im Kontext der deutschen Sprach- und Rechtsgeschichte, sondern prinzipiell. So finden sich auch in den Berg-, See- und Deichrechten die typischen, aus anderen juridischen Texten der Zeit bekannten Hinweise auf die Verschriftung und Rezeptionsmodi der Ordnungsansprüche, etwa im *Lübischen Schiffrecht* (# 155, 83) aus dem Jahr 1299:

(9) So leten scriuen dit recht de heren de ratmanne van Lubeke (...) vnde willet wol, dat it wichlich si allesweme, de nu sint, vnde den ghenen, de noch thocumstich sin, de dese scrift an set vnde horet lesen, de grotet se (...).

II.8 Sozialer Raum

Im Rahmen der Einschränkungen durch den sachlichen Gegenstandsbereich der Sonderrechte haben alle salienten Texte des See-, Berg- und Deichrechts einen eindeutig öffentlichen Kommunikationsraum. Die Texte zielen mit ihren Normansprüchen explizit oder unausgesprochen auf jede Person oder Gemeinschaft innerhalb des jeweils in Betracht kommenden Organisationsbereichs. Insofern sollte der Begriff Sonderrecht auch nicht als personalisiertes Spezialrecht mißverstanden werden, das zur Anwendung lediglich bei einzelnen exakt definierten Personen kommt. Sonderrechte beziehen sich allein auf sachspezifische Rechtszusammenhänge, innerhalb derer eine generelle Adressierung besteht.

Wie bereits zitiert, werden daher in der *Hansischen Schiffsordnung* (# 86) von 1614 auch die Ehrsamen unter den Bürgern, die Reeder und Schiffer wie auch das gemeine Schiffsvolk in toto als Normadressaten der Rechtssammlung genannt, jedenfalls „so viel die euer jeden betrifft" (# 86, 4). Im *Schneeberger Bergrecht* (# 246) wird die öffentliche Kommunikationssituation durch die Epitheta 'alle' und 'igliche' markiert (# 246, 103),

(10) (...), thun kund und wissen allen und iglichen den, die aufm Schneeberg und umbligenden gebirgen dem Sneeberg anhengig bawen, das wir (...),

in der *Billwärder Land- und Deichordnung* (# 22, 702) referiert das Indefinitpronomen 'jemand' auf die Extension der Normadressaten, die damit eine beliebige, nicht näher bestimmte Personengruppe ist, sofern auf sie die Inhalte der einzelnen Verordnungen zutreffen:

(11) So jemand dem Voigt und Geschwornen in ihrem Ampte und Verrichtunge mit Worten oder Wercklen sich freventlich widersetzet, der sol (...).

II.9 Verhältnis der Kommunikationspartner

Während wiederum bei den Weistümern von einer relativen persönlichen Vertrautheit der Kommunikationspartner ausgegangen werden kann, also die rechtssetzenden Organe und die Normadressaten einander zumindest bekannt waren, ist eine persönliche Verbindung der Kommunikationsparteien beim Sonderrecht nicht generell anzunehmen. In den Sonderrechten sind es nicht einzelne, in eigens dafür etablierten Textbausteinen namentlich genannte Personen, die Anlaß zur legistischen Praxis gegeben haben, sondern Movens der Entstehung von Sonderrechten ist allein die sachbezogene und folglich unpersönliche Notwendigkeit zur Klärung bestimmter Rechtsfragen von allgemeinem Interesse. Hiermit koinzidiert der in den Sonderrechten verbreitete Topos von der Notwendigkeit einer Wiederherstellung sozialer Ordnung durch das Recht, also die Formulierung einer nicht persönlich fokussierten Handlungs- bzw. Vertextungsabsicht. So bezieht sich das *Schneeberger Bergrecht* (# 246) auf „vil unordnung, unkost und missehandlung" (# 246, 102), der es mit anonymer Adressierung zu begegnen versucht.

II.10 Rollenverhältnis

Aus II.9 ergibt sich zwingend ein gebundenes Rollenverhältnis von Textproduzent und -rezipient, bei welchem die Position der normsetzenden Institution und der weisungsgebundenen Person in den Rollen von Produzent und Rezipient aufgehen. Es handelt sich bei dieser Variablenmarkierung der textuellen Situation um ein Kontinuum des juridischen Diskurses insgesamt, das auch für das Sonderrecht eine wichtige Konstituente des situativen Rahmens der Vertextung ist. So stützt das statische Rollenverhältnis fraglos die direktiven Interaktionsansprüche normsetzender Textproduzenten, der Illokutionsstruktur entspricht also die Einbettung.

II.11 Interaktionskontakt

Da die hier behandelten Sonderrechte eine ausnahmslos literale Repräsentation haben und gemäß der in Abschnitt I. bestimmten generellen Extension einzuordnen sind, liegt bei allen in Betracht kommenden Texten ein raum-zeitlich differenter Interaktionskontakt vor.

II.12 Anzahl der Textproduzenten

Es konnte unter II.4 begründet werden, warum bei den drei hier behandelten Typen des Sonderrechts trotz gelegentlicher Nennung einer normsetzenden Institution weitgehend von kooperativen Prozeduren bei der Texterstellung auszugehen ist. Bei den Deichrechten bedingt ohnehin die lange Zeit der Tradierung maßgeblich genossenschaftliche Organisationsformen und mehrere Textproduzenten, bei den See- und Bergrechten haben Rat und Landes- bzw. Regalherr einen textprägenden Austausch mit Interessenvertretern gesucht.

II.13 Produzent-Rezipient-Hierarchie

Die gesamte vorangehend bestimmte textuelle Situation bezieht sich auf ein streng hierarchisches Verhältnis von weisungsbefugten und weisungsgebundenen Kommunikationspartnern. Auch dies entspricht dem Standardfall der Texte des juridischen Diskurses, so daß sich eine genaue Darstellung hierzu erübrigt.

III. Polyfunktionalität und Handlungsintention

Daß innerhalb des sonderrechtlichen Diskurssegments die Berg- und Seerechte hinsichtlich ihrer situativen Einbettung vielfältige Gemeinsamkeiten aufweisen, die sich aus den jeweils gegebenen kaufmännisch-pekuniären Implikationen ergeben, konnte gezeigt werden. Übereinstimmungen im pragmatischen Profil dieser Texte ergeben sich auch bei der Kennzeichnung der kommunikativen Intentionen, also der bedingenden Voraussetzungen für die Verschriftung von Norminhalten überhaupt. Sowohl im Bereich des Bergbaus als auch der Seefahrt stellten die spezialisierten Rechtsordnungen notwendige Rahmenbedingungen für die merkantile Prosperität dar, denn wirtschaftlicher Wohlstand in sozialer Dimension ist per se nur unter der Voraussetzung einer Ansprüche und gegenseitige Pflichten von Mitgliedern des Consoziums regelnden Rechtsverbindlichkeit zu erreichen und zu sichern. In diesem Zusammenhang ist es also nicht unwesentlich, auf die bereichernden Folgen des Bergbaus in ganzen spätmittelalterlichen und frühneuzeitlichen Gebieten zu verweisen. Der durch den Bergbau entfaltete Wohlstand bis hin zum Aufstieg einflußreicher Handelsfamilien wie den Fuggern ist das wirtschaftliche Relatum zum Ausbau des Bergrechts, d.h. seiner umfassenden Kodifikation mittels deutscher Sprache. Gleiches gilt für die Seerechte, hier insbesondere mit Blick auf die wirtschaftliche Bedeutung der großen Hafenstädte und der Hanse. Versteht man das Ius maritimum als denjenigen Teil des Rechts, „der die Verhältnisse der Schiffahrt regelt und (...) Inbegriff der sich auf das Seewesen überhaupt und den Seehandel insbesondere beziehenden Gesetze und Gewohnheiten" (R. Schulz 1987, 15) ist, so handelt es sich bei diesem nicht nur um das älteste Verkehrssonderrecht, sondern zudem um einen Garanten für die Rechtssicherheit des Kaufmanns. Im *Hansischen Seerecht* (# 86, 3) aus dem Jahr 1614 wird dies ausdrücklich ausgesprochen:

(12) (...), daß wir zur befuerderung der Seefahrt / und Kaufmanschafft / und alles auffrichtigen Handels / also zu gemeinen / und euer jeden Besten / unsere (...) Schiffs-Ordnung / von neuem zu Bedacht gezogen / (...). (# 86, 3)

Die handelsrechtlichen Normen und Inhalte des Sachenrechts sind also bei den Berg- und Seerechten hauptsächlich auf die Festigung der rechtlichen Basis wirtschaftlichen Wohlstands gerichtet, so daß die explizit intendierten Absichten der Vertextung auf merkantile Lebenszusammenhänge referieren. Dabei bleibt zu bedenken, daß die Lex specialis keineswegs nur handelsrechtliche Normen im engeren Sinn kodifiziert, sondern auch die soziale Ordnung gemäß der wirtschaftlichen Notwendigkeiten zu differenzieren sucht. Das bereits erläuterte Verhältnis von Regalherr und Gewerken ist aus dem Bereich des Bergrechts hierfür ein gutes Beispiel.

Gänzlich anders sind die Verhältnisse beim Deichrecht, die kommunikative Absicht der Vertextung rechtlicher Normen in der Volkssprache steht hier in anderen lebensweltlichen Bezügen. In Norddeutschland werden zwischen dem 11. und 13. Jahrhundert die ersten Deiche in den überflutungsgefährdeten Flußbereichen und an der Nordseeküste errichtet. Die rechtlichen Regelungen der Verantwortung für die Deiche, die Instandhaltung, die finanziellen Leistungen und Eigentumsverhältnisse zielen dabei auf die Sicherung der vitalen Interessen des Einzelnen wie des sozialen Verbandes im besonderen Risikogebiet von Überflutungen bedrohter Regionen. Die elementare Bedeutung des Deichbaus für Leib, Leben, Hab und Gut vor allem der Küstenbewohner bestimmt damit die kommunikative Intention der Deichrechte mit Eindeutigkeit. Bereits mit Textbeispiel (3) aus der *Billwärder Land- und Deichordnung* (# 22, 696) wurde ein Beleg für die Auskunft derartiger Absichten gegeben. Unter der Überschrift „Ursache, warumb diese Lands-Ordnung beliebet" wird die Abwendung von Schäden für den Landmann als Absicht der Vertextung ausdrücklich genannt.

Die Evidenz der kommunikativen Ziele sonderrechtlicher Sollensordnungen bedeutet jedoch kein Fehlen ideologischer Intentionen im konzipierten Sinn. In allen überlieferten Sonderrechten werden verbaliter oder implizit zeittypische Wertvorstellungen insbesondere von Besitzrechten oder autoritativen Ansprüchen einzelner tradiert. Zu nennen sind hier die Rechtfertigungen von pekuniären Interessen, die unmittelbar auf die hierarchische Produzent-Rezipient-Relation der sozialen Situation Bezug nimmt bzw. die Festigung sozialer Hierarchien durch juridische Legitimation. Bei den Deichrechten spielt das Ideal solidarischen Handelns eine wichtige Rolle; nur wenn alle Verantwortlichen zuverlässig ihren Deichpflichten nachkamen, war der Schutz der Gemeinschaft zu garantieren. In diesen Zusammenhang gehören Leitsprüche, wie: 'Wer nicht will deichen, der muß weichen'. Als alles umfassender Werthorizont legitimiert auch bei den Sonderrechten gemäß der mittelalterlichen und frühneuzeitlichen Lebensweisen die angenommene göttliche Ordnung letzthin die Norminhalte. Besonders deutlich wird die Verkettung von sakrosankt gesetzter Gottesordnung und ethischen Maximen mit den juridischen Normabsichten in der ohnehin recht aufschlußreichen Einleitung des *Jus Regale Montanorum* (# 93) in der deutschen Fassung des Johannes von Gellnhausen. Hier ist zu erfahren, daß Gott das heilige Recht im allgemeinen durch den Mund der Fürsten gesprochen habe, diese also gleichsam stellvertretend ewiges Recht proklamieren und damit die nachfolgend formulierten Gebote eines ehrbaren Lebens, der Solidarität sowie der Wert der Gerechtigkeit göttlich legitimiert sind. Die Ausführungen zur Verpflichtung des Einzelnen zum Handeln bei Gefahr der sozialen Ordnung gehen dabei ebenso wie die topische Erklärung des Vollkommenheitsanspruchs der kodifizierten Rechtssätze in der Disjunktion von altem Irrsal und göttlicher Weisheit auf, wobei letztere die Folie 'des rechten Weges der rechten Gerechtigkeit' darstellt. Wenngleich die

Ausführlichkeit der Werttradierung im *Jus Regale Montanorum* (# 93) untypisch ist, finden sich derartige ideologische Intentionen in einer Vielzahl sonderrechtlicher Texte. Vor allem die Einbettung des mittelalterlichen Menschen in das Totum der Religion ist dabei alles andere als marginal.

Zeichnen sich die Absichten der Quellen in relativer Übereinstimmung untereinander ab, so wird die sprachhistorisch eigentlich interessante Frage nach der kausalen Konsequenz der teildomänentypischen Handlungsabsichten in den Texten selbst nicht reflektiert. Daß die sonderrechtlichen Vertextungen nicht zuletzt wegen ihrer gesellschaftlichen Bedeutung an der Binnendifferenzierung des juridischen Diskurses und damit am extensionalen Ausbau funktionaler Segmente deutschsprachiger Literalität im Verdrängungsvorgang des Lateins teilhaben, ist jedoch offenbar. Die Verwendung des Deutschen in kommerziell bedeutsamen Domänen und im Zusammenhang der Lebenssicherung gegenüber unberechenbar natürlichen Bedrohungen ganzer Regionen festigt die Funktion des Deutschen, elementare und von wichtigen Personengruppen interessenbezogene Ordnungsbedürfnisse in Handlungsdirektiven umzusetzen. So ist es eben kein Zufall, daß gerade das Bergrecht vielfältige Spuren in der Gemeinsprache hinterlassen hat, insbesondere die von L. Makkensen (1952) systematisch gesammelten lexikalischen Transferenzen sind in diesem Zusammenhang zu nennen. Doch der Einfluß der Sonderrechte kann nicht allein in einzelnen gemeinsprachlichen Normierungen im Zuge einer zunehmenden Usualisierung über funktiolektale Grenzen hinaus erkannt werden, sondern ist auf die Ausweitung des Textsortenspektrums deutscher Sprache zu beziehen. Dabei spielt es keine Rolle, daß das Niederdeutsche als Sprache vieler Deich- und Seerechte durch die hochdeutsche Varietät verdrängt wird. Denn entscheidend für eine textbezogene Sprachgeschichte ist nicht die Binnendifferenzierung des Varietätenspektrums, sondern die Etablierung von textuellen Domänen in deutscher Sprache überhaupt. Es zeigt sich also, daß Textsorten bzw. textuelle Muster „eine zentrale Position zwischen den gesellschaftlichen Aufgaben und Funktionen sprachlichen Handelns und den durch die Sprachstruktur vorgegebenen Möglichkeiten des Systems“ (K.-J. Mattheier 1995, 10) erhalten.

IV. Polylinguale Intertextualität

Auch für die Sonderrechte zeigt sich, daß ein isolierter textgeschichtlicher Blick auf nationalsprachliche Okkurrenzen wesentlich Traditionslinien und Herleitungen einzelner Quellenvorkommen ausblendet. Sowohl die Bergrechte als auch die See- und Deichrechte stehen in vielfältigen polylingualen Bezügen, die als terminus post quem der Textgeschichte später deutschsprachiger Sonderrechte anzusetzen sind. Die Bezüge sind dabei derart häufig, daß zur Darstellung entsprechender Intertextualitätsdimensionen eine exemplarische

Behandlung prominenter Textvernetzungen geboten ist. Der Standardfall des textgeschichtlichen Transfers vom Lateinischen zum Deutschen ist insbesondere in den Bergrechten ausgeprägt. Die gesamte Frühgeschichte des Bergrechts, die etwa bis zum Ende des 12. Jahrhunderts reicht, ist ausschließlich durch lateinische Texte repräsentiert. Dies hängt natürlich insbesondere mit den Besitzverhältnissen der Bodenschätze zusammen, die ebenfalls bis in das 12. Jahrhundert allein den gewichtigen Grundherren des Deutschen Reichs das Recht zur Bodennutzung zusprachen. Dies ändert sich zwar de jure mit der *Ronkalischen Konstitution* Friedrichs I. vom November 1158, die das Institut der Bergbaufreiheit einführt, dennoch setzen sich die neuen Verhältnisse de facto nicht sofort um, und außerdem behält ja der Bergherr das Recht auf wirtschaftliche Teilnutzung und die juridische Gewalt. Insbesondere durch die bereits erläuterte Übertragung des Regalrechts auf Kur- und andere Reichsfürsten festigt sich die spätmittelalterlich-territoriale Zentralisierung der Rechtskodifikation. Die Bergrechte folgen damit in ihrer textgeschichtlichen Entwicklung großräumigen Rechtskreisen, für die eine Herleitung aus lateinischen Texttraditionen konstitutiv ist. So ist auch im Bergrecht die allgemeine Tendenz zur volkssprachigen Vertextung ausschlaggebend für die Substituierung des Lateinischen.

Auch in diesem Zusammenhang kommt dem böhmischen Bergrecht und seiner deutschen Übersetzung besondere Bedeutung zu. Zwischen 1300 und 1305 hat Wenzel II. die *Constitutiones Juris Metallici Wenceslai II* unter der Bezeichnung *Jus Regale Montanorum* (# 93) als ausführliche Bergrechtskodifikation für das gesamte böhmische Territorium unter der Redaktion des Goczius von Orvieto erlassen, der bereits von Wenzel II. für eine am Widerstand der Reichsfürsten gescheiterte Kodifikation des gesamten Schrift- und Gewohnheitsrechts der Zeit ausgewählt war (vgl. O. Stobbe 1860, 567). Zu Beginn des 15. Jahrhunderts verfaßte Johann von Gellnhausen, der auch das Iglauer Stadtrecht von 1249 aus dem Lateinischen übertrug und eine Sammlung Iglauer Schöffensprüche redigierte, im Auftrag der Stadt Iglau eine deutsche Übersetzung des *Jus Regale Montanorum* (# 93), was allein schon die damals bereits gewachsene Bedeutung des Deutschen gegenüber der im Rückzug befindlichen lateinischen Vertextung im juridischen Diskurs markiert. Die deutsche Fassung, deren Urschrift wie bereits erwähnt 1406/07 entstand, hat als salienter Text der sonderrechtlichen Domäne eine lang andauernde Texttradition begründet, die bis zum *Österreichischen Berggesetz* von 1854 reicht. Die Stadt Iglau, deren bergrechtliche Aktivität bis in das 13. Jahrhundert zurückreicht, hatte als Oberhof eine zentrale Stellung in der bergrechtlichen Diskursentfaltung; der Einfluß reichte über Böhmen und Mähren bis nach Schlesien und Sachsen. Diese Zurückdrängung der lateinischen Vertextung gilt in generalisierender Perspektive für das gesamte Bergrecht.

In rechtsgeschichtlicher Verbindung zum Iglauer Recht steht auch das *Freiberger Bergrecht* (# 64). So zeigt bereits das sogenannte *ältere Freiberger Bergrecht* (Fassung A) (# 64) vom Beginn des 14. Jahrhunderts vielfältige Bezüge zum Iglauer Recht, die durch Rechtsauskünfte Iglaus an den Freiberger Rat schließlich in der Zeit von 1346-1375 zum sogenannten *jüngeren Freiberger Bergrecht* (Fassung B) (# 64) manifest werden. Werden damit bereits komplexe Strukturen der im eigentlichen Sinn monolingualen Intertextualitätsdimensionen erkennbar, so ist auch für das *Freiberger Bergrecht* (# 64) eine an und für sich lateinische Textprovenienz auszumachen. Dies hat bereits H. Ermisch (1887, XXVI) mit seinem Verweis auf die Erwähnung des Ius Freibergense in Urkunden des 13. Jahrhunderts überzeugend dargelegt. Folgt die volkssprachige Prosaeinsetzung im Bereich des Bergrechts also den im juridischen Diskurs insgesamt üblichen Mustern einer Ablösung des Lateins seit Beginn des Spätmittelalters und der damit gegebenen Möglichkeit intertextueller Vernetzung im monolingualen Spektrum, so ergeben sich für das Seerecht gänzlich andere Verhältnisse.

Das Seerecht ist als Handelsrecht mit überregionaler Bedeutung und den handelsbedingten internationalen Implikationen a priori in den Zusammenhang der europäischen Rechtsgeschichte gestellt.[52] In allen Küstenregionen Europas waren im Spätmittelalter bereits Seerechte ausgeprägt, was auf die allseits notwendige Normierung des Seehandels und der Direktiven bezüglich besonderer Gefahren des Wassertransportes hindeutet. Von Bedeutung ist in diesem Zusammenhang bereits die antike *Lex Rhodia*. Die europäischen Dimensionen der Seerechtsentwicklung gründen neben ähnlichen Problemkonstellationen vor allem aber auf den europäischen Handelsräumen. Der Seehandel ist nicht national begrenzt, so daß seine rechtliche Regelung schon frühzeitig die Kontakte mit anderen Regionen einbezieht. Bereits das *Hamburgische Schiprecht* von 1299 berichtet vom Handel mit Skandinavien, Flandern, England und Frankreich, und G. Landwehr (1990, 1601) stellt für das Spätmittelalter zusammenfassend fest:[53]

> Für die Entwicklung des Seerechts an der Atlantik- und der Kanalküste sowie in der Nord- und der Ostsee erlangten die im 13. und 14. Jahrhundert entstandenen Rechtsgewohnheiten im Seehandel zwischen Bordeaux und Flandern sowie zwischen den Seehäfen an der Zuidersee und den Handelsorten im nördlich gelegenen Europa (in Norwegen, an der Ostsee und Hamburg) eine herausragende Bedeutung.

---

52 Eine Darstellung zur europäischen Quellenüberlieferung gibt bereits C. v. Kaltenborn (1851, 14-70).

53 Indiz für die europäischen Perspektiven des Seerechts ist auch die Berücksichtigung ausländischer normativer Rechtsquellen in der Rechtsprechung des hamburgischen Admiralitätsgerichts in der Frühen Neuzeit. Vgl. E. Frentz (1985, 126ff) und (1987).

Die Verarbeitung anderer europäischer Rechtskompilationen ist damit ein maßgeblicher Aspekt der polylingualen Vernetzung des Seerechts. Das sogenannte *Wisbysche Seerecht* (# 314), das auch als *Gotlansches Waterrecht* bezeichnet wird, ist ein ausgezeichnetes Beispiel für die europäische Texttradierung sonderrechtlicher Quellen. Die 1505 erstmals in niederdeutscher Sprache gedruckte Sammlung seerechtlicher Normen, deren Einfluß auf die Rechtspraxis der Zeit und spätere Kodifikationen ausgesprochen groß war, geht im Kern auf die französischen *Rôles ou Jugements d'Oléron* zurück, die in der Mitte des 13. Jahrhunderts aufgezeichnet wurden.[54] Die *Rôles d'Oléron* haben im Spätmittelalter aufgrund ihrer umfassenden Kompilation seerechtlicher Verordnungen eine weite Verbreitung gefunden und wurden ins Englische, Kastilische und in weitere europäische Sprachen übersetzt, so auch im 14. Jahrhundert ins Flämische. Als *Vonesse van Damme* wurde der Text in Verbindung mit frühen Hamburger Seerechtssätzen Ende des 14. Jahrhunderts zur *Ordinancie, de de coplude unde scippers mit malcanderen holden* kumuliert. In Verbindung schließlich mit lübischen Seerechtsnormen ist der so entstandene Gesamttext als *Waterrecht* im 15. Jahrhundert im Hansegebiet in Gebrauch. Mit der ersten Drucklegung durch Gottfried van Ghemen setzt sich dann die Bezeichnung *Wisbysches Seerecht* (# 314) durch. Unter dieser Bezeichnung wurde der Text „unzählige Male gedruckt, ins Hochdeutsche übertragen sowie ins Dänische, Schwedische und Englische übersetzt und von den Gerichten, teilweise bis zum Beginn des 19. Jahrhunderts, als Seegewohnheitsrecht angewandt" (G. Landwehr 1990, 1602).[55]

Mit Blick auf die polylingualen Bezüge des Textes ordnet I. Rösler (1993, 132) die Quelle als „ein Beispiel für die Weite und das Ausmaß der kulturellen Beziehungen zwischen den Seefahrt treibenden Völkern Nord- und Westeuropas" ein. Die europäischen Traditionslinien können auch am Gebrauch einzelner Fachtermini abgelesen werden. So unterscheidet bereits das *Hansische Seerecht* (# 86) von 1614 in den Abschnitten VIII und XII.2 verschiedene Formen der Haverei, also des Verlustes der Ladung oder sogar des Schiffes während der Seefahrt. Die Begrifflichkeiten beziehen sich dabei auf fachterminologische Bedeutungsspektren, wie sie bereits Mitte des 13. Jahrhunderts in den norditalienischen Hafenstädten ausgeprägt wurden (vgl. G. Landwehr 1985, 5). Unter Berücksichtigung derart vielfältiger überstaatlicher Bezüge hält H. Pöhlmann (1973, 805) fest:

---

[54] Zu Ursprung und textgeschichtlichen Wurzeln der Rôles d'Oléron vgl. K.-F. Krieger (1970).

[55] Eine ausführliche Darstellung der Textgenese und insbesondere der Besonderheiten des Kopenhagener Druckes des Wisbyschen Seerechts gibt I. Rösler (1993).

Noch stärker als beim europäischen Land-Fernhandel und seinen aus ökonomischen Zweckdienlichkeiten an internationalen Messen, Börsen- und anderen Handelsschwerpunkten erwachsenden Verkehrs- und Rechtsgemeinsamkeiten zeigt sich die verbindende Kraft des Ökonomischen beim überregionalen Seehandel.

Erstaunlich ist, daß gerade bei einer solchen gesamteuropäischen Rechtstradition nicht das Latein als lingua franca seine übereinzelsprachliche Verständigungsfunktion vollkommen ausspielen konnte, sich also nicht über lange Zeit gehalten hat. Vielmehr kommt den volkssprachigen Überlieferungen ein seit dem Spätmittelalter dominanter Beitrag zum Ausbau jeweiliger Seerechte zu, die polylingualen Vernetzungen unterschiedlicher Rechtstraditionen erfolgen dabei nicht über das Latein, sondern im Zuge vieler Übersetzungs- und Übertragungsprozeduren.

Mit K.-F. Krieger (1987, 246) ist diese komplexe Transferstruktur wie folgt zu erklären. Gerade das ältere Seerecht sei „in der Regel aus jahrzehntelanger gewohnheitsrechtlicher Übung, weitgehend unabhängig von der offiziellen staatlichen Rechtssetzung erwachsen“ und stehe damit nicht nur „in besonderer Nähe zur Rechtswirklichkeit, d.h. zur jeweiligen Seehandels- und Seeverkehrspraxis“, sondern auch zur regionalen volkssprachigen Kommunikation. Dies ist ein wichtiger Hinweis auf die nachdrückliche Wirkung der inoffiziellen Entfaltungen des juridischen Diskurses für die Etablierung von Volkssprachen in der Rechtsdomäne. Wie bereits die Ausführungen zu den Rechtsbüchern gezeigt haben, geht von den privaten Arbeiten sowie den nach und nach verschrifteten Gewohnheitsrechten eine intertextuell konkret nachzuzeichnende Wirkung auf die Vergrößerung des Funktionsradius deutscher Sprache aus.

Die polylingualen Bezüge sind also beim Seerecht anders als bei den bergrechtlichen Quellen nicht allein auf die Herleitung volkssprachiger Texte aus lateinischen Prätexten zu beschränken. Doch spielt der Texttransfer vom Lateinischen zum Deutschen durchaus auch im Seerecht eine Rolle. Die ältesten Rechtsaufzeichnungen Lübecks aus dem 13. Jahrhundert, die passim das Schiffsrecht behandeln und damit Grundlage späterer Vertextungen sind, waren lateinisch. Das von Albrecht von Bardewick, einem wohlhabenden Lübekker Ratsmitglied, kodifizierte *Lübische Schiffsrecht* (# 155) von 1299 geht unter anderem auf eben diese Texte zurück, womit die Standardtransferachse vom Lateinischen zum Deutschen auch für das Seerecht gilt.

Während also in nuce im Berg- und Seerecht die lateinischen bzw. europäischen Prätextbindungen der deutschen Quellen als konstitutive Merkmale ihrer Etablierung im juridischen Diskursspektrum zu gelten haben, kann gleiches für die Deichrechte nicht festgestellt werden. Wenngleich bereits J. von Gierke (1917, VII) die Bedeutung der niederländischen Quellen für das deutsche Deichrecht hervorhebt, dies insbesondere, weil die Niederländer im Hochmittelalter die erfahrensten Deichbauer waren, so stehen die wichtigen überlieferten Deichrechte, abgesehen davon, daß für niederländische Prägungen dieser Zeit nicht eigentlich von polylingualen Bezügen zu sprechen wäre, weitgehend in regional eng begrenzten Vertextungszusammenhängen. Es finden sich für diese Sonderrechte weder signifikante lateinische Prätexte, noch sind bemerkenswerte Tradierungen in anderen Sprachen zu beschreiben.

Damit ergibt sich im Gesamturteil der polylingualen Intertextualität sonderrechtlicher Sollensordnungen eine ausgeprägte Vernetzung der Berg- und insbesondere der Seerechte, während die Deichrechte aus autonomeren gewohnheitsrechtlichen Tradierungen hergeleitet sind. Daß alle drei Subtypen der Sonderrechte nicht von den Relatinisierungsbestrebungen des Humanismus erfaßt werden, liegt an der unmittelbar einsichtigen lebensweltlichen Bindung ihrer Inhalte und der Tatsache, daß die Sonderrechte auch zur Rezeption des römischen Rechts ein Gegengewicht darstellten, waren in Deutschland doch die Sonderrechte mit ihren autonomen Traditionen von jeher stärker ausgeprägt als die generalisierenden Rechtsvorschriften, die durch römischrechtliche Normen zunehmend tangiert wurden: *Lex specialis derogat legi generali.*[56]

Die Betrachtung der polylingualen Vernetzungen macht bereits deutlich, daß die Sonderrechte unter Aspekten der Sprachraumforschung als singuläre Diskurssegmente gelten können, also für die Konstituierung der deutschen Rechtssprache und d.h. vor allem auch für die Etablierung eines Spektrums volkssprachiger Textmuster von Gewicht sind.

V. Monolinguale Intertextualität

V.1 Illokutionsstruktur

Die Darstellung polylingualer Textvernetzungen hat in Ansätzen zeigen können, daß für die jeweiligen Quellengruppen der Sonderrechte auch von einer weit ausgeprägten monolingualen Intertextualität auszugehen ist. Bereits die Verhältnisse der Rechtstradierung des lübischen und hamburgischen Seerechts zeigen dies in ihren Verbindungen zur hansischen Gesetzgebungstätigkeit deutlich. Wir erkennen in einer vereinfachten tabellarischen Übersicht, daß keiner der wichtigen Texte dieses Rechtskreises ohne Vermittlung zu anderen Quellen überliefert ist:

[56] H. Mitteis (1992, 331) faßt den entsprechenden geschichtlichen Verlauf so zusammen: „Das deutsche Recht zog sich auf *Sondergebiete* zurück, die dem römischen fremd geblieben waren, wie das Handels-, Schiffahrts-, Berg-, Gewerberecht." Für das nicht aufgeführte Deichrecht gilt gleiches.

Nr.	Überlieferter Texttitel	Entstehung	Textbezüge
(1)	Hamburgisches Schiprecht	1270	
(2)	Lübisches Schiffsrecht	1299	(1) ist vollständig übernommen
(3)	Lübische Ordnung für Schiffer und Schiffsleute	Anfang des 14. Jhdts.	geht in das Wisbysche Seerecht ein
(4)	Hansische Schiffsordnung	1482	
(5)	Hamburger Schip-Recht edder See-Recht	1497	Revision von (1)
(6)	Hansische Ordinancie van den schipern und boszluden	1530	Bezüge zu (4)
(7)	Lübecker Schiffsordnung	1542	erweiterte Neuredaktion von (6)
(8)	Hansische Ordnung über Schiffahrt und seefahrendes Volk	1572	Bezüge zu (4) und (6)
(9)	Hansische Ordnung über Schiffahrt und seefahrendes Volk	1576	verbesserte Fassung von (8)
(10)	Hansische Schiffsordnung	1591	Kompilation aus (8) und Einarbeitung von (4)
(11)	Seerecht im Hamburger Stadtrecht	1603	partielle Übernahme von (10)
(12)	Hansisches Seerecht	1614	direkte Übernahmen aus (10)

Tab. 26: Textvermittlungen des lübischen, hamburgischen und hansischen Seerechts

Die chronologische Darstellung der Übersicht sollte nicht dazu verleiten, die Genese des norddeutschen Seerechts als kontinuierlichen Prozeß der sukzessiven Ablösung jeweils vorher gültiger Normen zu verstehen. K. Wolter (1986, 69) weist darauf hin, daß sich vielmehr „während des ganzen 15. Jahrhunderts die älteren städtischen See-, Schiffsrechte, das 'Waterrecht' und die seerechtlichen Bestimmungen der Hanserecesse nebeneinander in Geltung" finden und erst das *Hansische Seerecht* (# 86) von 1614 diesen Partikularismus erkennbar vereinheitlicht. Die Textvermittlungen sind damit nicht nur intertextuelle Verweise auf präexistente Quellen, sondern zumindest im Spätmittelalter ein Relatum simultaner Gültigkeit älterer und neuerer Verordnungen. Für einzelne seerechtliche Passagen wird dieser Befund durch die detaillierten Darstellungen von Quellen und Textgrundlagen der hansestädtischen Seerechte bei K. Wolter (1975) bestätigt.[57] Die insofern offensichtlich starke Ausprägung do-

---

[57] Vgl. für die Frühe Neuzeit auch die informative und ausführliche Darstellung von G. Landwehr (1984).

mäneninterner Bezüge des seerechtlichen Textkorpus gilt in gleichem Maße auch für das Bergrecht, weniger ausgeprägt jedoch für das Deichrecht. Ist damit bereits der hohe Grad monolingualer Intertextualität im allgemeinen erkannt, so gilt es im weiteren, die pragmalinguistischen Konstituenten der miteinander vermittelten Texte zu analysieren und damit die sprachlichen Mittel zur Realisation jeweiliger kommunikativer Absichten zu erfassen, die von seiten der Illokutionsstruktur hypertextuelle Bezüge herstellen. Die Behandlung des See- und Bergrechts wird dabei im Vordergrund stehen.

Das *Hamburgische Schiprecht* von 1497 (# 83) weist in diesem Zusammenhang interessante Textkonstituenten im Bereich der illokutiven Marker auf. Während die signifikant häufige Belegung von performativen Verben in den hier insgesamt behandelten Texten geradezu als ein teildomänenübergreifendes Spezifikum der juridischen Texte zu gelten hat, findet diese Dominanz illokutiver Marker in den seerechtlichen Bestimmungen von 1497 keinerlei Ausdruck. Das zweifellos existente direktive Handlungsziel, die an der Seefahrt beteiligten Parteien auf handelsrechtliche Normen zu verpflichten, findet im *Hamburgischen Schiprecht* (# 83) allein in den syntaktischen Gefügen und in der Redundanz des imperativischen 'sollen' seine Entsprechung. Der Hamburger Rat tritt damit als normsetzendes Subjekt bzw. als Institution der Rechtssetzung in der Verordnung nicht direkt in Erscheinung. In der Regel realisiert der Text die Illokutionen über das Muster

Konjunktion<für den Fall> (...)Adverb<unter dieser Voraussetzung>Modalverb<direktiver Anspruch>(...).[58]

Zumeist kommt als Konjunktion 'wenn' in Betracht, als Adverb wird 'so' und als Modalverb 'sollen' eingesetzt. Nicht selten sind auch elliptische Konstruktionen, etwa durch Reduktion des Adverbs:

(13) So wan eyn man syn schip sulven ladet, (...) schal he de knappen bekostygen. (# 83, 306)

Selbst unter Berücksichtigung derartiger, den direktiven Normanspruch nicht unterminierender Aussparungen sprachlicher Elemente ist 'sollen' als Illokutionsmarker textdominant. Für das *Hamburgische Schiprecht* von 1270, das ja als Vorlage der Revision von 1497 eingeordnet ist, ergeben sich parallele Befunde, womit die monolinguale Intertextualität im illokutiven Spektrum der Seerechte bereits in einer ersten Fokussierung nachgewiesen ist. Ein statistischer Vergleich der Vorkommenshäufigkeit von 'sollen' zeigt, daß die Buchung in beiden Texten weit über den bereits in den vorangehenden Kapiteln

---

[58] Mit < > ist die standardisierte semantische Funktion der Variablen in periphrastischer bzw. klassifizierender Formulierung dargestellt.

angeführten Mittelwerten liegt, sogar noch über der für die Reichslandfrieden ermittelten hohen Gesamtfrequenz von 1,79 % (I. Warnke 1996a, 143):

Text	absol. Häufigkeit 'sollen'	relat. Häufigkeit 'sollen'
Hamburgisches Schiprecht (1270)	72 Belege	≈ 2,8 %
Hamburger Schiprecht (1497)	65 Belege	≈ 2,0 %

Tab. 27: Häufigkeitsverteilung des Illokutionsmarkers 'sollen' in hamburgischen Seerechten

Im Vergleich mit dem *Hansischen Seerecht* (# 86) von 1614 zeigt sich diese Modalverbdominanz bei gleichzeitig minimaler oder fehlender Verwendung von explizit performativen Verben als subdomänentypisches Verfahren der Seegesetzgebung. Der vorhergehende Quellen kumulierende Text von 1614 weist eine unmittelbar vergleichbare Illokutionsstruktur auf und ist durch analoge sprachliche Mittel zur Markierung kommunikativer Absichten gekennzeichnet, obgleich eine unmittelbare Bezugnahme auf die beiden hamburgischen Seerechte nicht textkonstitutiv ist. Auch im *Hansischen Seerecht* (# 86) fungieren allein 'sollen' und die konditionale Syntax als Illokutionsmarker, wobei eine Variation der Filler fortgeschrittene Fertigkeiten in der Vertextung legistischer Normen zeigt. In diesem Zusammenhang mag es auch nicht unwesentlich sein, daß die Produzenten des Textes von 1614 das Hochdeutsche offenbar als geeignetes Mittel der Normierung ansahen. Im Konditionalsatz der hansischen Verordnung werden nun nicht mehr allein positive Voraussetzungen formuliert, wie dies für frühere Texte typisch ist, sondern auch Ausnahmevoraussetzungen. Häufig findet sich daher die Struktur

x soll y tun, es sei denn z.

Diese Zubilligung einschränkender Bedingungen zeigt ein im 17. Jahrhundert geschärftes Bewußtsein für die letzthin voluntative Funktion von legistischen Normen, soweit sie der Prävention rechtlicher Konflikte dienen, denn Konditionalsätze mit Ausnahmevoraussetzungen sind nur bei hypothetischen Hauptsätzen möglich. Man weiß also, daß es sich daher immer erst zu zeigen hat, ob eine Rechtsnorm wirklich auf einen konkreten Fall zutrifft. Im *Hansischen Seerecht* (# 86) werden jedoch auch einfache imperativische Hauptsätze gebraucht, die keinen Zweifel am apodiktischen Willen zur Normsetzung und -durchsetzung lassen. Abgesehen von der sprachgeschichtlich interessanten Expansion des Formulierungsaufwandes gegenüber den spätmittelalterlichen Texten - die barocken Stilelemente sind unübersehbar - ist unter der Voraussetzung des Fehlens explizit performativer Äußerungen der metakommunikative Gebrauch der referierend sprechhandlungsbezeichnenden Ausdrücke 'setzen' und 'verordnen' im Schlußteil „Von starcker Exekution dieser Ordnung" aufschlußreich:

(14) Und damit an solchen desto weniger Mangel und Verhindernuß fürfallen möge / wollen wir nicht alleine was wir hievor im dritten Articul des andern Tituls geordnet / anhero erholet / sondern auch ferner gesetzt und verordnet haben / (...). (# 86, 41)

Hier wird die im juridischen Diskurs typische Kombination von direktivem und deklarativem Sprechakt sozusagen post festum explizit. Obgleich im vorhergehenden Text also nicht zum Ausdruck gebracht, kann die kombinatorische Illokutionsstruktur auch beim *Hansischen Seerecht* (# 86) als strukturbildend bestimmt werden. Die Dominanz von 'sollen' stützt allerdings seitens des Modalverbbestandes allein den direktiven Anspruch, der damit als primär erscheint.

Die vorrangig direktive Absicht zur Normierung qua Gebrauch von 'sollen' bei weitgehender Reduktion performativer Verben entspricht auch der Illokutionsstruktur des *Lübischen Schiffrechts* (# 155) von 1299 und des *Wisbyschen Seerechts* (# 314). Die damit insgesamt herangezogenen Texte sind selbst wiederum Folie oder determinierte Quelle für weitere seerechtliche Textvorkommen, so daß der analytische Befund zu generalisieren ist. Erklärbar wird die Besonderheit der seerechtlichen Illokutionsstruktur über das bewußte Zurücktreten der Verordnenden hinter die Inhalte des Verordneten. Ganz anders als etwa in territorialen Rechtsquellen, die neben ihrer rechtsnormierenden Funktion immer auch Status- und Herrschaftsansprüche symbolisieren, steht in den Seerechten die sachbezogene Ordnungsabsicht im Mittelpunkt der Vertextung. Daher verzichten alle prominenten Quellen auf redundante Referenzen qua Personalpronomina, der Gesetzgeber bzw. Verordnende ist im Text diskret.

Eine vor diesem Erklärungshintergrund bemerkenswerte Übereinstimmung im Fehlen explizit performativer Verben als Illokutionsmarker zeigen die Bergrechte.[59] So erfolgt im frühen *Freiberger Bergrecht* (Fssg. A) (# 64) vom Anfang des 14. Jahrhunderts die Kennzeichnung des illokutiven Gehaltes wiederum allein durch Modalverbgebrauch und Häufung von Konditionalsätzen. Auffallend dabei ist jedoch, daß sowohl bedingungsmarkierende Sätze als auch die Modalverben gegenüber dem sonstigen Gebrauch in juridischen Texten seltener sind. Insbesondere die Häufigkeit von einfachen Aussagesätzen ist insofern untypisch, realisiert dieser Satztyp doch in erster Linie einen Illokutionszweck, der den Textproduzenten auf die Richtigkeit der Proposition verpflichtet. Der repräsentative Kommunikationsanspruch tritt damit wenn auch nicht hinter die in Sollensordnungen zu erwartenden direktiven Intentionen zurück, er steht aber passagenweise gleichwertig neben den Direktionen.

---

[59] Eine ausgezeichnete und instruktive Übersicht zum Textbestand gibt G. Schreiber (1962).

Der Verdacht einer bewußt verhaltenen Markierung der Normambitionen bestätigt sich durch die Filler des Modalverbslots. Anstelle des sonst üblichen 'sollen' bezieht der Text auffallend oft das einen Wunsch ausdrückende 'mögen' ein. Besteht auch der illokutive Zweck von 'mögen' in der Absicht eines Textproduzenten, einen Rezipienten auf zukünftige Handlungen zu verpflichten, so doch gegenüber der Semantik von 'sollen' in weit abgeschwächtem Grad:

(15) Was her yn syme gerichte syed adir hort, des mag her wol gestehin unde andirs nirgen denne yn syme gerichte. (# 64, 5.9f)

Die Reduzierung von 'sollen' zugunsten von 'mögen' im Sinne einer Abschwächung der direktiven Verpflichtungen von Adressaten der Bergordnungen trifft mit der gemäßigten Verwendung von konditionalen Satzgefügen zugunsten repräsentativer Aussagesätze zusammen. Im Text - dies ist durch die sprechhandlungsreferierenden Strukturen offensichtlich - tritt damit keine autoritative Institution, kein Machtträger mit dem im juridischen Diskurs ansonsten durchaus üblichen Bewußtsein rechtssetzender Kompetenz hervor. Vielmehr bestimmt das frühe *Freiberger Bergrecht* (# 64) die einzelnen Propositionen als notwendige, doch eben nicht obrigkeitszentrierte Maßnahme zur Herstellung von Rechtssicherheit im Bergbau.

Bereits die erweiterte Fassung des *Freiberger Bergrechts* (Fassg. B) (# 64) aus den Jahren 1346-75 zeigt, daß es sich dabei nicht um einen singulären Befund handelt. Im jüngeren *Freiberger Bergrecht* (# 64), das mit 45% eingearbeiteten Fremdtexten im übrigen ein ausgezeichnetes Beispiel für Intertextualität im sonderrechtlichen Diskurssegment ist, sind ebenfalls das Fehlen explizit performativer Formeln sowie die für Fassg. A bestimmten syntaktischen Strukturen und Modalverbbestände konstitutiv. Doch eine noch gewichtigere Bestätigung der Reduktion ansonsten zeittypischer Ausdrücklichkeit von direktiven Intentionen ergibt die Analyse des *Jus Regale Montanorum* (# 93). Obgleich dieser Text eine königliche Kodifikation ist, sind die in den sonstigen reichsrechtlichen und landesherrlichen Quellen weitgehend usualisierten performativen Formeln mit auffallend geringem Quotienten gebucht. Die Statuismus-Formel 'wir setzen' wird nur passim verwendet, wie auch konditionale Satzgefüge wiederum nur vereinzelt zu verzeichnen sind. Der verpflichtende Äußerungszweck wird nahezu allein durch die redundante Verwendung von 'sollen' encodiert. Dies gilt wiederum auch für das *Schlesische Goldrecht* (# 245) aus dem Anfang des 13. Jahrhunderts, das *Goslaer Bergrecht* (# 79) aus dem 14. Jahrhundert und die erste *Annaberger Bergordnung* (# 3) vom 11. Februar 1493.

Die reduktionistische Markierung des direktiven Handlungsziels ist also eine intertextuelle Konstante des Bergrechts. Daß die einfachen Aussagesätze als Relata von repräsentativen Sprechakten keineswegs fakultative Elemente sind, sondern im Kern auf die teildomänenspezifische Zurückhaltung autoritativer Normierungen verweisen, ergibt sich aus obigen Bemerkungen. Wie für das Seerecht bereits festgehalten, erlaubt die weitergehende intertextuelle Vernetzung der exemplarisch angeführten Texte eine Generalisierung der Aussagen. Überhaupt zeigen die bisherigen Analysen, daß aufgrund der stark formalisierten Vertextungsgewohnheiten im juridischen Diskurs bereits die Analyse ausgewählter Texte erklärungsmächtig ist. Festzuhalten bleibt damit, daß die Bergrechte in Entsprechung der kulturgeschichtlichen Besonderheiten der Bergbaugemeinschaften Eigenheiten der Illokutionsstruktur aufweisen.

Das Deichrecht schließlich, das sich weitgehend aus der volkssprachlich genossenschaftlichen Tradition herleitet, weist nicht den Grad der sonstigen sonderrechtlichen Textvernetzungen auf. Dennoch zeigt sich auch bei diesen Texten ein Primat der qua Modalverb 'sollen' markierten Direktiva bei minimalistischem Einsatz von explizit performativen Verben. Es ergibt sich ergo für das gesamte sonderrechtliche Diskurssegment eine Übereinstimmung im primär direktiven Anspruch. Die Hauptanliegen bzw. die unter II. im einzelnen dargestellten Intentionen der Textproduzenten sind damit in jeweils generischer Form realisiert, womit ein evidentes, intertextuell realisiertes Textmuster des illokutiven Gehaltes fokussiert ist. Die ebenfalls nachgewiesenen repräsentativen Sprechakte verhalten sich gegenüber den Direktiva nicht konkurrierend, sondern als koordinierte Sprechhandlungen zum Zweck der Abschwächung des allen Normtexten eigenen Verpflichtungstons.

V.2 Propositionsstruktur

Auch für den propositionalen Gehalt sind die textuellen Teilkongruenzen in den Berg- und Seerechten derart offensichtlich, daß ein analytischer Nachweis in extenso nicht erforderlich erscheint. Bereits die allgemeine Quellenkunde der Rechtsgeschichte hat vielfältige inhaltliche Bezüge zwischen den einzelnen salienten Texten gezeigt, ein ausgezeichneter Überblick findet sich unter anderem in S. Lammels (1976) ausführlicher Standarddarstellung zur frühneuzeitlichen Gesetzgebung des Handelsrechts.

Den rechtsgeschichtlichen Ausführungen zu Inhaltsbezügen ist jedoch ein weitgehendes Fehlen linguistischer Argumentationszusammenhänge eigen, so daß eine textgeschichtliche Bestimmung des sprachhistorischen Status sonderrechtlicher Quellen zumindest einige wesentliche Aspekte der Inhaltsorganisation erfassen kann, ohne damit eine Wiederholung rechtshistorischer Konsenserkenntnisse zu vermitteln. Der historiolinguistische Zugriff läßt dabei zwei Typen propositionaler Intertextualität unterscheiden. Einerseits die sachbedingten Übereinstimmungen und andererseits die unmittelbare Zitation. Was die sachbedingten Kongruenzen der Texte angeht, so kann es bei einer

Textgruppe, deren tertium comparationis vor allem die spezialisierte Sachreferenz ist, kaum erstaunen, daß inhaltlich-thematische Schnittmengen vorliegen. Diese beziehen sich auf die Kernbereiche der jeweiligen sonderrechtlichen Normgegenstände. Im Seerecht sind dies etwa das Seehandelsrecht, die Bodmerei, die Haverei, die Seeversicherung. Daß einzelne Seerechte in solchen und weiteren Normzusammenhängen Entsprechungen aufweisen, ist also ein Spezifikum der sonderrechtlichen Sachbezüge. Für die wichtigsten hamburgischen und hansischen Seerechte mag eine vereinfachte tabellarische Darstellung dies verdeutlichen:

Nr.	Überlieferter Texttitel	Entstehung	Inhaltsentsprechungen
(1)	Hamburgisches Schiprecht	1270	Stellung der Reeder/ Rechtsverhältnisse der Schiffsleute/ Pflichten der Befrachter/ Seewurf/ Seenotlagen
(2)	Lübisches Schiffsrecht	1299	gibt (1) wieder
(3)	Hansische Schiffsordnung	1482	Rechte und Pflichten der Seeleute
(4)	Hamburger Schip-Recht edder See-Recht	1497	Reederei/ Rechtsverhältnisse der Schiffsleute/ Rechte und Pflichten der Befrachter/ Seewurf/ Seenotlagen
(5)	Hansische Ordinancie van den schipern und boszluden	1530	Verhältnis von Schiffer, Reeder und Schiffsleuten
(6)	Hansische Ordnung über Schiffahrt und seefahrendes Volk	1572	Rechtsverhältnis von Schiffer und Schiffsbesatzung
(7)	Hansische Ordnung über Schiffahrt und seefahrendes Volk	1576	übernimmt (6)
(8)	Hansische Schiffsordnung	1591	Rechtsverhältnisse des Schiffers und der Schiffsleute

Tab. 28: Inhaltliche Entsprechungen in hamburgischen und hansischen Seerechten

Auch Bergrecht und Deichrecht weisen derartige inhaltliche Konstanten auf, so die Bestimmungen zum Finderecht bzw. zur Deichschau, wobei im Verlauf der Entfaltung der sonderrechtlichen Diskursdomäne eine Expansion des thematischen Gehaltes nicht zu übersehen ist. Dies resultiert aus den komplexer werdenden Rechtszusammenhängen, neuen Regelungsgegenständen wie der Seeversicherung seit der Frühen Neuzeit und dem allgemeinen Schub zu immer umfassenderen Kodifikationen des geltenden Rechts. Die sachbedingten Übereinstimmungen zeigen, wieweit textuelle Interdependenzen für einzelne Quellenvorkommen bestimmend sein können. Denn die Vertextung rechtlicher Normen im allgemeinen und sonderrechtlicher Sachzusammenhänge im besonderen war Arbeit mit Texten, so daß die Ausbautendenzen der Kultursprache letzthin ein Vorgang ständiger Rezeption, Modifikation, Variation und Renovation von Basistexten ist. Die sachbedingten propositionalen Rahmen sind also ein durch Prätexte weitgehend abgestecktes Bezugsfeld.

Neben den allgemeinen, sachbedingten thematischen Analogien findet sich in den Sonderrechten auch häufig die direkte Zitation von Bezugstexten. Der determinierte Text steht dann in partieller Kongruenz mit bereits vorher existenten Sollensordnungen. Für das Seerecht mag dies bereits aus Tabelle 26 ersichtlich sein, für das Bergrecht zeigt es sich beispielsweise an der Tradierung des Iglauer Bergrechts, das als Recht eines Oberhofes ja eine weite Ausstrahlung hatte und unter anderem das *Freiberger Bergrecht* (# 64), die *Schneeberger* (# 246) und die *Annaberger Bergordnungen* (# 3) erkennbar prägt. Während mit den sachbedingten Übereinstimmungen eine Conditio der Existenz und Tradierung sonderrechtlicher Texte überhaupt vorliegt, kommen die Zitationen zwar recht häufig vor, doch nicht als kontinuierliches Phänomen aller Sonderrechte. Hier wären Einzelanalysen wünschenswert, die im Rahmen einer longitudinal ausgerichteten Diskursgeschichte nicht zu leisten sind.

Im allgemeinen steht aber zumindest fest, daß die propositionsbasierte Intertextualität im sonderrechtlichen Diskurssegment weit ausgeprägt ist. Dabei kann nicht nur von Mikroreferenzen einzelner Propositionen ausgegangen werden, sondern ebenso von thematischen Übereinstimmungen innerhalb der hier behandelten Quellengruppen. Dies gilt auch für die thematische Struktur der Texte, soweit sie unabhängig vom propositionalen Gehalt zu skalieren ist. Untypisch sind in den Sonderrechten polythematische Strukturen, bei denen jeweilige Propositionskomplexe weitgehend inkompatibel sind. An Stelle solcher im juridischen Diskurs durchaus gängigen Textmuster - die Analyse der Weistümer hat hier besonders augenfällige Ergebnisse genannt - finden wir eine ausgeprägte inhaltliche Kohärenz, die ein weiteres Mal den fachlichen Regelungsnotwendigkeiten entspricht. Die Hierarchisierung von Teil- und Superthemen ist zumeist sehr deutlich, so daß der thematische Zusammenhang einzelner Propositionen trotz Komplexität immer erkennbar ist.

V.3 Superstruktur

In der globalen Formorganisation entsprechen die Sonderrechte im mindesten dem Standard der im Gesamtdiskurs typischen Superstrukturen. Zumeist ist die formale Architektur in Entsprechung der thematischen Differenziertheit sogar noch ausgefeilter, als dies im allgemeinen bei juridischen Quellen der Fall ist. So findet sich insbesondere bei den Berg- und Seerechten eine stringente Gliederung in Einzelverordnungen, die in den meisten Fällen auch mit diskurstypischen Zählverfahren voneinander optisch abgegrenzt sind.[60] Lediglich diejenigen Deichrechte, die in nicht numerisch gegliederter Urkundenform überliefert sind, passen sich in diese sonderrechtliche Konstante nicht lückenlos ein. Die bereits angeführte Tendenz der sonderrechtlichen Quellen zur Expansion im Verlauf ihrer geschichtlichen Ausprägung findet sich erwartungsgemäß auch bei den Superstrukturen. Aus den kürzeren Texten verdichten sich im Zuge der intertextuell gestützten Tradierung von Rechtsinhalten immer komplexere, in mehrstufigen Hierarchien konstruierte Quellen. Ein Beispiel für eine schließlich konzentrierte Superstruktur ist der Aufbau des *Hansischen Seerechts* (# 86) von 1614.[61] Die Vorrede verweist auf die bewußte Systematik der Publikation, die damit den Textadressaten ein leichteres Verständnis und einen besseren Umgang mit dem Text ermöglichen soll:

> (16) (...) daß wir (...) unsere (...) Schiffs-Ordnung (...) mit etlichen dienlichen Zusätzen erkleret und verbessert / auch umb mehrer richtigkeit willen / unter gewisse Titul ausgetheilet haben (...). (# 86, 3f)

Die Gestaltungsmöglichkeiten des Buchdrucks mit unterschiedlichen Graden der Frakturschrift, die Gliederung durch Initiale und Musterillustrationen werden dabei unterstützend zur Titel- und Artikelgliederung verwendet. Daß eine komplex hierarchisierte Struktur des Textaufbaus jedoch nicht erst in der Frühen Neuzeit üblich war, zeigt für das Bergrecht das *Jus Regale Montanorum* (# 93). Ohnehin zu den ausführlichsten Texten der sonderrechtlichen Überlieferungen zählend, weist diese Bergrechtskodifikation eine vierstufige Gliederung in Bücher, Kapitel, Abschnitte und Paragraphen auf. Um die Komplexität des Aufbaus anschaulich zu machen, sei die formale Struktur für das 2. Buch „Von mancherlei pergrecht und auch von den stollen“ (# 93, 119-167) wiedergegeben:

---

[60] In diesem Zusammenhang ist natürlich davon auszugehen, daß die Paragraphen- oder Abschnittszählungen teilweise auch erst im Zuge der Edition älterer Rechtsquellen eingefügt wurden. Die Möglichkeit einer solchen Textgliederung über numerische Marker zeigt jedoch selbst bei Fehlen einer standardisierten Formorganisation in den Originalquellen, daß die entsprechenden Texte einen strukturierten Aufbau haben.

[61] Vgl. G. Landwehr (1984, 79ff).

Buch	Kapitel	Abschnitt	Paragraph
das ander Buch	1 Von den rechten der silbergruben	I.	§ 1-2
		II.	§ 3-4
		III.	§ 5-12
		IV.	§ 13
	2 Von dem gemessen berge und von seinen lehen	I.	§ 1
		II.	§ 2-5
		III.	§ 6-11
		IV.	§ 12-13
		V.	§ 14
		VI.	§ 15-16
	3 Von der weite preite und lenge eines iczlichen gemessen perges	I.	§ 1-3
		II.	§ 4
		III.	§ 5-6
		IV.	§ 7
		V.	§ 8-12
		VI.	§ 13-15
	4 Von dem stollen durch wasser willen	I.	§ 1-2
		II.	§ 3-4
		III.	§ 5-11
		IV.	§ 12-22
		V.	§ 23
	5 Wi man die stollen vindet und halden schol	I.	§ 1
		II.	§ 2-6
		III.	§ 7
		IV.	§ 8-9
		V.	§ 10-11
		VI.	§ 12-14

Tab. 29: Superstruktur des deutschen *Jus Regale Montanorum*, 2. Buch.

Dürfen das *Hansische Seerecht* (# 86) und das *Jus Regale Montanorum* (# 93) auch zu den besonders ausgefeilt strukturierten sonderrechtlichen Quellen gezählt werden, ergibt sich für die Sonderrechte als intertextuelle Konstante der Formorganisation per se ein hierarchisierter Aufbau der Inhalte, dessen Zweck eine möglichst adäquate Vermittlung sachbezogener Rechtssätze ist, so daß die monolinguale Vernetzung der sonderrechtlichen Quellen auf allen hier in Betracht gezogenen Ebenen weitgehend realisiert ist.

VI. Geltungsgrade der Intertextualität

Die konstanten Merkmale der pragmatischen Textorganisation sowie die formalen Übereinstimmungen der sonderrechtlichen Quellen innerhalb ihrer Sachgruppen koinzidieren mit einem grundsätzlich weit ausgeprägten Geltungsgrad der so erkannten hypertextuellen Bezüge, der jedoch hinsichtlich seiner Relevanzebenen und bezüglich der verschiedenen sonderrechtlichen Textüberlieferung differenziert zu betrachten ist. Daß alle hier behandelten Typen sonderrechtlicher Quellen im Verlauf des Spätmittelalters in überregionalen Bezügen stehen, ergibt sich bereits aus der vorangehenden Darstellung. Hier ist nun zu fragen, inwieweit dabei Überschreitungen der sonderrechtlichen Teildomäne von Bedeutung sind, welcher Rang eventueller Intermedialität und insbesondere der transtemporalen Intertextualität zukommt.

Im engeren Sinn der in Kap. 4.3.3 definierten Bedeutung kann bei den Sonderrechten von einer teildomänenüberschreitenden Geltung der Intertextualität wohl kaum die Rede sein. Dies begründet sich aus dem Status der Quellen als Lex specialis, die auf einen von anderen Rechtskreisen deutlich abgegrenzten Gegenstandsbereich referieren; den entsprechenden Sachinhalten, etwa Deichschau, Haverei oder Finderecht, kommt in anderen Teildomänen zumeist keine Bedeutung zu. Anders als bei primär nach räumlicher Geltung voneinander unterschiedenen Quellentypen wie dem Reichsrecht, Territorialrecht etc., die im allgemeinen nicht allein in rechts-, sondern auch in textgeschichtlichen Abhängigkeiten stehen, ergeben sich für die Sonderrechte damit keine Bezugspunkte auf andere Teildomänen. Aus diesem Grund kommt den Sonderrechten trotz ihrer bemerkenswerten internen Bezugnahmen im Kontext der gesamten Sprachgeschichte des Deutschen nicht die Bedeutung anderer Quellengruppen zu. Während etwa die Rechtsbücher und die Territorialrechte multidependentiell auf die gesamte Entfaltung des juridischen Textmusterspektrums Einfluß haben, ist die textgeschichtliche Relevanz der Sonderrechte unabhängig von sonstiger sprachgeschichtlicher Erklärungsmächtigkeit eingeschränkt. Lediglich die initiale Ausprägung der Sonderrechte im ausgehenden Hohen Mittelalter verweist auf teildomänenüberschreitende Faktoren, finden sich doch die berg- und vor allem seerechtlichen Bestimmungen zunächst in stadtrechtlichen Texten. So ist eben das im Spätmittelalter bedeutsame lübische Seerecht zunächst im lübischen Stadtrecht der zweiten Hälfte des 13. Jahrhunderts begründet und findet erst im Zuge der Übernahme hamburgischer Seerechtssätze, die im übrigen selbst zunächst im stadtrechtlichen *Ordeelbok* (# 262) begründet waren, eine autonome Ausprägung als seerechtliche Kodifikation:

> Freilich ist auch das lübische Schiffsrecht nicht innerhalb weniger Jahre und aus sich selbst heraus entstanden. Zwar sind die ersten Anfänge nicht mehr erkennbar, doch hat Lübeck bis in die Mitte des 13. Jahrhunderts hinein einen gewissen Fundus an schiffs- und seerechtlichen Sätzen innerhalb seines Stadtrechts entwickelt. (J. Goetze 1983, 131)

Für das Bergrecht führt bereits H. Ermisch (1887, XXV) gleiches an. Mit Blick auf das *Freiberger Bergrecht* (# 64), das wie ausgeführt als Zentrum des meißnisch-sächsischen Bergrechts überhaupt zu gelten hat, ist zu lesen:

> (...) jene ältesten Rechte, welche, (...) Markgraf Otto der Stadt verliehen, bezogen sich ebensowohl auf die Verfassung und Verwaltung der Stadt wie auf die der umliegenden Gebirge. Es ist dies übrigens keineswegs eine vereinzelte Erscheinung; auch in Goslar, Iglau, Deutschbrod, Schemnitz und in anderen Bergstädten haben sich Stadtrecht und Bergrecht in unmittelbarem Zusammenhang entwickelt.

Das Deichrecht fällt aus dieser Übereinstimmung stadtrechtlicher Herleitung wiederum heraus. Die im Verlauf des Hochmittelalters erst langsam entwikkelte Technik des Deichbaus führte in den norddeutschen Gebieten von vornherein zu einer von anderen Rechtskreisen weitgehend autonomen Rechtstradition, denn auch die Deichverbände als Träger der regionalen Rechtstradition waren „Spezialgemeinden, Kommunalverbände für den besonderen Zweck des Deichwesens, die sich, abgesehen von der ältesten Zeit, mit den politischen Gemeinden nicht deckten" (P. Knauer 1971, 669). Verstreut finden sich jedoch deichrechtliche Bestimmungen bereits im *Sachsen-* (# 238) und *Schwabenspiegel* (# 248), worauf schon J. von Gierke (1901, 24) verwies, passim auch in Normen norddeutscher Landrechte. Selbst bei den weitgehend autonom ausgebauten Deichrechten ist eine gänzliche Isolation vom übrigen juridischen Diskurs damit auszuschließen. In toto resultiert jedoch die sonderrechtliche Textvernetzung insbesondere aus Bezügen allein innerhalb der jeweiligen Domänensegmente.

Nahezu unbedeutend sind die Aspekte der Intermedialisierung bei den Sonderrechten, da die Codierung rechtlicher Inhalte konsequent im literalen Medium erfolgt. Der Übergang zum Buchdruck zu Beginn der Frühen Neuzeit hat dabei selbstverständlich auch die sprachgeschichtliche Wirksamkeit der Sonderrechte hinsichtlich Rezeption, Tradierung und Variierung gemäß der allgemeinen historiolinguistischen Rolle des Buchdrucks vorangetrieben. Für das *Wisbysche Seerecht* (# 314) verweist I. Rösler (1993, 121) auf diesen Aspekt:

> Dem aus Flandern stammenden Drucker Gottfried van Ghemen kommt das Verdienst zu, als erster diesen für die Schiffahrt treibenden Völker Nord- und Westeuropas so wichtigen Text gedruckt und damit dessen Wirkungspotenzen um ein Vielfaches erhöht zu haben.

Von Intermedialität im engeren Sinn als Interrelation zwischen Bild und Text kann jedoch hier nicht die Rede sein, lediglich von der Überführung der handschriftlichen Fixierung auf das Druckmedium. Daß damit die Kreise der mit der Textherstellung beschäftigten Personen deutlich gegenüber dem Spätmittelalter erweitert wurde, ist eine nicht nur für das Sonderrecht geltende Tatsache.

Was nun die transtemporale Intertextualität angeht, ist bei den sonderrechtlichen Quellen auf die Herleitung und Legitimation aus gewohnheitsrechtlichen Traditionen zu verweisen, die allerdings in der Mehrzahl des Textbestandes nicht eigens thematisiert wird. Die transtemporalen Bezüge zwischen Texten konzentrieren sich bei den sonderrechtlichen Texten weitgehend auf das juridische Prinzip der Novellierung bzw. Überarbeitung legistischer Normen. Der Sachbezug gerade der Berg- und Seerechte führt dabei zu einer immer wieder erneuten Bearbeitung und Modifikation bereits vertexteter Inhalte, so daß die Kodifikation von revidierten und erweiterten Verordnungen unter Heranziehung von Prätexten erfolgte. Prätexte und determinierte Texte, das haben obige Darstellungen bereits gezeigt, können dabei in erheblichem zeitlichen Abstand zueinander stehen. Die transtemporale Intertextualität ist demnach in der Teildomäne des Sonderrechts durchaus stark ausgeprägt.

Für die Subtypen der sonderrechtlichen Überlieferung sind die Geltungsgrade intertextueller Bezüge hinreichend spezifiziert. Keineswegs handelt es sich bei den Korpustexten, wie ad hoc zu vermuten wäre, um periphere Zeugnisse fachsprachlicher Kommunikation. Es bleibt damit zu wünschen, daß dem sprachgeschichtlichen Rang der Sonderrechte eine eigens hierauf fokussierte Arbeit nachgeht, denn hier sind aufschlußreiche Tradierungslinien historiolinguistisch aufzuarbeiten, wie sie für andere Teildomänen des juridischen Diskurses längst zum Forschungsgegenstand der Germanistik gehören.

VII. Topographie und Chronologie

VII.1 Räumliche Gliederung

Die Sonderrechte stehen allesamt in flächenbeschränkten, regionalen Traditionszusammenhängen, da die im juridischen Diskurs ansonsten maßgeblichen Expansionstendenzen im Verlauf der Verschriftung bei dieser Teildomäne innerhalb der räumlich definierten Sachhorizonte stattfinden. Für das Seerecht ergibt sich ein räumlicher Schwerpunkt in Lübeck und Hamburg, in der Frühen Neuzeit ist der gesamte Wirtschaftsraum der Hanse dominant. Auch bei der räumlichen Okkurrenz ist der Zusammenhang zur Stadtrechtsüberlieferung greifbar. So hatte das lübische Stadtrecht des Spätmittelalters eine „überragende Bedeutung“ (J. Goetze 1983, 129) im Ostseeraum, womit sich parallel zur unangefochtenen Stadtrechtskompetenz auch eine seerechtliche Zentralstellung des Lübecker Rates herausbildete. Der seerechtliche Rang Hamburgs ist allein schon daran abzulesen, daß das *Hamburgische Schiprecht* von 1270 nach den *Rôles d'Oléron* das älteste Seerecht Nordeuropas ist und das lübische, wisbysche und hansische Recht entscheidend prägte. Die hamburgische Rechtstätigkeit hat dabei selbst fremde Rechte nicht außer acht gelassen, wie die Abschnitte aus dem flandrisch-holländischen Seerecht und Normen des römischen Rechts im revidierten *Schip-Recht* von 1497 zeigen (vgl. W. Kresse 1981, 106f). Durch die Rechtsübertragungen der Stadtrechte auf andere Städte[62] - womit auch der Transfer von schiffsrechtlichen Bestimmungen verbunden war - entstanden seit dem Ende des 14. Jahrhunderts Rechtsfamilien großen Ausmaßes, die schließlich das gesamte Hansegebiet umfaßten. Die seerechtliche Bedeutung des hansischen Wirtschaftsterritoriums wurde zudem durch die *Hanserecesse* gestärkt. So waren es schließlich die aus dem Hansebund hervorgegangenen seerechtlichen Bestimmungen, die noch bis zum *Allgemeinen deutschen Handelsgesetzbuch* von 1861 Gültigkeit hatten. Das Recht von Seehandel und Schiffahrt steht folglich in enger räumlicher Verbindung mit dem Recht der Seehandelsregionen.

Das Bergrecht ist dagegen in den südlichen und östlichen, nicht selten peripheren Reichsgebieten ausgeprägt. Im österreichischen Alpenraum zunächst ausgeprägt, entstanden die wesentlichen, salienten Texte im sächsischen Territorium. Zentral ist die Stadt Freiberg, wobei bereits gezeigt wurde, daß Freiberg selbst durch das Iglauer Recht geprägt war. Verallgemeinernd kann damit der Schwerpunkt von Textüberlieferungen im Ostmitteldeutschen angesetzt werden. Von hier aus werden seit dem 16. Jahrhundert die Rechtssätze und die Vertextungsbestrebungen auch in Nord- und Westdeutschland übernommen, schließlich auch in den süddeutschen Bergbauregionen. Der ostmitteldeutsche Schwerpunkt ist damit jedoch nicht in Frage gestellt, vielmehr wird dieser durch die Herleitung des Bergbaus anderer Regionen aus der sächsischen Kodifikationstätigkeit bestätigt.

Für die räumliche Gliederung des Deichrechts mag es nun nicht erstaunen, die Zentren der Überlieferung in der norddeutschen Tiefebene und den Küstenregionen zu erkennen. So umfaßt der sonderrechtliche Textbestand insgesamt in erster Linie das norddeutsche und ostmitteldeutsche Sprachgebiet. Die für andere Teildomänen des juridischen Diskurses wichtigen westmitteldeutschen und auch süddeutschen Territorien spielen eine gänzlich untergeordnete Rolle. Eine Kartierung der Raumgliederung ist angesichts der offensichtlichen Topographie sonderrechtlicher Vertextung nicht notwendig.

VII.2 Zeitliche Gliederung

Auch bei der zeitlichen Gliederung ist eine nach Quellengruppen differenzierende Betrachtung notwendig. Der Beginn volkssprachiger Kodifikation des Seerechts liegt in der Mitte des 13. Jahrhundert und entspricht damit der allgemeinen Tendenz zur Fachprosaüberlieferung seit dem Spätmittelalter. Bis zum Ende des 14. Jahrhunderts ist die Textüberlieferung von Seerechten weit-

---

[62] Allein das lübische Recht wurde auf über 100 Städte übertragen, unter anderem nach Holstein, Mecklenburg und bis in die baltischen Gebiete. K. Wolter (1986, 16) schreibt: „Die Ausbreitung des lübischen Stadtrechts im Ostseeraum war für die Entwicklung des Seerechts von nicht zu überschätzender Bedeutung.“

gehend auf einzelne Zentren lokalisiert. Eine zweite Phase seerechtlicher Vertextung setzt mit den überregionalen Rechtskodifikationen der Hanse seit dem 15. Jahrhundert ein, die mit dem eingehend behandelten *Hansischen Seerecht* (# 86) - dem letzten großen hansischen Gesetzgebungswerk - endet. Eine dritte Phase, die ihren Mittelpunkt in der Gesetzgebungstätigkeit des 18. Jahrhunderts hat, ist durch die nachhansische territoriale, großräumige Gesetzgebungstätigkeit geprägt. Ein wichtiger Text dieser Phase ist das *Preußische Seerecht* von 1727,[63] das den exhaustiven Kodifikationsansprüchen der Zeit zu genügen versuchte, wie bereits R. Sahmes Einleitung zum Seerecht des Königreichs Preußen von 1747 zeigt:

> In unserm Königreich Preussen haben Se. Königl. Majestät Friederich Wilhelm, nachdem vorhin nur einige Special-Verordnungen verhanden gewesen, Anno 1727 ein vollständiges See-Recht sanciret, (...).[64]

Damit sind für das Seerecht drei Phasen in der Textentfaltung zu unterscheiden, deren Gesamttendenz unverkennbar auf die Ausprägung überregionaler, immer komplexer werdender Kodifikationen hinausläuft. Die strikte Festsetzung des terminus ante quem von Phase 2 und die generalisierte Festlegung des Beginns von Phase 3 bedingt dabei eine unwesentliche Überschneidung:

Quellengruppe	Spätmittelalter			Frühe Neuzeit
Seerecht		**Phase 1** **(1250-1400)**	**Phase 2** **(1400-1614)**	**Phase 3** **(1600-1800)**

Abb. 24: Perioden des Textmusterausbaus von Seerechten

Auch die Textgeschichte des Bergrechts ist in drei Phasen zu untergliedern, wobei sich jedoch andere zeitliche Gewichtungen ergeben. Zunächst stellen wir mit Blick auf die Überlieferungszentren Schlesien, Sachsen, Böhmen und den Harz einen Beginn der Sammlung von volkssprachigen Rechtssätzen seit dem 13. Jahrhunderts fest. Diese Initiierungsphase dauert recht kurz und wird seit dem 14. Jahrhundert durch eine Periode mit hohem Grad an textueller Differenzierung abgelöst, die ihren Höhepunkt in der Verordnungstätigkeit des 15. und 16. Jahrhunderts erlebt. Mit dem Platzgreifen großindustrieller Wirtschaftsweisen auch im Bergbau zentralisiert sich das Bergrecht im 18. Jahrhundert schließlich nachdrücklich, wobei hier ebenso das preußische Recht

---

[63] Die Verordnungen gehen später in das *Allgemeine Landrecht* (# 1) ein.

[64] Reinhold F. von Sahme: Einleitung zum See-Recht des Koenigreichs Preussen, worinnen des Königreichs Preussen See-Recht in einer richtigen Ordnung vorgestellt wird. Königsberg 1747.

Vorrang gewinnt. Für das ausgehende 18. Jahrhundert sind französische Einflüsse auf das Bergrecht zu erwähnen, doch das preußische Recht bleibt bis zum *Allgemeinen Berggesetz für die Preußischen Staaten* aus dem Jahr 1865 von leitender Bedeutung; diese Rechtskodifikation mündet schließlich in die gesamtdeutsche Gesetzgebung. Auffallend ist die Länge von Phase 2, bei der ebenso wie in den seerechtlichen Textüberlieferungen die historischen Brüche um 1500 keinen erkennbaren Einfluß genommen haben. Im Überblick ergibt sich somit folgende Zeitgliederung:

Quellengruppe	Spätmittelalter		Frühe Neuzeit
Bergrecht	**Phase 1** (1200-1300)	**Phase 2** (1300-1700)	**Phase 3** (1700-1800)

Abb. 25: Perioden des Textmusterausbaus von Bergrechten

Für die Periodisierung des Deichrechts soll zunächst auf J. von Gierkes (1901, 16) diesbezügliche Bemerkungen eingegangen werden; wir lesen zur Problematik der Zeitgliederung des Deichrechts in seinem Standardwerk:

> Bei einem Versuche, die Geschichte des Deutschen Deichrechts in Perioden einzuteilen, stösst man aus dem Grunde auf erhebliche Schwierigkeiten, weil die Entwicklung in den einzelnen Gebieten bald rascher bald langsamer fortgeschritten ist.

Dennoch schlägt J. von Gierke (1901, 18) vor, zwei Perioden anzusetzen, die generalisierend einerseits die frühesten Texte bis zum Ende des 15. Jahrhunderts umfassen, andererseits die Quellen seit dem 16. Jahrhundert. Es ist hier zu bedenken, daß J. von Gierkes Zeitgliederung von rechtshistorischen Entwicklungen ausgeht und folglich die Frage nach Tendenzen volkssprachiger Vertextung in den Hintergrund der Epochenansätze treten läßt. Geht man von textgeschichtlichen Daten aus, so sind zwar auch allein zwei Perioden anzusetzen, diese jedoch gegenüber J. von Gierke mit zeitlich verschobenen Eckdaten. Nennenswerte und d.h. sprachgeschichtlich überhaupt erst hinreichend bedeutende Kodifikationen deichrechtlicher Normen beginnen erst im 15. Jahrhundert; die gesamte vorangehende Behandlung von Deichrechten zeigt dies. Die hier typische regional-kommunale Einbindung der Texte, die durch die Autonomie von Rechtssetzungs- und Rechtspflegekompetenz der genossenschaftlich organisierten Deichkommunen geprägt ist, reicht bis zum Ende des 16. Jahrhunderts. Seit etwa 1600 werden im Zuge des sich festigenden Absolutismus vermehrt landesherrliche Deichordnungen erlassen, womit sich der Produzentenkreis und der Geltungsradius der Texte entscheidend verändert. Diese zweite Phase der territorialrechtlichen Einbindungen von Deichrechten macht offensichtlich, daß in der Domäne des juridischen Diskurses die politische

Geschichte mit Daten der textbezogenen Sprachgeschichte oftmals untrennbar verbunden sind. Die Selbstverwaltung der Deichrechte durch kommunale Körperschaften wird erst wieder durch das *Preußische Deichgesetz* von 1848 möglich. Es ergibt sich folgende Visualisierung der Perioden:

Quellengruppe	Spätmittelalter		Frühe Neuzeit
Deichrecht		**Phase 1 (1400-1600)**	**Phase 2 (1600-1800)**

Abb. 26: Perioden des Textmusterausbaus von Deichrechten

Zusammenfassend ist festzuhalten, daß in allen drei sonderrechtlichen Subdomänen eine Vereinheitlichung des spätmittelalterlich entfalteten Korpus auf zentralisierte Texte größerer Reichweite stattfindet. Diese Entwicklung läuft parallel zur Überregionalisierung des Deutschen in der Frühen Neuzeit, was auf den Kausalbezug von Polyfunktionalität und Überregionalität verweist. I. Piirainens (1988, 342) Ansicht, der „Schwerpunkt der Erforschung des Frühneuhochdeutschen“ liege „in der Erforschung der graphemischen Ebene“, ist damit von seiten funktionsgeschichtlicher Analyse als Verengung der historiolinguistischen Perspektive zu werten.

6. Aspekte der Polyfunktionalisierung des Deutschen

6.1 Polyfunktionalität als Bedingung der Etablierung von Kultursprachen

Die exemplarische Analyse des juridischen Diskurses als eines funktionalen Segments deutscher pragmatischer Schriftlichkeit zeigt, daß bereits vor der Überregionalisierung des Deutschen im Sinne eines dialektalen Ausgleichs wesentliche Ecksteine des Kultursprachenausbaus gesetzt sind. Die Etablierung öffentlichen Schriftgebrauchs überhaupt und die damit einhergehende Funktionsdifferenzierung sind mit Beginn des Spätmittelalters als konstitutive Bedingungen eines erst wesentlich später ausgeprägten standardisierten Stratums zu belegen. Dabei zeigt sich die initiale Okkurrenz volkssprachiger Fachprosa als Anstoß einer jahrhundertelangen Vertextungspraxis, so daß trotz verfassungs- und mediengeschichtlich bedingter Brüche eine relativ ausgeprägte Kontinuität der funktionalen Differenziertheit des Deutschen offensichtlich ist. Eine diachrone Dynamik und Variabilität der internen Differenziertheit des juridischen Diskurses ist damit nicht abgesprochen, doch führt diese eben nicht zu regressiven Tendenzen im funktionalen Spektrum des Deutschen. Im Gegenteil ist zumindest im Spätmittelalter eine zunehmende Aufgliederung des Funktionsspektrums deutscher Sprache im juridischen Diskurs zu belegen. Diese führt als ein bedingender Faktor zu den dialektalen Ausgleichsprozessen. Damit ist das Prinzip des Funktionsgrades für die Etablierung funktionaler Spektren einer Sprache weiterhin angenommen. Wie bereits in den konzeptionellen Überlegungen von Kap. 1.4 ausgeführt, ist davon auszugehen, daß der Grad der funktionalen Differenzierung einer Sprache relational auf die dialektalen Ausgleichsprozesse bezogen ist, denn erst eine in unterschiedlichsten Domänen der gesellschaftlichen Organisation operable Sprache ist als Kommunikationsmedium derart gegenwärtig, daß sie zum Gegenstand sprachökonomischer Wandlungsprozesse wird, die überregionale Kommunikation ermöglichen. Der Kausalnexus muß dabei nicht immer unmittelbar gegeben sein. Fraglos nehmen auch frühneuzeitliche Rechtsordnungen direkt an den Überlegungen zur sprachlichen Gestaltung im Hinblick auf allgemeinverständliche Kodifikation von rechtlichen Normen teil, eine Vielzahl der Quellen stellt sich jedoch weder die Frage nach dem Verhältnis von Dialekt und standardisierter Sprache, noch nimmt sie bewußt teil an schreibsprachlichen Ausgleichsprozessen. Die Okkurrenz dieser Quellen bedingt jedoch die Vielfältigkeit schriftsprachlicher Praxis, die als Differenz zu kombinatorischen Varianten mit großen Geltungsarealen erst die Bedingung einer sich ausprägenden Standardvarietät ist. In nuce setzt also jede Form der Überregionalisierung als schriftsprachlich gesteuerter Vereinheitlichungsprozeß eine Diversifikation regionaler Strata voraus, die ihrerseits nicht virtuell existiert, sondern über tatsächliche Textokkurrenzen wirksam ist. Die vorrangige Konzentration auf Vereinheitlichungstendenzen im Hinblick auf die Etablierung einer deutschen Hochsprache führte wissenschaftsgeschichtlich betrachtet zur Ausblendung der Konstituierung der Diversifikation von Kommunikation; diese ist hier als Polyfunktionalisierung in ihren vielfältigen Zusammenhängen exemplarisch dargestellt. Fraglos wird es notwendig sein, den Konnex zwischen Polyfunktionalisierung und Überregionalisierung in der Ausrichtung auf literale Verständigung noch genauer in den Blick zu nehmen. Hier ging es allein darum, die Polyfunktionalisierungstendenzen als wirksame Prozesse der Kultursprachenetablierung zu profilieren.

Die Adäquatheit des pragmatischen Textbegriffes von I. Rosengren (1980, 275f) für eine funktional-diachrone Analyse des juridischen Diskurses ist dabei belegt. Die je untersuchten Einzeltexte zeigen in ihren vielfältigen Verschränkungen, daß die zunehmende Ausweitung des Funktionsgrades deutscher Sprache eine Folge intentionaler Kommunikationsakte ist, so daß die Polyfunktionalisierung des Deutschen de facto über die Behandlung von Textgeschichten zu taxieren ist. Wenn auch die Polyfunktionalisierung als Sprachwandelprozeß selten unmittelbare Folge der Handlungsabsichten von Textproduzenten ist, so doch eine kausale Konsequenz vielfach gleichgerichteter kommunikativer Handlungen. Von herausragender Bedeutung ist dabei die durch Einzelanalysen belegte Verknüpfung von Polyfunktionalisierung und Intertextualisierung. Wie bereits in Kap. 4.3 im einzelnen dargelegt, gehen wir dabei von einem intensiven Intertextualitätsbegriff aus. Intertextualität ist folglich belegt als textkonstitutiver Bezug auf Prätexte.[1] Daß damit der insbesondere literaturwissenschaftlich diskutierte extensive Intertextualitätsbegriff, der mit einer Infragestellung des originären Werkes und des Autors einhergeht, keineswegs irrelevant für die funktionsgeschichtliche Betrachtung des Sprachwandels ist, wird in Kap. 6.2 nochmals aufgegriffen. Hier mag es ausreichen, die Ausprägung eines intertextuellen Netzes als funktionsspezifische

---

[1] U. Ohm (1997, 188) spricht in bezug auf die Konstitution intertextueller Relationen von korpusinterner Intertextualität.

Voraussetzung der Kultursprachigkeit festzuhalten. Dies ist für den juridischen Diskurs im einzelnen belegt, kann aber auf andere funktionale Domänen sicherlich weitgehend übertragen werden. In diesem Zusammenhang zeigt sich, daß der Einzeltext, auch der sogenannte saliente Text, eine funktionsgeschichtlich relativ eingeschränkte Bedeutung hat. Textgeschichte als Funktionsgeschichte bedeutet demgemäß immer, das Netzwerk der wesentlichen Zusammenhänge von Texten zu erfassen. H. Steger (1984, 200) ist also gänzlich zuzustimmen, wenn er die deutsche Sprachgeschichte zusammenfassend „als Geschichte der Ausgliederung und des Ausbaus von funktionalen Sprachvarietäten und Texttypen/Gattungsinventaren" bezeichnet. Eine historische Textlinguistik des Deutschen wird folglich weder als Analyse singulärer Texte noch als generalisierende Textsortenklassifikation aussagekräftig sein. Erst die Betrachtung der textbedingten Funktionsdifferenzierung mit ihrer einhergehenden Intertextualisierung ist in der Lage, die in Sprachgeschichten bisher auf dialektale Ausgleichsvorgänge weitgehend simplifizierte Etablierung einer deutschen Standard- bzw. Kultursprache entscheidend zu ergänzen.

Als Relatum der insofern sprachgeschichtlich wesentlichen Intertextualisierung von kommunikativen Domänen und Bezugsgrößen von Textmustern kommt neben den Variablen des pragmatischen Kotextes und den inhaltlichen sowie superstrukturellen Architekturen der Texte vor allem der Illokutionsstruktur Bedeutung zu. Wenngleich eine Textmusterdistinktion im juridischen Diskurs über die Analyse von dominanten Illokutionen kaum zu erreichen ist, da es über die Grenzen von Teildomänen hinausgehende Konstanten der Illokutionsstruktur gibt, verweisen die je dominanten Illokutionen und ihre sprachliche Realisierung über verbale Marker auf domänentypische Vertextungsverfahren, die im Zuge der Rezeption von Quellen als Prätext zur Tradierung kommunikativer Muster führen. Einzelne Quellentypen des juridischen Diskurses weisen dabei eigenständige Illokutionsstrukturen bzw. dominante Illokutionen auf, während andere Textmuster dem Standardillokutionstyp des juridischen Diskurses entsprechen. Dieser ist abgesehen von den häufigen kombinatorischen Sprechakten, die von e i n e r dominanten Illokution nur schwer sprechen lassen, durch eine Dominanz direktiver Sprechakte gekennzeichnet. Für die einzelnen Teildomänen wurde je gesondert auf die sprachliche Realisierung der zugrunde liegenden steuernden Handlungsabsichten eingegangen. Als Teil des pragmatischen Profils der juridischen Diskursdomäne im Spätmittelalter und der Frühen Neuzeit soll hier diese Dominanz lediglich abstrakt gefaßt werden. Dazu schließen wir uns E. Rolf (1997) an, der eine Systematik der Illokutionskraft im Sinne der kommunikativen Funktion von Äußerungen in Anlehnung an J. Searles Sprechakttypen entwickelt hat. Im Zusammenhang der Behandlung von Illokutionskraftfamilien bestimmt er die Direktiva wie folgt:

> Die direktive illokutionäre Stammkraft, !, hat in drei Dimensionen eine spezielle Ausprägung. Sie hat, erstens, einen speziellen propositionalen Gehalt (= Θ): die Repräsentation einer zukünftigen Hörer-Handlung. Sie hat, zweitens, die vorbereitende Bedingung Σ, daß der Hörer in der Lage ist, die im propositionalen Gehalt repräsentierte zukünftige Handlung auszuführen. Die direktive illokutionäre Stammkraft hat, drittens, die Aufrichtigkeitsbedingung Ψ, der zufolge der Sprecher wünscht, daß die im propositionalen Gehalt repräsentierte Hörer-Handlung ausgeführt wird (...). (E. Rolf 1997, 177)

Diese drei Dimensionen sind nicht nur Relata des Standardillokutionstyps von normierender Rechtsprosa, sondern zugleich als Bestimmungsstücke der juridischen Diskursorganisation einzusetzen. Θ als Spezifik des propositionalen Gehaltes ist eine der Bedingungen juridischer Texte. Die Mehrzahl der Quellen ist gekennzeichnet durch die Fokussierung einer zukünftigen Hörer-Handlung, die in legistischen Texten gemeinhin nicht nur positiv interpretiert, sondern auch in der Negation als Repräsentation einer Unterlassung eingesetzt wird. Daß dabei eine enge Bindung an den Adressatenkreis notwendig ist, folgt aus der vorbereitenden Bedingung Σ, ohne die jede Form handlungsverpflichtender Äußerungen, schon gar die kollektiv adressierten, irrelevant wären. Erst unter der Bedingung, daß die im propositonalen Gehalt ausgesprochenen Direktiven pragmatisch einzulösen sind, kann ein sinnvoller Sprechakt zustande kommen. Die explizite Ansprache der Adressaten in vielen Quellen des juridischen Diskurses entspricht dieser Bedingung und ist insofern nichts anderes als antizipierte Reflexion der Perlokution von normierenden Äußerungen. Die Aufrichtigkeitsbedingung Ψ schließlich ist Gegenstand nachdrücklicher Beteuerungen in vielen Rechtstexten des hier behandelten Korpus, die zumeist im Zusammenhang der Schilderung von Rechtszersplitterung und -unsicherheit die Notwendigkeit neuer Rechtsordnungen ostentativ zu legitimieren versuchen. Die direktive illokutionäre Stammkraft ! im Sinne E. Rolfs (1997) ist damit eines der Kennzeichen des juridischen Diskurses. Wie im einzelnen dargelegt, wird diese durch andere dominante bzw. koordinierte Illokutionstypen flankiert, so daß je nach Teildomäne oder sogar Quellentyp unterschiedliche Kombinationen zu belegen waren; häufig ist dabei die Verbindung von Direktiva und Repräsentativa. Auf die Repräsentativa soll daher auch in Kürze nochmals eingegangen werden, zumal eine Tendenz der Ablösung von dominanten Direktiva zur alleinigen Verwendung der Repräsentativa beispielsweise im Territorialrecht zu belegen ist und diese Tendenz ganz offensichtlich Licht auf die heutige Form legistischer Texte wirft. Der häufigste Subtyp von Repräsentativa ist die Gestalt ETWAS FESTSTELLEN, EINE FESTSTELLUNG MACHEN.[2] Hierbei geht es gerade nicht um den Versuch der Verpflichtung der Adressaten, sondern um die kategorische Einsetzung von

---

2 Vgl. E. Rolf (1997, 140), der diesen Typ im Zusammenhang der Familie der Assertiva näher kennzeichnet.

Rechtsnormen als existente Handlungsleitlinien. Als solche sind diese im weiteren selbstredend wiederum auch direktiv zu interpretieren, die sprachliche Realisation markiert aber die Absicht der Steuerung zukünftigen Verhaltens nicht. Die letzthin auch normierende Handlungsabsicht bei repräsentativer Realisierung des propositionalen Gehaltes erklärt die Möglichkeit und häufig belegte Kombination mit Direktiva.

Die Illokutionsstruktur ist als Relatum der Intertextualisierung von kommunikativen Domänen bzw. Textmusterausprägungen bezeichnet. Die abstrakte Formulierung der dominanten illokutionären Kräfte verdeutlicht vor diesem Hintergrund, daß die hier behandelten Texte des juridischen Diskurses durch übereinstimmende Referenz auf illokutionär markierte Handlungshorizonte gekennzeichnet sind.[3] Dies bedingt im wesentlichen ein charakteristisches Diskursprofil, das über die Textmusterorganisation hinausgeht und einen Verbund textueller Praxis auf der Ebene des Diskurses begründet. In diesem Zusammenhang ist durchaus von einer Diskursspezifität zu sprechen, die über Kontinuitäten der pragmatischen Referenz zu belegen ist und die Intertextualisierung bedingt, wie sie durch diese erst konstituiert ist. Die illokutiven Dominanzen der Sprechaktorganisation prägen damit entscheidend die Diskursspezifität aus. Diese wiederum ist eine Voraussetzung nachdrücklicher Intertextualisierung, denn das Profil einer Diskursdomäne ist ein Richtpunkt bzw. Frame für die Ausprägung intensiver Intertextualität. Die ausgeprägte Bezugsetzung von Texten innerhalb eines Teilbereiches der gesellschaftlichen Organisation setzt ein übergeordnetes Raster voraus, das mit der Spezifität des jeweiligen Diskurses gegeben ist. In weiterer Vermittlung zur Intertextualität steht schließlich der Prozeß der Polyfunktionalisierung, da Polyfunktionalität an die Existenz intertextueller Vermittlung eines Korpus ganz offensichtlich gebunden ist.

Es ist gezeigt, daß der insofern enge Zusammenhang zwischen Diskursspezifität, Intertextualisierung und Polyfunktionalisierung einerseits durchaus im Hinblick auf die Gesamtorganisation des juridischen Diskurses zu behandeln ist, andererseits aber auch die interne Gliederung des Diskurses in Teildomänen berücksichtigt werden muß. Diese Teildomänen stehen jedoch nicht gleichgewichtet nebeneinander, sondern haben unterschiedliche Bedeutung im Hinblick auf die Entfaltung von Kultursprachigkeit. Dies verweist nochmals auf die Feststellung, daß eine funktional-pragmatische Sprachgeschichtsschreibung nicht allein auf sprechaktanalytische Konzepte zu beschränken ist, denn die Gewichtung von Teildomänen hängt wesentlich mit der Stellung jeweiliger kommunikativer Verfahren in einer konkreten historischen Situation

---

3 Vgl. C. Fraas (1997), die Intertextualität als variierende Wiederaufnahme diskursiv zentraler Konzepte versteht.

zusammen. Folglich sind Daten der sogenannten externen Sprachgeschichtsschreibung für Erkenntnisse zur Funktionsdifferenzierung einer Sprache unbedingt heranzuziehen. Für den juridischen Diskurs zeigt sich das Fehlen eines einheitlichen Rechtssystems als sprachgeschichtlich besonders folgenreich. Die verfassungsgeschichtlich bedingte mangelnde Durchsetzungskraft eines zentralisierten Reichsrechts bis zum Ende der Frühen Neuzeit ist Voraussetzung der allein schon quantitativ massiven Vertextungspraxis in der Domäne des Rechts. Dieses quantitative Gewicht steht dabei unzweifelhaft in Verbindung zur sachlichen Bedeutung der Vielzahl spätmittelalterlicher und frühneuzeitlicher Rechtskreise. Folglich wird die Polyfunktionalisierung des Deutschen im juridischen Diskurs gerade durch die Leerstelle eines überregional verbindlichen Rechts vorangetrieben. Die fehlende Einheit des Rechtssystems ist also Voraussetzung der breitenwirksamen Polyfunktionalisierung. Diese Erkenntnis koinzidiert mit P. von Polenz' (1991, 166) Forschungsposition, derzufolge die „Entstehung der nationalen Standardsprache Neuhochdeutsch" stark von „plurizentrischer Entwicklung gekennzeichnet" ist. Bei P. von Polenz wird die Auffassung plurizentrischer Entwicklung des Deutschen auf die verschiedenen Schreiblandschaften und im Hinblick auf den überregionalen Ausgleich bezogen; funktionsgeschichtliche Erkenntnisse zur juridischen Diskursetablierung stützen diese Auffassung. Damit ist der kausale Zusammenhang von plurizentrischer Polyfunktionalisierung und plurizentrischem Ausgleich erneut verifiziert. Erst die Okkurrenz kommunikativer Verfahren mit schriftlichen Mitteln ermöglicht eben „die Beteiligung vieler Schreiblandschaften" (P. von Polenz 1991, 168) am Prozeß der Standardisierung des Neuhochdeutschen. Nicht unbedeutend ist dabei die Hervorhebung des Territorialrechts, das fraglos als dominante Domäne des juridischen Diskurses anzusehen ist. Weitere Untersuchungen haben im einzelnen zu zeigen, welche Übereinstimmungen von territorialen Geltungsgraden und den Schreiblandschaften bestehen und ob ein erkennbarer Zusammenhang in der Gewichtung von Territorien und einzelnen Schreiblandschaften besteht. Daß dabei die interne Verzahnung auch des Territorialrechts wiederum zu berücksichtigen und damit auf andere Teildomänen des juridischen Diskurses zu verweisen ist, zeigt die Bedeutung der Stadtrechte, Rechtsbücher und im einzelnen auch anderer Rechtskreise im Spektrum des juridischen Gesamtdiskurses.

Ist der Konnex von Überregionalisierung und Polyfunktionalität evident und im Hinblick auf strukturelle Verbindungen einzelner sprachlicher Ebenen hinreichend behandelt, so ist es notwendig, auf die zeitlichen Dimensionen der Polyfunktionalisierung des Deutschen im Gesamtblick einzugehen. Wir gingen davon aus, daß die bisherige Periodisierung des Deutschen in Theorien der Etablierung einer Standardvarietät spezifische Phaseneinteilungen vornimmt, die nicht selten generalisierend als Phaseneinteilung der deutschen Sprachgeschichte im allgemeinen formuliert werden. Nicht zuletzt die Übersicht von Periodisierungsentwürfen durch T. Roelcke (1995) zeigt jedoch, daß je nach Fokus unterschiedlichste Periodisierungsvorschläge zum Deutschen vorliegen. Eine funktional-pragmatische Sprachgeschichtsschreibung hat demzufolge auch das Ziel, generalisierende Einsichten zum Verlauf der Standardisierung des Deutschen zu ergänzen bzw. zu modifizieren. Zu diesem Zweck wurde in Kap. 5. für jede Teildomäne des juridischen Diskurses eine Mikroperiodisierung vorgenommen, deren Ziel in der detailorientierten Einteilung funktionsgeschichtlicher Phasen bestand. Wenngleich der juridische Diskurs als Gesamtheit nicht summarisch aus seinen Teildomänen zu konstruieren ist - zumal hier nur der Ausschnitt der normativen Texte behandelt ist -, können Tendenzen der Entwicklung über eine Synopse der Einzelperiodisierungen erkennbar werden. Diese ermöglicht insbesondere eine zeitliche Bestimmung der initialen Tendenzen zur volkssprachigen Rechtsprosa und wesentlicher Einschnitte. Der Übergang zur Frühen Neuzeit ist dabei ganz offensichtlich ebenso prägend für die Diskursorganisation in toto, wie der Beginn der Funktionsdifferenzierung des Deutschen im 13. Jahrhundert. Periodisierungen, welche die entscheidenden Ecksteine einer Standardisierung des Deutschen erst im 15. und insbesondere 16. Jahrhundert zu erkennen meinen, sind damit unhaltbar. Unter der Voraussetzung des diachronen Konnexes von Literalität, Polyfunktionalität und Überregionalität sind die Fundamente späterer Standardisierungen im Spätmittelalter zu suchen. In der Übersicht ergibt sich folgendes Bild:

Quellengruppe	Spätmittelalter		Frühe Neuzeit	
Reichsrecht	**Phase 1 (1235-1495)**		**Phase 2 (1495-~1650)**	**Phase 3 (1650-1806)**
Territorialrecht	**Phase 1 (~1230-1500)**		**Phase 2 (1500-1700)**	**Phase 3 (1700-1800)**
Stadtrecht	**Phase 1 (1200-1500)**		**Phase 2 (1500-1800)**	
Ländliches Recht	**Phase 1 (1200-1400)**	**Phase 2 (1400-1650)**		**Phase 3 (1650-1800)**
Rechtsbücher	**Phase 1 (1200-1300)**	**Phase 2 (1300-1500**		
Seerecht		**Phase 1 (1250-1400)**	**Phase 2 (1400-1614)**	**Phase 3 (1600-1800)**
Bergrecht	**Phase 1 (1200-1300)**	**Phase 2 (1300-1700)**		**Phase 3 (1700-1800)**
Deichrecht		**Phase 1 (1400-1600)**	**Phase 2 (1600-1800)**	

Abb. 27: Perioden des juridischen Diskurses nach Teildomänen

Es konnte gezeigt werden, daß die erste Phase dabei insbesondere als Ablösung lateinischer Schriftlichkeit bzw. initiale Neukonstituierung kommunikativer Domänen zu beschreiben ist. Dabei haben polylinguale Verschränkungen von Texten eine maßgebliche Funktion. Insofern soll auch nochmals darauf verwiesen werden, daß eine funktional-pragmatische Sprachgeschichtsschreibung Fragestellungen entwickelt, die durchaus über die Grenzen nationalphilologischer Sachfragen hinausgehen.[4] Eine Brücke zum Desiderat einer europäischen Sprachgeschichtsschreibung ist damit geschlagen, wie sie H. Munske (1995) konzipiert. Die Geschichte der Etablierung einer Kultursprache ist nicht im isolierten Blick auf nur eine Sprache zu erkennen, sondern hat die vielfältigen Interdependenzen zu anderen Sprachgeschichten zu berücksichtigen. Sprachgeschichte hat demzufolge evolutionären Sprachwandel in seinen komplexen Dimensionen zu betrachten, wie er von P. von Polenz (1995, 61) beschrieben ist:

> Sprachbenutzer, vor allem im Rahmen von Institutionen routiniert tätige, verursachen Varietätenpräferenzen und Innovationen, von denen sie nicht wissen können, was sich aus ihnen im sprachlichen Systemwandel und Stilwandel entwickelt. Infolge des zeitlichen Abstands zwischen Innovation und textsortenspezifischer Durchsetzung ist Sprachgeschichte großenteils sozialstilistischer Wandel.

P. von Polenz geht davon aus, daß eine solche Sprachgeschichte unter anderem durch die Analyse von kollektivem Kommunikationsverhalten einzulösen ist. Die domänenspezifischen Verläufe der Etablierung gesellschaftlich relevanter Diskurse und ihre interne Musterorganisation sind dabei ein wichtiges Feld der Beobachtung. Sprachgeschichte in diesem Sinn befindet sich noch in ihren Anfängen, wird jedoch angesichts der Möglichkeit zur nachdrücklichen Ergänzung traditioneller Erklärungsversuche zur Etablierung der neuhochdeutschen Kultursprache einen wichtigen Platz in der diachronen Sprachwissenschaft einnehmen. Im Ausblick auf weitere derartige Forschungen schließen folgende Bemerkungen zur funktional-pragmatischen Historiolinguistik die vorliegende Untersuchung.

---

[4] Vgl. hierzu die eingehenden Erörterungen zum Verhältnis von polylingualer Intertextualität und der Konstituierung von Kultursprachen in I. Warnke (1998).

6.2 Perspektiven einer funktional-pragmatischen Sprachgeschichtsschreibung des Deutschen

Die exemplarischen Untersuchungen zur Funktionsdifferenzierung des Deutschen in der juridischen Diskursdomäne zeigen, daß Polyfunktionalisierungen nicht über die Textebene allein zu erfassen sind. Ist die grundsätzliche Berücksichtigung des Textes als Relatum kommunikativen Handelns für jede pragmatische Sprachgeschichte wichtig, so ist zu bedenken, daß die funktionsgeschichtlich maßgeblichen Intertextualisierungstendenzen von Sprachen erst vermittels einer diskursiven Vernetzung von Einzeltexten möglich werden. Zur Klärung der pragmatischen Bedingungen des Sprachwandels reicht es folglich nicht aus, ahistorische Verfahren der Textlinguistik einfach auf historische Sprachperioden zu projizieren und von da aus Einsichten in die diachrone Entfaltung verbaler Handlungsmuster zu gewinnen. Vielmehr ist es notwendig, auf der Grundlage einer derartigen, im übrigen auch kaum ausgereiften, historischen Textlinguistik die hypertextuellen Dimensionen sprachlicher Entwicklung zu erfassen. Eine pragmatische Textgeschichte ist insofern nicht hinreichend erklärungsmächtig für die Bedingungen funktionaler Differenzierungen der Kommunikation und ist durch eine historische Diskursanalyse zu erweitern. Diskursanalyse in diesem Sinn fokussiert den Rahmen jeweiliger Einzelvertextungen. In den Blick werden damit Handlungshorizonte genommen, die sowohl inhaltlich als auch formal determinierend für die Erscheinungsformen von singulären Texten sind und damit im Verlauf der Tradierung von Textmustern eine maßgebliche Bedingung der Textgeschichte einer jeweiligen Sprache darstellen.

Es wurde bereits in Kap. 4.3.3 auf M. Foucaults (1973,184) Bestimmung des Diskurses als das historische Apriori kommunikativen Handelns eingegangen. Die funktionshistorische Analyse des juridischen Diskurses zeigt, daß die Kommunikationsgeschichte von Einzelsprachen ganz offensichtlich auch strukturell maßgeblich an Diskursformationen gebunden sind, so daß M. Foucaults Erläuterungen zum Diskursbegriff als Prolegomena einer funktional-pragmatischen Sprachgeschichtsschreibung zu lesen sind. Nicht zuletzt auch deshalb, weil M. Foucault (1977, 25) die Fachdisziplin, also die institutionalisierte Kommunikationsdomäne als „Kontrollprinzip der Produktion des Diskurses“ auffaßt. Eben dies bestätigt auch die Teilhabe der juridischen Diskursdomäne an der Polyfunktionalisierung des Deutschen. Im einzelnen wurde bereits begründet, warum eine pragmatische Historiolinguistik die Sprechaktorganisation von Texten als Muster kommunikativen Handelns zu berücksichtigen hat. Gerade die Illokutionen von Texten stehen nun überdies im engsten Zusammenhang mit institutionalisierter Kommunikation und insofern mit der Strukturierung des Diskurses. E. Rolf (1997, 86) geht ausführlich auf den

Begriff der Institutionalität in Anlehnung an J. Searle ein. Die institutionellen Tatsachen resultieren danach nicht aus außersprachlichen Gegebenheiten, sondern sind Relata von Handlungshorizonten: „Institutionelle Tatsachen hingegen kann es nur innerhalb menschlicher Institutionen geben. Institutionelle Tatsachen machen spezifische menschliche Institutionen für ihre bloße Existenz erforderlich." Gemeint sind hiermit nicht Institutionen wie Gerichte, Gesetzgeber etc. selbst, sondern unter anderem in der Fachkommunikation „gemeinschaftsabhängig, gemeinschaftlich getragene[ ], intersubjektiv konstituierte[ ]" (ebd., 84) Handlungshorizonte. Wenn es zutrifft, daß es zu den Mitgliedschaftsbedingungen von Gesellschaften gehört, „daß die außersprachlichen Einrichtungen als Institutionen anzusehen sind, sowie die - größtenteils vor ihrem Hintergrund konstituierten - institutionellen Wirklichkeiten intersubjektiv für gültig gehalten werden" (ebd.), so hat Sprachgeschichtsschreibung die Existenz von Institutionen als Voraussetzung jeglicher funktionalen Differenziertheit von Sprache anzusehen. Die hierauf bezogenen institutionellen Tatsachen sind in bezug zur Sprechaktorganisation ebenso wie zur Diskursformation über institutionelle Kontrollmechanismen zu setzen.

Die Dimensionen von Diskursivität, Polyfunktionalität und Institutionalität sind dabei als interdependente Größen der Sprachentwicklung zu betrachten und stehen als solche in enger Bindung zur Intertextualisierung, die als wesentlicher Aspekt diachroner Dynamik ein zentraler Gegenstand der funktional-pragmatischen Sprachgeschichtsschreibung sein muß. Auch hier ist der Bezug auf M. Foucaults Diskursanalyse über den Begriff der Serie gegeben. Diskurse konstituieren sich infolge kontinuierlicher und diskontinuierlicher Anwendungen kommunikativer Regeln bzw. Regelverstöße und entsprechender Transformationen. Für die Intertextualisierung literaler Kommunikation ist die serielle Okkurrenz von Texten mit partieller Wiederholung spezifischer Muster eine Voraussetzung. Daß mit der Berücksichtigung der seriellen Implikationen von Text- bzw. Diskursgeschichten eine funktional-pragmatische Sprachgeschichtsschreibung Einsichten in die Kultur überhaupt gibt, mag der Verweis auf G. Haßler (1997, 12) verdeutlichen:

> Über den Autoritätsverweis hinaus kann bei der Verwendung 'vorgefertigter' Textteile die Absicht bestehen, sich einer Serie von Texten anzuschließen. Ohne Wiederholung in diesem Sinne gäbe es keine Kultur, denn alle Ausdrucksformen von Kultur setzen eine zeitliche Synthese voraus, eine Zeit, die über sich hinausweist, indem sie Ausdrucksformen in bereits Vorliegendem findet.

Verweist die serielle Okkurrenz von Texten im Kontext diskursiver Entfaltung auf Kultur überhaupt, so mag nochmals deutlich werden, warum hier die Begriffe Standardsprache, Hochsprache etc. durch den wertfrei gemeinten Begriff der Kultursprache ersetzt sind.

Wir halten also fest, daß die Konstituierung von Handlungshorizonten im wesentlichen qua Bildung von Textmustern im Verlauf der Intertextualisierung von Kommunikation erfolgt. Die sprachgeschichtliche Berücksichtigung dieser Handlungshorizonte geht dabei über den bekannten Habermasschen Diskursbegriff hinaus, der Diskurs als „die durch Argumentation gekennzeichnete Form der Kommunikation" bezeichnet, „in der problematisch gewordene Geltungsansprüche zum Thema gemacht und auf ihre Gültigkeit hin untersucht werden" (J. Habermas 1973, 454). In Anlehnung an M. Jung (1996) wird der von D. Busse/W. Teubert (1994) entwickelte Begriff des Diskurses auch als sprachgeschichtlich fruchtbares Konzept betrachtet. Diskurse in diesem Sinn sind über eine domänenspezifische Thematik, strukturelle Binnenrelation, situative Invariablen und intertextuelle Beziehungen konstituiert. Die sprachgeschichtlichen Befunde zum juridischen Diskurs können als Explanandum der empirischen Adäquatheit eines solchen Diskursbegriffes eingesetzt werden.

Angesichts gerade des Gewichts von Intertextualität im Zusammenhang einer funktional-pragmatischen Sprachgeschichtsschreibung ist die Frage aufzuwerfen, welche Konsequenzen sich aus der diskursanalytischen Perspektive für den historiolinguistischen Stellenwert von Quellen ergeben. In den empirischen Abhandlungen wurde wiederholt darauf verwiesen, daß die Komplexität der intertextuellen Beziehungen innerhalb eines Diskurses relational auf den Status der Originalität von Quellen bezogen ist; je ausgeprägter die Bezüge auf Prätexte, um so weniger ist von einer singulären bzw. originären Quelle zu reden. In einem derart weitgehend vernetzten Diskurs wie dem juridischen ist folglich oft nicht mehr von Einzelquellen auszugehen, der singuläre Text verliert unter diskursgeschichtlicher Betrachtung seine historiolinguistische Erklärungsmacht. Ähnlich wie ein extensiver Intertextualitätsbegriff die Auffassung vom geschlossenen, einheitlichen literarischen Werk dekonstruiert, folgt aus einer diskursanalytisch interessierten Sprachgeschichtsschreibung die Aufhebung des Begriffs der Quelle als isoliert zugänglicher Datenbasis. Das Korpusprinzip historischer Sprachanalyse im Sinne der linguistischen Analyse von systematisch gesammelten Einzeltexten ist damit um die Berücksichtigung der korpusinternen Beziehungen zu erweitern. Dies setzt selbstredend eine Korpusgenerierung auf der Grundlage der exemplarischen Abbildung von Diskursen voraus. Wir werden also nicht analog zum viel beredeten Tod des Autors im Dekonstruktivismus vom Tod der Quelle sprechen, doch von einer Erweiterung des Quellenbegriffs um hypertextuelle Bezüge. Die damit mögliche Neuformulierung von sprachgeschichtlichen Fragestellungen zielt auf ein diachrones Programm, das K. Steyer (1997, 93) als diachrone Perspektive auf Intertextualität beschreibt:

> Er [der Linguist] kann schließlich (Inter)Textgeschichte erfassen, indem er empirisch auf der Basis großer Textkorpora die Genese zentraler lexikalischer Einheiten bzw. zentraler Formulierungs-, Argumentations- und Textmuster rekonstruiert.

Es bleibt zu hoffen, daß nicht ähnlich wie bei den Forderungen nach einer historischen Textlinguistik die theoretisch-konzeptionellen Erörterungen zur Markierung von Desideraten die tatsächlichen empirischen Untersuchungen langfristig dominieren. Eine funktional-pragmatisch gewichtete Sprachgeschichtsschreibung des Deutschen läßt nur auf der Grundlage konkreter Analysen weitere Modifikationen bisheriger sprachgeschichtlicher Erkenntnisse erwarten. Dies gilt insbesondere für die Periodisierung und die Fragen zur Kontinuität und Diskontinuität sprachlicher Entwicklung auf den unterschiedlichen Realisationsebenen des Systems. In jedem Fall wird S. Wichters (1994, 250) These, daß in der Frühen Neuzeit die diatopische Subsystemdimension des mittelalterlichen Deutsch durch die sprachlich manifeste „Dimension der horizontalen und vertikalen Wissensdifferenzierung" ersetzt wird, von Bedeutung sein. Es stehen noch viele Einzelanalysen aus, die unter anderem auch zur Weiterentwicklung der hier vertretenen Konzeption führen können. Die Erweiterung textgeschichtlicher Ansätze um die sprachgeschichtliche Analyse von Diskursen wird dabei in jedem Fall im Mittelpunkt zu stehen haben:

> Diskurse als linguistische Forschungsgegenstände bieten besonders sprachgeschichtliche und sprachtheoretische Chancen, da ihre Untersuchung in ungleich höherem Maße das Ineinandergreifen von Sprachformen, Konzeptuellem und gesellschaftlich-politischen Ereignissen zu verstehen und nachzuzeichnen erlaubt als die sonst übliche Konzentration auf ein Phänomen über die unterschiedlichsten Inhalte hinweg. (M. Jung 1996, 470)

Die Forschungsaktivität im Zusammenhang der Renaissance sprachgeschichtlicher Interessen in der Germanistik seit den 1980er Jahren wird vor dem Hintergrund der bezeichneten Desiderate nicht nur anhalten, sondern auch um wichtige Konzeptionen ergänzt werden.

7. Anhang

7.1 Quellen

1 Allgemeines Landrecht für die Preußischen Staaten.
in: Allgemeines Landrecht für die Preußischen Staaten von 1794. Textausgabe. Frankfurt/M./ Berlin 1970.

2 Altbayrische Ehehaftrechte.
in: Heinrich Gengler: Die altbayrischen Ehehaftrechte. Erlangen/ Leipzig 1891.

3 Annaberger Bergordnung.
in: ZRG (GA) 68.1951, 439-442.

4 Appellationen Ludwigs des Bayern.
in: Karl Zeumer: Quellensammlung zur Geschichte der Deutschen Reichsverfassung in Mittelalter und Neuzeit. 2. Aufl. Tübingen 1913, Nr. 139, 175-181.

5 Arnsberger Reformation.
in: Heinrich von Senckenberg: Corpus iuris germanici publici ac privati. Teil 2. Frankfurt/M. 1760, 79-82.

6 Aufzeichnung über das kaiserliche Landgericht des Burggrafenthums Nürnberg.
in: Wilhelm Vogel: Des Ritters Ludwig von Eyb des Aelteren Aufzeichnung über das kaiserliche Landgericht des Burggrafenthums Nürnberg. Erlangen 1867, 59-79.

7 Augsburger Reichsabschied.
in: Neue und vollständigere Sammlung der Reichs-Abschiede, Welche von den Zeiten Kayser Conrads des II. bis jetzo, auf den Teutschen Reichs-Tägen abgefasset worden. Hg. von H.C. Senckenberg et al. Bd. 3. Frankfurt/M. 1747, 211-244.

8 Augsburger Religionsfrieden (Abschied des Augsburger Reichstags).
in: Karl Zeumer: Quellensammlung zur Geschichte der Deutschen Reichsverfassung in Mittelalter und Neuzeit. 2. Aufl. Tübingen 1913, Nr. 189, 341-370.

9 Augsburger Sachsenspiegel.
in: Studia Iuris Teutonici. Deutschenspiegel. Tractavit K.A. Eckhardt. Aalen 1971, 127-148.

10 Badische Landesordnung.
in: Rudolf Carlebach: Badische Rechtsgeschichte. Bd. 1. Heidelberg 1906, 135-137.

11 Badische Landesordnung.
in: Quellen zur neueren Privatrechtsgeschichte Deutschlands, Bd. 2/1: Polizei- und Landesordnungen. Köln et al. 1968, 141-160.

12 Badische Weistümer.
in: Badische Weistümer und Dorfordnungen. Hg. von der Badischen Historischen Kommission. Heidelberg, 1. Heft. Heidelberg 1917.

13 Bambergische Halsgerichtsordnung.
in: Josef Kohler und Willy Scheel: Die Bambergische Halsgerichtsordnung. Halle 1902.

14 Baseler Bischoffs- und Dienstmannenrecht.
in: Urkunden zur Geschichte der Territorialverfassung. Hg. von P. Sander und H. Spangenberg. Nachdr. d. Ausg. Stuttgart 1922-26. Aalen 1965. Nr. 132, 1-2.

15 Bayrische Gerichtsordnung.
in: Werner Hartz: Die Gesetzgebung des Reichs und der weltlichen Territorien in der Zeit von 1495 bis 1555. Marburg 1931.

16 Bayrische Landesordnung.
in: Quellen zur neueren Privatrechtsgeschichte Deutschlands, Bd. 2/1: Polizei- und Landesordnungen. Köln et al. 1968, 161-324.

17 Bayrische Landrechtsreformation.
in: Quellen zur neueren Privatrechtsgeschichte Deutschlands, Bd. 1/2: Landrechte des 16. Jahrhunderts, Köln et al. 1938, 1-67.

18 Bayrische Weistümer.
keine Edition.

19 Bayrisches Landrecht. (Landrecht der Fürstentümer Ober- und Niederbayern).
in: Das Bayerische Landrecht von 1616. Hg. von H. Günter. München 1969.

20 Bergordnung für Österreich.
in: Corpus Juris Metallici Recentissimi et Antiquioris. Hg. von T. Wagner. Leipzig 1791, 34-70.

21 Berliner Schöffenrecht.
in: Peter Clauswitz: Das Berlinische Stadtbuch aus dem Ende des XIV. Jahrhunderts. Berlin 1883, 93-192.

22 Billwärder Land- und Deichordnung.
in: Sammlung der Hamburgischen Gesetze und Verfassungen in Bürger- und Kirchlichen, auch Cammer-Handlungs- und uebrigen Policey-Angelegenheiten und Geschäften samt historischen Einleitungen. Bd. 11: Die dritte und folgende Unterabtheilung der Bergedorfschen Landes-Verfassungen und die ganze zwote Haupt-Abtheilung von den Verfassungen in dem Hamburgischen Gebiete. Hamburg 1772, 696-703.

23 Billwärder Landrecht.
in: Hamburgische Rechtsalterthümer. Hg. von J. Lappenberg. Bd 1. Hamburg 1845, 321-344.

24 Brandenburgische Erbrechtskonstitution.
in: Quellen zur neueren Privatrechtsgeschichte Deutschlands, Bd. 1/2: Landrechte des 16. Jahrhunderts. Köln et al. 1938, 69-77.

25 Breidenbacher Landbrauch.
in: Wilhelm von der Nahmer: Handbuch des rheinischen Particularrechts. Bd. 2. Frankfurt/M. 1831, 885-921.

26 Bremische Statuten.
in: Johann Philipp Cassel: Bremensia. Bremische historische Nachrichten und Urkunden. Bd. 2. o.O. 1767, 423ff und 455ff.

27 Bremisches Ritterrecht.
in: Friedrich Esaias Pufendorf: Observationes Juris Universi. Bd. 1. Hannover 1770, Nr. 1.

28 Breslauer Landrecht (Schlesisches Landrecht).
keine Edition.

29 Brokmerbrief.
in: Karl von Richthofen: Friesische Rechtsquellen. Berlin 1840, 151-181.

30 Brünner Schöffenbuch (Brünner Rechtsbuch).
in: Emil Rössler: Die Stadtrechte von Brünn aus dem XIII. und XIV. Jahrhundert. Nachdr. d. Ausg. Prag 1852. Aalen 1963, 1-339.

31 Burger Landrecht.
in: Das Burger Landrecht. Text und Übersetzung nebst Faksimile-Wiedergabe nach dem Kodex des Stadtarchivs zu Burg bei Magdeburg. Hg. u. mit einleit. Bemerkungen vers. von F. Markmann und Paul Krause. Stuttgart/Berlin 1938.

32 Büsumer Deichrecht.
in: Sammlung altdithmarscher Rechtsquellen. Hg. von A. Michelsen. Nachdr. d. Ausg. Altona 1842. Aalen 1969, 247-250.

33 Coesfelder Rechtsbuch (Refrimacie).
in: Historisch-geographisch-statistisch-literarisches Jb. für Westfalen und den Niederrhein 1.1817, 313-330.

34 Confoederatio cum Principibus Ecclesiasticis.
in: Monumenta Germaniae Historica. Constitutiones II, Nr. 73, 86.

35 Constitutio Criminalis Carolina (Peinliche Gerichtsordnung Kaiser Karls V.).
in: Die Peinliche Gerichtsordnung Kaiser Karls von 1532 (Carolina). Hg. u. erl. von G. Radbruch. 6., durchges. Aufl. hg. von A. Kaufmann. Stuttgart 1991.

36 Constitutio für Stapelholm.
in: Quellen zur neueren Privatrechtsgeschichte Deutschlands. Bd. 2/1: Polizei- und Landesordnungen. Köln et al. 1968, 539-569.

37 Corpus Iuris Fridericianum. Erstes Buch: Von der Prozessordnung.
in: Corpus Iuris Fridericianum. Erstes Buch von der Prozeß-Ordnung. Nachdr. d. Ausg. Berlin 1781. Goldbach 1994.

38 Danziger Schöffenbuch.
in: Das Danziger Schöffenbuch. Hg. von M. Toeppen. Danzig 1878.

39 Decisiones electorales Saxonicae.
in: Des Durchlauchtigten Hochgeborne Fuersten vnd Herrn, Herrn Augusten Hertzogen zu Sachsen, des heiligen Roemischen Reichs Ertzmarschalln und Churfuersten ... Verordenungen vnd Constitutionen des Rechtlichen Proceß .... Enth. ausserdem: Decisiones Electorales Saxonicae oder Erledigung derer zweiffelhaffter Rechts-Faelle / Aufs neue hg. m. Register u. Vorrede von C.H. Breuning. Leipzig 1746 .

40 Deichrecht in den Bremischen vier Gohen.
in: Vollständige Sammlung alter und neuer Gesetz-Bücher der Kais. und des H. R. R. freien Stadt Bremen. Aus Original-Handschriften. Hg. von G. Oelrichs. Bremen 1771, 567.

41 Deichrechte für die Mark.
in: Codex Diplomaticus Brandenburgensis. Sammlung der Urkunden, Chroniken und sonstigen Quellenschriften für die Geschichte der Mark Brandenburg und ihrer Regenten. Bd. 5/2. Hg. von A. Riedel. Berlin 1848, 494-495. Codex Diplomaticus Brandenburgensis Continuatus: Sammlung ungedruckter Urkunden zur Brandenburgischen Geschichte. Bd. 2. Hg. von G.W. Raumer. Berlin et al. 1833, 20.

42 Der „alte Kulm".
in: Paul Laband: Das Magdeburg-Breslauer Systematische Schöffenrecht aus der Mitte des XIV. Jahrhunderts. Nachdr. d. Ausg. Berlin 1863. Aalen 1967, 1-202.

43 Der Grafschaft Hohenlohe gemeinsames Landrecht.
in: Der Grafschaft Hohenlohe gemeinsames Land-Recht. Mit denen benoethigten Marginalien und Registern. Oehringen 1738.

44 Der rechte Weg.
keine Edition.

45 Deutschböhmische Dorfweistümer.
in: Mitteilungen des Vereins für Geschichte der Deutschen in Böhmen 15/3.1876/77, 169-191 und 22/4.1883/84, 281-330.

46 Deutschenspiegel.
in: Deutschenspiegel und Augsburger Sachsenspiegel. Hg. von K.A. Eckhardt u. A. Hübner. 2. Aufl. Hannover 1933.

47 Dispositio Achillea.
in: Ausgewählte Urkunden zur Erläuterung der Verfassungsgeschichte Deutschlands im Mittelalter. Hg. von A. Altmann und E. Bernheim. 5. Aufl. Berlin 1920. Nr. 180, 371-383.

#48 Dithmarsisches Landrecht.
in: Sammlung altdithmarscher Rechtsquellen. Hg. von A. Michelsen. Nachdr. d. Ausg. Altona 1842. Aalen 1969, 1-85.

#49 Egerer Reichslandfrieden.
in: Deutsche Reichstagsakten. Ältere Reihe. Bd. 2, Nr. 72, 158-167.

#50 Eigenlandrecht der Siebenbürger Sachsen.
in: Friedrich Schuler von Libloy: Das Eigen Landrecht der S. Sachsen. Friedrich. o.O. 1853.

#51 Eisenacher Rechtsbuch.
in: Eisenacher Rechtsbuch. Bearb. von P. Rondi. Weimar 1950.

#52 Elbinger Rechtsbuch.
keine Edition.

#53 Elsässische Weistümer.
in: Elsässische Weistümer. Untersuchungen über bäuerliche Volksüberlieferung am Oberrhein, Hg. von K.R. Kollnig. Frankfurt/M. 1941.

#54 Erklärung des Landfriedens.
in: Neue und vollständigere Sammlung der Reichs-Abschiede, Welche von den Zeiten Kayser Conrads des II. bis jetzo, auf den Teutschen Reichs-Tägen abgefasset worden. Hg. von H.C. Senckenberg et al. Bd. 1. Osnabrück 1747, 229-241.

#55 Erneuerte Landesordnung von Böhmen und Mähren.
keine Edition.

#56 Ewiger Landfriede.
in: Karl Zeumer: Quellensammlung zur Geschichte der Deutschen Reichsverfassung in Mittelalter und Neuzeit. 2. Aufl. Tübingen 1913, Nr. 173, 281-284.

#57 Fivelgoer Küren.
in: Karl von Richthofen: Friesische Rechtsquellen. Berlin 1840, 283-288.

#58 Frankenberger Stadtrechtsbuch.
in: Friedrich C. Schmincke: Monumenta Hassiaca. Bd. 2. Cassel 1748, 669-756.

#59 Frankfurter Landfriedensordnung.
in: Karl Zeumer: Quellensammlung zur Geschichte der Deutschen Reichsverfassung in Mittelalter und Neuzeit. 2. Aufl. Tübingen 1913, Nr. 166, 260-265.

#60 Frankfurter Reichslandfriede.
in: Karl Zeumer: Quellensammlung zur Geschichte der Deutschen Reichsverfassung in Mittelalter und Neuzeit. 2. Aufl. Tübingen 1913, Nr. 171, 273-276.

#61 Frankfurter Stadtrecht (Erste Frankfurter Reformation).
in: Quellen zur neueren Privatrechtsgeschichte Deutschlands, Bd. 1/1: Ältere Stadtrechtsreformationen. Köln et al. 1936, 221-240.

62 Fränkische Landgerichtsordnung.
keine Edition.

63 Fränkische Weistümer.
in: Fränkische Bauernweistümer. Hg. von K. Dinklage. Würzburg 1954.

64 Freiberger Bergrecht.
in: Hubert Ermisch: Das Sächsische Bergrecht des Mittelalters. Leipzig 1887.

65 Freiburger Reichsabschied 1498.
in: Reichsabschiede... In Vier Theilen. Nachdr. d. Ausg. von 1747. Osnabrück 1967, 38-53.

66 Freisinger Rechtsbuch.
in: Freisinger Rechtsbuch. Bearb. von H.-K. Claußen. Weimar 1941.

67 Frieden von Prag.
in: Quellen zum Verfassungsorganismus des Heiligen Römischen Reiches Deutscher Nation 1495-1815. Hg. u. eingel. von H.H. Hofmann. Darmstadt 1976, Nr. 32, 162-164.

68 Friedensgebot Sigmunds.
in: Deutsche Reichstagsakten. Ältere Reihe. Bd. 10, Nr. 110, 188-189 und Nr. 112, 191-192.

69 Friedensgebot Sigmunds.
in: Deutsche Reichstagsakten. Ältere Reihe. Bd. 9, Nr. 411, 540-543.

70 Friesisches Oberrecht.
in: Karl von Richthofen: Friesische Rechtsquellen. Berlin 1840, 348-357.

71 Fronbuch des Herzogtums Österreich.
keine Edition.

72 Fürstenkonkordat.
keine Edition.

73 Gesetzentwürfe zur Reichsreform vom Nürnberger Reichstag.
in: Karl Zeumer: Quellensammlung zur Geschichte der Deutschen Reichsverfassung in Mittelalter und Neuzeit. 2. Aufl. Tübingen 1913, Nr. 165, 252-260.

74 Gewisse und beständige Kaiserliche Wahlkapitulation.
in: Karl Zeumer: Quellensammlung zur Geschichte der Deutschen Reichsverfassung in Mittelalter und Neuzeit. 2. Aufl. Tübingen 1913, Nr. 205, 474-497.

75 Glogauer Rechtsbuch.
Landrecht in: Hermann Wasserschleben: Sammlung deutscher Rechtsquellen. Bd. 1. Nachdr. d. Ausg. Giessen 1860. Aalen 1969, 1-79.
Lehnrecht in: Theodor Goerlitz: Die Gubener Handschrift des Glogauer Rechtsbuches. in: ZRG GA 64.1944, 323-326.

76 Goldene Bulle Karls IV.
in: Karl Zeumer: Quellensammlung zur Geschichte der Deutschen

Reichsverfassung in Mittelalter und Neuzeit. 2. Aufl. Tübingen 1913, Nr. 148, 192-214.

77 Goldmünzordnung.
in: Neue und vollständigere Sammlung der Reichs-Abschiede, Welche von den Zeiten Kayser Conrads des II. bis jetzo, auf den Teutschen Reichs-Tägen abgefasset worden. Hg. von H.C. Senckenberg et al. Bd. 2. Frankfurt/M. 1747, 25-29.

78 Görlitzer Rechtsbuch.
in: Auctor Vetus de Beneficiis. Hg. von K.A. Eckhardt. Hannover 1964, 21-133.

79 Goslaer Bergrecht und Bergordnung Herzog Albrechts von Braunschweig.
in: Goslarer Bergrechtsquellen des früheren Mittelalters, insbesondere das Bergrecht des Rammelsberges aus der Mitte des 14. Jahrhunderts. Hg. von K. Froelich. Giessen 1953.

80 Hadelner Landrecht.
in: Friedrich Esaias Pufendorf: Observationes Juris Universi. Bd. 1. Hannover 1786, Appendix Nr. 1.

81 Halsgerichtsordnung für Radolfzell.
keine Edition.

82 Halsgerichtsordnung für Tirol.
in: Bayerische Annalen 2.1834, 2017-2024.

83 Hamburger Schip-Recht edder See-Recht.
in: Johann Martin Lappenberg: Die ältesten Stadt-, Schiff- und Landrechte Hamburgs. Nachdr. d. Ausg. Hamburg 1845. Aalen 1966, 306-320.

84 Hamburgisches Schiprecht.
in: Johann Martin Lappenberg: Die ältesten Stadt-, Schiff- und Landrechte Hamburgs. Nachdr. d. Ausg. Hamburg 1845. Aalen 1966, 75-86.

85 Handhabung Friedens und Rechts.
in: Karl Zeumer: Quellensammlung zur Geschichte der Deutschen Reichsverfassung in Mittelalter und Neuzeit. 2. Aufl. Tübingen 1913, Nr. 175, 291-294.

86 Hansisches Seerecht.
in: Der ehrbaren Hansestädte Schiffordnung und Seerecht. Lübeck 1614.

87 Herzoglicher Landfrieden für Österreich (Ottokari Ducis Pax Austriaca).
in: Monumenta Germaniae Historica. Constitutiones II, Nr. 440, 604-608.

88 Hessische Weistümer.
in: Verzeichnis hessischer Weistümer. Bearb. von W. Müller. Darmstadt 1916.

89 Hohenzollerische Landesordnung.
in: Quellen zur neueren Privatrechtsgeschichte Deutschlands, Bd. 2/1: Polizei- und Landesordnungen. Köln et al. 1968, 705-751.

90 Hunsingoer Küren.
in: Karl von Richthofen: Friesische Rechtsquellen. Berlin 1840, 328-331.

91 Instrumentum Pacis Monasteriense (Westfälischer Friede II).
in: Karl Zeumer: Quellensammlung zur Geschichte der Deutschen Reichsverfassung in Mittelalter und Neuzeit. 2. Aufl. Tübingen 1913, Nr. 198, 434-443.

92 Instrumentum Pacis Osnabrucense (Westfälischer Friede I).
in: Karl Zeumer: Quellensammlung zur Geschichte der Deutschen Reichsverfassung in Mittelalter und Neuzeit. 2. Aufl. Tübingen 1913, Nr. 197, 395-434.

93 Ius Regale Montanorum.
in: Adolf Zycha: Das böhmische Bergrecht des Mittelalters auf Grundlage des Bergrechts von Iglau. Bd. 2: Die Quellen des Iglauer Bergrechts. Berlin 1900, 40-297.

94 Jülich-Bergische Polizeiordnung.
in: Quellen zur neueren Privatrechtsgeschichte Deutschlands, Bd. 2/1: Polizei- und Landesordnungen. Köln et al. 1968, 325-372.

95 Jülicher Landrecht.
in: Archiv für die Geschichte des Niederrheins 1.1832, 111-147.

96 Jüngster Reichsabschied.
in: Karl Zeumer: Quellensammlung zur Geschichte der Deutschen Reichsverfassung in Mittelalter und Neuzeit. 2. Aufl. Tübingen 1913, Nr. 200, 446-465.

97 Jura Prutenorum.
in: Jura Prutenorum saeculo XIV condita. nunc primum e libris manuscriptis. Hg. von P. Laband. Königsberg 1866.

98 Jutisch Lowbok.
in: Jutisch Lowbok. Lübeck 1486. Faksimiledruck mit einer Einleitung von K. von See. Glashütten 1976.

99 Kärntner Landgerichtsordnung.
keine Edition.

100 Kedinger Landrecht.
in: Friedrich Esaias Pufendorf: Observationes Juris Universi. Bd. 1. Hannover 1786, Appendix Nr. 5.

101 Kleines Kaiserrecht (Frankenspiegel).
in: Dietlinde Munzel: Die Innsbrucker Handschrift des Kleinen Kaiserrechts. Aalen 1974, 159-381.

102 Kölner Stadtrecht.
in: Statuta und Concordata der H. Freyen Reichs Statt Coelln ... auffgericht A. D. 1437.

103 Kölner Statuten.
in: Coellnische Reformation, d. i. dess h. Roem. R. ... St. Coelln hiebevorn

auffgerichte u. ... bestettigte Reformation, Statuten u. Ordnungen: dessgl. die Concordaten, Vertraege u. Verbuendnussbrieffe, so zw. dem Ertzstifft u. thumb Capitul, sodann d. Stadt Coelln, wie auch m. d. Fuerstl. Hauesern Braband u. Guelich vor diesem unterschiedl. auffgerichtet u. vereynigt orden. Nürnberg 1621.

104 Krainer Landgerichtsordnung.
keine Edition.

105 Kulmer Handfeste.
in: Guido Kisch: Die Kulmer Handfeste. 2., erweiterte Aufl. Sigmaringen 1978.

106 Kurbayrisches Landrecht (Codex Maximilianeus Bavaricus).
in: Codex Maximilianeus Bavarivus, Civilis, oder neu verbessert und ergänzt Chur-Bayrisches Land-Recht. München 1756.

107 Kurkölnische Reformation.
in: Vollständige Sammlung deren die Verfassung des H. Erzstifts Coelln betr. Stücken, mit den benachbarten Landesherrschaften geschlossener Concordaten und Vertraegen, den in Regal- und Cameral-Sachen, in Justitz- Policey- und Militair-Wesen ergangenen Verordnungen und Edicten. Bd. 1.

108 Kurkölnisches Landrecht.
in: Die Rheinpreussischen Landrechte. Hg. von R. Maurenbrecher. Bd. 1.: Die Einleitung. Das Juelich-Bergische Landrecht. Die Churkoelnische Reformation, Rechtsordnung u. Erlaeuterung. Die Salm-Reifferscheidt-Dyksche Rechtsordnung. Bonn 1830.

109 Kurmainzer Landrecht.
in: Heinrich Karl Kurz: Das Churfürstlich Mainz'sche Land-Recht vom Jahre 1755. Aschaffenburg 1866.

110 Kurpfälzer Landrecht.
in: Quellen zur neueren Privatrechtsgeschichte Deutschlands. Bd. 2/2: Polizei- und Landesordnungen. Köln et al. 1969, 30-44.

111 Kursächsische Konstitutionen.
in: Quellen zur neueren Privatrechtsgeschichte Deutschlands, Bd. 1/2: Landrechte des 16. Jahrhunderts. Köln et al. 1938, 255-318.

112 Landesherrlicher Landfrieden für Bayern (Pax Bawarica 1256).
in: Monumenta Germaniae Historica. Constitutiones II, Nr. 438, 596-602.

113 Landesordnung für das Kurkölnische Herzogtum Westfalen.
in: Theodor Lacomblet: Urkundenbuch für die Geschichte des Niederrheins. Bd. 4. Nachdr. d. Ausg. 1840-58. Aalen 1960. Nr. 300, 365-367.

114 Landesrechtliche Einzelverordnungen.
in: Quellen zur neueren Privatrechtsgeschichte Deutschlands, Bd. 2/2: Polizei- und Landesordnungen, Einzelverordnungen. Köln et al. 1969.

115 Landfriede der Kurfürsten.
in: Karl Zeumer: Quellensammlung zur Geschichte der Deutschen Reichsverfassung in Mittelalter und Neuzeit. 2. Aufl. Tübingen 1913, Nr. 164, 251-252.

// 116 Landfriede des Erzbischofs von Mainz und des Pfalzgrafen Ludwig.
in: Monumenta Germaniae Historica. Constitutiones IV, Nr. 442, 609-610.

// 117 Landfriede Karls V.
in: Karl Zeumer: Quellensammlung zur Geschichte der Deutschen Reichsverfassung in Mittelalter und Neuzeit. 2. Aufl. Tübingen 1913, Nr. 187, 330-340.

// 118 Landfriede von Frankfurt (Renovatio Pacis Antiquae Saxonicae).
in: Monumenta Germaniae Historica. Constitutiones II, Nr. 280, 394-396.

// 119 Landfrieden für Bayern (Constitutio Pacis in Bawaria).
in: Monumenta Germaniae Historica. Constitutiones III, Nr. 278, 268-275.

// 120 Landfrieden für Bayern (Heinrici Ducis Bawariae Edictum de Pace et de Mercimoniis).
in: Monumenta Germaniae Historica. Constitutiones II, Nr. 439, 602-604.

// 121 Landfrieden für Bayern (Pax Bawarica).
in: Monumenta Germaniae Historica. Constitutiones II, Nr. 427, 570-579

// 122 Landfrieden für Franken (Pax Franconica).
in: Monumenta Germaniae Historica. Constitutiones III, Nr. 279, 280-287.

// 123 Landfrieden für Ober- und Mittelrhein (Pax Rhenana).
in: Monumenta Germaniae Historica. Constitutiones III, Nr. 280, 280-287.

// 124 Landfrieden für Österreich (Constitutio Pacis in Austria).
in: Monumenta Germaniae Historica. Constitutiones III, Nr. 122, 116-118.

// 125 Landfrieden für Österreich (Innovatio Pacis in Austria).
in: Monumenta Germaniae Historica. Constitutiones III, Nr. 273, 265-266.

// 126 Landfrieden für Österreich (Ottokari Ducis Pax Austriaca).
in: Monumenta Germaniae Historica. Constitutiones II, Nr. 440, 604-608.

// 127 Landgerichtsordnung des Herzogtums Franken.
in: Ioseph Maria Schneidt: Thesaurus Juris Franconici, oder Sammlung theils gedruckter theils ungedruckter Abhandlungen, Dissertationen, Programmen, Gutachten, Gesaetze, Urkunden ... welche das Fraenkische und besonders Hochfuerstl. Wirzburgische Geistliche, Weltliche, Buergerliche, Peinliche, Lehen, Policey- und Kameralrecht erlaeutern. Würzburg 1788, 943-976.

// 128 Landgerichtsordnung für die Stadt Laibach.
in: Mittheilungen des historischen Vereins für Krain und Diplomatorium Carniolicum 10.1855, 13-78.

// 129 Landgerichtsordnung für Hessen.
in: Heinrich von Senckenberg: Corpus iuris germanici publici ac privati. Teil 1. Frankfurt/M. 1760, 141-144.

// 130 Landgerichtsordnung für Österreich unter der Enns.
in: Reformation und Erneuerung der Landgerichtsordnung ... im Ertzh. Österreich under d. Enns ... / Maximilian Erzherzog von Österreich. Wien 1540.

131 Landlauf von Steyr.
in: Ferdinand Bischoff: Steiermärkisches Landrecht des Mittelalters. Graz 1875, 73-175.

132 Landläufige Kulmische Rechte.
keine Edition.

133 Landrecht der Grafschaft Rietberg.
in: Die Provinzial- und statual. Rechte der Preussischen Monarchie. Hg. von C.A. von Kamptz und A. Karl. Bd. 2: Die Provinzen Pommern und Westphalen. Berlin 1827, 629-643.

134 Landrecht der Grafschaft Saarbrück.
in: Wilhelm von der Nahmer: Handbuch des rheinischen Particularrechts. Bd. 2. Frankfurt/M. 1831, 938-1018.

135 Landrecht der Insel Fehmarn.
in: Paul Hasse: Schleswig-Holstein-Lauenburgische Regesten und Urkunden. Bd. 3. Neudruck. Walluf 1972, 235.

136 Landrecht der Reichsgrafschaft Bornheimer Berg.
in: Weisthümer. Gesammelt von J. Grimm. Mithg. von E. Dronke u. H. Beyer. Bd. 3. Göttingen 1842, 481-486.

137 Landrecht des Alten Landes.
in: Archiv des Vereins für Geschichte und Altherthümer der Herzogthümer Bremen und Verden und des Landes Hadeln zu Stade 9.1881, 95-185.

138 Landrecht des Hochstifts und Fürstentums Bamberg.
in: Des kayserlichen Hochstifts und Fürstenthums Bamberg verfaßtes Land=Recht. Desselben Erster Haupt=Theil von Civil- oder sogenannten Bürgerlichen Sachen handlend. Aus Hochfürstlichem Gnädigsten Befehl zum gemeinen Nutzen und Nachachtung herausgegeben. Bamberg 1769.

139 Landrecht für das Herzogtum Preußen.
in: Landrecht des Herzogthumbs Preussen. Publicirt anno 1620.

140 Landrecht von Baden-Baden.
in: Sammlung der Landrechte, Landesordnungen der Markgrafen Baden-Baden. Bd. 1: Das Baden-Baden'sche Landrecht. Karlsruhe 1805.

141 Landrecht von Baden-Durlach.
in: Landtrecht und Ordnung der Fürstenthumben der Marggraveschafften Baden und Hochberg. Durlach 1622.

142 Landrecht von Geldern.
in: Die Rheinpreussischen Landrechte. Hg. von R. Maurenbrecher. Bd. 2.: Das Chur-Friesische Landrecht. Landrecht der hinteren Grafschaft Sponheim. Rheingraefliche Landrecht. Die Manderscheid-Blankenheimische Rechtsordnung. Das Hatzfeld-Wildenburgische Landrecht. Das Geldernsche Landrecht. Bonn 1830.

143 Landrecht von Jülich-Berg.
in: Die Rheinpreussischen Landrechte. Hg. von R. Maurenbrecher. Bd. 1.: Die Einleitung. Das Juelich-Bergische Landrecht. Die Churkoelnische Reformation,

Rechtsordnung u. Erlaeuterung. Die Salm-Reifferscheidt-Dyksche Rechtsordnung. Bonn 1830, 139-306.

144 Landrecht von Montjoie.
in: Niederrheinische Annalen 6.1859, 19-40.

145 Landrechte des Münsterlandes.
in: Westfälische Landrechte. Bd. 1: Landrechte des Münsterlandes. Bearb. von F. Philippi. Münster 1907.

146 Landrechtliche Judenprivilegien.
keine Edition.

147 Lehnsrecht der Burgmännder zu Oppenheim.
in: Anzeiger für Kunde der deutschen Vorzeit 1837, 140-143.

148 Libri Feudorum.
keine Edition.

149 Licet Iuris.
in: Karl Zeumer: Quellensammlung zur Geschichte der Deutschen Reichsverfassung in Mittelalter und Neuzeit. 2. Aufl. Tübingen 1913, Nr. 142, 184.

150 Liegnitzer Stadtrechtsbuch.
in: Hans Jörg Leuchte: Das Liegnitzer Stadtrechtsbuch des Nikolaus Wurm. Hintergrund, Überlieferung und Edition eines schlesischen Rechtsdenkmales. Sigmaringen 1990.

151 Livländischer Spiegel.
in: Altlivlands Rechtsbücher. Zum Theil nach bisher unbenutzten Texten. Hg. von F.G. von Bunge. Leipzig 1879.

152 Löwenberger Rechtsbuch.
keine Edition.

153 Lübecker Schiffsordnung.
keine Edition.

154 Lübische Ordnung für Schiffer und Schiffsleute.
keine Edition.

155 Lübisches Schiffsrecht.
in: Urkundenbuch der Stadt Lübeck. Teil 2. Lübeck 1858, Nr. 105, 83-89.

156 Magdeburg-Breslauer Systematisches Schöffenrecht.
in: Paul Laband: Das Magdeburg-Breslauer Systematische Schöffenrecht aus der Mitte des XIV. Jahrhunderts. Nachdr. d. Ausg. Berlin 1863. Aalen 1967, 1-194 und 196-202.

157 Magdeburger Fragen.
in: Jakob F. Behrend: Die Magdeburger Fragen. Berlin 1865.

158 Magdeburger Schöffenrecht (12. Jahrhundert).
keine Edition.

159 Magdeburger Schöffenrecht (13. Jahrhundert).
in: Paul Laband: Magdeburger Rechtsquellen. Nachdr. d. Ausg. Königsberg 1869. Aalen 1967, 70-138.

160 Magdeburger Weichbild.
in: Paul Laband: Magdeburger Rechtsquellen. Nachdr. d. Ausg. Königsberg 1869. Aalen 1967, 50-69.

161 Mageburger Rechtsbuch von der Gerichtsverfassung.
in: Paul Laband: Magdeburger Rechtsquellen. Nachdr. d. Ausg. Königsberg 1869. Aalen 1967, 32-69.

162 Mährische Dorfweistümer.
in: Archiv für Kunde österreichischer Geschichtsquellen 17.1857, 1-112.

163 Maiestas Carolina.
in: Monumenta Historiae Bohemica. Hg. von A. Gindely. Teil 4: Codex Iuris Bohemici. Hg. von Hermenegild Jirecek. Prag 1870, 160-197.

164 Mainzer Reichslandfriede (Constitutio Pacis) / HS W (Wolfenbüttel).
in: Monumenta Germaniae Historica. Constitutiones II, Nr. 196a, 250-263.

165 Märkische Landesordnung.
in: Corpus Constitutionum Marchicarum oder Koen. Preussische und Churfuerstl. Brandenburgische in der Chur- und Marck Brandenburg, auch incorporirten Landen publicirte und ergangene Ordnungen, Edicta, Mandata, Rescripta ... ; von Friedrichs I. Churfuersten zu Brandenburg biss jetzo unter der Regierung Friederich Wilhelms, Koenig in Preussen ... ad a. 1736 / Colligiret und ans Licht gegeben von Chr. O. Mylius. Sechster Theil: Von Miscellaneis und Supplementis derer 5 Theilen bis 1736, in sich haltend Landtags-Recesse, von Justitzien- Zoll- Brau- u. a. Sachen : auch Edicta und Ordnungen vom Abschoss, Ober-Heralds-Amt, Rang-Reglements, Monte Pietatis, Privilegiis derer refugirten aus Franckreich und Schweitz, Erb-Pacht, Orden des schwartzen Adlers, Societaet d. Wissenschaften ... 3 Abtheilungen. Berlin / Halle 1737.

166 Mecklenburgischer Landfrieden.
keine Edition.

167 Mecklenburgisches Landrecht.
in: Monumenta Inedita Rerum Germanicarum Praecipue Cimbricarum et Megapolensium. Hg. von J. von Westphalen. Bd. 1. Leipzig 1739, 652-862.

168 Meißner Rechtsbuch (Rechtsbuch nach Distinktionen).
in: Das Rechtsbuch nach Distinktionen. Ein Eisenachisches Rechtsbuch. Hg. von F. Ortloff. Nachdr. d. Ausg. Jena 1836. Aalen 1967.

169 Mitteldeutsche Weistümer.
keine Edition.

170 Mittelrheinischer Landfriede.
in: Monumenta Germaniae Historica. Constitutiones IV, Nr. 444, 611-614.

171 Mühlhäuser Rechtsbuch.
in: Das Mühlhäuser Reichsrechtsbuch aus dem Anfang des 13. Jahrhunderts. Hg. von H. Meyer. 3. Aufl. Weimar 1934.

172 Nassau-Katzenelnbogische Gerichts- und Landesordnung.
in: Wilhelm von der Nahmer: Handbuch des rheinischen Particularrechts. Bd. 2. Frankfurt/M. 1831, 115-320

173 Neues Dithmarsisches Landrecht.
in: Friderich von Cronhelm: Corpus Statutorum Provincialium Holsatiae. Bd. 1. Altona 1750, 1-110.

174 Neumarkter Rechtsbuch.
in: Otto Meinardus: Das Neumarkter Rechtsbuch und andere Neumarkter Rechtsquellen. Breslau 1906, 95-203.

175 Neumünsterer Kirchspiels- und die Bordesholmer Amtsgebräuche.
in: Friederich Seestern-Pauly: Die Neumünsterer Kirchspiels- und die Bordesholmer Amtsgebräuche. Schleswig 1824.

176 Neun Bücher des Magdeburger Rechts (Poelmannsche Distinktionen).
in: Albertus Poelmann: Die IX Bücher des Magdeburgischen oder Sechssischen Rechten. Magdeburg 1574.

177 Niederbayrisches Landrecht.
in: Franz Krenner: Baierische Landtagshandlungen in den Jahren 1429-1513, Bd. 7. München 1804, 475ff.

178 Niederrheinische Weistümer.
in: Archiv für die Geschichte des Niederrheins. Hg. von T. Lacomblet. Bd. 2 und 3. Cöln 1868-70.

179 Niederrheinischer Landfriede.
in: Regesta Imperii. Bd. 5/2. Hildesheim 1971, 1724.

180 Nordfriesische Gesetze (Beliebung der Nordfriesen).
in: Karl von Richthofen: Friesische Rechtsquellen. Berlin 1840, 561-582.

181 Nürnberger Reformation.
in: Quellen zur neueren Privatrechtsgeschichte Deutschlands, Bd. 1/1: Ältere Stadtrechtsreformationen. Köln et al. 1936, 1-94.

182 Nürnberger Reichslandfriede.
in: Karl Zeumer: Quellensammlung zur Geschichte der Deutschen Reichsverfassung in Mittelalter und Neuzeit. 2. Aufl. Tübingen 1913, Nr. 151, 216-220.

183 Oberbayrisches Landrecht.
in: Ludwig Rockinger: Kaiser Ludwigs erstes oberbairisches Land- und Lehnrecht. in: Abhandlungen der historischen Klasse der königl. bay. Akademie der Wissenschaften XXI von Bd. 3. Abt. München 1908, 463-563.

184 Oberrheinische Weistümer (Baden, Kurpfalz).
in: Badische Weistümer und Dorfordnungen. Hg. von der Badischen Historischen Kommission. Heidelberg 1917ff.

185 Ofner Stadtrechtsbuch (Rechtpuech nach Ofnerr stat Rechten).
in: Das Ofner Stadtrecht. Hg. von K. Mollay. Weimar 1959.

186 Ordnung des gemeinen Pfennigs.
in: Karl Zeumer: Quellensammlung zur Geschichte der Deutschen Reichsverfassung in Mittelalter und Neuzeit. 2. Aufl. Tübingen 1913, Nr. 176, 294-296.

187 Österreichische Prozeßordnung.
in: Allgemeine Kriminal-Gerichtsordnung. Wien 1788.

188 Österreichische Weistümer.
in: Österreichische Weistümer. Gesammelt von d. Kaiserl. Akademie der Wissenschaften. Bd. 1. Wien 1870.

189 Österreichisches Landrecht.
in: Ausgewählte Urkunden zur Verfassungsgeschichte der deutsch-österreichischen Erblande im Mittelalter. Hg. von E. Freiherr von Schwind u. A. Dopsch. Nachdr. d. Ausg. Innsbruck 1895. Aalen 1968, Nr. 34 und Nr. 50.

190 Österreichisches Strafgesetzbuch.
in: Allgemeines Gesetzbuch über Verbrechen und derselben Bestrafung. Wien 1787.

191 Osterstadisches Landrecht.
in: Friedrich Esaias Pufendorf: Observationes Juris Universi. Bd. 3. Hannover 1748-70, 3-35.

192 Ostfriesisches Deich- und Syhlrecht.
in: Das ostfriesische Landrecht. 1746, 871-962.

193 Ostfriesisches Landrecht.
in: Das Ostfriesische Landrecht nebst dem Deich- und Syhlrechte. Aurich 1746.

194 Passauer Vertrag.
in: Quellen zum Verfassungsorganismus des Heiligen Römischen Reiches deutscher Nation 1495-1815. Hg. u. eingel. von H.H. Hofmann. Darmstadt 1976, Nr. 16, 97-98.

195 Polnisches Landrecht.
keine Edition.

196 Posener Rechtsbuch.
in: Witold Maisel: Poznanska Ksiega Prawa Magdeburskiego Misnienskiego. Das Posener Buch des Magdeburger und Meissner Rechts. Wroclaw / Warszawa / Kraków 1964.

197 Prager Rechtsbuch.
in: Deutsche Rechtsdenkmäler aus Böhmen und Mähren. Eine Sammlung von Rechtsbüchern, Urkunden und alten Aufzeichnungen zur Geschichte des deutschen Rechtes. Hg. von E.F. Roessler. Nachdr. d. Ausg. Prag 1845-1852. Aalen 1963, 101-163.

198 Preßburger Stadtrechtsbuch.
in: János Király: Poszony város joga középkorban. Budapest 1894, 369-445.

199 Preußische Hypothekenordnung.
in: Novum Corpus Constitutionum Prussico-Brandenburgensium Praecipue Marchicarum. Oder neue Sammlung Koen. Preuss. und Churf. Brandenburgischer sonderlich in der Chur- und Marck-Brandenburg, wie auch andere Provintzien publicirten Ordnungen, Edicten, Mandaten, Rescripten ... vom Anfang d. J. 1751 u. folgenden Zeiten. Bd. 7. Berlin 1753, 2566, 2745, 2747.

200 Preußische Landesordnung.
in: Quellen zur neueren Privatrechtsgeschichte Deutschlands, Bd. 2/1: Polizei- und Landesordnungen. Köln et al. 1968, 373-421.

201 Preußisches Seerecht.
in: Johann Ludwig L'Estocq: Auszug der Historie des allgemeinen und Preussischen See-Rechts und der damit verbundenen Römisch-Deutschen Rechte. Nebst beygefügten uralten in Preussischen-Urkunden befind. See- oder Wasser-Recht. Königsberg 1748.

202 Recht der Sachsen in der Zips.
in: Ofner Stadtrecht 1244-1421. Hg. von E. Michnay und P. Lichner. Preßburg 1845, 221-235.

203 Rechtsbuch der Stadt Herford.
in: Rechtsbuch der Stadt Herford. Faksimile und Kommentar. Hg. von T.H. Corvey. Bielefeld 1989.

204 Reformation des kaiserlichen Landgerichts in Anspach und Baireuth und des Hofgerichts.
keine Edition.

205 Regiments-Ordnung.
in: Karl Zeumer: Quellensammlung zur Geschichte der Deutschen Reichsverfassung in Mittelalter und Neuzeit. 2. Aufl. Tübingen 1913, Nr. 177, 297-307.

206 Reichsdeputationshauptschluß.
in: Karl Zeumer: Quellensammlung zur Geschichte der Deutschen Reichsverfassung in Mittelalter und Neuzeit. 2. Aufl. Tübingen 1913, Nr. 212, 509-531.

207 Reichserbrechtsordnung.
in: Neue und vollständigere Sammlung der Reichs-Abschiede, Welche von den Zeiten Kayser Conrads des II. bis jetzo, auf den Teutschen Reichs-Tägen abgefasset worden. Hg. von H.C. Senckenberg et al. Bd. 2. Frankfurt/M. 1747, 299 und 301.

208 Reichshandwerksordnung.
in: Quellen zum Verfassungsorganismus des Heiligen Römischen Reiches deutscher Nation 1495-1815. Hg. u. eingel. von H.H. Hofmann. Darmstadt 1976, Nr. 58, 302-307.

209 Reichshofgerichtsordnungen.
in: Die alte Ordnung des Hofgerichts zu Rottweil. Erstmals nach der Originalhandschrift hg. von H. Glitsch et al. Weimar 1921.

210 Reichshofratsordnung.
in: Karl Zeumer: Quellensammlung zur Geschichte der Deutschen Reichsverfassung in Mittelalter und Neuzeit. 2. Aufl. Tübingen 1913, Nr. 199, 443-445.

211 Reichskammergerichtsordnungen.
in: Karl Zeumer: Quellensammlung zur Geschichte der Deutschen Reichsverfassung in Mittelalter und Neuzeit. 2. Aufl. Tübingen 1913, Nr. 174, 284-291 (1. RKGO, 1495); Nr. 183, 324-325 (2. RKGO, 1521), Nr. 190, 371-388 (revon 3. RKGO, 1555).

212 Reichskriegssteuergesetz.
in: Karl Zeumer: Quellensammlung zur Geschichte der Deutschen Reichsverfassung in Mittelalter und Neuzeit. 2. Aufl. Tübingen 1913, Nr. 160, 237-244.

213 Reichslandfriede Adolfs (Confirmatio Pacis Generalis 1292).
in: Monumenta Germaniae Historica. Constitutiones III, Nr. 448, 474-475.

214 Reichslandfriede Albrechts I. (Constitutio Pacis Generalis 1298).
in: Monumenta Germaniae Historica. Constitutiones IV, Nr. 33, 26-31.

215 Reichslandfriede Friedrichs III.
in: Neue und vollständigere Sammlung der Reichs-Abschiede, Welche von den Zeiten Kayser Conrads des II. bis jetzo, auf den Teutschen Reichs-Tägen abgefasset worden. Hg. von H.C. Senckenberg et al. Bd. 1. Osnabrück 1747, 225-226.

216 Reichslandfriede Heinrichs VII.
in: Monumenta Germaniae Historica. Constitutiones IV, Nr. 403, 350-352.

217 Reichslandfriede Ludwigs des Bayern (Constitutio Pacis Generalis 1323).
in: Monumenta Germaniae Historica. Constitutiones V, Nr. 735, 572-573.

218 Reichslandfriede Rudolfs von Habsburg (1287).
in: Monumenta Germaniae Historica. Constitutiones III, Nr. 390, 370-377.

219 Reichslandfriede Rudolfs von Habsburg (1291).
in: Monumenta Germaniae Historica. Constitutiones III, Nr. 459, 443-448.

220 Reichsmünzordnung (1524).
in: Neue und vollständigere Sammlung der Reichs-Abschiede, Welche von den Zeiten Kayser Conrads des II. bis jetzo, auf den Teutschen Reichs-Tägen abgefasset worden. Hg. von H.C. Senckenberg et al. Bd. 2. Frankfurt/M. 1747, 261-269.

221 Reichsmünzordnung (1548).
in: Neue und vollständigere Sammlung der Reichs-Abschiede, Welche von den Zeiten Kayser Conrads des II. bis jetzo, auf den Teutschen Reichs-Tägen abgefasset worden. Hg. von H.C. Senckenberg et al. Bd. 2. Frankfurt/M. 1747, 616-ff.

222 Reichsmünzordnung (1559).
in: Quellen zur neueren Privatrechtsgeschichte Deutschlands, Bd. 2/1: Polizei- und Landesordnungen. Köln et al. 1968, 127-138.

223 Reichsmünzordnung (1737).
keine Edition

224 Reichsnotariatsordnung.
in: Quellen zur neueren Privatrechtsgeschichte Deutschlands, Bd. 2/1: Polizei- und Landesordnungen. Köln et al. 1968, 95-125.

225 Reichspolizeiordnung.
in: Quellen zur neueren Privatrechtsgeschichte Deutschlands, Bd. 2/1: Polizei- und Landesordnungen. Köln et al. 1968, 57-93.

226 Reichsschluß betreffend den Ausschluß der französischen Sprache beim Reichstage.
in: Karl Zeumer: Quellensammlung zur Geschichte der Deutschen Reichsverfassung in Mittelalter und Neuzeit. 2. Aufl. Tübingen 1913, 207, 497-498.

227 Reichsverteidigungsordnung.
in: Quellen zum Verfassungsorganismus des Heiligen Römischen Reiches deutscher Nation 1495-1815. Hg. u. eingel. von H.H. Hofmann. Darmstadt: 1976, Nr. 40, 232-243.

228 Rheingauer Landrecht.
in: Weisthümer. Gesammelt von J. Grimm. Mithg. von E. Dronke u. H. Beyer. Bd. 1. Göttingen 1840, 539-544.

229 Rheinische Deichordnung.
in: Karl von Kamptz: Die Provinzial- und statutarischen Rechte in der preußischen Monarchie. Teil 2: Die Provinzen Pommern und Westphalen. Berlin 1827, 90ff.

230 Rheinischer Landfriede.
in: Deutsche Reichstagsakten. Ältere Reihe. Bd. 1, Nr. 191, 337-346.

231 Rheinpfälzische Weistümer.
in: Die Weistümer der Rheinpfalz. Verzeichnet und beschrieben von J. Mayerhofer und F. Glasschröder. Speier 1892.

232 Rhenser Kurfürstenweistum.
in: Karl Zeumer: Quellensammlung zur Geschichte der Deutschen Reichsverfassung in Mittelalter und Neuzeit. 2. Aufl. Tübingen 1913, Nr. 141, 181-184.

233 Ritter- und Landrecht der Grafschaft Berg.
in: Archiv für die Geschichte des Niederrheins. Hg. von T. Lacomblet. Bd. 1. Cöln 1832, 79-110.

234 Rudolfsbuch.
in: Westerlauwersches Recht I. Jus municipale frisonum. 2. Teil. Hg. von W. J. Buma/ W. Ebel / M. Tragter-Schubert. Göttingen 1977, 350-385.

235 Rügisches Landrecht.
in: Das Rügische Landrecht des Matthaeus Normann nach den kürzeren Handschriften. Stettin 1896.

236 Rüstringer Satzungen.
keine Edition.

237 Sachsen-Gothaische Landesordnung.
in: Quellen zur neueren Privatrechtsgeschichte Deutschlands. Bd. 2/1: Polizei- und Landesordnungen. Köln et al. 1968, 571-703.

238 Sachsenspiegel.
in: Sachenspiegel. Landrecht. Lehnrecht. Hg. von K.A. Eckhardt. 2 Bde. Göttingen 1955/56.

239 Sächsische Landesordnung (Polizey-, Hochzeits-, Kleider-, Gesinde-, Tagelöhner- und Handwerksordnung).
in: Michael Schaffrath: Codex Saxonicus. Chronologische Sammlung der gesammten praktisch-gültigen Königlich Sächsischen Gesetze. Bd. 1. Leipzig 1842, 380-388.

240 Sächsische Oberhofgerichtsordnungen.
in: Christian Gottlieb Kretschmann: Geschichte des kurfürstlich Sächsischen Oberhofgerichts zu Leipzig. Leipzig 1804.

241 Sallfelder Stadtrechtsbuch.
in: Vermischte Beyträge zum deutschen Recht. Hg. von C. F. Walchs. Teil 1, Nr. 1. Jena 1771, 13-72.

242 Salzburgische Landesordnung.
in: Emil Rössler: Über die Bedeutung und Behandlung der Geschichte des Rechts in Österreich. 1847, I-XXXI.

243 Salzwedeler Rechtsbuch.
in: Heinrich Gengler: Deutsche Stadtrechte des Mittelalters. Nachdr. d. Ausg. Nürnberg 1866. Aalen 1964, 394-407.

244 Schlesischer Landfrieden (Pax per Provinciam Silesiae Constituta).
in: Monumenta Germaniae Historica. Constitutiones III, Nr. 626, 601-604.

245 Schlesisches Goldrecht.
in: Ernst Theodor Gaupp: Das Schlesische Landrecht. Nachdr. d. Ausg. Leipzig 1828. Aalen 1966, 229-230.

246 Schneeberger Bergrecht.
in: Hubert Ermisch: Das sächsische Bergrecht des Mittelalters. Leipzig 1887, 102-111.

247 Schöffenbücher der Gemeinde Krzemienica.
in: Schöffenbücher der Dorfgemeinde Krzemienica aus den Jahren 1451-1482. Hg. und eingeleitet und bearb. von F. Doubek und H. Schmid. Leipzig 1931.

248 Schwabenspiegel.
in: Schwabenspiegel. Kurzform I-III. Hg. von K.A. Eckhardt. Hannover 1960ff. Schwabenspiegel. Kurzform. Mitteldeutsch-niederdeutsche Handschriften. Hg. von R. Grosse. Weimar 1964.

249 Siebenharden-Beliebung.
in: Max Pappenheim: Die Siebenhardenbeliebung vom 17. Juni 1426. Flensburg 1926.

250 Solmser Landrecht (Gerichts- und Landesordnung der Grafschaft Solms).
in: Quellen zur neueren Privatrechtsgeschichte Deutschlands. Bd. 1/2: Landrechte des 16. Jahrhunderts. Weimar 1938, 173-254.

251 Speyerer Reichsabschied.
in: Neue und vollständigere Sammlung der Reichs-Abschiede, Welche von den Zeiten Kayser Conrads des II. bis jetzo, auf den Teutschen Reichs-Tägen abgefasset worden. Hg. von H.C. Senckenberg et al. Bd. 2. Frankfurt/M. 1747, 292-306.

252 Stadtrecht Aachen.
in: Aachener Rechtsdenkmäler aus dem 13., 14. und 15. Jahrhundert. Hg. u. durch eine Übersicht über d. Lit. des Aachener Stadtrechts eingel. von H. Loersch. Bonn 1871, 84-118.

253 Stadtrecht Augsburg.
in: Das Stadtbuch von Augsburg, insbesondere das Stadtrecht vom Jahre 1276, nach der Orginalhandschrift zum ersten Male hg. u. erläutert von C. Meyer. Augsburg 1872.

254 Stadtrecht Bamberg.
in: Das Bamberger Stadtrecht. Hg. und mit Erläuterungen zur Text- und Überlieferungsgeschichte versehen von H. Paradigger. Würzburg 1983.

255 Stadtrecht Braunschweig (Ottonianum).
in: Corpus der altdeutschen Orginalurkunden bis zum Jahr 1300. Hg. von F. Wilhelm. Bd. 1.: 1200-1282 / Nr. 1-564. Lahr (Baden) 1932, Nr. 2, 1-5.

256 Stadtrecht Braunschweig.
in: Stadtrecht der Stadt Braunschweig de Anno 1532.

257 Stadtrecht Bremen.
in: Vollständige Sammlung alter und neuer Gesetzbücher der Kaiserl. und des H. R. R. freien Stadt Bremen. Aus Original-Handschriften hg. von G. Oelrichs. Bremen 1771.

258 Stadtrecht Dortmund.
keine Edition.

259 Stadtrecht Freiburg i.Br. von 1293.
in: Marita Blattmann: Die Freiburger Stadtrechte zur Zeit der Zähringer. Würzburg 1991, 672-694.

260 Stadtrecht Freiburg i.Br. von 1520.
in: Quellen zur neueren Privatrechtsgeschichte Deutschlands, Bd. 1/1: Ältere Stadtrechtsreformationen. Köln et al. 1936, 241-323.

261 Stadtrecht Goslar.
in: Das Stadtrecht von Goslar. Hg. von W. Ebel. Göttingen 1968.

262 Stadtrecht Hamburg (Ordeelbok).
in: J. M. Lappenberg: Die ältesten Stadt-, Schiff- und Landrechte Hamburgs. Nachdr. d. Ausg. Hamburg 1845. Aalen 1966, 1-74.

263 Stadtrecht Hamburg.
in: Der Stadt Hamburg Gerichts-Ordnung und Statuta. Hamburg 1842.

264 Stadtrecht Hildesheim.
keine Edition.

265 Stadtrecht Köln.
keine Edition.

266 Stadtrecht Lübeck (Bardewikscher Kodex).
in: Das Alte Lübische Recht. Hg. von J.F. Hach. Lübeck 1839.

267 Stadtrecht Lübeck.
in: Friderich D. von Cronhelm: Corpus Statutorum Provincialium Holsatiae oder Neue Ausgabe der Schleswig-Holsteinschen Kirchen- und Land-Gerichts-Ordnung, der Schaumburgischen Hof-Gerichts-Ordnung, des Dithmarsischen Land- und Luebischen Stadt-Rechts; nebst e. Historischen Bericht von den alten und neuern Rechten und Gerichten in Holstein, besonders von den daselbst eingefuehrten Gesetzbuechern. Altona 1750.

268 Stadtrecht Lüneburg von 1401.
keine Edition.

269 Stadtrecht Lüneburg von 1577ff.
in: Friedrich Esaias Pufendorf: Observationes Juris Universi. Bd. 1. Hannover 1748-1770, 624ff.

270 Stadtrecht München.
in: Denkmäler des Münchner Stadtrechts. Bearb. u. eingel. von P. Dirr. Bd. 1: 1158-1403. München 1934, 303-481.

271 Stadtrecht Passau.
in: Heinrich Gengler: Deutsche Stadtrechte des Mittelalters. Nachdr. d. Ausg. Nürnberg 1866. Aalen 1964, 343-354.

272 Stadtrecht Pettau.
in: Ferdinand Bischoff: Das Pettauer Stadtrecht vom Jahre 1376. Wien 1887, 21-48.

273 Stadtrecht Prag.
in: Emil F. Rössler: Über die Bedeutung und Behandlung der Geschichte des Rechts in Österreich. Prag 1847, Anhang Nr. 3, IX-XXVII.

274 Stadtrecht Regensburg.
in: Heinrich Gengler: Deutsche Stadtrechte des Mittelalters. Erlangen 1852, 373-376.

275 Stadtrecht Soest.
in: Die Chroniken der westfälischen und niederrheinischen Städte. Bd. 3: Soest und Duisburg. Hg. durch die Histor. Kommission bei d. Bayer. Akad. d. Wiss.

2., unveraend. Aufl. Photomechan. Nachdr. d. 1. Aufl. Leipzig. 1895. Göttingen 1969.

276 Stadtrecht Straßburg.
keine Edition.

277 Stadtrecht Wiener Neustadt.
in: Urkundenbuch zur Geschichte der Babenberger in Österreich. Hg. von H. Fichtenau und E. Zöllner. Bd. 2. Wien 1955, Nr. 232, 36-52.

278 Stadtrecht Zwickau.
in: Die Zwickauer Stadtrechts-Reformation 1539/69. Hg. von H. Berthold, K. Hahn und A. Schultze. Leipzig 1935.

279 Stadtrechte Innsbruck.
keine Edition.

280 Stadtrechte von Schleswig, Flensburg, Apenrade, Hadersleben.
in: Die dem Jütischen Low verwandten Stadtrechte für Schleswig, Flensburg, Apenrade und Hadersleben. Mit einem Nachtrage: Thord Degns Artikel u. d. Skraa d. St. Knuds Gilde in Flensburg. Hg. von P.G. Thorsen. Kopenhagen 1855.

281 Statutum in Favorem Principum.
in: Monumenta Germaniae Historica. Constitutiones II, Nr. 171, 211 und Nr. 304, 418.

282 Stedinger Deichrecht.
in: Weisthümer. Gesammelt von J. Grimm. Mithg. von E. Dronke u. H. Beyer. Bd. 3. Göttingen 1842, 215-217.

283 Steirische Landgerichtsordnung.
in: Des Fuerst. Steyr new verfaste Reformation des Landts- und Hofrechts daselbst, im 1574 J. auffgericht. Augsburg 1575.

284 Theelrecht.
in: Jus Theelachticum Redivivum, oder Neu revidirtes Theel=Recht nebst einer Vorerinnerung und Historie der Theel=Rechte, insgleichen vielen Anmerkungen von denen bey Vererbung und Antretung der Theelen auch Empfang der Gelder eingeführten und herkömmlich gewordenen Gewohnheiten, sodann einigen nachgefügten Urkunden zusammengetragen von Caspar Wenckenbach nun vermehret und zum Druck befördert von seinem Sohne Christian Eberhard Wenckenbach. Halle 1759.

285 Thüringischer Landfrieden.
in: Urkundlicher Beitrag zur Geschichte der Landfrieden in Deutschland. Hg. von A. L. Michelsen. Nürnberg 1863, 23-28.

286 Tiroler Landesordnungen.
in: New Reformierte Landsordnung der Fuerstl. Grafschafft. Tirol de d. 14. Dec. 1573.

287 Trierer Landrecht.
in: Land-Recht dess Ertz-Stiffts Trier. Durch d. Hn. Carl Casp. Ertz-Bisch. zu Trier auffgericht im J. 1668. Trier 1668.

\# 288 Urteile des Ingelheimer Oberhofs.
in: Hugo Loersch: Der Ingelheimer Oberhof. Bonn 1885.

\# 289 Wahlkapitulation Ferdinand I.
in: Wahl-Capitulationes, Welche mit denen Römischen Kaysern und Königen / Dann des H. Röm. Reichs Churfürsten / Als dessen vordersten Gliedern und Grund-Säulen / seit Carolo von her / biß auff Ferdinandum I von vor sich und folglich biß auff Josephum I. zugleich vor sämtliche des Heil. Röm. Reichs Fürsten und Stände Geding-und Pacts-weise / aufgechtet /vereiniget / und verglichen. Samt Summarischer Rubricir- und Versiculirung der Artickel / jeder Capitulation angefügter besondern und zu End annectirter allgemeinen harmonischen Tabell, mit einem vollkommenen Register versehen / und an Tag gegeben von Christoph Zieglern J.C. Frankfurt/M. 1711, 22-37.

\# 290 Wahlkapitulation Ferdinand II.
in: Wahl-Capitulationes, Welche mit denen Römischen Kaysern und Königen / Dann des H. Röm. Reichs Churfürsten / Als dessen vordersten Gliedern und Grund-Säulen / seit Carolo von her / biß auff Ferdinandum I von vor sich und folglich biß auff Josephum I. zugleich vor sämtliche des Heil. Röm. Reichs Fürsten und Stände Geding-und Pacts-weise / aufgechtet /vereiniget / und verglichen. Samt Summarischer Rubricir- und Versiculirung der Artickel / jeder Capitulation angefügter besondern und zu End annectirter allgemeinen harmonischen Tabell, mit einem vollkommenen Register versehen / und an Tag gegeben von Christoph Zieglern J.C. Frankfurt/M.1711, 97-123.

\# 291 Wahlkapitulation Ferdinand III.
in: Wahl-Capitulationes, Welche mit denen Römischen Kaysern und Königen / Dann des H. Röm. Reichs Churfürsten / Als dessen vordersten Gliedern und Grund-Säulen / seit Carolo von her / biß auff Ferdinandum I von vor sich und folglich biß auff Josephum I. zugleich vor sämtliche des Heil. Röm. Reichs Fürsten und Stände Geding-und Pacts-weise / aufgechtet /vereiniget / und verglichen. Samt Summarischer Rubricir- und Versiculirung der Artickel / jeder Capitulation angefügter besondern und zu End annectirter allgemeinen harmonischen Tabell, mit einem vollkommenen Register versehen / und an Tag gegeben von Christoph Zieglern J.C. Frankfurt/M.1711, 123-157.

\# 292 Wahlkapitulation Ferdinand IV.
in: Wahl-Capitulationes, Welche mit denen Römischen Kaysern und Königen / Dann des H. Röm. Reichs Churfürsten / Als dessen vordersten Gliedern und Grund-Säulen / seit Carolo von her / biß auff Ferdinandum I von vor sich und folglich biß auff Josephum I. zugleich vor sämtliche des Heil. Röm. Reichs Fürsten und Stände Geding-und Pacts-weise / aufgechtet /vereiniget / und verglichen. Samt Summarischer Rubricir- und Versiculirung der Artickel / jeder Capitulation angefügter besondern und zu End annectirter allgemeinen harmonischen Tabell, mit einem vollkommenen Register versehen / und an Tag gegeben von Christoph Zieglern J.C. Frankfurt/M.1711, 157-199.

\# 293 Wahlkapitulation Franz I. Stephan.
in: Wahl-Capitulation Ihro Roem.-Kayserlichen Majestaet Frantz des Ersten. Mit Beylagen und Anmerckungen von J. J. Moser. Franckfurt a. M. 1745.

294 Wahlkapitulation Franz II.
in: Die Wahl-Capitulationen der roemischen Kayser Leopold d. Zweyten u. Franz d. Zweyten. Mit historischen und publicistischen Anmerkungen nebst den dazu gehoerigen kurfuerstlichen Kollegialschreiben und unseren Aktenstuecken. Bearb. von A.F. Crome. Lemgo 1794.

295 Wahlkapitulation Joseph I.
in: Wahl-Capitulationes, Welche mit denen Römischen Kaysern und Königen / Dann des H. Röm. Reichs Churfürsten / Als dessen vordersten Gliedern und Grund-Säulen / seit Carolo von her / biß auff Ferdinandum I von vor sich und folglich biß auff Josephum I. zugleich vor sämtliche des Heil. Röm. Reichs Fürsten und Stände Geding-und Pacts-weise / aufgechtet /vereiniget / und verglichen. Samt Summarischer Rubricir- und Versiculirung der Artickel / jeder Capitulation angefügter besondern und zu End annectirter allgemeinen harmonischen Tabell, mit einem vollkommenen Register versehen / und an Tag gegeben von Christoph Zieglern J.C. Frankfurt/M. 1711, 284-368.

296 Wahlkapitulation Joseph II.
in: Johann Jacob Moser: Betrachtungen ueber die Wahlkapitulation Kaiser Josephs II. Frankfurt/M. 1777.

297 Wahlkapitulation Karl V.
in: Wahl-Capitulationes, Welche mit denen Römischen Kaysern und Königen / Dann des H. Röm. Reichs Churfürsten / Als dessen vordersten Gliedern und Grund-Säulen / seit Carolo von her / biß auff Ferdinandum Ivon vor sich und folglich biß auff Josephum I. zugleich vor sämtliche des Heil. Röm. Reichs Fürsten und Stände Geding-und Pacts-weise / aufgechtet /vereiniget / und verglichen. Samt Summarischer Rubricir- und Versiculirung der Artickel / jeder Capitulation angefügter besondern und zu End annectirter allgemeinen harmonischen Tabell, mit einem vollkommenen Register versehen / und an Tag gegeben von Christoph Zieglern J.C. Frankfurt/M. 1711, 7-22.

298 Wahlkapitulation Karl VI.
in: Gegenwaertige Verfassung der Kayserlichen Regierung in Teutschland, wie solche enthalten in Ihr. Roem. Kays. Majestaet Hrn Carln VI Wahl-Capitulation, wobey besondere Anmerckungen-, darzu gehoerigen groessten Theils bissher unedirte Documenta, auf das Project der Perpetuirlichen Capitulation in Forma beygefueget und die Uebereinstimung nebst der Abweichung von derselben und der Josephina angezeiget. Leipzig 1713.

299 Wahlkapitulation Karl VII.
in: Ihrer Kayserl. Majestaet Caroli VII. Wahl-Capitulation, sampt deren in margine beygef. Sumarischen Inhalt auch deutlicher Anzeigung, worin diese mit Caroli VI Wahl-Capitulation unterschieden seyn. Dantzig 1742.

300 Wahlkapitulation Leopold I.
in: Wahl-Capitulationes, Welche mit denen Römischen Kaysern und Königen / Dann des H. Röm. Reichs Churfürsten / Als dessen vordersten Gliedern und Grund-Säulen / seit Carolo von her / biß auff Ferdinandum Ivon vor sich und folglich biß auff Josephum I. zugleich vor sämtliche des Heil. Röm. Reichs Fürsten und Stände Geding-und Pacts-weise / aufgechtet /vereiniget / und verglichen. Samt Summarischer Rubricir- und Versiculirung der Artickel /

jeder Capitulation angefügter besondern und zu End annectirter allgemeinen harmonischen Tabell, mit einem vollkommenen Register versehen / und an Tag gegeben von Christoph Zieglern J.C. Frankfurt/M.1711, 200-284.

301 Wahlkapitulation Leopold II.
in: Die Wahl-Capitulationen der roemischen Kayser Leopold d. Zweyten u. Franz d. Zweyten. Mit historischen u. publicistischen Anmerkungen nebst den dazu gehoerigen kurfuerstlichen Kollegialschreiben u. unseren Aktenstuecken. Bearb. von A.F. Crome. Lemgo 1794.

302 Wahlkapitulation Matthias.
in: Wahl-Capitulationes, Welche mit denen Römischen Kaysern und Königen / Dann des H. Röm. Reichs Churfürsten / Als dessen vordersten Gliedern und Grund-Säulen / seit Carolo von her / biß auff Ferdinandum Ivon vor sich und folglich biß auff Josephum I. zugleich vor sämtliche des Heil. Röm. Reichs Fürsten und Stände Geding-und Pacts-weise / aufgechtet /vereiniget / und verglichen. Samt Summarischer Rubricir- und Versiculirung der Artickel / jeder Capitulation angefügter besondern und zu End annectirter allgemeinen harmonischen Tabell, mit einem vollkommenen Register versehen / und an Tag gegeben von Christoph Zieglern J.C. Frankfurt/M.1711, 73-96.

303 Wahlkapitulation Maximilian II.
in: Wahl-Capitulationes, Welche mit denen Römischen Kaysern und Königen / Dann des H. Röm. Reichs Churfürsten / Als dessen vordersten Gliedern und Grund-Säulen / seit Carolo von her / biß auff Ferdinandum Ivon vor sich und folglich biß auff Josephum I. zugleich vor sämtliche des Heil. Röm. Reichs Fürsten und Stände Geding-und Pacts-weise / aufgechtet /vereiniget / und verglichen. Samt Summarischer Rubricir- und Versiculirung der Artickel / jeder Capitulation angefügter besondern und zu End annectirter allgemeinen harmonischen Tabell, mit einem vollkommenen Register versehen / und an Tag gegeben von Christoph Zieglern J.C. Frankfurt/M.1711, 37-54.

304 Wahlkapitulation Rudolf II.
in: Wahl-Capitulationes, Welche mit denen Römischen Kaysern und Königen / Dann des H. Röm. Reichs Churfürsten / Als dessen vordersten Gliedern und Grund-Säulen / seit Carolo von her / biß auff Ferdinandum Ivon vor sich und folglich biß auff Josephum I. zugleich vor sämtliche des Heil. Röm. Reichs Fürsten und Stände Geding-und Pacts-weise / aufgechtet /vereiniget / und verglichen. Samt Summarischer Rubricir- und Versiculirung der Artickel / jeder Capitulation angefügter besondern und zu End annectirter allgemeinen harmonischen Tabell, mit einem vollkommenen Register versehen / und an Tag gegeben von Christoph Zieglern J.C. Frankfurt/M.1711, 55-72.

305 Weistümer aus dem Kreis Diedenhofen.
keine Edition.

306 Weistümer aus Luxemburg und Belgien.
in: Luxemburger Weisthümer. Als Nachlese zu Jacob Grimm's Weisthümern. Gesammelt und eingeleitet von M. Hardt. Luxemburg 1868.

307 Weistümer aus Rheinpfalz und Rheinhessen.
in: Pfälzische Weistümer. Bearb. durch W. Weizsäcker. Speyer 1962ff.

308 Weistümer der Ortenau.
in: Weistümer der Ortenau. Hg. von K. Walter. Offenburg 1900.

309 Weistümer der Provinz Rheinland.
in: Die Weistümer der Rheinprovinz. Bonn 1900ff.

310 Westböhmische Dorfrechte.
in: Mitteilungen des Instituts für österreichische Geschichtsforschung 37.1917, 598-631.

311 Wetzlarer Stadtrecht.
in: Wilhelm von der Nahmer: Handbuch des rheinischen Particularrechts. Bd. 2. Frankfurt/M. 1831, 922-937.

312 Wiek-Öselsches Lehnrecht.
in: Des Herzogthums Ehsten Ritter- und Landrechte. Mit erläut. Urkunden u. ergän. Beilagen hg. von J.P. Ewers. Dorpat 1821, 99-139.

313 Wiener Konkordat.
in: Karl Zeumer: Quellensammlung zur Geschichte der Deutschen Reichsverfassung in Mittelalter und Neuzeit. 2. Aufl. Tübingen 1913, Nr. 168, 266-268.

314 Wisbysches Seerecht.
in: Codices juris Visbyensis Urbici et Maritimi. Hg. von C.J. Schlyter. Lund 1853.

315 Witzenmühlenrecht und andere Einzelweistümer.
in: Weisthümer. Gesammelt von J. Grimm. Mithg. von E. Dronke u. H. Beyer. 7 Bde. Göttingen 1840ff.

316 Wormser Reformation.
in: Quellen zur neueren Privatrechtsgeschichte Deutschlands, Bd. 1/1: Ältere Stadtrechtsreformationen. Köln et al. 1936, 95-220.

317 Wormser Regimentsordnung.
in: Karl Zeumer: Quellensammlung zur Geschichte der Deutschen Reichsverfassung in Mittelalter und Neuzeit. 2. Aufl. Tübingen 1913, Nr. 182, 318-324.

318 Wurster Landrecht.
in: Friedrich Esaias Pufendorf: Observationes Juris Universi. Bd. 3. Hannover 1748-70, Appendix Nr. 2.

319 Württemberger Landrecht.
in: Quellen zur neueren Privatrechtsgeschichte Deutschlands, Bd. 1/2: Landrechte des 16. Jahrhunderts. Köln et al. 1938, 79-172.

320 Württembergische Landesordnung.
in: Quellen zur neueren Privatrechtsgeschichte Deutschlands, Bd. 2/1: Polizei- und Landesordnungen. Köln et al. 1968, 423-537.

321 Württembergische Weistümer.
in: Württembergische ländliche Rechtsquellen. Hg. von der Königlich

Württembergischen Kommission der Landesgeschichte. 3 Bde. Stuttgart 1910-1941.

322 Würzburger Landrecht.
in: Thesaurus Iuris Franconici oder Sammlung theils gedruckter, theils ungedruckter Abhandlungen. Bd. 2/2. Würzburg 1787ff, 329-362.

323 Zipser Willkür.
in: Herbert Weinelt: Das Stadtbuch von Zipser Neudorf und seine Sprache. München 1940, 140-157.

324 Zwickauer Rechtsbuch.
in: Günther Ullrich und Hans Planitz: Zwickauer Rechtsbuch. Weimar 1941.

7.2 Literatur

7.2.1 Wörterbücher, Allgemeine Nachschlagewerke

Bußmann, Hadumod (1990): Lexikon der Sprachwissenschaft. 2., völlig neu bearb. Aufl. Stuttgart.
Creifeld, Carl [Hg.] (1986): Rechtswörterbuch. 8., neubearb.e Aufl. München.
FWB = Frühneuhochdeutsches Wörterbuch (1989ff). Hg. von R. Anderson, U. Goebel, O. Reichmann. Berlin / New York.
HRG = Handwörterbuch zur deutschen Rechtsgeschichte (1964ff). Hg. von A. Erler / E. Kaufmann. Berlin.
Köbler, Gerhard (1991): Juristisches Wörterbuch für Studium und Ausbildung. 5. Auflage. München.
- (1997): Lexikon der europäischen Rechtsgeschichte. München.
Lewandowski, Theodor (1990): Linguistisches Wörterbuch. 3 Bde. 5., überarbeitete Aufl. Heidelberg / Wiesbaden.
VL = Die deutsche Literatur des Mittelalters. Verfasserlexikon (1978ff). Begr. von W. Stammler, fortgef. von K. Langosch. 2., völlig neu bearb. Aufl. Berlin / New York.

7.2.2 Sekundärliteratur

Adamzik, Kirsten (1991): Forschungsstrategien im Bereich der Textsortenlinguistik. in: Zeitschrift für Germanistik N.F. 1, 99-109.
Admoni, Wladimir G. (1980): Zur Ausbildung der Norm der deutschen Literatursprache im Bereich des neuhochdeutschen Satzgefüges (1470-1730). Berlin.
Ammon, Ulrich (1987a): Zu den Begriffen 'standardsprachliches Sprachzeichen', 'Standardvarietät' und 'Standardsprache'. in: Zeitschrift für Phonetik, Sprach- und Kommunikationswissenschaft 40, 305-316.
- (1987b): Language-Variety / Standard-Variety / Dialect. in: U. Ammon / N. Dittmar / K. J. Mattheier [Hg.], Soziolinguistik. Ein internationales Handbuch zur Wissenschaft von Sprache und Gesellschaft. Bd. 1. Berlin / New York, 316-335.
Ammon, Ulrich / Mattheier, Klaus J. / Nelde, Peter H. [Hg.] (1988): sociolinguistica. Ein Internationales Jb. für Europäische Soziolinguistik. Bd. 2: Standardisierungsentwicklung in europäischen Nationalsprachen: Romania, Germania. Tübingen.
Ammon, Ulrich / Mattheier, Klaus J. / Nelde, Peter H. [Hg.] (1992): sociolinguistica. Ein Internationales Jb. für Europäische Soziolinguistik. Bd. 6: Nationalsprachenentstehung in Osteuropa. Tübingen.
Apel, Karl-Otto (1973): Transformation der Philosophie. 2 Bde. Frankfurt/M.
Babenko, Natalija (1993): Die Vorrede und ihre Stellung in der textsortengeschichtlichen Sprachgeschichtsschreibung. in: Das Wort. Germanistisches Jb. 8. Bonn, 92-97.

Bach, Heinrich (1985): Die Rolle Luthers für die deutsche Sprachgeschichte. in: W. Besch / O. Reichmann / St. Sonderegger [Hg.], Sprachgeschichte. Ein Handbuch zur Geschichte der deutschen Sprache und ihrer Erforschung. Bd. 2. Berlin / New York, 1440-1447.

Bahner, W. (1956): Beitrag zum Sprachbewußtsein in der spanischen Literatur des 16. und 17. Jahrhunderts. Berlin.

Bakos, Ferenc (1991): Die Lexikographie der uralischen Sprachen: Ungarisch. in: F. J. Hausmann / O. Reichmann / H. E. Wiegand / L. Zgusta [Hg.], Wörterbücher. Ein internationales Handbuch zur Lexikographie. Bd. 3. Berlin / New York, 2375-2383.

Battenberg, J. (1995): Wormser Reformation. in: HRG. 38./39. Lieferg., 1536-1538.

Bauer, Barbara (1994): Intertextualität und das rhetorische System der Frühen Neuzeit. in: W. Kühlmann et al. [Hg.], Intertextualität in der frühen Neuzeit. Studien zu ihren theoretischen und praktischen Perspektiven. Frankfurt/M. et al., 31-61.

Baum, Richard (1987): Hochsprache, Literatursprache, Schriftsprache. Materialien zur Charakteristik von Kultursprachen. Darmstadt.

Beaugrande, Robert-Alain de / Dressler, Wolfgang U. (1981): Einführung in die Textlinguistik. Tübingen.

Becker, Hartmut (1982): Zum Wandel der Erscheinungsformen der deutschen Schreib- und Literatursprache Norddeutschlands im ausgehenden Hoch- und beginnenden Spätmittelalter (rund 1170 - rund 1350). in: Niederdeutsches Wort 22, 1-39.

Beier, K. I. (1962): Die Systematik des Sachsenspiegels. Ungedr. Diss. Kiel.

Bein, Thomas [Hg.] (1995): Altgermanistische Editionswissenschaft. Frankfurt/M. et al.

Bennett, H. S. (1969): English Books and Readers 1475-1557. Cambridge.

Benkö, Loránd (1992): Sprachliche Standardisierungsprozesse im Ungarischen, in: sociolinguistics 6, 84-99.

Berschin, H./Fernández-Sevilla, J./Felixberger, J. (1987): Die spanische Sprache. Verbreitung, Geschichte, Struktur. München.

Besch, Werner (1967): Sprachlandschaften und Sprachausgleich im 15. Jahrhundert. Studien zur Erforschung der spätmittelhochdeutschen Schreibdialekte und zur Entstehung der neuhochdeutschen Schriftsprache. München.

- (1968): Zur Entstehung der neuhochdeutschen Schriftsprache. in: Zeitschrift für deutsche Philologie 87, 405-426.
- (1983): Dialekt, Schreibdialekt, Schriftsprache, Standardsprache. Exemplarische Skizze ihrer historischen Ausprägung im Deutschen. in: W. Besch / U. Knoop / W. Putschke / H. E. Wiegand [Hg.], Dialektologie. Ein Handbuch zur deutschen und allgemeinen Dialektforschung. Bd. 2. Berlin / New York, 961-990.
- (1985): Die Entstehung und Ausformung der neuhochdeutschen Schriftsprache / Standardsprache. in: W. Besch / O. Reichmann / St. Sonderegger [Hg.], Sprachgeschichte. Ein Handbuch zur Geschichte der deutschen Sprache und ihrer Erforschung. Bd. 2. Berlin / New York, 1781-1810.
- (1986): Zur Beurteilung der sprachlichen Ausgleichsvorgänge im Frühneuhochdeutschen. in: P. von Polenz et al. [Hg.], Sprachnormen. Lösbare und unlösbare Probleme. Kontroversen um die neuere deutsche Sprachgeschichte. Dialektologie

und Soziolinguistik: Die Kontroverse um die Mundartforschung. Bd. 4 der Akten des VII. Internationalen Germanisten-Kongresses Göttingen 1985. Tübingen.

- (1987): Die Entstehung der deutschen Schriftsprache. Bisherige Erklärungsmodelle, neuester Forschungsstand. Opladen.
- (1988): Standardisierungsprobleme im deutschen Sprachraum. in: U. Ammon / N. Dittmar / K. J. Mattheier [Hg.], Soziolinguistik. Ein internationales Handbuch zur Wissenschaft von Sprache und Gesellschaft. Bd. 1. Berlin / New York, 186-208.
- (1993): Regionalität - Überregionalität. Sprachlicher Wandel zu Beginn der Neuzeit. in: Rheinische Vierteljahresblätter 75, 114-136.

Besch, Werner / Reichmann, Oskar / Sonderegger, Stefan [Hg.] (1984/85): Sprachgeschichte. Ein Handbuch zur Geschichte der deutschen Sprache und ihrer Erforschung. 2 Bde. Berlin / New York.

Betten, Anne (1987): Grundzüge der Prosasyntax. Stilprägende Entwicklungen vom Althochdeutschen zum Neuhochdeutschen. Tübingen.

- (1990): Die Bedeutung von Textsyntax und Textlinguistik. in: W. Besch [Hg.], Deutsche Sprachgeschichte. Grundlagen, Methoden, Perspektiven. Frankfurt/M. et al., 159-165.

Bichel, Ulf (1988): Zur Fragwürdigkeit der Einordnung von 'Umgangssprache' zwischen 'Mundart' und 'Hochsprache'. Ketzereien zum Thema. Aufbau einer Gesamtsprache. in: Jb. für Internationale Germanistik 20/1, 18-33.

Binder, Beate (1988): Illustriertes Recht. Die Miniaturen des Hamburger Stadtrechts von 1497. Hamburg.

Blattmann, Marita (1991): Die Freiburger Stadtrechte zur Zeit der Zähringer. Rekonstruktion der verlorenen Urkunden und Aufzeichnungen des 12. und 13. Jahrhunderts. 2 Bde. Freiburg/Br.

Blickle, Peter (1989): Studien zur geschichtlichen Bedeutung des deutschen Bauernstandes. Stuttgart / New York.

Bloomfield, Leonard (1933): Language. New York.

Boldt, Hans (1995): 1495 - 1995. Der Reichstag von Worms in der deutschen Verfassungsgeschichte. in: 1495 - Kaiser, Reich, Reformen: Der Reichstag zu Worms. Koblenz, 57-70.

Born, Joachim (1989): Die Kodifizierung des Aragonesischen - zur Problematik der Standardisierung von Minoritätensprachen (mit Anmerkungen zum Aranesischen). in: Akten des 23. Linguistischen Kolloquiums Berlin 1988. Tübingen, 81-90.

Brandt, Margareta / Reis, Marga / Rosengren, Inger / Zimmermann, Ilse (1992): Satztyp, Satzmodus und Illokution. in: I. Rosengren [Hg.], Satz und Illokution. Tübingen, 1-90.

Brandt, Margareta / Rosengren, Inger (1992): Zur Illokutionsstruktur von Texten. in: Zeitschrift für Literaturwissenschaft und Linguistik 22, 9-51.

Brinker, Klaus (1980): Textthematik als spezifisch textlinguistischer Forschungsbereich. in: W. Kühlwein / A. Rasch [Hg.], Sprache und Verstehen. Bd. 2. Tübingen, 138-141.

(1983): Textfunktionen. Ansätze zu ihrer Beschreibung. in: Zeitschrift für germanistische Linguistik 11, 127-148.

- (1992): Linguistische Textanalyse. Eine Einführung in Grundbegriffe und Methoden. 3., durchgesehene und erw. Aufl. Berlin.

Broich, Ulrich (1985): Formen der Markierung von Intertextualität. in: U. Broich / M. Pfister [Hg.], Intertextualität. Formen, Funktionen, anglistische Fallstudien. Tübingen, 31-47.

Brox, Franz (1994): Die Einführung der neuhochdeutschen Schriftsprache in Münster. Bielefeld.

Bühler, Theodor (1972): Gewohnheitsrecht und Landesherrschaft im ehemaligen Fürstbistum Basel. Zürich.

- (1977): Gewohnheitsrecht, Enquête, Kodifikation. Rechtsquellenlehre Bd. 1. Zürich.

- (1980): Rechtsquellentypen. Rechtsquellenlehre Bd. 2. Zürich.

Bunge, Friedrich von (1827): Über den Sachsenspiegel als Quelle des mittleren und umgearbeiteten livländischen Ritterrechts so wie des Öselschen Lehnrechts. Riga.

- (1878): Die Stadt Riga im dreizehnten und vierzehnten Jahrhundert. Geschichte, Verfassung und Rechtszustand. Leipzig.

Burdach, Konrad (1918): Reformation, Renaissance, Humanismus. Zwei Abhandlungen über die Grundlage moderner Bildung und Sprachkunst. Berlin.

Burmeister, Karl Heinz (1977): Probleme der Weistumsforschung. in: P. Blickle [Hg.], Deutsche Ländliche Rechtsquellen. Stuttgart, 74-86.

Busse, Dietrich (1987): Historische Semantik. Analyse eines Programms. Stuttgart.

- (1992): Recht als Text. Linguistische Untersuchungen zur Arbeit mit Sprache in einer gesellschaftlichen Institution. Tübingen.

Busse, Dietrich / Teubert, Wolfgang (1994): Ist Diskurs ein sprachwissenschaftliches Objekt? Zur Methodenfrage der Historischen Semantik. in: D. Busse et al. [Hg.], Begriffsgeschichte und Diskursgeschichte. Opladen, 10-28.

Carlen, Louis (1988): Rechtsgeschichte der Schweiz. Eine Einführung. 3., erweiterte Auflage. Bern.

Catford, John C. (1965): A Linguistic Theory of Translation. London.

Cherubim, Dieter (1980): Zum Programm einer historischen Sprachpragmatik. in: H. Sitta [Hg.], Ansätze zu einer pragmatischen Sprachgeschichte. Tübingen, 3-21.

- (1983): Antwort auf Rudi Keller (1981). in: Zeitschrift für germanistische Linguistik 11, 65-71.

- (1984): Sprachgeschichte im Zeichen der linguistischen Pragmatik. in: W. Besch / O. Reichmann / St. Sonderegger [Hg.], Sprachgeschichte. Ein Handbuch zur Geschichte der deutschen Sprache und ihrer Erforschung. Bd. 1. Berlin / New York, 802-815.

- (1995): Varro Teutonicus. Zur Rezeption der antiken Sprachwissenschaft in der frühen Neuzeit. in: Zeitschrift für germanistische Linguistik 23, 125-153.

Cherubim, Dieter / Erben, Johannes / Reichmann, Oskar / Schildt, Joachim / Steger, Hugo / Strassner, Erich (1995): Was soll Gegenstand der Sprachgeschichtsforschung sein? in: A. Gardt / K.J. Mattheier / O. Reichmann [Hg.], Sprachgeschichte des Neuhochdeutschen. Gegenstände, Methoden, Theorien. Tübingen, 455-459.

Clyne, Michael (1995): The German Language in a Changing Europe. Cambridge.

Coing, Helmut [Hg.] (1976): Handbuch der Quellen und Literatur der neueren europäischen Privatrechtsgeschichte. Bd 2/2: Neuere Zeit (1500-1800). Das Zeitalter des gemeinen Rechts. Gesetzgebung und Rechtsprechung. München.

Cojnska, Ralica (1992): Zur Charakteristik der bulgarischen Schriftsprache in der vornationalen Epoche. in: sociolinguistica 6, 151-162.
Conrad, Hermann (1962): Deutsche Rechtsgeschichte. Bd. 1: Frühzeit und Mittelalter. 2., neubearbeitete Aufl. Karlsruhe.
- (1966): Deutsche Rechtsgeschichte. Bd. 2: Neuzeit bis 1806. Karlsruhe.
Csendes, Peter (1987): Das Wiener Stadtrechtsprivileg von 1221. Wien / Köln / Graz.
Damerov, Peter / Englund, Robert K. / Nissen, Hans J. (1994): Die Entstehung der Schrift. in: B. Riese [Hg.], Schrift und Sprache. Heidelberg et al., 90-101.
Daneš, Frantisek (1988): Herausbildung und Reform von Standardsprachen. in: U. Ammon / N. Dittmar / K. J. Mattheier [Hg.], Soziolinguistik. Ein internationales Handbuch zur Wissenschaft von Sprache und Gesellschaft. Bd. 2. Berlin / New York, 1506-1516.
Diestelkamp, Bernhard (1994): Reichskammergericht und Rechtsstaatsgedanke. Die Kameraljudikatur gegen die Kabinettsjustiz. Karlsruhe.
Diewald, Gabriele (1991): Deixis und Textsorten im Deutschen. Tübingen.
Dijk, Teun A. van (1977): Text and Context. Explorations in the Semantics and Pragmatics of Discourse. London / New York.
- (1980a): Textwissenschaft. Eine interdisziplinäre Einführung. München.
- (1980b): Macrostructures. An Interdisciplinary Study of Global Structures in Discourse, Interaction, and Cognition. Hillsdale.
Dilcher, Gerhard (1990): Stadtrecht. in: HRG IV, 1863-1877.
- (1992): Oralität, Verschriftlichung und Wandlungen der Normstruktur in den Stadtrechten des 12. und 13. Jahrhunderts. in: H. Keller et al. [Hg.], Pragmatische Schriftlichkeit im Mittelalter. Erscheinungsformen und Entwicklungsstufen. München, 9-19.
Dittmar, Norbert (1973): Soziolinguistik. Exemplarische und kritische Darstellung ihrer Theorie, Empirie und Anwendung. Frankfurt/M.
Domaschnev, Anatoli I. (1987): Umgangssprache / Slang / Jargon. in: U. Ammon / N. Dittmar / K. J. Mattheier [Hg.], Soziolinguistik. Ein internationales Handbuch zur Wissenschaft von Sprache und Gesellschaft. Bd. 1. Berlin / New York, 308-315.
Drescher, Ulrich (1989): Geistliche Denkformen in den Bilderhandschriften des Sachsenspiegels. Frankfurt/M. et al.
Drux, Rudolf (1984). Lateinisch / Deutsch. in: W. Besch / O. Reichmann / St. Sonderegger [Hg.], Sprachgeschichte. Ein Handbuch zur Geschichte der deutschen Sprache und ihrer Erforschung. Bd. 1. Berlin / New York, 854-861.
Ebel, Wilhelm (1952): Deutsches Recht im Osten. Kitzingen.
- (1958): Geschichte der Gesetzgebung in Deutschland. 2., erw. Aufl. Göttingen.
- (1966): Über die rechtsschöpferische Leistung des mittelalterlichen deutschen Bürgertums. in: Untersuchungen zur gesellschaftlichen Struktur der mittelalterlichen Städte in Europa: Reichenau-Vorträge 1963 - 1964. Konstanz et al., 241-258.
- (1984): Lübisches Recht. in: HRG III, 77-84.
Eckert, Jörn / Hattenhauer, Hans [Hg.] (1991): Sprache - Recht - Geschichte. Rechtshistorisches Kolloquium 5.-9. Juni 1990 Christian-Albrechts-Universität Kiel. Heidelberg.
Eckhart, Karl August (1964): Auctor vetus de beneficiis I. Hannover.
Eggers, Hans (1963-77): Deutsche Sprachgeschichte. 4 Bde. Reinbek.

- (1984): Deutsche Sprache und Gesellschaft in historischer Sicht. in: W. Besch / O. Reichmann / St. Sonderegger [Hg.], Sprachgeschichte. Ein Handbuch zur Geschichte der deutschen Sprache und ihrer Erforschung. Bd. 1. Berlin / New York, 38-46.
Eis, Gerhard (1967): Mittelalterliche Fachliteratur. 2., durchgesehene Aufl. Stuttgart.
Eisenhardt, Ulrich (1984): Deutsche Rechtsgeschichte. München.
Elwenspoek, Curt (1908): Über die Quellen des im Landrecht für das Herzogtum Preussen von 1620 enthaltenen Strafrechts. Ein Beitrag zur preussischen Rechtsgeschichte. Breslau.
Erben, Johannes (1954): Grundzüge einer Syntax der Sprache Luthers. Vorstudie zu einer Luther-Syntax, zugleich ein Beitrag zur Geschichte der deutschen Hochsprache und zur Klärung der syntaktischen Grundfragen. Berlin (Ost).
- (1962): Ausklang des Mittelhochdeutschen. in: W. Kohlschmidt [Hg.], Spätzeiten und Spätzeitlichkeit. München / Bern.
Erler, Adalbert (1980): Der Schwabenspiegel in der Kosmographie Sebastian Münsters. in: H.-W. Thümmel [Hg.], Arbeiten zur Rechtsgeschichte. Stuttgart, 85-100.
- (1984): München. in: HRG III, 728-733.
- (1990): Reichsrecht. in: HRG IV, 729-732.
Ermisch, Hubert (1887): Das sächsische Bergrecht des Mittelalters. Leipzig.
Fehr, Hans (1936): Die Dichtung im Recht. Bern.
- (1962): Deutsche Rechtsgeschichte. 6. Auflage. Berlin.
Feigl, Helmut (1977): Von der mündlichen Rechtsweisung zur Aufzeichnung: Die Entstehung der Weistümer und verwandter Quellen. in: P. Classen [Hg.], Recht und Schrift im Mittelalter. Sigmaringen, 425-448.
Feldbusch, Elisabeth (1985): Geschriebene Sprache. Untersuchungen zu ihrer Herausbildung und Grundlegung ihrer Theorie. Berlin / New York.
Ferguson, Charles A. (1959): Diglossia. in: Word 15, 325-340.
Feuring, Armin (1995): Die Verfestung nach dem Sachsenspiegel und den Quellen des Magdeburger Rechtskreises. Diss. Bonn.
Fischer, Christian (1998): Die Stadtsprache von Soest im 16. und 17. Jahrhundert. Variationslinguistische Untersuchungen zum Schreibsprachenerwerb vom Niederdeutschen zum Hochdeutschen. Böhlau.
Fisher, John H. (1977): Chancery and the Emergence of Standard Written English in the Fifteenth Century. in: Speculum 52, 870-899.
Foucault, Michel (1973): Archäologie des Wissens. Frankfurt/M.
- (1977): Die Ordnung des Diskurses. Inauguralvorlesung am Collège de France - 2. Dezember 1970. Frankfurt/M. et al.
Fraas, Claudia (1997): Bedeutungskonstitution im Diskurs - Intertextualität über variierende Wiederaufnahme diskursiv zentraler Konzepte. in: J. Klein / U. Fix [Hg.], Textbeziehungen. Linguistische und literaturwissenschaftliche Beiträge zur Intertextualität. Tübingen, 219-234.
François, Alexis (1959): Histoire de la langue française cultivée des origines à nos jours. 2 Bde. Genf.
Fremdgen, Jürgen (1986): Aspekte der Oralität und Literalität. Ihre Implikationen für das Geschichtsbewußtsein der muslimischen Nagerkuts in Nordpakistan. in: Anthropos. International Review of Ethnology and Linguistics 81, 567-581.

Frentz, Eva-Christine (1985): Das Hamburgische Admiralitätsgericht (1623-1811). Prozeß und Rechtsprechung. Frankfurt/M. et al.
- (1987): Seerechtsentwicklung durch Seerechtsprechung. Der Beitrag des Hamburger Admiralitätsgerichts. in: V. Piergiovanni [Hg.], The Courts and the Development of Commercial Law. Berlin, 131-159.

Frings, Theodor (1936): Die Grundlagen des Meissnischen Deutsch. Ein Beitrag zur Entstehungsgeschichte der deutschen Hochsprache. Halle.
- (1948): Grundlegung einer Geschichte der deutschen Sprache. Halle.
- (1957): Grundlegung einer Geschichte der deutschen Sprache. 3., erw. Aufl. Halle.

Frohnhaus, Hermann (1987): Die Einwirkung des Sachsenspiegels auf das „Bergische Land- und Ritterrecht" des 13. und 14. Jahrhunderts und dessen Einfluß auf die Jülich-Bergische Rechtsordnung von 1555. Köln.

Funkkolleg Sprache (1973): Eine Einführung in die moderne Linguistik. Hg. von K. Baumgärtner et al. 2 Bde. Frankfurt/M.

Gabel, Helmut (1993): Der Einfluß des Reichskammergerichts auf territoriale Rechtsordnungen im Spiegel der Personengeschichte. in: B. Diestelkamp [Hg.], Die politische Funktion des Reichskammergerichts. Köln / Weimar / Wien, 75-104.

Gagnér, Sten (1960): Studien zur Ideengeschichte der Gesetzgebung. Stockholm.

Gardt, Andreas (1994): Sprachreflexion in Barock und Frühaufklärung. Entwürfe von Böhme bis Leibniz. Berlin / New York.

Garvin, Paul L. (1959): The Standard Language Problem. Concepts and Methods. abgedruckt in: D. Hymes [Hg.] (1966), Language in Culture and Society. A Reader in Linguistics and Anthropology. New York / Tokio, 521-526.

Gaupp, Ernst Th. (1828): Das schlesische Landrecht oder eigentlich Landrecht des Fürstentums Breslau von 1356, an sich und in seinem Verhältnis zum Sachsenspiegel dargestellt. Leipzig.

Gerhardt, Hans-Jürgen (1995): Das Alsfelder Stadtrechtsbuch. Entstehung, Verfasser, Inhalt, Verhältnis zum Frankenberger Stadtrechtsbuch und zum Schwabenspiegel. Diss. Freiburg.

Gernhuber, Joachim (1952): Die Landfriedensbewegung in Deutschland bis zum Mainzer Reichslandfrieden von 1235. Bonn.

Gierke, Julius von (1901): Die Geschichte des deutschen Deichrechts. Teil 1. Breslau.
- (1917): Die Geschichte des deutschen Deichrechts. Teil 2. Breslau.

Glinz, Hans (1980): Die deutsche Standardsprache der Gegenwart. in: Lexikon der germanistischen Linguistik. 2. Aufl. Tübingen, 609-619.

Gmür, Rudolf (1994): Grundriß der deutschen Rechtsgeschichte. 6., überarbeitete Auflage. Neuwied et al.

Görlach, Manfred (1978): Einführung ins Frühneuenglische. Heidelberg.
- (1988): Sprachliche Standardisierungsprozesse im englischsprachigen Raum. in: sociolingustica 2, 131-185.

Goetze, Jochen (1983): Der Anteil Lübecks an der Entwicklung des Seerechts. Bd. 1: Das Mittelalter bis 1530. in: Zeitschrift des Vereins für Lübeckische Geschichte und Altertumskunde 63, 129-143.

Goody, Jack (1994): On the Threshold to Literacy. in: H. Günther et al. [Hg.], Schrift und Schriftlichkeit - Writing and its Use. Bd. 1. Berlin / New York, 432-436.

Goody, Jack / Watt, Ian (1981): Konsequenzen der Literalität. in: J. Goody [Hg.], Literalität in traditionellen Gesellschaften. Frankfurt/M., 45-104.

Gregersen, Hans Valdemar (1989): Die Bedeutung der niederdeutschen Kultursprache im geschichtlichen Prozeß, der zur Verdeutschung Südschleswigs führte. in: K.-E. Schöndorf [Hg.], Niederdeutsch in Skandinavien. Berlin, 116-124.

Greule, Albrecht (1992): Moselfränkische Weistümer des 15. und 16. Jahrhunderts. Funktionale Textgliederung und syntaktischer Stil. in: H. Burger [Hg.], Verborum amor. Studien zur Geschichte und Kunst der deutschen Sprache. Berlin / New York, 396-411.

Grimberg, Martin (1988): Untersuchungen zum Verlust der Schriftsprachlichkeit. Entstehungsgeschichte, -bedingungen und Einflußfaktoren einer allgemeinen Literalität unter besonderer Berücksichtigung der schriftlich fixierten privaten Kommunikation. Frankfurt/M. et al.

Grubmüller, Klaus (1990): Die deutsche Lexikographie von den Anfängen bis zum Beginn des 17. Jahrhunderts. in: F. J. Hausmann / O. Reichmann / H. E. Wiegand / L. Zgusta [Hg.], Wörterbücher. Ein internationales Handbuch zur Lexikographie. Bd. 2. Berlin / New York, 2037-2049.

Guchmann, Mirra M. (1964/69): Der Weg zur deutschen Nationalsprache. 2 Teile. Ins Deutsche übertragen und wissenschaftlich bearb. von G. Feudel. Berlin.

- (1975): Die Literatursprache. in: B. A. Serébrennikow [Hg.], Allgemeine Sprachwissenschaft. Berlin, 412-453.

- (1984): Deutsche Sprachgeschichte und Literaturgeschichte. in: W. Besch / O. Reichmann / St. Sonderegger [Hg.], Sprachgeschichte. Ein Handbuch zur Geschichte der deutschen Sprache und ihrer Erforschung. Bd. 1. Berlin / New York, 19-28.

Gülich, Elisabeth / Raible, Wolfgang (1975): Textsorten-Probleme. in: Linguistische Probleme der Textanalyse. Jb. des Instituts für deutsche Sprache 1973. Düsseldorf, 144-197.

Haarmann, Harald (1988): Allgemeine Strukturen europäischer Standardsprachenentwicklung. in: sociolinguistica 2, 10-51.

Habermas, Jürgen (1973): Wahrheitstheorien. in: H. Fahrenbach [Hg.], Wirklichkeit und Reflexion. Pfullingen, 211-265.

Halliday, M. A. (1978): Language as Social Semiotic. The Social Interpretation of Language and Meaning. London.

Härter, Karl (1995): Policeygesetzgebung auf dem Wormser Reichstag von 1495. in: 1495 - Kaiser, Reich, Reformen: Der Reichstag zu Worms. Koblenz, 81-93.

Haßler, Gerda (1997): Texte im Text: Überlegungen zu einem textlinguistischen Problem. in: dies. [Hg.], Texte im Text. Untersuchungen zur Intertextualität und ihren sprachlichen Formen. Münster, 11-58.

Hattenhauer, Hans (1987): Zur Geschichte der deutschen Rechts- und Gesetzessprache. Hamburg.

- (1991): Lingua vernacula - Rechtssprache zwischen Volkssprache und Gelehrtensprache. in: J. Eckert / H. Hattenhauer [Hg.], Sprache - Rechte - Geschichte. Heidelberg, 49-68.

- (1992): Europäische Rechtsgeschichte. Heidelberg.

Hauck, Karl / Kroeschell, Karl / Sonderegger, Stefan et al. [Hg.] (1986): Sprache und Recht. Beiträge zur Kulturgeschichte des Mittelalters. 2 Bde. Berlin / New York.

Haugen, Einar (1987): Blessings of Babel. Bilingualism and Language Planning. Problems and Pleasures. Berlin / New York.

Haugen, Einar / Bloomfield, Morton [Hg.] (1975): Language as a Human Problem. Guildford / London.

Havelock, Eric A. (1976): Origins of Western Literacy. Four lectures delivered at the Ontario Institute for Studies in Education. Toronto.

Havránek, Bohuslav (1932): Die Aufgaben der Literatursprache und die Sprachkultur. Abgedr. in: J. Scharnhorst / E. Ising [Hg.] (1976), Grundlagen der Sprachkultur. Beiträge der Prager Linguistik zur Sprachtheorie und Sprachpflege. Bd. 1. Berlin, 103-141.

Heinemann, Wolfgang / Viehweger, Dieter (1991): Textlinguistik. Eine Einführung. Tübingen.

Helml, Ewald (1985): Die geschichtliche Entwicklung der bayerischen Erbrechtsnormen. Vom oberbayerischen Landrecht des Jahres 1346 zum Codex Maximilianeus Bavaricus Civilis. Passau.

Henkel, Nikolaus / Palmer, Nigel F. [Hg.] (1992): Latein und Volkssprache im deutschen Mittelalter 1100-1500. Regensburger Colloquium 1988. Tübingen.

Henzen, Walter (1954): Schriftsprachen und Mundarten. Bern.

Hindelang, Götz (1994): Einführung in die Sprechakttheorie. 2., durchgesehene Aufl. Tübingen.

Hinsberger, Rudolf (1989): Die Weistümer des Klosters St. Matthias in Trier. Studien zur Entwicklung des ländlichen Rechts im frühmodernen Territorialstaat. Stuttgart / New York.

Hoek, Julianus van (1982): Eike van Repgow's rechtsboek in beeld. Observaties omtrent de verluchting van de Saksenspiegel. Zutphen.

Hoffmann, Walter (1984): Probleme der Korpusbildung in der Sprachgeschichtsschreibung und Dokumentation vorhandener Korpora. in: W. Besch / O. Reichmann / St. Sonderegger [Hg.], Sprachgeschichte. Ein Handbuch zur Geschichte der deutschen Sprache und ihrer Erforschung. Bd. 1. Berlin / New York, 670-682.

Hoffmann, Walter / Wetter, Friedrich [Bearb.] (1987): Bibliographie frühneuhochdeutscher Quellen. Ein kommentiertes Verzeichnis von Texten des 14. und 17. Jahrhunderts (Bonner Korpus). 2., überarbeitete Auflage. Frankfurt/M. et al.

Hoke, Rudolf (1992): Österreichische und Deutsche Rechtsgeschichte. Wien et al.

Holthuis, Susanne (1993): Intertextualität. Aspekte einer rezeptionsorientierten Konzeption. Tübingen.

Huber, Alfred J. (1993): Ständetexte des Mittelalters. Analysen zur Intention und kognitiven Struktur. Tübingen / Basel.

Huppertz, Barthel (1977 [1939]): Die Verbreitung der Weistümer. in: P. Blickle [Hg.], Deutsche Ländliche Rechtsquellen. Stuttgart, 27-40.

Hüpper, Dagmar (1989): Das Herforder Rechtsbuch und sein Verhältnis zum Sachsenspiegel. in: Niederdeutsches Wort 29, 47-60.

Hyldgaard-Jensen, Karl (1985): Die Textsorten des Mittelniederdeutschen. in: W. Besch / O. Reichmann / St. Sonderegger [Hg.], Sprachgeschichte. Ein Handbuch zur Geschichte der deutschen Sprache und ihrer Erforschung. Bd. 2. Berlin / New York, 1247-1251.

Ising, Erika (1987): Nationalsprache / Nationalitätensprache. in: U. Ammon / N. Dittmar / K. J. Mattheier [Hg.], Soziolinguistik. Ein internationales Handbuch zur Wissenschaft von Sprache und Gesellschaft. Bd. 1. Berlin / New York, 335-344.

Jäger, Siegfried (1980): Standardsprache. in: Lexikon der germanistischen Linguistik. 2. Aufl. Tübingen, 375-379.

- (1988): Gesellschaftsveränderung über Sprache. in: U. Ammon / N. Dittmar / K. J. Mattheier [Hg.], Soziolinguistik. Ein internationales Handbuch zur Wissenschaft von Sprache und Gesellschaft. Bd. 2. Berlin / New York, 1789-1796.

Janz, Brigitte (1989): Rechtssprichwörter im Sachsenspiegel. Eine Untersuchung zur Text-Bild-Relation in den Codices picturati. Frankfurt/M. et al.

- (1990): Wir sezzen und gebiten ... Der »Mainzer Reichslandfriede« in den Bilderhandschriften des »Sachsenspiegels«. in: Beiträge zur Geschichte der Deutschen Sprache und Literatur 112, 242-266.

Jelicka, Alois (1964): Zur Prager Theorie der Schriftsprache. in: Travaux linguistiques de Prague 1, 47-58.

Johanek, Peter (1984): Eike von Repgow, Hoyer von Falkenstein und die Entstehung des Sachsenspiegels. in: H. Jäher et al. [Hg.], Civitatum Communitas. Studien zum europäischen Städtewesen. Bd. 2. Köln, 716-755.

- (1986): Rechtsschrifttum. in: Geschichte der deutschen Literatur von den Anfängen bis zur Gegenwart. Bd. 3: Die deutsche Literatur im späten Mittelalter. Teil 2: Reimpaargedichte, Drama, Prosa. München, 396-431.

- (1992): 'Schwabenspiegel'. in: VL 8, 896-907.

Josten, Dirk (1976): Sprachvorbild und Sprachnorm im Urteil des 16. und 17. Jahrhunderts. Sprachlandschaftliche Prioritäten, Sprachautoritäten, sprachimmanente Argumentation. Frankfurt/M. /Bern.

Jung, Mathhias (1996): Linguistische Diskursgeschichte. in: K. Böke et al. [Hg.], Öffentlicher Sprachgebrauch. Opladen, 453-472.

Kaltenborn, Carl von (1851): Grundsätze des praktischen Europäischen Seerechts. Bd. 1. Berlin.

Kaspers, Heinrich [Bearb.] (1972): Vom Sachsenspiegel zum Code napoléon. Kleine Rechtsgeschichte im Spiegel alter Rechtsbücher. 3. Auflage. Köln.

Kästner, Hannes / Schütz, Eva / Schwitalla, Johannes (1985): Die Textsorten des Frühneuhochdeutschen. in: W. Besch / O. Reichmann / St. Sonderegger [Hg.], Sprachgeschichte. Ein Handbuch zur Geschichte der deutschen Sprache und ihrer Erforschung. Bd. 2. Berlin / New York, 1355-1368.

Kaufmann, Ekkehard (1978): Landfrieden I. in: HRG II, 1451-1465.

- (1984): Deutsches Recht. Die Grundlagen. Berlin.

Keller, Rudi (1994): Sprachwandel. Von der unsichtbaren Hand in der Sprache. 2., überarb. und erw. Aufl. Tübingen.

Keller, Rudolf E. (1986): Die deutsche Sprache und ihre historische Entwicklung. Hamburg.

Kern, Bernd-Rüdiger (1991): Die Gerichtsordnungen des Kurpfälzer Landrechts von 1582. Köln et al.

Kern, Fritz (1976): Recht und Verfassung im Mittelalter. Darmstadt.

Kimminich, Otto (1987): Deutsche Verfassungsgeschichte. 2. Auflage. Baden-Baden.

Klein, Josef / Fix, Ulla [Hg.] (1997): Textbeziehungen. Linguistische und literaturwissenschaftliche Beiträge zur Intertextualität. Tübingen.

Klein, Wolf P. (1992): Am Anfang war das Wort. Theorie- und wissenschaftsgeschichtliche Elemente frühneuzeitlichen Sprachbewußtseins. Berlin.

Kleine Enzyklopädie Deutsche Sprache (1983). Hg. von W. Fleischer et al. Leipzig.

Kleinheyer, Gerd (1968): Die kaiserlichen Wahlkapitulationen. Geschichte, Wesen und Funktion. Karlsruhe.

Kleinschmidt, Erich (1982): Volkssprache und historisches Umfeld. Funktionsräume einer deutschen Literatursprache in der Frühen Neuzeit. in: Zeitschrift für Deutsche Philologie 101, 411-436.

Kloss, Heinz (1978): Die Entwicklung neuer germanischer Kultursprachen seit 1800. 2., erw. Aufl. Berlin / New York.

- (1987): Nation. in: U. Ammon / N. Dittmar / K. J. Mattheier [Hg.], Soziolinguistik. Ein internationales Handbuch zur Wissenschaft von Sprache und Gesellschaft. Bd. 1. Berlin / New York, 102-108.

Knauer, P. (1971): Deichrecht. in: HRG I, 668-672.

Koch, Wolfgang (1988): Zum Stemma der Handschriften des Kleinen Kaiserrechts. Aalen.

Koch, Wolfgang / Rosengren, Inger / Schonebohm, Manfred (1981): Ein pragmatisch orientiertes Textanalyseprogramm. in: I. Rosengren [Hg.], Sprache und Pragmatik. Lunder Symposium 1980. Malmö, 155-203.

Kocher, Gernot (1987): Landesbrauch und gemeines Recht in den bäuerlichen Weistümern Österreichs. in: Les communautées rurales. Recueils de la société Jean Bodin 44, 127-165.

Köbler, Gerhard (1984): Deutsche Sprachgeschichte und Rechtsgeschichte. in: W. Besch / O. Reichmann / St. Sonderegger [Hg.], Sprachgeschichte. Ein Handbuch zur Geschichte der deutschen Sprache und ihrer Erforschung. Bd. 1. Berlin / New York, 56-70.

- (1990). Deutsche Rechtsgeschichte. Ein systematischer Grundriß. 4., durchgesehene Aufl. München.

Koehler, B. (1978): Kulmer Handfeste. in: HRG II, 1244-1246.

Köller, Wilhelm (1988): Philosophie der Grammatik. Vom Sinn grammatischen Wissens. Stuttgart.

Konerding, Klaus-Peter (1993): Frames und lexikalisches Bedeutungswissen. Untersuchungen zur linguistischen Grundlegung einer Frame-Theorie. Tübingen.

Kopperschmidt, Josef (1989): Methodik der Argumentationsanalyse. Stuttgart / Bad Cannstadt.

Krause, H. (1971): Gesetzgebung. in: HRG I, 1606-1620.

Kresse, Walter (1981): Die Diskussion über das Hamburger Seemannsrecht um 1850 - nebst Vorgeschichte. in: Zeitschift des Vereins für Hamburgische Geschichte 67, 105-115.

Krieger, Karl-Friedrich (1970): Ursprung und Wurzeln der Rôles d'Oléron. Köln / Wien.

- (1987): Die Anfänge des Seerechts im Nord- und Ostseeraum (von der Spätantike bis zum Beginn des 13. Jahrhunderts). in: K. Düwel et al. [Hg.], Untersuchungen zu Handel und Verkehr der vor- und frühgeschichtlichen Zeit in Mittel- und Nordeuropa. Teil IV. Göttigen, 246-265.

Krischel-Heinzer, Helmtraud (1987): Gemeinsprachliche versus fachsprachliche Texte. in: Bulletin-CILA 45, 95-106.

Kristeva, Julia (1969): Sémeiotiké. Recherches pour une sémanalyse. Paris.

Kroeschell, Karl (1977): Rechtsaufzeichnung und Rechtswirklichkeit. Das Beispiel des Sachsenspiegels. in: P. Classen [Hg.], Recht und Schrift im Mittelalter. Sigmaringen, 349-380.

- (1992): Deutsche Rechtsgeschichte. 8. Auflage. Opladen.

Kuhn, Hugo (1980): Entwürfe zu einer Literatursystematik des Spätmittelalters. Tübingen.

Kuhn, Walter (1968): Die deutschrechtlichen Städte in Schlesien und Polen in der ersten Hälfte des 13. Jahrhunderts. Marburg.

Künßberg, Eberhard von (1926): Rechtssprachgeographie. Heidelberg.

Kunze, K. (1989): Lateinische Adaption mittelhochdeutscher Literatur. in: K. Kunze [Hg.], Überlieferungsgeschichtliche Edition und Studien zur deutschen Literatur des Mittelalters. Tübingen, 59-100.

Kwiatkowska, Irena (1991): Das sächsische Recht in der polnischen juristischen Literatur des 17. Jahrhunderts. in: G. Lingelbach / H. Lück [Hg.], Deutsches Recht zwischen Sachsenspiegel und Aufklärung. Frankfurt/M. et al., 119-123.

Laband, Paul (1869): Magdeburger Rechtsquellen. Königsberg.

Lammel, Siegbert (1976): Die Gesetzgebung des Handelsrechts. in: H. Coing [Hg.], Handbuch der Quellen und Literatur der neueren europäischen Privatrechtsgeschichte. Bd. 2/2: Neuere Zeit (1500-1800). Das Zeitalter des gemeinen Rechts. München, 571-1083.

Landwehr, Götz (1984): Die Hanseatischen Seerechte des 16. und 17. Jahrhunderts. in: K. Modéer [Hg.], 1667 års sjölag i ett 300-årigt perspektiv. Lund, 75-127.

- (1985): Die Haverei in den mittelalterlichen deutschen Seerechtsquellen. Göttingen.

- (1990): Seerecht (Seehandelsrecht). in: HRG IV, 1596-1614.

Laufs, A. (1971): Goldene Bulle. in: HRG I, 1739-1746.

- (1976): Die Reichskammergerichtsordnung von 1555. Köln / Wien.

Leitch, Vincent B. (1983): Deconstructive Criticism. An Advanced Introduction. New York / London.

Lieberwirth, Rolf (1971): Carolina. in: HRG I, 592-595.

- (1993): Über die Glosse zum Sachsenspiegel. Berlin.

Loman, Bengt (1988): Sprachliche Standardisierungsprozesse in Skandinavien. in: sociolingustica 2, 209-231.

Ludwig, Karl-Heinz (1986): Das Große Rauriser Berggerichtsbuch 1509 bis 1537. Stuttgart.

- (1989): Das Kleine Rauriser Berggerichtsbuch 1509 bis 1524. Stuttgart.

Lurija, Alexander (1993): Romantische Wissenschaft. Forschungen im Grenzbezirk von Seele und Gehirn. Reinbek.

Lux, Friedemann (1981): Text, Situation, Textsorte. Probleme der Textsortenanalyse, dargestellt am Beispiel der britischen Registerlinguistik. Mit einem Ausblick auf eine adäquate Textsortentheorie. Tübingen.

Lyons, John (1970): Noam Chomsky. London.
Mackensen, Lutz (1952): Bergmannswörter in unserer Umgangssprache. in: Der Anschnitt 4, 5ff.
Marfurt, Bernhard (1978): Textsorten und Interaktionsmuster. in: Wirkendes Wort 30, 293-311.
Mattheier, Klaus J. (1988): Nationalsprachenentwicklung, Sprachenstandardisierung und Historische Soziolinguistik. in: sociolinguistica 2, 1-9.
- (1989): Gemeines Deutsch - Süddeutsche Reichssprache - Jesuitendeutsch. Bemerkungen über die Rolle Süddeutschlands in der Geschichte der nhd. Schriftsprache. in: E. Koller et al. [Hg.], Bayerisch-österreichische Dialektforschung. Würzburg, 160-166.
- (1995): Sprachgeschichte des Deutschen: Desiderate und Perspektiven. in: A. Gardt / K.J. Mattheier / O. Reichmann [Hg.], Sprachgeschichte des Neuhochdeutschen. Gegenstände, Methoden, Theorien. Tübingen, 1-18.
Mattheier, Klaus J./Hoffmann, Walter (1985): Stadt und Sprache in der neueren deutschen Sprachgeschichte. in: W. Besch / O. Reichmann / St. Sonderegger [Hg.], Sprachgeschichte. Ein Handbuch zur Geschichte der deutschen Sprache und ihrer Erforschung. Bd. 2. Berlin / New York, 1837-1865.
Mentrup, Wolfgang [Hg.] (1979): Fachsprachen und Gemeinsprache. Jb. 1978 des Instituts für deutsche Sprache. Berlin / New York.
Merk, Walther (1926): Wege und Ziele der geschichtlichen Rechtsgeographie. Berlin.
Mertens, Dieter / Rexroth, Frank / Scott, Tom (1996): Vom Beginn der habsburgischen Herrschaft bis zum 'Neuen Stadtrecht' von 1520. in: H. Haumann / H. Schadek [Hg.], Geschichte der Stadt Freiburg im Breisgau. Bd. 1: Von den Anfängen bis zum 'Neuen Stadtrecht' von 1520. Stuttgart, 215-301.
Mitteis, Heinrich (1992): Deutsche Rechtsgeschichte. Ein Studienbuch. Neubearb. von Heinz Lieberich. 19., ergänzte Aufl. München.
Mohan, Bernard A. (1987): The Structure of Situations and the Analysis of Text. in: R. Steele / T. Threadgold [Hg.], Language Topics. Essays in Honour of Michael Halliday. Bd. 2. Amsterdam / Philadelphia, 507-522.
Molitor, E. (1947): Der Gedankengang des Sachsenspiegels. in: Zeitschrift für Rechtsgeschichte (GA) 65, 15-69.
Moraw, Peter (1985): Von offener Verfassung zu gestaltender Verdichtung. Das Reich im späten Mittelalter 1250-1490. Berlin.
- (1990): Rechtspflege und Reichsverfassung im 15. und 16. Jahrhundert. Wetzlar.
- (1995): Der Reichstag zu Worms 1495. in: 1495 - Kaiser, Reich, Reformen: Der Reichstag zu Worms. Koblenz, 25-37.
Moser, Hugo (1950): Deutsche Sprachgeschichte. Mit einer Einführung in die Fragen der Sprachbetrachtung. Stuttgart.
Moser, Hans / Wellmann, Hans / Wolf, Norbert R. (1981): Geschichte der deutschen Sprache. Bd. 1: Althochdeutsch - Mittelhochdeutsch von N. R. Wolf. Heidelberg.
Moser, Virgil (1971): Historisch-grammatische Einführung in die frühneuhochdeutschen Schriftdialekte. Darmstadt.
Motsch, Wolfgang (1986): Anforderungen an eine handlungsorientierte Textanalyse. in: Zeitschrift für Germanistik 7, 261-282.

Motsch, Wolfgang / Pasch, Renate (1987): Illokutive Handlungen. in: W. Motsch [Hg.], Satz, Text, sprachliche Handlung. Berlin.

Motsch, Wolfgang / Reis, Marga / Rosengren, Inger (1990): Zum Verhältnis von Satz und Text. in: Deutsche Sprache 18, 97-125.

Motsch, Wolfgang / Viehweger, Dieter (1981): Sprachhandlung, Satz und Text. in: I. Rosengren [Hg.], Sprache und Pragmatik. Lunder Symposium 1980. Malmö, 125-153.

- (1991): Illokutionsstruktur als Komponente einer modularen Textanalyse. in: K. Brinker [Hg.], Aspekte der Textlinguistik. Hildesheim et al., 102-132.

Müllenhoff, Karl / Scherer, Wilhelm [Hg.] (1873): Denkmäler deutscher Poesie und Prosa aus dem 8.-12. Jahrhundert. 2. Aufl. Berlin.

Müller, Klaus-Peter (1995): Ältere Sachsenspiegel-Drucke in der Landesbibliothek Oldenburg - ein Bestand und seine Entstehung. in: Der sassen speyghel: Sachsenspiegel - Recht - Alltag. Bd. 1: E. Koolmann et al. [Hg.], Ausstellung Bilderhandschriften des Sachsenpiegels. Oldenburg, 47-62.

Müller, Rolf (1991): Ergänzende Gedanken zur Entstehungsgeschichte der Sprache, die wir Neuhochdeutsch nennen. in: J. Dittmann et al. [Hg.], Erscheinungsformen der deutschen Sprache. Literatursprache, Alltagssprache, Gruppensprache, Fachsprache. Berlin, 61-75.

- (1995): Textsorten - natürliche Sprachformen oder kulturelle Sprachformen? in: Linguistica XXXV.1, 37-51.

Munske, Horst H. (1973): Der germanische Rechtswortschatz im Bereich der Missetaten. Philologische und sprachgeographische Untersuchungen. Berlin / New York.

- (1982): Die Rolle des Lateins als Superstratum im Deutschen und in anderen germanischen Sprachen. in: P. Ureland [Hg.], Die Leistung der Strataforschung und der Kreolistik. Typologische Aspekte der Sprachkontakte. Tübingen, 237-263.

- (1995): Ist eine europäische Sprachgeschichtsschreibung möglich? in: A. Gardt / K.J. Mattheier / O. Reichmann [Hg.], Sprachgeschichte des Neuhochdeutschen. Gegenstände, Methoden, Theorien. Tübingen, 399-411.

Munzel, D. (1990a): Rechtsbücher. in: HRG IV, 277-282.

- (1990b): Stadtrechtsbücher. in: HRG IV, 1873-1877.

Munzel-Everling, D. (1995): Wiener Stadtrechtsbuch. in: HRG 38. Liefrg., 1399-1401.

Näser, Wolfgang (1980): Urkundensprache, 'Volkssprache' und Tradition. in: R. Hildebrandt [Hg.], Sprache und Brauchtum. Marburg, 284-303.

Nelde, Peter H. (1979): Volkssprache und Kultursprache. Zeitschrift für Dialektologie und Linguistik, Beiheft 31.

Niese, Hans (1910): Die Gesetzgebung der normannischen Dynastie im Regnum Siciliae. Halle.

Öhlschläger, Günther (1989): Zur Syntax und Semantik der Modalverben des Deutschen. Tübingen.

Ohm, Udo (1997): Abduktionslogik und Textkomposition - Vom Nutzen der Intertextualitätsvorstellung für die Historische Semantik. in: J. Klein / U. Fix [Hg.], Textbeziehungen. Linguistische und literaturwissenschaftliche Beiträge zur Intertextualität. Tübingen, 179-195.

Ong, Walter J. (1987): Oralität und Literalität. Die Technologisierung des Wortes. Opladen.

Oppitz, Ulrich-Dieter (1990): Deutsche Rechtsbücher des Mittelalters. Bd. 1. Köln / Wien.

Ott, N. H. (1983): Rechtspraxis und Heilsgeschichte. Zu Überlieferung, Ikonographie und Gebrauchssituation des deutschen „Belial". München / Zürich.

Padley, G. A. (1976): Grammatical Theory in Western Europe 1500-1700. The Latin Tradition. Cambridge et al.

- (1985/88): Grammatical Theory in Western Europe 1500-1700. Trends in Vernacular Grammar. 2 Bde. Cambridge et al.

Palmer, Nigel F. (1984): Zum Nebeneinander von Volkssprache und Latein in spätmittelalterlichen Texten. in: L. Grenzmann / K. Stackmann [Hg.], Literatur und Laienbildung im Spätmittelalter und in der Reformationszeit. Symposium Wolfenbüttel 1981. Stuttgart, 579-603.

Panzer, Baldur (1992): Zur Geschichte der russischen Standardsprache. Identität, Kontinuität, Entwicklung. in: sociolinguistica 6, 1-10.

Paulsen, Friedrich (1896/97): Geschichte des gelehrten Unterrichts auf den deutschen Schulen und Universitäten vom Ausgang des Mittelalters bis zur Gegenwart mit besonderer Rücksicht auf den klassischen Unterricht. 2 Bde. 2. Auflage. Leipzig.

Penzl, Herbert (1986): Wie entstand die deutsche Schriftsprache. in: P. von Polenz et al. [Hg.], Sprachnormen: lösbare und unlösbare Probleme. Kontroversen um die neuere deutsche Sprachgeschichte. Tübingen, 165-169.

- (1989): Mittelhochdeutsch. Eine Einführung in die Dialekte. Bern et al.

Peters, Werner (1989): Die Oldenburger Bilderhandschrift des Sachsenspiegels als Textzeuge. in: Niederdeutsches Wort 29, 13-25.

Petöfi, János S. [Hg.] (1979): text vs sentence. basic questions of text linguistics. 2 Bde. Hamburg.

Pfister, Manfred (1985): Zur Systemreferenz. in: U. Broich / M. Pfister [Hg.], Intertextualität. Formen, Funktionen, anglistische Fallstudien. Tübingen, 52-58.

Piirainen, Ilpo T. (1988): Frühneuhochdeutsche Sprach- und Rechtsdenkmäler in Wroclaw / Breslau. in: Neuphilologische Mitteilungen 89, 333-357.

Planitz, Hans (1971): Deutsche Rechtsgeschichte. 3., ergänzte Auflage. Bearb. von Karl A. Eckhardt. Graz / Köln.

Pöhlmann, Hansjörg (1973): Die Quellen des Handelsrechts. in: H. Coing [Hg.], Handbuch der Quellen und Literatur der neueren europäischen Privatrechtsgeschichte. Bd. 1: Mittelalter (1100-1500). Die gelehrten Rechte und die Gesetzgebung. München, 801-834.

Polenz, Peter von (1978): Geschichte der deutschen Sprache. Erweiterte Neubearbeitung der früheren Darstellung von Hans Sperber. 9., überarb. Aufl. Berlin / New York.

- (1988a): Deutsche Satzsemantik. Grundbegriffe des Zwischen-den-Zeilen-Lesens. Berlin / New York.

- (1988b): 'Binnendeutsch' oder plurizentrische Sprachkultur? Ein Plädoyer für Normalisierung in der Frage der 'nationalen' Varietäten. in: Zeitschrift für germanistische Linguistik 16, 198-218.

- (1989): Die Schreib- und Leseexpansion um 1400 als Einleitung der frühneuhochdeutschen Epoche. in: S. Heimann [Hg.], Soziokulturelle Kontexte der Sprach- und Literaturentwicklung. Stuttgart, 67-80.

- (1991): Deutsche Sprachgeschichte vom Spätmittelalter bis zur Gegenwart. Bd. 1: Einführung, Grundbegriffe, Deutsch in der frühbürgerlichen Zeit. Berlin / New York.
- (1994): Deutsche Sprachgeschichte vom Spätmittelalter bis zur Gegenwart. Bd. 2: 17. und 18. Jahrhundert. Berlin / New York.
- (1995): Sprachsystemwandel und soziopragmatische Sprachgeschichte in der Sprachkultivierungsepoche. in: A. Gardt / K.J. Mattheier / O. Reichmann [Hg.], Sprachgeschichte des Neuhochdeutschen. Gegenstände, Methoden, Theorien. Tübingen, 39-67.

Pörksen, Uwe (1984): Deutsche Sprachgeschichte und die Entwicklung der Naturwissenschaften. Aspekte einer Geschichte der Naturwissenschaftssprache und ihrer Wechselbeziehung zur Gemeinsprache. in: W. Besch / O. Reichmann / St. Sonderegger [Hg.], Sprachgeschichte. Ein Handbuch zur Geschichte der deutschen Sprache und ihrer Erforschung. Bd. 1. Berlin / New York, 85-101.

Presch, Gunter (1991): Widersprüche zwischen Textfunktionen als ein Ausgangspunkt sozialgeschichtlicher Pragmalinguistik. in: D. Busse [Hg.], Diachrone Semantik und Pragmatik. Untersuchungen zur Erklärung und Beschreibung des Sprachwandels. Tübingen, 83-100.

Raidt, Edith (1986): Standardisierungsprobleme im Afrikaans: Sprachnormierung und Sprachpolitik. in: P. von Polenz et al. [Hg.], Sprachnormen: lösbare und unlösbare Probleme. Kontroversen um die neuere deutsche Sprachgeschichte. Tübingen, 120-128.

Rath, Rainer (1985): Geschriebene und gesprochene Form der heutigen Standardsprache. in: W. Besch / O. Reichmann / St. Sonderegger [Hg.], Sprachgeschichte. Ein Handbuch zur Geschichte der deutschen Sprache und ihrer Erforschung. Bd. 2. Berlin / New York, 1651-1663.

Raumer, Rudolf von (1863): Über die Entstehung der neuhochdeutschen Schriftsprache. in: ders., Gesammelte wissenschaftliche Schriften. Frankfurt/M. / Erlangen, 189-204.

Reichmann, Oskar (1978): Deutsche Nationalsprache. Eine kritische Darstellung. in: Germanistische Linguistik 2-5, 389-423.
- (1991): Gemeinsamkeiten im Bedeutungsspektrum von Wörtern europäischer Sprachen. in: M. Bartha / R. Szabó [Hg.], Von der Schulgrammatik zur Allgemeinen Sprachwissenschaft. Budapest.
- (1992): Periodisierung und Raumgliederung des Deutschen. in: V. Ágel / R. Hessky [Hg.], Offene Fragen - offene Antworten in der Sprachgermanistik. Tübingen, 177-201.

Reiffenstein, Ingo (1985): Metasprachliche Äußerungen über das Deutsche und seine Subsysteme bis 1800 in historischer Sicht. in: W. Besch / O. Reichmann / St. Sonderegger [Hg.], Sprachgeschichte. Ein Handbuch zur Geschichte der deutschen Sprache und ihrer Erforschung. Bd. 2. Berlin / New York, 1727-1750.
- (1986): Zur Begründung der Schriftlichkeit in deutschen Urkunden des 13. Jahrhunderts. in: K. Hauck et al. [Hg.], Sprache und Recht. Beiträge zur Kulturgeschichte des Mittelalters. Bd. 2. Berlin / New York, 659-669.
- (1990): Interne und externe Sprachgeschichte. in: W. Besch [Hg.], Deutsche Sprachgeschichte. Frankfurt/M. et al., 21-29.

Reiffenstein, Ingo et al. (1983): Tendenzen, Formen und Strukturen der deutschen Standardsprache nach 1945. 4 Beiträge zum Deutschen in Österreich, der Schweiz, der Bundesrepublik Deutschland und der Deutschen Demokratischen Republik. Marburg.

Richardson, Malcolm (1980): Henry V., the English Chancery, and Chancery English. in: Speculum 55, 726-750.

Richter, Gregor (1964): Die ernestinischen Landesordnungen und ihre Vorläufer von 1446 und 1482. Köln / Graz.

Rieger, Burghard (1979): Repräsentativität. Von der Unangemessenheit eines Begriffs zur Kennzeichnung eines Problemes linguistischer Korpusbildung. in: H. Bergenholtz / B. Schaeder [Hg.], Empirische Textwissenschaft. Aufbau und Auswertung von Text-Corpora. Königstein/Ts., 52-70.

Riffaterre, Michael (1979): La syllepse intertextuelle. in: Poétique 40, 496-501.

Roelcke, Thorsten (1995): Periodisierung der deutsche Sprachgeschichte. Analysen und Tabellen. Berlin / New York.

Rolf, Eckard (1997): Illokutionäre Kräfte. Grundbegriffe der Illokutionslogik. Opladen.

Rösener, Werner (1990): Frühe Hofrechte und Weistümer im Hochmittelalter. in: Agrargeschichte 23, 12-29.

Rosenfeld, Hans-Friedrich (1974): Humanistische Strömungen (1350-1600). in: F. Maurer / H. Rupp [Hg.], Deutsche Wortgeschichte. Bd. 1/3. Neu berab. Aufl. Berlin, 399-506.

- (1980): Klassische Sprachen und deutsche Gesamtsprache. in: H. Althaus et al. [Hg.], Lexikon der Germanistischen Linguistik. 2., völlig neu bearb. und erw. Aufl. Tübingen, 653-660.

Rosengren, Inger (1980): Texttheorie. in: Lexikon der germanistischen Linguistik. 2. Aufl. Tübingen, 275-286.

- (1983): Die Textstruktur als Ergebnis strategischer Überlegungen des Senders. in: I. Rosengren [Hg.], Sprache und Pragmatik. Lunder Symposium 1982. Stockholm, 157-191.

- (1987): Begründungen und Folgerungen als kommunikative Handlungen. in: W. Motsch [Hg.], Satz, Text, sprachliche Handlung. Berlin, 179-197.

Rösler, Irmtraud (1993): 'Dat Gotlansche Waterrecht'. Bemerkungen zu den hansischen Seerechten, insbesondere zum Kopenhagener Druck von 1505. in: H. Menke / K.-E. Schöndorf [Hg.], Niederdeutsch in Skandinavien IV. Berlin, 118-133.

Rudolph, Elisabeth (1991): Überlegungen zur kommunikativen Situation und Intention des Sprechers. in: E. Klein et al. [Hg.], Betriebslinguistik und Linguistikbetrieb. Tübingen.

Rüping, Hinrich (1998): Grundriß der Strafrechtsgeschichte. 3. Aufl. München.

Sanders, Willy (1985): Die Textsorten des Altniederdeutschen (Altsächsischen). in: W. Besch / O. Reichmann / St. Sonderegger [Hg.], Sprachgeschichte. Ein Handbuch zur Geschichte der deutschen Sprache und ihrer Erforschung. Bd. 2. Berlin / New York, 1103-109.

Sandig, Barbara (1978): Stilistik. Sprachpragmatische Grundlegung der Stilbeschreibung. Berlin / New York.

- (1983): Textsortenbeschreibung unter dem Gesichtspunkt einer linguistischen Pragmatik. in: Textsorten und literarische Gattungen. Dokumentation des Ger-

manistentages in Hamburg vom 1. bis 4. April 1979. Hg. vom Vorstand der Vereinigung deutscher Hochschulgermanisten. Berlin, 91-102.
- (1986): Stilistik der deutschen Sprache. Berlin / New York.
Saussure, Ferdinand de (1972): Cours de linguistique générale. Edition critique préparée par Tullio de Mauro. Paris.
Sayatz, Ulrike (1996): Modale Referenz in Gesetzen und Gesetzeskommentierungen. Ein textvergleichender Ansatz. in: W. Motsch [Hg.], Ebenen der Textstruktur. Sprachliche und kommunikative Prinzipien. Tübingen, 275-300.
Schecker, Michael (1981): Theorie des Vertextens. in: J. Petöfi [Hg.], Text versus Sentence. Hamburg, 191-227.
Scherer, Wilhelm (1878): Zur Geschichte der deutschen Sprache. 2. Auflage. Berlin.
Schildt, Joachim (1990): Zur Rolle von Texten / Textsorten bei der Periodisierung der deutschen Sprachgeschichte. in: W. Besch [Hg.], Deutsche Sprachgeschichte. Grundlagen, Methoden, Perspektiven. Frankfurt/M. et al., 415-420.
Schildt, Joachim [Hg.] (1982): Zur Periodisierung der deutschen Sprachgeschichte. Prinzipien - Probleme - Aufgaben. Berlin.
Schlieben-Lange, Brigitte (1976): Für eine historische Analyse von Sprechakten. in: H. Weber / H. Weydt [Hg.], Sprachtheorie und Pragmatik. Akten des 10. Linguistischen Kolloquiums 1975. Tübingen.
- (1983): Traditionen des Sprechens. Elemente einer pragmatischen Sprachgeschichtsschreibung. Stuttgart et al.
Schlosser, Hans (1995): Kodifikationen im Umfeld des Preußischen Allgemeinen Landrechts. Der französische Code civil (1804) und das österreichische Allgemeine Bürgerliche Gesetzbuch (1811). in: D. Merten / W. Schreckenberger [Hg.], Kodifikationen gestern und heute. Berlin, 63-82.
Schmelzeisen, G. (1955): Polizeiordnungen und Privatrecht. Münster / Köln.
- (1968): Polizei- und Landesordnungen. Erster Halbband: Reich und Territorien. Köln / Graz.
- (1984): Polizeiordnungen. in: HRG III, 1803-1808.
Schmidt, Wilhelm (1984): Geschichte der deutschen Sprache. Mit Texten und Übersetzungshilfen. 5., überarb. und erw. Aufl. Berlin.
- (1993): Geschichte der deutschen Sprache. Ein Lehrbuch für das germanistische Studium. 6. Aufl., erarb. unter der Ltg. von H. Langner. Stuttgart / Leipzig.
Schmidt-Wiegand, Ruth (1983a): Der 'Sachsenspiegel' Eikes von Repgow als Beispiel mittelalterlicher Fachliteratur. in: Zeitschrift für Literaturwissenschaft und Linguistik 13, 206-226.
- (1983b): Die Wolfenbütteler Bilderhandschrift des Sachsenspiegels und ihr Verhältnis zum Text Eikes von Repgow. Wolfenbüttel.
- (1985): Textsorte und Rechtsquellentyp in ihrer Bedetuung für die Rechtssprachgeographie. in: dies. [Hg.], Text- und Sachbezug in der Rechtssprachgeographie. München, 21-37.
- (1988): Die Bilderhandschriften des Sachsenspiegels als Zeugen pragmatischer Schriftlichkeit. in: Frühmittelalterliche Studien. Jb. des Instituts für Frühmittelalterforschung der Universität Münster 22, 357-387.

- (1991): Von der autornahen zur überlieferungskritischen Ausgabe des 'Sachsenspiegels'. in: G. Lingelbach / H. Lück [Hg.], Deutsches Recht zwischen Sachsenspiegel und Aufklärung. Frankfurt/M. et al., 13-36.
- (1992): Der Mainzer Reichslandfriede im Spannungsfeld zwischen Mündlichkeit und Schriftlichkeit. in: H. Burger [Hg.], Verborum amor. Studien zur Geschichte und Kunst der deutschen Sprache. Berlin / New York, 342-357.
- (1995): Rechtsbücher und Weistümer. Zum Sprachausgleich in der historischen Wortgeographie. in: G. Lerchner et al. [Hg.], Chronologische, areale und situative Varietäten des Deutschen in der Sprachhistoriographie. Frankfurt/M. et al., 153-158.

Schmidt-Wiegand, Ruth [Hg.] (1985): Text- und Sachbezug in der Rechtssprachgeographie. München.
- (1986): Text-Bild-Interpretation. Untersuchungen zu den Bilderhandschriften des Sachsenspiegels. München.

Schmitt, Christian (1988): Typen der Ausbildung und Durchsetzung von Nationalsprachen in der Romania. in: sociolinguistica 2, 73-116.

Schneider, Reinhard (1977): Schriftlichkeit und Mündlichkeit im Bereich der Kapitularien. in: P. Classen [Hg.], Recht und Schrift im Mittelalter. Sigmaringen, 257-279.

Scholz, Johannes-Michael (1973): Der brandenburgische Landrechtsentwurf. Eine Studie zur Rechtsetzungslehre der Rezeptionszeit. Köln / Wien.

Schonebohm, Manfred (1980): Das Corpus des Projekts 'Fachsprachliche Kommunikation'. Lund.

Schreiber, Georg (1962): Der Bergbau in Geschichte, Ethos und Sakralkultur. Köln / Opladen.

Schröder, Richard / Künßberg, Eberhard von (1932): Lehrbuch der deutschen Rechtsgeschichte. 7. Auflage. Berlin / Leipzig.

Schulz, Rüdiger (1987): Die Entstehung des Seerechts des Allgemeinen Deutschen Handelsgesetzbuches unter besonderer Berücksichtigung der Bestimmungen über die Reederei, den Schiffer und die Schiffsmannschaft. Frankfurt/M. et al.

Schützeichel, Rudolf (1986): Oralität und Literalität. Zum hundertsten Geburtstag von Theodor Frings, 23. Juli 1986. in: Sprachwissenschaft 11, 171-179.

Schwarz, Alexander (1992): Sang und Zwang. Zum Verhältnis von Textanalyse und Sprachgeschichte. in: H. Burger [Hg.], Verborum amor. Studien zur Geschichte und Kunst der deutschen Sprache. Berlin / New York, 71-76.

Schwarz, Monika (1992): Einführung in die Kognitive Linguistik. Tübingen.

Schweikle, Günther (1990): Germanisch-deutsche Sprachgeschichte im Überblick. 3., verb. und erw. Aufl. Stuttgart.

Schwerin, Claudius von (1950): Grundzüge der deutschen Rechtsgeschichte. 4. Auflage nach dem Tode des Verfassers besorgt von Hans Thieme. Berlin / München.

Schwitalla, Johannes (1981): Textbeschreibung durch Illokutionsanalyse? in: I. Rosengren [Hg.], Sprache und Pragmatik. Lunder Symposium 1980. Malmö, 207-219.
- (1983): Deutsche Flugschriften 1460-1525. Textsortengeschichtliche Studien. Tübingen.

Seagle, William (1969): Weltgeschichte des Rechts. Eine Einführung in die Probleme und Erscheinungsformen des Rechts. Ungek. Sonderausg. der 3. Aufl. München.

Searle, John R. (1987): Intentionalität. Eine Abhandlung zur Philosophie des Geistes. Frankfurt/M.

Segall, Josef (1914): Geschichte und Strafrecht der Reichspolizeiordnungen von 1530, 1548 und 1577. Gießen.

Seiler, Christoph (1996): Vom Allgemeinen Landrecht zum Bürgerlichen Gesetzbuch. Dargestellt am Beispiel der höchstrichterlichen Judikatur zum kaufrechtlichen Sachmängelgewährleistungsrecht. Frankfurt/M. et al.

Semenjuk, Natalija N. (1977): Funktional-stilistische Differenzierungen der Literatursprache und der historische Aspekt ihrer Untersuchung. in: J. Schildt [Hg.], Existenzformen germanischer Sprachen - soziale Basis und typologische Kennzeichen. Berlin, 133-157.

- (1985): Soziokulturelle Voraussetzungen des Neuhochdeutschen. in: W. Besch / O. Reichmann / St. Sonderegger [Hg.], Sprachgeschichte. Ein Handbuch zur Geschichte der deutschen Sprache und ihrer Erforschung. Bd. 2. Berlin / New York, 1448-1466.

Serebrennikov, Boris A. et al. (1973): Allgemeine Sprachwissenschaft. Von einem Autorenkollektiv unter der Leitung B. A. Serebrennikovs. Bd. 1: Existenzformen, Funktionen und Geschichte der Sprache. In das Deutsche übertr. und hg. von Hans Zikmund und Günter Feudel. München et al.

Sitta, Horst (1973): Kritische Überlegungen zur Textsortenlehre. in: H. Sitta / K. Brinker [Hg.], Studien zur Texttheorie und zur deutschen Grammatik. Düsseldorf, 63-72.

- (1980): Pragmatisches Sprachverstehen und pragmatikorientierte Sprachgeschichte. in: ders. [Hg.], Ansätze zu einer pragmatischen Sprachgeschichte. Zürcher Kolloquium 1978. Tübingen, 23-33.

Sitta, Horst [Hg.] (1980): Ansätze zu einer pragmatischen Sprachgeschichte. Zürcher Kolloquium 1978. Tübingen.

Smet, Gilbert A. de (1984): Niederländisch / Deutsch in: W. Besch / O. Reichmann / St. Sonderegger [Hg.], Sprachgeschichte. Ein Handbuch zur Geschichte der deutschen Sprache und ihrer Erforschung. Bd. 1. Berlin / New York, 923-930

Sonderegger, Stefan (1979): Grundzüge deutscher Sprachgeschichte. Diachronie des Sprachsystems. Bd. 1: Einführung - Genealogie - Konstanten. Berlin / New York.

- (1985a): Reflexe gesprochener Sprache im Althochdeutschen. in: W. Besch / O. Reichmann / St. Sonderegger [Hg.], Sprachgeschichte. Ein Handbuch zur Geschichte der deutschen Sprache und ihrer Erforschung. Bd. 2. Berlin / New York, 1060-1068.

- (1985b): Die Entwicklung des Verhältnisses von Standardsprache und Mundarten in der deutschen Schweiz. in: W. Besch / O. Reichmann / St. Sonderegger [Hg.], Sprachgeschichte. Ein Handbuch zur Geschichte der deutschen Sprache und ihrer Erforschung. Bd. 2. Berlin / New York, 1873-1939.

- (1987): Althochdeutsche Sprache und Literatur. Eine Einführung in das älteste Deutsche. Darstellung und Grammatik. Berlin / New York.

Sowinski, Bernhard (1983): Textlinguistik. Eine Einführung. Stuttgart.

Spiegelberg, Herbert (1989): Sollen und Dürfen. Philosophische Grundlagen der ethischen Rechte und Pflichten. Dordrecht et al.

Spieß, Karl-Heinz (1986): Die Weistümer und Gemeindeordnungen des Amtes Cochem. in: K.-H. Spieß / C. Krämer [Hg.], Ländliche Rechtsquellen aus dem kurtrierischen Amt Cochem. Stuttgart, 1-56.

Stachowiak, Herbert (1986): Pragmatik: ein neues Gemeinschaftswerk. in: ders. [Hg.], Pragmatik. Handbuch pragmatischen Denkens. Bd. 1. Hamburg. XIX-L.

Steger, Hugo (1984), Sprachgeschichte als Geschichte der Textsorten / Texttypen und ihrer kommunikativen Bezugsbereiche. in: W. Besch / O. Reichmann / St. Sonderegger [Hg.], Sprachgeschichte. Ein Handbuch zur Geschichte der deutschen Sprache und ihrer Erforschung. Bd. 1. Berlin / New York, 186-204.

Steger, Hugo / Deutrich, Helge / Schank, Gerd / Schütz, Eva (1974): Redekonstellation, Redekonstellationstyp, Textexemplar, Textsorte im Rahmen eines Sprachverhaltensmodells. Begründung einer Forschungshypothese. in: Gesprochene Sprache. Jb. 1972 des IDS. Düsseldorf, 39-97.

Stempel, Wolf-Dieter (1983): Intertextualität und Rezeption. in: W. Schmid / W.-D. Stempel [Hg.], Dialog der Texte. Hamburger Kolloquium zur Intertextualität. Wien.

Steyer, Kathrin (1997): Irgendwie hängt alles mit allem zusammen - Grenzen und Möglichkeiten einer linguistischen Kategorie 'Intertextualität'. in: J. Klein / U. Fix [Hg.], Textbeziehungen. Linguistische und literaturwissenschaftliche Beiträge zur Intertextualität. Tübingen, 83-106.

Stierle, Karlheinz (1981): Text als Handlung und Text als Werk. in: M. Fuhrmann et al. [Hg.], Text und Applikation. München, 537-545.

Stintzing, Roderich von (1880): Geschichte der Deutschen Rechtswissenschaft. Bd. 1. München / Leipzig.

Stobbe, Otto (1860): Geschichte der deutschen Rechtsquellen. Bd. 1. Leipzig.

- (1864): Geschichte der deutschen Rechtsquellen. Bd. 2. Leipzig.

Strecker, Bruno (1987): Strategien des kommunikativen Handelns. Zur Grundlegung einer Grammatik der Kommunikation. Düsseldorf.

Tauchmann, Christine (1992): Hochsprache und Mundart in den großen Wörterbüchern der Barock- und Aufklärungszeit. Tübingen.

Tegtmeyer, Henning (1997): Der Begriff Intertextualität und seine Fassungen - Eine Kritik der Intertextualitätskonzepte Julia Kristevas und Susanne Holthuis'. in: J. Klein / U. Fix [Hg.], Textbeziehungen. Linguistische und literaturwissenschaftliche Beiträge zur Intertextualität. Tübingen, 49-81.

Teuchert, Hermann (1949): Reste der niederländischen Siedelsprache in der Mark Brandenburg. in: Beiträge zur Geschichte der deutschen Sprache und Literatur.

Träger, Felder, Formen pragmatischer Schriftlichkeit im Mittelalter (1994): Der neue Sonderforschungsbereich 231 an der Westfälischen Wilhelms-Universität Münster. Frühmittelalterliche Studien. Jb. des Instituts für Frühmittelalterforschung der Universität Münster 22, 388-409.

Trusen, Winfried (1962): Anfänge des gelehrten Rechts in Deutschland. Ein Beitrag zur Geschichte der Frührezeption. Wiesbaden.

- (1985): Der Rechtsspiegel und das Kaiserrecht. in: Zeitschrift für Rechtsgeschichte 102, 12-59.

Vangerow, Hans-Heinrich (1976): Vom Stadtrecht zur Forstordnung. München und der Isarwinkel bis zum Jahr 1569. München.

Vieregge, Werner (1986): Die Gemeinsprache im Sinne Hermann Pauls als politische Sprache. in: Sprachwissenschaft 11, 363-373.

Vossen, Carl (1979): Latein, Muttersprache Europas. 2. Aufl. Düsseldorf.

Wadle, Elmar (1977): Über Entstehung, Funktion und Geltungsgrund normativer Rechtsaufzeichnungen im Mittelalter. in: P. Classen [Hg.], Recht und Schrift im Mittelalter. Sigmaringen, 503-518.

Warnke, Ingo (1994): Aspekte der Formierung des Neuhochdeutschen. Ein Blick auf die Sprachhistoriographie der letzten Jahre. in: Deutsche Sprache 22, 353-380.

- (1995): Typologische Aufgaben der historischen Textlinguistik. in: Linguistica XXXV.1, 95-121.

- (1996a): Historische Dimensionen pragmatischer Textorganisation. Analytische Konzeption und empirische Untersuchung am Beispiel der Intertextualität in spätmittelalterlichen Reichslandfrieden. in: S. Michaelis / D. Tophinke [Hg.], Texte - Konstitution, Verarbeitung, Typik. München / Newcastle, 131-148.

(1996b): Idiolekt und Norm - Überlegungen zum sprachlichen Konnex von Individuum und Consozium. in: Lexicology. An International Journal on the Structure of Vocabulary 2/1, 1-33.

- (1996c): Der Wille, in fremdem Namen zu handeln - Vertikalität von Produktions- und Rezeptionsnormen der legistischen Vertextung am Beispiel des § 164 (2) BGB. in: Jb. Ostrava - Erfurt 2, 211- 226.

- (1997a): Recht und Schrift. Zum rekursiven Bedingungsverhältnis von Literalität und juridischem Diskurs. in: K. Adamzik / G. Antos / E.-M. Jakobs [Hg.], Domänen- und kulturspezifisches Schreiben. Frankfurt/M., 223-238.

- (1997b): Assoziation und Priming bei wortartenheterogenen Affinitäten im mentalen Lexikon. in: I. Pohl [Hg.], Methodologische Aspekte der Semantikforschung. Frankfurt/M. et al., 251-266.

- (1998): Polylinguale Intertextualität und Konstituierung von Kultursprachen. in: Linguistica. in: Linguistica XXXVIII.1, 29-41.

- (1999): Diskursivität und Intertextualität als Parameter sprachlichen Wandels. in: I. Warnke [Hg.], Schnittstelle Text-Diskurs. Frankfurt/M., 215-222.

Weber, Matthias (1996): Die schlesischen Polizei- und Landesordnungen der Frühen Neuzeit. Köln et al.

Wegener, Phillip (1885): Untersuchungen über die Grundfragen des Sprachlebens. Halle.

Wegera, Klaus-Peter (1990): Mittelhochdeutsche Grammatik und Sprachgeschichte. in: W. Besch [Hg.], Deutsche Sprachgeschichte. Frankfurt/M. et al., 103-113.

Weimar, Klaus (1989): Geschichte der deutschen Literaturwissenschaft bis zum Ende des 19. Jahrhunderts. München.

Wells, Christopher J. (1990): Deutsch: eine Sprachgeschichte bis 1945. Tübingen.

Werkmüller, Dieter (1972): Über Aufkommen und Verbreitung der Weistümer. Nach der Sammlung von Jacob Grimm. Berlin.

- (1990): Gewohnheitsrecht in deutschen Weistümern. in: La Coutume. Recueils de la Société Jean Bodin 52, 311-324.

- (1994): Weistümer. in: HRG 37. Lfrg., 1239-1251.

Wesel, Uwe (1997): Geschichte des Rechts. Von den Frühformen bis zum Vertrag von Maastricht. München.

Whorf, Benjamin L. (1963): Sprache. Denken. Wirklichkeit. Beiträge zur Metalinguistik und Sprachphilosophie. Reinbek.

Wichter, Sigurd (1994): Experten- und Laienwortschätze. Umriß einer Lexikologie der Vertikalität. Tübingen.

Wiesinger, Peter (1983): Die Einteilung der deutschen Dialekte. in: W. Besch et al. [Hg.], Dialektologie. Ein Handbuch zur deutschen und allgemeinen Dialektforschung. Bd. 2. Berlin / New York, 807-900.

Wiessner, Hermann (1934): Sachinhalte und wirtschaftliche Bedeutung der Weistümer im deutschen Kulturgebiet. Baden / Brünn.

Wilde, Hans Oskar (1939): Vom Leben der englischen Hochsprache in Gegenwart und Geschichte. Halle/S.

Willoweit, Dieter (1990): Deutsche Verfassungsgeschichte. Vom Frankenreich bis zur Teilung Deutschlands. München.

- (1995): Die bürgerlichen Rechte und das gemeine Wohl. - Das rechtspolitische Profil des Allgemeinen Landrechts für die Preußischen Staaten von 1794. in: F. Ebel [Hg.], Gemeinwohl - Freiheit - Vernunft - Rechtsstaat. Berlin / New York, 1-15.

Wimmer, Rainer (1985): Die Textsorten des Neuhochdeutschen seit dem 17. Jahrhundert. in: W. Besch / O. Reichmann / St. Sonderegger [Hg.], Sprachgeschichte. Ein Handbuch zur Geschichte der deutschen Sprache und ihrer Erforschung. Bd. 2. Berlin / New York, 1623-1633.

Winge, Vibeke (1992): Dänische Deutsche - deutsche Dänen. Geschichte der deutschen Sprache in Dänemark 1300-1800. Mit einem Ausblick auf das 19. Jahrhundert. Heidelberg.

Winkelmann, Otto (1991): Zur Ablösung des Lateins durch das Französische als Urkundensprache. Regensburg.

Wolf, Armin (1973): Die Gesetzgebung der entstehenden Territorialstaaten. in: H. Coing [Hg.], Handbuch der Quellen und Literatur der neueren europäischen Privatrechtsgeschichte. Bd. 1: Mittelalter (1100-1500). Die gelehrten Rechte und die Gesetzgebung. München, 517-800.

Wolf, Norbert R. (1981): Geschichte der deutschen Sprache. Bd. 1: Althochdeutsch-Mittelhochdeutsch. Heidelberg.

- (1983): Das 14. Jahrhundert in der deutschen Sprachgeschichte. in: W. Haug et al. [Hg.], Zur deutschen Literatur und Sprache des 14. Jahrhunderts. Heidelberg, 368-383.

- (1989): Zur Periodisierung der deutschen Sprachgeschichte. Eine Notiz. in: S. Heimann et al. [Hg.], Soziokulturelle Kontexte der Sprach- und Literaturentwicklung. Stuttgart, 121-127.

- (1990): Über eine textlinguistische Sprachgeschichte. in: W. Besch [Hg.], Deutsche Sprachgeschichte. Grundlagen, Methoden, Perspektiven. Frankfurt/M. et al., 421-429.

Wolff, Gerhart (1994): Deutsche Sprachgeschichte. Ein Studienbuch. 3., überarbeitete und erw. Auflage. Tübingen / Basel.

Wolter, Klaus (1975): Die Schiffrechte der Hansestädte Lübeck und Hamburg und die Entwicklung des Hansischen Seerechts. Hamburg.

- (1986): Die rechtliche Behandlung von Reisenotlagen und Schiffskollisionen in den älteren See- und Schiffrechten Lübecks und Hamburgs und im hansischen Seerecht. in: H. Stoob [Hg.], See- und Flusshäfen vom Hochmittelalter bis zur Industrialisierung. Köln / Wien, 67-87.

Worgt, Gerhard (1995): Zum Wortschatz des Afrikaans unter besonderer Berücksichtigung des deutschen Einflusses. in: G. Lerchner et al. [Hg.], Chronologische, areale und situative Varietäten des Deutschen in der Sprachhistoriographie. Frankfurt/M. et al., 461-470.

Wunderlich, Dieter (1976): Studien zur Sprechakttheorie. Frankfurt/M.

Zur Ausbildung der Norm der deutschen Literatursprache {1470-1730} (1976-83). 6 Bde. Berlin (Ost).

STUDIA LINGUISTICA GERMANICA

RAJA TAZI

Arabismen im Deutschen

Lexikalische Transferenzen vom Arabischen ins Deutsche

1998. XXI, 416 Seiten. Leinen. ISBN 3-11-014739-4

(Band 47)

TILMANN WALTER

Unkeuschheit und Werk der Liebe

Diskurse über Sexualität am Beginn der Neuzeit in Deutschland

1998. VIII, 597 Seiten. Leinen. ISBN 3-11-016085-4

(Band 48)

KLAAS WILLEMS/JEROEN VAN POTTELBERGE

Geschichte und Systematik des adverbalen Dativs im Deutschen

Eine funktional-linguistische Analyse des morphologischen Kasus

1998. XIV, 671 Seiten. Leinen. ISBN 3-11-016265-2

(Band 49)

JOCHEN A. BÄR

Sprachreflexion der deutschen Frühromantik

Konzepte zwischen Universalpoesie und Grammatischem Kosmopolitismus

Mit lexikographischem Anhang

1999. IX, 582 Seiten. Leinen. ISBN 3-11-016372-1

(Band 50)

SYBILLE ORGELDINGER

Standardisierung und Purismus bei Joachim Heinrich Campe

1999. IX, 481 Seiten. Leinen. ISBN 3-11-016312-8

(Band 51)

Walter de Gruyter · Berlin · New York

Kolibri 360 GmbH
Ferdinand-Jühlke-Straße 7
99095 Erfurt, Deutschland
produktsicherheit@kolibri360.de